Hans Wilhelm Fell

Soldat im Kaiserreich 1904 – 1914
Erinnerungen des Grossherzoglich Hessischen
Offiziers Hans Wilhelm Fell

Fell, Hans Wilhelm: Soldat im Kaiserreich 1904 – 1914. Erinnerungen des Grossherzoglich Hessischen Offiziers Hans Wilhelm Fell
Herausgeber: Dirk Ippen

Gekürzte Auflage
ISBN: 9783959122474

Dieses Buch ist auch als ungekürztes eBook erhältlich und kann über den Handel bezogen werden.
Titel eBook: Mein Leben als Soldat im Kaiserreich 1884-1914. Erinnerungen des Grossherzoglich Hessischen Offiziers Hans Wilhelm Fell
ISBN eBook: 9783959122467

Bibliografische Information der Deutschen Nationalbibliothek:
Die Deutsche Nationalbibliothek verzeichnet diese Publikation in der Deutschen Nationalbibliografie; detaillierte bibliografische Daten sind im Internet über https://www.dnb.de abrufbar.

Inhalt

Vorwort des Herausgebers

Hans Wilhelm Fell (1884-1966) stand von 1902 bis zu seiner schweren Verwundung im August 1914 im Regiment „Prinz Carl" in Worms. Auf über 1000 Seiten hat er im Alter diese Erinnerungen geschrieben.

Fast alle seine Vorfahren waren Offiziere gewesen. Kaum einer ist eines natürlichen Todes gestorben.

1897 mit gerade 13 Jahren tritt er in die Kadettenvoranstalt Bensberg bei Köln ein. Die Kadettenanstalt Gross-Lichterfelde verlässt er als Fähnrich, 1902 wird er Portepeefähnrich in Worms, 1904 Leutnant im Regiment Prinz Carl.

Fell wird wiederholt zu spannenden Verwendungen „abkommandiert". So bekommt er eine Weltläufigkeit, die weit über den Horizont eines normalen Offiziers hinaus geht.1906 verbringt er drei Monate zu Sprachstudien in Paris. 1907 wird er zu einer Radfahrkompanie kommandiert. Auf wochenlangen, anstrengenden Versuchsfahrten werden alle Verwendungsmöglichkeiten des Rades für einen künftigen Krieg erprobt. Militärische Einladungen führen ihn nach Madrid, Toledo und durch seine französichen Vettern nach Nordafrika. Dort lebt er längere Zeit als Gast innerhalb der Kasernen der Fremdenlegion.

Als im August 1910 die Zarenfamilie wochenlang in Friedberg lebt, wird er Leutnant in der Wachkompanie und dadurch enger Gefährte russischer Offiziere. Die Zarenfamilie lädt ihn zu Tisch. Zwischen dem Mädchenschwarm Fell und der Zarentochter Alice spinnt sich ein zarter Flirt an.

Im Oktober 1911 verbringt er einige Wochen in dem englischen Militärlager Aldershot. Sein Bericht über all diese

Stationen zeigt, wie nah verbunden das europäische Militär vor dem Krieg in Wahrheit gewesen ist.

Dem Regiment Prinz Carl waren seit 1904 jährlich ein bis zwei argentinische Offiziere zugeteilt. Das führte dazu, dass Fell im Herbst 1912 auf 3 Monate als Ehrengast dorthin eingeladen wird. Über 70 Seiten schildert er spannend seine Überfahrt und die herzliche Aufnahme bei Militär wie Zivil. Als Gast in einem argentinischen Dragonerregiment erlebt er im unduchdringlichen Urwald den „Krieg" gegen Giftpfeilindianer. Eine Aktion gegen „die Wilden" die von heute betrachtet nicht kritisch genug gesehen werden kann.

Am 2. August 1914 erlebt er den Abschied und Ausmarsch des aktiven Regiments Prinz Carl. Danach hatte er den Abmarsch der ersten Reservetruppe zu organisieren mit der er selber am 12. August in die Schlacht an der Marne ausrückt. Am 9. September wird Fell schwer verwundet und muss ausgegraben werden. Nach Dunkelwerden beginnt der Rückzug. Damit enden die Erinnerungen von Fell.

Diese Erinnerungen sind eine lebendig erlebte Geschichte der alten kaiserlichen Armee. Dem übersteigerten Preussentum, jeder Kriegstreiberei steht der Anhänger des Hauses Hessen-Darmstadt ausgesprochen kritisch gegenüber.

Über seine nicht wenigen amourösen Abenteuer, nach dem plötzlichen Tod seiner jungen Frau durch einen Reitunfall, schreibt Fell mit der Diskretion eines Gentleman. Sie sind aber wie alles spannend zu lesen, weil Fell anschaulich schreiben konnte. Das hebt diese Erinnerungen weit über alle normalen Militärmemoiren hinaus. Es ist kein Zufall, dass er nach seinem Abschied als „Charakter-Major" im Zivilleben Journalist und Auslandskorrespondent geworden ist.

Wie es gewesen ist in der alten Armee und was die militärischen Eliten in Europa vor 1914 gedacht und empfunden haben, das vermitteln diese Aufzeichnungen auf sehr unterhaltsame Weise.

Diese gedruckte Ausgabe umfasst 10 Jahre seines Soldatenlebens von dem Tag an, an dem er vom Fähnrich zum Leutnant befördert wurde bis zu seiner Verwundung 1914 in der Marne Schlacht des ersten Weltkrieges. Die ungekürzten Erinnerungen seit 1884 sind in der digitalen Ausgabe erhältlich.

München, 18. Februar 2022
Dirk Ippen

Hinweis: Major Fells Erinnerungen beinhalten auch Wertungen und Berichte über Menschen außereuropäischer Kulturen, die in der damaligen Zeit als „nicht zivilisiert" betrachtet wurden. Der Herausgeber und der Verlag distanzieren sich ausdrücklich von geschilderten Meinungen und Taten und weisen darauf hin, dass die vorliegende Veröffentlichung auch insoweit als historisches Zeitdokument zu verstehen ist.

Leutnant in der Front

1904, als meine Zeit als Fähnrich zuende ging, konnte ich es kaum erwarten, dass ich den im Dienst immer noch vorgeschriebenen Unteroffiziersrock hätte ausziehen können. Wir mussten ziemlich lange darauf warten, denn erst am 26. April kam vormittags eine Radfahrordonnanz auf den Exerzierplatz gejagt und übergab dem Hauptmann ein Telegramm, bei dessen Lektüre sein schnurrbärtiges Gesicht zu Schmunzeln begann. Dann richtete er sich im Sattel auf und rief schallend über die Kompanie: „Herr Leutnant Fell bitte kommen Sie einmal zu mir.“

Die Depesche, die er mir übermittelte, kam vom Divisionskommando aus Darmstadt und lautete:

„Fähnrich Fell durch allerhöchste Kabinettsordre Seiner königlichen Hoheit des Grossherzogs unter dem 24. April 1904 zum Leutnant im 4. Infanterieregiment Prinz Carl Nr. 118 ernannt.“

Mein immer verständnisvoller Hauptmann, der einsah dass an diesem Exerziertage nicht mehr viel von mir zu erwarten sein würde, befahl mir, meinen Zug dem Vizefeldwebel Fey zu übergeben und nach Hause zu gehen, welchen Befehl ich natürlich freudig und beflissenen Fusses ausführte. Auf der Ernst-Ludwigs-Brücke, die unmittelbar neben dem Rosengarten über den Rhein führt, holten mich meine Kameraden Scharfscheer und Lüters ein, in ebenso glücklicher Stimmung wie ich. Um 12.00 zur Parolestunde trafen wir fünf neugebackene Leutnants uns im vollen Glanz der Paradeuniform mit Helm, Epaulettes, Schärpe, Silberkoppel und funkelnden hohen Lackstiefeln auf dem Regimentsgeschäftszimmer, um uns beim Kommandeur zu melden, der uns ins seiner gewohnt herzlichen, aber würdevollen

Art beglückwünschte,ebenso wie nachher die übrigen Stabsoffiziere,denen wir die vorschriftsmässige Beförderungsmeldung erstatteten.

Wir gingen von dort aus gleich ins Kasino,mit riesigem Hallo von den numerigen Kameraden,respektvoll von den Fahnenjunkern begrüsst,in deren Reihen wir gestern noch wie üblich am Eingang des Speisesaales in Linie gestanden hatten.

Nachdem aber die Händeschüttelei überstanden war, bat der älteste Oberleutnant, Müller,[1] zum Unterschied von dem Leutnant dieses nicht ungewöhnlichen Namens der „Obermüller" genannt, die Beförderten auf einen Augenblick ins Nebenzimmer und hielt uns dort eine kleine Ansprache, die einiges Wasser in den Wein unserer jugendlichen Begeisterung goß. Wir bildeten uns jetzt natürlich ein, führte er aus, Wunder was zu sein und auf dem Gipfel der Menschheit zu stehen. Wir möchten aber gefälligst sehr ernstlich bedenken, daß wir noch nichts anderes darstellten als sehr junge Offiziere, deren einzige Aufgabe darin bestehe, das unendlich Viele, was uns noch an Erfahrung und Wissen auf jedem Gebiet fehle, in eifrigem Streben zu ergänzen und uns im Übrigen auch außer Dienst recht bescheiden und anspruchslos, nicht nur gegen die älteren Kameraden, sondern auch gegen jeden Zivilisten zu verhalten. Wenn wir etwa von der preußischen Kriegsschule jenen Leutnantshochmut mitgebracht hätten, der unserem Stande schon so viel in der öffentlichen Achtung geschadet habe, so möchten wir ihn schleunigst ablegen und daran denken, daß wir uns die Epaulettes erst noch durch Leistung zu verdienen hätten. Er werde uns alle scharf im Auge behalten.

– Es war vielleicht ganz gut, daß uns diese kalte Douche gleich im ersten Augenblick unseres hochgeschnellten und etwas übermütigen Stolzes auf die Häupter rauschte, denn die Wirkung

---

1   … gefallen am 22.8.14 bei Maissin.

war um so nachhaltiger. Allerdings neigte wirklich kein Einziger von uns zu Überheblichkeit, und im ganzen Regiment wüßte ich keinen Offizier, der jemals in den von Oberleutnant Müller warnend erwähnten Fehler verfallen wäre. Nirgends hätte das auch weniger hingepaßt als in das geistig freie Rheinland mit seinen stolzen und ihrer alten Kultur bewußten Menschen. Mein Vater hat es uns beiden Jungens übrigens immer eingeprägt, daß die hohe Achtung, die die Offizieruniform bei allen vaterländisch Denkenden genieße, nur aus zwei Quellen fließe: Der selbstverständlichen Pflicht des Offiziers, jeden Augenblick zur Hingabe seines Lebens für die Nation bereit zu sein, aber auch der pflichtgetreuen Erfüllung seiner hohen Aufgabe, der Erziehung der deutschen Jungmannschaft.

Nun, wir haben trotz der etwas ernüchternden Einleitung unserer Leutnantszeit nicht nur unsere Beförderung in überschäumender Fröhlichkeit im Kameradenkreise gefeiert, sondern sind auch später keine Duckmäuser geworden – was unser gestrenger Mentor „Obermüller", wenn er uns auch oft noch die Kandare etwas anzog, wohl am wenigsten verlangt hätte. Die Feier verrauschte schnell, und vom nächsten Morgen ab drehten wir uns als winzige Räder in der gewaltigen Maschine des deutschen Heeres im vorgeschriebenen, immer gleichmäßigen Gang, wie viele Tausende anderer junger Leutnants zwischen Tilsit und Metz, Flensburg und Konstanz. Das in den nächsten Wochen fortgesetzte Kompagnieexerzieren wurde für die 7. Kompagnie durch eine sehr verständige Gewohnheit unseres Hauptmanns recht genehm gestaltet. Er war nämlich ein Feind der sogenannten Beschäftigungstheorie, die sich darin ausdrückte, daß jeder Dienst möglichst lang ausgedehnt werden mußte, weil die Leute in der Freizeit doch nur Dummheiten machen würden. Wenn dagegen bei uns alles klappte und das vom Hauptmann gestellte Pensum erledigt war, so wurde der Dienst eben abgeschlossen. So rückten wir oft um einige Stunden früher vom

Exerzierplatz ab als die anderen Kompagnien, die uns darob heftig beneideten. Wurde allerdings einmal gebummelt, so blieb die Großherzogliche Siebente länger auf dem Rosengarten als alle anderen. Das wußte jeder Mann, und daher gab sich auch der letzte Musketier die größte Mühe, nicht aufzufallen. Hauptmann von Ihlenfeld verstand es überhaupt ausgezeichnet, die Dienstfreudigkeit seiner Truppe zu wecken und zu erhalten und hatte sehr viel Verständnis dafür, was dem einfachen Soldaten Spaß macht. So marschierte er bei der Rückkehr von Übungen grundsätzlich durch die Stadt, und zwar mit „klingendem Spiel", d.h. der lauten, aber nicht gerade melodischen Musik unserer vier Spielleute (zwei Tambours, zwei Hornisten). Die beiden älteren Kompagnieoffiziere und die alten Unteroffiziere waren darüber wenig beglückt, aber die Musketiere und auch der gerade aus dem Ei gekrochene Leutnant Fell fühlten sich unter den bewundernd liebevollen Blicken der Weiblichkeit aller Schichten als echte Krieger. Wenn das Bataillon oder Regiment zum Einmarsch nach einer Übung die Regimentsmusik erhielt, so wußte unser Hauptmann immer geschickt für seine Kompagnie den Platz unmittelbar hinter der Musik zu ergattern.

Im Juni kam von der Generaladjutantur des Großherzogs der Befehl, daß die Neubeförderten an einem bestimmten Tage die vorgeschriebene Meldung bei unserem Kontingents- und Landesherren zu erstatten hätten. Wir puppten uns also alle fünf fein in unserer Paradeuniform ein und fuhren vergnügt mit dem Morgenschnellzug nach Darmstadt, wo wir erst einmal „ins Finke", einer alten, sehr bekannten Weinstube ein gutes Frühstück mit einem besseren Fläschchen einnahmen. Um halb 12 Uhr meldeten wir uns in dem malerischen Stadtschloß hinter dem „Langen Ludwig", der die Rheinstraße abschließenden hohen Säule mit dem Standbild Großherzog Ludwigs des Ersten, und trafen dort verschiedene ebenfalls neu ernannte oder zu einem höheren Dienstgrad beförderte Offiziere aller hessischen

Regimenter, darunter auch unseren Kriegsschulkameraden Proske vom Leibregiment. Im Geschäftszimmer der Adjutantur begrüßte Generalmajor von Hahn uns sehr freundlich und führte uns dann über viele Treppen und Flure des wie alle diese vielhundertjährigen Paläste durch zahlreiche Anbauten zu einem wahren Irrgarten verwinkelten Schlosses in den großen Audienzsaal. Dort nahmen wir regimenterweise Aufstellung, während der Adjutant sich zur Erstattung der Meldung in das Arbeitszimmer Seiner Königlichen Hoheit begab. Als um 12 Uhr das melodische Glockenspiel der Schloßkirche einsetzte, riß der Lakai die Flügeltür auf, der Großherzog in der Uniform eines Generals der Infanterie erschien mit seinem gewohnten liebenswürdigen Lächeln und ging mit dem schnellen und elastischen Schritt des Sportsmanns auf den am rechten Flügel angetretenen Offizier zu. Wir salutierten natürlich alle mit der Hand am Helm, aber der Großherzog winkte sofort lebhaft ab und bat uns, bequem zu stehen. Einen Teil der Herren kannte er bereits persönlich, bei fast allen aber die Familie. Er gab jedem die Hand und sprach in seinem gemütlichen Darmstädter Dialekt einige freundliche und sehr persönlich gehaltene Worte zu ihm. Als er zu uns Fünfen vom Regiment Prinz Carl gelangte, trug er Habicht, ehe dieser überhaupt seine Meldung herunterrasseln konnte, viele Grüße an seinen Vater, den Hofapotheker, „un' aach an die liebe Mamma" auf, und zu mir sagte er, es tue ihm sehr leid, daß mein Vater bei seiner Ernennung zum Kommandeur kein hessisches Regiment erhalten habe. Und dann stellte Seine Königliche Hoheit uns die in diesem Augenblick und bei dieser Gelegenheit freilich etwas deplacierte Frage: „No, meine Herren, sage Se mal, sind Sie gern Soldat geworde?" Auf unsere Bejahung aber erwiderte er kopfschüttelnd: „Ich waaß net, – mir täts kaan Spaß mache." Bei aller Liebe und Verehrung für unseren Landesherrn fanden wir diese impulsive Äußerung doch eigentlich recht wenig angebracht, aber so war Ernst Ludwig nun einmal. Böse war es ja auch nicht gemeint, und wir wußten alle, aus welchen Gründen bei ihm diese Abneigung gegen den soldatischen Beruf entstanden war. Der hinter ihm stehende General von Hahn aber, der wohl häufig derartige kleine Faux pas auszubaden hatte, schüttelte auch den Kopf, aber etwas verzweifelt. –

Nach der Meldung ließen wir uns noch ein Weilchen auf der Rheinstraße, der jedem Hessen bekannten Bummelallée der Residenz, von den hübschen Darmstädter Mädchen in unserem Glanz bewundern, und folgten dann einer Einladung der Eltern Habichts zu einem gemütlichen Mittagessen. Dr. Habicht zeigte uns die uralte geheimnisvolle Hofapotheke, die schon seit vielen Generationen im Besitz der Familie war und hinter den natürlich höchst modernen Laboratorien und Verkaufsräumen in düsteren Gewölben genau so mit ihrem mittelalterlichen Gerät erhalten war, wie sie seit Jahrhunderten bestand.

Der Adjutant unseres II. Bataillons, Oberleutnant Winter, hatte sich in jenen Wochen gerade ein neues Pferd, einen ost-preußischen Rappen mit viel Blut, gekauft, dem er absolut nicht fertig werden konnte, da der Gaul noch niemals bei der Truppe gegangen war. Er scheute vor jedem Gewehrgriff, und Musik machte ihn geradezu wahnsinnig. Ich erbot mich, nachdem ich beim Bataillonsexerzieren mehrfach dies für Pferd und Reiter nicht ungefährliche Theater beobachtet hatte, einen Versuch zur Eingewöhnung des nervösen Tiers zu machen. Der Oberleutnant stimmte nach einigen Bedenken zu, denn sein Kommandeur, der mit seinen Worten wenig wählerische Major Geppert, war ihm verschiedentlich schon saugrob geworden. Ich knöpfte mir nun das offenbar von einem früheren Reiter vollkommen verdorbene Pferd vor und mit allerdings unendlicher Geduld und nicht ohne, daß wir uns ein paar Mal auf dem Boden gewälzt hatten – der Gaul stieg nämlich wie eine Kerze – gelang es mir schließlich, den Bock wirklich militärfromm zu machen. Dies hatte für mich die angenehme Folge, daß mir auch verschiedene Stabsoffiziere und Hauptleute gelegentlich ihre Pferde anvertrauten, so daß ich zu meiner großen Freude fast jeden Tag Gelegenheit hatte, in den Sattel zu steigen. Besonders ehrte es mich, daß Oberst von Dietlein mich eines Tages rufen ließ und mich bat, ihm das eine seiner drei Pferde für Parade- und Besichtigungszwecke zuzureiten. Unser Kommandeur war eine sehr große und stattliche Erscheinung und bedurfte daher besonders starker Pferde, war aber kein ausgesprochen guter oder passionierter Reiter. Täglich setzte ich mich nun auf den mächtigen statiösen Rotschimmel, ein wahres „Denkmalsroß", dessen breit gewölbter Rumpf Schenkelhilfen sehr schwierig machte. Wie alle schweren Pferde war auch dieses von einem äußerst sanften Charakter, aber ohne jedes Temperament, so daß man es eigentlich nicht in der wirklichen Bedeutung des Wortes reiten, sondern nur darauf sitzen konnte. Gegen Sporen war der Rotschimmel so unempfindlich wie ein Elephant. Ich übte ihn nun Tag für Tag im Anspringen zum Galopp aus dem Stand und dann in jenen langsamen, majestätischen Galoppsprüngen, wie sie beim Ausreiten der Front durch einen hohen Vorgesetzten ein so wirkungsvolles Bild ergeben. Musik machte dem phlegmatischen Herrn zum Glück überhaupt keinen Eindruck und gescheut hätte er, glaube ich, nicht einmal, wenn man eine Kanone vor seiner Nase abgeschossen hätte. Jedenfalls war der Kommandeur mit meinen Dressurerfolgen recht zufrieden, und wenn ich dann in der Front stand, freute es mich immer, zu beobachten, daß der dicke Rotschimmel sozusagen von selbst die Front abgaloppierte und würdig die Parade abnahm, ohne daß sein Reiter sich viel mit Hilfen zu bemühen brauchte. Bei einem meiner Ausritte hatte ich ein kleines Abenteuer, das allerdings mit der Pferdebändigung nur mittelbar zu tun hatte. Ich bewegte das Pferd des Hauptmanns Cotta von der 10. Kompagnie an einem schönen Juninachmittag auf der Bürgerweide, einer für lange Galoppreprisen sehr geeigneten kilometerlangen Wiesenfläche zwischen Rhein und pfalzbayrischer Grenze, wo wir im Herbst auch unsere Jagden ritten. Dort winkte mir ein sein Heu mähender Bauer und vertraute mir geheimnisvoll an, in einem der großen Heuhaufen halte sich schon seit zwei Tagen ein Soldat unseres Regiments verborgen. Eben sei er wieder hineingekrochen. Die Sache kam mir merkwürdig vor. Ich ritt also eine Attacke auf besagten Heuhaufen, und forderte mit lauter Stimme den etwaigen Bewohner auf, sich am Tageslicht zu zeigen. Tatsächlich – aus dem Schober erhob sich eine zitternde Gestalt in vollkommen verdreckter und zerknitterter Uniform, von oben bis unten mit Heu behängt, das seit langem ungewaschene Gesicht von tagealten Bartstoppeln starrend. Nach längerem energischen Zureden bequemte sich der Bursche zu dem widerwilligen Geständnis, daß er sich am Sonntagabend bei seinem „Mädche" verspätet, den Urlaub überschritten und sich dann gefürchtet habe, in die Kaserne zurückzukehren. Seitdem führte er sein Einsiedlerleben im Heuhaufen und nährte sich schlecht und recht von den Früchten des Feldes. Ich versuchte nun, dem Unglücksmenschen klarzumachen, daß jetzt höchstens drei Tage Mittelarrest wegen Urlaubsüberschreitung, bei weiterem Ausbleiben aber eine schwere standgerichtliche Bestrafung wegen unerlaubter Entfernung oder gar Fahnenflucht zu erwarten waren, was er dann schließlich auch einsah und mitkam, ohne daß ich Zwangsmaßnahmen anzuwenden brauchte. Ich ließ den Mann vor meinem Pferde hergehen, und dies tat er zunächst auch ganz willig. Aber als wir am Rande des Floßhafens vorbeikamen, machte der Kerl plötzlich rechtsum und stürzte sich in das etwa 2–3 Meter tiefe Wasser. Was blieb mir übrig, als abzuspringen, den Säbel wegzuwerfen und nachzusetzen? Glücklicherweise erwischte ich ihn gleich am Koppel und zog ihn nicht ohne Mühe heraus, obwohl ihm die Selbstmordgelüste offenbar in den Fluten sofort vergangen waren. Auf der terra firma konnte ich mich nicht enthalten, dem Schafskopf unter lebhaftem Beifall der herbeigeeilten Hafenarbeiter rechts und links eine gepfefferte

Backpfeife herunterzuhauen, wofür mir jedes Kriegsgericht sicher mildernde Umstände zugebilligt hätte. Zum Glück war das lammfromme Hauptmannspferd ruhig stehen geliehen. Ich nahm es mit der linken Hand am Zügel, mit der Rechten falte ich meinen, ebenso wie ich, klatschnassen Gefangenen am Arm, und so zogen wir los, bei allen begegnenden Personen höchste Verwunderung erregend. Ich war nur froh, daß sich unter diesen keine der jüngeren Damen meines Bekanntenkreises befanden, denn imposant war unsere Prozession nicht. Vor der Kaserne aber traf ich mit dem Major Freiherrn v. Rotsmann, dem Bataillonskommandeur des erwischten Jünglings, zusammen, der sich natürlich nach den näheren Umständen dieses seltsamen Aufmarsches erkundigte, dem armen Sünder die ersten Leviten las und mir dann in seiner humorvollen Art riet, den Kerl bei seiner Kompagnie abzuliefern, mich schleunigst umzuziehen und einen recht großen Kognac zu trinken. Gesagt, getan. Der Feldwebel der Neunten nahm das Bürschchen mit unheilverkündendem Augenrollen in Empfang. Ich ließ den Gaul in den Stall führen und betrachtete mir dann in meiner Wohnung betrübt meine einst schöne, neue lichtgraue Litewka, der das dreckige und ölige Hafenwasser den Todesstoß versetzt hatte. Am Abend fand das allwöchentliche Gästeessen im Kasino statt, bei dem nicht nur alle verheirateten Offiziere des Regiments, sondern auch viele unserer Freunde zu erscheinen pflegten. Man wird mir vielleicht meine wirkliche peinliche Überraschung nachfühlen können, als der Oberst sich dabei erhob, eine Rede auf die „mutige und entschlossene Rettungstat" hielt und mit mir anstieß. Mein erstes war, daß ich zum Regimentsadjutanten ging und ihn himmelhoch bat, dem Kommandeur unter allen Umständen die von ihm angedeutete Absicht auszureden, mich zur Rettungsmedaille einzugeben. Bei dem ganzen Spaß hatte wirklich nicht die mindeste Lebensgefahr für mich oder für den Ausreißer bestanden. Das unterblieb denn zum Glück auch. In Worms jedoch, wo sich solche Dinge blitzschnell herumsprachen, galt ich von da ab als Held, – aber meine Kameraden haben mich mit meiner nassen „Heldentat" noch lange angeödet, und das war mir immer noch lieber.

Nach unserer Rückkehr von der Kriegsschule hatten wir gleich die gesellschaftlichen Verbindungen in Worms wieder aufgenommen und nicht nur bei den Familien des Regiments, sondern auch unseres weiteren Verkehrskreises Antrittsbesuche gemacht, obwohl im Sommerhalbjahr keine größeren gesellschaftlichen Veranstaltungen stattfanden. Trotzdem gab es wohl keine Woche, in der man nicht zwei- bis dreimal zu einem zwanglosen Abendessen in einer Familie eingeladen war. Einzelne Häuser durften wir allmählich wie eine Art Heimat betrachten und konnten in ihnen kommen und gehen, wann wir wollten, so außer bei Hauptmann von Ihlenfeld auch bei dem Korpsbruder meines Vaters, Dr. Gebb, und bei Stadtapotheker Dr. Roth. Einen ausgesprochenen Landverkehr wie in den östlichen und nördlichen Garnisonen gab es bei uns nicht, da die Provinzen Rheinhessen und Starkenburg keine Rittergüter, sondern nur Bauernwirtschaften, darunter allerdings recht große, aufwiesen. Einzelnen großen Weingutsbesitzern in der Umgegend, die meist Reserveoffiziere unseres Regiments waren, statteten wir allerdings gelegentlich Besuche ab, besonders in der Zeit der Weinlese, und das gab dann immer ganz besonders fröhliche Feste. Alljährlich einmal im Sommer veranstaltete das Offizierkorps eine Rheinfahrt, auf die man sich schon lange vorher freute. Dazu wurde ein kleinerer Dampfer der Köln-Düsseldorfer Dampfschiffahrtsgesellschaft gechartert, der vormittags um 10 Uhr in Worms ablegte. Natürlich waren alle unsere Freunde und Bekannten aus der Wormser Gesellschaft dazu eingeladen, der Kasinovorstand hatte für die Vorbereitung besonders leckerer Mahlzeiten gesorgt und sich auf den bei einer Rheinfahrt unvermeidlichen gewaltigen Konsum an edlem Rebensaft eingestellt. Die an Bord befindliche Regimentsmusik spielte ununterbrochen, und auf Deck war mit

Reblaub, Tannengrün und bunten Fahnen ein Raum abgegrenzt, auf dem unermüdlich das Tanzbein geschwungen wurde (wobei ich mich möglichst wenig beteiligte). Die Fahrt ging vorüber an Oppenheim mit seinem auf hoher Bergesspitze gelegenen Dom, am türmereichen goldenen Mainz, wo immer verschiedene Herren unseres Brigaderegiments mit ihren Damen zustiegen, an dem malerischen Bingen durch den schönsten Teil des Rheingaus bis hinter die Loreley, wo, natürlich, alles im Chor „Ich weiß nicht, was soll es bedeuten" sang, und dann in fröhlichster Stimmung zurück, so daß wir etwa um 10 Uhr abends wieder in Worms anlegten. Viele Damen und Herren hatten auch dann noch nicht genug und feierten im Kasino weiter bis in den grauenden Morgen. Wie sehr oft bei solchen längeren Festen hielt es ein Teil der jüngeren Leutnantschaft nicht mehr für der Mühe wert, das Bett abzunutzen, und blieb gleich bis zum Dienstbeginn des nächsten Tages sitzen. Wenn ich abends nicht eingeladen war, ging ich in jener Zeit meistens aus, und in dem weinfrohen Worms gab es ja eine Unzahl gemütlicher Kneipen, die einen guten Tropfen ausschenkten und wo man stets sicher sein konnte, Bekannte zu treffen. Die Hemmungen, die uns als Fähnriche abgehalten hatten, diese Lokale zu besuchen, fielen ja nun weg. Da war zum Beispiel das im ältesten Teil der Stadt gelegene kleine Weinrestaurant „Zur Kajüte", das schon auf eine mehrhundertjährige Vergangenheit zurückblickte und früher einmal der Treffpunkt der Rheinschifferzunft gewesen war, woran noch viele interessante Dekorationsstücke erinnerten. Von 9 bis 1 Uhr nachts saß dort um einen großen runden Tisch mit unzähligen eingekerbten Namen eine Sippe biederer alteingesessener Wormser Bürger, durchweg hervorragende Weinkenner, von denen man nach dieser Richtung viel lernen konnte. Ihr Senior war ein 96-jähriger Herr Knopp, ein angesehener Kaufmann, der trotz seiner fast 100 Jahre einer der pünktlichsten und regelmäßigen Stammtischgäste war. Er konnte aus seinem langen Leben viel Interessantes erzählen, wenn ihm auch allmählich die Zeiten etwas durcheinandergingen. Ich erinnere mich noch, wie der alte Herr eines Abends eine seiner Geschichten mit den Worten anfing: „Neulich, wie Sie den Major begraben haben … “ und auf unsere erstaunte Frage, wann das denn gewesen sei, erwiderte: „No, es werd' so in de 50er Johr gewese sein." Sehr regelmäßig ging ich abends in den „Dominikaner", wo ein Kreis jüngerer Herren vom Zivil seinen Stammtisch hatte, dem ich mich dann fest anschloß. Es waren einige Referendare und Assessoren der Regierung und der Gerichte, einige junge Oberlehrer, in der Mehrzahl aber junge Kaufleute der großen Industriefirmen. Besonders zog mich der Verkehr mit den letzteren an, da diese Herren fast durchweg schon im Auslande tätig gewesen waren und die Unterhaltung mit ihnen über alle möglichen Gebiete gerade für einen jungen Offizier außerordentlich anregend und belehrend war. Außerdem waren es durchweg auch menschlich sehr nette und gebildete Herren, die mir fast alle gute Freunde geworden sind. Vor allem Theo von Brockhusen, der Sohn eines Landrates aus Westpreußen, der früher Fähnrich zur See gewesen war, aber aus Gesundheitsgründen die Offizierlaufbahn nicht hatte einschlagen können. Er war im Auftrage der Firma Heyl in England, Nord- und Südamerika und Australien gewesen und sprach und schrieb vollendet Englisch und Spanisch. Brockhusen war ein sehr humorvoller und immer gutgelaunter Kamerad, der stets bereit war, irgendeine fidele Unternehmung mitzumachen. Auf dem heißumkämpften Fort Douaumont ist er im Jahre 1916 als Leutnant d.R. des brandenburgischen Infanterieregiments Nr. 24 gefallen. Ein anderer Stammtischgenosse war der damalige Gerichtsassessor Dr. Rahn, Leutnant d.R. des Leibgarderegiments, der 1913 Oberbürgermeister der Stadt Worms wurde und sein Gemeinwesen durch alle Schwierigkeiten der Besetzungszeit, durch Spartakisten- und Separatistenunruhen sicher hindurchgesteuert hat. Die meisten der Herren waren Reserveoffiziere, ein nicht unbeträchtlicher Bruchteil aber hatte zwar gedient, nachher aber auf die Wahl verzichtet. Das hing im Wesentlichen von den Firmen ab, denen sie angehörten. Während z.B. die Firma Cornelius Heyl größten Wert darauf legte, daß alle ihre höheren Angestellten Offiziere des Beurlaubtenstandes wurden und ihnen weitgehend mit Urlaubsbewilligung bei vollem Gehalt zur Ableistung ihrer Übungen entgegenkam, ebenso wie die Firma Doerr und Reinhardt, deren Seniorchef selbst fast alljährlich bei den Leibdragonern übte und sich mit Vorliebe „Herr Rittmeister" anreden ließ, war es bei anderen Firmen nicht so. Die Wollspinnerei Valckenberg, Stütze der Zentrumspartei, sah es nicht besonders gern, wann ihre Angestellten alle zwei bis drei Jahre wegen ihrer Übungen 8 Wochen fehlten und rechnete diese Zeit grundsätzlich auf den vertraglichen Urlaub an. Andere Firmen, besonders jüdische, gab es, die es geradezu zur Vorbedingung für die Anstellung machten, daß der Bewerber entweder nicht Reserveoffizier war oder sich sofort nach Ablauf der Reservedienstpflicht zur Landwehr zweiten Aufgebots überschreiben ließ, die nicht mehr zu Übungen verpflichtet war. – Es versteht sich, daß bald nach meiner Beförderung auch einige Sonntage darauf verwandt wurden, mich bei meinen ja durchweg in leicht erreichbarer Nähe wohnenden Verwandten in Mainz, Frankfurt und Wiesbaden sowie Bensheim a.d.B. in meiner jugendlichen Leutnantsherrlichkeit vorzustellen, überall mit der größten Freude begrüßt und gefeiert. Sogar die sonst nicht gerade militärfrommen Frankfurter Cousinchen reagierten jetzt doch etwas lebhafter auf den „Zauber der Montur" als einst bei meinem ersten Urlaub als Kadett. In Frankfurt erstattete ich auch dem hochverehrten Onkel de Champion Meldung und heimste, wie schon erzählt, von Tante Berthe die Beförderungsspende in Gestalt eines blauen Lappens ein. Es war der letzte Besuch bei dem allmählich zum uralten, gebrechlichen Greis gewordenen französischen General, der sich aber seine geistige Regsamkeit voll bewahrt hatte. Wenige Wochen später ging er zur Großen Armee, und ich wohnte selbstverständlich seinem auf Befehl des Kaisers mit militärischen Ehren erfolgenden Leichenbegängnis auf dem alten Städtischen Friedhof in Frankfurt am Main bei. Dem Sarge, auf dem das goldgestickte Käppi und der Degen des Heimgegangenen lagen, folgten sämtliche Offiziere der Garnison und die sehr zahlreichen Freunde, die sich der Verblichene in den über drei Jahrzehnten seines freigewählten Exils erworben hatte. Ein hoher Beamter des französischen Generalkonsulats, der in dessen Auftrag einen mit der blauweißroten Schleife geschmückten Kranz überbracht hatte, trug in der Paradeuniform eines Reserveoffiziers der 14. französischen Dragoner das Samtkissen mit den unzähligen Orden des Generals, darunter das Großkreuz der Ehrenlegion und den höchsten Orden des kurzlebigen mexikanischen Kaiserreichs, den „Stern von Guadaloupe". – Obwohl ich eigentlich in diesem ersten Jahre keinen Anspruch auf Urlaub mehr hatte, war Oberst von Dietlein so gütig, mir im Juli noch 10 Tage zu bewilligen, die ich benutzte, um einer Einladung meines österreichischen Vetters Freiherr von Meißner nach Wien zu folgen. Gustl war als Lehrer zur k.u.k. Infanterie-Schießschule auf dem Übungsplatz Marchfeld unmittelbar bei Wien kommandiert. Seit jenem ersten netten Zusammentreffen in Bregenz war er mit den reichsdeutschen Verwandten in regelmäßiger brieflicher Verbindung geblieben. Ich freute mich, den lustigen Charmeur wiederzusehen, aber noch mehr reizte es mich, die schöne Kaiserstadt an der blauen Donau (die in Wirklichkeit übrigens braungelb ist) und auch die inneren Verhältnisse im Habsburger Heer etwas kennen zu lernen. Ich fuhr also über Passau die alte Nibelungenstraße an der Donau entlang, von deren malerischen Schlössern und Klöstern ich leider damals nichts zu sehen bekam, da ich sie nachts passierte. Auf dem Wiener Franz-Josephs-Bahnhof holte mich

Gustl, der übrigens unterdessen Hauptmann geworden war, ab
und ließ es sich nicht nehmen, mich in einem „Unnummerierten“,
einem der weltberühmten Fiaker, über den Ring zu fahren. Das
war allerdings ein anderes Gefährt als unsere muffigen, klapp-
rigen Droschken in Deutschland mit ihren dürren Pferde-
gespenstern, die kaum noch einen Zuckeltrab fertigbrachten.
Blitzblank, federnde Gummiräder, auf dem Bock der „Schani“
mit ungarisch gewichstem Schnurrbart und den „Stößer“ keck
im Genick. Davor zwei prachtvolle Vollblutjucker, deren sich
kein Fürst hätte zu schämen brauchen. Mit der k.u.k. Militärbahn
fuhren wir dann in das in den Donau-Auen gelegene große
Lager, wo auch die Schießschule und die Telegraphenschule der
Kavallerie sowie einige weitere Lehrformationen untergebracht
waren. Gustl hatte mir neben seinem Barackenzimmer die Stube
eines beurlaubten Kameraden einräumen lassen, wo ich es sehr
gemütlich fand, denn diese Offizierwohnungen waren keineswegs so spartanisch primitiv wie die auf unseren Truppen-
übungsplätzen. Ich hatte absichtlich keine Uniform mitgenommen, um nicht zu sehr aufzufallen, obwohl an sich den
reichsdeutschen Offizieren in der Doppelmonarchie, den Öster-
reichern im Reiche das Uniformtragen ohne besondere Erlaubnis gestattet war. Nach einem Rundgang durch das ausgedehnte
Lager, in dem der ganze bunte „Farbkastl“ der Uniformen der
k.u.k. Armee, der k.k. Landwehr und der königlich-ungarischen
Honved wimmelte, begaben wir uns zum Essen in die Messe der
Infanterie-Schießschule, wo Gustl mich zuerst seinem Kommandeur, einem nur sehr wenig deutsch sprechenden ungarischen
Oberst, und dann im Ganzen den etwa 70 anderen Herren aller
Dienstgrade zwischen Leutnant und Major vorstellte. Von allen
wurde ich mit der vielleicht nicht immer ganz ernst gemeinten,
aber wohltuenden liebenswürdigen Herzlichkeit des Öster-
reichers begrüßt. Die Offiziere gehörten der Infanterie, den
Feld- und Kaiserjägern, den Kaiserschützen oder der Honved,

bzw. der Landwehr an. Landwehr war nicht wie bei uns das zweite, bzw. dritte Aufgebot des Beurlaubtenstandes, sondern eine aktive Gruppe, die für Österreich, das heißt die cisleithanischen Länder der Monarchie, die gleiche Stellung einnahm, wie die Honved in Ungarn, also wie diese einen rein ungarischen Teil der Wehrmacht neben der gemeinsamen Armee darstellte, so die Landwehr einen rein österreichischen. Sie führte daher auch die Bezeichnung k.k., also kaiserlich-österreichisch, königlich-böhmisch, hatte eine etwas kürzere Dienstzeit und trug eine graue Uniform, im Gegensatz zu der blauen der Armee. Die Herren machten durchweg sowohl militärisch wie gesellschaftlich einen ausgezeichneten Eindruck, aber es war für mich doch eine seltsame Erfahrung, das Sprachengewirr unter diesen Offizieren zu hören, die doch schließlich alle ein- und derselben Armee angehörten. Hier unterhielt sich eine Gruppe in weichem Polnisch, dort im abgehackten Magyarisch, dort in den zischenden Lauten eines mir unbekannten slawischen Idioms oder in melodischem Italienisch, auch Rumänisch konnte man vernehmen. Die deutsche Sprache dominierte zwar, und besonders die in meiner Nähe sitzenden Kameraden bemühten sich um eine ausschließlich deutsche Unterhaltung, wenn es manchem von ihnen auch offensichtlich recht schwer fiel. Bei einigen gingen die Sprachkenntnisse über die von jedem Offizier, außer bei der Honved, geforderten Abdrücke der deutschen Kommandosprache wenig hinaus. Der Kommandeur brachte nach alter Sitte einen Trinkspruch auf mich aus, der aber, eben wegen mangelnder Sprachfertigkeit, nur in einer kurzen Begrüßung bestand und nicht in einem Hoch, sondern in dem ungarischen Eljen auf den reichsdeutschen Gast ausklang. Nach Aufhebung der Tafel setzten wir uns in einem der sehr elegant, fast luxuriös ausgestatteten Gesellschaftsräume zusammen, wo sich bei schäumendem Pilsener – die Quelle war ja so nahe – um mich eine Anzahl deutschstämmiger Offiziere schaarte, die nun viel von mir über unsere Armee und überhaupt die Zustände und Stimmungen im Reich wissen wollten. Ein älterer Major eines Kärntner Infanterieregiments freundete sich besonders mit mir an und sprach mir mit erstaunlicher Offenheit seine Sorgen über die Zukunft des schon damals in allen Fugen krachenden Habsburger Reiches aus. „Siehst du, Herr Kamerad," sagte er ungefähr, „solange unser Alter Herr noch regiert, wird es halten, aber dann? Der Erzherzog-Thronfolger Franz Ferdinand ist ein sehr tüchtiger Soldat und Politiker. Aber wir Deutschen haben von diesem Slawenfreund nichts zu erhoffen, und bei den Ungarn ist er verhaßt wie der Teufel selbst. Wir haben uns eben nie von 1866 erholt, und vielleicht wäre es besser gewesen, wenn der Bismarck das deutsche Österreich damals gleich eingesteckt hätte. Na, vielleicht kommen wir doch einmal wieder unter einen Hut, sonst gehen wir paar Deutschen hier in der großen Slawenflut unter. Die Armee ist noch das einzige, was wirklich zusammenhält, und auch da … Du hörst ja selbst das Babel hier, und ich möchte meine Hand nicht ins Feuer dafür legen, was alle diese Tschechen, Polen, Serben , Kroaten, Rumänen, Italiener, von den Ungarn ganz zu schweigen, tun werden, wenn einmal der große Zwiespalt zwischen Nationalbewußtsein und Staatstreue vor sie tritt. Unter dem Radetzky war es noch anders, aber das ist lange her." Das waren nun allerdings Dinge, die ich niemals vorher erfahren und bedacht hatte, und die mir als dem Angehörigen einer, von winzigen Sprüngen und Rissen abgesehen, in sich stählern geschlossenen und fest an ihre und ihres Vaterlandes Zukunft glaubenden Armee fast unverständlich waren. Gustl, mit dem ich natürlich später auch über diesen Punkt sprach, stimmte mit dem Major vollkommen überein, ja er ging noch weiter und hoffte, daß nach dem Ableben des von allen, auch von ihm, verehrten und geliebten alten Kaisers „das Reich die Sache energisch in die Hand nehmen und wirklich die deutsche Gemeinsamkeit herstellen werde". Gustl hat ja dann auch nach

1918 in vorderster Linie für den Anschluß gewirkt.[2] Ich persönlich muß sagen, daß ich schon zu jener Zeit das war, was ich mein ganzes Leben lang geblieben bin, nämlich überzeugter legitimistischer Monarchist, dem die Treue zum Herrscherhause immer höher stand als alles andere, und daß mich diese nationalen Träume nicht sehr begeistern konnten. Auch ich habe immer das Ausscheiden des alten Österreich aus der deutschen Gemeinschaft seit 1866 tief beklagt und beklage es heute mehr denn je. Hauptsächlich aber darum, weil ich der festen Überzeugung bin, daß sich die Zukunft des deutschen Volkes anders und besser gestaltet hätte, wenn über ihm die historische Krone der Habsburgischen Kaiser und nicht die der preußischen Könige geschwebt und wenn die feine und milde Kultur der Österreicher ein Gegengewicht gegen das rauhe und harte Preußentum gebildet hätte. – Sehr interessierte es mich selbstverständlich, in den nächsten Tagen den Dienstbetrieb zu beobachten. Die Truppen machten einen sehr guten Eindruck, und es wurde mit Fleiß und Verständnis gearbeitet. Freilich waren es ja durchweg Lehrformationen, die aus ausgesuchten Offizieren und Mannschaften bestanden. Nur das Artilleriematerial fiel mir als vollkommen veraltet auf. Die Geschütze der Feldartillerie waren – im Jahre 1904! – immer noch Bronzekanonen ohne Rücklauf, während alle anderen, sogar die kleinen Armeen, längst Stahlrohre besaßen. Die Offiziere nannten sie selbst verächtlich „alte Feuerspritzen", aber auch auf diesem lebenswichtigen und

---

2   Er war der Gründer und Führer der Heimatwehr in Steiermark, trennte sich aber von dieser Organisation, als ihm die Haltung des Fürsten Starkenberg, des Oberbefehlshabers der H.W., zweifelhaft wurde. Er arbeitet dann eng mit dem bekannten reichsdeutschen Major Pabstin der Anschlusspropaganda zusammen. Gustl gehörte auch zu den Gründern und Leitern der Landesgruppe Deutsch-Österreich des „Nationalverbandes Deutscher Offiziere" (1922).

entscheidenden Gebiet knauserte der innerlich uneinige, zum Teil offen staatsfeindliche Reichsrat, der sich jede Verstärkung der Wehrmacht mit politischen Zugeständnissen abkaufen ließ. Das hätten nicht einmal unsere Sozialdemokraten im Reichstag fertig gebracht. –

Jeden Tag fuhr ich entweder allein, oder, wenn Gustl Zeit hatte, mit ihm und anderen Kameraden nach Wien, speiste auch einmal bei Sacher, wo die berühmte Wirtin mit der großen Zigarre im Munde selbst die Honneurs machte, und ging natürlich auch ein paar Male in die Burg und andere Theater. Im Prater verlebten wir manche überfidele Stunde und saßen manchmal spät in Grinzing in den lauschigen Weinlauben, hoch über der lichterfunkelnden Stadt, bei Heurigem und Schrammelmusik. Ich ließ es mir auch nicht nehmen, dem allmittäglichen Aufmarsch der Schloßwache beizuwohnen – wie die Wiener damals sangen: „Es ist die Burgmusik mein allerhöchstes Glück." Es war auch wirklich für jeden, der historischen Sinn besaß, ein unvergeßliches Bild, wenn die Wache in Kompagniestärke mit dem schwarzgelben Panier an der Spitze in die altersgraue Hofburg einmarschierte, und im Augenblick, wenn die Spitze unter die prachtvolle barocke Torwölbung trat, die Musik brausend und schmetternd die feierlichen Klänge des „Gott erhalte" intonierte. Tag für Tag erschien dann am Fenster seines Arbeitszimmers im 2. Stockwerk der greise Kaiser im lichtblauen goldverbrämten Generalsrock, von seinen Wienern mit jubelnden Hochrufen begrüßt. Als ich damals die Burgmusik zum ersten Male sah, wurde die Wache vom bosnisch-herzegowinischen Infanterieregiment Nr. 1, den „österreichischen Zouaven" gestellt, Mohammedanern im roten Fez, einer Elitetruppe ersten Ranges, die sich später im Weltkriege hervorragend geschlagen hat.[3] Zweimal bin

---

3   Die Bosnier, obwohl erst 1878 in blutigen Kämpfen unterworfen und 1908 in den österreichischen Staatsverband eingegliedert,

ich dem alten Kaiser dann bei seiner Ausfahrt in vierspänniger altväterischer Hofkarosse begegnet und war jedesmal ergriffen von der hohen Würde, die diese vielleicht letzte wirkliche Monarchengestalt umgab. Es tat mir herzlich leid, als meine paar Urlaubstage zu Ende waren, und ich nach einem geradezu rührenden Abschied von Gustl und den Kameraden die bis zum letzten möglichen Zuge hinausgeschobene Rückfahrt antreten mußte. Ich hatte mich in Österreich sehr zu Hause gefühlt. Die von einer leisen Melancholie getragene Heiterkeit, die uralte Kultur, das mitten im nüchternen Leben der Maschinenzeit noch lebendige Biedermeierliche des österreichischen Menschen haben mir immer sehr gelegen. – Mitte August begann dann meine erste Manöverzeit. Wir wurden zunächst nach Mainz zum Regiments- und Brigadeexerzieren abtransportiert. Diese Übungen waren kein Exerzieren im eigentlichen Sinne, sondern kleinere Manöver, die als Einleitung des daran anschließenden Divisions- und Korpsmanövers dienten. Als wir vom Hauptbahnhof aus durch die Taunusstraße zu den unserem Regiment als Unterkunft angewiesenen Rheintorbaracken marschierten, grüßte mich aus dem Fenster der im Hochparterre gelegenen Wohnung eines unserer Familie gut bekannten, ich glaube sogar entfernt

---

ließen sich bald, obwohl serbischer Rasse, von niemand an Treue zum Kaiser, ihrem „weißen Zaren in Wien", übertreffen. Allerdings nur, soweit sie Mohammedaner waren. Die christlichen Bosnier dagegen gerieten mehr und mehr in den Bann des Belgrader [unesbar] Schon seit 1890 wurden die Bosnier zum Heeresdienst herangezogen. Die beiden von ihnen gestellten Infanterie-Regimenter – b.f.1. und b.f.2. [unesbar] – bestanden nur aus Mohammedanern und trugen daher den Fez. Auch ein Teil der aktiven und alle Reserveoffiziere gehörten dem Islam an. Die christlichen Bosnier wurden als unzuverlässig auf andere österreichische und ungarische Truppen verteilt.

verwandten Arztes, Sanitätsrat Dr. Prätorius, ein flatterndes Taschentuch und der einiges Aufsehen erregende Ruf: „Bonjour, mon petit". Grand'mère hatte es sich nicht nehmen lassen, dem Einzug des Enkels beizuwohnen, und stolz salutierte ich sie mit dem Säbel. Die Offiziere waren in Bürgerquartieren untergebracht, und mein Quartierbillet wies mich zu einem sehr netten jungen Lehrerehepaar in der Gartenfeldstraße, wo ich das gemütliche und hübsch eingerichtete Fremdenzimmer beziehen durfte und, wir waren ja am Rhein, mit meinen freundlichen Quartiergebern, kaum, daß ich Helm und Säbel abgelegt hatte, gleich eine Begrüßungsflasche leeren mußte. Aus drei Gründen wurde ich dort besonders herzlich aufgenommen: Der spitzbärtige Herr Lehrer hatte bei unserem Regiment als Staatseinjähriger gedient und dachte gern an seine Soldatenzeit zurück, einer seiner Kollegen hatte, ebenfalls als Staatseinjähriger, mit mir zusammen in der 11. Kompagnie gestanden und gut über mich berichtet, und endlich war auch meine Familie meinem Gastgeber aus seinen als Liebhaberei betriebenen Studien über die Mainzer Geschichte wohl bekannt. (Als Staatseinjährige, die von allen Kosten, die die anderen Einjährigen zu tragen hatten, befreit waren und auch Löhnung erhielten, allerdings nicht die Schnüre trugen, durften unbemittelte Absolventen der Lehrerseminare, mittleren technischen Lehranstalten und gewisser staatlich anerkannter Kunst- und Handwerksschulen dienen). Wir haben manchen gemütlichen Abend in diesem Quartier verbracht, wo mich häufig weniger angenehm untergebrachte Kameraden besuchten. Wenn wir auf dem Balkon ein Böwlchen tranken und zur Klavierbegleitung des Lehrers Soldaten- und Studentenlieder sangen, nahmen alle Umwohner in der Straße fröhlich Anteil an unserer Fidelität. Mittags aßen wir im Kasino unseres Brigaderegiments in der schönen neuen Alicekaserne, und ich lernte dabei die Herren des blauen Leibregiments kennen, zu denen wir traditionell immer sehr enge über die selbstverständliche Kameradschaft hinausgehende Beziehungen unterhielten. Die beiden Regimenter bildeten eigentlich nur ein Offizierkorps. Das Regiment trug damals noch den verschlungenen Namenszug „V.M." auf den Achselstücken, der später nach der Scheidung des Großherzogs von Viktoria Melitta durch ein gekröntes „A" , den Namenszug der Großherzogin-Mutter Alice ersetzt wurde. Zu den preußischen Truppenteilen der Festungsgarnison bestanden mehr formelle Beziehungen. Zu ihnen gehörten die nassauischen Infanterieregimenter 87 und 88, genannt die Rheinweinbrigade, Rüdesheimer und Rauhentaler, weil ihr Benehmen angeblich diesen unfreundlichen Epitheta entsprach, je eine Abteilung der Feldartillerieregimenter Oranien Nr. 27 und Frankfurt Nr. 63, das brandenburgische Fußartillerieregiment Generalfeldzeugmeister Nr. 3, die Pionierbataillone Nr. 21 und 25 und das kurhessische Husarenregiment König Humbert von Italien Nr. 13. Diesem letztgenannten schönen Reiterregiment mit seiner hellblauen, silberverschnürten Attila und seinem vielleicht allzu vermögenden Offizierkorps war die Nähe der verführerischen Städte Frankfurt und Wiesbaden dienstlich so wenig gut bekommen, daß es ein Jahr später vom einem wahren Blitzstrahl aus heiterem Himmel getroffen wurde. Ausgerechnet während eines Liebesmahls im Kasino traf, ohne daß irgend jemand einschließlich des Kommandeurs vorher irgendeine Ahnung gehabt hätte, die kaiserliche Kabinettsordre ein, wonach die Husaren unverzüglich die Garnison mit dem in dem wesentlich weniger amüsanten lothringischen Städtchen Diedenhofen stehenden Magdeburgischen Dragonerregiment Nr. 6 zu tauschen hätten.[4] Darob tiefste Betrübnis bei den Husaren, himmelhochjauchzender Jubel bei

---

4   Schon ein paar Jahre vorher waren die leichtlebigen Husaren aus dem noch verführerischeren Frankfurt a. M. in die Festung Mainz verlegt worden. Aber das hatte ihre Sitten offenbar noch nicht im erwünschten Maße gebessert.

den Dragonern! – Unsere Regiments- und Brigademanöver fanden auf dem Großen Sand, dem Exerzierplatz der Mainzer Garnison, statt. Diese zwischen den Vororten Mombach und dem spargelberühmten Gonsenheim gelegenen riesigen Sandwüste, deren ausgesprochene Dünenlandschaft mitten in den fruchtbarsten Breiten Deutschlands ein bisher noch nicht gelöstes geologisches Rätsel darstellt, hat wohl schon seit undenklichen Zeiten den Schweiß zahlloser Generationen von Soldaten getrunken. Sicher haben dort schon die Manipel und Kohorten der römischen Legionen, die das Castrum Moguntiacum anlegten und vier Jahrhunderte hindurch besetzt hielten, unter dem fleißig geschwungenen Rebstock ihrer Zenturionen und Primipili die testudo („Schildkröte, Verteidigungsformation mit Schild-Deckung nach allen Seiten und oben), die Wurfsalve mit dem Pilum und den impetus ad gladium exerziert. Das glaubt wenigstens ein Ende der 1890er Jahre herausgekommenes, sehr interessantes Büchlein eines Mainzer Oberlehrers und Reserveoffiziers „Die Garnisonbewegungen in Mainz im Laufe von zwei Jahrtausenden" nachweisen zu können. Die uralte Festungsstadt, die an dem strategisch wichtigsten Punkte des Mittelrheins den Stromübergang deckt, hat ja schon Truppen fast aller europäischen Länder, Hessen, Preußen, Schweden, Spanier, Franzosen, Russen und während des 30-jährigen Krieges sogar Engländer in ihren Mauern beherbergt, teils als Verteidiger, teils, leider, als Eroberer und feindliche Besatzung. Nach Abschluß der Übungen wurde das Regiment Anfang September nach Oberhessen transportiert und dort in der Gegend von Hungen aus dem Transportzug heraus sofort im Divisionsmanöver eingesetzt. Mein erstes Quartier war das Dorf Ober-Ohmen, wo ich bei einer streng orthodoxen Judenfamilie untergebracht wurde. An jedem Türpfosten der Wohnung waren blecherne Gesetzestafeln angenagelt, und abends saß der langbärtige Familienvater mit dem Gebetsriemen um die Stirn und dem weißen burnusartigen

Gebetsmantel um die Schultern bei dem brennenden siebenarmigen Leuchter im Kreise seiner zahlreichen Familie und las hebräische Gebete vor. Das (christliche) Dienstmädchen verriet mir, daß jeder Teller, jede Tasse, jedes Glas, das ich oder mein Bursche berührt hatten, sofort nach dem Abmarsch zerschlagen werden würden, da sie durch die Berührung der Gojim unrein geworden waren. Sie selbst, die Magd, mußte ihr eigenes Geschirr unter strengem Verschluß halten, durfte nur das Haus reinigen usw., aber niemals die Küche betreten oder den Tisch decken. Die Leute waren sehr freundlich zu mir, aber ich war doch froh, am übernächsten Tage dieses Quartier verlassen zu können. Das Judenproblem hatte in Hessen ein ganz besonderes Gesicht. Im Großherzogtum wie im benachbarten Kurhessen waren bereits im ersten Viertel des 19. Jahrhunderts, besonders in der Bauernschaft, die ersten antisemitischen Unruhen von ganz Deutschland entstanden. Schon damals und seitdem immer wieder, bis in die letzten Jahre vor dem Ersten Weltkriege mußte gelegentlich Militär eingesetzt werden, um die jüdischen Familien auf den Dörfern vor Gewalttaten zu schützen. Die Burschenschaftliche Bewegung in Gießen unter Führung des Revolutionärs Follen hatte schon vor 1848 einen ausgesprochen judenfeindlichen Charakter, wie sie ihn auf anderen deutschen Universitäten nicht aufwies. So haben später hessische Wahlkreise auch die ersten antisemitischen Abgeordneten in den Reichstag und die hessische Kammer entsandt. Die Gründe lassen sich leicht historisch feststellen und belegen. Die Provinzen Oberhessen und Starkenburg, beide bis in die Gegenwart fast rein landwirtschaftliche Gebiete, wenn man von der in den Städten Darmstadt und Offenbach konzentrierten Industrie absieht, waren bis zum Reichsdeputationshauptschluß 1803 in unzählige winzige Territorialherrschaften aufgeteilt. Diese kleinen Duodezpotentaten trieben im 18. Jahrhundert fast durchweg in lächerlicher Nacheiferung von Versailles einen Aufwand, der zu den Hilfsquellen ihrer

Ländchen im umgekehrten Verhältnis stand. Die dazu nötigen Gelder wurden ihnen bereitwillig von jüdischen Geldverleihern vorgeschossen, die sich dafür die Steuern und anderen Staatseinnahmen verpfänden ließen. Den weit über ihre Kraft belasteten Bauern, die die Abgaben nicht mehr aus ihren Wirtschaftserträgen zahlen konnten, liehen die Juden nun wieder zu untragbaren Zinsen die dazu nötigen Geldmittel gegen Verpfändung des Viehes und der Ernteerträge oft auf Jahre hinaus. So waren tatsächlich die meisten Bauern des Odenwaldes und des Vogelsberges in vollkommene Schuldknechtschaft der Juden geraten, aus der sie sich durch viele Generationen nicht mehr lösen konnten. Es ist kein Agitationsmärchen. sondern Tatsache, daß noch im ersten Jahrzehnt dieses Jahrhunderts manche Judenfamilien sich vom Vater auf den Sohn ganze Dörfer „vermachten", in denen keinem Bauern mehr ein Ziegel auf seinem Dach, eine Kuh in seinem Stall, ein Halm auf seinem Acker gehörten. Als ich von diesen Zuständen erfuhr, wunderte ich mich nicht mehr über das verhungerte Aussehen unserer Odenwälder Rekruten, aber auch nicht über den geradezu glühenden Judenhaß dieser Bauern der Gebirgsdörfer. In den Städten und in der Provinz Rheinhessen lagen die Dinge anders. In den ersteren genossen die alteingesessenen jüdischen Familien sogar großes Ansehen. In Rheinhessen aber, das bis zum Reichsdeputationshauptschluß in der Hauptsache geistliches Gebiet gewesen und zum Kurbistum Mainz bzw. dem Bistum Worms gehört hatte, bewahrheitete sich auch in dieser Beziehung das alte rheinische Sprichwort: „Unterm Krummstab ist gut wohnen", denn dort war durch weise Gesetze eine Verpfändung von Bauernland über eine gewisse Zeitspanne hinaus verboten, und die Zinsvorschriften waren sehr streng. (Das hinderte natürlich nicht, daß auch Seine Kurfürstliche Gnaden von Mainz, wie alle Potentaten jener Zeit, ebenfalls seinen Hofjuden besaß.) In Rheinhessen waren die dort ansässigen Juden durchweg Weinkommissionäre, aber die rheinhessischen Weinbauern wussten „ihren“ meist seit Generationen mit ihrer Familie Geschäfte machenden Isaak oder David zu schätzen, behandelten ihn mit etwas ironischer Freundlichkeit und waren im übrigen viel zu schlau, um sich von ihm übers Ohr hauen zu lassen. –

Am dritten Manövertage abends erlebte ich mein erstes Biwak, aber leider verregnete es, so daß die überhaupt ziemlich problematische Poesie, die zivile und besonders weibliche Besucher vor dem lodernden Lagerfeuer zu empfinden pflegen, im wahrsten Sinne des Wortes ins Wasser fiel. Als wir am nächsten Morgen noch vor Sonnenaufgang frierend und dreckig aus dem nassen Stroh unter dem natürlich undichten Zelt hervorkrochen, waren wir heilfroh, daß der Zauber vorbei war und suchten wenigstens die innere Wärme durch einige Tassen heißen, wenn auch dünnen Kaffee mit einem tüchtigen Schuß Cognak einigermaßen anzufachen. Das Manöver 1904 war nur kurz, da in diesem Jahre im Hinblick auf das für 1905 angesetzte Kaisermanöver keine Korpsübungen stattfanden, so daß wir nach Abschluß der Divisionsmanöver schon gegen den 20. September wieder in die Garnison zurückfuhren. An den letzten beiden Tagen hatte wie üblich der Großherzog dem Manöver seiner Truppen beigewohnt und bei der Schlußkritik herzlich über die Sarkasmen unseres Divisionskommandeurs gelacht. Außer für den Betroffenen waren diese kritischen Bemerkungen des Generals von Gall stets für alle eine unerschöpfliche Quelle reiner Heiterkeit. Zum Beispiel: „Als ich heute früh die Vorposten abritt, kam ich auch zu den wirklich sehr schön aufgestellten Vorpostenkompagnien des II. Bataillons des Regiments Prinz Carl. Herr Major Geppert, die Stellung der Kompagnien war tatsächlich wunderschön – landschaftlich, denn taktisch war sie völlig unmöglich.“ Oder: „Die Radfahrabteilung des Leibgarderegiments unter der sehr geschickten Führung des Leutnants von Ilsemann würde bei ihrem überraschenden Feuerüberfall

aus nächster Nähe auf das sehr unvorsichtig vorreitende Leib-
dragonerregiment dieses im Ernstfalle wohl vollkommen zer-
sprengt haben. Ihnen, Herr Oberst von Ilsemann, (Kommandeur
der Dragoner), wird diese Tätigkeit ihres Herrn Sprößlings wohl
nur geringe Freude verursacht haben, aber ich kann dem jungen
Mann nur meine volle Anerkennung für seine Entschlußfähigkeit
aussprechen." Am letzten Abend vor dem Abtransport biwakierten wir noch einmal, diesmal zum Glück bei strahlendem Stern-
himmel, und so kam der ältere Jahrgang, dessen Dienstzeit nun in
wenigen Tagen zu Ende war, wenigstens nicht um sein „Löffel-
begraben", dessen sich wohl jeder im Frieden gediente deutsche
Mann noch schmunzelnd erinnert. Dabei traten die „alten Knochen", jeder mit seinem getreuen Eßlöffel bewaffnet, der zwei
Jahre lang sein Begleiter gewesen war, kompagnie- und bataillonsweise an. Die größten Spaßmacher mit Schärpen und Epaulettes
aus Stroh, beritten auf den Schultern der kräftigsten Kameraden,
fungierten als Hauptleute und Majore und führten ein komisches
Exerzieren aus, bei dem alle Vorgesetzten mit ihren, von der Mannschaft ja stets scharf beobachteten Eigenheiten nachgemacht und
kräftig veräppelt wurden. Das durfte einer alten Überlieferung
gemäß niemand übelnehmen. Zum Schluß stellten sich die Alten
jeder Kompagnie um ein besonders hoch angefachtes Lagerfeuer,
und unter dem Gesange der alten Reservelieder flogen die Löffel
in die Glut. Noch lange klang es über die Zeltreihen:

> „Wer treu gedient hat seine Zeit,
> Dem sei ein volles Glas geweiht.
> Drum, Brüder, stoßt die Gläser an:
> Es lebe der Reservemann."
> und
> „Wir dienten an des Rheines Strand
> Zwei Jahre treu fürs Vaterland.
> Und ruft der Großherzog uns wieder,

Als Reservist und Landwehrmann,
So legen wir die Arbeit nieder
Und folgen treu der Fahne dann!"

Sie haben es alle wahr gemacht, die braven Männer, die in den Biwaks der großen deutschen Armee damals diese Lieder sangen! – Für die am 30. September zur Entlassung kommenden Mannschaften fand nun in den letzten Tagen außer dem unumgänglichen Wachtdienst und den ziemlich umständlichen bürokratischen Vorarbeiten für ihre Entlassung und Überweisung an ihre Bezirkskommandos kein äußerer Dienst mehr statt, während der jüngere Jahrgang hauptsächlich bei Instandsetzung der für die erwarteten Rekruten bestimmten Bekleidungs- und Ausrüstungsstücke verwandt, die leider zahlreichen für Kommandos bestimmten Leute ausgewählt und vor allem das Rekrutenlehrpersonal zusammengestellt wurde. Zu meiner großen Freude blieb ich bei der in jedem Jahre nach dem Manöver stattfindenden Neueinteilung der Oberleutnants und Leutnants für das kommende, am 1. Oktober beginnende Dienstjahr bei der 7. Kompagnie. Ich hatte also nun zunächst die Aufgabe, das Rekrutenlehrpersonal, 10 Unteroffiziere und 10 Gefreite, für ihre Aufgabe vorzubereiten, wobei es mir trefflich zustatten kam, daß ich als Fähnrich unter der strengen Aufsicht des Hauptmann Wolter die ganze Rekrutenausbildung von Anfang bis zu Ende schon von der Pike auf durchgemacht hatte. Von meinen Unteroffizieren hatten sieben bereits ein- oder mehrmals Rekrutenkorporalschaften gehabt, drei ganz junge Unteroffiziere waren zum ersten Male dabei. Ihrer und der Gefreiten mußte ich mich also besonders annehmen. Am 30. September fand ein letzter Regimentsappell der zur Entlassung kommenden Mannschaften statt, bei dem der Regimentskommandeur sie in einer menschlich und soldatisch sehr packenden Rede ermahnte, auch im Zivilleben der Fahne treu zu bleiben und die Tugenden der Ordnung und Disziplin zu bewahren, die sie beim Militär gelernt hätten. Ein Hoch auf Großherzog und Kaiser schloß den Appell, und dann stürmten die nunmehrigen Reservisten jubelnd auf ihre Kompagniereviere, um ihre letzten Sachen abzugeben und sich auf die Heimfahrt zu machen. Man konnte es ja durchaus begreifen, daß diese jungen Menschen froh waren, dem manchmal harten Zwang zu entrinnen, dem sie zwei Jahre lang unterworfen gewesen waren. Später unter den Sorgen und Mühen des Lebens hat mancher von ihnen wehmütig und mit Sehnsucht an die unbeschwerte Soldatenzeit zurück gedacht, wie mir oft genug gediente Leute gesagt haben. Wer von den Reservisten eine Extrauniform besaß, zog diese an und rollte zum Zeichen seiner neuen Würde die Achselklappen ein. Jeder aber trug die Mütze schief auf dem Ohr, die mit den Regimentsabzeichen geschmückte Feldflasche an rotweißer Schnur umgehängt und den Reservistenstock mit den Kompagnietroddeln in der Hand. Denjenigen, die weder Zivilanzug noch Extrauniform besaßen, wurde eine alte Uniform als Entlassungsanzug überlassen, aber auf diese traf der Vers des Reserveliedes zu, der da lautete:

> „Einen alten Rock von der Kammer
> Gibt man dem Reservemann,
> Aber ach, es ist ein Jammer,
> ’sist kein ganzer Fetzen dran.“

Bei unserem Ersatz kam das höchstens bei den „Unsicheren“ oder den gelegentlich bei uns eingezogenen Z********, auf die ich noch zu sprechen komme, vor. Meinem braven Burschen Vollmer, einem Kaufmannslehrling aus Erbach im Odenwald, schenkte ich zum Abschied, der uns beiden wirklich schwer wurde, meinen ersten Zivilanzug aus der Kadettenzeit, in dem er sich pikfein vorkam. Sehr rührte es mich, daß fast alle meine ehemaligen Rekruten von der 11. Kompagnie sich bei mir verabschiedeten, sogar jener immer mißtrauisch beobachtete politisch Unzuverlässige mit dem roten „S" im Militärpaß, der übrigens zu den ganz wenigen gehörte, die auf den äußeren Schmuck des Reservisten verzichtet hatten. Der Mann, der seine Dienstzeit völlig tadelfrei und ohne Strafe überstanden hatte, war in der Gesinnung wohl der gleiche geblieben. Als ich ihm die Hand gab, sagte er unbewegten Gesichts: „Herr Leutnant sind immer gerecht gewesen, auch zu mir." Es tat mir geradezu leid, daß dieser intelligente und zweifellos anständige Mensch sich so in seine radikalen Ideen verbissen hatte. Aber natürlich verzichtete ich darauf, ihm etwa noch zureden zu wollen, und wünschte ihm nur, wie allen, Glück für seine Zukunft. An diesem Tage war es geraten, sich möglichst wenig auf den von Reservisten unseres Regiments und aller möglichen anderen Truppenteile wimmelnden Straßen zu zeigen, denn wenn die Leute sich auch im allgemeinen anständig benahmen, und am Entlassungstage auch noch unter dem Militärgesetz standen, so hatten sie sich doch in ihrem neuen Freiheitsgefühl durchweg gewaltig die Nase begossen. Die Rekruten rückten im Jahre 1904 etwa 14 Tage früher ein als in meinem ersten Ausbildungsjahr, so daß das Lehrpersonal also in beschleunigtem Tempo für seine Aufgabe fertig gemacht werden mußte. Der Einstellungstermin wurde alljährlich vom Kriegsministerium bestimmt, das ihn in manchen Jahren bis in die zweite Oktoberhälfte hinausschob. Das hatte einen sehr praktischen Grund. Es ist nämlich leicht auszurechnen, welche gewaltige Summen an Löhnung, Verpflegungskosten usw. erspart wurden, wenn mehrere hunderttausend Mann 14 Tage oder gar drei Wochen weniger unterhalten zu werden brauchten. Diese Ersparnisse konnte das Ministerium dann für notwendige Ausgaben verwenden, die nicht im Militäretat verrechnet zu werden brauchten. Zum Beispiel Erprobung neuer Waffen, Aufstellung außeretatsmäßiger Formationen etc. Die Kosten für die versuchsweise durch Abkommandierungen gebildeten ersten

Maschinengewehrabteilungen und Radfahrerkompagnien sind zum Beispiel auf diese Weise gedeckt worden, ehe ihre ständige Bewilligung vom Reichstage gefordert wurde. Die Einjährigen dagegen rückten grundsätzlich am 1. Oktober, in den Universitätsstädten auch am 1. April, ein. Das Einrücken und die Verteilung der Rekruten vollzogen sich in der gleichen Weise, wie es bereits geschildert wurde, und auch die Zusammensetzung war, wie immer bei unserem Regiment, dieselbe. Ich habe noch nicht erwähnt, daß das Regiment alljährlich etwa 30 Elsaß-Lothringer erhielt. Von den 6 Mann, die davon der 7. Kompagnie zugeteilt wurden, waren drei Fabrikarbeiter aus Mülhausen im Elsaß, eine wenig erfreuliche Gesellschaft, denn sie waren gleichzeitig radikale Sozialisten und ausgesprochen französisch gesinnt. Sie wurden auch nie gute Soldaten. Die drei Lothringer dagegen, von denen zwei kaum deutsch sprechen konnten, waren brave, etwas stumpfsinnige Bauernjungen aus der Metzer Gegend und politisch völlig indifferent. Einen davon, Jean Léhé aus Semécourt nahm ich mir ein Jahr darauf als Burschen, weil er ein besonders guter Pferdepfleger war. Die Wehrpflichtigen der Reichslande wurden bekanntlich niemals den dort stehenden Truppenteilen zugewiesen – wenigstens bis kurz vor dem Ersten Weltkriege –, sondern auf ganz Preußen und die in preußischer Verwaltung stehenden Kontingente verteilt[5]. Die Mehrzahl kam nach Ost- und Westpreußen, Posen, und Schlesien, wo sie sich

---

5   Wie auf vielen anderen Gebieten haben die Franzosen nach 1918 auch auf diesem Gebiet die deutschen Fehler bei der Behandlung Elsaß-Lothringens nachgemacht. Auch bei ihnen durften die früheren Reichsländer nicht in ihrer Heimat dienen, sondern wurden auf die Regimenter des inneren Frankreich und sogar Nordafrikas verteilt. Wenn ich 1904–07 in Paris an der Kaserne des [unlesbar] Nr. 24 hinter den Invalides vorbeiging, hörte ich viele Soldaten deutsch sprechen, und Abends klangen aus den Fenstern

unter den, für sie völlig fremdartigen, Lebensverhältnissen tod-unglücklich fühlten. Ich glaube erst 1910 wurde versuchsweise ein gewisser Prozentsatz der elsaß-lothringischen Rekruten in die Truppen ihrer Heimat eingestellt und den Ein- und Zweijährig-Freiwilligen erlaubt, sich dort zur Ableistung ihrer Dienstzeit zu melden. Alle Kenner des Reichslandes, besonders die Offiziere, die dort längere Zeit gestanden haben, hielten dieses Verfahren, das einem ausgesprochenen Mißtrauenszeugnis glich, für einen jener leider allzu zahlreichen verhängnisvollen Fehler, die die deutsche Politik in den zurückgewonnenen Provinzen zwischen 1871 und 1918 begangen hat. Gerade auf militärischem Gebiet wäre es vielleicht am leichtesten gewesen, die an sich sehr wehr-freudigen Reichsländer für die deutsche Sache zu gewinnen. Mel-deten sich doch alljährlich gerade aus Elsaß-Lothringen sehr zahlreiche Freiwillige für die preußische Garde und die Marine, und es ist ja auch kein Zufall, daß sich unter den napoleonischen Generalen und Marschällen so viele Elsäßer und Lothringer, ich nenne nur Kléber, Ney und Rapp, befanden. Spätestens 20 Jahre nach der Rückgliederung hätte man beginnen sollen, die Reichs-länder in ihrer Heimat dienen zu lassen, und dann wäre wohl auch bald der Augenblick gekommen gewesen, wirkliche, nicht nur dem Namen nach elsäßische und lothringische Truppenteile mit eigenen Abzeichen aufzustellen. Damit wäre den Protestlern viel Wind aus den Segeln genommen worden. Mitten im Welt-kriege 1916 hat ja dann unsere Heeresleitung sogar noch die unbegreifliche und unverzeihliche Torheit begangen, auf Grund von durchaus nicht zu verallgemeinernden Einzelfällen[6] die

---

deutsche Soldatenlieder, die die jungen Elsässer von ihren Vätern und Großvätern gelernt hatten.

6   In der Hauptsache, weil vom Reserve-Inf. Regt. 99 eine größere Zahl Leute übergelaufen war. Das aber erklärte sich daraus, dass man dieses Regiment ausgerechnet an einem Frontabschnitt in

Abschiebung sämtlicher elsäßischer und lothringischer Reserveoffiziere, Unteroffiziere und Mannschaften aus dem Westen auf den östlichen Kriegsschauplatz zu befehlen. Jeder von ihnen empfand dies als eine geradezu tödliche Beleidigung und nebenbei als eine Undankbarkeit. Denn diese Männer hatten fast ohne Ausnahme schon zwei Jahre lang tapfer und treu ihre Pflicht als deutsche Soldaten erfüllt, und viele von ihnen waren schon ein- oder mehrere Male verwundet gewesen. Um nur ein Beispiel herauszugreifen, war der erste Mann meiner Kompagnie, den ich am Abend unseres ersten Gefechtstages am 22. August 1914 zum Eisernen Kreuz einreichte und der wegen seines hervorragend tapferen Verhaltens diese Auszeichnung auch als Erster des Regiments noch vor allen Offizieren erhielt, ein Elsäßer, ein Reserveunteroffizier, der sogar aus Mühlhausen stammte. Jener Befehl der Obersten Heeresleitung hat viele Elsäßer, die sich bis dahin als gute Deutsche gefühlt hatten, zu unseren Feinden gemacht. Ich gestehe heute offen ein, daß ich mich damals als Bataillonskommandeur eines schweren Verbrechens schuldig gemacht habe, indem ich, unter begeisterter Zustimmung meiner vier Kompagnieführer, in den Militärpapieren der meisten meinem Bataillon angehörenden Elsaß-Lothringer die Herkunftsbezeichnung in Hessen oder Badener ändern ließ. Keiner von den Leuten hat mich enttäuscht. – Unter meinen Rekruten befand sich auch ein Z*******, der allerdings einen deutschen Durchschnittsnamen, Meier oder Müller, in seinen Papieren führte. Die meisten damals im Reichsgebiet herumziehenden Z******* waren staatenlos oder ungarische Staatsangehörige. Eine Anzahl

---

Elsass eingesetzt hatte, wo die meist verheirateten älteren Leute ihre Heimatdörfer, wo ihre Familien lebten, täglich hinter der französischen Front liegen sahen. Eine psychologische Ungeschicklichkeit ersten Ranges! Unter gleichen Umständen hätte es wahrscheinlich auch bei altdeutschen Truppen Überläufer gegeben.

war aber bis zu einem gewissen Grade seßhaft geworden, d.h. sie kehrten regelmäßig zu gewissen Saisonarbeiten, wie Hopfenpflücken und Weinlese, alljährlich auf mehrere Monate zu den gleichen Dörfern zurück. Von diesen Z******** hatten die meisten die deutsche Staatsangehörigkeit erworben, um sich dadurch ein Anrecht auf Alters-, Invaliditäts- und Krankenversicherung zu sichern. Sie gehörten aber weiter zu ihren Stämmen und waren, wenn überhaupt, nur nominell Christen. Mein erster Z******* hatte das typische Aussehen seiner Rasse und sprach nicht besonders gut deutsch, wurde aber zu aller Erstaunen schnell ein vorzüglicher Soldat und später sogar zum Gefreiten befördert. Ich wählte ihn bald als Gefechtsordonnanz und Entfernungsschätzer, da der Mann unglaublich scharfe Augen besaß. Seine vortrefflichen Schießleistungen dürften wohl nicht nur auf diese Sehfähigkeit, sondern auch auf reichliche Vorübung als Wilderer zurückzuführen gewesen sein.[7] Ich habe mich dann oft über den offenbar hervorragend organisierten Nachrichtendienst und den Zusammenhalt unter den Z******** gewundert. Niemals kam eine der damals häufig durchpassierenden Z*******banden in die Gegend von Worms, ohne daß sie sofort Verbindung mit ihrem soldatischen Rassegenossen aufnahm und ihm Geschenke an Geld und Lebensmitteln brachte. Dann ertönten

---

7   Beim Leibregiment in Mainz gab es unter den dort eingestellten Z******** sogar einmal, ich glaube 1903, einen begeisterten Soldaten, was allerdings selten sein dürfte. Man merkte diesem Manne schnell an, dass er schon, wenn auch in anderer Form, militärisch ausgebildet worden sein musste und stellte dann fest, dass er bereits bei der ungarischen Honved gedient und dabei so großen Gefallen am Soldatenleben gefunden hatte, dass er einen einberufenen Stammesgenossen überredete, ihn an seiner Stelle einrücken zu lassen. Er musste zum großen Bedauern seines Rekrutenoffiziers als Ausländer entlassen werden.

vor dem Revier der 7. Kompagnie über die Kasernenmauer einige eigenartig gellende Pfiffe, und wenn unser Z******* aus dem Fenster schaute, entspann sich zwischen ihm und den draußen stehenden malerisch zerlumpten Männern oder grell aufgeputzten Weibern eine für uns unverständliche Unterhaltung in der harten und abgehackten Z*******sprache, deren Tonfall etwas an das Spanische erinnert. Im Jahre darauf befand sich unter den Rekruten wieder ein Z*******, der aber seinem eben erwähnten Stammesbruder in keiner Weise glich. Er riß, wie seinerzeit mein ehemaliger Zögling Uhink bei der Elften, ununterbrochen aus und endete wie dieser bald bei der Arbeiterabteilung. – Über die Einzelheiten der Rekrutenausbildung brauche ich mich hier nicht erneut auszulassen. Sie verlief für Jahr und bei allen Truppen des deutschen Heeres im ungefähr gleichen Rhythmus. In jeder Kompagnie, Eskadron oder Batterie fiel diese Aufgabe grundsätzlich dem jüngsten Offizier zu. Da unser Regiment sehr stark mit Offizieren besetzt war, hatte man höchstens zwei- bis dreimal Rekruten, aber bei den in dieser Hinsicht ungünstiger bedachten Truppen, wie zum Beispiel in Metz, oft neun- bis zehnmal, und dann verlor die Sache natürlich beträchtlich an Reiz. Die Ausbildung der Einjährigen wurde stets einem älteren Offizier übertragen, der dann auch nach ihrem Abschluß den wöchentlich dreimal stattfindenden Spezialunterricht der als Offizieraspiranten ausgewählten Einjährigen zu geben hatte. Es war nun natürlich doch etwas anderes, als Leitender und Verantwortlicher über dem Ganzen zu schweben, als damals seine 15 Männerchen selbst in jedem Detail zurechtzurücken. Ich ließ von vornherein meine Unteroffiziere, wenn ich ihnen das Übungspensum des Tages gestellt und eingehend erklärt hatte, möglichst selbständig arbeiten und griff nur ein, wenn ich Fehler bemerkte. Damit bin ich immer am besten gefahren. Die Unteroffiziere und Gefreiten gaben sich wesentlich mehr Mühe als bei solchen Offizieren, die ihnen unausgesetzt in jede Kleinigkeit hereinredeten und womöglich jedem Manne die Griffe usw. persönlich beibringen wollten. Das gleiche Prinzip wandte Hauptmann von Ihlenfeld mir gegenüber an. Nachdem er erkannt hatte, daß ich meine Sache einigermaßen verstand, kam er nur zwei- bis dreimal wöchentlich, um in den verschiedenen Dienstzweigen die erzielten Fortschritte zu prüfen. Selbstverständlich bemühte ich mich, jeden meiner Rekruten so schnell wie möglich persönlich kennen zu lernen, mich um seine Familienverhältnisse zu kümmern und seinen Charakter und seine Gesinnung zu erforschen. Das aber war bei 70 Mann keine einfache Aufgabe, und es dauerte immerhin ein paar Wochen, bis ich auch nur alle Namen fest im Kopfe hatte. Die eifrigsten und intelligentesten Leute fand man ja ebenso schnell heraus wie die schwarzen Schafe, und schon nach ein paar Tagen konnte man mit ziemlicher Sicherheit sagen, wer ein Jahr später die Gefreitenknöpfe tragen und wer häufiger mit dem Kommißbrot unter dem Arm unter Führung des Unteroffiziers vom Dienst den betrüblichen Gang zum „Vater Philipp", dem in einer entlegenen Ecke der Kaserne gelegenen Arresthaus mit seinen vergitterten Fenstern, antreten würde. Übrigens hat man später im Kriege sein Urteil über die Mannschaft in vielen Fällen revidieren müssen. Die gewandtesten und tapfersten Feldsoldaten waren selten die Mustergefreiten der Friedenszeit, sondern sehr oft gerade die Leute, die sich immer wieder gegen den notgedrungen scharfen Zwang der Kommißdisziplin vergangen hatten. Die beste Gelegenheit, die Rekruten kennen zu lernen, bot der Unterricht. Dieser Dienstzweig hat mir, vielleicht weil ich eine kleine pädagogische Ader besitze, stets viel Freude bereitet, obwohl es wahrhaftig nicht ganz einfach war, einem Odenwälder Bauern, der in seiner Dorfschule kaum das Einmaleins gelernt hatte, beizubringen, daß beispielsweise die Geschoßbahn eine Parabel bildet, oder daß unser Regiment bei Talavera de la Reina Lorbeeren geerntet hatte. Auch ein Außenstehender wird nebenbei wohl begreifen, daß für einen jungen Offizier schon eine ziemliche Begeisterung für seinen Beruf dazu gehörte, um an einem eisig kalten, stichdunklen Wintermorgen in einer trübe erleuchteten Kasernenstube, wo dem Dunst und Duft nach 22 Mann geschlafen hatten, eindringlich über so hohe Dinge wie Fahneneid, Berufspflichten des Soldaten und Ähnliches zu sprechen. Trotz des für die wenigen Monate der Rekrutenausbildung recht umfänglichen Lehrstoffes bin ich meiner Gewohnheit treu geblieben, mindestens eine Stunde wöchentlich der Besprechung allgemein interessierender Themen aus den Zeitereignissen zu widmen. Sogar das etwas gewagte Experiment, daran eine Diskussion zu knüpfen, gelang über Erwarten gut, wenn sich dabei natürlich auch in der Hauptsache die Intelligenteren, besonders die Städter, beteiligten. In amüsanter Erinnerung ist es mir, daß mich ein Offenbacher Sozi Anfang 1905 einmal aufs Glatteis zu führen suchte, indem er ganz harmlos fragte: „Könnten Herr Leutnant uns nicht etwas über die Revolution in Rußland erzählen?" Nun wußte ich ja aus den Erzählungen meines angeheirateten finnischen Vetters Savolainen und aus meinem kurzen Abstecher über die Grenze des Zarenreiches einigermaßen über die Verhältnisse im Heiligen Rußland Bescheid und bemühte mich, den Leuten die tieferen Gründe für die revolutionäre Bewegung klar zu machen. Ich hatte den Triumph, daß der rote Offenbacher daraufhin zugeben mußte, so sehe es denn doch bei uns in Deutschland nicht aus. Am meisten freute mich, daß ein anständiger Bauernsohn aus Rheinhessen spontan und erregt ausrief: „Und es ist doch eine Gemeinheit, daß die Leute sowas mitten im Krieg machen!" – Vor der Vereidigung mußte ich auf Befehl des Regiments acht Lothringern, die die deutsche Sprache nur unvollkommen beherrschten, den französischen Text der Kriegsartikel und des Fahneneides vorlesen und erläutern. Bei der feierlichen Eidesleistung nahm ich dann ihre Vereidigung in französischer Sprache vor. Die mir ursprünglich zugedachte Aufgabe, den Leuten täglich deutschen Unterricht zu geben, konnte ich dank der Unterstützung meines Hauptmanns abwimmeln. Sie wurde dem Einjährig-Freiwilligen Dr. Lahm, später im Weltkriege als Leutnant der Reserve und Kompagnieführer im Regiment gefallen, übertragen, der von Beruf Oberlehrer der Neusprachen war. Eines Morgens im November, als sämtliche 12 Rekrutenabteilungen sich auf dem Kasernenhof eifrigst mit Griffen, langsamem Schritt und Sandsackzielen beschäftigten, tauchte am Kasernentor eine Gestalt auf, die sofort die allgemeine Aufmerksamkeit auf sich lenkte und den ganzen Betrieb zum Stillstand brachte. Es war ein Offizier in einer Uniform, wie wir sie noch nie gesehen hatten: Dunkelblauer Waffenrock mit grünem Besatz und schwarzen Schnüren, breite, grüne Generalsstreifen an den Beinkleidern, französisches Käppi mit blauweißem Federstutz. Unter Führung eines Musketiers der Kasernenwache verschwand die fremdartige Erscheinung im Eingang des Kommandogebäudes. Wenige Minuten später wurde ich durch eine Ordonnanz aufs Regimentsbüro gerufen. Dort stellte mich der Oberst dem Oberleutnant der argentinischen Armee Eduardo Weiss vor, der durch kriegsministerielle Verfügung auf ein Jahr zu unserem Regiment kommandiert war. Da der Argentiner trotz seines deutschen Namens kaum ein paar Worte Deutsch, sondern außer seiner spanischen Muttersprache nur Französisch und etwas Englisch verstand, mußte ich die Unterhaltung führen. Der Kommandeur beauftragte mich dann, mich des südamerikanischen Kameraden, den er der 7. Kompagnie zuteilte, in jeder Weise anzunehmen, ihm bei der Wohnungsuche behilflich zu sein und ihn in die deutschen Dienstvorschriften einzuführen. Da meine Zeit als Rekrutenoffizier reichlichst in Anspruch genommen war, bedeutete das eine nicht unbedeutende Mehrbelastung, aber ich habe sie sehr gern auf mich genommen, und später einen Lohn dafür geerntet, der weit über alles hinausging, was ich etwa hätte erwarten können. Oberleutnant Weiss ist mir ebenso wie seine Landsleute, die nun Jahr für Jahr bis zum Ersten Weltkriege in ständigem Wechsel bei uns eintrafen, ein guter Kamerad, ja ein treuer Freund geworden. Sein Großvater war anfangs der 1860er Jahre aus Württemberg nach Argentinien ausgewandert, aber die Familie hatte sich, wie leider so viele Deutsche draußen in der Welt, sehr schnell entnationalisiert. Schon sein Vater hatte eine spanische Argentinerin geheiratet, so daß Eduardo auch zu Hause von Jugend auf kein deutsches Wort mehr hörte. Hauptmann von Ihlenfeld war zunächst über den Zuwachs, von dem er nur Störungen des Dienstbetriebes fürchtete, wenig beglückt, hat aber später den fremden Kameraden ebenfalls sehr schätzen gelernt. Mittags im Kasino setzte ich Weiss zwischen Johnnie Scharfscheer und mich, so daß er sich nach der einen Seite Englisch, nach der anderen französisch unterhalten konnte. Ich fand dann schnell eine nette Wohnung für ihn und zwar bei einem spanisch sprechenden Korrespondenten der Firma Cornelius Heyl, den mir Brockhusen auf meine telephonische Bitte genannt hatte. Vom nächsten Morgen an stand Oberleutnant Weiss dann beim Dienst neben mir, ließ sich jeden Befehl übersetzen, jeden Griff erklären und machte sich eifrig Notizen. Wenn Felddienstübungen, auch der anderen Bataillone oder des Regiments, stattfanden, so wurde er stets dazu kommandiert, hatte aber im Anfang verhältnismäßig wenig davon, da ich ja nicht von meinen Rekruten wegkonnte und die anderen Kameraden mit ihrem halb vergessenen Schulfranzösisch nur unvollkommene Erklärungen abgeben konnten. Unsere Dienstvorschriften brauchte ich ihm übrigens nicht zu übersetzen, da er spanische Ausgaben der deutschen Reglements besaß, die auf Veranlassung des argentinischen Kriegsministeriums an die Offiziere der Armee ausgegeben waren. Fast vom ersten Tage ab trat ich mit Weiss in einen gegenseitigen deutsch-spanischen Sprachaustausch, wobei er schnelle Fortschritte machte, da er gleichzeitig täglich Unterricht in der

Berlitz-School nahm. Das erleichterte uns den Verkehr und ihm seine Aufgabe der Orientierung sehr. Ich war dem Argentiner auch bei der Beschaffung eines Pferdes behilflich, das er durch Vermittlung meines alten Kadettenkameraden Leutnant von Freyhold von den Leibdragonern preiswert von einem Offizier dieses Kavallerieregiments erwarb. Bei den sehr zahlreichen, zum deutschen Heere kommandierten ausländischen Offizieren waren zwei Klassen zu unterscheiden. Die einen, darunter Türken, Rumänen, Japaner, Perser, Chinesen und Siamesen, wurden durch Allerhöchste Kabinettsordre zu deutschen Offizieren ernannt, trugen deutsche Uniform, taten Dienst wie jeder andere Offizier und waren auch Vorgesetzte der Mannschaften. Die anderen, in der Hauptsache Südamerikaner, darunter Argentiner, Chilenen, Bolivianer, Paraguayer, Venezuelaner und Columbier, galten nur als zugeteilte Beobachter, behielten ihre eigene Uniform und waren nicht Vorgesetzte. Sie traten daher auch nicht in Reih und Glied und begleiteten bei Übungen nur die Truppen. Ich bin oft gefragt worden, ob diese Ausbildung von Ausländern, von denen viele, wie Japaner und Rumänen, im Ersten Weltkriege ja tatsächlich auch auf Seite unserer Feinde traten, nicht große Bedenken gehabt habe. Natürlich hatte die Sache sehr ihre zwei Seiten. Die in der Truppe kommandierten Offiziere erfuhren dort zwar keinerlei Geheimnisse, weil dem Frontoffizier solche im allgemeinen selbst nicht bekannt waren. Anders war es aber bei den zur Kriegsakademie zugelassenen ausländischen Offizieren, die dem türkischen, rumänischen, japanischen oder chinesischen Heere angehörten. Dort ließ es sich, obwohl die ausländischen Herren bei Behandlung gewisser Themen gebeten wurden, den Hörsaal zu verlassen, einfach nicht vermeiden, daß ihnen manche unbedingt geheim zu haltende Dinge bekannt wurden, besonders auf dem Gebiete der Landesbefestigung und der Bewaffnung. Ich habe mich zum Beispiel später immer gewundert, daß unsere Feinde über das Auftauchen der berühmten „Dicken Bertha" , des 42-Zentimeter-Mörsers, im Herbst 1914 so erstaunt waren, denn über dieses Geschütz wußten die im Jahrgang 1913–14 auf der Kriegsakademie studierenden Ausländer bestimmt Bescheid. Auf dieser militärischen Hochschule hätten meiner Ansicht nach Ausländer überhaupt nicht aufgenommen werden dürfen. Die Vorteile, die man sich höheren Ortes von der Kommandierung ausländischer Offiziere versprach, sind nur zum Teil eingetreten. Mochten zum Beispiel die japanischen und rumänischen Offiziere persönlich während ihres Kommandos noch so viel Achtung und Sympathie für das deutsche Heer und deutsches Wesen überhaupt gewonnen haben – irgendwelchen Einfluß auf die deutschfeindliche Politik ihrer Länder hat das nicht gehabt. Eine Ausnahme bildeten Chile und Argentinien, wo die Armee sowohl im Ersten wie im Zweiten Weltkriege infolge ihrer innerpolitisch ausschlaggebenden Stellung die Außenpolitik der Republiken in einem für Deutschland günstigen Sinne zu lenken verstanden. Übrigens haben fast alle großen Militärmächte, genau so wie wir, Ausländer zu Studienzwecken in ihre Wehrmacht aufgenommen und ihrerseits Instruktionsoffiziere zu fremden Heeren entsandt. Auf der französischen Kriegsakademie, der École Supérieure de la Guerre in Paris, wimmelte es geradezu von Ausländern aller möglichen Nationalitäten. Ganz unverständlich ist es mir freilich geblieben, und ich habe daraus auch dem von mir hochverehrten Reichswehrminister Dr. Gessler gesprächsweise kein Hehl gemacht, daß die Reichswehr in den 1920er Jahren, als überall im Reiche die Schnüffelkommissionen ihr Handwerk ausübten und das Rheinland noch von feindlichen Truppen besetzt war, englische und amerikanische Offiziere zum Dienst in deutschen Regimentern zuließ. Lernen konnten diese bei der aller modernen Waffen beraubten winzigen Reichswehr bestimmt nichts Neues, und wenn man etwa glaubte, dadurch in London oder Washington gut Wetter machen zu können, so hat man sich wieder einmal einer der bei uns ja leider üblichen Illusionen hingegeben. – Neben dem normalen Dienst hatte jeder Oberleutnant und Leutnant im Winterhalbjahr eine theoretische Arbeit anzufertigen, für die die älteren Herren das Thema frei wählen durften, die jüngeren es vom Regimentskommandeur gestellt erhielten. Diejenigen Arbeiten, die sich ihrem Gegenstand und Wert nach dazu eigneten, wurden dann im Kasino als Vorträge vor dem gesamten Offizierkorps gehalten. Ich hatte in jedem Jahre diesen Vorzug. Die Ausarbeitung einer solchen theoretischen Aufgabe und der spätere Vortrag machten mir stets großes Vergnügen, weil sie ein Gegengewicht gegen den manchmal naturgemäß etwas mechanischen Kasernendienst bildeten. Der einzige Haken war, daß die meist recht umfangreichen Arbeiten sorgfältig mit der Hand geschrieben werden mußten, da die militärische Bürokratie noch bis etwa 1910 die Erfindung der Schreibmaschine für jedes dienstliche Schriftstück welcher Art auch immer hartnäckig ignorierte. Mein erstes Thema hieß: „Woraus erklären sich die anfänglichen schweren Mißerfolge der britischen Infanterie im Burenkriege?" Ich schrieb dazu sofort an meinen nunmehr zum Captain avancierten Bekannten Montgomery Wiesbadener Angedenkens, mit dem ich in gelegentlichem Briefwechsel geblieben war, und bat ihn, mir englische militärische Fachliteratur über den Burenkrieg und die im freien Handel erhältlichen Dienstvorschriften der britischen Infanterie zu besorgen, was er in liebenswürdigster Weise sofort erledigte. Auf dieser Grundlage konnte ich eine fundierte kritische Untersuchung im Sinne des gestellten Themas durchführen und den im Januar stattfindenden Vortrag auch für das Offizierkorps interessant gestalten. Die dazu nötigen Skizzen und Karten der südafrikanischen Schlachtfelder dankte ich in der Hauptsache der freundlichen Mitarbeit des Einjährigen Ackerknecht, der von Beruf Landmesser war. Auf Bitten des Bezirkskommandeurs Oberst Maercker, der meinem Vortrag beigewohnt hatte, wiederholte ich ihn dann bei einer der allmonatlich in unserem Kasino stattfindenden kameradschaftlichen Zusammenkünfte der Offiziere des Beurlaubtenstandes. Bei dieser Gelegenheit war auch der Jahrzehnte lang zu unseren beliebtesten Verkehrsgästen zählende Generaldirektor der Wollspinnerei Valckenberg, Herr Blakeley, anwesend, der in seiner Jugend einige Zeit als Leutnant bei den Irish Guards gedient hatte und daher besonderes Interesse für das Thema zeigte. Dieser Herr, in dessen gastlichem Hause wir viele schöne Stunden verbracht haben, war in den 1880er Jahren von seiner Firma als Textilfachmann aus Birmingham herübergeholt worden, hatte dann die Tochter einer angesehenen Wormser Familie geheiratet und in Deutschland eine ständige Heimat gefunden. Er sprach fließend deutsch, war aber in Aussehen und Wesen der typische vornehme Brite geblieben, und hatte sich auch nicht naturalisieren lassen. Sein einziger Sohn wurde aktiver Offizier der Jäger zu Pferde in Colmar im Elsaß und fiel in den ersten Tagen des Weltkrieges als Patrouillenführer bei Géradmer in den Vogesen. Die bildhübsche Tochter Alice, die wohl jeder unserer Leutnants einmal angeschwärmt hat, heiratete einen Rittmeister vom Regiment ihres Bruders, der ebenfalls gefallen ist. Bei Kriegsbeginn ergab sich der merkwürdige Fall, daß Herr Blakeley am gleichen Tage, an dem sein Sohn und sein Schwiegersohn als aktive deutsche Offiziere ins Feld rückten, als britischer Staatsangehöriger ins Zivilgefangenenlager Gießen verbracht wurde. Auf Verwendung des Großherzogs und hoher militärischer Stellen wurde er aber nach einigen Tagen in Freiheit gesetzt und blieb bis 1918 vollkommen unbehelligt. Dann aber nahmen ihn die französischen Besatzungsbehörden fest und überlieferten ihn den Engländern als angeblichen Verräter. Diese jedoch ließen ihn nach kurzem Verhör wieder frei, da er längst über das kriegsdienstpflichtige Alter hinaus war und sich selbstverständlich niemals einer strafbaren Handlung gegen sein Vaterland schuldig gemacht hatte. Die Tragik dieses zwischen den Nationen stehenden, hochanständigen Mannes wurde noch dadurch verschärft, daß sein Bruder britischer General war und verschiedene seiner nächsten Verwandten auf englischer Seite gefallen sind. – Bei Unterhaltungen mit meinem literarisch sehr versierten Kameraden Habicht und den Freunden aus zivilen Berufen hatte ich peinlich zu fühlen begonnen, wieviel mir doch noch an allgemeiner Bildung über das Schulwissen des Abiturienten hinaus fehlte. Bei meiner ausschließlich militärisch bestimmten Erziehung im Kadettenkorps konnte es ja auch kaum anders sein. Ich begann nun, mich systematisch in die moderne deutsche, aber auch die französische, englische und russische Literatur zu vertiefen und auch politische Werke zu studieren, die ich bisher nur dem Namen nach kannte. Die Büchereien meiner Freunde und die sehr reichhaltige Wormser Stadtbibliothek boten genügend Material. Ich wagte mich damals sogar an das „Kapital" von Marx, muß aber gestehen, daß ich in diesem schauderhaften Wälzer mit seinem todlangweiligen, manierierten Stil einfach stecken blieb. Immerhin erhielt ich doch daraus und aus anderer sozialistischer Literatur wenigstens einen Begriff davon, was die Sozialdemokratie eigentlich bedeutete und anstrebte, die bis dahin für mich, ehrlich gesagt, nur ein Popanz und Kinderschreck war. Es ergab sich dann allmählich, daß sich fast allwöchentlich ein gleichgesinnter, aus jungen Offizieren und Zivilisten gemischter Freundeskreis auf irgendeiner Bude zusammenfand und beim Glase Bier über Gott und die Welt diskutierte. Diesen Brauch haben wir jahrelang beibehalten, und ich glaube, daß jeder von uns viel dabei gelernt hat. Es paßte ja eigentlich nicht ganz in die Vorstellung, die man sich gemeinhin vom Leben und den Interessen eines jungen Offiziers machte, daß in diesen Nachtstunden, die sich oft bis in den grauenden Morgen ausdehnten, von uns mit heißen Köpfen über Sozialismus, über Tolstoi und Dostojewsky, über Möglichkeit und Wünschbarkeit eines ewigen Friedens, über Gerhart Hauptmann und Sudermann, über die letzte Rede des Kaisers und die deutsch-englischen Beziehungen, über die Entwicklung des Handels und der Industrie des Reiches – kurz, über jedes denkbare Thema gesprochen und gestritten wurde. In diesem Kreise hätte Schopenhauer seinen berühmten Taler verloren, den er der Armenkasse stiften wollte, wenn die mit ihm in Frankfurt am gleichen Hoteltische speisenden Offiziere einmal über etwas anderes sprechen würden als über Weiber, Pferde und Hunde. Aber die Zeit war eben ernster geworden, das fühlten wir alle. Mit dem schneidigen Kommando vor der Front war es für den Offizier des 20. Jahrhunderts nicht mehr getan, wenn er seine Aufgabe ganz erfüllen sollte. Die Intelligenteren in unseren Reihen waren damals alles andere als reaktionär. Die bedingungslose Treue zur Monarchie stand freilich außerhalb jeder Diskussion. Aber auf sozialem und politischem Gebiet konnte man unter den jungen Offizieren recht radikale Ansichten vernehmen. Daß wir jungen Menschen, die das Glück und die Ehre hatten, einem nun einmal im alten Reiche mit Recht oder Unrecht in vielen Beziehungen bevorzugten Stande anzugehören, über solchen ernsten Gedanken unsere Lebensfreude nicht verloren, ist selbstverständlich, und wird uns kein Verständiger übelnehmen. Wir haben tüchtig geflirtet, platonisch und auch anders, und den Becher geschwungen, wo sich immer ein Anlaß bot, und der fand sich am Rhein ja stets. Vom November begann auch die gesellschaftliche Wintersaison mit ihren Bällen und Einladungen, die mir bei meiner Unbegabtheit im Tanzen jedoch nur ein geteiltes Vergnügen bereiteten. Wenn es sich irgend machen ließ, engagierte ich dabei eine jener älteren Damen, von denen ich schnell herausbekam, daß sie auf den Tanz keinen besonderen Wert mehr legten, oder ein Mauerblümchen, das froh war, wenn sich überhaupt jemand ihrer annahm, und erledigte den gefürchteten Walzer nach einer Runde in angeregter Unterhaltung auf dem Platz. Unter den sogenannten „älteren Damen" waren manche, die heute bestimmt noch nicht dazu rechnen würden. Man hatte ja damals in dieser, wie in mancher anderen Beziehung, komische Ansichten. Ein Mädel, das 28 Jahre alt war oder mehrere Ballwinter durchgetanzt hatte, ohne unter die Haube gekommen zu sein, war nach Meinung der meisten Leute eine „alte Schraube" und gehörte nicht mehr in den Tanzsaal, sondern nach Hause, um dort als gefällige Tante die Kinder der Verwandten zu beaufsichtigen. Da im Laufe des Sommers und Herbstes noch einige Kameraden von Kriegsschule zurückgekehrt und zu Offizieren befördert worden waren, gehörte ich schon nicht mehr zu den jüngsten Leutnants, sondern durch meine Vorpatentierung als Abiturient bereits zu den „mittleren". Meine Patente, die mir im Juni ausgehändigt worden waren, datierten meine Ernennung auf den 25. Juli 1903.[8] Wir Hessen erhielten ein vom Großherzog unterzeichnetes Offizierpatent und eine kaiserliche Bestätigung. Die letztere war bei mir in Syrakus ausgefertigt, wo sich der Kaiser im April 1904 mit S.M. Yacht „Hohenzollern" auf einer Mittelmeerfahrt befand. Das Vorhandensein jüngerer Herren hatte für mich den Vorteil, daß ich während der Urlaubszeit zu Weihnachten nicht Bataillons- oder Regimentsdienst zu tun brauchte, sondern nach Metz zu den Eltern fahren konnte. Die dienstlich in der Garnison festgehaltenen unverheirateten Offiziere feierten den Heiligen Abend und Sylvester natürlich im Kasino, und nach alter Sitte durften sie sich an diesen Abenden auf Kosten der Allgemeinheit

---

8   Ich hatte also doch mehrere Monate verloren trotz meines vorgerückten Abiturs. Der Grund lag in bureaukratischem Denken – man wollte nicht die berühmten (oder berüchtigten) „Vorgänge" schaffen, auf die sich dann später jemand berufen könnte. Man hatte sich „höheren Orts", und auch das nur ungern, nur herbeigelassen, uns 8 Vorabiturienten das gleiche Patent zu geben, das wir erreicht hätten, wenn wir Selektaner gewesen wären.

ein festliches Diner bestellen und trinken, was und soviel sie wünschten, damit sie wenigstens eine kleine Entschädigung für den entgangenen Urlaub hatten. In Metz holte mich mit den Eltern der stolze Kurt in Bensberger Kadettenuniform ab und grüßte stramm den Leutnantsbruder, der sich freute, die altvertrauten hellblauen Achselklappen nun wieder in der Familie zu sehen. Aus Kurts eingehenden Berichten ersah ich, daß sich im Großen und Ganzen nicht viel im Kadettenleben geändert hatte, nur waren die Sitten scheinbar doch erheblich milder geworden als zu meiner Zeit. Ich fand im Elternhause eine recht gedrückte Stimmung. Die Folgen der brüsken Ersetzung des verdienten Generalfeldmarschalls von Haeseler durch den rücksichtslosen und jeden menschlichen Wohlwollens baren General Stötzer machten sich, wie mir Papa und, später im Kasino der 130er, auch seine Offiziere erzählten, schon sehr deutlich fühlbar. Der neue Kommandierende verfolgte diejenigen höheren Offiziere, von denen er wußte, daß sie bei seinem Vorgänger besondere Wertschätzung genossen hatten, bei jeder sich bietenden Gelegenheit mit den kleinlichsten und bösartigsten Schikanen. Die Empörung war allgemein, und verschiedene Stabsoffiziere hatten infolge der geradezu unwürdigen Behandlung, die sie von General Stötzer, oft sogar vor der Front der Truppe, erfahren hatten, freiwillig ihren Abschied eingereicht. Diesen Gefallen wollte mein Vater dem General nicht tun. Aber er war sich darüber klar, daß auch für ihn bald der Augenblick kommen würde, in dem er, der sich vollkommen rüstig und seiner Aufgabe durchaus gewachsen fühlte, einen Schlußstrich unter sein bis dahin so glänzende Laufbahn ziehen mußte. Pekuniär war diese Aussicht für meine Eltern zum Glück nicht so bitter wie für manche Stabsoffizierfamilie, die nur auf ihr Gehalt angewiesen war, aber mein Vater hing so mit allen Fasern an seinem Beruf, daß er tatsächlich später als Verabschiedeter nie mehr so ganz seines Lebens froh geworden ist. Während meines Metzer Aufenthaltes erfuhr ich eine sehr traurige Geschichte, die sich einige Monate vorher dort abgespielt hatte, und für die es, Gott sei Dank, nur sehr wenige oder gar keine Parallelfälle in der deutschen Armee gab. Der Regimentsadjutant der 9. Dragoner war vom Spielteufel besessen und dadurch bis über die Ohren in Schulden geraten. Als er schließlich nicht mehr ein noch aus wußte, packte der ehrlose und leichtsinnige Mensch eines Abends die ihm anvertrauten Geheimsachen seines Regiments, darunter den Mobilmachungsplan und den Plan der Metzer Befestigung, in seinen Koffer und entwich damit über die französische Grenze. Wie die sofort angestellten Ermittlungen der politischen Polizei ergaben, versuchte er in Nancy, diese streng geheimen Akten und Vorschriften dem Generalkommando des französischen XX. Armeekorps zu verkaufen, fiel damit aber furchtbar herein. Die Franzosen nahmen ihm zwar sehr befriedigt die Sachen ab, zahlten ihm aber nicht einen Franken dafür, sondern drohten, ihn wieder über die Grenze zurückzuschieben, wenn er sich nicht ganz still verhalte. Er soll dann den üblichen Weg der deutschen Deserteure in die Fremdenlegion gegangen sein, andere wollen ihn allerdings später als Kellner in einem Kurort der französischen Riviera gesehen haben. Besonders traurig war, daß der Vater des Fahnenflüchtigen und Landesverräters als Oberstleutnant in einem Metzer Regiment stand. Er reichte sofort den Abschied ein, aber Seine Majestät entschied, daß dieser bewährte alte Offizier, der durch das Verbrechen seines Sohnes schwer genug getroffen war, nicht verantwortlich gemacht werden könne, lehnte das Abschiedsgesuch ab und versetzte ihn in ein ostpreußisches Regiment. Wie überall an der Grenze gab es natürlich auch in Metz von beiden Seiten gelegentlich Deserteure. Ich habe einmal selbst einen Dragoner des in Pont-à-Mousson stehenden 16. französischen Dragonerregiments in Begleitung eines deutschen Gendarmen durch das deutsche Tor reiten und häufig andere französische Deserteure durch die Straßen von Metz zum Generalkommando eskortieren sehen. Die meisten Metzer Bürger, die ihnen begegneten, spuckten ostentativ aus, wenn sie die roten Hosen erblickten, aber nicht etwa aus Franzosenhass, sondern im Gegenteil, weil sie es den Kerlen übelnahmen, daß sie aus der angehimmelten Armee der Trikolore entwischt waren. Nach einem ungeschriebenen Gesetz wurden beiderseits Waffen und Pferde, die von Deserteuren mitgebracht wurden, aber nicht die Uniformen zurückgegeben. Bei uns, wie bei den Franzosen, wurden eintreffende Deserteure zunächst vom Nachrichtenoffizier des Generalkommandos verhört, konnten aber so gut wie niemals irgendetwas Interessantes berichten, denn militärische Geheimnisse erfuhr weder ein deutscher Musketier noch ein französischer Piou-piou. Die Franzosen durften nicht im Reichslande verbleiben, sondern wurden ins Innere Deutschlands abgeschoben, wo sie sich Arbeit suchen konnten und bei der damaligen wirtschaftlichen Hochkonjunktur auch immer fanden. Den deutschen Fahnenflüchtigen in Frankreich ging es nicht so gut. Es wurde ihnen sofort verkündet, daß sie wieder über die Grenze zurückgebracht werden würden, wenn sie nicht innerhalb von drei Tagen eine feste Arbeitsstelle gefunden hätten. Dies gelang ihnen aber niemals, da sich stets die Werbeagenten der Fremdenlegion an ihre Fersen hefteten und dafür sorgten, daß kein Arbeitgeber es wagte, sie anzunehmen. So fanden sie sich regelmäßig ein paar Tage später im Depot der Legion auf dem Fort Saint-Jacques in Marseille wieder, und mancher von ihnen wird im afrikanischen Wüstensand bitter den Leichtsinn verflucht haben, der ihn wegen einer geringen Disziplinarstrafe oder eines lächerlichen dienstlichen Ärgers zur Fahnenflucht getrieben hatte. Das Leben der Leute war ja sowieso verpfuscht, denn für dieses Verbrechen gab es im damaligen deutschen Gesetz keine Verjährung, und sie hatten sich also den Rückweg in die Heimat für immer verbaut, wenn sie nicht eine schwere Bestrafung auf sich nehmen wollten. Manchmal allerdings gelang dem einen oder anderen die Flucht aus der Legion, und dann ertrugen die meisten lieber die Verurteilung zu Festungsstrafe durch ein deutsches Kriegsgericht, als daß sie sich durch ein französisches in die furchtbaren Disziplinarabteilungen der afrikanischen Armee, „L'Enfer du Soldat", hätten schicken lassen. –

Dass in einem so wichtigen Waffenplatz an einer so umstrittenen Grenze wie Metz auch die Spionage lebhaft blühte, ist nicht verwunderlich. Man erinnert sich vielleicht der sogenannten Schnaebeleaffäre im Jahre 1888, bei der die Verhaftung des französischen Commissaire spécial dieses Namens durch die deutsche Grenzpolizei fast zum Kriege zwischen dem Reiche und dem durch General Boulanger zu fieberhaftem Chauvinismus aufgeputschten Frankreich geführt hätte. In Metz und in den kleineren lothringischen Garnisonen, weniger im Elsaß, ereigneten sich immer wieder Spionagefälle, die oft an Abenteuerlichkeit keinem Kriminalroman etwas nachgaben. Obwohl nachts in allen militärischen Büros, wo Geheimsachen aufbewahrt wurden, stets bewaffnete Unteroffiziere schlafen mußten, wurden häufig dort Einbruchsversuche gemacht, die teilweise blutig endeten. Als Oberstleutnant war meinem Vater einige Monate hindurch die Oberaufsicht über den Bau neuer Befestigungsanlagen an der Metzer Westfront übertragen. Diese außerordentlich schweren Ausschachtungsarbeiten in dem lothringischen Lehm- und Felsboden wurden von mehreren tausend angeworbenen italienischen Terrazieri, den besten Erdarbeitern Europas, ausgeführt. Man wußte nun ganz genau, daß sich unter diesen stets einige der zahlreichen korsischen Offiziere des Heeres der Dritten Republik befanden, aber es ist nicht ein einziges Mal gelungen, sie herauszubekommen. Jedenfalls mußte man aber menschlich wie soldatisch hohe Achtung vor diesen unbekannten Männern haben, die im Dienste ihres Landes jahrelang das primitive und harte Leben eines Erdarbeiters auf sich nahmen. Die Aufgabe der feindlichen

Agenten wurde natürlich dadurch wesentlich erleichtert, daß sie in Lothringen bei einem Teil der Bevölkerung immer auf Sympathie und Unterstützung rechnen konnten.

Dies war nun mein letzter Urlaub in Metz gewesen, was ich damals freilich vielleicht ahnen, aber nicht wissen konnte. Durchgefahren bin ich dann noch oft, aber es dauerte fast zehn Jahre, ehe ich die Stadt wieder betrat – um mich zur Beisetzung meines gefallenen Vaters zu begeben. Und als ich sie danach wieder sah, wehte schon die Trikolore auf dem Saint-Quentin … Die Zeit ging weiter im gleichen Stundenschlag von Dienst und Kameradschaft. Meine Rekruten machten gute Fortschritte, so daß ich der Besichtigung mit Zuversicht entgegensehen konnte. Zu Kaisers Geburtstag beim Kompagniefest erntete ich Beifall und Anerkennung mit einem kleinen Lustspiel, das ich mit Frau Feldwebel Spieß und der Schwester eines Gefreiten in den Damenrollen und einigen begabten Musketieren eingeübt hatte. Einer meiner Lothringer brillierte darin in der Rolle eines windigen französischen Courmachers, der nur gebrochen deutsch sprechen konnte,was ihm nicht weiter schwer fiel. Von Weihnachten ab schwoll, wie überall am Rhein zwischen Wesel und Basel, die Woge der karnevalistischen Fröhlichkeit immer höher an. Bei uns in Worms fanden im Festspielhause allwöchentlich die Kappenabende der Karnevalsgesellschaft statt, an denen wir uns regelmäßig und sehr aktiv beteiligten. Ein paar Mal fuhren wir auch nach Mainz zu den dortigen Veranstaltungen, die in der Stadthalle am Rhein in wesentlich größerem Maßstabe abgehalten wurden. Dazu liebte auch der Großherzog zu erscheinen, der sich unbändig amüsierte, wenn die Redner „in der Bütt“, dem einem Weinfaß nachgebildeten Vortragspult, ihn selbst witzig mit seinen kleinen Eigenheiten und Liebhabereien durch den Kakao zogen. Während der eigentlichen Fastnachtstage von Samstag mittag bis Aschermittwoch morgen stand in den rheinischen Landen eigentlich das gesamte öffentliche und auch das militärische Leben still.

Die Gerichte hielten keine Sitzungen ab, die Büros der staatlichen und kommunalen Behörden waren geschlossen, und die Truppen machten keinen Dienst, sondern erteilten den meisten Offizieren und Mannschaften Urlaub. In Mainz hat einmal ein aus dem östlichen Preußen hereinversetzter, besonders diensteifriger Oberst diesen Brauch brechen und ausgerechnet am Rosenmontag eine Regimentsübung abhalten wollen. Er hat es nie wieder versucht! Die Hälfte des Regiments fehlte beim Antreten, von den anderen waren die meisten in mehr als fideler Stimmung, und unter den Herren Offizieren waren einige, die der Alarm in früher Morgenstunde beim Maskenball aufgeschreckt hatte, mit weiß und rot bemalten Gesichtern, Perücken, angeklebten Bärten usw. erschienen. Eine ganz ähnliche Erfahrung mußte sogar Gottlieb Haeseler einmal machen, als er es wagte, in der Karnevalszeit eine seiner beliebten Alarmierungen der Metzer Garnison durchzuführen. In den Fastnachtstagen sind die Betten wenig abgenutzt worden – man kam vom Samstag nachmittag bis Aschermittwoch früh eigentlich nur nach Hause, um zu baden und sich umzuziehen. Griesgrame, die sich in Uniform auf der Straße zeigten, fanden sich sofort von einem Schwarm lustiger Masken umtanzt, so daß sie es vorzogen, sich wieder in den Schutz ihrer häuslichen Penaten zurückzuziehen. Der Höhepunkt war der Rosenmontag. An diesem großen Tage charterten wir, d.h. das Offizierkorps und unser ziviler Verkehrskreis mit ihren Damen, einen Extrazug, der uns morgens nach Mainz brachte, wo wir infolge der mitgenommenen Püllchen in fröhlichster Stimmung ankamen. Schon wochenlang vorher waren Fensterplätze in Lokalen und Privatwohnungen an den Straßen, durch die Karnevalszug kam, gemietet worden. Ich pflegte mir dazu immer mit den Familien Dr. Gebb, Dr. Roth und Hauptmann von Ihlenfeld und einigen besonders befreundeten Kameraden und jungen Herren vom Zivil die Bodega am Schillerplatz auszusuchen, wo man gleichzeitig ausgezeichnet essen und trinken konnte. Dieser Mainzer

Karnevalszug war wirklich eine Sehenswürdigkeit ersten Ranges, der dem weltberühmten Kölner in keiner Weise nachstand. Die einzelnen Gruppen und Fahrzeuge wurden von bedeutenden Mainzer und Darmstädter Künstlern zusammengestellt. An ihm beteiligten sich auch die Musikkorps und die Offiziere sämtlicher Mainzer Truppenteile, so in jenem ersten Jahre meiner Anwesenheit die Offiziere der 13. Husaren, als berittene Indianerhorde, die der Feldartillerie, ebenfalls zu Pferde, als geharnischte Ritter, und unser Leibregiment als Frundsberger Landsknechte. Der endlos lange Zug wurde eröffnet von einer Abteilung der Prinzengarde in roten Uniformen, die übrigens genau denen der seligen kurmainzischen Armee vor 100 Jahren glichen.[9] Die dann folgenden, meist von den gewaltigen Rossen der großen Mainzer Brauereien gezogenen, Prunkwagen und die unzähligen Gruppen zu Fuß, zu Pferde und auf dem Zweirade wurden von allen Mainzer Vereinen, den großen Firmen der Industrie und des Handels, den Schulen usw. gestellt. In der Mitte des Festzuges erschien die achtspännige, von Postillonen in Galatracht aus dem Sattel gefahrene, goldene und mit reichstem Blumenschmuck gezierte Karosse des Prinzen Carneval, der, die Narrenkrone auf der wallenden Allongeperücke und in goldgesticktem Ornat, huldreich sein närrisches Volk, das ihm in wilder Begeisterung zujubelte, mit dem Szepter grüßte. Neben ihm seine hohe Gemahlin, das von einer strengen Jury ausgewählte schönste Mädchen von Mainz. Es war eine hohe Ehre, vom Elferrat, der höchsten karnevalistischen Behörde, zum Prinzen Carneval gewählt zu werden – aber eine außerordentlich kostspielige Angelegenheit, da der Prinz einen recht erheblichen Teil der Unkosten tragen mußte. So kam nur ein verhältnismäßig enger Kreis für diese Auszeichnung in Frage. Der Prinz Carneval des Jahres 1907, einziger Sohn des

---

9   Die närrischen Krieger der Prinzengarde bestanden natürlich auch aus Soldaten der Mainzer Garnison.

größten Mainzer Viehhändlers und Engrosmetzgers, hat mir
selbst erzählt, daß ihn der Spaß nicht weniger als 37.000 Mark,
nach damaligem Geldwert wahrhaftig eine riesige Summe,
gekostet habe. Aber solche Gedanken machte sich niemand am
Rosenmontag. Es war wirklich ein unvergeßliches Bild, dieser
funkelnde, farbengleißende, bewegte Zug in den altersgrauen
Straßen des goldenen Mainz, die von harmlos frohen Menschen
in jeder nur denkbaren Kostümierung in dichtem Gedränge
erfüllt waren. Die Musik der ungezählten Kapellen schmetterte,
rheinische Lieder klangen, Mädchenäugen blitzten hinter den
Samtlarven, und kein frischer Mund nahm einen Kuß übel. Wo
sind sie hin, die Zeiten, in denen Menschen noch so sorglos, so
ganz unbeschwert froh sein, die Bürde des Alltags für kurze Tage
vollkommen abwerfen konnten? Nachmittags bummelte man
dann in den buntbelebten Straßen, trank hier einen Schoppen,
setzte sich dort an einen Tisch, wo eine schöne Maske winkte,
schlief schließlich auch ein Stündchen auf Vorrat in dem ebenfalls schon Wochen vorher reservierten Hotelzimmer, das ich in
jedem Jahre im Hotel Stadt Koblenz am Rheinufer belegte, weil
es gerade gegenüber der Stadthalle lag. Es war dann geraten, ein
recht kräftiges Abendbrot als Grundlage für die bevorstehenden
Anforderungen auf dem Gebiete des Pokulierens zu legen. So
gegen 9 Uhr zog man im Maskenkostüm verlarvt in die riesige
Stadthalle, die in reichstem karnevalistischen Schmuck prangte.
Prinz Carneval, umgeben von seinem närrischen Hofstaat und
einer Ehrenwache der Prinzengarde, hielt pünktlich um 11 Uhr
11 Minuten[10] feierlichen Einzug und nahm auf erhöhtem Thron-
sitz Platz, umjubelt wie wohl selten ein wirklicher Fürst. Später
habe ich bequemlichkeitshalber immer einen Domino getragen,

---

10 Die Narrenzahl am Rhein seit vielen Jahrhunderten. So begannen
    auch alljährlich die karnevalistischen Vorveranstaltungen am
    11.11. um 11 Uhr 11 Minuten.

aber in jenem ersten Jahre wollte ich besonders schön sein und habe mir eine Offiziersuniform unseres Regiments aus dem Gründungsjahr 1791 machen lassen. Ich habe es mächtig bereut, denn der knapp sitzende blaue Frack, besonders aber die Zopfperücke und der Dreispitz waren unerträglich heiß und der Degen in dem Gedränge schauderhaft unbequem. Und dann? Nun, dann ging es halt, wie es im Karneval am Rhein zu gehen pflegte. Wer dabei war, weiß Bescheid, und den anderen wollen wir in schuldiger Diskretion lieber nicht zu viel erzählen. Wein – Weib – Gesang, besonders die beiden ersteren. Man schob von Tisch zu Tisch, setzte sich zu wildfremden Leuten, trank ihre Gläser aus und faßte ihre Frauen und Mädels um die Taille, wenn sie danach waren. Übel genommen wurde an Fastnacht nichts. Man nahm ein lustiges Mädel – oder war es eine junge Frau? – am Arm, machte in dem ungeheuren Gedränge des zum Platzen gefüllten Riesenraumes ein paar Tanzschritte, entfloh auch einmal aus dem ohrenbetäubenden Lärm an das Ufer des still dahinfließenden Rheins, natürlich nicht allein. Im Vestibül des soliden und vornehmen Hotels Stadt Coblenz hatte der sonst so gestrenge graubärtige Herr Portier selbst eine Narrenkappe auf und eine Flasche, die nicht seine erste war, vor sich und lachte nur, wenn die Pärchen an ihm vorbeihuschten. Wer wußten denn, wer es war? Sie hatten ja alle die Masken auf. Und so wurde auch diese rauschende, schönste, wildeste Nacht des Jahres zum Morgen, dem Morgen des letzten Karnevalstages! Um 10 Uhr vormittags fand sich die Wormser Expedition wieder am Extrazuge zur Rückfahrt zusammen. Nicht alle waren dabei! Und von manchen jüngeren Ehepaaren munkelte die Fama, daß sie sich seit dem Abend vorher zum ersten Male wiedersähen … Aber wer weiß, ob's wahr ist. In der Heimatstadt gab es überall, im Kasino, in den Restaurants und in den Familien, ausgedehnte Katerfrühstücke, die für den letzten Abend neues Öl auf die zum Teil nur noch recht trübe brennenden Lampen gossen. Bei Dr. Gebb lagerten auf allen Sofas, Lehnstühlen und sogar Teppichen, malerisch hingegossen, Leutnants, Referendare und andere jugendliche Stützen des Staates und der Gesellschaft, teilweise sanft entschlummert und nur bei gelegentlichem Erwachen mechanisch nach dem Sektglas und nach Kaviarbrötchen greifend. Ausklang abends beim Ball im Festspielhause, der auch immer sehr vergnügt war, aber, allzu viel ist ungesund, – schließlich war doch jeder und jede froh, wenn die Mitternachtsglocken den grauen Aschermittwoch einläuteten und Fastnacht wieder einmal für ein Jahr zur schönen Erinnerung geworden war. Unser Südamerikaner Eduardo Weiss hatte sich übrigens in den Karnevalstagen besonders hervorgetan. Im Originalkostüm eines argentinischen Gaucho, das er sich einige Wochen vorher aus seiner Heimatstadt Rosario in der Pampa hatte schicken lassen, erregte er überall in Worms wie in Mainz berechtigtes Aufsehen, und für die feurigen spanischen Liebeslieder, die er zur Guitarre sang, lohnte ihn reichster Beifall, besonders der Frauen. Kein verständiger Kompagniechef setzte am Vormittag des immer trübseligen Aschermittwoch anderen Dienst als Kasernenreinigen und Kleiderappell an, und erst nachmittags begann mit noch nicht sehr eifrig betriebenem Exerzieren und Turnen wieder die Normalität. Die Rekrutenbesichtigung verlief recht gut, Kompagnie— und Bataillonsexerzieren in üblicher Weise ohne aufregende Ereignisse. Aber das im Herbst bevorstehende Kaisermanöver warf bereits seine Schatten voraus. Unser Kommandeur, dem besonders ich soviel zu danken hatte, war ein ebenso tüchtiger wie gütiger Vorgesetzter. Er hatte nur eine Schwäche, nämlich eine bei dem hervorragenden dienstlichen Stande unseres Regiments ganz unberechtigte Angst davor, daß den höheren Vorgesetzten einmal irgendwo eine Lücke oder eine Minderleistung auffallen könnte. Die mit jedem Kaisermanöver verbundene große Abschlußparade vor dem Obersten Kriegsherrn stand ihm offenbar wie ein Schreckgespenst vor Augen. Er befahl also, daß vom 1. April ab jede Kompagnie täglich, gleichgültig welcher andere Dienst angesetzt war, vor- und nachmittags mindestens je eine halbe Stunde Parademarsch zu üben hätten, die Bataillone mindestens dreimal wöchentlich je eine Stunde. Wie es beim Militär nun einmal zu sein pflegt: Solche Befehle von oben pflanzen sich nach unten lawinenartig fort. Ich dankte Gott, daß ich bei dem so vernünftigen Hauptmann von Ihlenfeld war, der selbst dabei seinen alten bewährten Grundsatz festhielt, sofort mit einer Übung aufzuhören, wenn sie gut klappte. Infolgedessen kamen wir meist mit einem Parademarsch davon, der ja nur ein paar Minuten dauerte. Aber andere, ebenfalls ängstliche und übereifrige Kompagniechefs gab es, die ihre Kompagnien während dieses Sommers mit Parademarsch fast zu Tode quälten, so daß Offizieren wie Mannschaften auch der letzte Funke von Diensteifer ausgehen mußte. Man konnte die an sich so packende und mitreißende Melodie unseres Regimentsmarsches schließlich einfach nicht mehr hören. Außerdem ordnete der Oberst an, daß jeder Offizier des Regiments sich bei einer von ihm angegebenen Schneiderfirma für die Parade einen Waffenrock in Farbe, Schnitt und Abmessung des Kragens und der Aufschläge genau nach allen Vorschriften der Bekleidungsordnung anfertigen zu lassen habe, was für manchen unbemittelten Kameraden eine völlig überflüssige Ausgabe bedeutete. Denn Seiner Majestät konnte es bei der gewaltigen vorbeimarschierenden Truppenmasse ganz bestimmt nicht auffallen, wenn bei einem Leutnant oder Hauptmann die Rockfarbe etwas zu hell oder der Kragen einen Zentimeter zu hoch war. In dieser Beziehung waren eben manche höheren Vorgesetzten noch nicht über die Künsteleien der Wachtparade des 18. Jahrhunderts hinausgekommen. Und dabei war, wie ich später erzählen werde, die ganze Liebesmühe des übertriebenen Drills und der Egalisierung des Anzuges nachher vollkommen umsonst! – Ende Juni 1905 fand das 75. Stiftungsfest des Gießener Korps Starkenburgia statt und zwar, wie alle

Stiftungsfeste dieser angesehenen Gießener Verbindung, in Heppenheim an der Bergstraße, wo die auf steiler Bergeskuppe oberhalb des Orts gelegene Burgruine Starkenburg, die der rechtsrheinischen Provinz Hessens den Namen gegeben hatte, seit Jahrzehnten im Besitz des Korps war. Mein Vater, Alter Herr und viele Jahre hindurch Vorsitzender des Alten-Herren-Vereins und des Ehrengerichts, war natürlich zu dieser Feier erschienen und hatte mich eingeladen. Die drei Tage Urlaub über Sonntag waren mir gern bewilligt worden, umso mehr, als Papa auf der Hinreise von Metz in Worms Station machte. Er wohnte bei seinem alten Freunde Oberst von Dietlein und nahm auch an einem zu seinen Ehren veranstalteten Liebesmahl in unserem Kasino teil, wo ich es mir nicht nehmen ließ, den guten Alten Herrn zu einigen besseren Fläschchen aus unserem sehr wohl assortierten Weinkeller einzuladen. (Wie viele andere rheinische Regimenter unterhielt auch das unsere, das schon hundert Jahre in der Zentrale des rheinhessischen Weinbaus garnisonierte, einen regelmäßigen Austausch guter Weine mit anderen Offizierkorps des Reiches gegen Spezialerzeugnisse der dortigen Landschaft. So mit den Danziger 5. Grenadieren gegen Danziger Goldwasser, mit den Posener Königsjägern zu Pferde gegen polnische Gänse, die zu Weihnachten billig an die Offizier- und Unteroffizierfamilien abgegeben wurden, und sogar mit dem dänischen Gardelinienbataillon in Kopenhagen gegen Aquavit. Ausgesprochene Geschäfte gegen Barzahlung waren den Offizierkasinos verboten, um jede Konkurrenz mit dem regulären Weinhandel auszuschließen. Die einzige Ausnahme bildete das „Allgemeine Offizierkasino in Trier“, das aber eine eingetragene Firma war und keine Soldaten als Küfer usw. verwenden durfte.) Das Stiftungsfest der Starkenburger war nun die erste studentische Veranstaltung, an der ich teilnehmen durfte und bei der mir meine durch Onkel Schorsch Meisinger erworbene Vertrautheit mit den Regeln und Gebräuchen des Komments trefflich zu statten kam.

Das ganze malerische Städtchen Heppenheim, eine beliebte hessische Sommerfrische am Westrande des grünen Odenwaldes, gehörte in diesen Tagen den alten und jungen Starkenburgern und ihren Damen, die jedes verfügbare Zimmer mit Beschlag belegt und das beste Gasthaus, den über Südwestdeutschland weithin berühmten „Halben Mond", für die Festtage gemietet hatten. Von den Zinnen des Bergfriedes der Ruine und fast aus jedem Fenster wehten die blau-weiß-goldenen Banner des Korps, und alle Häuser waren mit Tannengrün geschmückt. Starkenburgia – noch heute kann ich den Zirkel … – war das älteste und angesehenste Korps der Landesuniversität und gehörte innerhalb des Cösener S C dem sogenannten Weißen Kreise an, der außer ihm die Bonner Borussen, die Heidelberger Saxoborussen und die Göttinger Hannoveraner, Bismarcks Korps, umfaßte, die natürlich durch starke Abordnungen vertreten waren. Im Allgemeinen pflegten bei den Starkenburgern nur Hessen aktiv zu werden. Zum Stiftungsfeste war außer der Activitas eine wirklich illustre Gesellschaft vereinigt. Sämtliche damalige Minister des Großherzogtums, viele andere hohe Beamte des Reiches und des Landes, hohe Offiziere des Heeres und der Marine, die zur Uniform Band und Mütze trugen, und viele bekannte Gelehrte, Wirtschaftler usw. waren Alte Herren des Korps. Unter den vielfältigen Veranstaltungen, Kneipen, Frühschoppen, Damenkneipe, Ball usw., die diese drei Tage ausfüllten, bildete den Höhepunkt der feierliche Festkommers im Burghofe der Starkenburg, wo bei Fackelschein unter uralten Eichen lange Tafeln aufgeschlagen waren. Die Musik hatte die Kapelle unseres Regiments gestellt. Als mit dem „Landesvater", der mir einen tiefen Eindruck machte, der offizielle Teil des Kommerses schloß und der Präside die Fidelitas erklärte, schäumten die Wogen des studentischen Frohsinns hoch auf, und die Alten Herren taten es beinahe noch den jungen Aktiven zuvor. Auch Papa führte dann eine Zeitlang das Präsidium, und ich kannte den ernsten und zurückhaltenden Stabsoffizier kaum wieder, so ganz anders war er in dem geliebten Schmuck von Band und Mütze und mit dem blitzenden Schläger in der Hand. Und vertragen konnte er mehr als ich. Die Sonne stand schon hoch über den waldigen Bergketten des Odenwaldes und tauchte die Burg, das Städtchen drunten im Tale und die weite Ebene mit dem am Horizont aufblitzenden Rheinstrom in schimmerndes Gold, als wir Arm in Arm unter Vorantritt der Musik und dem Gesang der unsterblichen alten Studentenlieder in langem Zuge durch das zerfallene Tor der Ruine den gewundenen Weg hinuntermarschierten. Ein findiger Fuchs hatte einen Esel aufgetrieben und ihm ein letztes Bierfäßchen aufgepackt, damit die Korona auch während des Heimmarsches das labende Cerevisium nicht zu entbehren brauchte. Ich hatte mit allen Aktiven und so vielen Alten Herren Schmollis getrunken, daß ich von da ab vorsichtshalber jeden jungen und alten Starkenburger mit Du anredete. Außerdem war ich vom Erstchargierten feierlich zum „Offiziellen Verkehrsgast" erklärt worden, durfte also bei Kneipen usw. zwar nicht das Band, aber doch die Mütze tragen. Ich bin dann während meiner Wormser Jahre noch oft an freien Tagen zur Kneipe und zu Mensuren nach Gießen gefahren, verkehrte auch gelegentlich auf dem Korpshause der Saxoborussen in Heidelberg, von denen ich regelmäßige Einladungen zu ihren Veranstaltungen und besonders der immer wieder schönen Schloßbeleuchtung erhielt. Nach Schluß des Stiftungsfestes kehrte ich ziemlich abgekämpft nach Worms zurück, während Papa die Gelegenheit benutzte, um sich wieder einmal in Darmstadt beim Großherzog vorzustellen und dann seiner greisen Mutter in Mainz einen kurzen Besuch abzustatten. – Über Wert oder Unwert des schlagenden Farbenstudententums ist in den Jahren vor und nach dem Ersten Weltkriege in Presse, Literatur und sogar in den Parlamenten viel gestritten worden. Das schönste und beste Urteil hat wohl Wilhelm Hauff 100 Jahre vorher in seiner Vorrede zu den

„Phantasien im Bremer Ratskeller" abgegeben. Ich persönlich habe den romantischen Zauber des studentischen Korporationslebens immer sehr tief empfunden, und mich im Kreise der ritterlichen und wohlerzogenen Musensöhne stets besonders wohl gefühlt. Gewiß gab es Auswüchse. Manche studentischen Streiche, die ich erlebte, gingen über das Maß dessen hinaus, was jugendlicher Ausgelassenheit nachgesehen werden konnte. Die Trinksitten des Komments wurden häufig erheblich übertrieben und paßten schon damals nicht mehr recht in die Zeit. Den größten Fehler aber sah ich immer in der bewußten Abschließung der Korporationen, besonders der Korps, vom Volke, die viel schärfer war als die des Offizierkorps, und in den allmählich zu einer wahren Lächerlichkeit ausartenden gegenseitigen Feindschaften zwischen den einzelnen Zweigen des Korporationswesens, denn zwischen Korps, Burschenschaften und Landsmannschaften bestand in Wirklichkeit überhaupt kein Unterschied mehr. Es gab Burschenschaften oder Landsmannschaften, die, wenn man schon den Ausdruck wählen will, „feiner" waren als viele Korps. Das Wertvollste, was das Korporationsleben den Jünglingen mit ins Philisterium gab, war die strenge Erziehung zu Selbstbeherrschung und guten Formen, zu Kameradschaft, physischem und moralischem Mut – und das war nicht wenig. Schon der Erste Weltkrieg hat dem Waffenstudententum den Todesstoß gegeben. Ich habe in den 1920er Jahren in Berlin noch manchmal an Kneipen dortiger Korporationen teilgenommen, aber sehr stark gefühlt, daß nur noch die krampfhaft festgehaltene äußere Form bestand, der lebendige Inhalt jedoch von Jahr zu Jahr immer mehr verblaßte. Der aus dem gewaltigen und furchtbaren Erleben des Krieges zurückkehrende Frontkämpfer, der Sohn einer in der Inflation ruinierten Familie, der von seinen täglichen Sorgen erdrückte Werkstudent oder die im politischen Kampfe stehenden Stahlhelmer oder SA-Männer konnten keine Befriedigung mehr in Kneipkomment und Mensur finden. So bitter wir Alten, die das farbenbunte frohe Leben des Studenten von einst geliebt haben, es auch empfinden mögen – die erbarmungslose Zeit ist darüber, wie über so vieles andere Schöne und Edle, mit eisernem Schritt hinweggestampft. –

Meine 14 Tage Urlaub im Juli benutzte ich dazu, gemeinsam mit Lüters und dem Argentiner Eduardo Weiss eine Wanderung durch die Schweiz zu machen. Wir fuhren über München, wo wir uns zwei Tage zu einer freilich oberflächlichen Besichtigung der uns allen Dreien bis dahin unbekannten schönen bayrischen Hauptstadt aufhielten, und dann durch bis Luzern. Von dort aus umwanderten wir zu Fuß den herrlichen Vierwaldstädter See bis Flüelen und stiegen dann die unbeschreiblich schöne Straße auf den Gotthardt über Göschenen und die Teufelsbrücke bis Andermatt und zum Hospiz hinauf, das tief im Schnee vergraben lag. Im Bahnhofsrestaurant von Göschenen nahmen wir unterwegs ein von dem Wirt, dem berühmten Schweizer Schriftsteller Ernst Zahn, persönlich überwachtes Mahl ein. Auf der Gipfelhochfläche des Gotthardt kamen wir zufällig mitten in ein Manöver der Schweizer Gebirgstruppen hinein, das uns alle Drei natürlich sehr interessierte. Die zweite Hälfte unseres Urlaubs war einem Abstecher ins Berner Oberland gewidmet, wo wir als gelernte Infanteristen tüchtig auf Schusters Rappen herumtippelten. Wir sind aber hübsch auf den Straßen geblieben und haben die Gipfel nur von unten betrachtet, da keiner von uns Neigung zum Kraxler spürte. Sehr erfrischt und befriedigt fuhren wir über Basel in die Garnison zurück. Es war ein sehr billiges Vergnügen gewesen, da wir bescheiden dritter Klasse gefahren waren, nur in Touristenherbergen übernachtet und uns aus dem Rucksack oder in Landgasthäusern verpflegt hatten. – Als Einleitung des Kaisermanövers wurde das Regiment Mitte August nach Nastätten in Nassau und seiner Umgebung zum Regiments- und Brigadeexerzieren verlegt. Ich wurde bei einem reizenden katholischen

Pfarrer einquartiert, einem jovialen älteren Herrn, der gern die Kostbarkeiten seines gutgefüllten Weinkellers auftischte, als er merkte, daß ich sie mit Verstand zu genießen wußte. Seine ältliche Haushälterin verwöhnte mich über alle Maaßen, und das Frühstück, das sie mir allmorgendlich trotz der sehr frühen Stunde des Abmarsches zum Exerzieren auftischte, war schon mehr ein vollkommenes Diner mit Beefsteaks oder Kotelettes, Spiegeleiern usw. und ausgezeichnetem Kaffee. Ein riesiges Paket Butterbrote zum Mitnehmen, das aber meistens den Leuten meines Zuges zu gute kam, fehlte nie. Das Kaisermanöver, an dem außer unserem XVIII. das preußische VIII. und das bayrische II. Armeekorps, eine preußische und die bayrische Kavalleriedivision teilnahmen, begann im nördlichen Westerwald und zog sich dann durch den Taunus hinunter bis in die Gegend von Homburg. Leider glänzte das traditionelle Kaiserwetter durch vollkommene Abwesenheit. Es regnete vom ersten bis zum letztem Tage und war in den Bergen eisig kalt. Da das Manöver unter vollkommen kriegsmäßigen Bedingungen stattfand, wurde fast immer biwakiert und nur manchmal Alarmquartier bezogen, wobei die Truppe kompagnie- oder zugweise in Scheunen, Maschinenhallen oder ähnlichen Massenunterkünften untergebracht wurde. Man war also vom ersten Tage ab bis auf die Knochen durchnäßt und kam aus den nassen Sachen überhaupt nicht mehr heraus. Dabei war die Verpflegung schon mehr als kriegsmäßig. Wer daran zweifeln sollte, möge nur einmal versuchen, bei klatschendem Regen aus nassem Holz und Stroh ein Feuer anzuzünden und darauf ein Stück Fleisch von einem eine halbe Stunde vorher geschlachteten Ochsen garzukochen. Es ist schon keine Übertreibung, wenn später einmal ein bekannter Militärschriftsteller feststellte, daß durch die Einführung der fahrbaren Feldküchen die Marsch- und Gefechtsfähigkeit der Truppe um mindestens ein Drittel gesteigert worden sei. Die Anstrengungen übertrafen alles, was ich später jemals im Kriege erlebt habe. Die Infanterie unserer Division hat einmal auf einem nur von kurzen Ruhepausen unterbrochenen Marsche innerhalb von 24 Stunden an die 70 Kilometer auf steilen, regenglatten Gebirgsstraßen und verschlammten Nebenwegen zurückgelegt und ist anschließend sofort auf Vorposten gezogen. Dass dabei viele Ausfälle an Kranken und Marschunfähigen eintraten, war unvermeidlich. Im Ganzen aber zeigte sich, wie später im Kriege, daß der Mensch wesentlich mehr aushält als die Tiere. Überall auf dem Manöverfeld begegneten man damals Trupps von hustenden, lahmen und gedrückten Pferden der Kavallerie und Artillerie, die in die Pferdelazarette zurückgeführt wurden. Die Angriffsbewegungen der Schützenlinien auf den zu einem wahren Morast aufgeweichten Äckern gestalteten sich zu einer ausgesprochenen Quälerei. Oft genug mußte auch die Infanterie die stecken gebliebenen Geschütze der Artillerie, die die Gäule einfach nicht mehr vorwärtsbrachten, mit der Kraft ihrer Arme herausziehen. Die große Kavallerieattacke der zehn bayrischen Reiterregimenter am letzten Kampftage wurde unter diesen Verhältnissen zu einer Art Katastrophe. Das Gefechtsfeld sah nachher aus wie im Ernstfall. Überall lagen gestürzte tote oder verletzte Pferde, und auch von den Reitern war eine große Anzahl mehr oder weniger schwer beschädigt. Sogar einen Toten gab es leider, einen Cheveauléger, dem sein stürzender Hintermann die Lanze in den Rücken gestoßen hatte. Die Sache hatte nachher noch ein recht unerquickliches Nachspiel in der bayrischen Presse und im Landtage, und es wäre wohl auch richtiger gewesen, auf die Durchführung dieser unheilvollen Attacke unter solchen Bedingungen zu verzichten. Umso mehr, als diese großen Kavallerieattacken, mit denen jedes Kaisermanöver schloß, ein reines Schaustück bildeten und im Ernstfalle praktisch gar nicht durchzuführen gewesen wären. Jedenfalls atmete alles auf, als wir endlich in der Gegend des schönen Taunusbades Homburg vor der Höhe angekommen waren, von dem wir freilich dieses Mal nichts zu sehen bekamen, da dort, wo Seine Majestät das Schloß

bezogen hatte, nur das kaiserliche Hauptquartier, der Generalstab, die beteiligten Korps- und Divisionsstäbe, die fürstlichen
und sonstigen Manövergäste und die ausländischen Militärattachés einquartiert waren. Unser Großherzog hatte Quartier in
seinem Schlosse Friedberg bezogen, wo infolgedessen auch der
Stab des hessischen Division untergebracht war. Man wußte allgemein, daß Großherzog Ernst Ludwig, wenn er irgend konnte,
es vermied, in allzu enge persönliche Berührung mit dem Kaiser
zu treten. Die Truppen hatten rings um Homburg alle Dörfer
belegt und kamen so zum ersten Male wieder in richtige, wenn
auch recht überfüllte Quartiere. In die Garnison entsandte Vor-
kommandos hatten unterdessen von dort die Paradegarnituren
geholt, die nun, was nach den Manöveranstrengungen auch kein
reines Vergnügen war, schleunigst tadellos in Stand gesetzt werden mußten. Am nächsten Morgen um 4 Uhr marschierten wir
von unserem Quartierort über 20 Kilometer bis zu dem vom
Generalstab ausgewählten Paradefelde, einer riesigen Fläche von
Stoppeläckern in unmittelbarer Nähe von Homburg. Natürlich
regnete es wieder in Strömen. Als wir in unseren, von Richtungs-
unteroffizieren markierten Platz in der Paradeaufstellung eingerückt waren, wurden zunächst die Gewehre zusammengesetzt,
und – wie lebhaft wurde ich an meine Lichterfelder Kadettenzeit
erinnert! – die weißen Paradehosen aus dem Tornister geholt, um
mit den schwarzen vertauscht zu werden. Natürlich waren sie im
Handumdrehen klatschnaß. Als auf der Chaussee von Homburg
her die glänzende Kavalkade des Kaisers und seiner mindestens
regimentsstarken Suite erschien und in sehr gemäßigtem Tempo
durch den tiefen Boden auf den rechten Flügel zu galoppierte,
durchbrach tatsächlich im gleichen Augenblick die Sonne seit
Wochen zum ersten Mal die düster schwarze Wolkenschicht, und
der verfluchte Regen hörte auf. Aber nun konnte dadurch auch
nicht mehr viel gebessert werden. Die nassen Felle der Pauken
und Trommeln gaben keinen Ton mehr von sich. Das schwere

Seidentuch der Fahnen hing triefend herab, und von den Helmen lief uns allen das Wasser in Augen und Kragen hinein. Beim Abreiten der Front der hessischen Division ritt der Großherzog, äußerst mißvergnügten Gesichts, auf der rechten Seite des Kaisers. Ganz schlimm wurde es dann beim Vorbeimarsch. In dem metertief aufgeweichten Lehmboden blieb man einfach stecken und mußte sich mühsam glitschend vorwärtskämpfen. Da auch die den Tritt markierende Pauke der Musik nicht zu hören war, konnte von Gleichschritt ebenso wenig die Rede sein wie von Richtung und Vordermann. In wenig schönen Zickzacklinien stolperten die Kompagnien vorbei. Viele Leute glitten aus und fielen hin – ein trübseliges Bild. Natürlich war man von oben bis unten mit Dreck bespritzt, und die Porzellanbuchsen bildeten bis übers Knie nur eine braune Erdmasse. Umsonst war alle Bimserei von Monaten gewesen. Den berittenen Truppen ging es nicht besser, im Gegenteil, denn bei ihnen stürzten die Pferde wie die Fliegen. Gerade vor dem Kaiser stürzten sämtliche sechs Pferde eines Geschützes der Reitenden Abteilung des Großherzoglichen Artilleriekorps und bildeten eine wirre, um sich schlagende Masse von Pferden und Reitern, die nur langsam wieder in Ordnung gebracht werden konnte. An dieses Kaisermanöver und die Parade hat jeder Teilnehmer noch lange zurückgedacht. Wenn Seine Majestät in der Schlußkritik den beteiligten Truppen seine vollste Anerkennung aussprach, so hatten sie das nur zu sehr verdient. Was sie geleistet hatten, war teilweise geradezu übermenschlich, und in jedem Falle hatte die Armee wieder einmal bewiesen, daß sie auf der höchsten überhaupt erreichbaren Stufe der Kriegstüchtigkeit stand. Diese Prüfung der im Bereiche der Möglichkeit liegenden Höchstleistung war ja der eine Zweck der Kaisermanöver. Der andere, ebenso wichtige bestand darin, daß dabei den höchsten Führern des Heeres, die für den Kriegsfall als Oberkommandierende von Armeen und Heeresgruppen vorgesehen waren, Gelegenheit gegeben wurde, so große Truppenmassen wie sie im Friedenszustande überhaupt versammelt werden konnten, unter kriegsmäßigen Bedingungen zu führen. Daher wurde die Infanterie auch durch erhöhte Einziehung von Reservisten auf etwa dreiviertel der Kriegsstärke gebracht und im Frieden nicht vorhandene Formationen, wie Infanterie- und Artilleriemunitionskolonnen, sowie Sanitätskompagnien und andere Trainformationen mit Hilfe ermieteter Zugpferde aufgestellt. Der Kaiser liebte es sehr, wenigstens einige Tage hindurch selbst eine Partei zu führen, was den Chefs des Großen Generalsstabes immer große Sorgen bereitete und besser unterblieben wäre. Denn obwohl Seine Majestät unzweifelhaft bedeutende Führereigenschaften und große strategische Fähigkeiten besaß, mußte ihm notwendigerweise die nur in einer langen, rein militärischen Laufbahn zu erwerbende Praxis fehlen. Da es aber nun nicht anging, schon dem Auslande gegenüber, daß die vom Obersten Kriegsherrn geführte Partei unterlag, war der das Manöver leitende Generalstabschef häufig gezwungen, die aus den Truppenbewegungen entstandene Lage durch Annahmen und Einschiebungen zu beeinflussen, wodurch einerseits die wirkliche Entwicklung gehemmt und andererseits begreiflicherweise der in Wirklichkeit siegreiche Gegner des Kaisers schwer verstimmt wurde. Der Kaiser selbst aber erhielt eine in diesem Maaße sicher nicht berechtigte Meinung von seiner eigenen Feldherrnbegabung. Leider hatte mein Kompagniekamerad Leutnant Ahlgrim schon in den letzten Manövertagen, obwohl er sich mit äußerster Anstrengung aufrecht zu erhalten versuchte, schwer erkrankt in die Garnison zurückgeschickt werden müssen. Dort wurde im Lazarett eine doppelseitige Lungenentzündung festgestellt, die ihn wochenlang zwischen Tod und Leben schweben ließ. Über sein späteres trauriges Schicksal habe ich schon berichtet. – Auch im Dienstjahr 1905–6 blieb ich erfreulicherweise bei meiner lieben 7. Kompagnie, zu der an Stelle des Oberleutnant Loeber der von der Militärtechnischen Akademie zurückgekehrte Oberleutnant Külp trat.

Da es sich erst nach Monaten herausstellte, daß der ebenfalls weiter unserer Kompagnie zugeteilte arme Leutnant Ahlgrim niemals wieder dienstfähig werden würde, blieben Külp und ich zunächst die einzigen Subalternoffiziere. Külp, ebenso wie ich aus einer alten hessischen Offizierfamilie stammend, deren frühere Generationen zusammen mit den meinigen seit über hundert Jahren in unserem Regiment gestanden hatten, war ein guter Soldat und prächtiger Mensch von sehr vielseitigen Interessen. Sein Lieblingsgebiet war die technische und wissenschaftliche Photographie, deren Spezialstudium er sich auf der Akademie gewidmet hatte und die er in hoher Vollendung beherrschte. Er besaß eine Anzahl sehr wertvoller und komplizierter Apparate und betätigte sich auch in der künstlerischen und landschaftlichen Photographie. So war er später der erste Flugzeugbeobachter, der die Kamera bei Aufklärungsaufträgen erfolgreich verwendete. Bei einem Tiefflug über einer russischen Batterie ist er 1917, als der Krieg im Osten eigentlich schon zu Ende war, wohl als einer der Letzten auf diesem Kriegsschauplätze abgeschossen worden. Sein jüngerer Bruder Karl Leo war übrigens im Sommer 1905 als Fahnenjunker bei uns eingetreten. Wieder begann das militärische Jahr mit Rekrutenausbildung, Vorträgen und Kriegsspiel, Geselligkeit, Kameradschaft und für mich in den freien Tagesstunden Reiten der Pferde von Vorgesetzten und Kameraden, die mir in so großer Zahl angeboten wurden, daß ich die meisten Aufforderungen ablehnen mußte. Das Thema meiner Winterarbeit und des wieder anschließenden Vortrages lautete: „Welche Lehren ergeben sich für das Gefecht der Infanterie aus der Schlacht am Jalu am 1.5.1904?" Bei den Kriegsspielen wurden in diesem Jahre einzelne Abschnitte des überstandenen Kaisermanövers noch einmal auf der Karte durchgespielt, damit auch die Hauptleute und Leutnants, die ja nur ihren eigenen kleinen Ausschnitt zu sehen bekommen hatten, Verständnis für die größeren Zusammenhänge erhielten. Die Leitung übertrug der Oberst dem

gerade mit Generalstabsqualifikation von Kriegsakademie zurück-
gekehrten Hauptmann Schoen, der sich dieser nicht einfachen
Aufgabe so hervorragend entledigte, daß wir wohl alle außerordentlich viel gelernt haben. – Im Oktober erhielt ich den schon
erwarteten Brief meines Vaters, in dem er mir mitteilte, daß er in
Erfüllung der hergebrachten Aufforderung des Militärkabinetts
seinen Abschied eingereicht und das Anerbieten einer Festungs-
kommandantur oder eines großen Bezirkskommandos abgelehnt
habe. Die Zeilen meines Vaters und der beigelegte Brief meiner
Mutter erschütterten mich im tiefsten Herzen. Denn aus jedem
Wort fühlte ich heraus, daß meinen Eltern der beste Inhalt ihres
Lebens nun genommen war. Ich habe damals selbst eine Zeitlang
an meinem geliebten Beruf gezweifelt, denn ich war mir bewußt,
und viele Vorgesetzte, Kameraden und Untergebene meines
Vaters teilten diese Überzeugung, daß hier eine schwere und
wahrlich nicht verdiente Ungerechtigkeit begangen worden war.
Gewiß konnte nicht jeder Kommandierender General werden,
aber die ganze Laufbahn meines Vaters bot den schlüssigen
Beweis, daß er seinen Fähigkeiten und Führerqualitäten nach zu
denen gehörte, die für die höchsten Kommandostellen ausersehen schienen. Sonst hätten ja alle seine früheren Vorgesetzten,
zuletzt noch der geniale Feldmarschall von Haeseler, völlig geirrt,
wenn sie ihn vom Hauptmann ab immer in besonders hervorragenden und verantwortungsvollen Dienststellen verwendeten.
Nun, auch darüber ist längst Gras gewachsen. Meine Eltern teilten mir mit, daß sie die Absicht hätten, ihren Ruhesitz in der schönen Universitätsstadt Marburg an der Lahn zu nehmen und so
schnell wie irgend möglich aus dem ihnen verhaßt gewordenen
Metz dorthin überzusiedeln. Und dann enthielt dieser Brief für
mich noch eine große und schöne Überraschung: Papa teilte mir
mit, daß in den nächsten Tagen nicht nur einige Kisten mit seinen
guten Uniformen und Ausrüstungsstücken, soweit sie nach den
hessischen Vorschriften abzuändern waren, sondern eines seiner

drei Pferde bei mir eintreffen werde, das er mir mit vollständigem kriegsmäßigem Sattelzeug und der Stallausstattung zum Geschenke mache. Er erklärte sich auch bereit, die Unkosten für Stallung, Fourage usw. so lange zu übernehmen, bis ich in eine etatsmäßige berittene Stellung, etwa als Adjutant, einrücken könne. Ich war zu Tränen gerührt über solche Güte meiner lieben Eltern, die selbst in diesen für sie so traurigen Stunden nur daran gedacht hatten, wie sie mir eine wahrlich überwältigende Freude bereiten könnten. Als ich dann einige Tage später die angekündigten Kisten auspackte, war es mir zu Mute, als erhalte ich die Hinterlassenschaft eines teuren Toten, und in den kommenden Jahren sollte ich ja noch oft empfinden, wie viel in meines Vaters Seele gestorben war, als er den geliebten Waffenrock ausziehen mußte. Da mein Vater immer sehr gut mit Uniformen ausgestattet war und wir ungefähr die gleiche Figur hatten, brauchte ich mir nun auf Jahre hinaus keine Bekleidungsstücke mehr anzuschaffen. Und dann kam eines Morgens ein Musketier des 130. Infanterieregiments durch das Kasernentor und meldete mir, der ich gerade meine Rekruten exerzierte, daß mein Pferd in einem Waggon auf dem Güterbahnhof stehe, und sofort ausgeladen werden könne. Zum Glück war Hauptmann von Ihlenfeld an diesem Vormittag gerade anwesend, befahl mir, die Rekruten dem Vizefeldwebel Fey zu übergeben und ging dann, pferdebegeistert wie er war, sogar mit mir auf den Bahnhof, um den Ankömmling sachverständig zu besichtigen. Das Ausladen an der Rampe ging ohne Schwierigkeiten von statten, und mit einer ganzen Handvoll Zucker begrüßte ich das Pferdchen, das ich in Metz schon oft geritten hatte. Es war eine neunjährige Fuchsstute mit weißer Blesse auf der Stirn, Ostpreußin mit dem Brand des Gestüts Wormditt, nicht sehr groß, sehr sicher in allen Gangarten und außerordentlich schnell, auch ein guter Springer. Das Pferd war vollkommen truppenfromm, aber keineswegs langweilig und nicht ganz leicht zu reiten, da es sehr weich im Maul und auch ziemlich sporenempfindlich war. Untugenden wie Steigen, Beißen oder Schlagen hatte Polly, wie meine Mama sie getauft hatte, nicht, nur klebte sie etwas, was ja aber nicht allzu schwer zu überwinden war. Die Stute war auch ein guter Futterverwerter. Einen Stall hatte ich gleich nach Empfang des väterlichen Briefes leicht gefunden. Rittmeister Doerr, der Chef der Firma Doerr und Reinhardt, hatte mir liebenswürdigerweise eine leere Box in seiner schönen Privatstallung gegen sehr geringe Miete zur Verfügung gestellt, wo der Fuchs sich gleich sehr zu Hause fühlte und mit den ihm benachbarten Reit- und Wagenpferden gute Freundschaft schloß. Das Sattel- und Stallzeug wurde von einigen Soldaten der Kompagnie mit dem Karren abgeholt, und ich stellte beim Auspacken mit neuer Rührung fest, daß der fürsorgliche Papa mir außer der fast neuen feldmarschmäßigen Ausrüstung noch eine weitere Garnitur gebrauchter, aber noch ausgezeichneter Sachen, einen Sattel, mehrere Kopfgestelle, Trensen und Kandaren und drei Satteldecken mitgesandt hatte. Dieses Pferd habe ich bis zum Jahre 1911 gehabt und nur Freude damit erlebt. Ich verkaufte es dann an einen früheren Regimentskameraden, Leutnant Niezoldi, der infolge des vorzeitigen Ablebens seines Vaters dessen Weingut in Nackenheim hatte übernehmen müssen, wo Polly es ausgezeichnet hatte. Für einen so jungen Infanterieoffizier wie mich brachte der Besitz eines Pferdes viele Vorteile. Da es bei größeren Übungen außer den Adjutanten, die andere Aufgaben hatten, immer an berittenen Ordonanzoffizieren fehlte, wurden die Pferdebesitzer stets als solche kommandiert, brauchten also nicht zu Fuß zu laufen, sahen und lernten viel mehr als der Leutnant in der Front und traten, ein sehr wichtiger Punkt, in ein näheres Verhältnis zu den Stabsoffizieren. Dem verdanke ich es wohl auch, daß ich schon im Jahre danach zum Bataillonsadjutanten ernannt wurde. Schon bei unserer Hubertusjagd wenige Tage nach ihrer Ankunft ging die Stute ausgezeichnet, wenn mir auch Frl. Reinhardt, eine hervorragende Reiterin, den

Fuchsschwanz vor der Nase wegnahm. Im Jahre 1906 ritt ich dann selbst als Fuchs und wagte sogar die Teilnahme an einer der wegen ihrer schwierigen Hindernisse berüchtigten Schleppjagden des Mannheimer Reitervereins, wobei sich Pferd und Reiter ehrenvoll aus der Affäre zogen, ohne freilich gegenüber den Vollblütern der Durlacher Dragoner und der Mannheimer Industriellen besondere Lorbeeren ernten zu können. Den Weihnachtsurlaub verbrachte ich in Marburg, wo meine Eltern in der Frankfurterstraße eine hübsche Wohnung mit bezauberndem Blick auf Spiegelslust und das Lahntal gefunden hatten. Papa zum ersten Male als Zivilist! Es war kein erfreuliches Erlebnis, denn der Alte Herr hatte sich noch gar nicht in die erzwungene Untätigkeit gefunden. Aber die schöne Musenstadt an der Lahn im winterlichen Schmuck von Schnee und Eis gefiel mir ausgezeichnet. Wegen der Universitätsferien konnte ich damals noch keine Fühlung mit den studentischen und akademischen Kreisen nehmen, verlebte aber einen sehr netten Abend im Kasino des Kurhessischen Jägerbataillons Königin Margherita von Italien Nr. 11, unter dessen Offizieren ich zu meiner Freude meinen alten Kadettenkameraden von Appell wiedergetroffen hatte. Kurt, der eine recht gute Zensur mitgebracht hatte – er konnte wesentlich besser Mathematik als ich! – durfte zur Belohnung täglich beim Universitätsstallmeister reiten, der froh war, wenn ihm während der Ferien jemand seine Gäule bewegte. Ich schenkte mir das, denn das Pferdematerial war nicht gerade erstklassig. Natürlich mußte ich Papa auch zum Stammtisch der inaktiven Offiziere begleiten, von denen es in der Pensionopolis Marburg ja wimmelte. Ich konnte danach durchaus begreifen, daß mein Vater diesen Umgang schnell überbekam, denn das Geraunze und Geschimpfe, aus dem die ganze Unterhaltung dieser alten Knacker bestand, war wirklich unerträglich. Es war eben eine der größten Schattenseiten des Offiziersberufs, die er mit keinem einzigen anderen teilte, daß er unvermeidlicherweise so viele Männer im besten Lebensalter vorzeitig aus dem tätigen Leben riß und dazu verurteilte, Jahrzehnte ohne eigentlichen Daseinszweck zu verdämmern. Aber wie konnte man das ändern, wenn das Offizierkorps nicht der Gefahr völliger Überalterung ausgesetzt werden sollte, wie das preußische vor Jena oder in der Mitte des 19. Jahrhunderts? Die Pyramide spitzte sich eben nach oben scharf zu: Auf vier Hauptleute kam nur ein Major, auf drei Majore ein Oberst, auf zwei Obersten ein General. Wer als Hauptmann oder junger Major abging, also damals mit einem Lebensalter zwischen 40 und 50 Jahren, konnte vielleicht noch einen neuen Beruf ergreifen, für die älteren Herren war es, wenn sie nicht das Glück hatten, Gutsbesitzer zu sein, so gut wie ausgeschlossen. Es läßt sich nicht bestreiten, daß die vom Major ab eigentlich über jedem Offizier schwebende Gefahr einer Verabschiedung, die im Wesentlichen ganz von dem größeren oder geringeren Wohlwollen der Vorgesetzten abhing, häufig zu einer recht ungesunden Konkurrenz und Streberei führte. Für eine vermögenslose Offiziersfamilie mit heranwachsenden Kindern, wie es deren so viele gab, bildete es ja auch eine wahre Katastrophe, wenn sie von einem Tage auf den anderen nur noch auf die kümmerliche Pension angewiesen war. Es ist sehr schade, daß man sich niemals entschließen konnte, für den Offizier eine ähnliche Art der Zivilversorgung einzuführen, wie sie für den Unteroffizier bestand. Es gab zwar eine Anzahl von Stellen, als Bürgermeister kleiner Städte, Postmeister und Ähnliches, die den Offizieren vorbehalten waren, aber es waren sehr wenige, und diese wurden mit Recht solchen Offizieren zugeteilt, die im Dienst Invaliden geworden waren. Eine sehr angenehm empfundene Anregung bot es meinem Vater, daß Eduardo Weiss uns auf meine Einladung hin für drei Tage über Sylvester besuchte. Der sympathische Argentiner, dessen Kommando nun vor dem Abschluß stand, konnte meinem Alten Herrn gar nicht genug über die politischen und militärischen Zustände in seinem

Vaterlande erzählen, die bei uns in Deutschland damals ja sehr wenig bekannt waren. Papa widmete sich daraufhin eingehenden Studien über Südamerika, wobei ihn besonders der siebenjährige Krieg des kleinen Paraguay unter dem Diktator Lopez gegen die übermächtige Tripelallianz Argentinien, Brasilien und Uruguay von 1863–1870 interessierte, der manche Parallele zu Ereignissen der deutschen Geschichte aufweist. Weiss hat später nach Rückkehr in sein Vaterland meinem Vater eine umfangreiche Sammlung südamerikanischer militärischer Literatur mit farbigen Uniformtafeln der argentinischen Armee und meiner Mutter einige wunderschöne geknüpfte Indianerdecken gesandt. Mitte Januar traf unser nächster argentinischer Gast, Oberleutnant Julio Costa, ein, den Weiss vor seiner von uns allen sehr bedauerten Abreise noch in die deutschen Verhältnisse einführen konnte. Costa erwies sich als ebenso angenehmer Kamerad und strebsamer Offizier wie sein Vorgänger. Er war rein spanischen Blutes, sprach aber sehr gut deutsch, da seine Gattin, die er mitbrachte, eine bildhübsche blonde Deutschargentinerin war. Im Laufe des Jahres wurde dem Ehepaar in Worms ein Söhnchen geboren, bei dem unser Kommandeur im Namen des Offizierkorps Pate stand, und das zu Ehren des Regiments Prinz Carl den Vornamen Carlos erhielt. Die Taufspende des Offizierkorps war eine Silbergarnitur mit dem gekrönten Namenszug des Regiments. Als Oberleutnant Costa, der auch der 7. Kompagnie zugeteilt wurde, sich meldete, war schon äußerlich der wachsende deutsche Einfluß in der argentinischen Armee zu erkennen: Das französische Käppi war dem deutschen Helm gewichen, und der blaue, grünbesetzte Waffenrock hatte ganz den deutschen Schnitt. –

Das Jahr 1906 war für die Armee das bedeutungsvollste bis zum Ausbruch des Ersten Weltkrieges. Es brachte eine tief einschneidende Modernisierung unserer Ausbildungsvorschriften auf Grund der im südafrikanischen und im ostasiatischen Kriege

gewonnenen Erfahrungen, und die längst notwendig gewordene
Gehalts- und Beförderungsreform für das Offizier- und das
Unteroffizierkorps. Aus dem Exerzierreglement verschwanden
nun die komplizierten und zwecklosen Künsteleien wie Karree
und Chargieren in vier Gliedern: Die Gliederung der Kompagnie, ihre Formationen und Bewegungen wurden dem Hauptziele
gedeckten Vorgehens unter Ausnutzung des Geländes angepaßt,
und auf Nachtgefecht und weitgehende Anwendung des Spatens
wurde von nun ab größter Wert gelegt. Die im Ernstfalle unmöglichen geschlossenen Sturmangriffe fielen weg, und Abgabe von
Salven wurde auf Ausnahmefälle beschränkt. Der Wortlaut zahlreicher Kommandos wurde geändert und vereinfacht. Im gleichen Jahre wurde auch bei der hessischen Division das Gewehr
88 durch das moderne Modell 98 ersetzt. Es hieß also für Offiziere, Unteroffiziere und Mannschaften auf sehr vielen Gebieten
vollständig umlernen, was keine leichte Aufgabe darstellte. Manchen älteren Offizieren und Unteroffizieren fiel die Umstellung
sehr schwer. Einzelne weniger intelligente Unteroffiziere konnten sich bis zum Ablauf ihrer Kapitulation überhaupt nicht mehr
an die neuen Formen und Kommandos gewöhnen und wurden
zu einem ständigen Stein des Anstoßes. – Die Gehalts- und
Beförderungsreform brachte für Offiziere wie Unteroffiziere
endlich eine materielle Lebensgrundlage, die wenigstens einigermaßen mit den wirtschaftlichen Verhältnissen der Zeit und anderer Berufe in Einklang stand. Für Leutnants und Oberleutnants
wurde eine stufenweise von 2 zu 2 Jahren ansteigende Gehalts-
skala eingeführt, die mit Monatsbezügen von 125.- Mark begann
und bis zum Höchstgehalt von 300.- Mark führte. Nach neun
Jahren Dienstzeit erfolgte die Beförderung zum Oberleutnant, so
daß der Dienstgrad des Hauptmanns 2. Klasse mit dreizehn bis
vierzehn Dienstjahren erreicht wurde. Auch die Gehälter der
Hauptleute wurden etwas erhöht, während die ja schon bisher
einigermaßen auskömmlichen der Stabsoffiziere und Generale

unverändert blieben. Die Beförderung in den höheren Dienstgraden wurde auch dadurch beschleunigt, daß bei jedem Infanterieregiment eine Anzahl neuer Stellen als Hauptleute bzw. Majore beim Stabe geschaffen wurden, deren Inhaber keine Kompagnie bzw. Bataillon kommandierten, sondern im Mobilmachungsfalle für diese Kommandostellen bei Reserve- und Landwehrformationen vorgesehen waren. Die Unteroffiziere wurden von jetzt ab mit neun Jahren Dienstzeit zu Vizefeldwebeln befördert, ihre Löhnung in allen Dienstgraden erhöht, und die an sich schon guten Aussichten für die Zivilversorgung noch verbessert. Verschiedene nicht mehr zeitgemäße Dienstvorschriften für die Unteroffiziere wurden geändert. So brauchten sie in der Kaserne nicht mehr in einem Verschlag auf der Mannschaftsstube zu schlafen, sondern erhielten eigene Wohnstuben, die jüngeren Unteroffiziere zu zweit, die älteren für sich allein. Noch angenehmer empfanden die Unteroffiziere die Befreiung vom Zapfenstreich, denn es war ja geradezu beschämend für einen älteren Sergeanten, wenn er beim Zusammensein mit Freunden und Verwandten aus dem Zivil abends vor 11 Uhr plötzlich wegstürzen mußte, um pünktlich in der Kaserne zu sein. Fast unmittelbar nach Durchführung der Reform fühlte man, wie ein frischer Zug durch die vorher etwas stagnierende Armee ging. Der verbitterte alte Oberleutnant gehörte der Vergangenheit an, und der Zustrom von Fahnenjunkern nahm beträchtlich zu. Auch der Ersatz des Unteroffizierkorps machte wesentlich weniger Schwierigkeiten, denn diese Laufbahn konnte jetzt einem strebsamen jungen Mann wirklich innere Befriedigung und gute Aussichten bieten.- Im Februar las ich eines Mittags im Parolebuch folgenden Regimentsbefehl Nr. 3: „Ich wünsche morgen mittag 12 Uhr den Leutnant Fell auf dem Regimentsgeschäftszimmer zu sprechen. Anzug beliebig." Natürlich hatte ich, wie jeder Leutnant in solchen Fällen, ein äußerst schlechtes Gewissen und überschlug in Gedanken die Liste meiner etwaigen

Missetaten der letzten Zeit: Ohne Urlaub nach Frankfurt gefahren – in der Garnison Zivil getragen – unbezahlte Kasinorechnung?? Allzu schlimm konnte es nicht sein, sonst wäre Dienstanzug vorgeschrieben gewesen. Immerhin klopfte mir das Herz ein wenig, als mich der Adjutant am nächsten Mittag in das Allerheiligste führte, und ich machte jenes betont unschuldige und harmlose Gesicht, das sich in solchen Fällen empfiehlt. Aber ich erlebte eine mehr als angenehme Enttäuschung. Oberst von Dietlein fragte mich, mit seinem gütigen Lächeln, indem er mir die Hand auf die Schulter legte: „Sagen Sie mal, kleiner Fell, hätten Sie Lust, im Sommer drei Monate auf Studienurlaub nach Paris zu gehen, um dort Ihre französischen Sprachkenntnisse aufzufrischen und das Dolmetscherexamen zu machen?" Na, man kann sich denken, daß ich mit hochrotem Antlitz mein „Jawohl, Herr Oberst!" nur so herausschmetterte. Das war ja auch eine Aussicht, wie ich sie mir in meinen kühnsten Träumen nicht schöner hätte wünschen können. Die Angelegenheit nahm dann ihren dienstlichen Verlauf, und erst im April stand wieder in einem mich betreffenden Regimentsbefehl im Parolebuch: „Durch Verfügung des Generalkommandos ist dem Leutnant Fell ein dreimonatiger Urlaub zu Sprachstudien ins Ausland vom 1. Mai bis 31. Juli dieses Jahres bewilligt." Niemand wird sich wundern, daß ich in den letzten Wochen vor meiner Fahrt in die unbekannte Ferne kein allzu großes Interesse an Gewehrgriffen, langsamem Schritt und anderen Finessen des heiligen Kommiß mehr hatte. Es war der letzte der vielen Beweise des Wohlwollens, die ich von Oberst von Dietlein erhalten hatte, denn leider wurde er schon im März zum Generalmajor und Kommandeur einer Infanteriebrigade in Hannover ernannt. Das ganze Regiment gönnte ihm die Beförderung, war aber sehr traurig über das Scheiden dieses in jeder Beziehung ausgezeichneten und beliebten Vorgesetzten. Denn eine alte militärische Weisheit sagt: „Die Kommandeure folgen sich, aber sie gleichen sich nicht." Und der neue Herr glich wirklich seinem Vorgänger sehr wenig. Oberst von Boeckmann kam von den badischen Leibgrenadieren in Karlsruhe, wo er während seiner ganzen bisherigen Laufbahn gestanden hatte. Er war im Gegensatz zu dem würdevollen, gemessenen Oberst von Dietlein, aus dessen Mund niemand je ein Schimpfwort gehört hatte, ein wilder Soldat in des Wortes wahrster Bedeutung, schon äußerlich. Der in der Armee damals ganz ungebräuchliche schwarze Spitzbart, der schwarzumrandete Kneifer mit breitem schwarzen Bande und seine aufgeregte polternde Art machten den großen, breitschultrigen Mann zu einer auffallenden, manchmal fast wie eine Karikatur wirkenden Erscheinung. Sowie er in der Kaserne auftauchte – und er pflegte sich viel öfter und länger dort aufzuhalten, als es sich für einen hohen Kommandeur gehörte und seinen Untergebenen lieb war – hörte man aus irgendeiner Ecke oder aus dem Fenster des Regimentsbüros seine brüllende Stimme in unverfälscht badischem Dialekt über den ganzen Kasernenhof schallen. Er, seine etwas pompöse Gemahlin, geborene von Bömble aus Baden-Baden, und seine, sagen wir mal, nicht gerade mit Schönheit geplagte, aber umso heiratslustigere Tochter Maritta waren die ganz richtigen „Bobbele", und in Hessen waren die badischen Nachbarn ja überhaupt nicht gerade beliebt. Die Mannschaft hatte für ihn schon nach ein paar Tagen den treffenden Spitznamen „Schippekönig" gefunden, und, tatsächlich, er sah auch genau aus wie der Pikkönig im Kartenspiel. Nachdem wir ihn erst näher kennen gelernt hatten, merkten wir, daß sich unter der Schale des übermäßig rauhen Kriegers, wie das ja nicht selten ist, eine gutmütige, sogar weiche Natur verbarg, aber angenehm war der Verkehr mit ihm nicht, und in die Wormser Luft paßte der Herr schon gar nicht hinein. Na, mir war das alles zunächst ziemlich gleich. Denn mir winkten ja drei lange Monate goldener Freiheit. Als ich mich am 30. April beim Schippekönig – auch unter den Offizieren nannte ihn schon niemand mehr anders – abmeldete, grobste er mich heftig an, daß ich noch viel zu jung für ein solches Kommando sei und mich ja nicht unterstehen solle, mir in dem Sündenbabel Paris die „wüschte Allüre von dene französische Leichtfüß" anzugewöhnen. Auch dies rührte mich wenig, und ich knallte nur stumm die Hacken zusammen. Mein Pferdchen hatte ich Hauptmann von Ihlenfeld übergeben und konnte beruhigt sein, es bei ihm in besten Händen zu wissen. Die Uniformen waren in der Mottenkiste, beim Zahlmeister hatte ich freudestrahlend das Gehalt für drei Monate und den Reisezuschuß von 150.- Mark, vor allem aber die 600.- M staatlicher Studienbeihilfe in Empfang genommen, so daß ich also zusammen mit der von den guten Eltern ebenfalls vorausgezahlten Zulage, die für mich damals ganz unvorstellbare Summe von über 2000,- Mark in der Brieftasche trug, die auch schon Billet und Schlafwagenkarte nach Paris enthielt. Den Freunden in der Stadt hatte ich bereits Lebewohl gesagt, und die Kameraden im Kasino, wo ich schon in Zivil erschien, feierten mich dort neiderfüllt ab. Um 8 Uhr abends hielt damals der Pariser D-Zug in Worms. Verschiedene gute Freunde brachten mich hin und machten mehr oder weniger gute Witze über die mich nach ihrer Meinung in der Ville Lumière erwartenden sündigen Genüsse. Mein braver lothringischer Bursche Léhé verstaute ehrfürchtig meine Koffer in der Schlafkabine und fühlte sich dann, wahrscheinlich durch das Wagenschild Frankfurt am Main – Paris, angeregt, mich mit einem lauten „Bon voyage, mon lieutenant" zu verabschieden. Behaglich in die Polster zurückgelehnt sah ich die Lichter des lieben Worms entschwinden und fuhr frei und froh dem großen Abenteuer entgegen.

Paris

„Paris, Paris, étincelante flamme.“

Béranger.

Auf dieser nächtlichen Fahrt habe ich nicht allzu viel geschlafen, obwohl ein klingender Händedruck an den Schlafwagenschaffner mir das Alleinbleiben im Abteil gesichert hatte. Die vor mir liegende Zeit war doch etwas anderes als der normale Sommerurlaub, nicht nur der Dauer nach. Vorläufig hatte ich noch keine Ahnung, wie ich sie ausfüllen sollte, denn ich war mir von vorneherein klar darüber, daß ich das Vertrauen meiner Vorgesetzten, die mich trotz meiner unerfahrenen Jugend in die mir doch recht gefährlich erscheinende Atmosphäre der französischen Hauptstadt entlassen hatten, unbedingt zu rechtfertigen haben würde. Mit dem Abklappern der Sehenswürdigkeiten von Paris wie ein gewöhnlicher Tourist oder gar mit dem „Tour du Grandduc“, dem verlockenden Bummeln, würde es nicht getan sein. Während ich so, auf meinem Bett in der Kabine ausgestreckt und unzählige Zigaretten rauchend, meinen Gedanken nachhing, beschlich mich doch eine leise Bangigkeit. Noch nie in meinem 22-jährigen Leben war ich so ganz auf mich selbst gestellt gewesen, und es war mir, als ob das Versinken der festen Mauern, die mich bisher im Elternhause, im Kadettenkorps und im eng begrenzten Rahmen des Offizierkorps immer umschlossen hatten, nicht nur ein Gefühl der Freiheit, sondern auch der Unsicherheit in meinem Herzen erweckte. Diese Empfindung verstärkte sich, als ich in Metz, wo ich so oft bei Ferienbeginn ausgestiegen war, auf dem Bahnsteig Offiziere und Soldaten mit den mir so vertrauten Nummern, auch der von meines Vaters altem Regiment, sah, und der Zug sich dann wieder in Bewegung setzte und mich mitnahm. Nach einer halben Stunde schon kam die Grenze mit der sehr milden Gepäckrevision durch die deutschen Zollbeamten und anschließend den französischen Douanier, die nur in der Frage bestand, ob man etwas Verzollbares mitführe. Damit waren in jener glücklichen Zeit in allen Ländern der Erde, außer in Rußland, der Türkei und China, sämtliche Formalitäten des Grenzübertritts erledigt. Was ein Paß war, wußte ich überhaupt nicht. Die einzige amtliche Legitimation, die ich, ebenso wie auf allen meinen anderen Auslandsreisen vor 1914 mit mir führte, war eine von der Post ausgestellte, mit Lichtbild versehene internationale Ausweiskarte, die mich berechtigte, eingeschriebene Briefe und Geldsendungen abzuheben. Außerdem hatte ich natürlich ein Empfehlungsschreiben an den aus Worms stammenden Kaiserlichen Botschafter Baron von Schön von dessen Familie und ein dienstliches Schreiben des Regiments an den Militärattaché Oberst von Gersdorff, der übrigens schon vorher von meinem Eintreffen unterrichtet war, da er, wie üblich, das Einverständnis der französischen Regierung und Militärbehörden zu meiner Beurlaubung nach Paris hatte einholen müssen. Die ersten Stationen auf französischem Boden waren Pont-à-Mousson und Nancy, wo mir die roten Hosen und die Römerhelme der Dragoner mit dem lang herabhängenden Roßschweif bei den militärischen Bahnhofswachen zeigten, daß ich nun tatsächlich in fremdem Lande war. Nach ein paar Stunden unruhigen Schlafes stand ich früh auf und machte sehr sorgfältig Toilette, da ich in Paris gleich vom Bahnhof auf die Botschaft gehen wollte. Dann setzte ich mich in den unterdessen angehängten französischen Speisewagen an einen Fensterplatz, nahm ein äußerst substanzielles Frühstück ein und blickte auf die vorüberziehende französische Landschaft. In heißer Spannung packte ich schon lange vor der Ankunft meine Siebensachen zusammen und spähte immer unruhiger hinaus, bis endlich am Horizont die im Sonnenglanz hell leuchtende Graalsburg von Sacré Coeur auf hoher Hügelkuppe auftauchte und der Zug durch die enttäuschend scheußlichen Vororte der Banlieue in die rußige und raucherfüllte Halle der Gare de l'Est einfuhr. Dort ließ ich mein Gepäck, nahm ein Taxi und fuhr zur Botschaft in der rue de Lille. Paris empfing mich mit seinem liebenswürdigsten Lächeln. Es war einer jener warmen, bezaubernden Frühlingstage, an denen diese doch wohl schönste Stadt der Welt wie in einem blausilbernen Schleier gehüllt scheint, und ich fühlte sofort, daß ich sie lieben lernen würde. In dem schönen und repräsentativen Botschaftsgebäude wurde ich nach Anmeldung durch den würdevollen Portier sehr liebenswürdig von einem jungen Attaché empfangen, der mich gleich zum Botschafter führte. Dem jovialen und gar nicht steifen Diplomaten mußte ich zunächst viel von seiner Heimatstadt und den dortigen Verwandten und Bekannten erzählen. Dann ließ er den Militärattaché, dessen Geschäftszimmer zu jener Zeit noch im Botschaftsgebäude lagen, zu sich bitten, bei dem ich mich unter Abgabe des Schreibens meines Regiments dienstlich meldete. Beide Herren erteilten mir eine Menge guter Ratschläge für das Leben in Paris, wobei es natürlich an ebenso wohlgemeinten wie sicher notwendigen Warnungen vor den einem jungen und unerfahrenen Manne drohenden Gefahren auf moralischem, aber auch auf politischem Gebiet nicht fehlte. Sie rieten mir, möglichst wenig mit Deutschen zu verkehren, um mich ganz in die französische Atmosphäre zu versetzen und französisch nicht nur sprechen, sondern auch denken zu lernen. Sie empfahlen mir eine gute, aber billige Pension in der Rue Daviel, wo hauptsächlich Studenten der besseren Klasse wohnten. Oberst von Gersdorff befahl mir, mich am nächsten Tage in das Meldebuch des Gouvernement Militaire de Paris einzuschreiben, und gleichzeitig meine Karten bei dem Militärgouverneur, damals meiner Erinnern nach Divisionsgeneral de Tisserand, und seinem Chef des Generalstabes, einem Oberst, abzugeben. Mit freundlicher Unterstützung des Attachés sicherte ich mir also ein nettes Zimmer in der angegebenen Pension, holte meine Koffer von der Bahn, packte aus und kam mir schon wie ein echter „Parisien de Paris" vor. Und dann zog ich erst einmal los, um einen ersten Blick auf die mir ja völlig fremde Lichtstadt zu tun, in der ich übrigens die Orientierung nach kurzer Zeit sehr leicht fand, wesentlich leichter als in Berlin. Denn Paris ist eine in vielen Jahrhunderten organisch wie ein mächtiger Baum gewachsene Stadt, während Berlin, abgesehen von dem kleinen historischen Kern, in wenigen Jahrzehnten emporgeschossen ist. Abends vor dem, wie überall in Frankreich, vorzüglichen Diner machte mich die behäbige und mütterliche Patronne mit denjenigen meiner Mitgäste bekannt, mit denen ich am gleichen Tisch sitzen sollte, und durch diese lernte ich dann bald auch die anderen kennen. Es waren fast durchweg Studenten von den verschiedenen Fakultäten der Sorbonne, die meisten Mediziner. Die Franzosen unter ihnen entstammten gutsituierten Familien der Provinz oder des Landadels, die zahlreichen Ausländer waren meist Skandinaven. Es war ein merkwürdiges Völkchen, grundverschieden in Allem, in Ansichten und Lebensgewohnheiten, von den deutschen Studenten. Einige dieser noch jungen Menschen trugen zu meinem Erstaunen lange Bärte, und viele suchten offenbar geradezu etwas darin, in ihrer Kleidung möglichst salopp oder künstlerisch-genial zu erscheinen. Obwohl ich absichtlich keinerlei Hehl daraus machte, daß ich deutscher Offizier war, wurde ich von sämtlichen Franzosen mit größter Herzlichkeit in ihren Kreis aufgenommen, während einige Dänen und Norweger sich sehr kühl verhielten und ihre Deutschfeindlichkeit gar nicht verbargen. Studentinnen gab es zwar schon an der Pariser Universität, aber sie traten damals noch nicht mit der späteren Ungebundenheit auf, sondern wohnten entweder in Damenpensionaten oder bei Familien. Außer von wissenschaftlichen

Interessen war die Unterhaltung fast ausschließlich von der Politik beherrscht, ein Gebiet, mit dem sich deutsche Studenten zu jener Zeit überhaupt nicht zu beschäftigen pflegten. Diese jungen Franzosen waren sämtlich nach irgendeiner Richtung ungeheuer radikal. Entweder waren sie überzeugte Royalisten oder das Gegenteil, nämlich Sozialisten, mit einem starken Stich ins Anarchistische. An der Dritten Republik jedenfalls ließ keine der beiden Parteien auch nur ein gutes Haar, und mir naiven Deutschen standen schon am ersten Abend die Haare zu Berge, als ich die unverblümten Urteile über alle damals maaßgebenden Politiken der Republik und den Ministern bis zum kleinen Deputierten vernahm. Was mir sehr gefiel, war, daß die politischen Meinungsunterschiede die Freundschaft in keiner Weise beeinträchtigten, was ja unter Deutschen nicht gerade die Regel ist. Zehn Minuten nach einem heißen, ja wilden Disput, in dem die Kampfhähne nur in einem Punkte einig waren, daß nämlich das gegenwärtige Regierungssystem Frankreichs in Grund und Boden zu verdammen sei, zogen der Vicomte aus burgundischem Adelsschlosse, getreuer Parteigänger Heinrichs des Fünften, Grafen von Chambord, und der fuchsfeuerrote Sprößling einer Marseiller Bürgerfamilie Arm in Arm zum Aperitif in das angestammte Bistrot. Gleich am ersten Abend nahm mich die fröhliche Korona mit zu einem Bummel durch die Studentenkneipen des Boul'Miche, wobei ich erneut Gelegenheit zur Verwunderung hatte, denn mehr als ein oder zwei Bock oder einen Café au lait nahm keiner dort zu sich. Wenn ich dagegen an die Alkoholfluten dachte, die meine deutschen studentischen Freunde aus den Gießener Korps bei einem solchen Exbummel konsumiert haben würden! Auch eine weitere irrige Auffassung hatte ich sofort Gelegenheit zu korrigieren. Die Studenten kannten zwar alle die in den recht bescheidenen Kneipen herumschwirrenden Midinettes, aber der Ton, in dem sie mit den lustigen, mit einfachen Mitteln schick aufgemachten Mädels verkehrten, war durchaus harmlos-kameradschaftlich und weit entfernt von der schwülen Lasterhaftigkeit, die man an gewissen Stammtischen mit dem Begriff des Pariser Nachtlebens zu verbinden liebt. Mein deutscher militärischer Charakter störte die Studenten, wie gesagt, in keiner Weise, aber sie legten auch nicht den mindesten Wert darauf. Alle, bis auf einen, ob Royalisten oder Sozialisten, waren, wenn auch von verschiedenen Gesichtspunkten aus, Antimilitaristen, hofften, irgendeine Möglichkeit zu finden, um sich von der Ableistung der Dienstpflicht drücken zu können, und die Aussicht, Reserveoffizier zu werden, schien ihnen, wieder im Gegensatz zu ihren deutschen Kommilitonen, alles andere als erstrebenswert.[11] –

Am nächsten Vormittag, wieder einem leuchtend hellen Frühlingstage, zog ich los, um meine Meldung beim Militärgouvernement zu erstatten, und wanderte am Seine-Quai entlang zu dem imposanten Hôtel des Invalides, wo ich mich zu den im ersten Stockwerk des Mittelbaus liegenden Geschäftszimmern durchfragte. In einem Saal, der mit den Bildern französischer Generale aus drei Jahrhunderten geschmückt war, saß hinter einem großen Schreibtisch ein außerordentlich höflicher und dienstbeflissener Adjudant (Offizierstellvertreter) der in Paris stehenden 7. Kürassiere, der mir einen mächtigen Folianten zur Eintragung vorlegte. Es wurden in zahlreichen Spalten genaueste Angaben über Truppenteil, Garnison, Geburtsort, Grund und Dauer des Aufenthaltes und Wohnung in Paris verlangt. Beim Durchblättern war es interessant, festzustellen, wie unzählige Offiziere aller Heere und Flotten der Erde Paris für längere oder kürzere Zeit aufzusuchen schienen. Der letzte Eintrag vor mir stammte von einem „Luitenant" des Regiments „Grenadiers en

---

11 Die Sozialisten natürlich entsprechend ihrem Parteiprogramm, die Royalisten nicht aus Abneigung gegen die Armee, sondern weil sie einfach der Republik nicht dienen wollten.

Jaagers" aus der holländischen Hauptstadt Den Haag. Darüber stand ein „Capitan" des peruanischen Generalstabes, der zur École Militaire kommandiert war. Meine Visitenkarte für den Militärgouverneur und seinen Stabschef legte ich in zwei dafür aufgestellte Porzellanschalen. Nachdem der Adjudant meine Eintragung geprüft und für gut befunden hatte, salutierte er stramm mit einem verbindlichen „Mille fois merci et beaucoup de plaisir à Paris, mon Lieutenant" und begleitete mich formvollendet bis zur Tür. Übrigens erschien bereits am nächsten Mittag ein Ordonnanzoffizier in meiner Pension, um dort die Karten des Gouverneurs und des Generalstabschefs in Erwiderung meines Besuches abzugeben. Jetzt waren alle amtlichen Verpflichtungen erfüllt, denn die polizeiliche Anmeldung besorgte die Pensionsinhaberin, und von Aufenthaltserlaubnis, Carte d'identité und ähnlichen Errungenschaften der neuesten Zeit ahnte man damals noch nichts. – Bei jedem Schritt durch die Straßen war ich mehr bezaubert von dem Reiz dieser unvergleichlichen Stadt, die mir ja später für viele Jahre eine zweite Heimat werden sollte. In den ersten Tagen war ich vom frühen Morgen bis in die Nacht hinein eigentlich nur zu den Mahlzeiten in der Pension und habe Paris kreuz und quer vom Bois de Boulogne bis zum Père Lachaise und von Montmartre bis Montrouge durchstreift, fand mich schließlich auch, freilich nach mehrfachen Irrfahrten, in dem komplizierten System der Métro und ihrer zahlreichen Umsteigebahnhöfe zurecht. Wollte ich anfangen, davon zu erzählen, so müßte ich ein eigenes Buch schreiben. Zum besonderen Erlebnis wurden mir mein Besuch im Dôme des Invalides, wo ich in soldatischer Ehrfurcht am Sarkophage des Großen Korsen stand, unter dessen Fahnen auch meine Ahnen gefochten hatten und gefallen waren, mein erster flüchtiger Gang durch den Louvre mit seiner Überfülle herrlichster, aber damals freilich recht unübersichtlich und teilweise geradezu unwürdig untergebrachter Kunstwerke aller Zeiten und Völker, und der erste Blick von den Stufen von

Sacré Coeur auf die im rosigen Abendschimmer verdämmernde unendliche Stadt mit ihren zahllosen Kirchen und Palästen. Auch die erste Messe in Notre Dame, der ich am nächsten Sonntage beiwohnte, gehört zu diesen ewig unvergeßlichen Eindrücken. Unter meinen neuen studentischen Freunden fand ich einzelne, die sich mir als sehr gute und unterrichtete Führer gern zur Verfügung stellten, andere dagegen interessierten sich nur sehr wenig für die Schönheit und die historischen Denkmäler ihrer Universitätsstadt und waren während aller ihrer Studiensemester kaum über das Quartier Latin und den Montparnasse hinausgekommen. Am wenigsten gefiel und imponierte mir schon damals jenes Viertel, das die Fremden aller Länder anzuziehen pflegt wie das Licht die Motten, nämlich der Montmartre mit seiner unübersehbaren Fülle von Bummel- und Nepplokalen jeder Klasse. Die bereits zu jener Zeit verstaubte Plüschpracht von Moulin Rouge und ähnlichen „weltberühmten" Tanzkneipen mit unechten Apachen und unzweideutig echten Dämlichkeiten, von denen die wenigsten Pariserinnen oder überhaupt Französinnen waren, konnte eigentlich nur für Spießer aus europäischen Kleinstädten oder dem amerikanischen Mittelwesten und für reiche Russen und Südamerikaner Reiz besitzen. In den dreißiger Jahren, als Paris meine ständige Arbeitsstätte als Journalist geworden war, fand ich diese Seite von Montmartre – es hat auch eine andere, wesentlich schönere – absolut unerträglich. Daß ich in der ersten Zeit nach meiner Ankunft ein Vermögen für Ansichtskarten an alle Kameraden, Freunde und Verwandte in der Heimat ausgab, macht mich heute lächeln. Aber ich war bei meiner Jugend ja so stolz auf meine Erlebnisse als erfahrener Weltmann!

Nach 14 Tagen jedoch, als der Rausch des Neuen etwas abzuklingen begann, besann ich mich darauf, daß ich ja nicht zum Vergnügen nach Paris entsandt worden sei, und beschloß, nun ernstlich in das wirkliche französische Volksleben hinabzusteigen. Ich studierte die Angebote möblierter Zimmer im „Petit

Parisien", „Matin" und der damals noch nicht kommunistischen, sondern parteisozialistischen „Humanité" und fand in der letztgenannten nach einigen vergeblichen Versuchen eine Unterkunft, die genau dem entsprach, was ich mir vorgestellt hatte. Es war ein bescheidenes, aber blitzsauberes Wohnzimmer mit anschließender Schlafkammer in der Etagenwohnung eines Werkmeisters in der Avenue Simon Bolivar, dicht an dem schönen Park der Buttes-Chaumont im 19. Arrondissement ganz im Nordosten der Stadt, einem richtigen Viertel der Kleinbürger und gehobenen Arbeiter. Mit der rundlichen, freundlichen Madame Lestraut wurde ich schnell einig und war nach einigen Stunden, nachdem ich zwei Koffer mit den für diese Umgebung geeigneten Sachen geholt, die übrigen auf der Botschaft untergestellt hatte, schon gemütlich installiert. Mit Monsieur gab es dann, als er abends von der Arbeit heimkehrte, zunächst einige Schwierigkeiten, als ich ihm, worauf ich aus begreiflichen Gründen Wert legte, meine Personalien klarlegte, an denen Madame keinerlei Anstoß genommen hatte. Nicht etwa wegen meiner deutschen Nationalität, sondern wegen meines Berufes. Der Werkmeister war nämlich, selbstverständlich möchte man sagen, glühender Sozialist, also gegen Offiziere und ebenso gegen die „monarchische Tyrannei" in Deutschland äußerst voreingenommen. In französischen Familien aller Klassen aber hat niemals Monsieur, sondern immer Madame das entscheidende letzte Wort. Und da Frau Emilie mich gleich in ihr mütterliches Herz geschlossen hatte, blieb es trotz alles männlichen Gebrumms bei unserer Abmachung. Schon am Abend nach der vorzüglichen Soupe, bei dem von mir zum Einstand gestifteten Coup de Rouge, wurde dann die endgültige und niemals mehr getrübte Freundschaft zwischen uns allen besiegelt. Wir haben uns zwar noch oft herzhaft, aber immer in jener etwas phrasenhaften, doch im Grunde sachlichen Form der bei Franzosen beliebten Diskussion gestritten, denn Monsieur Lestraut war heiß bemüht, mich zu seinen sozialistischen

Idealen zu bekehren, aber das führte niemals zu einem Zerwürfnis. Ich habe von diesen langen Wochen meines Lebens inmitten einer anständigen, ehrenfesten französischen Arbeiterfamilie viel für meine innere Entwicklung mitgenommen. Die Lestrauts stammten beide, wie die meisten Pariser, aus der ländlichen Provinz, und zwar aus dem Midi, der Gegend von Montpellier, wo sie eine ausgedehnte Verwandtschaft besaßen. Daß meine väterlichen Vorfahren zum Teil ebenfalls Provençalen waren, gewann mir gleich einen großen Stein im Brett. Dominique Lestraut war als junger Mann nach seiner Militärzeit bei der Artillerie in Paris hängen geblieben und hatte sich in einem großen Eisenwerk in Puteaux vom einfachen Arbeiter bis zum recht gut bezahlten Werkmeister hinaufgearbeitet. Seine Frau war Dienstmädchen und Köchin in reichen Pariser Bürgerfamilien gewesen. Sie hatten zwei reizende Kinder, den zehnjährigen Charles und die siebenjährige Jeannette (genannt nach Karl Marx und Jean Jaurès). Zum Haushalt gehörte noch ein junger Geselle aus der gleichen Fabrik, Frédéric Maurier, der die Dachkammer bewohnte. Er war ausnahmsweise ein richtiger geborener Pariser, ein immer fideler Gamin, der jeden Stein des Pariser Straßenpflasters von frühester Kindheit an kannte. Er mußte im Herbst „au régiment“, und zwar zu den Pionieren nach Verdun, einrücken, wovor er mächtigen Dampf hatte. Im Laufe der Zeit lernte ich noch eine Anzahl von näheren Bekannten der Familie, Arbeitskameraden und Parteigenossen kennen, die mich nach anfänglich mißtrauischer Beschnüffelung gern in ihren Kreis aufnahmen. Wie oft stand ich mit ihnen „au comptoir“ in dem Bistrot an der Ecke der Rue Manin und hörte ihren politischen Kannegießereien zu. Meine Mahlzeiten nahm ich meistens in der Familie ein und konnte mich gar nicht genug wundern, welche Köstlichkeiten Madame für lächerlich wenig Geld an ihrem Herd hervorzuzaubern wußte. Gelegentlich traf ich mich abends auch mit meinen studentischen Bekannten aus der Pension und seltener mit

Herren der Botschaft, von denen ich auch manchmal in ihre Familien eingeladen wurde. Dagegen hatte ich den Botschafter und den Militärattaché gebeten, mir keine Aufforderungen zu offiziellen Empfängen und ähnlichen Veranstaltungen zugehen zu lassen, wofür sie auch volles Verständnis hatten. Ich suchte möglichst, jede Gelegenheit zu vermeiden, wo ich hätte deutsch sprechen müssen. Ich glaube, daß mir nach vier Wochen keiner mehr so leicht den Ausländer angehört hätte, wenn ich auch nicht gerade beschwören möchte, daß ich in meinem neuen Verkehrskreise das klassische Französisch, wie es im Théatre Français gesprochen wird, gelernt habe. An schönen Sommerabenden gingen wir, das heißt die ganze Familie, zu der ich schon voll gerechnet wurde, in den grünen Hügeln der Buttes Chaumont mit ihren Teichen und Hängebrücken spazieren, und sonntags schloß ich mich manchmal dem Ausflug mit Kind und Kegel, Déjeunerkorb und Weinflasche nach Saint-Germain, Fontainebleau, Versailles, oder auch nur in die Wäldchen von Boulogne oder Vincennes an, wobei es stets sehr lustig und vergnüglich zuging. Es entsprach auch durchaus meinen Wünschen, wenn Monsieur Lestraut mich, zunächst schüchtern und zögernd, fragte, ob ich ihn nicht einmal zu einer politischen Versammlung seiner Partei begleiten wolle, was ich dann verschiedentlich getan habe. Zweimal hörte ich dabei in dem riesigen Vel'd'Hiv vor einer zehntausendköpfigen Versammlung den Führer der französischen Sozialisten Jean Jaurès sprechen und erhielt einen wirklich tiefen Eindruck von dieser genialen Führerpersönlichkeit. Er war ein vorzüglicher, mitreißender Redner und ein großer französischer Patriot, wenn auch alles andere als ein Chauvinist. Mit Nachdruck trat Jaurès für die Landesverteidigung ein, und die von ihm in seinem 1913 erschienenen Buche „La nouvelle armée" gestellten Forderungen nach Modernisierung des Heeres und Ausnutzung aller Möglichkeiten zur Erhöhung der französischen Verteidigungskraft hätten, wenn sie erfüllt worden wären,

Frankreich 1914 wesentlich stärker in den Krieg treten lassen, als es dann der Fall war. Dieser große Franzose war kein überspannter Pazifist, aber ein ehrlicher Friedensfreund, und allein seinem Einfluß hätte es vielleicht gelingen können, die Weltkatastrophe zu verhüten, wenn ihn nicht am 1. August 1914 die Kugel eines chauvinistischen, wahrscheinlich sogar bezahlten Meuchelmörders[12] hinweggerafft hätte. Es war mir als . Deutschem überhaupt eine schmerzliche Erfahrung, in diesen Versammlungen und noch mehr in dem engeren Kreise, in dem ich lebte, immer wieder feststellen zu müssen, welche ganz andere Haltung, als die deutschen Sozialdemokraten, die französischen Sozialisten ihrem Vaterlande gegenüber einnahmen. Sie waren nach manchen Richtungen viel radikaler, ja blutrünstiger als die unseren, denn in ihnen wirkten noch sehr lebhaft die Erinnerungen an die Schreckenszeit der Großen Revolution und an die Pariser Commune von 1871 nach. Auf sozialem und wirtschaftlichem Gebiet wollten sie nichts von Kompromissen wissen. Auch das politische System der großbürgerlichen Dritten Republik, in dem das Geld zum einzig ausschlaggebenden Faktor geworden war, war ihnen ebenso verhaßt wie der Kommiß des Militärdienstes und die, wie sie fälschlicherweise glaubten, durchweg reaktionären Offiziere. Aber die republikanische Staatsform als solche und die Pflicht jedes Franzosen, sein Vaterland im Falle eines Angriffs zu verteidigen, standen für sie vollkommen außerhalb jeder Diskussion. Die Meinungsäußerungen dieser einfachen Arbeiter, die durchweg nur eine sehr rudimentäre Schulbildung genossen hatten, waren, mochte man noch so sehr entgegengesetzter Meinung sein, viel vernünftiger als das meist recht törichte Geschwätz der radikalen jungen Studenten. Es war erstaunlich, wie gut sie

---

12 Der feige Mörder ist zwar zunächst verhaftet, aber niemals vor Gericht gestellt, sondern schon nach wenigen Monaten freigelassen worden, wahrscheinlich auf Poincarés Veranlassung.

über die Geschichte ihres Landes Bescheid wußten, und ein wie hohes Maaß allgemeiner und beruflicher Bildung viele von ihnen sich angeeignet hatten. Von dem allerdings, was jenseits der französischen Grenzen lag und sich dort ereignete, hatten sie nur recht nebelhafte Vorstellungen, wie die meisten Franzosen. Ich habe vor diesen Männern hohe Achtung gewonnen, ebenso übrigens wie für die meisten deutschen Arbeiter, die ich im Frieden und besonders im Kriege als Offizier näher kennen gelernt habe. Ihre Stellung gegenüber der Kirche war rundweg ablehnend. Sie waren unbedingte Freigeister, die alles mit der lateinischen Ratio lösen und erklären wollten. Es waren ja damals gerade die Jahre, in denen die von dem radikalsozialen Minister Combes durchgeführte Trennung von Kirche und Staat zu einem sehr scharfen Konflikt zwischen der Republik und dem Heiligen Stuhl geführt hatte, und die Volksleidenschaften in Frankreich tief aufgewühlt waren. Wenig schöne Bilder bekam man zu sehen: Priester, die auf offener Straße angespuckt, mit den übelsten Schimpfworten des Pariser Argots verfolgt und von den Gassenlümmeln mit Dreck und Steinen beworfen wurden. Vernünftige Sozialisten, wie mein Wirt und seine Freunde, verurteilten, so ablehnend sie selbst allem, was kirchlich oder religiös war, gegenüberstanden, diese Ausschreitungen aufs schärfste. Das Eigenartigste aber war, daß sie ihre persönlichen antiklerikalen Ansichten keineswegs innerhalb ihrer Familie zur Geltung brachten. Madame Lestraut ging jeden Sonn- und Feiertag brav zur Messe in ihrer Parochialkirche Saint-Georges, küßte dem Priester ehrfürchtig die Hand und erzog ihre beiden Kinder streng religiös, worin sich ihr Gatte niemals einmischte. Er sagte mir einmal mit gutmütigem, etwas ironischen Lächeln: „Ces choses-là sont très bien pour les femmes et les petits" und wunderte sich nur, daß „un jeune homme si raisonnable", nämlich ich, manchmal seine Frau zum Gottesdienst begleitete. Madame Emilie war geradezu ein Prototyp der unermüdlich fleißigen, sparsamen und tüchtigen Hausfrau des französischen Kleinbürgertums mit ihrem etwas hausbackenen und zäh am Hergebrachten hängenden, aber durchaus scharfen Verstande. Die sozialistischen Ideen ihres Mannes billigte sie insofern, als auch nach ihrer Ansicht die Sozialisten eben in Frankreich die einzigen seien, die wirklich die Interessen der Arbeiterschaft verträten, wollte aber durchaus nichts von Revolution und Guillotine hören, mit denen die Männer in ihrer Diskussion so aufgeregt jonglierten. Sie hing treu an ihrer letzten früheren Dienstherrschaft, einer sehr wohlhabenden Rechtsanwaltsfamilie, besuchte sie häufig in ihrer Villa in Passy und betonte, wenn über die Kapitalisten geschimpft wurde, sehr energisch, daß jene „des gens très bien" seien, auf die sie nichts kommen lasse. Nebenbei bemerkt, war mein sozialistischer Freund Lestraut selbst ein kleiner Kapitalist und verfügte über ein recht hübsches Bankkonto. Meinen Erzählungen über Deutschland lauschte Madame Lestraut gern, aber – ungläubig. Denn sie war und blieb der Überzeugung, daß mindestens östlich des Rheins ein ungeheurer Urwald begönne, in dem pelzbehängte Wilde, wie zum Beispiel der Völkerstamm der von 70 her noch immer gefürchteten „uhlans", zähnefletschend und blutgierig umhertobten. Daß ich nicht gerade voll dieser Vorstellung entsprach, machte sie nicht irre. In Paris gab es ja auch viele sehr nette und zivilisierte Beduinen, N**** und andere frühere Wilde. Ich aber mußte mit heimlichen Lächeln daran denken, wie sehr sich doch die Frauen Frankreichs gleichen. Die Ansichten meiner lieben Großmama, die schließlich aus ganz anderen Schichten stammte, über die Preußen unterschieden sich gar nicht so sehr von denen der braven Madame Lestraut über Deutschland im Allgemeinen. – Alle paar Tage ging ich zur Botschaft, um mir meine dort etwa einlaufende Post abzuholen. Eines Tages erhielt ich dabei einen Brief aus Paris, der mich ebenso überraschte wie erfreute. Er kam von einem mir bisher völlig unbekannten Vetter xten Grades von der Familie de Champion her, Robert Doumayrou,

Oberleutnant des 3. algerischen Tirailleurregiments in Cherchell in Algerien, der als Ordonnanzoffizier zum Militärgouvernement von Paris kommandiert war. Doumayrou hatte im Meldebuche der ausländischen Offiziere meinen Namen gelesen, und da er offenbar besser als ich damals über die Familie im weitesten Sinne orientiert war, sofort den Verwandten erkannt. Nach einem vergeblichen Besuch in meiner alten Pension hatte er über die Botschaft an mich geschrieben und schlug ein baldiges Zusammentreffen vor. Ich antwortete natürlich sofort und verabredete mich mit dem Vetter und Kameraden für einen der nächsten Abende zum Essen in dem vorzüglichen Restaurant Périgourdine an der Place Saint-Michel, aus dessen Fenster man einen so herrlichen Blick auf Notre Dame genießt. Als gute Soldaten waren wir beide auf die Minute pünktlich und trafen uns schon, als jeder von uns gerade beim Maître d'Hôtel die Nummer des vorsorglich bestellten Tisches erfragen wollte. Das Eis brauchte nicht erst gebrochen zu werden. Wir verstanden uns von der ersten Minute ab, als hätten wir uns schon Jahre lang gekannt, was sicher weniger an der recht entfernten Verwandtschaft als an der selbstverständlichen Kameradschaft lag, die in jener anständigen Zeit zwischen den Offizieren aller Armeen herrschte. An Gesprächsstoff konnte es uns ja nicht mangeln. Für mich war alles vom höchsten Interesse, was mein Vetter über das Leben in einer afrikanischen Garnison und in einem arabischen Regiment, über den damals nie abreißenden Kleinkrieg in der Sahara und an der Marokko-Grenze, über die Eingeborenen und die Fremdenlegion zu berichten wußte. Er selbst, ein ebenso liebenswürdiger wie intelligenter junger Mensch, war auch „en pékin", in Zivil, die typische französische Offizierserscheinung und zeigte sich über die deutsche Armee ausgezeichnet orientiert. Er teilte mir gleich mit, daß er die Absicht habe, in den nächsten Jahren ebenfalls einen Sprachurlaub nach Deutschland zu erbitten und hat dies auch, wie ich später berichten werde, ausgeführt. Ich bin dann während meiner Pariser Zeit noch öfter mit Doumayrou zusammengekommen und habe im Gespräch mit ihm meine Kenntnis über unsere Familiengeschichte wesentlich erweitert. Er war das einzige Kind seiner lange vorher verstorbenen Eltern. Sein Vater war Procureur de la République in Avignon gewesen, seine Mutter, eine geborene de Champion, Tochter eines Majors. Robert, der ursprünglich auch zum Juristen bestimmt war, setzte es bei seinem Vormund durch, daß er die Erlaubnis zum Besuch der Offizierschule von Saint-Cyr erhielt. Dort bestand er sein Examen als einer der Besten, so daß ihm, was als Auszeichnung galt, der Eintritt in ein afrikanisches Regiment gewährt wurde. Doumayrou erklärte mir gleich mit verwandtschaftlicher Offenheit, daß er mich sehr gern in den Cercle Militaire, das Kasino oder besser den Klub der Offiziere des Heeres und der Marine in Paris, einführen würde und sicher sei, daß die meisten seiner jüngeren Kameraden einen deutschen Offizier mit größter Freundlichkeit begrüßen würden. Unter den älteren Herren aber, besonders den „Grosses Légumes Divisionnaires", den „Großkopferten von den hohen Stäben", gebe es immer noch recht viele ausgesprochene Chauvinisten, so daß es besser sei, darauf zu verzichten. Bei dieser Gelegenheit kamen wir auch auf die inneren Verhältnisse im französischen Offizierkorps zu sprechen, die sich gerade damals recht unerfreulich gestaltet hatten. Die Wellen der antiklerikalen Politik hatten auch die Armee überspült, die bei den linksstehenden Machthabern als Hort der klerikalen und politischen Reaktion galt, wenigstens, was den Großteil des Offizierkorps betraf. Der Kriegsminister Millerand hatte die berüchtigten geheimen Führungslisten über alle Offiziere eingeführt, in denen besonders vermerkt wurde, ob sie, oder auch nur ihre Familie, regelmäßige Kirchgänger waren. Ein Offizier, der seinen religiösen Verpflichtungen nachkam, hatte keinerlei Aussicht auf Beförderung. In jedem Truppenteil gab es Spione aller Dienstgrade, die dem Kriegsministerium vertrauliche Berichte nicht nur über ihre Kameraden, sondern unglaublicherweise sogar über ihre Vorgesetzten abstatten mußten. Diese widerliche Gesinnungsschnüffelei wurde durch die damalige Zusammensetzung des Offizierkorps aus drei ganz verschiedenen, auf einander eifersüchtigen Klassen sehr erleichtert. Die „Écoliers", die oberste und in der Hauptsache die späteren Generalstäbler stellende Klasse bestand aus den Absolventen der Kriegsschule von Saint-Cyr für Infanterie und Kavallerie, der École Polytechnique für Artillerie und technische Truppen. Es waren durchweg junge Leute mit abgeschlossener Gymnasialbildung aus guten Familien, die über einiges Vermögen verfügen mußten, da der Besuch der genannten Schulen gewisse Mittel erforderte. Nach ihnen kamen die „Écoliers Mineurs", Soldaten und Unteroffiziere, die sich nach mindestens dreijähriger Dienstzeit in der Front zu einem Bildungsexamen melden konnten, nach dessen Bestehen sie zu einem zweijährigen Kursus auf die Infanterieschule Saint-Maixent, die Kavallerieschule Saumur oder die Artillerieschule Fontainebleau kommandiert wurden. Diese verließen sie dann als Unterleutnants, waren also schon mindestens vier bis fünf Jahre älter als die Saint-Cyriens und die Polytechniciens, wenn sie diesen untersten Dienstgrad erreichten. Die letzte Klasse waren die „Sortis du rang", aktive Unteroffiziere, die sich im Truppendienst bewährt hatten und nach 12-jähriger Dienstzeit ohne Examen zum Offizier befördert wurden. Diese brachten es schon wegen ihres Lebensalters in den seltensten Fällen über den Hauptmann hinaus. Sie bildeten einen nicht unbeträchtlichen Teil des Linienoffizierkorps, bei der Infanterie etwa ein Drittel, bei der Kavallerie ein Fünftel und beim Train, außer den Kommandeuren, fast die Gesamtheit des Offizierkorps. Bei den sogenannten wissenschaftlichen Waffen, Artillerie und Génie, stellten sie dagegen eine Ausnahme dar. Ein besonderer Dorn im Auge waren den Parteien der Linken die Offizierkasinos. Kriegsminister Millerand hob sie daher im Jahre

1904 auf – erreichte aber genau das Gegenteil dessen, was er und seine Gesinnungsgenossen, vor allem die damals in Frankreich allmächtige und grundsätzlich antimilitaristische Freimaurerloge Grand Orient erreichen wollten. Er konnte nämlich den Offizieren nicht verbieten, private Regiments- oder Garnisonklubs zu gründen, die aus eigenen Mitteln erhalten wurden und sich natürlich jeder dienstlichen Aufsicht entzogen. Die einzige Ausnahme bildete der Pariser Cercle militaire, der aus repräsentativen Gründen einen Zuschuß des Kriegsministeriums erhielt, weil dort ausländische Militärmissionen empfangen wurden, die Militärattachés der diplomatischen Missionen verkehrten usw. Die erwähnten Offiziersklubs waren nun allerdings großen Teils Stützpunkte einer mehr oder weniger offenen Fronde. Die Sortis du rang wurden in vielen dieser Klubs nicht zugelassen, so daß die Écoliers hübsch unter sich blieben. So ereignete sich einmal folgender Fall, der in der deutsche Armee undenkbar gewesen wäre. Das Offizierkorps des in Versailles stehenden 2. Kürassierregiments, fast durchweg dem alten Adel entstammend, galt als besonders reaktionär, und es mutet freilich seltsam an, wenn man in seinem Klub, der in einem ehemaligen Adelspalais untergebracht war, nur die Bilder der französischen Könige und des Thronprätendenten, keineswegs aber das des Präsidenten der Republik sah. Diese reaktionäre Zwingburg gedachte das Kriegsministerium dadurch auszuräuchern, daß es zum Kommandeur des Regiments einen Oberst von erprobter republikanischer Gesinnung mit dem nicht gerader urfranzösisch klingenden Namen Meyer ernannte, bei dem außerdem aus Rassegründen kein Kirchenbesuch zu befürchten war. Was geschah? Als Colonel Meyer sich zur Aufnahme in den Klub seines Regiments meldete, ballotierten ihn die Mitglieder einfach aus, so daß also der Herr Kommandeur die Räume, wo sich seine Offiziere aufzuhalten und zu speisen pflegten, nicht einmal betreten konnte, ohne sich der Gefahr auszusetzen, von dem würdevollen Butler unter Berufung auf das Hausrecht hinausgewiesen zu werden! So ging durch das französische Offizierkorps jener Zeit und bis zum Ersten Weltkriege ein tiefer weltanschaulicher Riß. Viele, besonders bei der Kavallerie und vor allem bei der Marine, waren überzeugte Royalisten, eine nicht geringe Zahl, Abkömmlinge der alten napoleonischen Soldatenfamilien, Bonapartisten, aber selbst die Republikaner, die hauptsächlich der Artillerie und den technischen Waffen angehörten, standen dem halbsozialistischen Régime der Freimaurerrepublik feindselig gegenüber.[13] Die grauhaarigen Leutnants und Kapitäne aus Reih und Glied waren brave Kommißsoldaten, wußten nichts von Politik, waren aber auch nicht gegen das System, das ihnen ja schließlich die Epauletten gegeben hatte. Die einzigen tatkräftigen Stützen fanden die Machthaber in den geschmeidigen und bedenkenlosen Strebern unter dem Generalstabe und den Stabsoffizieren, die um jeden Preis vorwärts kommen wollten. Als dann aber die Trompete des großen Erweckers Krieg über die europäische Erde schmetterte, gab es selbstverständlich nicht mehr Republikaner, Royalisten und Bonapartisten, sondern nur noch französische Offiziere, die mannhaft für ihr Land zu fechten und zu sterben wußten.

Der 14. Juli, das französische Nationalfest, gab mir dann Gelegenheit, größere Teile des französischer Heeres, wenn auch nur auf dem Paradefelde, zu sehen. Die traditionelle Parade der Pariser Garnison vor dem Präsidenten der Republik fand damals noch auf dem Rennplatz von Longchamps, nicht, wie nach dem Weltkriege, auf den Champs-Elysées statt. Schon seit den frühesten Morgenstunden strömten die Pariser, wie die Berliner bei den Kaiserparaden, mit Frühstückskörben und Feldstühlen auf allen

---

13 Zu den letzteren gehörte auch mein Vetter, der die Republik, aber die starke, autoritäre, für die unserer Zeit angemessenen Staatsform ansah.

Straßen hinaus. Es war ein sehr weiter Weg, und ich leistete mir daher, zusammen mit einem der Studenten aus meiner alten Pension, dem einzigen, der sich für militärische Dinge interessierte, eine Droschke, bei deren langsamer Fahrt ich nicht nur die fröhlichen Volksmassen, sondern auch den Anmarsch der Truppen gut beobachten konnte. Der Andrang der Zuschauer war aber längst nicht so groß wie in Berlin, denn die Sozialisten blieben diesem militärischen Schauspiel betont fern, wie mir Monsieur Lestraut erklärt hatte. Madame hätte sich mir freilich mit den Kindern gern angeschlossen, aber hier legte der gesinnungstüchtige Gatte ein nicht zu überwindendes Veto ein, so viel Freiheit er sonst auch seiner Frau ließ. So fanden sich rings um das weite Feld im Wesentlichen die immer konservativen und armeefreundlichen Bürger der Innenstadt und sehr zahlreiche Ausländer, besonders Engländer und Amerikaner, zusammen. Die Reichen fuhren in ihren Equipagen, vielfach auch in vierspännigen Mail Coaches auf. Man sah auch schon viele Automobile, von denen Paris damals wohl weitaus die meisten aller europäischen Städte aufwies. Der Mittelteil der großen Tribüne war für den Präsidenten, das Kabinett und das Diplomatische Korps abgesperrt. Rechts und links davon nahm alles Platz, was sich irgendwie zur Société rechnete und die recht hohen Preise bezahlen konnte. Dort knallten die Champagnerpfropfen und spielte sich, in Paris selbstverständlich, gleichzeitig eine riesige Modeschau ab, bei der die Damen der ganzen und der halben Welt ihre Sommertoiletten mit den damals modernen riesigen Hüten und Straußfederpleureusen zur Geltung brachten. Die Herren trugen Gehrock und Zylinder. Gegenüber den Tribünen rückten die Truppen in die Paradeaufstellung ein, wie bei uns die Fußtruppen im ersten, die Kavallerie im zweiten und Artillerie und Train im dritten Treffen. So von weitem gesehen war es in der leuchtenden und glühend heißen Sommersonne ein faszinierend farbiges Bild. Die roten Hosen, Epaulettes und Käppis der

Infanterie standen wie breite Blutstreifen über dem grünen Rasen. Dahinter funkelten die Römerhelme der Kürassiere und Dragoner, wehten die blauweißroten Federbüsche von den Husarentschakos und leuchteten die weißen Turbane der afrikanischen Spahis. Auch die Diplomaten in den Ehrenlogen erschienen damals nicht im nüchternen Schwarz, sondern in ihren goldgestickten Uniformen, und die Militärattachés aller Länder der Erde, noch nicht in dem fahlen, die Unterschiede der Uniformen verwischenden Khaki oder Feldgrau, zeigten an ihren Waffenröcken alle Farbenschattierungen des Spektrums, und ihre Kopfbedeckungen jede nur denkbare Form vom blitzenden preußischen Kürassierhelm und der turmhohen Bärenmütze der britischen Garde, von haar- und federbuschgeschmückten Käppis und Tschakos bis zum roten Fez der Türken, dem schwarzen Lammfellkalpak der Perser und der runden chinesischen Mandarinsmütze mit der Pfauenfeder. Unter Vorantritt einer Eskadron der Republikanischen Garde in ihren malerischen napoleonischen Uniformen nahte dann in schlankem Trabe im vierspännig aus dem Sattel gefahrenen Landauer Präsident Loubet. Zu seiner Linken ritt mit gezogenem Degen der Militärgouverneur von Paris, zur Rechten der kommandierende General. Der alte Herr, dessen Amtszeit in wenigen Wochen zu Ende ging, trug den roten Großkordon der Ehrenlegion über dem Frack. Alles erhob sich von den Plätzen und entblößte das Haupt, als die Truppen präsentierten und die Musikkorps die feurigen Klänge der Marseillaise anstimmten. Die Begrüßung durch das Publikum war ziemlich lau. In der Volksmenge, in der ich unmittelbar neben der Tribüne eingepreßt stand, hörte man kaum einen Zuruf, dagegen manchen schlechten Witz. Vor jeder Fahne den Zylinder ziehend, fuhr der Präsident die Front der drei Treffen in scharfem Trabe ab, so daß es ziemlich schnell ging. Dann nahm der Präsident seinen Ehrensitz auf der Tribüne ein und der Vorbeimarsch begann, den das „premier régiment de France", die

Offizierschule von Saint-Cyr, in tadelloser Haltung und Form eröffnete. Ihr folgten die Polytechniker in ihrer eigentlich kaum militärisch wirkenden Tracht mit dem Dreimaster und gezogenem Galanteriedegen, und nach ihnen mit blinkenden Messinghelmen das Régiment des Sapeurs-Pompiers de Paris, die Pariser Feuerwehr, in infanteristischer Formation mit Gewehr. Sie bildete nämlich ein Pionierregiment der Armee. Die außerordentliche und wohlverdiente Beliebtheit dieser aus Berufssoldaten zusammengesetzten Truppe kam in einer so stürmischen Begrüßung durch das Publikum zum Ausdruck, wie sie kein anderes Regiment ernten konnte. Nach alter französischer Sitte grüßten die Zuschauer alle vorbeimarschierenden Truppen mit Händeklatschen und „Vive le 24 ième" (Vivent les cuirassiers, artilleurs etc.) Aus der Stärke der Zurufe konnte man immer auf die größere oder geringere Beliebtheit der Truppe schließen. So blieb die Menge beim Vorbeimarsch des 10. Kolonialinfanterieregiments fasst stumm, weil sich gerade vorher zwischen den aus dem Midi rekrutierten Mannschaften dieses Regiments und dem Zivil verschiedene unliebsame Zwischenfälle ereignet hatten. (Die Kolonialregimenter der französischen Armee sind nicht etwa farbige Truppen, sondern mit unserer früheren Marineinfanterie zu vergleichen). Für ein deutsches militärisches Auge war der Vorbeimarsch der Infanterie und Kavallerie nicht gerade imponierend. Tritt, Richtung und Gewehrlage hätten jedem deutschen Feldwebel die Haare zu Berge stehen lassen. Das Pferdematerial der Kavallerie war ungleichmäßig, meist plumpe, schlechtrassige Gäule mit Ausnahme derer der durchweg hervorragend und vielfach auf Vollblütern berittenen Offiziere. Die Reiter saßen schlecht und hatten ihre Pferde nicht in der Hand. In den Eskadrons war keinerlei Schluß, immer bildeten sich in den Gliedern weite Lücken, und prallten einzelne Leute weit vor die Front. Ein ganz anderes Bild bot das 3. algerische Spahiregiment, durchweg auf arabischen Schimmeln, mit langen

Schweifen und Mähnen. Die braunen bärtigen Berber, im flatternden weißen Burnus über dem roten Waffenrock und weißen Turban, saßen wie angegossen in ihren goldverzierten maurischen Sätteln. Einen tadellosen Eindruck machte die Artillerie, die seit ihrem großen Waffenkameraden Napoleon in der französischen Armee eine Elite bildet und sich, wie wir als ihre Gegner später oft genug zu spüren bekommen haben, ihres alten Ruhmes im Kriege würdig gezeigt hat. Damals endete jede große Parade in einem für die Zuschauer, besonders die Damenwelt, aufregenden Schaustück: Dem Anreiten aller Kavallerieregimenter im Galopp bis unmittelbar vor die Präsidententribüne. Farbig genug und bewegt wie eine Filmszene war diese theatralische Attacke wohl, aber von der Ausbildung und den Reitkünsten der französischen Kavallerie legte sie für den militärisch geschulten Beobachter nicht gerade ein glänzendes Zeugnis ab. (Immer die Offiziere und die Spahis ausgenommen). In wirrem Haufen jagten die Eskadrons über das Feld. Überall sah man durchgehende Gäule, Reiter, die ihre Säbel und Helme verloren und sich krampfhaft an die Mähne klammerten. Das Paradefeld war nachher wie besät von Helmen, Käppis, Dragonerlanzen und Pallaschen, und dazwischen überall die roten Tupfen der abgefallenen Franzenepaulettes. Die Kavallerie war entschieden der schwache Punkt des französischen Heeres. Sie hat auch später im Anfang des Krieges, als sie noch zu Pferde eingesetzt war, weder in der Aufklärung, noch im Kampf viel geleistet und niemals eine Attacke selbst viel schwächerer deutscher Reiterabteilungen angenommen, sondern sich stets rechtzeitig zurückgezogen. Zum Teil lag das wohl daran, daß damals die Pferdezucht in Frankreich einen sehr tiefen Stand erreicht hatte. Außer den wenigen staatlichen Gestüten gab es kaum eines, das brauchbare Kavalleriepferde hervorbringen konnte. Mancher flüchtige Beobachter aus anderen Ländern hat sich durch den minderwertigen äußeren Eindruck, den die französische Infanterie und ihre einzelnen Soldaten machten, sehr täuschen lassen. Der Pioupiou von damals in seiner zwar bunten, aber doch unkleidsamen, schlampigen Uniform, die immer aussah, als sei sie um mindestens zwei Nummern zu weit, schien wirklich nicht die Verkörperung eines militärischen Ideals darzustellen. Dazu kamen die schlechte Haltung, die nachlässigen Ehrenbezeugungen und das nach unseren Begriffen mehr als ungezwungene Benehmen gegen Vorgesetzte.[14] Aber dieser scheinbar disziplinlose, schlappe, unordentlich und oft dreckig angezogene Mann war ein ausgezeichneter, tapferer und intelligenter Frontsoldat. Exerzierdrill liegt dem Franzosen nun einmal nicht, und als ausgesprochenem Individualisten ist ihm in Friedenszeiten alles Militärische geradezu verhaßt. Man mußte es nur verstehen lernen: Auch die französische Armee hat eine dem Volkscharakter angepaßte Disziplin, aber sie ist eben eine ganz andere als bei uns. Ein französischer Offizier sagte mir einmal, daß er von seinen Leuten alles verlangen könne, aber nur, wenn er ihnen vorher Gründe und Ziele seines Befehls genau erkläre. Der Begriff des blinden Gehorsams ist dem Franzosen vollkommen fremd, ja unverständlich. Für den Unterschied im deutschen und französischen Volkscharakter ist folgende Beobachtung bezeichnend, die jeder anstellen kann: Während ein deutscher Briefträger in seiner knappen, stramm zugeknöpften Uniform alles daran setzt, um mindestens wie ein Feldwebel, ein Bahnhofsvorsteher, um wie ein Major auszusehen, tun alle uniformierten französischen Beamten ihr Möglichstes, um durch flatternde, grellfarbige Schlipse, offene Röcke, ins Genick geschobenen Mützen, ihrer Diensttracht jede auch nur entfernte Ähnlichkeit mit einer militärischen Uniform zu

---

14 Nach dem 1. Weltkriege wurde auch in der französischen Armee mehr Wert auf den Drill gelegt. Bei den Paraden, die ich in den 1930er Jahren in Paris sah, war die Haltung der Infanterie recht stramm, während die Reitkünste der Kavallerie immer noch sehr mäßig schienen.

nehmen. Der Franzose ist, um es kurz zu umschreiben, nach seiner ganzen Anlage kein Soldat, aber ein Krieger – der Deutsche ist beides. Vor dem Ersten Weltkriege schrieb man, wohl in Erinnerung an 1870–71, der französischen Infanterie einen feurigen, aber schnell erlahmenden Elan im Angriff, jedoch wenig Verteidigungskraft zu. Der Krieg hat gezeigt, daß dieses Urteil falsch war, denn die Franzosen haben trotz aller Tapferkeit sehr selten erfolgreiche Angriffsaktionen fertiggebracht, wohl aber in der Verteidigung – man denke nur an Verdun – eine geradezu bewundernswerte Zähigkeit bewiesen. Im Ganzen hat wohl jeder deutsche Frontsoldat während der Jahre 1914–18 den französischen Soldaten als den einzigen voll gleichwertigen Gegner achten gelernt. Der kurze Blitzfeldzug des Jahres 1940 dürfte wohl kein Anlaß sein, dies Urteil zu korrigieren. Auch damals hat sich die Truppe im Allgemeinen aufopfernd geschlagen, aber sie wurde schlecht geführt, war in der technischen Ausrüstung vollkommen unterlegen, und vor allem ist ein großer Teil der Armee ohne jede Lust und Begeisterung in diesen für die meisten unverständlichen Krieg „pour Dantzig" hineingegangen. – Die Parade in Longchamps war für mich als Soldaten natürlich sehr interessant. Aber menschlich gefielen mir die Volksfeiern, die bis zum heutigen Tage mit Frankreichs Nationalfest verbunden sind, sehr viel besser. Schon am Vorabend hingen in allen Quartiers die grünen, mit bunten Bändern und Lampions verzierten Guirlanden über Straßen und Plätzen. An allen Ecken wurden Musiktribünen errichtet, und fast jedes Haus, außer in den roten Arbeitervierteln, schmückte sich mit unzähligen Trikoloren. Sowie es dunkel zu werden begann, wurde auf allen Straßen von Paris getanzt, und dieses eine Mal im Jahre wurden von der Devise der Repúblik „Liberté, Egalité, Fraternité" die beiden letzten Worte zu lebendiger Wirklichkeit. Das Volk von Paris zeigte sich von seiner liebenswürdigsten Seite. Junge Frauen, Bürgermädchen, Midinettes, kleine Grisetten tanzten hingegeben ihre Walzer und Polka mit den jungen Leuten in Zivil und Uniform. Überströmende Heiterkeit und Lebenslust erfüllte die ganze Atmosphäre der schönen Lichtstadt. Dabei verlief alles in größter Harmlosigkeit, und man sah kaum einen Betrunkenen. An die tiefere Bedeutung des Tages, die doch schon recht verblaßt war, dachte niemand. Sie trat nur noch in den offiziellen Festreden und – bei den grimmigsten Feinden der feiernden großbürgerlichen Gesellschaft zu Tage. Jedem, der die Geschichte der Großen Revolution kennt, muß es ja eigentlich verwunderlich erscheinen, daß die Republik sich gerade den Tag des Bastillesturms, der wahrhaftig kein besonderes Heldenstück war, für ihr höchstes Fest ausgesucht hat. Viel näher hätte es doch gelegen, den 20. Juni 1789 zu wählen, an dem die Nationalversammlung in Versailles den ersten wirklich revolutionären Beschluß[15] faßte, und damit die unaufhaltsam weiterrollende Bewegung ideologisch und tatsächlich einleitete. An Abend des 14. Juli ging ich mit Monsieur Lestraut und einigen seiner Freunde auf den Bastilleplatz, wo die Sozialisten, und besonders die rote Jugend, nach ihrer Art feierten. Die Reden, die dort gehalten wurden, klangen freilich anders, als die der befrackten Minister, Präfekten und Maires. In diesen Massen lebte noch etwas von der vernichtenden Glut, in der 117 Jahre vorher die tausendjährige Königskrone der Capetinger und Bourbonen geschmolzen war, und dem 1871 von der Kommune neu entfachten Feuer, in dem die Tuilerien verloderten. Wenn man die grimmigen und haßerfüllten Gesichter der Burschen und Mädels mit der roten Jakobinermütze auf dem wirren Haar im flackernden Schein der Fackeln betrachtete, das vieltausendstimmig gesungene „Ça ira" und das Stampfen der Carmagnole hörte, so hatte man das

---

15 Der Eid im Ballspielhaus in Versailles, bei dem die Abgeordneten des III. Standes schworen, sich, entgegen dem Befehl des Königs, nicht zu trennen, ehe sie dem Lande eine Verfassung gegeben.

unheimliche Gefühl, als schwebten hoch über der Denksäule für
die gefallene Zwingburg die düsteren Schatten der Marat, Robes-
pierre und Danton, die für diese hier noch immer die Propheten
geblieben waren. Diese Pariser Arbeiter feierten ihre Revolution,
ihre Republik, nicht die zahme und korrupte der Bankiers und
Börsenjobber. Selbst mein biederer Wirt Lestraut erschien mir
heute verwandelt, und ich hätte mir ihn gut vorstellen können,
wie er, ein zweiter unbestechlicher Saint-Just, mich, obwohl oder
gerade weil ich sein Freund war, unbewegten Gesichts auf die
Guillotine schickte. – Mit dem Ende des Nationalfeiertages
begann der Abgesang meiner Pariser Wochen. Der Abschied
stand mir wirklich sehr schwer bevor, und Madame Emilie kuller-
ten die dicken Tränen über die roten Bäckchen, wenn ich nur
davon zu sprechen anfing. Einige Tage vor der Abfahrt zog ich in
meine anfängliche Pension zurück, da ich ja noch eine größere
Anzahl von Abschiedsbesuchen usw. zu erledigen hatte. Am letzten Sonntage hatte ich die Familie zum Essen in einem guten,
aber bescheidenen Restaurant eingeladen und abends in unserem
Stammbistrot den Copains noch einen tüchtigen und für französische Verhältnisse sehr ausgedehnten Abschiedstrunk gespendet.
Und als ich dann meine zwei Koffer unter Beihilfe von Madame
und den Kindern in die Droschke verlud – die Männer waren
schon zur Arbeit – fielen wir uns unzählige Male schluchzend um
den Hals, ehe ich mich gewaltsam losreißen konnte. Noch ein
gemütlicher Abend mit Vetter Doumayrou, der mir bestimmt
versprach, mich bald zu besuchen, Abmeldung bei Botschafter
und Militärattaché – und mit einem Male saß ich wieder im
Schlafwagen, und hinter mir versank mit dem Lichtermeer von
Paris einer der schönsten und interessantesten Abschnitte meines
Lebens. Wie auf der Hinfahrt, aber aus anderen Gründen, fand
ich keinen Schlaf. Eine Überfülle von Gedanken bedrängte mich,
als ich das Erleben dieser drei Monate und die Menschen so verschiedener Art, denen ich begegnet war, an meinem Geiste

vorüberziehen ließ. Die mir gestellte Aufgabe, der französischen Sprache vollkommen mächtig zu werden, hatte ich erfüllt. Darüber hinaus aber hatte ich das französische Volk so gründlich kennen gelernt, wie das wohl nicht vielen Ausländern gegönnt ist. Für mich war der Franzose nie der Erbfeind. Das wäre bei meiner Herkunft und Abstammung ja auch widersinnig gewesen. Nun jedoch hatte ich tief gefühlt, wie achtungswert, tüchtig und sympathisch diese Nation in ihren tragenden Schichten ist, wenn sie natürlich, wie alle Völker, auch ihre großen Schwächen und Fehler hat. Ich habe es seitdem immer als ein wahres Verhängnis betrachtet, daß diese beiden großen Nachbarvölker, die ersten Kulturträger und die besten Soldaten der Erde, die sich in so vielem ergänzen und verstehen müßten, durch eine unselige historische Entwicklung und durch politische Fehler auf beiden Seiten im Laufe der Jahrhunderte immer wieder zu Feinden geworden sind. Ein Verhängnis für sie selbst und für Europa! Jetzt, da diese Zeilen geschrieben werden, ist die Frucht des alten Unheils gereift: Deutschland ist vernichtet, Frankreich zu einer absterbenden Macht dritten Ranges geworden – und über beiden droht das grauenhafte Gespenst aus der asiatischen Steppe …

Bataillonsadjutant 1906-1908

Die militärischen vier Jahreszeiten.

Jeder wird es begreifen, daß es doch recht gemischte Gefühle waren, die mein Herz erfüllten, als ich am nächsten Morgen vom Bahnhof durch die mir nach dem brausenden Paris geradezu totenstill erscheinenden Straßen des lieben alten Worms zur Kaserne wanderte. Als mich einzelne begegnende Soldaten auch in Zivil erkannten und stramm salutierten, mußte ich mich erst besinnen, daß der Gruß mir galt. Und es war ja auch ein unerhörter Wechsel: Gestern um diese Zeit noch ein völlig unabhängiger junger Gentleman, der sich seine Zeit ganz nach Belieben einteilen konnte, und 24 Stunden später wieder als unbeträchtliches Schräubchen in den stählernen Rahmen der deutschen Heeresdisziplin eingespannt. Nun, ich kam sehr schnell darüber hinweg, und schon nach ein paar Tagen war es mir, als ob die Pariser Monate nur ein flüchtiger Traum gewesen seien. Mein braver Bursche hatte die Wohnung tipptopp in Ordnung gehalten, sogar schon meine Uniformen, die trotzdem noch einige Zeit stark nach Mottenpulver rochen, ausgepackt und gelüftet, auch ein kräftiges Frühstück vorbereitet, so daß ich mich gleich wieder ganz zu Hause fühlte, wenn mir auch das unablässige Getrampel der eisenbeschlagenen Kommißstiefel draußen auf den Steinplatten der Flure und der ebenso rauhe wie herzliche Kasernenhofton, der durch die Fenster hereinschallte, zunächst recht spanisch vorkamen. Bei der Rückmeldung begrüßten mich Hauptmann von Ihlenfeld und Feldwebel Spieß, ebenso wie natürlich alle Kameraden, mit rührender Freude, der bärbeißige Bataillonskommandeur, dem jede Beurlaubung eines Offiziers an sich schon ein Greuel war, nicht ganz so liebenswürdig, und der Schippekönig, unser merkwürdiger Regimentskommandeur, mit einer längeren Philippika in unverfälschtem Badisch, da er es offensichtlich für geboten hielt, den heimgekehrten Weltreisenden von jeder etwaigen Einbildung, dass er nun etwas Besonderes sei, zu heilen. Na, ich wußte ja schon, daß es nicht so schlimm gemeint war. Im Kasino wurde dann mittags gründlich die Rückkehr in den vertrauten Freundeskreis begossen, und ich konnte natürlich gar nicht genug von meinen Erlebnissen erzählen, wobei ich allerdings sicherlich manche Hörer, die sich auf jene wilden Abenteuer gespitzt hatten, die sie für untrennbar von dem Namen Paris hielten, ziemlich enttäuscht haben mag. An einem der nächsten Herrenabende im Kasino mußte ich übrigens auf Veranlassung des Obersten einen Vortrag über meine Erfahrungen in Frankreich, besonders in militärischer Hinsicht, halten, wobei ich natürlich nicht mehr berichten konnte, als ich im vorhergehenden Abschnitt dieser Aufzeichnungen niedergelegt habe. Daß am Tage meiner Ankunft mein erster Ausgang mich in den Stall führte, wo ich Polly in tadelloser Verfassung wiederfand, wird jeder Pferdefreund verstehen. Ich konnte es mir auch nicht verkneifen, sofort einen kurzen Ritt zu unternehmen. Am nächsten Morgen um 7 Uhr stand ich dann wieder auf dem Schießstand und widmete mich, geplagt von den dort im Rheinwalde in ganzen Wolken schwärmenden riesigen Schnaken, der nicht ganz einfachen Aufgabe, den Schlumpschützen der Kompagnie, die jetzt am Ende des Dienstjahres immer noch nicht ihre Übungen

erfüllt hatten, mit unendlicher Geduld Schuß um Schuß die von
der Schießvorschrift geforderte Zahl der Ringe abzuquälen. Als
das Regiment drei Wochen später zu den Herbstübungen
abrückte, war ich schon wieder vollständig eingewöhnt und sah
der immer schönen Manöverzeit sogar mit besonderer Freude
entgegen. Mit der Tippelei zu Fuß war es nämlich für mich Glücklichen endgültig zu Ende. Als Pferdebesitzer war ich als
Ordonnanzoffizier zum Regimentsstabe kommandiert, womit
freilich mein guter Hauptmann von Ihlenfeld, dem an meiner
Stelle als Zugführer ein junger Reserveleutnant zugeteilt wurde,
nicht sehr zufrieden war. Das war nun freilich etwas anderes, als
stunden- und stundenlang in glühendem Sonnenbrande oder
platschendem Regen hinter der Kompagnie herzuwandern, das
lästige Offiziertornisterchen auf dem Buckel und eingehüllt von
Staubwolken und der aus vielerlei Düften zusammengesetzten
Ausdünstung von 150 schwitzenden Musketieren. Hoch aus dem
Sattel sah die Welt doch wesentlich schöner aus, und die Hauptsache war, daß ich nun, ständig als Befehlsempfänger und -über-
bringer eingesetzt, einen umfassenden Einblick in die höhere
Truppenführung gewann und nicht mehr auf den winzigen Ausschnitt beschränkt blieb, über den der Leutnant in der Front nun
einmal nicht hinaussehen kann. Dabei war es keineswegs eine
Sinekure, weder für mein Pferdchen, noch für mich. Während der
Märsche und Gefechte wurde man weidlich umhergehetzt, und
oft auch hieß es nach anstrengenden Übungstagen um 10 oder 11
Uhr nachts erneut in den Sattel steigen und ein Dutzend Kilometer über stichdunkle Gebirgsstraßen zum Befehlsempfang bei
der Manöverleitung oder einem anderen höheren Stabe reiten, wo
man dann manchmal stundenlang in einer dumpfen Bauernstube
oder auch bei Regengeriesel unter freiem Himmel auf die Ausgabe des Befehls zu warten hatte und schließlich im ersten
Morgengrauen gerade noch rechtzeitig zurückkam, um dem
Regiment den Abmarschbefehl zu überbringen. Von Schlaf war

nicht viel die Rede, und die Aufgabe des jugendlichen Ordonnanzoffiziers wurde durch das cholerische Temperament unseres Schippekönig nicht gerade erleichtert, der für solche Verzögerungen grundsätzlich den völlig unschuldigen Befehlsüberbringer verantwortlich zu machen liebte. Und doch – wie schön waren diese nächtlichen Ritte oft in der tiefen Bergeinsamkeit des grünen Odenwaldes! Wer wollte es einem jungen Soldaten verargen, wenn er in den Hufschlag des trabenden Pferdes, in das leise Klirren des Säbels am Bügel, in das geheimnisvolle Rauschen des Bergwaldes romantische Märchen hineinträumte? Denn im sagenumwobenen Odenwald spielten sich im Jahre 1906 die Herbstübungen der hessischen Division ab. Dies hatte den Vorteil (bzw. vom Standpunkte des mühseligen Fußsoldaten Nachteil), daß ein hoher Fiskus die Kosten des Bahntransportes sparen und alle Truppen außer dem in Oberhessen garnisonierenden Regiment das Manövergelände im Fußmarsch erreichen konnten. So marschierte unser Regiment am ersten Tage über Lorsch, vorüber an der aus Karls des Großen Zeit stammenden Einhartskapelle, Heppenheim an der Bergstraße mit der ragenden Starkenburg bis zu dem Dorfe Wald-Michelbach, in dessen Nähe jener Quell sprudelt, an dem der grimme Hagen Siegfried den Speer in den Rücken stieß. Dort wurden die ersten Quartiere bezogen, und wir erhielten einen Begriff von der unsagbaren Armut der Odenwälder Gebirgsbauern, auf deren tiefere Ursachen ich schon früher hingewiesen habe. Es war für die Quartiermacher in den Dörfern des Odenwaldes sehr schwierig, außer bei Pfarrer und Lehrer auch nur einigermaßen angemessene Offizierquartiere auszuwählen. Am nächsten Tage ging der Marsch weiter nach Michelstadt und Erbach. In diesen beiden malerischen, noch ganz mittelalterlichen Städtchen nahm das Regiment für 14 Tage Standquartier. Als Ordonnanzoffizier wurde ich stets beim Regimentsstabe untergebracht. Dieser aber fand im Schlosse der Grafen von Erbach-Erbach gastliche Aufnahme. Eine ganz eigenartige, aber von einem seltsamen Zauber erfüllte Welt war es, in die wir Soldaten aus dem bunten, lebendigen Manövertreiben plötzlich hineinversetzt wurden. Eine Welt, von der ich, und wohl die meisten Menschen in Deutschland, nicht geahnt hatten, daß sie im beginnenden 20. Jahrhundert noch im Verborgenen blühe. Es war, als sei die Zeit hundert Jahre lang und mehr stehen geblieben. Seit dem frühen Mittelalter ist der Südwesten unseres Vaterlandes ja geradezu das Paradies jener kleinen, kleinsten und winzigen Staatsgebilde gewesen, die, ob sie nur ein paar Quadratkilometer umfaßten und nur wenige tausend, manchmal nur einige hundert Einwohner besaßen, besonders seit dem Westfälischen Frieden eifersüchtig alle Rechte voller Souveränität in Anspruch nahmen, Bündnisse untereinander und sogar mit dem Auslande abschlossen, sich an Kriegen beteiligten und dazu auch ein paar Soldaten stellten, ja auch gelegentlich, oft aus den lächerlichsten Gründen, untereinander Krieg führten. (Wie zum Beispiel noch 1765 Sachsen-Meiningen den sogenannten Damenkrieg gegen Sachsen-Koburg-Gotha führte, weil eine meiningische Hofdame auf Koburgischem Gebiet nicht genügend respektiert worden war, wobei allerdings das einzige Opfer ein Meiningischer Leutnant Schmidt war, der durch ein zu früh losgegangenes Gewehr den Tod fand[16]). Das Gebiet des späteren Großherzogtums Hessen, besonders der Odenwald und der Vogelsberg, wimmelten von reichsfreien Grafschaften, Rittertümern, Abteien, Städten und sogar Dörfern, bis der Reichsdeputationshauptschluß 1803 der ganzen Herrlichkeit ein jähes Ende bereitete. Einer Anzahl dieser von da ab als reichsunmittelbar bezeichneten mediatisierten fürstlichen und gräflichen Häuser, wie zum Beispiel den Erbach, Ysenburg, Lich, Solms, Stolberg,

---

16 1787 noch fand ein Krieg zwischen Kurhessen und der Grafschaft Schaumburg-Lippe statt, bei dem die Hessen die Festung Wilhelmstein vergeblich belagerten.

Löwenstein, Fürstenberg usw. wurde eine gewisse Anzahl nicht unwichtiger Vorrechte belassen, die auch beim Wiener Kongreß von denjenigen Regierungen bestätigt wurden, die das Gebiet dieser ehemals souveränen Herrschaften geschluckt hatten. Sie bestanden bis 1918 unverändert weiter. So galten sie als ebenbürtig bei Heiraten mit wirklich regierenden europäischen Fürstenhäusern (unsere Großherzogin war eine Prinzessin Solms-Hohensolms-Lich), führten den Titel Durchlaucht bzw. Erlaucht, lebten nach eigenen Hausgesetzen, die sich zum Teil, besonders in Heirats- und Erbschaftsangelegenheiten, wesentlich von dem allgemein gültigen Landes- oder Reichsrecht unterschieden. Sie besaßen sogar noch einige, freilich unwesentliche Hoheitsbefugnisse, wie das Recht zur Ernennung eigner Hausbeamter und -offiziere, Bestätigung der Bürgermeister und Einsetzung der Geistlichen (in protestantischen Gemeinden), sowie der Erteilung des Hoflieferantentitels. Sachlich wichtiger war es, daß sie auch im Kaiserreiche noch Postfreiheit für alle privaten und Hausangelegenheiten genossen und von der Wehrpflicht befreit waren. Wollten sie, was meist der Fall war, Offiziere werden, so erhielten sie gleich beim Eintritt in die Armee ohne Examen Leutnantsrang, allerdings auch weder Gehalt noch Pensionsberechtigung. Diejenigen jungen Leute reichsunmittelbarer Häuser freilich, die nicht nur durch eine kurze, meist nur nominelle Dienstzeit Titel und Uniform erwerben, sondern wirklich die Offizierlaufbahn einschlagen wollten, verzichteten stets auf dieses Recht, traten wie alle anderen als Fahnenjunker ein und legten auf Kriegsschule das Offizierexamen ab. Die deutsche Heeresgeschichte zeigt, daß unter ihnen viele sehr tüchtige Offiziere und nicht wenige ausgezeichnete hohe Führer waren. Meist vermieden sie es, in Truppen desjenigen Bundesstaates einzutreten, der ihr Gebiet aufgenommen hatte. Manche dienten grundsätzlich nur in der k. und k. Armee. Der Erbachsche Hof, dessen Gast unser Regimentsstab nun war, bildete geradezu ein Musterbild dieses liebenswürdigen und ein wenig komisch-wehmütigen Anachronismus. Das gräfliche Haus war die Stammzelle der Erbachs, von der sich im Laufe der Jahrhunderte durch Erbteilung die Häuser Erbach-Schönberg (dieses seit 1876 gefürstet) und Erbach-Fürstenau abgespalten hatten. Das Herrschaftsgebiet der Grafen Erbach-Erbach umfaßte den größten Teil des mittleren Odenwaldes mit den Städtchen Erbach, Michelstadt und dem vielbesuchten, wunderschön gelegenen Luftkurort Lindenfels, war also einer der größten „Staaten“ dieser Art. Das war sofort zu erkennen, denn überall, wo es überhaupt möglich war, sah man an Wegeschildern, Barrieren, Brückengeländern usw. nicht das hessische Rotweiß, sondern die blaugelben Erbachschen Farben. Außerdem trugen in den genannten Städten und in vielen Dörfern auch der kleinste Bäcker- oder Metzgerladen, fast jede Schlosserei oder Tischlerwerkstatt das prunkvolle Wappenschild „Hoflieferant Seiner Erlaucht des Grafen von Erbach-Erbach“. Im Gegensatz zu den meisten ihrer sehr verarmten Standesgenossen waren die Erbachs sehr reich, denn ein offenbar recht geschäftstüchtiger Vorfahr hatte es in vergangenen Jahrhunderten fertiggebracht, alles, was irgendwie in seinem Ländchen von Wert war, in den Privatbesitz der regierenden Familie zu überführen. So besaßen sie prachtvolle und sehr gut verwaltete Waldungen, die wertvollen und ergiebigen Steinbrüche bei Lindenfels, die zum Beispiel den Granit für alle größeren Bauwerke in Frankfurt am Main lieferten, und einige Bergwerke, in denen irgendein besonders seltenes und teures Metall gefördert wurde. Die gesamte Bevölkerung der Grafschaft stand eigentlich im Dienste der Herrschaft, oder war irgendwie von ihr abhängig, so daß dieses Geschlecht einen großen Teil seiner Regierungsgewalt, wenn auch in privater Form, behalten hatte. Die Verwaltung machte einen umfangreichen Beamtenstab notwendig, bei dem der jeweils regierende Graf seinem Recht zur Titelverleihung freien Lauf lassen konnte. Erbach besaß mehr Forstmeister und

Oberförster als das ganze Großherzogtum Hessen, und jeder
Bürovorsteher war mindestens Hofrat, jeder Gutsinspektor Öko-
nomierat. Daß es einen Hofmarschall gab, war selbstverständlich.
Es war damals der reizende und humorvolle Dr. Freiherr Schenk
von Schweinsberg. Sogar eine „Armee" hielt sich Seine Gräfliche
Gnaden, deren Artillerie in Gestalt von vier blaugelb gestrichenen
Kanönchen aus alter Zeit den Schloßhof flankierte. Sie bestand
aus den zu diesem Zweck an hohen Feiertagen in eine prachtvolle
grüne Uniform mit federbuschgeschmücktem Tschako gesteckten
und mit bajonettbewehrten Steinschloßgewehren ausgerüsteten
Jägerburschen, die der Schloßhauptmann Baur, früherer Darmstädter Artillerist, kommandierte. – Als wir nachmittags um 3 Uhr
in das im reinsten Barockstil erbaute Schloß einzogen, hinter dem
sich ein riesiger Park mit uralten Bäumen ausdehnte, wurden wir
vom Schloßhauptmann Baur, dem genannten Oberbefehlshaber
der Erbachschen Armee, in seiner seltsamen Uniform kameradschaftlich empfangen, und, nachdem die Pferde in den prachtvollen, unter Leitung eines englischen Trainers stehenden Ställen
untergebracht waren, auf unsere Zimmer geführt. Vorher war
uns noch durch einen Hofbeamten feierlich verkündet worden,
daß Seine Erlaucht und Ihre Kaiserlich-Königliche Hoheit uns
um 6 Uhr vor dem Diner im Audienzsaal zu empfangen geruhten.
(Die k.k. Hoheit war die Gemahlin des regierenden Grafen, eine
österreichische Erzherzogin, die nach Hofzeremoniell ihren Titel,
da er höher als der ihres Gatten war, auch in der Ehe weiter-
führte). Na, ein solches Manöverquartier habe ich während meiner ganzen Dienstzeit nicht wieder gehabt! Das altersgraue Schloß
war nämlich in seiner Inneneinrichtung das Modernste vom
damals Modernen. Unsere Zimmer waren bildhübsch und gemütlich eingerichtet, und zu jedem gehörte ein blitzendes, schnee-
weißes Kachelbad. Auf dem Tisch standen, appetitlich angerichtet,
ein aus allen möglichen Delikatessen bestehender kalter Imbiß
und im Eiskühler eine Flasche Wein. Jedem von uns war ein

tadellos geschulter Diener persönlich zugeteilt. Der meinige war, da ich ja wohl der jüngste Gast war, noch ein Dienerlehrling, verstand aber seine Sache schon ausgezeichnet und wurde zwei Jahre später, als er in unserem Regiment seine Dienstzeit ableistete, mein Bursche, so daß ich also einmal in meinem Leben ein Jahr lang einen wirklichen Kammerdiener gehabt habe. Als wir dann kurz vor 6 Uhr im Audienzsaal uns versammelten, kamen wir freilich aus der Moderne wieder ganz in das Rokoko des 18. Jahrhunderts Versailler Stils. Ein riesiger Saal mit spiegelndem Parkett, schweren Vorhängen mit dicken Goldschnüren, unschätzbaren Orientteppichen und an den seidenbespannten Wänden feierlich steifen Ahnenbildern im Harnisch oder goldgestickten Rock. Sogar die Andeutung eines Thrones fehlte nicht: Eine etwas erhöhte Estrade mit 2 schweren roten Samtsesseln. Außer uns war auch der Regimentsstab des Großherzoglichen Artilleriekorps (Feldartillerieregiment Nr. 25) im Schlosse einquartiert, darunter ein schwarzhaariger und dunkelhäutiger Hauptmann, der mir sofort als fremdartig auffiel. Es war aber kein kommandierter ausländischer Offizier, sondern der Graf Oriola, dessen Familie schon in der dritten Generation in deutschen Militärdiensten stand. Er erzählte mir später, daß sein Großvater als Anhänger des im Jahre 1834 von den Liberalen aus Portugal vertriebenen Königs Miguel mit diesem nach Deutschland geflüchtet sei, wo diese portugiesische Adelsfamilie seitdem eine neue Heimat gefunden habe. Das war also der erste Portugiese, den ich in meinem Leben kennen gelernt habe, und damals freilich bewegte mich noch nicht die Spur einer Ahnung, daß ich selbst später einmal in dem schönen südlichen Vaterlande der Grafen Oriola, das jener Hauptmann nie gesehen hatte, eine Heimat für viele Jahre finden würde. – Und dann ging es genau so zu wie überall bei Hofe: Lakaien rissen die große Flügeltüre auf, der Hofmarschall in goldgestickter Tracht trat ein und verkündete mit lauter Stimme: „Seine Erlaucht und Ihre Kaiserlich-Königliche Hoheit!"

Alles verbeugte sich tief, und nur das Klirren der zusammengeschlagenen Sporen tönte durch die tiefe Stille. Der Graf hatte zu Ehren dieses militärischen Empfanges die Uniform eines Majors des k. u. k. Dragonerregiments Nr. 6[17], bei dem er à la suite stand, angelegt, die Erzherzogin trug eine schlichte, aber hochelegante Abendtoilette. Er war ein nicht sehr großer, leicht untersetzter Herr mit grauem Haar und Schnurrbart, seine Gemahlin einen guten Kopf größer als er, eine noch immer schöne Frau mit dem typischen Wiener Charme, dem unverkennbaren Habsburger Gesicht und einer prachtvollen Figur. Wir wurden einzeln den Herrschaften vorgestellt. Viele der älteren Offiziere waren dem gräflichen Paar seit langem bekannt und regelmäßige Jagd- und Verkehrsgäste in Erbach, einige sogar seine „Untertanen", wie zum Beispiel mein Regimentskamerad Oberleutnant Freiensehner, der Sohn des Stadtpfarrers von Lindenfels. Unsere hohen Gastgeber gehörten zu den Menschen, die man auf den ersten Blick gern haben mußte. Sie waren ohne jede Spur von Hochmut, viel gereist, hochgebildet und außerordentlich anregende Plauderer. Der Graf hatte allerdings eine Anzahl, sagen wir einmal, Marotten, die er uns bei jeder Gelegenheit ausführlich darzulegen liebte, und die seine Gemahlin mit einem leicht ironischen Lächeln anzuhören pflegte. Denn der Prinzessin des Wiener Kaiserhauses mochten diese fixen Ideen des kleinen Odenwälder Grafen wohl noch verschrobener vorkommen als uns. Obwohl die Mediatisierung der Erbachs nun schon über hundert Jahre zurücklag, hatte der Graf sich, wie übrigens noch manche andere seiner Standesgenossen, keineswegs damit abgefunden. Mit dem Großherzoglichen Hofe in Darmstadt unterhielt der Erbacher Hof keinerlei Beziehungen – der Graf betrachtete ihn als Eroberer und sich als im Kriegszustande mit Hessen. „Die Großherzöge haben uns unser Land

---

17 Hellblauer Waffenrock mit schwarzem Kragen und Aufschlägen.

gestohlen", erklärte er. Ein anderer Tick des gräflichen Herrn – den man allerdings im Lichte der allerneuesten Entwicklung (siehe Luftangriffe und Atombombe) bis zu einem gewissen Grade verstehen könnte – war seine intensive, an Haß grenzende Abneigung gegen technische Erfindungen. Er betonte, daß in seinem Lande, wenn ihm seine Souveränität geblieben wäre, keine Eisenbahn hätte gebaut werden dürfen, denn „Davon rühre alles Schlechte und Böse in der Welt her". Wie ich später hörte, hat die gräfliche Verwaltung denn auch dem Bau der Odenwaldbahn Hindernisse in den Weg gelegt, wo sie nur immer konnte, sehr zum Mißvergnügen der gewerbetreibenden Untertanen und sogar zum Nachteil der verschiedenen gräflichen industriellen Betriebe. Solange der alte Graf lebte, durften auch keine Autos angeschafft werden, nicht einmal Lastkraftwagen für Wirtschaftszwecke. In den Wäldern der Grafschaft wurde ein ganz hervorragender Wildbestand sorglich gehegt, denn der Graf und seine Söhne nicht nur, sondern auch die Erzherzogin waren fanatische und sehr waidgerechte Jäger. Es gab sehr zahlreiche, immer wieder durch Blutauffrischung veredelte Hirsche, Rehe und auch Schwarzwild, das allerdings wegen des Wildschadens im umgrenzten Saupark gehalten wurde. Der Oberforstrat erzählte uns, daß erwogen werde, Mufflons (Wildschafe) aus Corsica und Spanien, sowie Steinböcke anzusetzen, was allerdings später doch unterblieben ist, da der Odenwald für dieses Hochgebirgswild nicht felsig genug ist. – Das anschließende Diner entsprach der ganzen Aufmachung. Denn natürlich war der „chef" ein Franzose, der schon seit Jahrzehnten im Dienste des Hofes stand, aber, da er eine Erbacherin geheiratet hatte, ebenso fließend „Odewälder Deitsch" sprach wie die Herrschaft selbst, (außer der k.u.k. Hoheit, die ihr unverfälschtes Wienerisch beibehalten hatte). Zur Tafel erschienen auch der Erbgraf Erasmus und der jüngere Graf Eberhard, damals 18, bzw. 15 Jahre alt. Der erstere war als einziger der Familie ein ausgesprochener Standestrottel und hat später durch eine wenig schöne Affäre mit einer Frankfurter Wäscherin, die durch alle Zeitungen ging, seinem Hause wenig Ehre und viel Kummer bereitet. Eberhard dagegen war ein reizender, hochintelligenter junger Mensch, der trotz starken Widerstandes seiner Eltern einige Jahre später unter Verzicht auf seine Standesvorrechte als Fahnenjunker bei den badischen Leibdragonern in Karlsruhe eintrat und ein vorzüglicher Offizier wurde. Das ausgezeichnete Diner hätte mir jedenfalls noch besser geschmeckt, wenn nicht hinter jedem Stuhl stocksteif ein galonierter Lakai gestanden hätte, was manchem von uns bescheidenen Soldaten doch ein peinliches Gefühl im Genick hervorrief. Diese beiden Wochen in Erbach wurden trotz der großen Anstrengungen, die die Übungen in dem schwierigen Gebirgsgelände bei glücklicherweise sehr gutem Wetter brachten, zu einer in jeder Beziehung schönen Erinnerung für uns alle. Unsere hohen Gastgeber bemühten sich in einer menschlich entzückenden Form weit über ihre Verpflichtungen hinaus, uns zu verwöhnen und immer neue Überraschungen für uns auszudenken. An Sonntagen gab es Ausflüge im Jagdwagen in die Wildreviere, abends manchmal Tanzunterhaltungen mit den dazu eingeladenen Bürgermädchen der Stadt, denn die Herrschaft stand mit ihren Untertanen durchweg in völlig familiären Beziehungen, tat auch sehr viel Gutes für Hilfsbedürftige und Notleidende. Abends nach dem Essen spielten die Erzherzogin und mein hochmusikalischer Regimentskamerad Leutnant Schäfer, Sohn des fürstlich Erbach-Schönbergischen Kammerdirektors, Klavier, und der Graf war einem Männerskat mit den Stabsoffizieren nicht abgeneigt. Für mich war es dann oft sehr schmerzlich, daß ich um 9 oder 10 Uhr mein Rößlein erklimmen und nach dem immerhin 12 Kilometer entfernten Schloß Fürstenau reiten mußte, wo der Befehlsempfang bei den dort einquartierten Stäben der Division und der Brigade stattfand und von wo ich dann erst tief in der Nacht zurückkehrte. Ich bin in den folgenden

Jahren noch manchmal als Gast in das schöne Odenwälder Grafenschloß zurückgekehrt, habe auch zwei oder drei gute Böcke im Hofjagdrevier geschossen. Das letzte Mal war ich aus einem sehr traurigen Anlaß im Herbst 1911 in Erbach, nämlich zur Beisetzung der von allen, die sie gekannt hatten, ob Hoch oder Niedrig, hochverehrten Erzherzogin, die ihr Gemahl nur um ein Jahr überlebt hat. Ich hatte unter meinen Papieren in Berlin noch das mit den gräflichen und Habsburgischen Wappen geschmückte Programm der Trauerfeierlichkeiten. Es ist insofern auch eines der wohl letzten Symbole dieses heute längst entschwundenen kleinfürstlichen Zeremoniells, als in der Rangordnung des Gefolges, wie es sich hinter dem mit frischem Eichengrün geschmückten und von der Jägerei geleiteten Leichenwagen aufzustellen hatte, etwa folgendes stand: „1). das Gräfliche Haus, 2) hochfürstliche Trauergäste, 3) fürstliche Trauergäste, 4) souveräne Trauergäste, 5) Adlige Trauergäste, 6) Gräflich Erbachsche Offiziere und Beamte, 7) ausländische Offiziere und Beamte, 8) die Bürgerschaft.“ Der einzige gräflich Erbachsche Offizier war Schloßhauptmann Baur, die „ausländischen“ aber wir und andere Offiziere der deutschen und der k.u.k. Armee. Wenn die verewigte Erzherzogin aus Himmelshöhen herunterblicken konnte, so hat sie sich sicher sehr amüsiert und eine jener maliziösen, aber niemals verletzenden Bemerkungen gemacht, wie ihr sehr freier und österreichisch unbefangener Geist sie liebte. – Im Leben meiner Eltern war im Oktober eine entscheidende Änderung eingetreten. Sie hatten das schöne, aber aus manchen Gründen doch nicht ganz erquickliche Marburg verlassen und waren nach Soden am Taunus gezogen. Dort bewohnten sie zusammen mit der lieben Familie Meisinger eine wunderhübsche geräumige Villa an der Cronberger Straße, die wir, nach ihrem merkwürdig geformten Türmchen, immer die Zwiebelvilla nannten. Sie lag am Berghang, mit einem bezaubernden Blick über das waldige Tal, in einem mittelgroßen Garten, dessen Pflege meinem Vater in seiner Muße, an die er sich noch immer nicht gewöhnen konnte, viel Freude und Ablenkung bereitete. Das liebliche kleine Taunusbad gefiel den Eltern und uns allen sehr gut, vor allem, weil wir dort einen zwar kleinen, aber sehr harmonischen Verkehrskreis in den Familien des Geheimen Sanitätsrats Dr. Thilenius, dessen Vater noch zu nassauischer Zeit der Gründer des Bades gewesen war, des Bürgermeisters Buss, eines alten Offiziers, des Hauptmanns a.D. Krupp und des protestantischen Pfarrers Stahl fanden. Der erwähnte Hauptmann Krupp war alter Regimentskamerad meines Vaters von den 81.ern und der letzte überlebende Offizier des einstigen Linienbataillons der Freien Reichsstadt Frankfurt am Main, der nach 1866 in preußische Dienste getreten war. Mein Bruder Kurt war Ostern als Untersekundaner in die Hauptkadettenanstalt versetzt worden und fühlte sich also schon als fast richtiger Soldat. Weihnachten verbrachten wir den ersten Urlaub im neuen Heim der guten Eltern, prunkten in unseren Uniformen gemeinsam mit den anderen Söhnen unseres Bekanntenkreises beim Kirchgang und am alltäglichen Stammtisch und Abendschoppen im Hotel Frankfurter Hof, poussierten um die Wette mit unserem reizenden Kusinchen Lulu, Emmy Thilenius und Hilde Stahl und hielten, nicht immer zum Wohlgefallen von Mama und Tante Sophie, geräuschvolle Kommerse mit dem unverwüstlichen Onkel Schorsch und Papa ab, bei denen ich stolz als O.V.G. des Korps Starkenburgia dessen Mütze trug und zu denen sich auch Otto Thilenius, Inaktiver der Marburger Teutonen, und Otto Stahl, der als Pfarrerssohn und Theologe beim frommen Wingolf in Tübingen aktiv, aber ein recht forscher Kerl war, einzufinden pflegten. Thilenius diente gerade sein erstes Medizinerhalbjahr bei den Marburger Jägern ab, Stahl war schon Vizefeldwebel der Reserve beim 1. Nassauischen Infanterieregiment Nr. 87 in Mainz. Von den beiden Söhnen des Bürgermeisters Buß war der Ältere damals Fähnrich im Rheinischen Infanterieregiment von Goeben Nr. 28 in Coblenz, der Jüngere, wie mein Bruder, Lichterfelder Kadett. Beide sind im Ersten Weltkriege gefallen. Der Winter 1906/07 war besonders streng, und so prangten die Taunusberge in einem leuchtenden Schneegewande. Wir junges Sodener Volk, Leutnant, Fähnrich, Kadetten und Studenten, unternahmen daher mit den Mädels manche fidele Wanderung durch die winterliche Gebirgsherrlichkeit. Den Heiligen Abend begingen die Familien Fell und Meisinger natürlich gemeinsam, und unser reicher Gabentisch zeugte wieder von der großen Liebe, mit der unsere guten Eltern uns Jungen verwöhnten. Sylvester war ein ganz besonders vergnügtes Fest, zu dessen Gelingen natürlich Onkel Schorsch in erster Linie durch immer erneute Nachfüllung der Punschterrine beitrug, während wir Jungens mit Lulu um Mitternacht ein knatterndes Feuerwerk im Garten losließen. Am Neujahrstage war die ganze Familie nach Frankfurt zu einem großen und, wie dort immer, sehr luxuriösen Verwandtendiner in dem schon von Goethe erwähnten berühmten „Weidenhof" geladen, wozu ich zum größten Mißfallen meines Alten Herrn den Smoking anlegte. Dieses nämlich mit dem Hintergedanken, abends mit meinem aus Frankfurt stammenden und dorthin beurlaubten Freunde und Regimentskameraden Emil Eichhorn eine Bummelfahrt zu unternehmen, was dann auch ausgiebigst, beginnend in der Kabarettbar Maxim und zwischen 6 und 7 Uhr morgens irgendwo endend, besorgt wurde. Der zweite Tag des Jahres 1907 wurde nachher von uns im Hause des Vaters Eichhorn, eines großen Buchdruckereibesitzers, so ziemlich verschlafen. – Im Januar trat wieder der nun schon gewohnte Wechsel der kommandierten argentinischen Offiziere ein. An Stelle des Oberleutnants Costa, dessen Scheiden wir alle und er selbst am meisten herzlich bedauerten, traten dieses Mal sogar zwei Herren, die Hauptleute Molina und Gazari, die gelegentlich für einige Wochen noch durch den dem Mainzer Leibregiment zugeteilten Oberstleutnant Perlinger verstärkt wurden. Die Herren erzählten uns, daß unser Regiment in der argentinischen Armee schon unter der Bezeichnung „Regimiento Argentino-Aleman" bekannt sei. Capitan Molina war ein genau so netter und tüchtiger Kamerad wie seine Vorgänger und gewann sich schnell allseitige Hochschätzung, ebenso wie Teniente Coronel Perlinger, der als völlig spanisierter Abkömmling ausgewanderter Deutscher seinen eigenen Namen nur mit Schwierigkeit aussprechen konnte. Dieser hat bekanntlich in den letzten Jahren eine große Rolle in der argentinischen Innenpolitik gespielt und war längere Zeit Innenminister. Eine völlige Niete war dagegen leider der immer unrasiert aussehende, schlampig angezogene Capitan Gazari, der italienischer Abstammung war und einem überfetteten Caruso in Uniform glich, ohne aber etwa einen so schönen Tenor zu besitzen. Er interessierte sich für nichts als für Weiber, kam manchmal tagelang nicht zum Dienst[18], und lernte niemals auch nur das notwendigste Deutsch. Ein Schweif von Alimentenklagen folgte ihm bei seinem späteren Abgang. Molina, der sich dieses Kameraden sichtlich schämte, vertraute mir später einmal an, daß Gazari einer politisch sehr einflußreichen und begüterten Familie angehörte, und daß ein verwandter Senator ihn, den Tunichtgut seines Familienkreises, durch Druck auf den Kriegsminister in einer Offiziersstelle untergebracht und ihm auch dieses Kommando nach Deutschland verschafft habe, für das er offensichtlich völlig ungeeignet war. Molina und Gazari wurden nach zwei damals viel gerauchten Zigarettenmarken im Regiment bald nur noch „Manoli und Batschari" genannt. – Die Rekrutenbesichtigung war für den Adjutanten außerordentlich langweilig, da er dabei nichts weiter zu tun hatte, als hinter seinem Kommandeur herzulaufen und

---

18 Die deutschen Vorgesetzten hatten natürlich weder Recht noch Interesse an einer dienstlichen Beaufsichtigung dieser nur als Beobachter zugeteilten ausländischen Offiziere. Wollten sie nichts lernen, so war das ihre Sache.

sich stundenlang in ewiger Wiederholung Griffe, Marsch und Anschlag anzusehen, und beim Unterricht (oder, wie es damals noch hieß, der Instruktion), immer wieder die gleichen stereotypen Fragen und mehr oder minder gleichen Antworten anzuhören. Bei der alljährlichen Brückenschlagübung über den Rhein bei Oppenheim erhielt das Bataillon die interessante Aufgabe, mit einem Zuge zugeteilter Gardedragoner und zwei Geschützen des Artilleriekorps ein als rechte Seitendeckung bis Gernsheim herausgeschobenes gemischtes Detachement in Brigadestärke (2 Infanterieregimenter, eine Eskadron und eine Abteilung Feldartillerie) darzustellen, was für die Truppe insofern angenehm war, als ihr der lange Marsch nach Oppenheim erspart blieb und sie nur die 5 Kilometer von Worms nach Gernsheim zu tippeln brauchte. Die berittenen Offiziere mußten allerdings zur Kritik nach Übungsschluß in sehr beschleunigtem Tempo bis in die Gegend von Oppenheim reiten. Der Zugführer der Gardedragoner war Oberleutnant Freiherr von Hodenberg, ein Landsmann und wohl auch Gesinnungsfreund meines Kommandeurs, der ihn denn auch gleich mit einem herzlichen „Hallo, Hodenberg, was macht Ihr und wie geht es Euch?" begrüßte. Die alten Hannoveraner hielten nämlich eisern an dem alten, wohl noch aus der englischen Zeit stammenden Brauch der einstigen hannoverschen Armee fest, sich untereinander nicht mit „Sie", sondern mit „Ihr" anzureden. – Kompagnie- und Bataillonsexerzierperiode verliefen normal und die anschließenden Besichtigungen zufriedenstellend. Im Sommer fuhren meine Eltern mit dem an Ostern glatt nach Obersekunda versetzten Kurt, der wie ich seiner Zeit, zur Belohnung den ersten richtigen Zivilanzug erhielt, nach Capri, das uns allen so lieb geworden war. Ich wollte mich erst anschließen, sah dann aber davon ab, um meinen verehrten Kommandeur nicht während des im Juni stattfindenden gefechtsmäßigen Schießens einem stellvertretenden Adjutanten auszuliefern. Ich verlegte daher meinen Jahresurlaub auf die Wochen nach dem Manöver, in denen für den Bataillonsadjutanten sowieso eine stille Zeit eintrat. Zum Gefechtsschießen wurde das Regiment auf den Truppenübungsplatz Griesheim bei Darmstadt verlegt, den wir im Fußmarsch an einem unerträglich heißen Tage, der uns viele Marschkranke und leider auch einige schwere Hitzschläge einbrachte, erreichten. Das schon sehr lange bestehende Lager mit seinen alten, dumpfen und recht primitiv eingerichteten Wellblechbaracken war kein sehr angenehmer Aufenthalt, und die vollkommen ebene, von kümmerlichen Kiefernbeständen eingerahmte Sandfläche des Übungsplatzes bot kaum eine Möglichkeit, die taktische Lage dem Ernstfälle entsprechend oder auch nur abwechslungsreich zu gestalten. Jeder Offizier oder Unteroffizier, der auch nur einmal dort geschossen hatte, kannte die wenigen möglichen Stellen, wo die Ziele überhaupt auftauchen konnten, und die Entfernungen dorthin ganz genau, und so war für die Kompagnie- und Zugführer dort nichts zu lernen. Die Abhaltung des Gefechtsschießens im Gelände war jedenfalls weit vorzuziehen, aber dies kostete den Fiskus schweres Geld an Flurschäden und Absperrungsentschädigungen, so daß die höheren Behörden diese Übungen, wo es immer ging, auf die Truppenübungsplätze verlegten. Für die Adjutanten allerdings war dies aus folgenden Gründen angenehm: Sie hatten vor Beginn des Schießens den Umkreis des gesamten Geländes abzureiten, sich von der richtigen Aufstellung der alle dorthin führenden Wege sperrenden Warnungsposten zu überzeugen und dies unter ihrer Verantwortung zu melden. Auf dem sowieso durch Drahtzäune von der Außenwelt abgegrenzten Übungsplatz war das sehr einfach. Aber im freien Gelände schwitzte man, sobald der erste Schuß fiel, immer vor Angst, ob nicht irgendwo ein Feldweg übersehen worden sei, auf dem ein harmloses Bäuerlein mit seinem Ochsen gerade ins Feuer hineinlaufen konnte. Ein gewisser Trost in Griesheim war die Nähe der Hauptstadt, wohin ein uraltes Dampfbähnchen, der „feurige Elias", führte. Der letzte

Zug dieses vorsintflutlichen, weithin Funken und Asche versprühenden Verkehrsmittels aber ging leider schon um 10 Uhr zurück, so daß man nach Dienstschluß doch lieber im Lager blieb, wenn man sich nicht einen Krümperwagen der Darmstädter Kavallerie oder Artillerie leisten wollte, was eine ziemlich teure Angelegenheit war. Im Lager allerdings war es auch nicht billiger, eher das Gegenteil. Im Lagerkasino ging es nämlich allabendlich hoch her, besonders wenn mehrere Regimenter anwesend waren, und es läßt sich auch nicht verschweigen, daß dabei ziemlich stark die Karte gebogen wurde, dies bei uns hauptsächlich unter dem Präsidium des Hauptmanns Rudi Wagner. Damals waren die badischen gelben Dragoner aus Durlach unsere Lagergefährten, und unter diesen wackeren Reitersmännern gab es Spielratten, vor denen sich sogar unser Rudi verstecken konnte. Das war übrigens auch ein „Dienstzweig", für den sich der dicke Capitan Gazari lebhaft interessierte; (außer dem bei den Mädchen natürlich, die es aber in Griesheim nicht gab). Ich glaube, er hat eine ganz nette Anzahl seiner väterlichen Pesos dabei auf dem grünen Tisch liegen lassen, was ihn aber nicht störte. Ich bin im Allgemeinen ziemlich gut dabei weggekommen, einmal sogar sehr gut, denn ich erwachte am nächsten Morgen als Besitzer eines zusätzlichen feldmarschmäßig gesattelten Pferdes, das ich später vorteilhaft verkaufte. Aber dieser Teil meiner Jugendsünden gehört nicht zu meinen liebsten Erinnerungen, und ich habe mir bald darauf das Jeu so gründlich abgewöhnt, daß ich heute nicht einmal mehr 66 richtig spielen kann. Ich wußte auch, daß ich im Falle von Pech bei meinem Vater keine Nachsicht zu erwarten gehabt hätte. Das war der einzige Leichtsinn, bei dem der Alte Herr keinerlei Verständnis aufbrachte. Er hatte wohl im Laufe seiner langen Dienstzeit zuviele traurige Fälle erlebt, bei denen der Spielteufel junge hoffnungsvolle Leben ruiniert hatte. — Anschließend an das Gefechtsschießen wurde in Griesheim auch das Regimentsexerzieren abgehalten, das bei der geschilderten

Unzulänglichkeit des Platzes wenig interessant, dafür aber wesentlich weniger anstrengend für die Truppe war, als wenn es im Gelände stattgefunden hätte. Die Mängel des Platzes waren bei den ständig gesteigerten Anforderungen an die kriegsmäßige Ausbildung schließlich so unerträglich geworden, daß sich das Kriegsministerium auf ständiges Drängen unseres Kommandierenden Generals von Eichhorn endlich doch entschließen mußte, für die Truppen des XVIII. und XI. Armeekorps einen neuen Übungsplatz bei Orb in der Rhön zu schaffen, dessen vielgegliedertes Gelände von Bergen, Wäldern und Hochflächen allen Anforderungen genügte. Dabei fällt es mir als eine eigentlich unverzeihliche Unterlassung auf die Seele, daß ich von unserem Kommandierenden, der im gesamten Armeekorps geradezu verehrt wurde, überhaupt noch nicht gesprochen habe. General von Eichhorn zählte unzweifelhaft zu den hervorragendsten höchsten Führern, über die die Armee in jenen Jahren verfügte. Er war ein Truppenerzieher ersten Ranges und von ausgesprochen modernem Geiste beseelt. Die kriegmäßige Ausbildung machte unter seiner Anleitung bedeutende und auf den ersten Blick erkennbare Fortschritte. Die Hebung des Mannschaftsunterrichts von dem drillmäßigen Einpauken seit Jahren, ja Jahrzehnten feststehender Fragen und Antworten auf eine höhere Stufe, die geistige Erweckung des Soldaten zum wirklichen Verstehen der im Unterricht behandelten Gegenstände lagen ihm besonders am Herzen. So führte Eichhorn als Erster in der Armee auch den Unterricht über nicht ausgesprochen militärische Themata, so über aktuelle politische Tagesprobleme, ja, über die politischen Parteien und ihre Ziele, über Verfassungsfragen usw. ein. (Man wird sich erinnern, daß ich Ähnliches in meinem Rekrutenunterricht schon aus eigener Initiative unternommen hatte.) Dies allerdings wurde dann durch kaiserliche Kabinettsordre schon nach einem Jahre verboten, weil das Kriegsministerium fürchtete, daß gewisse Parteien darin einen Versuch der politischen

Beeinflussung erblicken und im Reichstag Krach schlagen würden. Wieder einmal ein Beweis für die ziemlich würdelose Angst, die die höchsten Stellen in dem angeblich so autokratisch regierten Kaiserreiche vor den Schwätzern des Parlaments hatten. Eins muß allerdings zugegeben werden: Nicht jeder der jungen Leutnants, deren Aufgabe der Unterricht ja in erster Linie war, erwies sich als befähigt zur Behandlung solcher schwieriger und in gewissem Sinne gefahrbringender Gegenstände. Einsichtvolle Hauptleute übernahmen daher diesen Teil des Unterrichts selbst oder übertrugen ihn einem älteren Oberleutnant. Auch noch eine weitere sehr vernünftige Anordnung mußte General von Eichhorn wieder zurückziehen. Er hatte nämlich befohlen, daß in jedem Kompagnie-, Eskadron- und Batterierevier Automaten aufgestellt wurden, die gegen Einwurf von 50 Pfennigen Schutzmittel gegen Geschlechtskrankheiten verabfolgten. Daraufhin schlug die Geistlichkeit beider Konfessionen riesigen Lärm, weil sie darin eine „Verführung der Soldaten zur Unmoral“ erblicken wollte. Mit demselben Recht hätte man die viel weniger wirkungsvolle Belehrung durch die Sanitätsoffiziere über die Gefahren des Geschlechtslebens als solche Verführung bezeichnen können. Daß es notwendig war, irgendetwas gegen die überhandnehmenden Geschlechtskrankheiten zu tun, zeigte jeder Blick in die Sanitätsrapporte. Es verging keine Woche, in deren Verlauf sich nicht von den am Sonntag vorher nach dem besonders gefährlichen Frankfurt, sowie nach Mainz, Offenbach und Mannheim beurlaubten Leuten eine Anzahl mehr oder weniger ernstlich erkrankt meldeten. Aber so war die Zeit eben damals – alles, was mit diesem ernsten und heiklen Gebiet irgendwie zusammenhing, wurde mit einer, den Realitäten gegenüber völlig verkehrten Prüderie, ja Heuchelei betrachtet, wenigstens amtlich und nach außen hin. Die Initiative des Generals von Eichhorn hatte während der kurzen Dauer ihrer Wirksamkeit ganz offensichtlich günstige Folgen gehabt. Zu Mönchen kann man junge Soldaten nun einmal nicht machen. Diesem Kommandierenden war auch die Einrichtung von Haushalts- und Mütterlehrgängen für Unteroffiziersfrauen, die das sehr nötig hatten, zu danken, und er hatte sogar den ganz neuzeitlichen Gedanken, die Regimenter zur Schaffung einer Art Arbeitsvermittlung für die ausscheidenden Reservisten anzuregen. Daraus ist praktisch allerdings nicht viel geworden, weil im damaligen blühenden Deutschland jeder, der wirklich wollte, gut bezahlte Arbeit erhalten konnte, und sehr viele Unternehmer sowieso mit Vorliebe gediente Soldaten einstellten. Generaloberst von Eichhorn ist dann bekanntlich 1918 in Kiew von einem Bolschewisten ermordet worden. – Das Manöver der hessischen Division spielte sich 1907 in der Provinz Rheinhessen zwischen Ingelheim und Alzey ab und erhielt durch die Bebauung dieses Gebiets, das eigentlich nur ein einziger großer Weinberg war, einen ganz besonderen Charakter. Bei dem Reichtum und der sprichwörtlichen Gastfreundlichkeit der Bevölkerung waren die Quartiere durchweg vorzüglich und die Verpflegung für Offizier und Mann geradezu fürstlich. Gefährlich waren nur die überreichlichen Weinspenden, die der Truppe sowohl in den Quartieren als auch auf dem Übungsfelde dargeboten wurden. Die auf dem Marsche vorausgesandten Berittenen und Radfahrer, die in den Dörfern die Bevölkerung zum Herausstellen von Trinkwasser aufforderten, mußten immer wieder inständigst bitten, keinen Wein zu verabfolgen, und trotzdem enthielten die Eimer nachher oft solchen oder wenigstens eine starke Beimischung davon, was bei dem heißen Wetter nicht gerade förderlich für die Marschfähigkeit war. Es war gut, daß die Marschentfernungen in diesem Manöver nur sehr gering waren und oft nur 10 oder 15 km betrugen. Das hing wieder damit zusammen, daß die Gefechtshandlung nur angedeutet werden konnte, weil Weinberge unter gar keinen Umständen, nicht einmal von Patrouillen, betreten werden durften, – und im gesegneten Rheinhessen fand man eben nirgends auch nur einen

Quadratkilometer, wo keine Reben wuchsen. Also vollzog sich die Entwicklung der Gefechte im Wesentlichen theoretisch auf der Karte oder wurde durch ein paar Mann oder ein einzelnes Geschütz angedeutet, die sich mühsam durch die engen Lücken und Feldwege zwischen den Weingärten durchschlängelten. Wenn die Provinz unter diesen Umständen überhaupt, wenn auch nur alle 6 oder 7 Jahre einmal, als Manöverfeld gewählt wurde, so geschah das unter bewußter Zurückstellung der militärischen Erfordernisse, um der sehr nationalen und militärfreundlichen Bevölkerung eine Freude zu machen und den engen Zusammenhalt zwischen ihr und der Armee zu stärken. Da unser Regiment immer in Worms gestanden hatte, und, solange es in Hessen überhaupt eine Wehrpflicht gab, seinen Ersatz zum überwiegenden Teil aus Rheinhessen erhielt, wurden die „Kanarienvögel", wie unser Spitzname in Hessen wegen der gelben Aufschläge lautete, natürlich ganz besonders freudig begrüßt und überall hoch gefeiert. So lagen die zu überwindenden Anstrengungen viel weniger auf militärischem Gebiet als auf dem des Becherschwingens. Wo wir auch ins Quartier kamen, mußten wir Offiziere nicht nur das von der Gemeinde vorbereitete üppige Festmahl über uns ergehen lassen, sondern nachher noch von Keller zu Keller wandern, um die duftigen Kostbarkeiten, auf die jeder Weinbauer mit Recht stolz war, zu proben. Offizier wie Musketier sind in diesem Manöver wohl kaum einmal ganz nüchtern ins Bett gekommen. Aber ich bilde mir noch heute etwas ein auf die hervorragende Manneszucht unseres Regiments, bei dem im ganzen Manöver trotz dieser recht gefährlichen Verhältnisse nicht eine einzige Ausschreitung, nicht die leiseste Disziplinwidrigkeit vorgekommen ist. Die Vorgesetzten brauchten gar nicht einzugreifen, die Leute paßten selbst aufeinander auf und sorgten dafür, daß jeder, der genug hatte, unauffällig abgeschleppt wurde, ehe er Dummheiten machen konnte. Die einzige Ausnahme in diesem Quartierparadies bildete die

Unterbringung in dem düsteren Fabriknest Alzey mit seiner stark sozialdemokratischen Einwohnerschaft, wo nichts mehr von dem romantischen Zauber der Stadt des sagenberühmten Spielmanns Volker zu entdecken war. Es war aber doch ganz gut, daß wir dann zum Korpsmanöver über Kreuznach in den Hunsrück abrückten und in diesem armen und rauhen Gebirgslande bei strömendem Regen und sehr erheblichen Anstrengungen zum Ernste des Lebens zurückgeführt wurden, ehe wir in die Garnison zurückkehrten. Die dortigen Quartiere in ärmlichen und nicht sehr sauberen Hütten, wo es allerhöchstens einen Kartoffelschnaps gab, waren freilich ein schmerzlicher Gegensatz zu den villenartigen Häusern der fröhlichen rheinhessischen Weinbauern, wo man sich durch sechs Gänge durchessen und dabei mit dem in einem teuren Pensionat oder Kloster erzogenen Fräulein Tochter Konversation machen mußte[19]. Unter den zum Manöver eingezogenen Reservisten der Leibkompagnie befand sich eine merkwürdige Persönlichkeit, die zu jener Zeit in akademischen Kreisen eine freilich sehr anfechtbare Berühmtheit

---

19 Aus diesen sonst ziemlich trüben Manövertagen ist mir ein heiteres Intermezzo erinnerlich. Eines Abends kam ein biederes Hunsrückbäuerlein in unserem Unterkunftsorte angekeucht und meldete in höchster Aufregung, daß das nahe Nachbardorf von Franzosen besetzt sei, wie er mit eigenen Augen gesehen habe. Wir lachten ihn natürlich aus, aber er ließ sich nicht abweisen, so daß sich schließlich ein neugieriger Leutnant auf's Rad setzte und hinüberfuhr. Dieser stellte fest, daß der brave Bauer doch nicht so ganz töricht gewesen war. Auf der Dorfstraße machten nämlich zwei den Dragonern zugeteilte argentinische Kavallerieoffiziere ihren Abendspaziergang. Sie gehörten dem Eliteregiment der Granaderos a caballo an, und ihre Uniform, hellblauer, schwarzverschnürter Waffenrock und feuerrote Hosen, sah allerdings der französischen zum Verwechseln ähnlich.

genoß, nämlich der Musketier Schwebel, genannt „Säbel-Schwebel“, der sogar in der Literatur des Jahrhundertanfangs Platz gefunden hat. Der riesenlange hagere Mann mit dem von unzähligen Schmissen zerhackten Geiergesicht und den düsteren Augen war der Typ jenes ewigen Studenten, der eigentlich schon damals ein Anachronismus und vor dem Ersten Weltkriege wohl völlig von deutschen Hochschulen verschwunden war. Er hatte viele Jahre vorher begonnen, Jurisprudenz zu studieren, war beim Korps Hassia in Gießen aktiv geworden und hatte dann einfach nicht mehr von der Universität weggefunden. Ein nicht unterzukriegender Trinker, dem zwanzig „Ganze“ überhaupt nichts ausmachten, und ein gefürchteter Fechter und Pistolenschütze, war er allmählich zu einem ausgesprochenen Raufbold geworden, den nicht nur sein Korps wegen verschiedener Skandalaffären c.i. dimittiert, sondern alle anderen schlagenden Verbindungen von Gießen und Marburg in den unbedingten Verruf getan hatten. Ganz systematisch ging er darauf aus, fast jeden Abend irgendeinen Unglücklichen in der Öffentlichkeit so zu provozieren, daß nach damaliger Anschauung nichts Anderes als der Austrag mit der Waffe übrigblieb. Man sagte ihm nach, daß er, von unzähligen Schlägermensuren ganz abgesehen, mindestens siebzigmal auf schwere Säbel und über ein Dutzend Mal auf Pistolen angetreten sei und jedesmal seinen Gegner abgestochen habe. Dabei hatte er die ihm oft angedrohte Relegierung durch die Universitätsbehörden immer geschickt zu vermeiden gewußt, unter anderem dadurch, daß er von Semester zu Semester zwischen Gießen und Marburg wechselte. Er besaß einiges Vermögen und verdiente sich außerdem ziemlich viel Geld als außerordentlich geschickter Einpauker zum Referendarexamen, da er, obwohl er selbst nie ein Examen gemacht hatte, ein sehr guter Jurist war und alle Kniffe und Steckenpferde der prüfenden Professoren genau kannte. Militärisch war er mit seinen Extravaganzen nicht so gut durchgekommen wie in seinen zahllosen Studiensemestern. Als

Einjähriger hatte er im Leibgarderegiment gedient und dort die Unverschämtheit und gleichzeitig Torheit besessen, seinem ausbildenden Offizier eine Pistolenforderung zu schicken. Die unausbleibliche Folge war das Kriegsgericht, das ihm das Recht zum Dienst als Einjährig-Freiwilliger aberkannte und ihn zu sechs Monaten Festung verurteilte, womit er noch recht gut weggekommen war. Bei uns hielt er sich während seiner Reserveübung vollkommen tadelfrei, zeigte sich sogar dienstlich als ausgezeichneter Soldat, obwohl ihm natürlich scharf auf die Finger gepasst wurde. Der hochbegabte, aber ganz auf die schiefe Ebene geratene Mensch tat mir irgendwie leid, wenn ich ihn im Biwak oder bei Gefechtspausen, düster vor sich hinstarrend, fern von seinen Kameraden allein abseits sitzen sah. Ich konnte aber bei einer Anrede nie mehr als ein abweisendes „Jawohl, Herr Leutnant" – „Nein, Herr Leutnant" bei ihm erzielen. Er ließ in mir das mittelalterliche Studentenlied aufklingen: „Nach Hause darf ich auch nicht mehr – Da hat man mich vergessen – dieweil ich Doktor worden bin – Im Saufen und im Fressen." Dieser schon äußerlich unheimliche Geselle fand wenigstens noch einen würdigen Abschluß seines verfehlten Lebens. Er ist 1917 beim Reserveregiment 117 als Vizefeldwebel gefallen, nachdem er sich seine Beförderung durch hervorragend tapferes Verhalten vor dem Feinde trotz seiner Vorstrafe verdient hatte, wie mir ein Kamerad, der früher sein Korpsbruder war, später erzählte. Die vorher erwähnte literarische Verwertung dieser seltsamen akademischen Erscheinung findet sich in dem leider früher viel gelesenen Romane „Götz Krafft" des berüchtigten pazifistischen Schriftstellers und Vaterlandsverräters Eduard Stilgebauer. „Säbel-Schwebel" wird darin recht genau nach dem Leben als ewiger Student, Säufer und Raufbold in Marburg unter seinem anderen Spitznamen „Die Ratte" dargestellt. Was dem Verfasser prompt eine Forderung des also Porträtierten eintrug, der er sich aber als überzeugter Pazifist lieber durch schleunige Abreise in die ungefährdete Schweiz entzog.- Nach Rückkehr in die Garnison und Entlassung der Reservisten trat ich dann meinen Urlaub an, den ich nach langem Überlegen in Südtirol verbrachte. Ich nahm mein Standquartier in Bozen im uralten gemütlichen Hotel Zum Greifen – als ich 1927 wieder dort wohnte, hieß es „Griffone" – an dem von mittelalterlichen Laubengängen umgebenen Walther-Platz mit dem schönen Standbild des Vogelweiders, das die neuen Herren später in eine abgelegene Ecke verbannten und durch ein äußerst geschmackloses Denkmal ihres „Sieges" ersetzten. Die wunderhübsche Stadt und das herrliche Land gewannen sich sofort mein Herz, nicht nur wegen der Schönheit der Gebirgs-welt, die meiner Meinung nach die der Schweiz bei weitem über-trifft, der vortrefflichen billigen Weine und der ausgezeichneten Küche, die das beste der Wiener und der italienischen in sich ver-eint, sondern vor allem wegen des kerndeutschen Charakters der Bevölkerung, der selbst dem oberflächlichsten Beobachter geradezu in die Augen springen muß. Nicht nur die Adelsfamilien saßen seit über tausend Jahren dort auf ihren Burgen, manche nachweisbar seit der Zeit der Völkerwanderung, sondern es gab auch sehr viele Bauerngeschlechter, die ihre Höfe ebenso lange inne hatten. Nichts war dort italienisch, kein Mensch sprach oder verstand auch nur die Sprache des wenig beliebten Nachbarn im Süden, wenn er nicht aus amtlichen oder geschäftlichen Gründen genötigt war, sie zu erlernen. Unter den vielen schreienden Ungerechtigkeiten, die die Pariser Vorortverträge begingen, ist wohl keine schlimmer als die, die dem prachtvollen Südtiroler Volke angetan wurde. Und das traurigste ist, daß dieses Unrecht dann noch durch ein deutsches Regime, das sich besonders viel auf seinen nationalen Charakter zu Gute tat, bekräftigt und ver-schärft wurde. Tief gottesfürchtig, in unerschütterlicher Treue ihrem Kaiser ergeben, waren die Tiroler, wie es ein k.u.k. Offizier einmal mir gegenüber ausdrückte, die „letzten überzeugten Öster-reicher" und haben ihre Staatstreue in den Reihen der

Kaiserjäger, der Kaiserschützen und der Standschützenmiliz auf allen Schlachtfeldern und sogar noch über den Zusammenbruch des Habsburger Reiches hinaus mit so opferbereiter Hingabe bewiesen, daß nach dem Ersten Weltkriege in manchen Tiroler Dörfern buchstäblich nur noch Greise über 70 und Knaben unter 10 Jahren unter den männlichen Bewohnern gezählt wurden. Unvergeßliche Wanderungen füllten meine Urlaubstage aus, die ich meist gemeinsam mit meinem Hotelgefährten, dem Münchner Amtsrichter Stadelmayr, unternahm, später auch gelegentlich mit Offizieren der in Bozen stehenden Kaiserjäger und Artilleristen, deren Offizierkorps wie die aller in Tirol stehenden Truppen fast rein deutsch zusammengesetzt waren. Das Talfertal mit der wie ein Märchentraum auf steiler Felsspitze schwebenden, vielbesungenen Burg Runglstein, der schneebedeckte Ritten, das schon ganz südliche Meran im Kranze seiner Rebenhügel – jeder Tag erschloß mir neue Herrlichkeiten. Am schönsten aber war es, von der Berghöhe über Oberbozen aus abends das allmähliche Aufglühen der zackigen Eistürme des Rosengartens zu erleben, bis die ganze ungeheure Gebirgslandschaft in einem lodernden Feuerscheine aufflammte, durch den smaragdgrüne und amethystblaue Blitze zuckten, bis dann die ganze Pracht wieder langsam zu bleichem Silberglanz verblaßte. Man fühlte, warum die tiefe Naturverehrung unserer germanischen Vorfahren in dieses Hochgebirgswunder König Laurins Rosengarten hineingeträumt hatte. Südlich Kaldern zieht sich die deutsch-italienische Sprachgrenze in einer Schärfe, als ob sie mit dem Messer eingeschnitten sei: nördlich nicht eine italienische, südlich nicht eine deutsche Siedlung. Die Herren Friedensmacher von Saint-Germain hätten hier eine geradezu ideale Gelegenheit zu wirklich gerechter Grenzziehung gehabt! Dort unten im Trienter Gebiet bis zum Gardasee war man allerdings in rein italienischer Landschaft. Die Menschen nicht nur und ihre Sitten und Gebräuche, sondern auch die Häuser, die Kirchen, die Anlage der Dörfer, die Art der

Feldbestellung, die Küche waren nicht anders wie überall in Oberitalien, und der milde, vielleicht allzu entgegenkommende Sinn der Wiener Regierung hatte sogar dafür gesorgt, daß alle amtlichen Schilder und Bekanntmachungen (außer den militärischen) das Gesamtbild nicht störten. Kein Bürgermeister regierte die Dörfer, sondern ein „podestá" oder ein „sindaco", kein k.u.k. Amtsgericht sprach Recht, sondern ein „tribunale imperiale e reale", und die Landeshauptmannschaft in Tridento (nicht etwa Trient) plakatierte sich als „I. e. R. Governo". Die Beamten, sogar der Landeshauptmann selbst, waren fast ausnahmslos italienischer Nationalität und haben sich später im Kriege keineswegs durchweg als zuverlässig erwiesen. Ich hatte ausgiebige Gelegenheit, diese Dinge sehr genau zu studieren, denn bald nach meinem Eintreffen in Bozen fuhr ich für ein paar Tage nach Riva-Gardone, wo mein Vetter Gustl seit einiger Zeit als Hauptmann und Kompagniekommandant beim II. Bataillon des 4. Regiments der Tiroler Kaiserjäger stand. Das war freilich eine wahre Märchengarnison, dieses herrliche Fleckchen Erde am Nordufer des blauen Gardasees. Aber hier war buchstäblich die Schlange unter den Rosen verborgen. Denn diese Grenze zwischen zwei angeblich verbündeten Staaten befand sich tatsächlich in einer Art latenten Kriegszustandes. Zwischen den österreichischen Offizieren und denen des nur ein paar Kilometer weiter südlich stationierten 3. Alpiniregiments gab es keinerlei Beziehungen, sondern nur eisige Zurückhaltung. Dies besonders, weil die Italiener den Takt hatten, irredentistisch gesinnte österreichische Deserteure und Gestellungsflüchtlinge, die sich zum freiwilligen Dienst im italienischen Heere meldeten, ausgerechnet diesem und anderen an der Grenze stehenden Regimentern zuzuteilen. Einige davon waren dort sogar aktive und Reserveoffiziere geworden. Eine Welle von Spionage flutete dauernd über die Grenze hin und her, wie es sie nicht einmal an der deutsch-französischen Grenze gab. Die irredentistische Propaganda wirkte

146

von Mailand aus unter Aufwand scheinbar unbegrenzter Mittel auf die südtiroler Bevölkerung italienischer Sprache ein, erzielte aber trotz unbestreitbar sehr geschickten Vorgehens eigentlich nur bei den gebildeten oder Halbgebildeten (bei den letzteren besonders) größere Erfolge, während die Masse der Bauern und Handwerker ganz gleichgültig blieb und sich unter der nachsichtigen kaiserlichen Herrschaft recht wohl zu fühlen schien. Das letztere galt auch für die italienischen Adelsgeschlechter in Südtirol, die fast ausnahmslos streng kaiserlich gesinnt waren und vielfach hohe Stellungen in der k.u.k. Offizier- oder Beamtenlaufbahn erreichten. Der angebliche Kultur- und Sprachverein „Dante Alighieri" – welche Ironie, daß er sich gerade nach dem treuesten Vorkämpfer der Kaiser- und Reichsidee in Italien nannte! – hatte seine Zweigstellen überall, und allsonntäglich kamen zielbewußt angesetzte Radfahrerkolonnen über die Grenze, die sich mit der grünweißroten Trikolore an der Lenkstange über das ganze Tridentino ergossen und Vorträge, Theateraufführungen und Gesangstunden veranstalteten. Die österreichischen Offiziere waren so gut wie vereinsamt, denn außer mit den wenigen Adelsfamilien und dem einen oder anderen Beamten hatten sie so gut wie gar keinen Zivilverkehr und mußten sich wie in Feindesland fühlen, weit mehr als der deutsche Offizier in Elsaß-Lothringen. Der einzige Trost, besonders für die lebenslustigen Jungen Leutnants, waren die zahlreichen Sommergäste aus Österreich und dem Reiche. Es war unter diesen Verhältnissen kein Wunder, daß mein Vetter Gustl einen Teil seines leichtherzigen Wiener Frohsinns verloren hatte und recht trübe in die Zukunft sah, wie alle seine Bataillonskameraden, von denen ich mit größter Herzlichkeit aufgenommen wurde. Sie hatten nur ein bitteres Lachen, wenn ich ihnen davon sprach, daß bei uns im Reiche trotz der Erfahrungen von Algeciras immer noch viele Leute Italien im Ernst als Bundesgenossen betrachteten. Keiner von ihnen hielt es auch nur für denkbar, daß im

Kriegsfalle ein italienisches Regiment an der Seite eines deutschen oder österreichischen kämpfen könnte. Im Übrigen hatten sie eine äußerst geringe Meinung von dem militärischen Wert der Nachbararmee. Diese Offiziere auf gefährdetem Grenzposten waren alle glühende Verehrer des genialen Generalstabschefs Conrad von Hoetzendorff und stimmten rückhaltlos seiner Auffassung bei, daß es richtig und notwendig sei, durch einen rechtzeitig geführten Präventivkrieg gegen Italien, den sie sich auch allein zu unternehmen getrauten, das Habsburger Reich wieder fester zusammenzukitten und die Gruppierung der Feindmächte an ihrem schwächsten Punkte einzustoßen. Ein solcher Krieg, für den sich jeden Tag ein mehr als begründeter Anlaß finden würde, werde auch in Österreich-Ungarn sicher populär sein, da Slawen und Ungarn nicht weniger als die Deutschen bitteren Haß gegen Italien hegten. Resigniert gaben sie allerdings zu, daß Conrad bei der unbedingten, auf den trüben Erfahrungen seiner langen Regierung beruhenden Abneigung des greisen Kaisers gegen jeden Krieg und der ängstlichen Schwäche der Wiener Außenpolitik kaum Aussicht auf Durchsetzung seiner Pläne habe, obwohl er sich in diesem Falle einmal in voller Übereinstimmung mit dem ihm sonst nicht gerade gewogenen Erzherzog-Thronfolger Franz Ferdinand befinde. Das Kaiserjägerbataillon in Riva machte einen vorzüglichen Eindruck. Dienstlich war es, besonders unter Berücksichtigung der schwachen österreichischen Truppenstärken, sehr scharf angespannt, da es nicht nur ununterbrochenen Patrouillengang an einer weiten Grenzstrecke durchzuführen, sondern auch mit wöchentlicher Ablösung die Besatzung in Zugstärke für das Panzerwerk Assalone zu stellen hatte. Dorthin nahm mich Gustl auch einmal mit. Es war ein vierstündiger anstrengender Ritt auf einem der zähen gewandten Gebirgsponies, die für die Stabsoffiziere und Hauptleute der k.u.k. Hochgebirgstruppen etatsmäßig waren, ein Ritt durch eine wildzerrissene Felsenwelt auf schmaler, aber sehr guter Militärstraße, die alle Kilometer zur Sperrung vorbereitet war. Das Panzerwerk, tief eingebettet in den gewachsenen Felsen, lag in vollkommener Einsamkeit, fern von jeder menschlichen Behausung, und muß, besonders im Winter, für die Besatzung ein bedrückender Aufenthalt gewesen sein. Sie konnte dann manchmal wegen der Schneeverwehungen wochenlang nicht abgelöst werden. Das Werk beherrschte mit seinen sechs aus versenkbaren Kuppeln schießenden 15-cm-Geschützen die ganze Fläche des Gardasees bis über das Südufer hinaus, und hat bei Beginn des Krieges mit Italien 1915 sehr lange den von den Italienern geplanten Vorstoß gegen Riva und Trient verhindert. Das Offizierkorps in Riva war, abgesehen von zwei oder drei ganz germanisierten italienischen Adeligen, reindeutsch. Die meisten Herren waren Nord- oder Südtiroler, der Kommandeur, Oberstleutnant von Hinteregger, ein Steirer. Auch die Mehrzahl der Unteroffiziere bestand aus Deutschen, während solche sich unter der Mannschaft nur ganz vereinzelt befanden. Diese setzte sich in der Hauptsache aus Italienern, zum kleineren Teil aus Krainer Slowenen zusammen. Trotzdem hatten die Offiziere unbedingtes Vertrauen zu ihren Leuten, hegten aber größtes Mißtrauen gegen die meisten Einjährigen und Reserveoffiziere, da unter diesen kaum einer nicht heimlicher oder auch ganz offener Irredentist war. Die „cacciatori tirolesi“, wie sie sich selbst mit Stolz nannten, haben das Vertrauen ihrer Führer nachher auch voll gerechtfertigt. Mein Vetter Gustl erzählte mir später, daß von seiner Kompagnie nur einige der Intellektuellen übergelaufen, die einfachen Soldaten aber fast ausnahmslos ihrem Fahneneide treu geblieben seien. Es sei immer ein eigenartiges Erlebnis für ihn gewesen, bei einem italienischen Angriff von ihnen den Alarmruf zu hören: „I nostri vienen“ – „Die Unsrigen kommen“, und dann zu sehen, wie sie dieses Vorgehen der „Unsrigen“ mit größter Erbitterung abwehrten. In das hübsche und gemütliche Kasino der Kaiserjäger, wo ich so viele nette Stunden mit guten Kameraden verlebt hatte, bin ich dann viel, viel später, im Jahre 1930, noch einmal gekommen. Als ich damals nämlich in Torbole bei Riva meine Ferien verlebte, sprach mich in der Bar des Hotels ein Capitano der damals in Riva stehenden 6. Alpini auf mein Stahlhelmabzeichen an und veranstaltete eine große Verbrüderungsfeier, da er, wie er mir sagte, gleich allen seinen Kameraden bei den italienischen Besatzungstruppen in Oberschlesien, dort zum begeisterten Freunde der Deutschen geworden sei. Er ruhte nicht, bis ich einer Einladung zum Essen in sein Kasino folgte – und dies war das alte Kaiserjägerkasino, in dem nun freilich nicht mehr die Gemälde der Schlachten von Novara und Custozza und anderer österreichischer Siege über die Italiener die Wände zierten. Freilich auch nicht ein einziges Bild des Duce, sondern nur die der königlichen Familie, und der Haupteindruck, den ich von diesem Zusammensein mit den mich sehr freundlich aufnehmenden italienischen Offizieren gewann, ging dahin, daß sie samt und sonders scharf antifaschistisch gesinnt waren. Es hat mich aufs höchste erstaunt, mir aber nicht gerade gefallen, daß sie sich in Gegenwart eines Ausländers und im Beisein der Ordonnanzen in den rüdesten Ausdrücken der Verachtung über Mussolini und seine Schwarzhemden ergingen. Auch sonst habe ich in jener Zeit weder dort oben in Neuitalien noch auch auf meinen Reisen in Rom, Mailand, Venedig, besonders nicht in Neapel und Palermo, auch nur einen Menschen getroffen, der sich mit irgendwelcher Begeisterung über den Faschismus geäußert hätte, mit einziger Ausnahme eines Mailänder Großindustriellen, von dem ich später hörte, daß er durch Staatslieferungen gewaltige Summen verdient habe.

Intermezzo im militärischen Alltag 1908-09

Beim Regiment kam ich in die Zeit der Reservistenentlassungen und der Vorbereitung der Rekruteneinstellung hinein, was mich beides nicht viel anging. Bei der alljährlich am 1. Oktober vorgenommenen Neueinteilung der Kompagnieoffiziere wurde ich der 5. Kompagnie zugeteilt. Ihr Chef war Hauptmann von Goessel, mit dem ich es wieder ausgezeichnet getroffen hatte, wie ich, Gott sei Dank, mit meinen Vorgesetzten während meiner ganzen Dienstzeit (und auch später im Zivilleben) ausgesprochenes Glück hatte. Herr von Goessel war ein Jahr vorher vom Posenschen Grenadierregiment Nr. 6 zu uns versetzt worden. Der Ur-Berliner, der immer im halbpolnischen Osten gestanden hatte und das Rheinland gar nicht kannte, fühlte sich zuerst recht fremd in unseren so ganz andersartigen Verhältnissen und brauchte einige Zeit, um sich einzugewöhnen. Er konnte vor allem anfänglich durchaus nicht den richtigen Ton bei der Behandlung der Mannschaft finden, merkte aber als intelligenter Mensch und sehr guter Offizier sehr schnell, daß er mit unseren aufgeweckten Hessen nicht umgehen konnte wie mit den Polacken seines alten Regiments. Als er auf einen für ihn unfaßbaren Widerstand bei Unteroffizieren und Mannschaften stieß, änderte er sich sofort und wurde dann sogar ausgesprochen beliebt bei ihnen, die ihrerseits bald fühlten, daß die schnoddrigen Bemerkungen seiner Berliner Kodderschnauze nicht verletzend gemeint waren, und sich eher darüber amüsierten. Seine Gattin war eine geborene Gilka von der weitberühmten Schnapsfirma und infolgedessen war das Ehepaar mehr als recht vermögend. Es war zu seinem Schmerze kinderlos, und das war wohl auch der Grund für die auffallend melancholische und fast düstere Wesensart der sehr hübschen Frau von Goessel, die eigentlich gar nicht zu der schneidigen Reiterin und, damals noch eine große Seltenheit, gewandten Autofahrerin, paßte. Sie machten ein großes Haus, und ihre Diners, bei denen die seltensten Delikatessen aufgetischt wurden, genossen bald eine gewisse Berühmtheit. Das Auto, das sie als einzige Regimentsangehörige besaßen, brachte für uns Offiziere die Annehmlichkeit mit sich, daß wir oft auf Ausflüge mitgenommen wurden. An schönen Tagen flitzten wir häufig nach Dienstschluß nach Heidelberg, an die Bergstraße, oder nach Oppenheim, um dort in einem schön gelegenen Gasthause zu essen und ein Böwlchen zu trinken, in dessen Bereitung Herr von Goessel ein Meister war. Dienstlich war der Hauptmann äußerst angenehm, verlangte zwar viel, und konnte bei Nachlässigkeiten saugrob werden, gestaltete aber den Dienst stramm, kurz und abwechslungsreich. In der hessischen Uniform und den doch noch in mancher Beziehung von den preußischen abweichenden Verhältnissen unseres Kontingents kam sich der überzeugte Preuße immer etwas komisch vor und konnte sich manchmal eine Bemerkung über „Bundesbrüder" und „bewaffnete Hilfsvölker" nicht verkneifen, was man ihm aber, da man seine Art ja kannte, nicht weiter übelnahm. Der jüngere Kompagnie- und Rekrutenoffizier war der fidele Leutnant Hans Petersen, der mir ein guter und dauernder Freund geblieben ist. Er, Eichhorn, Lüters, der unterdessen Adjutant des III. Bataillons geworden war, ich und später mein Bruder bildeten eine unzertrennliche Freundesklicke, genannt die „Fünf Frankfurter", weil wir, so oft es Zeit und Geldbeutel erlaubten, in der schönen Mainstadt zu bummeln liebten. Petersen war – geborener Athener, womit wir ihn oft aufzogen. Sein Vater, ein dänischer Schleswiger, war nämlich viele Jahre hindurch Hofprediger des Königs von Griechenland gewesen[20], so daß Petersen den größten Teil seiner Jugend im Schatten der Akropolis verbracht hatte und fließend griechisch, übrigens auch dänisch sprach. Außerdem wurde der gerade von einem zweijährigen Kursus bei der Technischen Hochschule Charlottenburg zurückgekehrte Oberleutnant Freiensehner unserer Kompagnie zugeteilt. Er trat aber dienstlich nicht in Erscheinung, da er auf höheren Befehl mit der Ausarbeitung einer von ihm erfundenen Verbesserung des Maschinengewehrs beschäftigt war, die später auch in der Armee eingeführt wurde. Wir kannten ihn trotz seiner jahrelangen Abkommandierungen – 3 Jahre Militärtechnische Akademie, dann zwei Jahre Technische Hochschule – gut, da er in den Hochschulferien immer das Manöver bei unserem Regiment mitgemacht hatte. Der sehr humorvolle und technisch hervorragend begabte Kamerad erklärte uns oft, daß er ein reicher Mann geworden wäre, wenn er seinen Abschied genommen und jene oben erwähnte, wie andere seiner Erfindungen, der Industrie angeboten hätte, was sicher stimmte. So aber bestand für ihn als aktiven Offizier die einzige Belohnung in der Verleihung des preußischen Kronenordens IV. und des hessischen Philippsordens III. Klasse. In der Kompagnie standen auch die Fahnenjunker Behrmann und Welsch. Der erstere als Sohn eines deutschen Kaufmanns in Odessa geboren, der zweite ein Rheinpfälzer aus Zweibrücken, Sohn eines Justizrates und Notars. Behrmanns Gastrolle bei uns dauerte nicht lange. Schon im zweiten Leutnantsjahre mußte er wegen Schulden den Abschied nehmen, was kein großer Verlust für den Dienst war, ging nach Kanada und

---

20 Später wurde er hessischer Hofprediger in Darmstadt.

wurde dort während des Ersten Weltkrieges interniert. Welsch war ein stiller, zurückhaltender Mensch, dessen Hauptinteresse später als Offizier der Jagd gehörte, die er wahrhaft fanatisch betrieb. Er ist als Kompagnieführer im Regiment in der Durchbruchsschlacht von Gorlice 1915 gefallen. Der Feldwebel, dessen Name mir leider entfallen ist, war ein strammer, sehr strenger alter Unteroffizierschüler und hielt die Kompagnie tadellos in Ordnung. Das Unteroffizierkorps bestand aus tüchtigen und sympathischen Leuten. Hauptmann von Goessel strebte danach, möglichst viele Unteroffizierschüler hineinzubekommen, da ihm die hessischen Kapitulanten zu weich erschienen, was in solcher Verallgemeinerung sicher nicht stimmte. Mir fiel also nun die Ausbildung des zweiten Jahrgangs, der sogenannten „alten Leute" zu, eine, wie schon in einem früheren Abschnitt geschildert, nicht sehr anregende, aber auch nicht gerade zeitraubende Aufgabe. Mehr als zwei- oder dreimal wöchentlich bekam ich die „alten Knochen" nicht in einigermaßen ausreichender Zahl zu Exerzieren, Unterricht oder Turnen zusammen, und die Schießausbildung zog sich auch ziemlich in die Länge. Oft ließ mich Hauptmann von Goessel abtreten und übertrug einem Vizefeldwebel den Dienst, wenn wieder einmal, infolge der vielen Abkommandierungen, nur rund zehn Mann angetreten waren. Ich hatte also eigentlich noch mehr Zeit zur freien Verfügung, als als Bataillonsadjutant und konnte mich wieder meinen privaten Liebhabereien widmen. Dies letztere sogar im wahrsten Sinne des Wortes, denn ich verlobte mich mit Fräulein Maria Theresa Reinhardt, der Tochter einer alteingesessenen Wormser Familie. Ihr früh verstorbener Vater war Mitbesitzer der großen Lederwerke Doerr und Reinhardt gewesen, ihre Mutter entstammte der seit über hundert Jahren in Frankfurt ansässigen französischen Emigrantenfamilie de Neufville, war also über die Textors ganz entfernt verwandt mit mir. Es war keine romantische Liebe, die meine Braut und mich zusammenführte, sondern eine sehr herzliche und innige Sympathie, die auf uns beiden gemeinsamen geistigen Interessen und auf sportlicher, vor allem reiterlicher Kameradschaft beruhte. Wir haben uns, so lange wir uns kannten, immer vortrefflich verstanden, und unsere kurze Ehe, die einen so tragischen Abschluß fand, wäre gewiß auch auf die Dauer sehr glücklich geblieben. Maria Theresa war etwas älter als ich, also 26 Jahre, eine große, fast überschlanke Erscheinung mit reichem, dunkelbraunem Haar und leuchtenden, manchmal fast schwarz erscheinenden blauen Augen. Ihre Eleganz war in ganz Worms berühmt und wurde nicht von allen Damen mit günstigen Augen betrachtet. Sie hatte viele Auslandsreisen gemacht, war erst in einer belgischen Klosterschule, dann in einem englischen Pensionat erzogen worden und sprach vollkommen fließend französisch und englisch. Schon seit Jahren waren wir zu wirklich guten Freunden geworden – eigentlich seitdem sie es war, die mir bei meiner ersten Hubertus-Jagd den Fuchsschwanz vor der Nase wegnahm. Wir ritten oft zusammen aus, sie als erste Reiterin im Herrensattel in Worms grobes Aufsehen erregend, spielten Tennis und „saßen", meiner Unbegabtheit im Tanzen entsprechend, bei Bällen viele Tänze in gemeinsamer Unterhaltung ab. Auch meinen Eltern gefiel die Schwiegertochter ausgezeichnet, als ich sie ihnen an einem Sonntag zum ersten Male in Soden vorstellte. Der Alte Herr und Onkel Schorsch verliebten sich geradezu in sie und machten ihr unter Mamas gütig-nachsichtigem Lächeln in einer entzückenden Form die Cour, wie Marquis des ancien régime. Im Hinblick auf meine für das Frühjahr vorgesehene Heirat war es eine ziemliche Torheit, daß ich mich von Emil Eichhorn bereden ließ, noch mit ihm zusammen in ein Häuschen mit Stall und Garten in der Hochheimer Vorstadt zu ziehen, und, zum großen Kummer der Familie Weber, meine nette Wohnung bei dieser aufzugeben, die Oberleutnant Zimpel, ein alter Kameruner Schutztruppler, übernahm. Wir haben allerdings manche vergnügte Stunden in unserer bescheidenen Villa zusammen und mit anderen Kameraden und Freunden verbracht, und oft genug konnte die Nachbarschaft an unseren ausgedehnten nächtlichen Sitzungen wenigstens akustisch teilnehmen, was ja am Rhein niemand übelnahm. Auch meine Braut kam manchmal, natürlich von der Gesellschafterin ihrer Mutter als Anstandsdame begleitet, nachmittags zum Kaffee und freute sich besonders, wenn wir in der von Weinlaub umrankten Laube sitzen konnten, während unsere Pferde auf der kleinen Rasenfläche frei weideten und um Zuckerchen bettelnd kamen und Eichhorns braver Bursche Kammerer auf der Ziehharmonika spielte. – Das Regiment hatte mir noch die theoretische Weiterbildung der als Offizieraspiranten in Frage kommenden Einjährig-Freiwilligen aufgebrummt, ein Auftrag, der mir Spaß machte und den ich in einer möglichst kameradschaftlichen Form zu erfüllen suchte. Von den wöchentlich drei zur Verfügung stehenden Nachmittagen zogen wir stets an einem oder zweien hinaus ins Gelände und lösten kleine taktische Aufgaben, die wir dann bei einem Glase Wein in einer Dorfwirtschaft durchsprachen. Ich erwähnte ja schon, daß von unseren Einjährigen nicht allzu viele für die Wahl zum Reserveoffizier in Frage kamen, so daß wir ein kleiner, aber netter Kreis waren. Darunter befand sich gerade in diesem Jahre der damalige Einjährige Keller, der 1914 als Leutnant der Reserve in der von mir geführten Kompagnie gefallen ist. Bei Bataillons- und Regimentsübungen wurde ich wieder als Ordonnanzoffizier verwendet, durfte auch gelegentlich schon eine Kompagnie führen. – Auf meinen Jahresurlaub hatte ich im Hinblick auf meine Verlobung verzichtet, nahm mir aber dafür hier und da ein paar Tage frei, um mit meiner Braut die durchweg in erreichbarer Nähe wohnende beiderseitige Verwandtschaft zu besuchen, zu der auf ihrer Seite auch der Generaladjutant Seiner Königlichen Hoheit des Großherzogs Generalleutnant von Hahn gehörte. Weihnachten verbrachten wir in Soden bei meinen Eltern. Bruder Kurt, der schneidige Portepeeunteroffizier, wurde durch die hübsche, hochelegante und zu jedem fidelen Streich aufgelegte Schwägerin stark aus seinem seelischen Gleichgewicht gebracht, so daß Maria Theresa ihn erst wieder zu seinen älteren Pflichten als Kavalier des Kusinchens Lulu zurückführen mußte. Mit dieser wußte sie sich übrigens, obwohl Lulu ein von ihr sehr verschiedenes und viel einfacheres Menschenkind war, reizend schwesterlich zu stellen. Sylvester wurde bei der Mutter meiner Braut in kleinem Kreise sehr vergnügt gefeiert. Das Jahr 1909 sollte uns ja die Vereinigung bringen, aber wir ahnten noch nicht, daß es auch sonst manche einschneidende Ereignisse, teils angenehmer, teils sehr peinlicher Art in seinem noch verschlossenen Füllhorn für uns bereit hielt. – Im Januar erfolgte der nun schon terminmäßige Argentinerwechsel: Die Capitanes Molina und Gazari reisten ab, der Erstere von allgemeinem Bedauern, der zweite von einem ebenso allgemeinen Seufzer der Erleichterung begleitet. An ihre Stelle trat Capitan Lima, ein angenehmer Kamerad und tüchtiger Soldat, wie alle seine Vorgänger außer „Batschari". Er gehörte dem Garderegiment „Escolta" an, seine Uniform trug daher an Stelle des grünen Besatzes der argentinischen Linieninfanterie rote Abzeichen mit Goldstickerei am Kragen und den Namen des argentinischen Libertadors „General San Martina 1816", ebenfalls in Gold, auf einem rotseidenen Ärmelbande. – Ende Januar besuchte mich auf der Durchreise von Italien ganz überraschend, nur einige Stunden vorher durch ein Telegramm aus Basel angemeldet, mein alter englischer Bekannter und regelmäßiger Korrespondent Captain Montgomery vom Regiment King's Dragoon Guards, den ich seit unserer Wiesbadener Bekanntschaft nun fast ein Jahrzehnt nicht mehr gesehen hatte. Ich fragte ihn nach herzlicher Begrüßung auf dem Bahnhof, ob er lieber im Hotel wohnen oder mit einer bescheidenen Bude in unserem Junggesellenhäuschen vorlieb nehmen wollte, und geradezu enthusiastisch bestand er auf dem letzteren Vorschlag.

Eichhorn war schon gespannt wie ein Flitzbogen auf den fremden Vogel und hatte alles pikfein hergerichtet, wozu meine schnell telephonisch verständigte Braut erheblich durch Entsendung des Dieners mit einer großen Zahl in Leutnantsbehausungen fehlender Einrichtungsgegenstände beigetragen hatte. Die Begrüßung zwischen meinem Hausgenossen und dem Engländer beschränkte sich allerdings auf ein heftiges Händeschütteln und unartikuliertes Brummen, denn der gute Emil konnte kein Wort Englisch und Montgomery nur wenig mehr Deutsch. Selbstverständlich hatte ich dem Regimentskommandeur vorher Meldung von dem Besuch erstattet und um Erlaubnis gebeten, meinem Gast die Kaserne zeigen und ihn im Kasino einführen zu dürfen. Beides wurde mir nach telephonischer Anfrage bei der Division, allerdings unter Betonung meiner Verantwortung, gestattet. Diese war aber leicht zu übernehmen, da es bei uns, die wir damals noch nicht einmal eine Maschinengewehrkompagnie besaßen, wirklich keine Geheimnisse auszukundschaften gab, was Montgomery auch sicher nicht beabsichtigte. Mein britischer Freund wollte eigentlich nur einen Tag bleiben, da sein Urlaub abgelaufen war. Er entschloß sich dann aber, noch eine Woche zuzugeben. Als ich ihn fragte, ob er das denn so ohne weiteres könne, antwortete er lachend: „Oh, ich telegraphiere einfach an meinen Regimentsadjutanten, daß ich eine Woche später komme." So etwas gab es ja nun freilich bei uns nicht. Ich hätte mal die Gesichter des Schippekönigs und seines hysterischen Adjutanten bei Empfang eines solchen Telegramms sehen mögen. Der britische Offizier interessierte sich natürlich sehr für alles, was er zu sehen bekam und fand vieles anders als in seiner heimatlichen Armee. Die Kaserne und ihre Einrichtung erschienen ihm spartanisch primitiv. Wenn sie ihren Soldaten zumuten würden, in so bescheidenen Räumen zu hausen, meinte er, würde sich kein Mensch mehr anwerben lassen, aber die Söldner müßten ja auch zehn bis fünfzehn Jahre in der

Kaserne leben. Was er vom Dienstbetrieb sah, imponierte ihm sehr, besonders, daß die Offiziere zu jedem Einzelexerzieren, Appell usw. erschienen. Bei ihnen erledigten das die „warrant officers" (Offizierstellvertreter). Die Offiziere träten nur in die Front, wenn Regiment oder Eskadron zu einer Übung, zum Manöver oder zur Parade ausrückten. Daher wunderte er sich auch, daß unsere Offiziere den Namen jedes Mannes kannten und sogar über seine persönlichen Verhältnisse Bescheid wüßten. Das sei in England selten der Fall, denn der durchweg den niedersten Volksschichten entstammende geworbene Soldat sei durch eine unüberbrückbare Kluft von dem „fighting gentleman", dem Offizier, geschieden. Im Kasino, das ihm vorzüglich gefiel, fühlte sich der Engländer ungeheuer wohl und bald geradezu zu Hause, wie er in zahlreichen von uns allen unterschriebenen Ansichtskarten an die Tischgesellschaft seines eigenen Kasinos versicherte. Dabei sprachen leider nur wenige Herren genügend Englisch, um sich mit ihm richtig zu unterhalten, aber unsere auserlesenen Rheinweine fanden in ihm einen so begeisterten Liebhaber, daß er sich gleich eine Riesenkiste nach England schicken ließ. Bei dem ihm zu Ehren veranstalteten Herrenabend, bei dem er neben dem Kommandeur saß, mußten Johnny Scharfscheer und ich viel dolmetschen. Es war ihm natürlich eine besondere Freude, bei dieser Gelegenheit unseren verehrten Verkehrsgast, Mr. Blakeley, als Landsmann und sogar alten Armeekameraden begrüßen zu können, zumal er dessen Bruder in Indien als Regimentskommandeur getroffen hatte. Beim Trinkspruch auf die britische Armee und den König von England wies der Oberst auf die alte Waffenbrüderschaft unter Marlborough and Wellington hin. Der Captain in seiner Erwiderung trank auf das deutsche Heer, den Großherzog und den Kaiser und sagte – ich habe es bis heute nicht vergessen – „daß es ein Unglückstag für Europa sein würde, wenn die Degen, die so oft Seite an Seite geschwungen worden seien, einmal gegen

einander gekreuzt werden müßten." Für Kapellmeister Roesel
waren die brauchgemäß anschließenden Nationalhymnen leicht,
da ja „God save the King" bekanntlich die gleiche Melodie hat,
wie „Heil Dir im Siegerkranz". – Natürlich führte ich meinen
Gast auch im Hause meiner künftigen Schwiegermutter ein, wo
er sich freute, in meiner Braut eine perfekt, nach seiner
Behauptung sogar mit dem von jedem gebildeten Engländer
angestrebten Oxford-Akzent, Englisch sprechende Dame zu finden. Er lud uns dringend nach England ein, und wir machten
allerlei Pläne dafür, denn meine Braut wollte schon lange einmal
ihre Pensionatsfreundinnen wieder besuchen, und mich reizte es
sehr, das so völlig von den kontinentalen Armeen verschiedene
britische Heer und sein Offizierkorps kennen zu lernen. Es sollte
anders kommen. Wir ritten auch mehrmals zu Dritt aus, Montgomery, der natürlich kein Reitzeug bei sich hatte, in deutscher
Uniformreithose auf einem der beiden Pferde meiner Braut,
auch einem Landsmann von ihm, denn es war ein vorzüglicher
irischer Hunter. Bei den langen vertraulichen Aussprachen, die
wir in diesen Tagen hatten, bedrückte mich der absolute Pessimis-
mus tief, mit dem der Brite in die Zukunft sah. Er machte nicht
den mindesten Hehl aus seiner festen Überzeugung, die alle seine
Kameraden teilten, daß es, wenn nicht ein Wunder geschehe, in
wenigen Jahren zu einem allgemeinen europäischen Kriege kommen werde und warnte dringend davor, in der wider Erwarten
friedlichen Lösung der bosnischen Krise des Jahres 1908 etwa ein
Zeichen der Entspannung zu sehen. „That was only because
nobody was ready." Das britische Offizierkorps, sowohl des Heeres wie der Marine, sei in keiner Weise deutschfeindlich, eher das
Gegenteil, wohl aber fast die gesamte Volksstimmung in England. Den meisten maßgebenden Politikern sei das enge
Zusammengehen mit Frankreich und Rußland zwar einigermaßen unheimlich, aber was bleibe ihnen übrig, nachdem das
Reich die ständig wiederholten Ausgleichs- und sogar

Bündnisangebote immer wieder abgelehnt habe? Und die Haltung der deutschen Öffentlichkeit während des Burenkrieges, über die wir ja schon seiner Zeit in Wiesbaden gesprochen hätten, sei leider nicht vergessen worden. Daß ein solcher Zusammenprall der europäischen Großmächte für Sieger wie Besiegte auf weite Sicht katastrophale Folgen haben müsse, sah Montgomery voll ein. "But what can we do? Great Britain is an Empire all over the world and if we abdicate, the Union Jack will go down in Canada, in Australia and in South Africa, perhaps in India too." Ich habe später noch oft über diese Unterhaltungen nachgegrübelt, und niemals mehr als in dieser heutigen Zeit. War es nicht eigentlich furchtbar, daß zwei intelligente, durchaus nicht in den Grenzen ihres Vaterlandes und ihres Berufes befangene junge Menschen so mit offenen Augen das Unheil herannahen sehen mußten, ohne einen Ausweg zu finden? Und wie ungezählte Tausende in beiden Nationen mögen ebenso gedacht haben, die jetzt alle an den Folgen zu tragen haben! Dabei scheint es einem heute rückblickend – wenn man vom Rathause kommt, ist man ja immer klüger – daß es gar nicht so unmöglich gewesen sein müßte, eine Grundlage der Einigung gerade zwischen Deutschland und England zu finden, die ja kein Elsaß-Lothringen und keine panslawistischen Träume von einander trennten, sondern nur rein materielle Streitpunkte, in denen den Interessen beider Länder bei gutem Willen genüge getan werden konnte. Warum haben es so viele Engländer nicht begriffen, daß ein stürmisch an Volkszahl zunehmendes, in unerhörtem wirtschaftlichen Aufblühen begriffenes Deutschland einen freien Auslauf in die Welt haben mußte, wenn es nicht ersticken oder explodieren sollte? Warum haben andererseits so wenige Deutsche verstehen wollen, daß Großbritannien seine Flottenhegemonie einfach nicht antasten lassen konnte, wenn es sich nicht selbst aufgeben wollte? Man könnte verzweifeln, wenn man auf dem Trümmerfelde der Gegenwart, das Deutschland begraben, aber auch Englands

Weltmachtstellung zum großen Teil verschüttet hat, an diese
Dinge denkt. Denn am 1. August 1914 ist die Axt an die Wurzel
des tausendjährigen stolzen Baumes der europäischen Kultur
gelegt worden – alles, was dann kam, bis zum düsteren Mai 1945,
sind nur Folgewirkungen, die wohl noch längst nicht ihr Ende
erreicht haben. – Als ich von Montgomery, den auch meine Braut
und viele Kameraden auf den Bahnhof begleitet hatten, Abschied
nahm, verabredeten wir nochmals fest für das nächste Jahr einen
Besuch in England. Ich habe ihn erst 1911 – allein ausgeführt.

Meine Braut und ich waren nach langem Überlegen zu dem Entschluß gelangt, nach unserer im April stattfindenden Hochzeit
nur einen kurzen einwöchigen Urlaub im Schwarzwald zu verbringen und die eigentliche Hochzeitsreise auf den Sommer zu
verlegen. Ich hatte ähnlich den kühnen Plan gefaßt, noch einmal
Sprachurlaub und zwar zur Erlernung der spanischen Sprache
nach Spanien selbst zu erbitten, und Maria Theresa reizte es sehr,
dieses ihr bisher unbekannte Land auch kennen zu lernen. Der
Schippekönig zeigte sich zunächst ganz ablehnend, aber, als ich
vorsichtig und diplomatisch an meine abgebrochene Adjutanten-
zeit und sein damals erteiltes, aber bisher noch nicht eingelöstes
Versprechen erinnerte, wurde er weich und ließ sich breitschlagen,
mein Gesuch höheren Ortes vorzulegen. Ich hörte längere Zeit
nichts mehr davon, und meine Braut und ich verwandten unsere
ganze freie Zeit nun für die Vorbereitung der Hochzeit und die
Einrichtung der Wohnung, für die ihre Mutter uns gütiger Weise
eine acht Zimmer mit Zubehör umfassende Etage ihres für sie
als alleinstehende Witwe viel zu großen Hauses zur Verfügung
stellte. Diese schöne, in den 1880er Jahren erbaute Villa war von
einem großen Garten umgeben und besaß einen prachtvollen
hellen und luftigen Stall mit 5 geräumigen Boxen. Sie lag in einer
stillen Gegend an der Römermauer, nicht weit von dem Dom
entfernt, auf den wir aus allen Fenstern einen herrlichen Blick

hatten. Da Einrichtung und Möblierung ganz modern waren, brauchte nicht viel geändert zu werden. Meine liebe Mutter ließ es sich aber nicht nehmen, einen großen Schrank voll prachtvollen Weißzeugs aller Art und in reichster Fülle, darunter viele alte Erbstücke, zu stiften, und Papa verehrte der Schwiegertochter neues Sattelzeug, das er aus England kommen ließ, und zur Hochzeit einen sehr schönen Türkisschmuck. Ehe ich von der Hochzeit erzähle, will ich noch registrieren, daß eines Morgens im März durch das Kasernentor ein bindfadendünner, blutjunger Leutnant in Paradeuniform einmarschierte – Bruder Kurt, der sein Offizierexamen glänzend bestanden hatte und seinem sehnlichsten Wunsche entsprechend in unser Regiment eingestellt worden war. Seinen Stolz und sein Glück kann man sich leicht ausmalen. Er wurde der Leibkompagnie überwiesen, die unterdessen Hauptmann Ehrhardt übernommen hatte, in dem der junge Dachs einen gütigen, aber strengen und für seine Erziehung besonders geeigneten Vorgesetzten fand. Von nun ab hieß es nach damaliger Vorschrift dienstlich Leutnant Fell (Hans Wilhelm) und Leutnant Fell (Kurt), bis mit meiner Beförderung zum Oberleutnant die Vornamen wieder in Wegfall kamen. Ich darf sagen, daß mein Brüderlein sich bald allgemeiner Beliebtheit erfreute, wenn ihm auch gelegentlich die Flügel ein wenig gestutzt werden mußten, denn wie allen Selektanern war ihm der jähe Aufstieg von der Kadettenschulbank zum Offizier natürlich etwas in den Kopf gestiegen. Ich habe ihn selbst manchmal gehörig zusammengestaucht, und als ich einmal vertretungsweise die Leibkompagnie führte, durch Kompagniebefehl hier und da seinen Übermut gedämpft: „Leutnant Fell (Kurt) meldet sich heute mittag 12 Uhr im Dienstanzug bei dem stellvertretenden Herrn Kompagnieführer." –

Unsere Hochzeit am 3. April 1909 gestaltete sich geradezu zu einem großen öffentlichen Ereignis, wie es sich bei der Heirat der Tochter einer der ältesten Familien der Stadt mit einem Offizier des Wormser Hausregiments geziemte. Der Polterabend verlief sehr lustig, denn natürlich war die gesamte junge Welt beiderlei Geschlechts von Zivil und Militär erschienen und tanzte tatsächlich bis in den grauenden Morgen hinein. Am Hochzeitstage morgens um 8 Uhr brachte die Regimentsmusik meiner Braut an ihrem Hause ein Ständchen. Die standesamtliche Trauung nahm Oberbürgermeister Hr. Köhler persönlich vor, der als Freund der Familie die sonst ziemlich nüchterne Zeremonie in dem festlich geschmückten Nibelungensaal des Rathauses sehr feierlich gestaltete. Bei der anschließenden kirchlichen Trauung im Dom, dessen riesiger Raum bis auf den allerletzten Platz gefüllt war, fand der greise Domkapitular Monsignore Lechner, der meine Braut getauft hatte und ihr Beichtvater war, so innige Worte, daß uns beiden, obwohl Maria Theresa alles andere als sentimental war, die hellen Tränen in die Augen kamen. Trauzeugen bzw. Brautführer waren die Leutnants Lüters und Eichhorn, Rittmeister Doerr und Dr. ing. Fritz Reinhardt, ein Oheim meiner Braut, Brautjungfern Fräulein Koehler, die Tochter des Oberbürgermeisters, Fräulein von Boeckmann, die Tochter meines Regimentskommandeurs, und Fräulein Gebb, die Tochter des Sanitätsrats. Der Empfang im Hause meiner Schwiegermutter, d.h. jetzt auch dem unsrigen, war eine ungeheuer anstrengende Angelegenheit, denn nicht nur das gesamte Offizierkorps und die Beamtenschaft, sondern unzählige Leute aus der Wormser Bürgerschaft erschienen, um uns Glück zu wünschen, während im Garten die Regimentsmusik konzertierte. Wir waren hinterher halbtot und froh, daß wir bis zum Beginn des Hochzeitsdiners noch ein paar Stunden Zeit zum Ausruhen hatten. Das ganze Hotel Reichskrone war für unsere Hochzeitsgäste von auswärts reserviert, aber meine lieben Eltern und Großmütter wohnten in unserem Hause. Generalleutnant von Hahn überbrachte uns zu unserer großen Freude die Glückwünsche des Großherzogs in einem sehr gnädig gehaltenen Handschreiben. Das

Hochzeitsmahl begann um 6 Uhr in unserem Kasino, für dessen würdige Ausschmückung die Kameraden Sorge getragen hatten. Zum großen Kummer unseres Ökonomen hatten wir aber die kulinarischen Vorbereitungen doch lieber einem berühmten Traiteur aus Frankfurt am Main übertragen, der sich seiner Aufgabe auch zur allgemeinen Befriedigung entledigte. Die Weine jedoch stellte unser den weitestgehenden Ansprüchen gewachsener Kasinokeller. Der Schippekönig, unter seiner rauhen Schale tief gerührt, hielt die erste Rede und überreichte uns als Geschenk des Offizierskorps einen wunderschönen Silberaufsatz mit dem Namenszug des Regiments: „Der junge Herr Ehemann ischt immer mei' liebschtes Kind gewese, aber er hat's nur nit immer einsehe wolle." Reden auf Reden wurden geschwungen, vom Oberbürgermeister, dem Kreisrat, dem Chef der Firma Doerr und Reinhardt, dem Domkapitular, dem ältesten Oberleutnant im Namen der Tischgesellschaft und natürlich meinem Alten Herrn, der selbstverständlich in Uniform erschienen war. Ich will nicht vergessen, daß meine Frau für die Belegschaft der Firma Doerr und Reinhardt, ich für die Unteroffiziere und Mannschaften der 5. Kompagnie einen Bierabend gestiftet hatten, bei dem wir uns freilich begreiflicherweise durch Herrn Dr. ing. Reinhardt bzw. meinen Bruder vertreten ließen. Im Kasino soll es noch lange hoch her gegangen sein, und Worms sprach nachdem viele Wochen von dieser Hochzeitsfeier, über die sämtliche Wormser Zeitungen, sogar die rötlich gefärbte Volkszeitung, lange Artikel gebracht hatten. Wir verlebten unseren kurzen Hochzeitsurlaub in Titi-See im Schwarzwald, den ich noch nicht kannte, während meine Frau dort oft Ski gelaufen war, mir also eine vortreffliche Führerin sein konnte. Als wir zurückkehrten, mußte ich mich erst einmal in die Rolle des Hausherrn und in einen Lebenszuschnitt hineinfinden, der mir als Offiziersohn doch ziemlich fremd war. Meine Polly fühlte sich übrigens in der geräumigen Box des schönen Stalles bereits sehr wohl. Wenn meine Enkel diese Zeilen einmal lesen sollten, so wird es sie vielleicht interessieren, wie ein Haushalt dieser Art damals geführt wurde. Wir hatten zwei Hausmädchen und eine Köchin, meine Frau eine Zofe, der Diener der unter uns wohnenden Schwiegermutter war auch für uns mit tätig, den Garten betreute ein Gärtner, den Stall und die Pferde ein Reitknecht. Mein außerdem noch vorhandener Bursche führte unter diesen Umständen ein ziemliches Sybaritendasein, denn außer der Instandhaltung meiner Uniformen und des Sattelzeugs hatte er eigentlich nichts zu tun. Ich kann mich kaum an einen Abend erinnern, an dem wir ganz allein waren, denn immer fanden sich, eingeladen oder auch unangemeldet, Kameraden und Freunde oder Freundinnen meiner Frau bei uns zum Essen ein, und wir haben viele vergnügte Stunden in unserer Wohnung oder auch im Garten verbracht. Bruder Kurt, dem es bei uns offensichtlich viel besser gefiel als in seiner mit meinen Junggesellensachen ausgestatteten Kasernenbude, klingelte buchstäblich zu jeder Tages- oder Nachtzeit, bis wir ihm zur Vermeidung der ewigen Störungen einen Hausschlüssel überantworteten und ihm zeigten, wo in der Speisekammer die kalten Speisen und die Weinpullen standen. Oft genug fanden wir den Knaben morgens im Bett eines Fremdenzimmers oder sanft entschlummert auf einem Diwan. Meine Frau lud gelegentlich Freundinnen von auswärts für ein paar Tage ein, und auch die künstlerischen und wissenschaftlichen Größen, die Worms zu Konzerten, Theateraufführungen oder Vorträgen besuchten, weilten regelmäßig in unserem Hause. So kam manchmal der berühmte Kunstgeschichtler Dr. Thode von der Heidelberger Universität, bei dem meine Frau als Hospitantin Vorlesungen gehört hatte, und den sie sehr schätzte. Ich weniger, denn ich fand ihn unerträglich eingebildet. Diese ersten Monate unserer jungen Ehe waren wirklich so harmonisch und ohne jede Trübung, daß wir mit fester Zuversicht einer schönen gemeinsamen Zukunft entgegensahen. Sie wäre auch bestimmt

gekommen, wenn nicht …. Zu dieser Zeit kam an das Regiment
eine Anfrage, die meine Frau und mich sehr bedauern ließ, daß
ich leider noch Leutnant war. Es wurden Offiziere zur Meldung
für den Posten des Militärattachés in Stockholm aufgefordert, die
aber mindestens Hauptmann sein und über ein sehr hohes Privat-
einkommen verfügen mußten. Das letztere hätte ja bei uns
gestimmt, aber sonst fehlte es leider noch. Aber wir machten
gleich Pläne für die Zukunft und suchten uns im Atlas die Städte
aus, in denen wir später einmal Attaché zu werden gedachten.
Eine Entschädigung war es, daß eigentlich ganz unerwartet die
Nachricht von der Genehmigung meines Sprachurlaubs nach
Spanien ab 1. Juni eintraf, und ich Befehl erhielt, mich baldigst
beim spanischen Militärattaché in Berlin zu melden. Also packten
wir schleunigst unsere Koffer und stiegen in den Schlafwagen
nach Preußisch-Berlin, denn meine Frau ließ es sich natürlich
nicht nehmen, mich zu begleiten. In dem spanischen Militärattaché, den ich in dem vornehmen spanischen Botschaftspalast
am Tiergarten aufsuchte, lernte ich einen ganz reizenden Herrn
kennen. Der damalige Major de Valdivia sprach vorzüglich
deutsch und erklärte immer wieder, daß er Berlin für die einzige
Stadt der Welt halte, in der man leben könne. Er war hoch-
musikalisch, interessierte sich, wie er selbst lachend zugab,
wesentlich mehr für Konzerte und Opern als für militärische
Dinge und war regelmäßiger Stammgast in Bayreuth, und eng
befreundet mit der Familie Wagner. Er war, glaube ich, an die
zwanzig Jahre, also weit über die normale Zeit, Militärattaché in
Berlin, wurde vom Kaiser außerordentlich hochgeschätzt und
war der einzige neutrale Attaché, der im Kriege vom Kaiser
persönlich das Eiserne Kreuz I. überreicht erhielt, da er sich, was
ja eigentlich nicht zu seinen Aufgaben gehörte, häufig tagelang
bei einem der Garderegimenter, bei dem er gute Bekannte wußte,
an der Hauptkampffront aufhielt. Ich erinnere mich einer bei der
Obersten Heeresleitung viel belachten Episode aus dem Kriege,

bei der ich Augenzeuge war. Im Jahre 1915 oder 16, jedenfalls noch lange vor dem Kriegseintritt der USA, fand eine Führung der ausländischen „Militär-Apachen", wie sie der Armeewitz nannte, an der Elsaßfront statt, für die, wie üblich, ein möglichst ruhiger und ungefährlicher Abschnitt ausgesucht wurde. Wider alles Erwarten aber wurde die ziemlich zahlreiche Gruppe, als sie eine Waldlichtung in den Vogesen emporstieg, plötzlich mit einigen Granaten bedacht. Vielleicht hatte ein aufmerksamer und schießlustiger französischer Batteriechef der sonst sehr zahmen Territorialartillerie drüben sie für einen hohen Stab gehalten. Jedenfalls nahm alles mit affenartiger Geschwindigkeit volle Deckung. Nur Señor de Valdivia ging ruhig auf einen der Trichter zu, hob ein unversehrt gebliebenes Bodenstück auf, schaute es genau an und überreichte es lächelnd dem amerikanischen Attaché Oberst Schoenfeld (oder so ähnlich, jedenfalls ein deutscher Name) mit den Worten: „Grüße aus der Heimat, Herr Oberst!" Auf dem Sprengstück stand nämlich „Bethlehem Steel Works USA" . –

Der unterdessen zum Obersten beförderte spanische Offizier ging nach dem Kriege in seine Heimat zurück, nahm aber bald seinen Abschied und lebte in Madrid. Der deutsche Kriegsverlust und besonders der Sturz der Monarchie hatten ihn seelisch so tief getroffen, als ob er selbst ein Deutscher gewesen wäre. Er soll während des spanischen Bürgerkrieges von den Roten ermordet worden sein. – Bei meiner Meldung im Jahre 1909 gab er seiner herzlichen Freude über meine Absicht Ausdruck, da er sich immer, wenn auch leider ohne Erfolg, für häufigen und regelmäßigen Besuch deutscher Offiziere in Spanien und spanischer in Deutschland eingesetzt hatte. Er überraschte mich sogar mit der liebenswürdigen, natürlich von ihm veranlaßten Einladung des spanischen Kriegsministeriums, einige Zeit bei der Infanterie-Akademie zu Toledo zuzubringen, die ich mit aufrichtigem Dank annahm. Natürlich stellte er mich auch dem Botschafter und anderen Herren der spanischen Vertretung vor, aber leider konnte ich des ersteren gütige Einladung zum Essen aus Zeitmangel nicht annehmen. Major de Valdivia speiste dann abends als unser Gast mit uns bei Horcher und nahm uns anschließend zu einer Nachfeier im Union-Klub Unter den Linden, dessen langjähriges Mitglied er war, mit, die sich so lange ausdehnte, daß wir morgens um 7 Uhr gerade noch unseren Zag zur Rückreise nach Worms erreichten[21]. –

Wie im Fluge vergingen uns die Wochen bis zum Beginn meines Urlaubs. Auch meine brave Polly, die unterdessen etwas zu Jahren gekommen und in den letzten Jahren doch recht herangenommen worden war, sollte einmal wohlverdiente Ferien genießen. Der Vater meines Regimentskameraden Niezoldi, ein großer Weingutsbesitzer in Nackenheim, nahm sie in Pension und ließ sie mit seinen eigenen Pferden auf die Weide gehen. Und eines schönen Abends saßen Maria Theresa und ich dann gemütlich im Schlafwagen und fanden uns am nächsten Morgen vergnügt und abenteuerlustig in der Ville Lumière, die wir beide liebten und wiederzusehen uns freuten. Da ich nur einige Tage bleiben wollte, schenkte ich mir, freilich ganz gegen jede Vorschrift, die Meldung bei der Botschaft und dem Militärgouvernement und betrachtete mich als privaten „voyageur de distinction". Wir nahmen zunächst ein Zimmer im Hotel Meurice, das Maria Theresa aber nach meiner Abreise mit einer guten Privatpension in Passy vertauschte, und stürzten uns in den

---

21 Ewiges Spanien.

Esta es mi España, un corazon desnudo

de viva roca

del granito más rudo

que con sus crestas en el cielo toca

buscando al sol en mutua soledad.

Miguel de Unamuno.

Rausch von Paris. Daß meine Gattin mit glühendem Eifer Läden besah und unzählige Einkäufe machte, wird jede Frau verstehen. Rührend fand ich von ihr, daß sie für Lulu, deren Maße sie sich irgendwie zu verschaffen gewußt hatte, ein echt Pariser Abendkleid mit dazu passendem Hut und Schuhen bestellte, das sprachloses Erstaunen in Soden und Neid sogar bei der Frankfurter Verwandtschaft erregte. Ich ließ es mir nicht nehmen, auch meiner alten Studentenpension, wo die freundliche Patronne aber die einzige mir noch bekannte Erscheinung war, vor allem aber meinen lieben Wohnungswirten und Freunden Lestraut in der Rue Simon Bolivar einen kurzen Besuch abzustatten. Diese erstickten mich fast vor Rührung, waren noch etwas behäbiger und, trotz unverändert sozialistischer Gesinnung, bourgeoiser geworden, und zu Charles und Jeanne hatte sich als Dritte eine winzige Henriette gesellt, nach Henri Lepage, einer mir unbekannten Größe der Pariser Commune, benannt. Da ich absichtlich gegen Abend gekommen war, ließ es sich nicht umgehen, auch noch auf einen Coup de rouge im Bistrot nebenan hineinzuschauen, wo mich die Copains mit einem rauhen und herzlichen „Merde alors – le lieutenant!" begrüßten und mir vor Freude fast die Schulter zerklopften. Maria Theresa hatte ich zu diesem Besuche besser nicht mitgenommen, denn sie paßte wirklich nicht in dieses mir so vertraute und liebe Milieu.

Ich ließ meine Frau zunächst noch in Paris, um erst einmal die Verhältnisse in dem uns ja völlig fremden Spanien zu erkunden. Meine Uniformen, die ich für den Besuch der Infanterieakademie brauchte, hatte ich von Worms aus an die Botschaft in Madrid vorausgeschickt, da ich sie, und besonders den in den Futteralen unverkennbaren Säbel und Helm, doch nicht gern durch die zweimalige französische Zollrevision mitnehmen wollte. Der internationale D-Zug Paris – Hendaye – Madrid unterschied sich nicht von anderen europäischen Verkehrsmitteln dieser Art, aber die spanische Zollkontrolle in Irun war, wie ich beobachten konnte, viel schärfer und eingehender als an allen anderen bisher von mir passierten Grenzen. Nicht für mich, denn ich hatte ein höchst wichtig aussehendes Dokument der Spanischen Botschaft in Berlin mit großem Wappenaufdruck und Siegel bei mir, nach dessen Vorweisung die Carabineros und Guardias Civiles mich mit strammem Gruß völlig unbehelligt ließen. Aber meinen Mitreisenden wurde jedes Gepäckstück durchwühlt, nicht nur nach Tabakwaren, wie an allen Grenzen, sondern auch nach Schriftstücken und Drucksachen. Bei der schon damals in Spanien herrschenden revolutionären Unterwühlung, die immer wieder zu blutigen Aufständen, besonders in Katalonien und Asturien, führte, war diese Vorsicht begreiflich. Schon diese ersten Stunden auf spanischer Erde gaben mir ein Vorgefühl der Empfindung, die sich dann später ganz bei mir befestigen sollte, wie sehr doch dieses Spanien von damals außerhalb des gewohnten Rhythmus der kontinentalen europäischen Länder stand. Wenn ich von Deutschland nach Österreich, der Schweiz, Italien, und Frankreich gefahren war, so blieb ich doch, von gewissen selbstverständlichen Unterschieden abgesehen, immer in dem gleichen Zivilisation- und Kulturkreise, in dem die Menschen eigentlich überall gleich gekleidet waren, ungefähr die gleichen Sitten und Gewohnheiten hatten und sogar die Ausdruckformen der verschiedenen Sprachen sich ähnelten. In Spanien war zu jener Zeit so ziemlich alles anders, nur die vollkommen europäisierte Großstadt Barcelona und bis zu einem gewissen Grade Madrid machten eine Ausnahme. Die von dem größten Teil der Bevölkerung noch getragenen regionalen Trachten und die Mantillas und großen Haarkämme der Frauen, die selbst mir, als dem Sohne eines katholischen Landes, auffallende große Masse von Priestern, Mönchen und Nonnen, die grellbunten, altertümlich geschnittenen Uniformen des Militärs und die, wie damals jedem Eisenbahnzuge, auch unserem Express beigegebene, bis an die Zähne bewaffnete Zivilgardeabteilung machten mir einen völlig fremdartigen Eindruck. Auf dem düsteren und unfreundlichen Bahnhof in Madrid, der sich bis heute nicht viel verändert hat, wurde ich von dem Leutnant des bayrischen 1. Schweren Reiterregiments Grafen von Berchem, der mit der spanischen Königsfamilie verwandt und dem Militärattaché zugeteilt war, mit dem Auto abgeholt, der mir sehr liebenswürdig die außerordentlichen Umständlichkeiten der Gepäckabfertigung abnahm und mich dann in das beste, mir aber ziemlich primitiv vorkommende Hotel an der Puerta del Sol, ich glaube, es hieß „Reina Christina" , brachte[22]. Am nächsten Vormittag meldete ich mich beim Botschafter und dem Militärattaché. Der letztere, Oberstleutnant von Rauchhaupt (?), stellte sich mir gegenüber völlig kameradschaftlich und hat mir viele gute und notwendige Ratschläge gegeben, wofür ich ihm sehr dankbar war. Meine bereits eingetroffenen Uniformen hatte er mir ins Hotel geschickt und empfahl mir, sie bei der Meldung im Kriegsministerium, wohin er mich nachmittags geleiten wollte, anzulegen, da die Spanier für so etwas sehr empfänglich seien. Als ich dann mit ihm, der Generalstabsuniform trug, im offenen Auto in das villenartige Ministerium mit seinem großen Garten an der Castellana fuhr, erregte ich gar nicht das Aufsehen, das ich etwas gefürchtet hatte, denn in der spanischen Armee gab es damals so viele verschiedene Uniformen, und manche Regimenter trugen auch einen dem deutschen ähnlichen Helm, daß das Straßenpublikum gar keine Notiz von uns nahm. Es herrschte die im Madrider Sommer übliche trockene Glut, für die der steife und hohe rote Kragen und der Lackhelm nicht gerade geeignete Bekleidungsstücke darstellten. Ich konnte mich allerdings damit trösten, daß die spanische Armee auch nicht gerade den Klima des Landes entsprechend gekleidet war, trug doch zum Beispiel das Regiment Lanceros de la Reina in Madrid mit dickem Pelzbesatz verbrämte weiße Dolmans. Die spanischen Herren nahmen mich mit einer geradezu bestrickenden

---

22 Palace und Ritz existierten noch nicht.

Liebenswürdigkeit auf. Überhaupt war das spanische Volk dem unseren in einem Maße wohlgesinnt, daß man sich, wo man als Deutscher erkannt wurde, vor überschwänglichen Freundschaftsbezeugungen kaum retten konnte. Das Offizierkorps stand dabei in vorderster Linie. Nur in Barcelona und überhaupt in Katalonien gingen die Sympathien mehr zu Frankreich. Der Kriegsminister General Conde de Villanueva war angenehm überrascht, daß ich mich schon spanisch verständigen konnte, und stellte mir anheim, mich, sobald es mir genehm sei, nach Toledo zu begeben, wo ich bereits erwartet würde. Ich blieb aber noch einige Tage in Madrid, um mir diese nüchterne und ziemlich unspanische Stadt anzusehen. Zu meiner Beschämung muß ich gestehen, daß meine Kunstbegeisterung damals noch so wenig entwickelt war, daß ich mich im Prado, dieser nächst dem Pariser Louvre vielleicht herrlichsten Gemäldesammlung der Welt, mit einem ziemlich flüchtigen Rundgang begnügte, bei dem mich eigentlich nur die Schlachtenbilder interessierten. Dieses unverzeihliche Versäumnis habe ich dann 32 Jahre später wieder gutgemacht. Das Suchen einer Unterkunft für Maria Theresa war nicht ganz einfach, denn das Hotel schien mir für längeren Aufenthalt wirklich wenig geeignet. Ich fand dann zwei nette Zimmer bei dem Konsulatssekretär Zimmermann in einer Nebenstraße der Gran Via und telegraphierte meiner Frau, die sich aber noch nicht zur Abreise aus dem geliebten Paris entschließen konnte. Ich jedoch wartete nicht mehr länger, da ich doch möglichst bald in Toledo eintreffen wollte, auf das ich ungeheuer gespannt war. Die Fahrt dorthin war in jener Zeit, so kurz die Strecke ist, eine ziemliche Unternehmung, für die man bei den endlosen Halten auf fast jeder Station nicht nur, sondern auch auf der Strecke, fast einen Tag brauchte. Die spanischen Eisenbahnen waren, mit Respekt zu sagen, ein Wunder an Rückständigkeit, unpünktlich, unsauber und unbequem. Speisewagen gab es nur in den wenigen internationalen Zügen, aber auch gewisse unentbehrliche Örtlichkeiten fehlten vollkommen, – das heißt, angeblich sollte im Gepäckwagen ein solches Lokal sein, zu dem der Zugführer den Schlüssel besaß. Bei jedem der zahlreichen Halte auf der Strecke stürzte daher alles hinaus, um sich malerisch längs des Bahndamms zu gruppieren, bis ein Hornsignal der Schaffner und der gellende Ruf „Al tren" alles hochscheuchte. Auf dem Bahnhof in Toledo holte mich der Adjutant des Kommandeurs, Teniente Latorre vom 1. Infanterieregiment Canarias, mit zwei Ordonnanzen ab, die sich gleich meines Gepäcks bemächtigten, das ich vorsichtshalber in dem reservierten Abteil 1. Klasse mitgeführt hatte. Ich wurde auf den eleganten jungen Offizier aufmerksam, als ich ihn mit lauter Stimme wiederholt in das Menschengewühl rufen hörte: „Herr Leutnant Fell, bitte – Herr Leutnant Fell, bitte." Er sprach nämlich sehr gut deutsch, was er sich nur durch Selbststudium angeeignet hatte. Dann fuhren wir mit dem Krümperwagen, den vier schöne, mit roten Quasten und vergoldeten Schellen gezierte Maultiere zogen, durch die engen Straßen der malerischen uralten Stadt, dann am Tajo entlang, über den belebten Hauptplatz des Zocodaver den kurvenreichen Weg zu der die Stadt gewaltig überragenden mächtigen Burg des Alcazar hinauf. Als wir uns dem mit in Stein gehauenen Trophäen und dem spanischen Königswappen geschmückten Wehrtor der ungeheuren Umwallungsmauer näherten, (die später 15-Zentimeter-Granaten ausgehalten hat), trat die Wache ins Gewehr und präsentierte, der Hornist blies ein Signal, eine ehrende Aufmerksamkeit, auf die der deutsche Gast bei seinem Rang auch dann keinen Anspruch gehabt hätte, wenn er schon in Uniform gewesen wäre. Latorre führte mich gleich auf das mir angewiesene Zimmer im 3. Stockwerk des modernisierten Gebäudetrakts, in dem sich auch die Offizierwohnungen, Hörsäle usw. befanden. Aus meinem Fenster hatte ich links heraus einen überwältigenden Blick auf die braunrote Vega und das tief in den Felsen eingeschnittene Tajotal mit seinen mittelalterlichen Brücken und Ruinen, nach rechts auf die Oberstadt mit ihren zahllosen Kirchen. Die Stube war sehr gemütlich eingerichtet, sicher mit gütiger Hilfe der Offizierfamilien, denn auch der spanische Militärfiskus ist wenig geneigt, seine Schutzbefohlenen zu verwöhnen. Es rührte mich tief, daß meine Gastgeber mir ein großes Bild unseres Kaisers und ein solches des Königs von Spanien über das Bett gehängt hatten. Dort meldete sich die mir zugeteilte Ordenanza, ein vierschrötiger Bauernbursch aus der Mancha, der auch wie Sancho Pansa aussah. Er gehörte dem Jägerregiment Cazadores de las Navas an und trug dessen dunkelblaue, grünbesetzte Uniform. Die Verständigung war bei seinem Dialekt schwierig, aber er war sehr anstellig und sichtlich stolz darauf, für diesen Posten ausgesucht zu sein. Nach einer Stunde, in der ich Zeit hatte, mich nach der glühend heißen und – schmutzigen Bahnfahrt menschlich zu machen und Uniform anzulegen, Paradeuniform, wie mir unser Militärattaché geraten hatte, klopfte der Leutnant Latorre. Wie richtig ich gekleidet war, merkte ich sofort, als ich auch ihn in großer Gala sah. Er geleitete mich zu seinem Kommandeur, dem Obersten des Generalstabes Figueredo, einem hochgewachsenen stattlichen Stabsoffizier mit angegrautem Spitzbart, der sich im Spanisch-Amerikanischen Kriege den höchsten Tapferkeitsorden verdient hatte. Es berührte mich eigenartig, aber irgendwie ans Herz greifend, daß er mich, nachdem ich meine Meldung nach unseren Vorschriften, aber in spanischer Sprache erstattet hatte, umarmte und auf beide Wangen küßte. Nach einer kurzen Unterhaltung faßte er mich unter den Arm und führte mich über viele, mit Waffen und Fahnen dekorierte Gänge des Schlosses in das Kasino, in dessen, einem Mönchsrefektorium gleichenden hochgewölbten weiten Saale das gesamte Offizierkorps, etwa 40 Herren, versammelt war, alle in Paradeuniform, mit Säbel und dem eigenartig geformten Tschako, bzw., soweit sie, wie alle Lehrer, dem Generalstab angehörten, dem Helm mit weißem Haarbusch. Ich muß sagen, so viele Umstände haben wir uns mit unseren Argentinern niemals gemacht. Der Oberst stellte mich dem Offizierkorps vor, indem er, vom rechten Flügel beginnend, Dienstgrad, Namen und Truppenteil jedes einzelnen Herrn nannte, eine ziemlich langwierige Angelegenheit. Dann erschien, wie durch Zauberschlag herbeigerufen, ein ganzer Schwarm von Ordonnanzen im hellblauen Waffenrock und roter Hose der spanischen Infanterie und nahm jedem Säbel und Kopfbedeckung ab. Hierauf ging es zur Tafel, die mit den spanischen und den deutschen Farben und Fähnchen geschmackvoll dekoriert war. Ich saß rechts vom Kommandeur, neben mir auf der anderen Seite der Taktiklehrer Major Braz de Guzman, ein hellblonder Baske. Meiner Antwortrede auf die warmherzigen Begrüßungsworte des Obersten Figueredo mit dem „Viva" auf den deutschen Kaiser und sein Heer entledigte ich mich mit starkem Herzklopfen. Es gab ein gutes, aber sehr einfaches Essen und den vorzüglichen leichten Tischwein, aber ich merkte schon, daß der Lebenszuschnitt des spanischen Offizierkorps, wenigstens bei der Infanterie, sehr viel bescheidener war als der des unseren. Die meisten der Herren und auch der Kadetten (nach unseren Begriffen waren es schon Fähnriche), entstammten alten Offizierfamilien, in denen dieser Beruf seit Generationen erblich war, andere dem guten, aber schlichten Bürgertum. Der Adel war bei der Infanterie nicht sehr stark vertreten, mehr bei der Artillerie und der Marine, während das Offizierkorps der meisten Kavallerieregimenter fast ausschließlich aus Adeligen bestand. Die Offiziere der Infanterieakademie gehörten der Infanterie, den Jägern oder den marokkanischen Tabors an, nur der Reitlehrer dem Regiment Husares de la Princesa, das auch in Toledo stand. Zu ihnen zählten auch zwei Stabsärzte und die beiden Padres,[23] sehr nette und gebildete junge

---

23 Sie hatten Hauptmannsrang und trugen als Militärpfarrer auf der Brust ihrer Soutane das spanische Wappenschild in Gold über zwei gekreuzten Schwertern.

Geistliche, mit denen ich mich recht angefreundet habe. Diese besorgten die im hochkatholischen Spanien – damals – bei allen Truppen eifrigst gepflegte Seelsorge und erteilten Unterricht, nicht nur in Religion, sondern auch in Spanisch, Literatur- und Kunstgeschichte, Musik usw. Zivillehrer wie in unserem Kadettenkorps gab es nicht, auch Mathematik, Weltgeschichte usw. wurden von Offizieren gelehrt. Nach unseren Begriffen bildete die Akademie ein Mittelding zwischen Kadettenanstalt und Kriegsschule. Die Schüler, die mit 16–17 Jahren eintraten, mußten das Abschlußexamen einer höheren Lehranstalt abgelegt haben. Der Kursus dauerte drei Jahre. Im zweiten wurden die Kadetten zu Sargentos, im dritten schon zu Alferes befördert und traten nach Bestehen der Offizierprüfung als solche in die Regimenter ein. Die Kadetten waren vereidigt und Personen des Soldatenstandes. Die Uniform bestand aus dunkelblauem, zweireihigem Waffenrock mit rotem Kragen, dessen Patten eine goldene Krone und darunter zwei gekreuzte Gewehre trugen, blauem golddurchwirktem Schultergeflecht und goldenen Knöpfen, hellblauen Beinkleidern mit dreifachen dunkelblauen Streifen und dem Tschako der spanischen Infanterie. Der dritte Jahrgang trug außer Dienst den Offizierssäbel. Die Akademie war sehr stolz darauf, daß König Alfons XIII., der dort auch seine militärische Erziehung genossen hatte, mit Vorliebe ihre Uniform trug. Der Dienstplan sah an vier Tagen der Woche vormittags Unterricht in wissenschaftlichen und militärischen Fächern vor, nachmittags praktische und körperliche Ausbildung, der die beiden übrigen Tage ganz gewidmet waren. Am Tage nach meiner Ankunft erhob ich mich gleich, als die melodischen Klänge der spanischen Reveille durch die alte Burg schmetterten und erschien schon, wie dann täglich, um 7 Uhr beim Morgenappell auf dem mit Quadern ausgelegten, weiten Hofe mit dem Reiterstandbild des Gründers des Schlosses König Carlos I. (unseres Kaisers Karl V.). Dazu waren stets nicht nur die Kadetten und sämtliche zur Akademie kommandierten

Unteroffiziere und Mannschaften, sondern auch alle Offiziere angetreten. Die Kadetten trugen Gewehre mit aufgepflanztem Seitengewehr, die Offiziere hatten blankgezogen. Wenn der Kommandeur vor der Front erschien, wurde auf das Kommando des ältesten Stabsoffiziers präsentiert. An diesem ersten Morgen rief mich der Oberst an seine Seite und stellte mich mit einigen Worten, die wieder von Bewunderung für Deutschland und sein Heer erfüllt waren, den Kadetten vor. Diese machten menschlich wie soldatisch einen ausgezeichneten Eindruck, der sich dann bei mir immer mehr verstärkt hat. Haltung und Griffe waren so stramm wie bei einem deutschen Regiment. Die 400 Kadetten bildeten jahrgangsweise drei Kompagnien, die von Hauptleuten kommandiert wurden und zu deren jeder drei Oberleutnants und fünf aktive Unteroffiziere gehörten. Auch die Chargen des Feldwebels und der Korporalschaftsführer wurden von den letzteren, und nicht von älteren Kadetten besetzt, da die Jahrgänge dienstlich und außerdienstlich streng von einander getrennt waren.[24] Die Kadetten bewohnten ganz spartanisch eingerichtete Stuben für je 10 Mann, die nur Schränke, Tische und Schemel enthielten, schliefen auf Schlafsälen für je 100 Mann und nahmen ihre Mahlzeiten gemeinsam in einem unterhalb der Offiziermesse gelegenen Refektorium ein. Die Verpflegung war klösterlich einfach und bestand eigentlich nur aus den üblichen Gerichten des einfachen spanischen Volkes, tortillas, garbanzos, geröstetem oder gekochtem Fisch, sehr selten Fleisch. Dazu allerdings immer Wein, der, wie in allen romanischen Ländern, auch in Spanien kein Genuß-, sondern ein Lebensmittel darstellt. Das tägliche Menü im Offizierkasino war nicht viel anders. Das Leben der Kadetten trug überhaupt den Charakter klösterlicher Zucht. Ausgang war nur an

---

24 Für deutsche Begriffe war es etwas eigenartig, dass so bei der Kompagnie des 3. Jahrgangs die Kadetten, die doch schon Offizierrang hatten, im Dienst unter dem Befehl von Unteroffizieren standen.

Sonn- und Feiertagen gestattet, auch für den dritten Jahrgang, der bereits Offizierrang hatte. Ganz kurze Ferien gab es bloß an Weihnachten und Ostern, aber nicht im Sommer. Unter den Alferes der dritten Kompagnie fielen mir zwei Kadetten auf, die an Hautfarbe noch dunkler als die übrigen waren, fast schwarz. Es waren, wie ich später hörte, zwei junge Marokkaner, Söhne großer Kaids, von denen einer, ein hagerer Berber, hellblond war und blaue Augen hatte, was einen merkwürdigen Gegensatz zu seinem sonst so afrikanischen Aussehen darstellte. Diese beiden mohammedanischen Zöglinge zogen sich nach der Musterung zurück, denn an diese schloß sich täglich eine Feldmesse, die einer der Padres las. Gebetet wurde überhaupt eigentlich den ganzen Tag: beim Frühappell, vor und nach den Mahlzeiten, vor jeder Unterrichtsstunde, bis der Tag abends nach dem Abendappell wieder mit einem kurzen Gottesdienst schloß. Das war eben noch das alte Spanien. Durch vorsichtige Erkundigungen stellte ich übrigens dann fest, daß, abgesehen von den aus politischen Gründen eingestellten Marokkanern, nur Katholiken in die Akademie Aufnahme fanden, keine Protestanten, von denen es ja wenige in Spanien gibt, und keine Juden. Bei Gottesdienst und Gebet hatte man den Eindruck, daß die uns vielleicht übertrieben erscheinenden religiösen Übungen der tiefen Überzeugung aller Beteiligten entsprachen und durchaus nicht zur leeren Routine geworden waren. Der Adjutant überreichte mir den Dienstplan der Woche, und Oberst Figueredo erklärte mir, daß ich nach vollkommen freiem Belieben jedem praktischen und theoretischen Dienst beiwohnen könne. Zu Ausritten und für Geländeübungen stand mir immer eines der 50 vorzüglichen andalusischen Pferde, fast durchweg Hengste, des Kavalleriekommandos zur Verfügung. Ich habe also alle Zweige, die auf der Akademie betrieben wurden, sehr eingehend kennen gelernt und mein abschließendes Urteil ließ sich in folgendem zusammenfassen: Allgemeinwissenschaftlich wurde eine sehr gründliche Bildung vermittelt, die freilich die Weltgeschichte von einem ziemlich einseitig spanischem Gesichtspunkt aus betrachtete und von ausgesprochen katholischem Geiste durchtränkt war. In Mathematik, auf die großer Wert gelegt wurde, wurden sehr hohe Anforderungen gestellt. Die Taktik war offenbar stark von den Erfahrungen kolonialer Feldzüge und der Erinnerung an den Volkskrieg gegen Napoleon beeinflußt. Weniger die große Schlacht, als Unternehmungen des Kleinkrieges, Überfälle, Vorstöße gegen die Verbindungen und rückwärtigen Linien des Gegners, Straßenkämpfe, Verteidigung von Städten standen im Vordergrunde und wurden auch im Gelände geübt. Geländekunde und Planzeichnen wurden hoch bewertet. Waffenlehre schien mir ziemlich rückständig, was ja allerdings mit der recht unmodernen Bewaffnung der damaligen spanischen Armee zusammenhängen mochte, die, abgesehen von den Festungsgeschützen, überhaupt nicht über schwere Artillerie verfügte, und deren Feldkanonen auch schon ein ziemlich ehrwürdiges Modell vertraten. Im praktischen Dienst stand das rein formale Exerzieren bei weitem im Vordergrunde. Das spanische Exerzierreglement unterschied sich aber damals kaum allzusehr von dem unseren des 18. Jahrhunderts. Es wurde also gebimst und gedrillt, wie unter Friedrich Wilhelm I., und zwar mit einer Härte und Schonungslosigkeit, die alles, was man unter „preußisch" versteht, noch übertraf. Die Stabsoffiziere führten den Stab mit kleinem Portepee, den sie neben der blauen oder roten Seidenschärpe als Gradabzeichen trugen, durchaus nicht nur als solches. In einem gewissen Gegensatz dazu stand es, daß alle Soldaten, nicht nur die Kadetten, nach altspanischem Brauch von den Offizieren mit „Señores soldados" (bzw. cadetes) angeredet wurden. Diese späteren Offiziere Spaniens wurden wirklich scharf herangenommen, waren aber immer vergnügt und guter Dinge und in ihren Freistunden oft über schäumend lustig. Ein Taktiklehrer, Major Alvarez, der aus dem Garderegiment de los Reyes hervorgegangen war, und auf der École Supérieure de la Guerre in Paris einen

Kursus mitgemacht hatte, stimmte mir, als ich einmal mit der, bei der spanischen Empfindlichkeit nötigen, Vorsicht diese Dinge antippte, durchaus bei. Er meinte aber, daß bei dem nun einmal im spanischen Volkscharakter liegenden Individualismus und der daraus hervorgehenden Disziplinlosigkeit und Lässigkeit scharfer Drill notwendiger sei als in allen anderen Armeen. Der Spanier sei zwar ein todesmutiger Krieger, aber kein guter regulärer Soldat. Auf den großen Krieg außerhalb des Landes brauche sich Spanien nicht einzustellen, da es zu einem solchen, besonders finanziell, zu schwach wäre und zur Verteidigung des eigenen Bodens sowie für die inneren Kämpfe, mit denen man leider immer rechnen müsse, seien auch in modernen Zeiten die Guerillamethoden noch am besten geeignet. Als ich Anfang der 1920er Jahre von den schweren Niederlagen und Mißerfolgen der spanischen Truppen in Marokko las, mußte ich an diese Unterhaltung denken. Schon im Rifkriege hat eben trotz aller Tapferkeit von Offizier und Mann die Ausbildung nicht mehr ausgereicht, und in einem europäischen Kriege hätte sich das wohl noch viel deutlicher gezeigt. General Primo de Rivera hat ja dann während seiner allzu kurzen Diktatur auch eine durchgreifende Modernisierung veranlaßt. – Der spanische Offizier war zu jener Zeit im Volke geachtet, aber keinesfalls beliebt. Das beruhte weniger darauf, daß Armee und Flotte 1898 in ihrer hoffnungslosen zahlenmäßigen und materiellen Unterlegenheit der gewaltigen Übermacht der Amerikaner erlegen waren, auch nicht auf dem wenig glücklichen Verlauf verschiedener kolonialer Unternehmungen, sondern auf der allgemeinen Abneigung des Spaniers aller Klassen gegen den Militärdienst überhaupt. Wer irgend konnte, drückte sich. Die Zahl der Gestellungsflüchtigen war wohl größer als in irgendeinem anderen Lande Europas, und von den Gebildeten, die ich kennen lernte, war kaum einer Soldat gewesen. Das Militärgesetz sah viele Ausnahmen von der Wehrpflicht vor, und man konnte sich damals unter gewissen Bedingungen auch noch freikaufen.

Es war also für die spanische Armee außerordentlich schwer, die notwendige Zahl von Reserveoffizieren zu gewinnen, deren Hauptteil frühere aktive Offiziere bildeten, die aus irgendeinem Grunde ihren Abschied genommen hatten. Ebenso schwierig war die Gewinnung eines brauchbaren Unteroffizierkorps, denn die wenigsten Soldaten entschlossen sich nach ihrer Dienstzeit zur Kapitulation. Die meisten Unteroffiziere waren daher entweder die Waisen im Kriege oder in den Kolonien gefallener Militärs oder Söhne ganz armer Familien, die die kostenlose Ausbildung auf einer der staatlichen Militärknabenschulen genossen hatten. – Das spanische Offizierkorps war damals sehr stark politisiert. Bei Tisch und bei abendlichen Zusammenkünften wurde viel mehr über Politik, d.h. Innenpolitik, gesprochen als bei uns, wo dieses Thema außer im engsten Kreise selten berührt wurde. Die Offiziere der Akademie und die anderen, deren Bekanntschaft ich machte, waren durchaus ihrem jungen König ergeben und schimpften weidlich über die Cortes in denen sich bis in die konservativen Reihen hinein republikanische Strömungen geltend machten, und wo man mit militärischen Ausgaben noch mehr knauserte als in anderen Parlamenten. Manche Offiziere, besonders bei der Kavallerie und unter den Basken, neigten zum Karlismus und betrachteten den in Österreich lebenden Prätendenten Don Carlos als den eigentlich legitimen Herrscher. Es soll aber nicht überall so gewesen sein. Ich habe mir sagen lassen, daß bei Artillerie und Genie zahlreiche Offiziere sich offen als Republikaner bekannten und daß die Kadetten der Artillerieakademie in Segovia sich sogar an einer antimonarchischen Erhebung beteiligt hatten. Für Außenpolitik herrschte, wie im ganzen Volke, auch bei den Offizieren sehr wenig Interesse, da Spanien auf diesem Felde seit langem eine passive Rolle spielte. Soweit man überhaupt über die Grenzen blickte, hegte man glühenden Haß gegen die Yankees, als die Räuber des letzten Restes des spanischen Imperiums, und gegen die Franzosen, denn die Erinnerung an die napoleonischen Kriege, die ja allerdings die letzte Heldenzeit Spaniens waren, waren im ganzen Volke merkwürdig lebendig geblieben. Die Engländer betrachtete man mit gleichgültiger Abneigung, die Deutschen und Österreicher liebte man, „denn wir waren ja einst eine Nation, die ganz Europa beherrschte." Von den übrigen Nationen wußten selbst gebildete wenig. Von einem geselligen Leben konnte man im spanischen Offizierkorps jener Jahre nicht sprechen. Man traf sich im Kasino und in einem oder zwei ausgesprochenen Offiziercafés in der Stadt. Bälle oder so etwas gab es nicht, höchstens in Madrid. Das beruhte wohl in der Hauptsache auf der vollständigen Abgeschlossenheit der Frau in den besseren Ständen, die niemals allein ausgehen, selbstverständlich kein Restaurant besuchen und selbst im Theater nur in einer durch einen Vorhang verhüllten Loge sitzen konnte. Die einzige Gelegenheit, sich in der Öffentlichkeit zu zeigen, boten für die Frauen die Kirche, wo täglich die Messe gehört wurde, und die Stiergefechte. Ich bin trotz aller Herzlichkeit der Aufnahme niemals in die Familie eines Offiziers eingeladen worden, ebenso wenig meine Frau, als sie nach Toledo kam. Allerdings waren damals die meisten Damen abwesend und verbrachten die Sommermonate auf dem Lande oder an der See. – Der Reitlehrer, Capitan Visconde de Alhucemas, nahm mich einige Male in das Kasino der Prinzessinhusaren mit, das nicht in der Kaserne, sondern in einem alten Adelspalast unter gebracht war und mehr einem exklusiven Klub als einer „Offizier-Speiseanstalt" (scheußliche Worterfindung der deutschen Militärbürokratie!) glich. Das Regiment, das weiße, rotverschnürte Attilas, rote Hosen und – im spanischen Sommer! – eine gewaltige Pelzmütze trug, galt als eines der vornehmsten, und seine Offiziere gehörten durchweg dem alten historischen Adel an. Mir fiel sofort die unverhältnismäßig große Zahl der letzteren auf, etwa 90 bis 100 Herren. Dabei bestand das ganze Regiment nur aus insgesamt 350 Reitern, wie die spanischen Truppenstärken durchweg sehr gering waren: bei der Infanterie zählte eine Kompagnie selten mehr als 100 Mann, viele weniger. Daß unter solchen Verhältnissen von Diensttun bei diesem feudalen Regiment nicht viel die Rede sein konnte, ist klar. Die meisten Offiziere trugen nur ihre Uniform spazieren, weilten oft Monate lang auf den Latifundien ihrer Familien und blieben in der Mehrzahl auch nur einige Jahre aktiv. Es waren aber menschlich sehr nette Herren, viele unter ihnen in Madrid so zu Hause wie in Paris oder London und den fashionablen Badeorten der Riviera und der belgischen bzw. französischen Küste. Alle schienen über unbegrenzte Mittel zu verfügen, und in ihrem Kasino wurde hoch gespielt, woran ich mich aber nicht beteiligte. Ein deutscher Kenner der spanischen Verhältnisse sagte mir dann aber, daß es mit dem Reichtum des hohen Adels manchmal nicht so weit her sei. Er wohne zwar in Palästen und besitze Landgüter vom Umfange eines kleinen Herzogtums, die aber meist so schlecht verwaltet würden, daß die Einkünfte gerade ausreichten, um bei bescheidensten familiären Ansprüchen nach außen hin groß aufzutreten und den Herren Söhnen einige Jahre Kavalierleben zu ermöglichen. Die Töchter gingen entweder ins Kloster oder ließen sich von einem Chicagoer Schlachthausmillionär angeln. Ich weiß nicht, ob das stimmt, aber ich sah, daß in dem Adelsparadies Toledo viele Palacios recht verfallen waren und entweder leer standen oder nur in ein paar Räumen bewohnt wurden. Unzweifelhaft reich dagegen war die Kirche, der zu jener Zeit ungefähr ein Drittel des nutzbaren spanischen Bodens mit Bergwerken, Fabriken usw. gehörte, ohne daß sie eine Peseta Steuer zu zahlen brauchte. Der Palast des Erzbischofs von Toledo und Primas von Spanien gab dem des Königs nichts nach, und um ihn war stets ein Gewimmel von Klerikern aller Würdenstufen, Mönchen in schwarzen, weißen und braunen Kutten, Trabanten, Dienern und Schweizern in unwahrscheinlich bunten und prächtigen Trachten. In Toledo, dem spanischen Rom, gab es so viele Kathedralen, Kirchen und Kapellen, Klöster, Seminare und Konvikte, daß jeder dritte Mensch, dem man auf der Straße begegnete, zur Geistlichkeit gehörte. Ich habe immer die armen Posten vor Kommandogebäuden, Generalswohnungen, Kasernen und Magazinen bedauert, die vor jedem Geistlichen präsentieren, vor jeden Bischof die Wache herausrufen mußten. Der Kardinalerzbischof selbst wurde mit Trommelschlag und Hornsignal geehrt, wie der Generalkapitän. Vor dem Priester mit der Hostie knieten auch die Posten nieder, das Gewehr in der rechten Hand, die Linke zum Salut an der Kopfbedeckung. Daß an hohen kirchlichen Feiertagen das Militär in voller Stärke in Paradeuniform mit Waffen an der Prozession teilnahm, war selbstverständlich, und am Feste der Unbefleckten Empfängnis Mariä wurden alljährlich die Waffen des spanischen Heeres feierlich in den Kirchen geweiht. Die Himmelskönigin wird in der Rangliste der spanischen Armee Von altersher an vorderster Stelle als Capitan General, also Generaloberst auf geführt. Daß das spanische Volk tief innerlich fromm ist, kann niemand bezweifeln, wenn seine Gläubigkeit auch dem deutschen Katholiken manchmal stark an das Heidnische zu grenzen scheint. Der einfache, schlecht bezahlte Landpriester in seiner schäbigen und oft zerrissenen Soutane genoß aber als Person offensichtlich kein besonders hohes Ansehen und machte manchmal einen recht tiefstehenden Eindruck, ähnlich wie in Süditalien, das ja so lange Jahrhunderte unter spanischer Herrschaft gestanden hat. – Daß ich gleich am ersten Sonntag das Stiergefecht in der in Spanien nach Madrid und Sevilla an dritter Stelle stehenden Arena besuchte, ist klar. Es ging mir wie den meisten Ausländern: Zuerst stieß mich das blutige Schauspiel ab, dann interessierte es mich – und schließlich wurde ich „aficionado" und versäumte keine Corrida. Nur an eines habe ich mich nie gewöhnen können, nämlich die scheußliche Pferdeschinderei, die heutzutage durch die Panzerung von Leib und Brust der armen, uralten Kracken zum Glück etwas gemildert ist. Aber damals gab es so etwas nicht, und es erschien mir unbegreiflich, daß selbst vornehme Damen sich totlachen wollten, wenn so ein Unglücksgaul mit heraushängenden Eingeweiden, auf drei Beinen hinkend, durch brutale Stockhiebe aus der Arena getrieben wurde. Aber die Grausamkeit gegen Mensch und Tier, die absolute Gefühllosigkeit gegen fremde Leiden, ist ja überhaupt einer der wenigst schönen Züge im spanischen Volkscharakter und steht in einem unfaßbaren Gegensatz zu der christlichen Religiosität. Unter den Pferden und Maultieren der Kavallerie und Artillerie sah ich kaum eines, das nicht blutig gespornt war, offene Druckstellen hatte und unter dem quälenden Druck der rücksichtslos angerissenen Stange der mittelalterlichen Kandare das Maul aufsperrte.(Bei den Offizierpferden war es natürlich anders). Daher kam bei den berittenen Truppen auch nur eine Art wilder, wenn auch dekorativer Naturreiterei heraus, die der Geschlossenheit wenig dienlich war. Unter den Offizieren gab es viele erstklassige Reiter, die auch bei Internationalen Turnieren reiche Lorbeeren ernteten. Die Kadetten der Akademie ritten recht gut. Bei einer Corrida sah ich den damals in der gesamten spanischen Welt hochberühmten Espada Bombita, der gerade von einer Tournee nach Mexico zurückgekehrt war, von wo er, wie man sich erzählte, drei Millionen Pesetas zurückgebracht haben sollte. Zu jener Zeit sah man noch häufig das Auftreten von Amateuren, meist der guten Gesellschaft und oft dem Offizierkorps angehörend, die in einer Maske erschienen, obwohl natürlich jeder wußte, wer sie waren. Den Offizieren der Akademie war das verboten – zu ihrem großen Kummer, besonders dem des kleinen drahtigen Teniente García, der in seiner andalusischen Heimat schon einige Male mit Capa und Espada brilliert hatte, und mein Lehrer in den verzwickten Regeln des Stierkampfs wurde. Was auch den grundsätzlichen Gegner des Stiergefechts bezaubern muß, ist das malerische Bild, das das weite Rund des Amphitheaters bietet. Damals noch viel mehr als in unseren nivellierenden Tagen: Ob Dame oder Frau aus dem Volke – keine, die nicht die Mantilla und den spanischen Haarkamm trug, sehr viele Männer noch im breitrandigen runden Sombrero, kurzer Jacke und farbiger Seidenschärpe über schneeweißem Hemd. Dazu die bunten Uniformen des Heeres und der Zivilgarde. Als ich 32 Jahre später in Madrid zum ersten Male wieder in einer Plaza de Toros saß, war nicht nur das Gesamtbild grau und nüchtern geworden, sondern es schien mir auch, als ob die edle Kunst der Tauromachie einen merklichen Abstieg erfahren habe. Viele Stiere waren unansehnlich und kampfunlustig; und von den Espadas, die in der immerhin ersten Arena des Landes auftraten, hätte sich mancher einst kaum bei einer ländlichen novillada zeigen dürfen. Es ist eben, als ob alles in dieser Welt schäbiger und ordinärer geworden sei – – – – Die spanische Jugend von heute interessiert sich mehr für Fußball und Radrennen und tanzt lieber amerikanische N*****tänze. Ich will nicht vergessen, hier den spanischen Frauen, die man eigentlich nur bei dieser Gelegenheit in der Öffentlichkeit sah, einen Kranz zu flechten. Ob in den teuren Logen der Sombra oder auf den billigen Plätzen des Sol – überall blitzten feurige Augen unter kohlenschwarzem Lockenhaar, das die Señoras und Señoritas noch nicht wie heute in ein abscheuliches Strohgelb umfärbten, eine wahrhaft bezaubernde Schau weiblicher Schönheit. Dem jungen Deutschen kam es vor, als ob es in Spanien überhaupt keine häßliche Frau gebe.

– Einen eigenartigen Zwischenfall erlebte ich bei einer Corrida. In einer Kampfpause ergoß sich plötzlich von einer gerade über der Staatsloge des Zivilgouverneurs und des Generalkapitäns gelegenen Sitzreihe ein Regen weißer Zettel über die Zuschauermenge; wie sich dann ergab: sozialistische Flugblätter. Im gleichen Augenblick war blitzschnell die gesamte Barrera, der Palissadenzaun, der sich um die Arena zieht, dicht von Zivilgardisten besetzt, die ihre Gewehre in Richtung auf die Zuschauerreihen fertig machten. Ich bewunderte das Publikum, das vollkommen ruhig blieb. In Frankreich oder in Italien, vielleicht auch in

Berlin, hätte es bestimmt eine Panik gegeben. Nachdem zwei heftig Gegenwehr leistende und brüllende Kerle aus dem Olymp droben von Zivilgardisten mit Kolbenstößen und Fußtritten abgeführt worden waren, verschwand die militärische Besetzung der Arena ebenso schnell und geräuschlos, wie sie gekommen war, und die Corrida ging weiter, als ob gar nichts geschehen sei. Erfolg hatten die Hetzer nicht, wenn man nicht ein dann einsetzendes, ohrenbetäubendes Pfeifkonzert als solchen ansehen will, das aber sofort endete, als der nächste Toro auf den gelben Sand jagte. Der neben mir sitzende spanische Kamerad meinte nur trocken: „In Barcelona wären es Bomben gewesen.“

– Unterdessen war Maria Theresa nach einer infolge der Hitze recht unangenehm verlaufenen Reise in Madrid eingetroffen, wo ich sie natürlich abholte und zu ihren netten Wirtsleuten brachte. Sie war infolge der Strapazen nicht sehr aufnahmefähig, und wir bereuten schon, daß sie entgegen dem Abraten landeskundiger Bekannter, besonders meines Wormser Freundes Theo von Brockhusen, diesen Abstecher nach Spanien mitten im Hochsommer gewagt hatte. Da sie nun aber schon einmal da war, hat sie dann unter Führung von Frau Zimmermann und Graf Berchem tapfer die Sehenswürdigkeiten von Madrid durchpilgert. Bei ihrer Kunstbegeisterung entschädigte sie der, außerdem noch angenehm kühle, Prado für vieles. Daß meine Frau trotz Hitze und Ermattung unbedingt Toledo sehen wollte, war verständlich. Die Haken waren nur die gräßliche Bahnfahrt und die Tatsache, daß es in Toledo nicht ein einziges, europäischen Ansprüchen genügendes Hotel gab. Das erstgenannte Hindernis wurde durch die Güte des Botschafters überwunden, der sein Auto zur Verfügung stellte, für den zweiten Übelstand gab es keine Abhilfe. Aber Maria Theresa fand sich mit Humor in den Mangel eines Badezimmers, in die gewissen Lokalitäten ohne verschließbare Tür und ohne Sitz, in das ölige, stark knoblauchhaltige, jeden Tag gleiche Essen – nur an die krabbelnden, stechenden

Bettgäste, die auch dem stärksten artilleristischen Beschuß mit Insektenpulver todesmutig trotzten und alle Verluste durch Einsatz immer neuer Reserven ausglichen, konnte sie sich nicht gewöhnen. Doch sie hielt tapfer durch, wurde der Schwarm der Leutnants und Kadetten bei ihren häufigen Besuchen auf dem Alcazar, erregte Aufsehen und sicherlich Anstoß bei den frommen Bürgern der alten Bischofsstadt, wenn sie abends im Offizierkaffeehaus erschien, und glich das vielleicht durch fleißigen Besuch der Messe aus, die ihr die beste Muße und Gelegenheit zur Besichtigung der unzähligen Kirchen und Kapellen und ihrer Kunstschätze bot. Verschiedene Offiziere der Prinzessinhusaren hatten mir übrigens Gastfreundschaft für meine Frau in ihren Familienpalästen angeboten. Im Einverständnis mit ihr lehnte ich das jedoch dankend ab, da ich einerseits keine kaum zu erwidernde Verpflichtungen eingehen und andererseits die Herren der Akademie nicht verschnupfen wollte. Denn ich hatte bereits bemerkt, daß zwischen den verschiedenen Truppenteilen der Garnison eine ziemliche Eifersucht herrschte und fast gar keine näheren Beziehungen bestanden. – Unser ursprünglicher Plan ging dahin, unseren Aufenthalt in Spanien, sobald mein Besuch bei der Akademie beendet war, zu einer Rundreise durch die schönsten Städte, besonders Granada, Sevilla und Córdoba auszunutzen. Die andauernde Hitze und vor allem die Primitivität der damaligen spanischen Verkehrs- und Unterkunftsverhältnisse ließen uns aber davon absehen. Ehrlich gesagt, hatte Maria Theresa von Spanien genug und litt auch so stark unter dem Klima, daß ich für ihre Gesundheit fürchtete. Dazu kam noch ein weiterer Umstand. Zu meiner großen Überraschung erhielt ich einen Brief meines französischen Vetters Robert Doumayrou nachgesandt, der mich herzlich zu einem Besuch in seiner algerischen Garnison Cherchell einlud, von dem wir schon seinerzeit in Paris unverbindlich gesprochen hatten. Das reizte mich natürlich ungemein, da ich mich in Spanien schon sozusagen „in der

Nähe" fühlte. Aber ich schob die Entscheidung noch auf, denn meine Toledaner Wochen waren nun bald herum, und ich wollte die Angelegenheit erst in Madrid mit unserem Militärattaché besprechen, da mein Urlaub sich ja nur auf Spanien erstreckte. Der Abschied von den Offizieren und Kadetten der Academía de Infantería war wahrhaft ergreifend und fiel mir außerordentlich schwer. Ich wäre beschämt gewesen von soviel unverdienter Achtung und Freundschaft, wenn ich mir nicht immer wieder gesagt hätte, daß alle diese Ehrungen und rühmenden Worte nicht meiner unbedeutenden Person, sondern meinem stolzen Vaterlande und dem glänzenden Heere, dem ich anzugehören die Ehre hatte, galten. In meinem Herzen aber haben das ritterliche spanische Offizierkorps, überhaupt die in allem Unglück und Niedergang stolze Nation und das romantisch schöne Land immer einen Ehrenplatz behalten.

– Nach der Abmeldung bei dem Generalkapitanat und dem Kommandeur der Akademie vertauschte ich erleichtert die dicke Uniform mit dem rohseidenen Zivilanzug, entlockte der wackeren Ordenanza durch ein recht bescheidenes, ihr aber wohl märchenhaft erscheinendes Abschiedsgeschenk fast Tränen und – fand, als ich dann mit meinem treuen Begleiter und Freunde Latorre in den maultierbespannten Krümperwagen steigen wollte, die gesamte Akademie angetreten. Der Offizier vom Dienst hob den Degen, und ein dreifaches „Viva Alemania!" aus frischen jungen Soldatenkehlen hallte von den altersgrauen Granitmauern des Schlosses wieder. Jetzt war an mir die Reihe, mir die Tränen zu verbeißen. Ich konnte mich nur stumm vor der am rechten Flügel stehenden Fahne, dem kommandierenden Offizier und den Kadetten verneigen, mich von Oberst Figueredo umarmen lassen, und schon galoppierten die Muli klingelnd durch die düstere Torwölbung an der herausgetretenen Wache vorbei. Und wieder muß ich an das nächste Mal denken, an den Tag, an dem ich noch einmal durch dieses düstere Tor schritt. Da starrten mich, von

Minen- und Granattrichtern umsäet, die ungeheuren Ruinen der
Königsburg an, jeder Stein ein Denkmal opfermutigen Sterbens
und Kämpfens junger Soldaten für die Erneuerung und Wieder-
aufrichtung ihres in Schmach und Schande gefallenen Landes.
Von seinem Sockel gestürzt lag inmitten der Trümmer auf dem
Paradehof das Standbild des großen Königs, der auch unseres
Reiches Kaiser gewesen. Noch stand die äußere Gebäudewand
mit leeren, gähnenden Fensterhöhlen, unter denen ich auch
jenes Fenster erkannte, aus dem ich so oft in Sonnenglanz und
Mondenflimmer hinausgeblickt hatte auf die ernste spanische
Landschaft und die türmereiche Stadt. Wie bei dem Gedanken
an meine deutschen Kameraden mußte ich auch hier fragen: Wo
sind sie alle, die damals unbekümmert in Jugendfrohsinn und
hartem Dienst die Gänge und Hallen des Alcazar mit soldati-
schem Leben erfüllten? Nicht viele werden mehr auf dieser Erde
weilen. Mancher mag in der wilden Einsamkeit der marokkanischen Rifberge ein vergessenes Grab gefunden, viele mögen in
der Cruzada ihren Fahneneid auf dem Schlachtfelde oder vor
einem roten Exekutionspeloton mit dem Tode besiegelt haben.
Denn das spanische Offizierkorps hat in dem Jahrzehnt des endlosen, blutigen Riffeldzuges und im Bürgerkriege prozentual
kaum weniger Opfer gebracht als die Offizierkorps der an den
Weltkriegen beteiligten Heere.

– Die Fahrt nach Madrid ging besser, als wir befürchtet hatten, denn wir hatten zum Glück einen kühleren Tag getroffen.
In der Hauptstadt meldete ich mich gleich beim Militärattaché
und erfuhr zu meiner Betrübnis, daß die vorgesehene Meldung
bei König Alfonso XIII. infolge einer Auslandsreise Seiner
Majestät nicht stattfinden könne. Und ich hatte mich schon so
sehr auf den ersten Piepmatz für meine bislang nackte Heldenbrust gespitzt! Als ich meine etwaige Reise nach Algier mit dem
Oberst besprach, riet mir dieser, sofort an den dafür zuständigen

Pariser Militärattaché zu schreiben, was ich gleich auf seinem Büro tat. Da Konsulatssekretär Zimmermann und seine liebenswürdige Gattin einen Urlaub angetreten hatten, zogen wir in das erwähnte Hotel an der Puerta del Sol, das Maria Theresa nach ihren Toledaner Erfahrungen wie eine Luxusgaststätte erschien. Wir machten die üblichen Ausflüge nach Escurial und Aranjuez, welch letzteres wir uns, beeindruckt durch Schillers Don Carlos, großartiger vorgestellt hätten, und entdeckten eine Anzahl recht guter Restaurants in Madrid. Maria Theresa mit ihrem außergewöhnlichen Sprachtalent sprach bald besser spanisch als ich, obwohl ich natürlich auch gelernt hatte, mich ziemlich fließend zu unterhalten. Die kühlen Abende im Retiropark waren eigentlich das Schönste an dieser Zeit. Die Antwort des Pariser Militärattachés ließ lange auf sich warten, aber als sie dann eintraf, war sie umso befriedigender. Er schrieb, daß gegen meine Reise weder von deutscher noch, wie er amtlich festgestellt habe, von französischer Seite etwas einzuwenden sei, daß ich aber – wie ich auch nicht vorgehabt hatte – unter keinen Umständen Uniform tragen oder auch nur mitnehmen dürfe, sondern mich ganz wie ein Privatreisender auf Verwandtenbesuch verhalten müsse. Ich solle mich unter keinen Umständen irgendwie um militärische Dinge kümmern. Nun, all das entsprach ja durchaus meinen Absichten. Nun wurde uns der spanische Boden heiß unter den Füßen, was er, wörtlich genommen, schon lange war. Zunächst füllten wir unsere Reisekasse durch Zufluß aus der Heimat auf, denn so wohlfeil, wie in dem damals unglaublich billigen Spanien, würden die nächsten Wochen nicht sein. Ich überredete Maria Theresa, die schon wieder Unternehmungslust bekommen hatte, nicht ohne Mühe, sich während meiner afrikanischen Expedition irgendwo an der Riviera niederzulassen, wofür sie dann schließlich Nizza und das ihr bereits gut bekannte Juan-les-Pins wählte. Dann meldete ich mich in Madrid ab, sandte meine Uniformen nach Deutschland, und vergnügt fuhren wir zunächst nach

Barcelona, wohin, Gott sei Dank, auch ein internationaler Zug ging. Die herrlich gelegene, auffallend saubere und von regem industriellem Leben erfüllte katalonische Hauptstadt gefiel uns sehr, weniger die Bevölkerung. Nicht nur wegen der völlig anderen Sprache, die man überall hörte und las, sondern auch der ganzen Art der Menschen nach hatte man gar nicht mehr das Gefühl, noch in Spanien zu sein. Das Volk trug offen einen geradezu fanatischen Haß gegen alles Spanische zur Schau. In Cafés und Restaurants rückten die Gäste beleidigend ostentativ ab, wenn sich an irgendeinem Tisch spanische Offiziere niederließen, und an amtlichen Schildern sah man oft das Wappen und die Königskrone mit Farbe durchstrichen und beschmiert. Dafür, wie es in dieser großen Industrie- und Hafenstadt unterirdisch brodelte und wie sehr der katalanische Separatismus anarchistische Züge aufwies, durften wir eine hübsche Probe genießen. Wir saßen gegen Abend auf der Terrasse eines großen Cafés an der Rambla, als sich diese breite, elegante Avenue urplötzlich mit einer heulenden Menge von Arbeitern und ausgesprochenen Strolchen füllte, die wie durch Zauberschlag mit katalanischen, schwarzen und roten Fahnen aus allen Nebengassen herbeiströmten. Im gleichen Augenblick aber sahen wir auf beiden Seiten je eine starke Reiterabteilung der Guardia Civil auftauchen, die ohne jede Warnung mit geschwungenem Säbel attackierte. Verstärktes Gebrüll, ein paar Revolverschüsse – und ebenso plötzlich war die Straße wieder frei, auf der nur ein paar unbewegliche Gestalten lagen und einige blutende Kerle herumkrochen, die gleich in bereit stehenden Militärwagen verfrachtet wurden. Das Ganze hatte keine zehn Minuten gedauert, dann promenierte die Menge der gut gekleideten Spaziergänger wieder wie vorher. Das Komischste war, wie die meisten Caféhausgäste blitzschnell volle Deckung unter den Tischen genommen hatten. Wir hätten es vielleicht auch so gemacht, wenn wir überhaupt gewußt hätten, was eigentlich los war. Bekannte sagten uns später, daß sich in Barcelona über sowas kein Mensch aufrege, wenn nicht dabei gleich ein paar Fabriken oder Amtsgebäude in die Luft flögen. Nach dem unerläßlichen Ausflug auf die Höhe des Festung Montjuich, von wo man einen der schönsten Rundblicke der Erde hat, nahmen wir endgültig Abschied von dem herrlichen, sympathischen, aber manchmal nicht ganz leicht zu begreifenden Spanien.

ANMERKUNG. Ich kann mir nicht versagen, hier eine Legende anzuführen, die mir ein spanischer Freund erzählte und die mir nach manchen Richtungen charakteristisch für das Spanien und die Spanier von gestern, heute und morgen zu sein scheint:

Als König Ferdinand der Heilige nach gottseligem Sterben im Himmel vor dem Throne der Allerseligsten Gottesmutter kniete, neigte sich die Himmelskönigin zu ihm und sprach: „Fernando, mein geliebter Sohn, Du hast siegreich die Heiden und Ketzer bekämpft, so sollen Dir drei Wünsche für unser getreues Spanien freistehen." – „Oh, Santissima Madre", erwiderte der König, „Dann bitte ich zuerst darum, daß Spanien ewig die tapfersten Männer und die schönsten Frauen haben möge." Die Madonna lächelte: „Die hat es schon, Fernando! Und der zweite Wunsch?" – „Gebenedeite, laß Spanien stets reich an Korn, Öl und Wein sein." – „Auch das sei dir gewährt. Und zum Letzten?" – „Du Stern des Meeres, möge Spanien immer das am besten regierte Land sein." Da schüttelte die Allerseligste ihr Haupt: „Nein, mein Sohn, diesen Wunsch kann ich Dir nicht erfüllen. Wenn Spanien auch noch gut regiert würde, so wäre es das Paradies, und alle meine Engel würden mir aus dem Himmel dorthin entweichen."

Bei Turvos und Legionären auf afrikanischer Erde.

> „Nous sommes les enfants perdus du monde,
> notre patrie est la légion."
>
> Inschrift über dem Tor der Kaserne
> des 2. Regiments der französischen
> Fremdenlegion in Sidi Bel-Abbès.

Maria Theresa und ich waren übereingekommen, daß sie mich nicht nach Marseille begleiten, sondern gleich nach Nizza fahren sollte, wohin sie sich ihr in Paris zurückgebliebenes Gepäck telegraphisch von Madrid aus bestellt hatte. Es war doch eine gewisse Wohltat, daß man nun wieder in einem Lande war, in dem man sich mit Sicherheit darauf verlassen konnte, daß derartige Aufträge pünktlich ausgeführt wurden und wo überhaupt Reise, Unterbringung, Verpflegung usw. kein Problem mehr darstellten. Meine Frau war doch recht mitgenommen und mußte sich in Nizza sogar in ärztliche Behandlung begeben, um die Nachwirkung von Klima und Essen in Spanien zu beseitigen. Ich fuhr mit bis Marseille und brauchte dort gar nicht erst ein Hotelzimmer zu nehmen, sondern konnte mich gleich an Bord des am nächsten Morgen nach Alger abgehenden Dampfers „Général Chanzy" der Messageries Maritimes begeben, wo ich mir durch das Madrider Reisebüro Cook eine Kabine, zum Glück I. Klasse, hatte reservieren lassen. Ich hatte aber nachmittags noch Zeit, mir Marseille etwas anzusehen, das mir ausgezeichnet gefiel, am besten natürlich der unvergleichliche Blick von Notre Dame de la Garde üb.er den Hafen, die romantische Felseninsel Château d'If und weit hinaus in das von unzähligen Dampfern und weißen Seglern belebte blaue Mittelmeer. Ich speiste abends noch in einem mir empfohlenen kleinen, aber vorzüglichen Restaurant in der Nähe des Vieux Port – und tat gut daran. Denn es war das letzte anständige Essen für drei Tage. Die Dampfer der Messageries Maritimes, die damals den Verkehr im Mittelmeer besorgten, rechtfertigten im Extrem den schlechten Ruf, den die französische Handelsflotte zu jener Zeit bei allen Seeleuten und Reisenden genoß. Der „Général Chanzy" war ein dreckiger alter Kasten mit ausgeleierten Maschinen, die Kabinen selbst, wie Bettzeug und Handtücher so schmutzig, als ob die letzteren schon einmal benutzt worden seien, was ich nicht für ausgeschlossen halte. Offiziere und Matrosen in ihren schlampigen Uniformen waren mürrisch und unhöflich, und selbst die Stewarts, eine sonst bei allen Nationen wegen ihres gefälligen und zuvorkommenden Wesens bekannte und beliebte Berufsklasse, unfreundlich und schlecht geschult. Das auf öl- und weinfleckigen Tischtüchern servierte Essen war entschieden das miserabelste, das ich auf dem küchenberühmten französischen Boden je irgendwo erhalten habe. Das Schiff war bis zum Platzen überfüllt. Auf jedem freien Plätzchen auf den Decks drängten sich vom Urlaub zurückkehrende Soldaten aller Waffen, Araber in schmutzigem weißem oder braunem Burnus, Zivilisten des Handwerker- oder Arbeiterstandes, Frauen mit heulenden Kindern usw. In einer durch einen Strick abgegrenzten Ecke des Obersten Decks lagerte eine Schaar von etwa 30 meist wie Landstreicher zerlumpten Kerlen unter Aufsicht von einem Sergeanten und zwei Korporalen, die die grünen Franzenepaulettes der Fremdenregimenter auf der blauen Capote und den für diese Truppe charakteristischen weißen Überzug mit Hackenschutz über dem Käppi trugen. Es war ein Schub neuer Rekruten für die Legion, der aus dem Sammeldepot im Port Saint Jacques bei Marseille zu den Regimentern gebracht wurde. Als ich mich der Gruppe näherte, hörte ich zu meinem Ärger, daß die meisten der Leute sich deutsch unterhielten und sah an dem unverkennbaren Haarschnitt, daß wieder ein paar deutsche Deserteure darunter waren, die nun wohl schon einzusehen begannen, welche riesengroße Dummheit sie begangen hatten. Die Gesichter aller dieser künftigen Streiter für Frankreichs koloniale Gloire waren mehr als bedripst. Ich hätte mich brennend gern mal mit den Leuten unterhalten, ließ es aber, eingedenk der mir erteilten Vorschriften. Außerdem paßten die Unteroffiziere wie die Schießhunde auf, daß sich niemand ihren Schutzbefohlenen näherte. Kurz vor der Abfahrt am nächsten Morgen brachte eine Gendarmeriepatrouille mit aufgepflanztem Bajonett noch drei übel aussehende, mit Ketten zusammengefesselte Gestalten auf das Schiff, von denen einer, ein herkulischer Geselle mit struppigem Bart, als er auf dem Wege zur Gefängniszelle im Schiffsraum an den Rekruten vorbeigeführt wurde, diesen mit wildem Gelächter zurief: „Vive la légion!" Offensichtlich waren es eingefangene Deserteure, die keinem schönen Schicksal entgegengingen. – Auch die Kabinen waren stark überbelegt, in der II. Klasse 6–8 statt der vorgeschriebenen 4 Fahrgäste, in der I. Klasse, die eigentlich nur Einzelplätze enthielt, zwei bis drei. Ich lehnte es aber angesichts der Unhöflichkeit des Schiffspersonals rundweg ab, noch jemanden in meine Kabine aufzunehmen. Beim Essen saßen an meiner Tafel nur französische Offiziere, mit denen ich aber nicht näher bekannt wurde, da sie sich immer unter sich über dienstliche und private Angelegenheiten unterhielten. Ich machte überhaupt stets, daß ich so schnell wie möglich aus dem stickigen übelriechenden Speisesaal wieder herauskam. Ganz schlimm wurde es, als, bald nachdem die goldfunkelnde Madonnenstatue auf Notre Dame de la Garde unter dem Horizont versunken war, einer der besonders unangenehmen Stürme des Mittelmeeres mit platschenden Regenschauern und den berüchtigten kurzen Stoßwellen aufkam. Der alte Jammerkasten stampfte und schlingerte, daß man immer glaubte, er würde sich überhaupt nicht wieder aufrichten. Auf den Decks war es die reinste Hölle, die armen, völlig durchnäßten, vor Kälte zitternden Menschen, die dort umherrollten, taten mir in der Seele leid. Das ganze Schiff sah aus und roch wie ein Schweinestall. Von Corsica, auf dessen Felsenklippen der „Général Chanzy" ein paar Jahre später seine ruhmreiche Laufbahn mit dem Verlust von etwa 100 Menschenleben beendet hat, sah ich unter diesen Umständen nur einen undeutlichen Schatten. Der Sturm begleitete uns, bis fern voraus Afrikas Küste aufstieg, und verzögerte die an sich langsame Fahrt noch mehr. Aber dann plötzlich zerrissen die Nebelschleier, und vor uns lag, in schneeigem Glanze aus den blauen Fluten aufsteigend, Alger La Blanche mit den blauen, grünen und goldenen Kuppeln seiner Moscheen und dazwischen dem wie ein herrischer Fremdling wirkenden Getürm von Notre Dame d'Afrique. Als wir dann endlich nach einem für mein freilich nicht sachverständiges Auge höchst umständlichen Manövrieren am Quai Duc d'Aumale festgemacht hatten und die Brücken hinübergeworfen waren, sah ich, wie sich aus der Menge der dort wartenden Offiziere und Damen eine schlanke Gestalt loslöste, sich durch die Menge drängte und mit weiten Sätzen an Bord stürmte. Es hätte des gellenden Rufes „'ans Wilelme" nicht bedurft, ich hatte bereits Robert Doumayrou in seiner kurzen, gelbkragigen Tunique bleu clair und den unendlich weiten flammend roten Pluderhosen, stolz mit den drei goldenen, bis zum Ellenbogen verschnörkelten Galons des Capitaine, erkannt. Wir fielen uns, beide ehrlich erfreut, in die Arme und küßten uns herzlich. Es war gut, daß er an Bord gekommen war, denn obwohl Algier keine Kolonie, sondern eine französische Provinz ist, gab es, bevor man an Land gehen durfte, eine höchst umständliche Zoll- und Gesundheitsrevision. Dabei merkte ich gleich, daß, damals jedenfalls, in Algerien die Armee die erste Geige spielte, denn ein Wort meines Vetters zu dem Douanier und dem Arzt genügte, um mir ohne weitere Formalitäten den Weg freizumachen. An alles hatte der gute Robert gedacht. Sein mitgebrachter Bursche, ein kohlschwarzer, mit weißem Zähnegefletsch grinsender Tirailleur, nahm meine Koffer auf den Buckel, und dann fuhren wir in der am Hafenausgang wartenden Taxe zum Hotel de Paris, wo er für uns beide Zimmer genommen hatte. Oh, das erste Bad nach all' dem Dreck auf dem unmöglichen Schiff! Und dann das Essen, das bei Vatel oder in der Périgourdine in Paris auch nicht hätte besser sein können! Doumayrou schlug mir vor, noch einen Tag in Alger zu Besichtigung dieser interessanten Stadt zu bleiben, ehe wir nach Cherchell weiterfuhren, womit ich einverstanden war. Er stellte mir abends einen Oberleutnant seines Regiments vor, mit dem ich, ohne es zu wissen, die Überfahrt gemeinsam gemacht hatte. Es tat mir nachträglich sehr leid, daß ich dies zu spät erfuhr, sonst hätte ich diesem reizenden und fidelen Kameraden gern einen Platz in meiner Kabine angeboten. Alger, die erste – und einzige – wirklich afrikanisch-arabische Stadt, die ich in meinem Leben kennen gelernt habe, war tatsächlich hochinteressant. Die steil den schroffen Hang emporsteigende, uralte Kasba mit ihren wie ein Labyrinth durcheinanderverwinkelten Gäßchen, Treppen und geheimnisvollen Torgewölben, in denen damals[25] noch ein landesunkundiger Fremder ohne Begleitung leicht auf Nimmerwiedersehen verschwinden konnte, das ameisenhafte Gewimmel von tiefverschleierten Frauen, nackten Kindern, bärtigen Männern, gefährlich aussehenden Wüstenbeduinen, und über allem der hallende Ruf der Muezzin von den zahllosen Minarets waren wie ein Traum aus tausendundeiner Nacht, freilich ein sehr schmutziger und nicht gerade wohlduftender Traum. Die französische Uniform meiner Begleiter öffnete alle Wege und Tore und verscheuchte sogar die wie Schmeißfliegen haftenden Schaaren grauenhafter Bettler und nach Bakschisch kreischender Kinder. Immer wieder erhob sich irgendwo ein älterer Araber und legte

---

25 Heute – 1956 – wieder!

die Hand mit militärischem Gruß an Turban oder Fez: „Salaam, mon capitaine." Alte Soldaten der Eingeborenentruppen. Es imponierte mir wirklich, welcher Achtung der Offizier überall in einer Bevölkerung begegnete, die bestimmt nicht durchweg von Liebe für die herrschende Macht beseelt war. Daß mein freundlicher Führer mich abends auch in ein arabisches Café brachte, wo der berühmte (oder berüchtigte) Bauchtanz vorgeführt wurde, ist klar. Die Tänzerinnen, die alle dem Wüstenstamm der Ouélad Naïl angehörten, dessen Töchter sich seit Jahrhunderten durch ihre Kunst (und was dazu gehört) ihr Heiratsgut verdienten, waren, soweit sie unter 12 Jahren alt waren, bildhübsch, die älteren oft abschreckend häßlich. Sehr reizvoll fand ich die ganze Darbietung überhaupt nicht. Die zahlreichen arabischen Zuschauer benahmen sich wesentlich würdevoller als die europäischen. Sie saßen in unbewegter Ruhe vor ihrem Täßchen Kaffee oder Minztee und rauchten ihr Nargileh oder die Zigarette, während die Europäer mit Lachen und anzüglichen Bemerkungen über die völlig nackten mehr oder weniger Schönen nicht sparten, wobei sich eine halbbetrunkene amerikanische Reisegesellschaft durch besonders unflätige Bemerkungen hervortat. Der Hauptteil von Alger, wo auch viele vornehme und wohlhabende Eingeborene wohnten, war eine hübsche, sehr saubere moderne Stadt, mit breiten, baumbepflanzten Straßen und vielen prachtvollen Amtsgebäuden, Geschäftshäusern, Bankpalästen und Kasernen, mit der sich kaum eine französische Provinzstadt messen konnte. Man sah sehr viel Militär, doch standen damals in der Hauptstadt nur französische, keine Eingeborenentruppen. Ein besonderes Stadtviertel bewohnte auch der sehr starke jüdische Bevölkerungsteil, der dort ganz unter sich, wie in einem polnischen Ghetto, noch vollkommen nach seinen althergebrachten Sitten lebte und Kaftan und einen schwarzen Fez oder eine runde schirmlose Mütze trug. Zwischen den Juden und den Arabern bestand ein bitterer Haß, da den Ersteren damals gerade durch die loi Crémieux das französische Bürgerrecht erteilt worden war, das den alten Herren des Landes bis auf den heutigen Tag, von Ausnahmen abgesehen, versagt geblieben ist. Die Militärs waren darüber geradezu empört, da die Araber, im Gegensatz zu den Juden, Frankreich vorzügliche Soldaten und sogar Offiziere stellten und sich zum großen Teil damals noch vollkommen loyal verhielten. In jenem ersten Jahrzehnt des Jahrhunderts erst entstand die nationalistische Bewegung in Algier, die heute schon zu einer ernsten Gefahr für die Franzosen geworden ist. Viele reiche jüdische Familien waren natürlich längst aus dem Ghetto in den französischen Stadtteil und die damals gerade entstehenden Villenvororte hinübergewechselt. – Am nächsten Morgen fuhren wir dann zu Dritt nach Cherchell ab. Die beiden Burschen saßen mit unserem Gepäck in einem dafür reservierten Abteil 3. Klasse. Es war eine absolut europäische Landschaft, die unser sehr gemütliches Züglein langsam durchquerte. Hätten nicht die Eingeborenen im Burnus und ihre verschleierten Frauen auf den Bahnsteigen der kleinen Stationen gestanden, so hätte man glauben können, in der Île de France oder in der Picardie zu sein. Wogende Weizenfelder und frischgrüne Weingärten überall. Es ist bewundernswert, das muss man ehrlich zugestehen, was Frankreich in damals wenig mehr als einem halben Jahrhundert aus der dürren Wüste gemacht hat, die das Land vor der Eroberung nach über tausendjähriger Herrschaft von Türken und Arabern darstellte. Allerdings – die Dörfer, an denen wir in großer Zahl vorüberfuhren, mit ihrem goldenen Gockelhahn auf dem Kirchtürmlein, den spitzgiebligen Fachwerkhäusern mit roten Ziegeldächern, dem „Weißen Roß" oder „Grünen Baum" als Wirtshausschildern konnten genau so gut im Elsaß stehen und von dort stammten auch ihre Bewohner! Schon bald nach der Besitzergreifung haben sich zahlreiche elsäßische Bauernfamilien im französischen Nordafrika angesiedelt, und nach 1871 folgten ihnen viele Tausende, die nach der Rückgewinnung der

Reichslande durch Deutschland für Frankreich optierten und auswanderten. Sie sind in Algier durchweg reich geworden und haben die Sitten der Väter treu bewahrt, wenn auch das Elsäßer Ditsch nur noch von den Allerältesten verstanden und gesprochen wurde. Ihrem Fleiß und ihrer Tüchtigkeit verdankt es Frankreich in der Hauptsache, wenn Algier zu seiner wertvollsten Besitzung geworden ist. Und dazu gehört noch ein zweites: Erobert und gegen alle Aufstände gehalten wurde Algerien (wie Tunis, Marokko und Indochina) in erster Linie durch die Fremdenlegion, die auch fast alle Straßen, Brücken und Eisenbahnen gebaut und das Bewässerungssystem angelegt hat.[26] Die Legion aber besteht seit ihrer Aufstellung im Jahre 1830 zu 80 Prozent aus Deutschen. Ein so sprechendes Zeugnis dafür, wie immer wieder deutsches Blut und deutscher Schweiß im Dienste und zum Nutzen anderer Nationen verströmen, habe ich auf meiner Erdenwanderung nirgends gefunden. Es ist, als seien wir dazu verdammt, der Kulturdünger der Welt zu sein und zu bleiben – heute mehr denn je. Auch damals schon bedrückte dieser Gedanke mein Herz, wenn ich auch natürlich mit den französischen Kameraden nicht darüber sprach. Sie hätten mich kaum verstanden, denn selbst dem aufgeschlossensten und vernünftigsten Franzosen erscheint es ganz selbstverständlich, daß es für jeden Menschen eine Ehre sein muß, im Dienste Frankreichs, also nach seiner Meinung der Menschheit, zu stehen. „Chacun a deux patries, la sienne et la France." Der französische Nationalismus ist ja so ganz anders wie der aller anderen Völker. Er ist nicht an den Boden, noch weniger

---

26 Die Legion ist nicht nur ein Kampf-, sondern im gleichen Maße eine Arbeitstruppe! Frankreich besitzt in den fremden Landsknechten die billigsten Arbeiter der Welt, denn kein chinesischer Kuli würde sich für 5 sous täglich so abschuften. Dabei besteht ein großer Teil der Legionäre aus ausgezeichneten, gelernten Qualitätsarbeitern aller Berufsarten.

an das Blut gebunden. Wer sich als Franzose bekennt, wer die großen Ideen Frankreichs, den carthesianischen Kultus der Vernunft und die Gedankenwelt der Revolution, in sich lebendig fühlt, ist eben Franzose, mag er als Eskimo oder N**** geboren sein. – Die Fahrt dauerte einen ganzen Tag, so daß es schon abends war, als wir in Cherchell eintrafen. Dort erwartete uns an dem bescheidenen Bahnhöfchen ein Krümperwagen, der uns und unser Gepäck in Doumayrous Wohnung brachte. Sie lag in einem sehr hübschen, villenartigen Hause der Offizierkolonie, in dem vier unverheiratete Hauptleute und Oberleutnante wohnten. Als Capitaine hatte mein Vetter vier Zimmer, so daß ich sehr bequem untergebracht werden konnte. Er zeigte mir als erstes das für zwei Herren gemeinsame Badezimmer, ein Luxus, den zu jener Zeit nicht viele Privathäuser oder selbst bessere Hotels in der französischen Provinz aufwiesen. Die nordafrikanische Armee Frankreichs sorgte wirklich sehr gut für ihre Offiziere, denen allerdings in den kleinen Garnisonen ihr Heim Ersatz für vieles andere bieten mußte. Als wir bei dem vorbereiteten kalten Imbiß saßen, klopfte es, und herein kam im weißseidenen Pyjama der Wohnungsnachbar, ein Hauptmann, der trotz seiner jugendlichen Jahre einen bis auf die Brust herabwallenden schwarzen Vollbart trug. Er war zu neugierig auf den deutschen Gast gewesen, um den nächsten Morgen abzuwarten. Also wurde trotz der vorgerückten Nachtstunde noch eine Flasche des fast schwarzen algerischen Weines aufgemacht, der später eine dritte folgte, denn wir unterhielten uns ausgezeichnet, und der neue Kamerad entpuppte sich trotz seines grimmigen Bartes als ein äußerst amüsanter Plauderer, der einige Zeit in Französisch-Kamerun Dienst getan und dort bei Grenzverhandlungen auch Beziehungen zu Offizieren der deutschen Schutztruppe angeknüpft hatte. So kannte er tatsächlich auch meinen Regimentskameraden Oberleutnant Zimpel. Als wir Abschied nahmen, um uns zur Ruhe zu legen, waren wir alle drei mächtig vergnügt, denn der Algierwein ist sehr schwer. Am nächsten Morgen, als ich erwachte, war Doumayrou schon beim Dienst und hatte mir ein Zettelchen hinterlassen, in dem er mir riet, den Vormittag zu einer Besichtigung der Stadt zu verwenden: „mais tu verras, mon vieux, ce n'est pas Paris". Da hatte er freilich recht. Cherchell war eine ziemlich neue Siedlung, ganz nach dem Muster der französischen Provinzstädtchen erbaut, mit Mairie, bescheidenem Kirchlein und sogar dem unvermeidlichen Café de Commerce mit den davorstehenden Eisentischen und -stühlen. Auf dem Marktplatz hielten rundliche elsäßische Bäuerinnen, von denen viele sogar noch die „Schlupfkapp"', die breite Bänderhaube der alten Heimat, trugen, ihr saftiges Gemüse, frisches Obst und gackernde poulets feil. Viele Offizierdamen, von Körbe tragenden Burschen begleitet, machten dort ihre Einkäufe. Das einzig Koloniale war der auf einem Hügel an der Stadtgrenze errichtete „Ksar", der Wachtturm mit Schießscharten, Mauerumwallung und Stacheldrahthindernis, von dessen Zinne ein Posten Ausschau hielt, eine traditionelle Sicherheitsmaßnahme, die außer in den Grenzgebieten gegen die Sahara und Marokko nur selten noch notwendig erschien[27]. Cherchell, auf dem Platze eines alten Römerlagers erbaut, von dem noch viele Mauerreste zeugten, lag in einer sehr reizvollen Hügellandschaft zwischen den Vorbergen der nordafrikanischen Gebirgskette schon ziemlich hoch und hatte ein angenehm frisches Klima. Es war Cheflieu des Arrondissements und beherbergte daher viele Verwaltungsbehörden, das Tribunal und das Finanzamt, sowie eine ziemlich starke Garnison, die aus dem 3. Tirailleurregiment, dem 1. Spahiregiment, dem 2. Bataillon der leichten afrikanischen Infanterie, einer Abteilung des Feldartillerieregiments 17 und einer Train-Eskadron bestand. Die drei letztgenannten waren europäische Truppenteile. Außerdem lag dort der Stab der 1. Tirailleurbrigade und eine Sektion des Bureau

---

27 Damals!!!

arabe. In der reich bebauten fruchtbaren Umgebung konnte man nah und fern üppige Fermen und behäbige Dörfer, auch zwei oder drei arabische Duars, in denen die eingeborenen Landarbeiter wohnten, erkennen. Selbständige arabische Bauern gab es in dieser Gegend nicht, wohl aber in anderen Teilen Algeriens, wo einzelne eingeborene Adelsgeschlechter sogar noch große Güter bewirtschafteten. Gerade diese arabischen Großen, die oft französische Reserveoffiziere waren und mit Stolz das rote Band der Ehrenlegion auf dem Burnus trugen, bildeten eine feste Stütze der französischen Herrschaft, deren gefährlichste Gegner die Intellektuellen und das farbige Proletariat der Städte waren und sind. Die breite Masse der eingeborenen Bauern, Hirten und Landarbeiter schien gleichgültig und mit der sehr milden und verständnisvollen Herrschaft der „Rumi" ausgesöhnt.[28] Die eingeborenen Truppen hatten sich immer, auch gegen ihre eigenen Stammesgenossen, als unbedingt zuverlässig erwiesen. Diese selbstbewußten Araber betrachteten von altersher den Beruf des Kriegers als den einzigen, der eines Mannes würdig sei, fühlten sich nur als Soldaten und waren stolz auf ihre Uniformen. Die Ergänzung erfolgte zu jener Zeit nur durch Werbung Freiwilliger, die sich unter den kriegerischen Stämmen der Wüste und des Gebirges stets in mehr als ausreichender Zahl fanden. Sie dienten 5–10 Jahre, die Unteroffiziere ihr ganzes Mannesalter hindurch. Unter den letzteren fanden sich viele weißbärtige Männer mit langen Ordensreihen, die auch bei ihren Offizieren hohe Achtung genossen und ihr Leben später als Dorfrichter, Bürgermeister der Eingeborenensiedlungen und in ähnlichen angesehenen Beamtenstellungen beendeten. Jede Eingeborenentruppe zählte auch eine Anzahl arabischer Offiziere, die es aber höchstens zum Capitaine

---

28 In der Wüste und in dem schwer zu überwachenden Grenzgebiet gegen Marokko gab es allerdings noch eine ganze Anzahl nicht unterworfener Stämme.

brachten, dienstlich den französischen durchaus gleichstanden, im privaten Leben mit diesen aber kaum Beziehungen hatten. Ein gesellschaftlicher Verkehr mit ihnen war ja auch schon wegen der strengen Regeln der mohammedanischen Religion mit ihren Speisevorschriften und der Abschließung der Frauen im Harem nicht möglich. Ob der damals hohe Wert der nordafrikanischen Truppen unverändert geblieben ist, nachdem die Franzosen im Ersten Weltkriege die Wehrpflicht auch für die Eingeborenen eingeführt haben, weiß ich nicht, möchte es aber bezweifeln.[29] Als ich zur Offizierkolonie zurückging, begegnete ich einer Kompagnie der Infanterie légère d'Afrique, die von einer Übung heimmarschierte. In diese Truppe, früher im Armeejargon Zéphyrs, dann meist „Les Joyeux" genannt, wurden nur Leute mit langem Zivilstrafregister oder verdächtigem Vorleben, sowie Soldaten anderer Truppenteile, die sich dort schlecht geführt hatten, eingestellt. Sie bestand daher fast ausschließlich aus Pariser Apachen und Zuhältern, Marseiller Hafenstrolchen und ähnlichem Gelichter. Ich beneidete ihre Offiziere und Unteroffiziere nicht, denn ich hatte nie eine solche Auslese von Gaunergesichtern vereinigt gesehen wie in den Sektionen dieser an mir vorbeimarschierenden Kompagnie. Natürlich war die Zucht bei den „Joyeux" eisern streng, und viele der Kerle endeten in den berüchtigten Disziplinarabteilungen, die in der glühenden Einsamkeit der Sahara Straßen bauten, in „Biribi", der Hölle des Soldaten, wie die Armee sie mit Recht nannte. Ich habe von ihnen nichts gesehen, aber einem französischen Journalisten ist es in den 1920er Jahren gelungen, durch die strenge Absperrung der Zone réservée durchzudringen. Er hat die geradezu furchtbaren Zustände und die barbarische Behandlung der Arbeitssklaven,

---

29 Die seit jener Zeit natürlich ebenfalls eingezogenen farbigen Arbeiter der Städte und Industriegebiete dürften kaum die kriegerischen Eigenschaften der freien Stämme besitzen.

denn etwas anderes waren sie nicht, in einem Buche, „Dante n'a rien vu", geschildert, das ungeheures Aufsehen erregte, wohl aber kaum viel geändert hat, denn die nordafrikanischen Militärbehörden ließen sich auch durch das Parlament nicht in ihre Angelegenheiten hineinreden. Wer solche Jahre der Qual überhaupt überlebte, war für den Rest seines Lebens ein gebrochener Mann. Im Ersten Weltkriege stellten die „Joyeux" die jeder französischen Angriffskolonne folgende Abteilung der sogenannten „Nettoyeurs", die die Aufgabe hatten, alles, was in einem genommenen Grabenstück vom Gegner noch lebte, mit Messer oder Handgranate zu erledigen.[30] – Als ich mich dem Hause meines Vetters näherte, winkte mir schon von weitem jener bärtige Zechgenosse der verflossenen Nacht lustig aus dem Fenster zu, und der Bursche Hassan öffnete, über sein ganzes schwarzes Gesicht grinsend, die Wohnungstür. Die Verständigung mit diesem war schwer, da er außer einigen französischen Flüchen und Kraftworten nur arabisch sprach und verstand, aber wir wurden trotzdem gute Freunde. Robert nahm mich dann mit in den Cercle Militaire, wo alle unverheirateten Herren der Garnison zu speisen pflegten, denn Einzelkasinos hatten, von der Fremdenlegion abgesehen, auch die afrikanischen Regimenter nicht. Dort wurde das ausgezeichnete Essen in verschiedenen Sälen serviert. Die Regimenter hielten sich im Allgemeinen an besonderen Tischen zusammen, aber strenge Regel war das nicht, und überhaupt kam und ging jeder, wie es ihm beliebte. Die Tirailleurs, die das stärkste Offizierkorps besaßen, füllten fast allein die Tafeln eines Saales. Mein Vetter stellte mich zuerst seinem Regimentskommandeur, dem Oberst Perrin, vor, der mich zurückhaltend, aber freundlich begrüßte, dann den anderen Herren. Diese erste Fühlungnahme war für mich kein ganz angenehmer Augenblick,

---

30 Eine eigentliche Straftruppe waren die Bataillone der Infanterie légère d'Afrique aber nicht, sondern Linieninfanterie.

denn in ihm kam es mir sehr deutlich zum Bewußtsein, daß ein deutscher Offizier im kameradschaftlichen Kreise französischer doch eine gewisse Anomalie darstellte, und daß man gegenseitig im tiefsten Inneren im anderen immer den früheren und vielleicht künftigen Gegner sah. Aber dies Gefühl trat schnell zurück, denn ich begegnete nicht einer ablehnenden Geste, bei den meisten der jüngeren Herren ausgesprochener Herzlichkeit. Wenn manche der älteren Stabsoffiziere sich auf eine mehr formale Höflichkeit beschränkten, so konnte man ihnen das kaum verübeln. Sie standen eben der Vergangenheit noch zu nahe. Ich war aber doch froh, daß die zwanglose Art des Zusammenseins Tischreden und Ähnliches ausschloß. In dem engeren Freundeskreise meines Vetters, einigen jungen Hauptleuten und Oberleutnants, fühlte ich mich bald ganz zu Hause. Zu ihm gehörte auch ein Hauptmann des Generalstabes, der mir bei Tisch gleich aufgefallen war, ein schweigsamer, in sich gekehrter Mann, dessen langer Vollbart, wie ihn übrigens sehr viele Offiziere trugen, schon angegraut, und dessen tiefbraunes, hageres Gesicht tiefdurchfurcht war. Er war der Chef der dortigen Dienststelle des Bureau arabe, und Doumayrou raunte mir zu, daß dieser Mann, wie er sich ausdrückte, mehr Abenteuer wirklich erlebt habe, als ein Dutzend Romanschriftsteller in ihren Büchern zusammenlügen könnten. Das Bureau arabe, diese ganz eigenartige Institution, die die französische Armee gleich nach der Eroberung Algiers geschaffen und mit größtem Erfolge bis in die Gegenwart beibehalten hat, verdient einige Worte. Es hat eine gewisse Ähnlichkeit mit dem indischen Geheimdienst der Engländer, aber seine Funktionen gehen weit über dessen Aufgabenkreis hinaus. Ursprünglich waren ihm nur die Überwachung der noch nicht unterworfenen Stämme einerseits, und andererseits, so lange noch keine Zivilbehörden bestanden, alle die arabische Bevölkerung betreffenden Verwaltungsangelegenheiten anvertraut. Später verzweigte sich das dichte Netz seines Kundschafterdienstes bis in die geheimsten und dem Europäer sonst völlig unzugänglichen Schlupfwinkel des gesamten arabischen Lebens, nicht nur in Algier, Tunis und Marokko, sondern auch in Syrien und fast allen islamitischen Staaten. Das Bureau arabe hatte seine Vertrauensleute in den Kasbas und Arbeitervierteln der Städte, in den Duars der arabischen und berberischen Bauern und Hirten, und unter den unstät schweifenden Beduinenstämmen der Wüste. Nichts konnte ihm entgehen, das politisch, militärisch, sozial oder wirtschaftlich für die Regierung oder das militärische Kommando wichtig werden konnte. Daß das Bureau arabe auch den Italienern in Tunis, den Deutschen in Marokko und den britischen Freunden in ganz Nordafrika scharf auf die Finger paßte, ist selbstverständlich. Dies aber nur, soweit es sich um Agitation unter den Eingeborenen, Waffenschmuggel usw. handelte, um allgemein politische Angelegenheiten kümmerte es sich grundsätzlich nicht, sondern überließ ihre Behandlung dem II. Bureau des Generalstabes oder der politischen Polizei. Daneben aber hatte das Bureau arabe eine ausgesprochene Vertrauensstellung bei den Arabern erworben, die den Zivilbehörden oft lästig genug wurde, denn es trat überall mit größter Energie für die Interessen der Eingeborenen ein und war die einzige französische Behörde, zu der diese unbegrenztes Zutrauen hatten und zu der sie mit allen ihren Sorgen, Beschwerden und Wünschen kamen. Die Offiziere des Bureau arabe wurden mit größter Sorgfalt ausgewählt und blieben dann meist während ihrer ganzen Dienstzeit in dieser Verwendung. Sie waren nur ihren eigenen Chefs und dem Kommandierenden General verantwortlich. Allen anderen Militär- und Zivilbehörden war es streng untersagt, sich irgendwie in ihren Dienst zu mischen. Es mußten charakterfeste, kerngesunde Leute sein, von denen die vollkommene Beherrschung der arabischen Sprache in Wort und Schrift und eingehendste Kenntnis der religiösen Gebräuche, Stammessitten usw. verlangt wurde. Die meisten sprachen fließend mehrere der untereinander sehr verschiedenen Dialekte. Oft verschwanden sie auf Monate und lebten unerkannt unter den Eingeborenen. Manche hatten es sogar fertiggebracht, mit der damals noch unbezwungenen, fanatisch fremdenfeindlichen Räuberhorden der Tuareg herumzuziehen, wo sie bei Entdeckung ein grauenvoller Martertod erwartete. Mehr als einer von ihnen trug die tiefen Narben seiner Erlebnisse auf dem Körper, so auch mein neuer Bekannter, der die Spuren furchtbarer Brandwunden auf Brust und Armen aufwies, die ihm ein fanatischer Scheich hatte zufügen lassen. Es gab Offiziere des Bureau arabe, die sich so in die Gedankenwelt ihrer Schutzbefohlenen einlebten, daß sie schließlich selbst zum Islam übertraten. Dem Bureau arabe ist es nicht zum wenigsten zu verdanken, wenn Algerien und Tunis zu Beginn dieses Jahrhunderts vollkommen befriedet waren und die Unterwerfung Marokkos verhältnismäßig unblutig und schnell vor sich ging. Die französische Armee kann auf diese Institution stolz sein, in deren Reihen während eines Jahrhunderts unendlich viel stille Entsagung, außerhalb des engsten Kreises unbekannt gebliebenes Heldentum und danklose Pflichterfüllung aufgebracht worden sind. Der große Kolonisator Marokkos, Marschall Lyautey, der selbst eine tiefe Liebe für seine braunen Untertanen hegte, pflegte, wenn sich ein Offizier des Bureau arabe bei ihm meldete, aufzustehen, ihn zu umarmen und zu seiner Tafel zu laden, eine Auszeichnung, die längst nicht allen Generalen zuteil wurde.[31] – Nachmittags begleitete ich meinen Vetter in seine Kaserne, die allerdings kaum

---

31 Marschall Lyautey wurden von den republikanischen Regierenden, denen er diente, mit größtem Misstrauen beobachtet, aber sie konnten ihn einfach nicht entbehren und wussten außerdem, dass die gesamte afrikanische Armee unbedingt hinter diesem genialen Soldaten und Staatsmann stand. Er war streng kirchlich gesinnt, galt, wohl nicht mit Unrecht, als Royalist und machen Leute fürchteten, er werde sich eines Tages ein eigenes Reich in Nordafrika

dieser Bezeichnung entsprach. Nur die Rekruten des ersten Jahrgangs, die nicht heiraten oder, wenn sie schon verheiratet waren, ihre Frauen noch nicht bei sich haben durften, wohnten gemeinsam kompagnieweise in einem größeren Gebäude. Die Stuben waren völlig ohne Einrichtungsgegenstände, nur an den Wänden entlang lagen in tadelloser Ordnung die Tornister und andere Ausrüstungsstücke, davor, in eine Decke geschnürt, die persönlichen Habseligkeiten jedes Mannes. Diese Decke diente gleichzeitig als Gebetsteppich, Lagerdecke und Umhüllung beim Schlafen. Betten, Tische, Stühle und Schränke gab es nicht, denn die Leute saßen .beim Unterricht, Gewehrreinigen usw. mit gekreuzten Beinen auf dem Boden und schliefen dort auch, in ihre Decken gewickelt. Die übrigen Mannschaften und die Unteroffiziere waren durchweg verheiratet, durften aber nicht mehr als zwei Frauen bei sich haben. Sie wohnten in langen Reihen winziger weißer Einzelhäuschen mit flachem Dach zu je zwei, die der Unteroffiziere, je nach Rang, zu drei oder vier kleinen Zimmern, von denen eines ohne Fenster war und als Zenana diente. Die Unterbringung einer mohammedanischen Truppe war also kein einfaches Problem und beanspruchte viel Raum. Hinter jeder Hütte lag ein kleiner, mauerumschlossener Hofraum, wo die Frauen an offenem Feuer das Essen aus den gelieferten Rohstoffen, in der Hauptsache Reis, Hammelfleisch und Fisch, für ihre Familien kochten. Auf den Lagerstraßen wimmelte es von ganz- oder halbnackten Kindern jeden Alters, von denen aber selbst die kleinsten Krabben den Kapitän der Kompagnie schon stramm militärisch mit dem Händchen am Wollkopf salutierten. Die Soldaten selbst trugen zu Hause an Stelle der Uniform einen weißen oder Braunen Burnus. Der ganze Komplex war um einen riesigen Exerzierplatz angeordnet und von einer hohen Mauer

---

errichten. Deutschland stand er ausgesprochen sympathisch gegenüber.

umschlossen. Über dem von einem Doppelposten bewachten Eingangstor leuchteten ein goldener Halbmond und eine arabische Inschrift, eine Koransure, in der die kriegerischen Tugenden des Mannes gepriesen werden. Zur Kaserne gehörte auch eine Moschee, von derem schlankem Minaret einer der beiden ehrwürdigen Regimentsgeistlichen jeden Abend den Ruf: „Es ist nur ein Gott und Mohammed ist sein Prophet" erschallen ließ. Dann traten aus allen Gebäuden und Hütten die eingeborenen Offiziere, Unteroffiziere und Soldaten, breiteten ihre Decken aus und warfen sich mit dem Antlitz gegen Mekka nieder. Sogar die Arrestanten wurden dazu aus dem Arresthaus hinausgeführt. Keinerlei Dienst durfte in dieser Stunde abgehalten werden. Die Muftis, weißbärtige Greise in schneeweißem Seidenburnus, von denen einer den grünen Turban des Mekkapilgers trug, übten auch die Gerichtsbarkeit innerhalb des Regiments aus, soweit es sich um Angelegenheiten handelte, die nach dem geistlichen Gesetz abgeurteilt werden mußten, das in Französisch-Nordafrika neben den französischen Gesetzen Geltung und bei etwaigen Widersprüchen sogar den Vorrang besitzt. Als die Kompagnie zum Exerzieren auf dem Kasernenhof antrat, stellte mich Doumayrou seinen Offizieren vor, einem weißen Oberleutnant, dem eingeborenen Leutnant, einer prachtvollen Soldatenerscheinung, hochgewachsen, straff und mit bartumwalltem braunen Adlergesicht und dem blutjungen Souslieutenant Tauler, der gerade vor ein paar Wochen erst aus Saint-Cyr gekommen war. Mein Vetter ließ den arabischen Offizier, der den gleichen Waffenrock wie die französischen, aber den Turban an Stelle des Käppis und weiße bauschige Leinenhosen wie die Mannschaft trug, erst einige Griffe mit der Kompagnie üben, während ich mich mit dem Oberleutnant, der aus Lyon stammte, und dem blonden schmächtigen Leutnant näher bekannt machte. Der letztere fing dann plötzlich schüchtern an, mit mir Deutsch zu sprechen. Er war nämlich ein Elsäßer aus Kaisersberg, der schon früh von seinen

Eltern auf französische Schulen geschickt worden war und dann die Offizierschule von Saint-Cyr durchgemacht hatte. Sein Vater war ein großer Textilindustrieller, und, wie alle diese elsäßischen Notabeln, natürlich ein Protestler, obwohl er, wie mir sein Sohn nicht ohne Stolz berichtete, bei einem Besuch des Kaisers den Roten Adlerorden III. Klasse erhalten hatte. Die Schwester meines jungen afrikanischen Kameraden war mit einem deutschen Amtsrichter verheiratet, sein älterer Bruder, der Erbe der Firma, Korpsstudent und Reserveoffizier des badischen Feldartillerieregiments 76 in Freiburg. Und der jüngere Sohn, so deutsch im Aussehen wie der echte Alemanne, der er war, trug die französische Offiziersuniform, was er aber ganz natürlich zu finden schien. Tragik des Grenzvolkes! – Die Kompagnie meines Vetters war sehr stark, wie alle afrikanischen Truppen, die durchweg erhöhte Effektivstände von etwa 30 Unteroffizieren und 200 Mann besaßen. Wenn man die Front entlang blickte, sah man auf den Gesichtern eine ganze Farbenskala vom tiefsten Ebenholzschwarz über dunkel- und hellbraun und olivgelb, bis zu einem Weiß, das sich von der gebräunten Hautfarbe der Europäer nicht unterschied. Außer den drei französischen Offizieren waren auch die Funktionsunteroffiziere, der Furier, der Kammerunteroffizier und der Waffenmeister, französische Sergeanten, bzw. Feldwebel, die aber zum Dienst nicht eintraten, sondern sich nur mit ihren verwaltungsmäßigen Geschäften befaßten. Das Exerzieren nahm den gleichen Verlauf wie bei uns auch, und es war für einen Soldaten eine Freude, die Strammheit und den Eifer zu beobachten, mit dem Offizier, Unteroffizier und Soldat bei der Sache waren. Geschenkt wurde den Leuten nichts, und die Truppe unterschied sich sehr zu ihrem Vorteil von dem Bilde, das die schlampige und lässige französische Linieninfanterie exerziermäßig zu bieten pflegt. Nur die Kommandos wurden französisch abgegeben, sonst vollzog sich der Verkehr mit den Mannschaften ausschließlich in arabischer Sprache, was dem jungen Leutnant Tauler noch sichtlich schwer fiel, so daß der Hauptmann oft helfend eingreifen mußte. Arabisch aber eignet sich wie keine andere Sprache außer russisch zu däftigen und ganz unübersetzbaren Flüchen, wovon reichlich Gebrauch gemacht wurde. Dagegen wurde niemals ein Mann angefaßt, auch nicht, um ihm das Gewehr zurechtzurücken oder sonst seine Haltung zu verbessern. Dies wäre nämlich nach Auffassung der Mohammedaner eine Beleidigung gewesen, die nur mit Blut hätte abgewaschen werden können.[32] Man konnte überhaupt auf Schritt und Tritt, in und außerhalb des Dienstes, beobachten, wie peinlich von den französischen Vorgesetzten alles vermieden wurde, was irgendwie gegen die traditionellen Sitten der Eingeborenen verstoßen konnte. Niemals wurden sie während ihres Gebets gestört, die Zusammensetzung der Verpflegung wurde scharf überwacht, damit sie nicht die rituellen Vorschriften verletze, und beim Gang durch die Kaserne wandten die Offiziere regelmäßig das Gesicht ab, wenn sie zufällig einer Unteroffizier- oder Soldatenfrau begegneten. Nach Dienstschluß machten Robert und ich noch einen Gang durch die nebenan gelegene Kaserne der Spahis, wo die Reiter genau so untergebracht waren wie die Tirailleurs. Die Pferde standen eskadronsweise in langen Reihen angehalftert im Freien vor den Krippen. Nur im Winter wurden sie eine Zeitlang im Stall untergebracht. Diese 600 herrlichen arabischen Rosse, darunter viele Schimmel mit ihren seidenweichen, langflatternden Mähnen und Schweifen waren eine wahre Augenweide für jeden Pferdefreund. Die Kasernen der europäischen Truppen, die ich nicht besucht habe, lagen am anderen Ende der Stadt, um alle Reibungen und

---

32 Im Jahre 1912 wurde in Konstantinopel ein Major der deutschen Militärmission bei der türkischen Armee von einem albanesischen Soldaten der Hamidich-Garde, den er bei der Verbesserung seines Anschlages auf dem Schießstande mit der Hand berührt hatte, sofort niedergeschossen.

vor allem jede Verletzung der religiösen Empfindlichkeit der eingeborenen Soldaten zu vermeiden. Auf einem Pferde meines Vetters begleitete ich ihn zwei- oder dreimal bei Übungsmärschen und Gefechtsübungen mit seiner Kompagnie. Die ausgezeichnete Ausbildung und Gewandtheit der Tirailleurs im Gelände, die ich dabei beobachtete, zeigte, daß man die nordafrikanischen Eingeborenenregimenter nicht ohne Grund als die bei weitem besten Infanterietruppen der französischen Armee, außer der Fremdenlegion, ansah. Der Erste Weltkrieg hat die Richtigkeit dieser Einschätzung erwiesen. Jetzt, da ich dies schreibe, klingt mir in der Erinnerung wieder der näselnde arabische Singsang im Ohr, der während des ganzen langen Marsches in glühender Sonne ununterbrochen aus den Reihen der farbigen Soldaten klang, ganz unähnlich den Soldatenliedern irgendeiner anderen Nation. Es war eigentlich mehr ein getragenes Murmeln, in gewissen Zwischenräumen von der gellenden, ganz hohen Falsettstimme eines Vorsängers unterbrochen und begleitet von dem rhythmischen Rasseln und Klingeln einer Art von kleinen Trommeln oder Tambourins, die viele Soldaten bei sich trugen. Die Truppen in Nordafrika führten damals auf jedem Ausmarsch Verpflegung für zwei Tage und scharfe Munition mit und wurden stets von einer Reiterpatrouille begleitet, eine Vorsichtsmaßnahme, die bei dem absolut friedlichen Eindruck, den das Land machte, kaum mehr zeitgemäß erschien, es aber doch war, wie ich selbst erlebte. Denn während der einen Übung, bei der ich die Kompagnie begleitete, erhielt sie auf dem Marsche plötzlich schwaches Feuer von einer etwa 300 Meter von der Chaussee entfernten Felsengruppe her. Ein Zug schwärmte, nur auf Wink, sofort aus und gab Schnellfeuer gegen den unsichtbaren Gegner ab, während die Spahipatrouille sich teilte und in schärfster Karriere, rechts und links weit ausholend, auf die Felsen zujagte. Das Feuer – es waren überhaupt nur ein paar Schuß gewesen, die weit von der Kompagnie einschlugen – hörte sofort auf, und die Spahis meldeten dann, daß sie nur noch in der Ferne eine Staubwolke hätten verschwinden sehen. Immerhin also habe ich auf diese Weise meine, wenn auch völlig harmlose Feuertaufe – unter französischer Fahne erhalten! Robert erklärte mir dann, daß es immer wieder kleinen, berittenen Parteigängergruppen gelinge, sich über die nicht allzu ferne Grenze des damals noch selbständigen und von inneren Kämpfen durchwühlten Marokko zu schleichen, die dann ihren Tatendrang in solchen Indianerstreichen befriedigten, aber stets schnell unschädlich gemacht würden. Die Bauern fürchteten sie nicht, denn sie würden mit diesen Helden leicht mit ihren Jagdgewehren fertig, wenn sie wirklich einen Überfall auf eine Ferme wagen sollten. – Eines Mittags erschien an unserem Tisch im Cercle Militaire ein Oberleutnant des 2. Fremdenregiments, der früher bei den 3. Tirailleurs gestanden hatte und die Gelegenheit einer Dienstreise nach Cherchell benutzte, um seine alten Kameraden zu begrüßen. Herr Pelletier redete mich nach der Vorstellung sofort in leidlichem Deutsch an und glaubte sicher ehrlich, mir wohlzutun, als er mir erklärte, daß die Deutschen die besten Soldaten seines Regiments seien und daß er sich aus den Rekruten immer möglichst solche für seinen Zug aussuche. (Siehe oben: die französische Mentalität!). Nach dem Essen ging er zum Kaffee mit in Doumayrous Wohnung und entpuppte sich als ein wirklich sehr reizender Mensch, mit dem wir uns ausgezeichnet unterhielten. Was er von seiner Truppe erzählte, war ja auch interessant genug, besonders für mich. Und schließlich, nach dem soundsovielten Kognak, schlug er vor, mein Vetter und ich sollten doch am nächsten Tage mit ihm fahren und uns das Leben der Legion einmal persönlich ansehen. Ich war natürlich sehr dafür, aber Doumayrou zögerte etwas, was ich später durchaus verstehen lernte, als ich erfuhr, daß es in der Legion sogar sehr ungern gesehen wird, wenn Offiziere anderer französischer Regimenter näheren Einblick in ihren Betrieb nehmen, geschweige denn Zivilisten oder gar Ausländer. Unser Gast ließ aber nicht nach, und schließlich gab Doumayrou nach und entschloß sich, der Einladung des Kameraden zu folgen. Also fuhren wir am nächsten Morgen in aller Herrgottsfrühe mit dem mir schon bekannten Bähnchen von Cherchell ab und gelangten nach zweimaligem Umsteigen in Sidi-Bel-Abbès an. Das erste, was mir dort auffiel, war die außerordentlich scharfe Bewachung des Bahnhofs durch starke, von Unteroffizieren geführte Patrouillen der Legion, die jeden Soldaten nach seinem Urlaubs- oder Kommandoschein fragten und auch alle Zivilisten genau beobachteten, um etwaigen Desertionsgelüsten gleich einen Riegel vorzuschieben. Pelletier brachte uns in ein hübsches, sauberes Hotel, wartete, bis wir uns etwas zurechtgemacht hatten und ging dann mit uns zu seiner Kaserne, einem am Rande der verschlafenen Kleinstadt gelegenen mächtigen Gebäudekomplex rings um einen weiten Exerzierplatz. Über dem Tor wehte die Trikolore und auf der Wölbung stand in goldenen Lettern die Inschrift, die ich diesem Kapitel als Motto vorangesetzt habe. Der krachende Präsentiergriff des Doppelpostens klang geradezu nach Potsdam. Die Kaserne war ein wahres Schmuckkästchen an Ordnung und Sauberkeit, vor jedem Kompagnieblock tadellos gehaltene Rasenrabatten und Blumenbeete. Später sah ich draußen vor der Stadt die Gemüsefelder, Weingärten, Kuh- und Schweineställe, ein Landgut von nicht geringem Umfange, auf dem überall die Legionäre in weißen Drillichanzügen mit Spaten und Hacke arbeiteten. Denn die Legion setzt seit Alters ihren Stolz darein, vollkommen „self sufficient", wie die Amerikaner sagen, zu sein. Sie hat ihre Kaserne vom Fundament bis zum letzten Dachziegel selbst gebaut. Jeder Einrichtungsgegenstand in den Stuben ist von Tischlern und Schmieden aus ihren Reihen hergestellt. Nur Uniformen, Waffen, Ausrüstung und die Rohstoffe der Verpflegung liefert die Militärverwaltung. Ein Kompagniechef des 2. Regiments erklärte mir, daß er mit den Mannschaften seiner Kompagnie den Menschen sozusagen von der Wiege bis zum Grabe versorgen könne, dem nicht nur Bauern, Arbeiter, und Handwerker jeder Gattung, sondern auch Ärzte, Künstler, Gelehrte und sogar Priester ständen in ihrer Front. Ist doch 1887 beim Sturm auf Aïn-ssuf ein ehemaliger Bischof als Korporal gefallen, und in den 1890er Jahren holte in Alger ein deutsches Kriegsschiff die Leiche eines deutschen Prinzen ab, man behauptete sogar, des Hohenzollernhauses, der als einfacher Legionär beim 1. Regiment in Saïda gestorben war. Daß immer zahlreiche gescheiterte Offiziere der verschiedensten europäischen Armeen in der Legion dienen, ist begreiflich, denn wer einmal den Beruf der Waffen erwählt hat, wird oft lieber Soldat unter fremder Fahne als Tellerwäscher oder Kellner in New York. Ich will hier einige Worte über diese ganz eigenartige Truppe sagen, mit der sich, aber nur in gewissen Grenzen, vielleicht noch die Holländisch-Indische Kolonialarmee und die nach dem Muster der französischen aufgestellte spanische Fremdenlegion vergleichen lassen. Über die Legion ist in Literatur und Presse aller Länder unendlich viel zusammengefabelt worden, von dem nur der kleinste Teil der Wirklichkeit entspricht. Weder ist sie eine romantische Heerschaar kühner Abenteurer, als welche sie besonders in englischen Romanen dargestellt wird, noch der Tummelplatz sadistischer Menschenschinder in Offizier- und Unteroffizieruniform und die Brutstätte perverser Lüste, als die sie, übrigens in der sehr berechtigten Absicht einer abschreckenden Propaganda, in den meisten deutschen Büchern und Zeitungsartikeln erscheint. Das beste über die Legion hat Erwin Rosen, der selbst dort gedient hat und dann desertiert ist, geschrieben, auch der Schriftsteller Hanns Heinz Ewers, der sie in Indochina kennen gelernt hat, urteilt nach der positiven wie der negativen Seite ziemlich richtig über sie. Die Fremdenlegion war damals – nach dem Ersten Weltkrieg soll sie ihren Charakter sehr geändert haben – eine der militärisch hochwertigsten Truppen der Welt, in der freilich, was bei ihrer Zusammensetzung ganz selbstverständlich war, eine eiserne

218

Disziplin herrschte und mit schonungsloser Strenge jeder Verstoß und die geringste dienstliche Nachlässigkeit geahndet wurden, aber die Strafen waren die gleichen wie in jedem anderen französischen Regiment. Nur wurden sie häufiger und unter Anlegung eines schärferen Maßstabes verhängt. Außerdem wirkte es sich bei der Legion noch mehr als sonst in der französischen Armee häufig als Übelstand aus, daß nach der Vorschrift schon jeder Unteroffizier geringe Arreststrafen verhängen konnte, und noch mehr, daß, was bei uns ausdrücklich untersagt war, jeder höhere Vorgesetzte, dem diese Strafe gemeldet wurde, sie nach Belieben verschärfen oder gar verdoppeln konnte. So wurden bei manchem Unglücklichen, der aus irgendwelchen Gründen bei seinen Vorgesetzten unbeliebt war, aus den von seinem Sergeanten verhängten drei Tagen Salle de Police, schließlich, wenn die Meldung beim Regimentskommandeur angelangt war, 14 Tage Prison. Damit konnte natürlich ein Mann zur Verzweiflung gebracht werden, aber das ging dem französischen Soldaten in irgendeiner Heimatgarnison unter Umständen auch nicht anders. Ich sagte, daß die Disziplin eisern streng war, aber in manchen Beziehungen war sie auch wieder viel laxer als bei uns. Zum Beispiel wurde es niemand übel genommen, wenn er abends total betrunken, brüllend und die wüstesten Beschimpfungen gegen seine Vorgesetzten ausstoßend, in die Kaserne zurückwankte. Er mußte nur zur rechten Zeit nach Hause kommen und am nächsten Tage beim Dienst sich nichts anmerken lassen.[33] Drei Vergehen waren es, für die es keine Milde gab und die den, der sie beging, unweigerlich vor das

33 Kurz vor meinem Besuch in Sidi-bel-Abbès hatte ein gerade aus dem Grenzdienst zurückgehkehrtes Bataillon das Antreten zum Dienst verweigert, weil es Grund zur Beschwerde über die Verpflegung zu haben glaubte. Es wurden nicht etwa Zwangsmaßnahmen angewandt, sondern der Kommandeur empfing eine Abordnung der Leute und versprach Abhilfe.

Kriegsgericht und dann in fast allen Fällen nach Biribi oder auch an den Erschießungspfahl brachten. Es war in erster Linie tätlicher Angriff auf einen Vorgesetzten. Das war selbstverständlich, denn sonst wäre ja kein Offizier oder Unteroffizier mehr bei einer Truppe diesen Charakters sicher gewesen. Ferner war es Fahnenflucht oder auch nur der Versuch dazu. Auch das ist begreiflich, denn nach einer gewissen Zeit packte jeden Legionär der berüchtigte Cafard, und viele machten dann, meist ganz sinnlose, Desertionsversuche. Nur sehr wenigen ist die Flucht aus der Legion gelungen, denn jeder Araber verdiente sich gern die 50 Francs Kopfgeld, die auf der Einbringung eines fahnenflüchtigen Legionärs standen. Das dritte Vergehen war der Verkauf von Bekleidungs- und Ausrüstungsstücken oder gar Waffen. Dafür wurden ganz unverhältnismäßig hohe Strafen verhängt. Man kann es verstehen, wenn ein Mann, der sein Gewehr oder Munition verkaufte, erschossen wurde, denn die Waffe tauchte bestimmt etwas später bei irgendeinem aufständischen Wüstenstamm wieder auf. Aber zwei Jahre Disziplinarabteilung für den Verkauf eines Koppels oder eines Halstuchs war doch reichlich! Jedoch auch dies hatte einen auf alter Erfahrung beruhenden Grund. Der oben erwähnte Schriftsteller Erwin Rosen, mit dem ich mich über seine Erlebnisse unterhalten habe, betonte sehr richtig, daß das Schlimmste in der Legion nicht die dienstliche Schärfe, nicht die rücksichtslose Ausnutzung von Blut und Kräften seien, sondern die erbärmliche Armut von 90 Prozent der Legionäre. Der gemeine Soldat erhielt damals täglich 5 Sous Löhnung, wovon er sich noch sein Putzzeug selbst beschaffen mußte. Es blieb also kaum ein Centime, um sich den unentbehrlichen Tabak zu kaufen und sich einmal Vergessenheit in dem gefährlichen Araberschnaps – schon der so billige Wein war für die Leute zu teuer – anzutrinken. Von zu Hause erhielt kaum einer dieser verlorenen Söhne der Welt einen Zuschuß, also neigten sie dazu, alles, was nicht niet- und nagelfest war, bei den jüdischen

Trödlern zu verkaufen. Bei jedem, dem beim Appell etwas fehlte, wurde also grundsätzlich angenommen, daß er es verkauft habe, und kein Vorgesetzter ließ eine Entschuldigung gelten. Das ist manchem armen Teufel von Rekruten zum Verderben geworden, denn die älteren Legionäre stahlen wie die Raben, und ein zum Trocknen aufgehängtes Wäschestück, das nicht unausgesetzt bewacht wurde, verschwand in wenigen Sekunden. Auf allen Stuben blieb ständig ein Mann als Wache zurück. „Décore-toi", das heißt, „nimm Dir, was und wo Du kannst", war auch eines der Losungsworte der Legion. Wenn ein Mann einer anderen Kompagnie auf einer Stube erwischt wurde, so schlug ihn die Belegschaft halb oder manchmal auch ganz tot, und jeder Vorgesetzte sah darüber hinweg, denn man nahm als selbstverständlich an, dass er habe klauen wollen. Die Wenigen, die von zu Hause Geld erhielten, konnten allerdings eine Art Herrenleben führen. Für eine winzige Entlohnung tat der Legionär alles. Solche Glücklichen ließen sich ihre Sachen für ein paar Centimes von ihren Kameraden putzen, verteilten auf den furchtbaren Märschen ihren Tornisterinhalt gegen Bezahlung unter die weniger begünstigten Leute ihrer Sektion und wußten sich natürlich auch vermittels reichlich in der Kantine gespendeten Pinard mit ihrem Caporal gutzustellen. Die ungeheure Eintönigkeit des Daseins in der weltentlegenen afrikanischen Kleinstadt, wo es für den von der Zivilbevölkerung wie von den Soldaten französischer Truppenteile gemiedenen Legionär keine Abwechslung außer den allerniedrigsten Eingeborenenkneipen gab, lastete, besonders in den ersten Jahren, auch auf dem stumpfsinnigsten Kerl. Daher auch der frenetische Jubel, mit dem in den Kasernen der Legion der Befehl zum Ausmarsch ins Feld begrüßt wurde, obwohl jeder Mann ahnte, daß viele nicht mehr heimkehren würden. Aber draußen vor dem Feinde wußte eben jeder höhere Führer, was er an diesen vaterlandslosen Söldnern hatte, die ihr wertloses Leben mit einem Hohnlachen wegwarfen, als sei es Dreck, und behandelte sie entsprechend.[34] Dienstlich wurden an die Legion einfach unerhörte Anforderungen, besonders bezüglich der Marschleistungen gestellt. Wer liegen blieb, blieb eben liegen, und wer zu Grunde ging, mochte das tun. Alle nordafrikanischen Truppen waren auf größte Beweglichkeit geschult, denn die Kriegführung dort verlangte blitzschnellen Einsatz und unbegrenzte Verschiebbarkeit beim Kampfe gegen die bald hier, bald dort an den Grenzen der Wüste auftauchenden Beduinenhorden. LKWs aber lagen noch weit in der Zukunft. Bei der Legion jedoch gingen die Anforderungen weit über das hinaus, was von anderen Truppen verlangt wurde. Ihr Leitmotiv war seit ihrem Bestehen: „Marche ou crève“. An drei Tagen der Woche mindestens wurde ein sogenannter Marche militaire von 30–50 km mit kriegsmäßiger Bepackung ausgeführt, der, ohne jedes andere Ziel, nur der Erhöhung der Marschfähigkeit diente. Im Manöver und im Felde führte die Legion solche Marschleistungen viele Tage hintereinander aus, und das in dem aufreibenden Klima eines halbtropischen Landes. Die Compagnies Montées, bei denen Maultiere mitgeführt wurden, auf denen mit stundenweiser Abwechslung die Hälfte der Truppe aufsitzen konnte, erreichten Tagesleistungen von 100 Kilometern. Alle Offiziere der Fremdenlegion waren beritten, auch ein Teil der älteren Unteroffiziere. Kein Parlament verlangte je Rechenschaft über die Verluste dieser Truppe. Daher wurde die Legion auch bei kriegerischen Unternehmungen stets als erste zum Angriff ohne jede Rücksicht auf Verluste eingesetzt. Einer ihrer Befehlshaber, General Marchand, hat das in einer Ansprache vor einem Gefecht in Marokko so ausgedrückt: „Aux autres régiments j'ai dit: vous vaincrez ou vous mourrez. À vous, légionnaires, je ne dis que: mourrez, car c'est votre métier.“ Felddienst, Gefechtsübungen

---

34 Im Felde erhielt die Legion immer die besten Quartiere und die beste Verpflegung, vor allen anderen Truppen.

und Schießen wurden natürlich auch intensiv betrieben, und die Truppe hielt auch in diesen Dienstzweigen den Rekord wohl aller französischen Regimenter. Auf dem Scheibenstande stand, wie ich selbst gesehen habe, neben jedem Schützen ein Unteroffizier mit geladenem Revolver für den Fall, daß einen der Leute plötzlich der gefürchtete Cafard zu einer Schußabgabe in umgekehrter Richtung veranlassen sollte. – Die Fremdenlegion bestand damals aus zwei Regimentern, dem 1. in Saida, dem 2. in Sidi-Bel-Abbès. Jedes dieser Regimenter aber zählte 6 Bataillone, von denen das VI. als Depot- und Nachschubtruppe sowie zur Rekrutenausbildung immer in der Garnison blieb, während von den übrigen sich stets einige im Grenzschutz, auf Expedition, in Indochina oder im Arbeitseinsatz befanden. Das Regiment war also nur eine Verwaltungseinheit, die Bataillone ganz selbständig. Die Truppenstärken der Feldbataillone waren sehr hoch. Die Kompagnien zählten 250–300 Mann, das Depotbataillon bei großem Rekrutenzustrom manchmal 2000 Mann. Zum Eintritt in die Legion wurde jeder körperlich und geistig gesunde Mann unter 30 Jahren ohne Rücksicht auf Staatsangehörigkeit, Rasse oder Religion zugelassen. Die Hauptmasse bildeten, wie bereits erwähnt, die Deutschen. Ihr Anteil wurde amtlich auf 60 % beziffert, dabei aber waren die sehr zahlreichen Elsaß-Lothringer nicht eingerechnet, so daß man im Ganzen gut 80 % annehmen kann. Unter den übrigen Nationalitäten standen Italiener, Spanier und Russen obenan, Engländer und Amerikaner waren selten. Man fand auch vereinzelte, meist amerikanische, N****, auch Chinesen, sowie eine ganze Anzahl Franzosen, mit denen es eine besondere Bewandtnis hatte. Wer von solchen nämlich freiwillig in die Legion eintrat, konnte dadurch die Abbüßung gerichtlich verhängter Gefängnisstrafen bis zu zwei Jahren ersparen und ihre Streichung aus dem Strafregister erreichen. Die Verpflichtung lautete auf 5 Jahre und konnte nach dem Ablauf zweimal erneuert werden. Wer so 15 Jahre gedient hatte, besaß Anspruch auf eine kleine Pension, die auch ins Ausland gezahlt wurde, oder auf eine niedere Beamtenstellung in Nordafrika. – Wenn damals mehr als die Hälfte der Ausgedienten eine neue Verpflichtung einzugehen pflegte, so könnte man dahin immerhin einen Beweis erblicken, daß das Leben in der Legion doch nicht ganz die Hölle war, als die es vielfach dargestellt wurde. Irgendwelche Papiere wurden von den sich meldenden Rekruten grundsätzlich niemals verlangt und keine Nachforschungen nach ihrem Vorleben oder nach der Richtigkeit ihrer Angaben angestellt. Jeder konnte sich nennen, wie er wollte, sich jede beliebige Nationalität und jeden früheren Beruf beilegen. Die gedienten Soldaten und die früheren Offiziere anderer Armeen fand man bei der Ausbildung ja doch schnell heraus. Von den Angehörigen höherer Gesellschaftsklassen haben wohl die meisten unter einem falschen Namen gedient. Es war eine alte und von keinem Vorgesetzten je verletzte Regel, daß kein Soldat nach seinem Vorleben befragt oder ihm seine Nationalität, sein früherer Beruf und dergleichen jemals vorgehalten werden durften. Wer die Uniform mit den grünen Epaulettes anzog, sollte damit einen dicken Strich unter seine Vergangenheit ziehen. – Die Einheiten der Legion waren sehr stark mit Offizieren und Unteroffizieren ausgestattet. Auf den gedruckten Einstellungsbedingungen, die von den Rekruten bei der Anwerbung unterschrieben werden mußten, stand, daß dem Legionär unbegrenzte Beförderungsmöglichkeit offenstehe. Das aber enthielt soviel Wahrheit wie der berühmte Satz, daß jeder Soldat den Marschallsstab im Tornister trage. Praktisch wurde, damals jedenfalls, und schon seit langer Zeit, niemals ein Legionär zum Offizier befördert. Zwar gab es einige Ausländer im Offizierkorps der Legion, dies aber waren dänische und norwegische Offiziere, die dorthin von ihren heimatlichen Armeen für einige Jahre zur Ausbildung abkommandiert worden waren. Prinz Aage von Dänemark ist nach einem solchen Kommando sogar ganz zu der Legion übergetreten und vor einigen Jahren als Oberst und

Regimentskommandeur in Marokko gestorben. Das Unteroffizierkorps dagegen bestand zum weitaus größten Teil aus Legionären, nur drei oder vier Sergeanten oder Feldwebel bei jeder Kompagnie waren Franzosen, meist Korsen, die wegen ihrer Brutalität gefürchtet waren. Als ich in Sidi-Bel-Abbès war, waren zum Beispiel von den 20 Adjutdants (Offizierstellvertreter) des III. und des VI. Bataillons 18 Ausländer, darunter 12 Deutsche, die wohl fast alle frühere Offiziere waren. Der Musikmeister des 2. Regiments, der seine Kapelle zur besten der französischen Armee gemacht hatte, war ein Tscheche, früherer österreichischer Regimentskapellmeister, wie auch die meisten Mitglieder der sehr starken, etwa 80 Mann zählenden Musik Tschechen und Ungarn waren. Den Unteroffizieren standen sehr gute Versorgungsmöglichkeiten im nordafrikanischen Zivildienst in Aussicht, wenn sie nicht die für sie gar nicht so geringe Pension vorzogen. Die Gehälter der Unteroffiziere waren natürlich auch auskömmlich, die der Adjudants sogar sehr gut. – Die Geschichte der Legion ist ebenso blutig wie ruhmreich. Sie wurde in den 20er Jahren des 19. Jahrhunderts von einem belgischen Baron für den damals tobenden spanischen Bürgerkrieg aufgestellt und 1830, als die Eroberung Algiers begann, zu diesem Zweck an Frankreich abgetreten. Seitdem hat sie auf allen europäischen und kolonialen Kriegsschauplätzen, im Krimkriege und in Mexico gekämpft und sich stets besonders durch ihr wildes Draufgängertum ausgezeichnet. Im Ersten Weltkriege wurden nur die nichtdeutschen Mannschaften in Frankreich, ich glaube, in den Argonnen, eingesetzt, die Deutschen in Nordafrika zurückgehalten. Ob und wie die Legion im Zweiten Weltkriege verwendet wurde, entzieht sich meiner Kenntnis. Anfangs der 1920er Jahre wurde die Legion auf 4 Infanterieregimenter, ein Kavallerieregiment, eine Panzerabteilung und ein Feldartillerieregiment verstärkt, bildete also etwa eine Division. Ganze Truppenteile der nach Nordafrika geflüchteten russischen Wrangelarmee traten in sie über. Aber auch aus dem gebrochenen und daniederliegenden Deutschland setzte von 1920 ab ein großer Zustrom ein, zumal die Werber der Fremdenlegion im besetzten Rheinland eine ganz unbehinderte Tätigkeit entwickeln konnten. Hat sich das Reich doch im Versailler Diktat ausdrücklich verpflichten müssen, den Eintritt deutscher Staatsangehöriger in die Legion nicht zu verbieten. Überhaupt ist die Legion eine Art von Barometer für das europäische Wirtschaftsleben: Setzt irgendwo in einem Lande umfangreiche und dauernde Arbeitslosigkeit ein, so können die Werbestellen manchmal den Andrang kaum bewältigen, und die Depotbataillone füllen sich. Blüht die Wirtschaft, so müssen gelegentlich sogar die körperlichen Anforderungen an die Rekruten herabgesetzt werden, weil die Meldungen dem Bedarf nicht genügen. Die Legion hat für Frankreich Syrien und den Libanon erobert und gehalten und rechtfertigte auch dort ihren Ruf zäher Tapferkeit und – unmenschlicher Kriegführung. Bei den Eingeborenen Nordafrikas war sie immer tödlich verhaßt, weil sie grundsätzlich niemals Pardon gab oder nahm und sich der abscheulichsten Grausamkeiten gegen eingeborene Frauen und Kinder, ein Verbrechen, das ein Mohammedaner niemals verzeiht und vergißt, schuldig gemacht hat. Ich habe selbst jene berüchtigten Tabaksbeutel mit der eingestickten Devise der Legion gesehen, die die Söldner aus den abgeschnittenen Busen arabischer Frauen hergestellt hatten. Diese scheußlichen Trophäen, aber auch abgeschnittene Ohren und Nasen brachte die Legion von jedem Kriegszuge mit zurück.[35] Wehe aber auch jedem Legionär, der lebend den Arabern in die Hände fiel. Die

---

35 Zu Kriegsanfang 1914 hatte ich in meiner Kompagnie einen Mannheimer Reservisten, der in der Fremdenlegion gedient hatte, einen hervorragenden Feldsoldaten. Er bracht mir von der ersten Patrouille die abgeschnittenen Ohren eines feindlichen Postens, den er überrumpelt und mit dem Bajonett erledigt hatte, mit. Auf

mir erzählten Geschichten über ihr furchtbares Schicksal sind zu grausig, um sie hier auch nur anzudeuten. – Die Verpflegung der Legion in den Standorten war ausgezeichnet, ja, geradezu üppig, denn sie wurde durch die Erträgnisse der von den Regimentern betriebenen Landwirtschaft reichlichst ergänzt. So war auch die tägliche Weinration weit höher als bei den französischen Truppenteilen, genügte aber den Legionären, von denen die meisten ausgesprochene Säufer waren, bei weitem noch nicht. Sofort ins Auge fallend war die tadellose Uniformierung der Mannschaften. Darin setzte die Legion einen fast kapriziösen Stolz. In den Kasernen wurde in jeder freien Minute geputzt und gewienert, bis die Knöpfe wie Gold, Koppel und Stiefel wie lackiert glänzten. Es mag sein, daß diese Eigenheit, auf die man sonst in Frankreich sehr wenig Wert legte, auf die zahlreichen ehemaligen deutschen Soldaten zurückzuführen ist. Vielleicht auch noch eine andere Besonderheit: Die Legion ist die einzige Truppe des französischen Heeres, bei der die Spielleute neben Horn und Trommel auch die kleine preußische Pickelpfeife führen, auf der die gleichen Märsche und Melodien geblasen werden wie in der deutschen Armee. Einer altfranzösischen Überlieferung dagegen entspricht es, daß vor jedem Legionsbataillon, wie zur Zeit Napoleons, die acht Sappeure mit weißem Schurzfell und geschulterter Axt marschieren, die sämtlich einen langen Vollbart tragen müssen. Das gibt es bei anderen französischen Regimentern schon längst nicht mehr. – Auf dem in mitleidlosem Sonnenbrande liegenden Kasernenhofe fiel mir als erstes eine Abteilung von etwa 40 Mann auf, die im Einzelmarsch mit 5 Schritt Abstand im Viereck um einen unter einem Sonnendach in der Mitte stehenden Unteroffizier herummarschierte, immer abwechselnd 5 Minuten Schritt und Laufschritt. Die Leute waren vollkommen feldmarschmäßig

---

meine empörte Vorhaltung erwiderte er, dass dies in der französischen Fremdenlegion Vorschrift sei.

bepackt, und der Schweiß strömte über ihre hochroten Gesichter: „Le peloton des hommes punis", meinte unser freundlicher Begleiter lächelnd. Wer nämlich bei der Legion mit Arrest bestraft wird, erklärte er weiter, muß jeden Vor- und Nachmittag je zwei Stunden strafexerzieren, – mit einem Sandsack von 30 Pfund im Tornister. Für die hartgesottenen Legionäre wäre sonst Arrest überhaupt keine Strafe, sondern nur eine willkommene Gelegenheit zum Ausschlafen (wie übrigens auch bei uns drei Tage „Mittel" von vielen Leuten gar nicht als Strafe empfunden wurde). Diese „quadrille" aber, 45 Tage, das Höchstmaß einer Arreststrafe hintereinander ausgeführt, hat schon manchem Manne die Gesundheit zerstört. – Wir sahen dann einige Kompagnien vom „marche militaire" einrücken, eine mit einer Abteilung der Regimentsmusik, die anderen mit ihren für mich so heimatlich anmutenden „preußischen" Spielleuten an der Spitze. Ebenso preußisch waren Marschordnung, Haltung und Griffe. Keiner Truppe merkte man die ungezählten Kilometer in afrikanischer Wüstensonne, die sie hinter sich hatte, auch nur im geringsten an. An einer anderen Stelle des Kasernenhofes wurden Rekruten ausgebildet, und wenn man die Augen zumachte, hätte man glauben können, auf einem deutschen Exerzierplatz zu sein: „Du dämlicher Hammel, wie oft soll ich Dir noch sagen, daß hier die Knarre nicht wie bei uns auf der linken, sondern auf der rechten Schulter getragen wird", oder „Schmidt, Dein Koppelschloß ist wieder saumäßige geputzt – zwei Tage salle de police (Mittelarrest)." So schnauzten die deutschen Korporale herum, und dazwischen klang überall das meistgebrauchte Wort der Legion „merde!" Oberleutnant Pelletier führte uns dann durch die Stuben seiner Kompagnie, wo peinlichste Ordnung herrschte, und das „eckige Fallenbauen" allen Ansprüchen auch des gestrengsten deutschen Feldwebels genügt hätte. Die Zimmer, auf denen je ein caporal und 20 Mann lagen, waren luftig, geräumig und mit bequemen und hübschen Möbeln ausgestattet. An den Wänden hingen, den Wunschträumen dieser verlassenen Menschenseelen entsprechend, überall Bilder hübscher, meist wenig bekleideter Frauen, die die Leute sich aus illustrierten Zeitschriften ausgeschnitten und gerahmt hatten, sowie arabische Decken und Waffen, Beutestücke von Expeditionen. Eine Erinnerung an die alte Kolonialzeit ist es, wenn jeder Mann nachts sein Gewehr griffbereit in einem Ständer neben seinem Bett haben muß. Die Munition steht in einem durch starke Schlösser gesicherten Kasten, dessen Schlüssel der caporal stets bei sich tragen muß, unter dessen Bett. Pelletier zeigte uns dann an einer Kasernenwand eine größere Zahl von Geschoßeinschlägen und erzählte uns dazu eine echte Legionsgeschichte. Wenige Tage vorher war ein alter Legionär von dem bereits mehrfach erwähnten cafard, einer Art Verzweiflungswahnsinn, gepackt worden, der manchmal in ein ausgesprochenes Amoklaufen ausartet. Es war ihm gelungen, seinem caporal den Schlüssel zur Munitionskiste zu entwenden, und als er als Stubenwachthabender allein blieb, hatte er sämtliche 21 Gewehre geladen und an der Fensterwand aufgestellt. Er begann dann, aus den Stubenfenstern auf alles zu schießen, was sich auf dem Kasernenhof zeigte, und tötete oder verwundete in wenigen Minuten 6 Mann. Erst nach einem langen Feuerwechsel gelang es einem Legionär, den gefährlichen Irren durch einen Kopfschuß zu erledigen. Ein Stabsarzt der Legion, mit dem ich später im Kasino über den Fall sprach, meinte, wohl mit Recht, daß ein nicht unbeträchtlicher Teil dieser Abenteurer und im bürgerlichen Leben gescheiterten Menschen, wie sie der Legion zuströmen, irgendeinen geistigen oder seelischen Defekt habe, der sich dann unter dem Einfluß des Klimas, der dienstlichen Anstrengungen und nicht zum wenigsten des gefährlichen Araberschnapses eines Tages zu tobsüchtigem Irrsinn auswachsen könne. – Die Unteroffiziere wohnten in besonderen, recht hübschen Häusern, und waren deutlich von der Mannschaft abgehoben. Der caporal, der dem Range nach eigentlich nur Obergefreiter ist, nimmt bei der

Legion eine besondere und sehr einflußreiche Stellung ein. Der innere Dienst und die Einzelausbildung fallen in der Hauptsache ihm zu, und er wird daher auch bei den Mannschaften mehr gefürchtet als die Offiziere und Sergeanten. – Unser Gastgeber führte uns dann zu einem in Form eines griechischen Tempels errichteten alleinstehenden Gebäude inmitten grüner Rasenflächen. Vor dem säulengetragenen Portikus hielt ein Doppelposten in Paradeuniform Wache, nicht einfache Soldaten, sondern Korporale. Es war die Salle d'honneur des 2. Fremdenregiments. Als wir hineintraten, fiel unser Blick zuerst auf die gegenüber dem Eingang auf einer mit unschätzbaren orientalischen Teppichen bedeckten Estrade in silbernen Haltern stehenden Fahnen der in der Garnison anwesenden Bataillone. Die älteste, die des 1. Bataillons, zeigte in ihrer zerschlissenen, vergilbten Seide noch das Weiß der Bourbonen mit den goldenen Lilien, die anderen waren Trikoloren, eine noch mit dem Kaiseradler, die anderen mit dem Wappen der Republik. Statt der Inschrift „Honneur et patrie", die sonst die Fahnen französischer Regimenter ziert, steht auf den Fahnen der Legion „Honneur et discipline", denn für ein Vaterland streiten ja die Vaterlandslosen nicht. Es gehört auch zu den Eigenheiten der Legion, daß sie, die sich grundsätzlich nicht um innere Umwälzungen in Frankreich kümmert, mit starrköpfiger Hartnäckigkeit an ihren überlieferten Symbolen und Formen festhält. So hat sie sich auch bis vor dem Zweiten Weltkriege ihre eigentlich ganz unmodern gewordene und nicht sehr praktische bunte Uniform nicht nehmen lassen. In solchen Dingen aber gibt die Militärverwaltung klugerweise den Wünschen dieser für Frankreich so wertvollen Landsknechte immer nach. An den Wänden der Ehrenhalle hingen viele Schlachtenbilder aus der blutigen Geschichte der Legion, deren hoher künstlerischer Wert bewies, daß mancher talentierte, vielleicht sogar geniale Maler die Uniform der Truppe getragen haben muß. Dazwischen Marmortafeln mit den Namen unzähliger

Schlachten und Gefechte in 4 Erdteilen, den Verlustziffern und den Namen gefallener Offiziere. Außerdem schmückten viele eroberte Fahnen, grüne arabische Feldzeichen mit Roßschweifen, dreieckige gelbe und schwarze chinesische Banner und grünweiß-rote mexikanische Fahnen, auch eine schwarzgelbe österreichische[36] und eine russische mit dem blauen Andreaskreuz,[37] sowie herrliche arabische Waffen die weißen Marmorwände dieser Weihestätte eines absoluten, weil an keine höhere Idee gebundenen Kriegertums. Es stimmte zu den „Ge danken, die mich dort bewegten, daß wir dann zu dem nicht weit von der Kaserne gelegenen Friedhof der Legion gingen. Ein riesiges Areal mit Tausenden von ganz gleichen weißen Holzkreuzen, auf denen nur Dienstgrad, Name, Matrikelnummer und Todestag stehen, aber weder der Geburtsort noch die Nationalität angegeben sind. Aber jedes dritte oder vierte Kreuz trug einen deutschen Namen! Hier ruhen nur diejenigen Legionäre, die in der Garnison starben, aber wieviel mehr haben irgendwo im heißen Wüstensande ein vergessenes Grab gefunden. Das einzig Tröstliche an diesem Gottesacker war, daß er tadellos, sogar mit viel Liebe in Stand gehalten wurde. Jedes Grab prangte in buntem Blumenschmuck, und die Wege waren mit langen Reihen schattiger Bäume bepflanzt. Welche verworrenen Schicksale, wieviele enttäuschte Hoffnungen, wieviel verschuldetes oder unverschuldetes Leid sind in diesen Gräbern in afrikanischer Erde bestattet! Gegen Abend holte uns Oberleutnant Pelletier in unserem Hotel ab und nahm uns in das Kasino des 2. Fremdenregiments mit, das am Rande der Kaserne in einem großen, von den Gärtnern der Legion mustergültig gepflegten Garten liegt. Es ist ein umfangreiches, im englischen Landhausstil gehaltenes Gebäude mit zahlreichen Terrassen und glasgedeckten Veranden, in dem jedes

---

36 Oberitalienischer Feldzug 1859

37 Krimkrieg

Bataillon seine eigenen, luxuriös ausgestatteten Räume besitzt. (Die Regimenter der Fremdenlegion sind, wie schon erwähnt, die einzigen französischen Truppenteile, die ihre Offizierskasinos behalten durften. Sie hätten sie sich auch wohl kaum nehmen lassen). Von den Bataillonskameraden unseres Gastgebers wurden wir sehr liebenswürdig empfangen. Ich hatte gleich die Empfindung, daß der ständige dienstliche Umgang mit Menschen aller Nationen ihnen einen etwas weiteren Blick verliehen hatte, als er sonst dem durchschnittlichen Franzosen eignet. Es waren durchweg ältere Herren, viele mit langen Ordensreihen, da Unterleutnants überhaupt nicht und Oberleutnants erst nach mehrjähriger Dienstzeit in anderen Truppenteilen zur Legion versetzt werden. Es gehört ja auch viel menschliche Reife und militärische Erfahrung dazu, mit dem komplizierten Menschenmaterial fertig zu werden, das die Legionäre darstellen. Die Versetzung erfolgt nur auf Grund freiwilliger Meldung, und die meisten Offiziere bleiben dann während ihrer ganzen Dienstzeit bei der Legion. Zweierlei verlangt der Legionär unbedingt von seinen Vorgesetzten: Rücksichtslosen Selbsteinsatz in der Gefahr und Vorangehen bei jeder Anstrengung und Entbehrung. Findet er das bei seinem Offizier, so folgt er ihm blindlings überallhin und erträgt auch die härteste Behandlung. Ein Offizier aber, der sich auch nur einmal eine Blöße gibt, hat endgültig verspielt und wird daher grundsätzlich sofort aus der Legion heraus versetzt. Die Offiziere der Legion erhalten mit Rücksicht auf ihren besonders aufreibenden Dienst ein wesentlich höheres Gehalt als die der übrigen französischen Armee und haben auch bessere Beförderungsaussichten. Auch im Kasino zeugten Einrichtung und Ausschmückung, ausnahmslos, soweit es sich nicht um Trophäen handelte, das Werk kunstfertiger Legionäre, von der Vielseitigkeit der Begabungen, die sich in ihren Reihen aus aller Welt zusammenfinden. Das Essen und die Bedienung bei Tisch waren erstklassig – kein Wunder, wenn der Oberkoch früher Chef in einem Wiener Schlemmerlokal und die Ordonnanzen durchweg ehemalige Kellner waren. Die Unterhaltung bei Tisch drehte sich natürlich im Hinblick auf mich und auch auf meinen Vetter, der sich fast so sehr wie ich dafür interessierte, um das innere Leben der Legion, und das meiste, was ich hier aufgezeichnet habe, hörte ich an jenem Abend. Die Offiziere lebten eigentlich nur für ihren Dienst, hatten ja auch in dem nüchternen, afrikanisch-französischen Städtchen, wohin sich nur selten einmal eine drittklassige Theater- oder Operettentruppe verirrte, kaum etwas anderes. Von ihren Mannschaften hatten sie soldatisch eine sehr hohe, menschlich eine ziemlich geringe Meinung. Von jenen Ausnahmen abgesehen, die bald zu Unteroffizieren befördert oder zu Sonderfunktionen bestimmt würden, seien die Leute nicht viel mehr als Kinder, und zwar recht bösartige und kaum zu erziehende Kinder, die sofort die unmöglichsten Dinge anstellten, wenn sich die strenge Hand, die sie am Zügel führte, auch nur einmal lockere. Ausgesprochene Verbrechernaturen gebe es nicht allzu viele, und diese verschwänden meist sehr schnell in Biribi, um aus dieser Tretmühle nicht mehr zurückzukehren. Einen längeren Aufenthalt in der Garnison ertrügen die wenigsten Legionäre. Dagegen seien die Leute im Felde einfach musterhaft, und es sei eine Freude, eine solche Truppe zu führen, bei der eigentlich niemals ein Mann versage. In allen soldatischen Dingen, nicht nur im Kampfe und auf Patrouille, sondern selbst beim Exerzieren, auf dem Marsche und bei der Parade, hätten die Legionäre einen Truppenehrgeiz, wie er sich so leicht bei keinem anderen Regiment irgendeiner Armee wiederfinde. Er arte manchmal geradezu in eine krankhafte Eifersucht aus. Die Legionäre könnten es einfach nicht ertragen, wenn ein anderes Regiment vor ihnen zum Angriff angesetzt würde, und betrachteten die Ausführung besonders gefährlicher und verlustreicher Unternehmungen geradezu als ihr Vorrecht. Gar keinen Ehrgeiz dagegen hätten sie hinsichtlich ihrer Führung in der Garnison. Es sei ganz zwecklos, sie bei ihrem Ehrenpunkt anfassen zu wollen. Arreststrafen als solche seien ihnen vollkommen gleichgültig, und es bleibe daher gar nichts anderes übrig, als ihnen jede Strafe körperlich so fühlbar zu machen wie nur irgend möglich. Die wenigen, die sich ein gewisses Ehrgefühl bewahrt hätten, finde jeder Kompagniechef schnell heraus. Es seien so gut wie ausschließlich Angehörige der gebildeten Klassen und besonders frühere Offiziere. Interessant war es mir, daß hier ein Hauptmann feststellte, daß die letzteren fast stets ihren früheren Beruf zunächst ängstlich zu verbergen suchten, und daß fast niemals ein Rekrut sich von vornherein als ehemaliger Offizier bekenne. Schon bald aber kämen sie dann zu ihrem Kompagniechef und vertrauten ihm an, daß sie in der oder der Armee bereits Offizier gewesen seien, bäten aber darum, dies ihren Kameraden gegenüber weiter geheim zu halten, welchem Wunsche immer entsprochen werde. Es sei selten, daß ein solcher Mann nicht nach einem halben Jahre die roten Winkel des Korporals, nach einem Jahre die goldenen Tessen des Sergeanten auf dem Ärmel trage, während die von fast allen begreiflicherweise gehegte Hoffnung, wieder Offiziere zu werden, sich gegenwärtig nicht mehr erfüllen lasse.[38] In diesem Zusammenhang will ich eine Frage berühren, die mir oft gestellt worden ist, nämlich die nach Stimmung und Gemütszustand des Legionärs. Ich kann nach dieser Richtung nur von Eindrücken berichten, die ich bei meinem kurzen Besuch in Sidi-Bel-Abbès empfangen habe, denn ich habe es streng vermieden, auch nur mit einem Legionär zu sprechen. Jeder Zivilist, selbst wenn er Franzose ist, und umso mehr der Ausländer, macht nämlich sich selbst und den Soldaten

---

38 Die französischen Offiziere bedauerten das, erklärten es aber daraus, dass diese soldatisch meist sehr tüchtigen Leute nicht, wie in der Frühzeit der Legion, aus kriegerischem Unternehmungsgeist dort eingetreten seien, sondern weil sie, oft aus ehrenrüchigen Gründen, in ihrer Heimatarmee ihren Grad verloren hätten.

sofort verdächtig, wenn er das tut, denn man erblickt darin immer eine Aufreizung oder gar eine Vorbereitung zur Desertion, von der alle Legionäre träumen, ohne sie freilich, von verhältnismäßig seltenen Ausnahmefällen abgesehen, je ausführen zu können. Was ich von den Legionären in der Kaserne und in der Stadt gesehen habe, machte mir keineswegs den Eindruck verzweifelter oder auch nur niedergeschlagener Menschen. Die wohlgenährten Kerle boten in ihren tadellos sitzenden und blitzend sauberen Uniformen, ihrer strammen Haltung und den untadelhaften Ehrenbezeugungen das Bild ausgezeichneter Soldaten, unterhielten sich sehr vergnügt und schienen, jedenfalls nach außen hin, mit ihrem Los ganz zufrieden. Es gab natürlich unter ihnen manche nicht gerade Vertrauen erweckende Physiognomie, aber auch viele brave Arbeiter- und Bauerngesichter und manche Erscheinung, der man es deutlich ansah, daß ihr nicht an der Wiege gesungen worden war, sie werde einmal Frankreichs blaue Capote und krapprote Hose auf afrikanischen Straßen spazierentragen. In der Kaserne klang aus vielen Fenstern Gesang, und es waren meist die vertrauten deutschen Soldatenlieder, wenn auch nicht gerade „Siegreich woll'n wir Frankreich schlagen". In der Stadt Sidi-Bel-Abbès selbst gab es nur eine Sehenswürdigkeit, nämlich den wunderhübsch angelegten und gepflegten Stadtpark. Seine Schöpfer und Betreuer waren die Legionäre, von denen die biederen französischen Spießbürger ängstlich abrückten, wenn sich etwa einer auf die gleiche Bank mit ihm setzte, um der jeden Abend dort konzertierenden Legionsmusik zu lauschen. Als das Zapfenstreichsignal über die Stadt schmetterte, sah man freilich in der Masse der Legionäre, die der Kaserne zustrebten, manche stark schwankende und gröhlende Gestalt, aber das wurde ihnen, wie schon gesagt, nicht verübelt. Am nächsten Morgen fuhren Robert und ich wieder nach Cherchell zurück, während der nette Oberleutnant Pelletier schon seit vielen Stunden mit seiner Kompagnie auf einem marche militaire Kilometer um Kilometer unter mitleidloser Sonne auf der schnurgeraden, schattenlosen Militärstraße hinter sich brachte. Ich habe seitdem noch sehr oft an das Regiment der Heimatlosen zurückdenken müssen und später noch manchmal Gelegenheit gehabt, mich mit früheren deutschen Fremdenlegionären zu unterhalten. Diese haben mir meine Eindrücke so ziemlich bestätigt. Das Erstaunlichste dabei war, daß selbst bei diesen Leuten, die oft in wütendem Haß auf die Legion und ihre dortigen Vorgesetzten schimpften, immer noch ein Rest von Stolz auf die Truppe als solche zurückgeblieben war. Auf ihr Regiment und seine Leistungen ließen sie nichts kommen, und dieses Gefühl, das richtigerweise von den Offizieren der Legion mit allen Mitteln erweckt und erhalten wird, ist ja auch schließlich das einzige, wenn man so will, höhere Ideal, das diesen armen Teufeln geblieben ist. – In Cherchell hatte ich eines Nachmittags Gelegenheit, eine arabisch-indische Gauklertruppe zu sehen, deren Leistungen zum Teil erstaunlich und für mich heute noch unerklärlich waren. Der marokkanische Schlangenbeschwörer freilich brachte nichts Besonderes, außer daß er zum Schluß das unappetitliche Kunststück ausführte, einer seiner Vipern den Kopf abzubeißen. Aber der indische Fakir (ob es ein echter Yoghi war, weiß ich nicht)! Das bekannte Mangobaumwunder, bei dem er vor unseren Augen einen in einem Blumentopf gesteckten Samenkern zum Aufwachsen bis zum mehrere Zentimeter hohem Bäumchen brachte, war schon erstaunlich. Ebenso daß er in einer Schüssel vier verschiedenfarbige feine Sandsorten zu grauem Brei verrührte, dann hineingriff und jede einzelne Farbe säuberlich getrennt auf einem weißen Tuch ausstreute. Aber es ging noch weiter: Der Fakir warf eine faustgroße, schwere Eisenkugel, die jeder von uns in der Hand gewogen hatte, in die Luft, und wir alle sahen sie in der Höhe verschwinden. Nach einigen Minuten, während deren er andere Kunststücke gemacht hatte, stieß der Inder einen gellenden Schrei aus, riß einen der Zuschauer bei Seite, und im gleichen Augenblick sauste die Kugel herab und bohrte sich mit dumpfem Schlag tief in den Sandboden ein. Wir versuchten alle, die Kugel mit aller Kraft auf den Boden zu werfen und konnten nichts als eine ganz flache Delle erzielen. Massensuggestion? Vielleicht, aber wie hat der Inder das tiefe Loch im Boden hervorgebracht, in dem die Kugel fast verschwand, und das noch lange nachher zu sehen war? – Und dann war auch diese Episode meines Lebens vorüber. Als ich die Turcos vom 3. algerischen Regiment das nächste Mal sah, trugen sie nicht mehr das blaue, gelbbordierte Jäckchen, die weite Pluderhose und den roten Fez, sondern Khaki und Stahlhelm und waren nicht meine liebenswürdigen Gastgeber, sondern höchst unangenehme Gegner, die mir an der Vimy-Höhe auf 30 Meter gegenüberlagen. Robert Doumayrou allerdings hatte ich die Freude, nicht allzu lange nachher als meinen lieben Gast in Deutschland begrüßen zu dürfen. Mein Vetter konnte mich leider nicht nach Alger zurückbegleiten, aber einer seiner Regiments-kameraden, Oberleutnant Dupont, der auf Urlaub in die Heimat fuhr, blieb mein Reisegefährte bis nach Marseille. Die Rückfahrt, bei der ich mit ihm meine Kabine teilte, verlief so viel angenehmer als die Hinreise. Zwar war der Dampfer der Messageries Mariti-mes, ich weiß nicht mehr, wie der alte Kasten hieß, ebenso dre-ckig und überfüllt, aber das Wetter war ausgezeichnet, und meine Begleitung durch den französischen Offizier machte sogar das Schiffspersonal etwas höflicher. Maria Theresa, völlig erholt von den spanischen Strapazen, erwartete mich am Quai, und abends beim gemeinsamen champagnerbefeuchteten Mahle verliebte sich mein französischer Kamerad so heftig in diese erste deutsche Frau, die er in seinem Leben kennen lernte, daß er um ein Haar seinen Zug nach Paris verpaßt hätte. In dem kleinen Tanzkabarett an der Cannebière brachte er ihr Matchiche und alle die bei unse-rer guten Gesellschaft noch streng verpönten neuen Tänze bei, was ihr riesigen Spaß machte. – Meine Frau und ich blieben noch ein paar Tage in Juan-les-Pins und fuhren dann auf dem direkten

Wege über Basel nach Worms zurück, übervoll von neuen, unvergeßlichen Eindrücken.

Doch mit des Geschickes Mächten …
„Und als der Sturz mich rasend niederschlug
In das Geläuf vorm niederbrechenden Pferde"

Börries Freiherr von Münchhausen.

Unser liebes Worms kam uns wie ausgestorben vor, denn das Regiment war schon lange in die Manöver ausgerückt. Als ich mich am Morgen nach meiner Ankunft auf dem Regimentsbüro meldete, überreichte mir der stellvertretende Regimentsschreiber den Befehl, beim Wachtkommando zu bleiben und nicht ins Manövergelände zu folgen, was mir, offen gesagt, recht lieb war. Der Führer des Wachtkommandos war Oberleutnant Anger, ein tüchtiger und geschätzter Offizier, der aber leider seit längerer Zeit so schwer an einer durch keine Kur zu behebenden Ischias litt, daß er zu Zeiten kaum bewegungsfähig war. Aus diesem Grunde war ich ihm auch wohl zugeteilt worden. Anger war ein hochtalentierter Mensch, der einen prachtvollen Bariton besaß, sehr hübsche Gedichte und Novellen schrieb und als geistvoller Unterhalter jede Gesellschaft belebte. Es war ein Jammer, den stattlichen und noch jungen Mann mit seinem starken blonden Schnurrbart am Stock unbehilflich dahinwanken zu sehen. Er mußte schließlich den Abschied nehmen und zog sich, da er zum Glück nicht unbemittelt war, nach Wiesbaden zurück, dessen heilkräftige Quellen die fortschreitende Verschlimmerung seines Leidens aber nicht aufhalten konnten. Als der arme Kerl kurz vor dem Ersten Weltkriege zum letzten Mal an unserer Chambord-Feier teilnahm, schleppte er sich schon an Krücken. Von Dienst konnte man beim Wachtkommando eigentlich kaum sprechen. Die wenigen büromäßigen Arbeiten erledigte

Oberleutnant Anger, dem ich dafür das Exerzieren der Wache, deren Aufziehen und die Revidierung der Posten und des Arresthauses abnahm, was täglich zusammen noch keine zwei Stunden in Anspruch nahm. So konnten wir uns nach der langen Abwesenheit in aller Ruhe wieder zu Hause einrichten. Ich holte meine gute Polly aus Nackenheim ab, wo sie sich prächtig erholt hatte. Aber auf dem langen Heimritt merkte ich doch, daß die Stute wirklichen großen Anstrengungen nicht mehr gewachsen sein würde. Da auch Maria Theresa eines ihrer beiden Pferde, einen Ostpreußen, auszuwechseln wünschte, beschlossen wir, ein Pferd anzuschaffen, das von uns beiden geritten werden könnte, und faßten den zum Verkauf gestellten Goldfuchs eines Oberleutnants der Hanauer 6. Ulanen ins Auge, der, wie üblich, durch Rundschreiben an die Regimenter von seinem Besitzer den kauflustigen Offizieren des Armeekorps angeboten worden war. Seine Geeignetheit als Damenpferd war darin besonders hervorgehoben worden, wie sich später herausstellte, eine Gewissenlosigkeit übelster Sorte. Aber dieser Entschluß konnte erst nach Ende des Manövers verwirklicht werden. Ich kam mir sehr komisch vor, als ich dann eines Tages in der zweiten Septemberhälfte auf dem Bahnhofe die Züge des heimkehrenden Regiments erwartete, fast, als gehörte ich gar nicht mehr recht dazu. Große Veränderungen brachte gleich der Beginn des neuen Dienstjahres. Ich blieb zwar zu meiner Freude bei der 5. Kompagnie, erhielt aber einen neuen Chef in Gestalt des Hauptmanns Staubesand,[39] der aus dem 5. Großherzoglichen Infanterieregiment Nr. 168 in Offenbach zu uns versetzt worden war. So leid es mir tat, wenigstens dienstlich von Herrn von Goessel zu scheiden, so gut hatte ich es wieder mit meinem neuen Häuptling getroffen. Er war Nassauer, sein Vater Forstmeister in Königstein im Taunus und ein guter Bekannter

---

39   t 18.4.1917 bei Invincourt.

meines Alten Herrn von den korpsstudentischen Veranstaltungen in Höchst und Frankfurt. Seine Gattin, eine auffallend stattliche blonde Walkürengestalt, war Frankfurterin und sehr intim mit meiner ganzen dortigen Verwandtschaft. Herr Staubesand war ein schlanker, etwas verschlossener, aber ungemein verbindlicher Mensch. Man hätte sich jedoch sehr getäuscht, wenn man sein stilles und höfliches Wesen, dem jedes Schimpfen und Fluchen ein Greuel war, mit mangelnder Energie verwechselt hätte. Das lernten die Unteroffiziere und Mannschaften, die noch an die Berliner Grobheit Goessels gewöhnt waren, sehr schnell einsehen. Hauptmann von Goessel war als Chef der nun auch bei unserem Regiment aufzustellenden Maschinengewehrkompagnie ausersehen, und mit den dafür bestimmten Offizieren, dem MG-Techniker und -Sachverständigen Oberleutnant Freiensehner und meinem Freunde Leutnant Emil Eichhorn, sowie sieben Unteroffizieren zu einem vierteljährigen Lehrkursus auf die Infanterieschießschule in Spandau kommandiert. Kasernenblock, Stall und Fahrzeughalle dieser neuen Truppe waren bereits seit dem Frühjahr auf dem nach Nordwesten wesentlich erweiterten Kasernengrundstück in Bau. Es hat auffallend lange gedauert, ehe sich die deutsche Heeresverwaltung zur allgemeinen Einführung des Maschinengewehres bei der Infanterie entschloß. Ich sprach ja schon davon, daß die Widerstände dagegen bei vielen hohen Stellen so stark waren, daß man zuerst nur Sonderformationen, Maschinengewehrabteilungen bei nicht einmal allen Armeekorps[40] und Festungsmaschinengewehrabteilungen in den großen Grenzfestungen aufstellte. Dabei hatte die Waffe ihre kriegerische Probe ja längst abgelegt. Der Gedanke der Beschleunigung und Zusammenfassung des Feuers

---

40 Die im Mobilmachungsfalle den dann aufzustellenden, im Frieden, außer bei der Garde, nicht dauernd bestehenden Kavallerie-Divisionen zugeteilt werden sollten.

ist uralt. Schon die Römer hatten Maschinen, die 50 Pfeile gleichzeitig abschossen, und sehr bald nach Erfindung des Pulvers versuchte man in den sogenannten Totenorgeln mehrere Geschützrohre so zu vereinigen, daß sie gleichzeitig oder schnell hintereinander abgefeuert werden konnten. Die 1870 von den Franzosen verwendeten Mitrailleusen waren unmittelbare Vorläufer des Maschinengewehrs, aber auch ihre Wirkung blieb infolge der geringen Zielsicherheit und besonders der mangelnden Streuung hinter den Erwartungen zurück. Die erste wirklich feldbrauchbare Waffe dieser Art konstruierte in den 1880er Jahren die englische Waffenfabrik Maxim, und die Schlacht bei Omdurman 1895, in der Kitcheners wenige Maxim-Guns die seinem Heere hundertfach überlegenen Reitergeschwader der Mahdisten einfach niedermähten, erbrachte den unwiderleglichen Beweis für die außerordentliche Wirksamkeit des Maschinenfeuers. Im Burenkriege konnten die M.G.s gegen die im Gelände gut gedeckten Einzelkämpfer der Südafrikaner weniger zur Geltung kommen, aber der Russisch-Japanische Krieg zeigte, daß ihr massenweiser Einsatz tatsächlich die ganze bisherige Infanterietaktik umwarf. Alle dagegen geäußerten Bedenken hinsichtlich des Munitionsersatzes im Gefecht und der freilich im Anfang noch recht häufigen Ladehemmungen erwiesen sich im Lichte der Tatsachen als hinfällig. Jeder alte Mitkämpfer wird mir zustimmen, wenn ich sage, daß im Ersten Weltkriege unbestreitbar das Maschinengewehr die Königin der Waffen war. Mochte bei Verdun oder an der Somme noch so rasendes Trommelfeuer Stellungen und Besatzung zerschlagen — wenn auch nur hier und da ein M.G. noch feuerfähig blieb, so scheiterte in fast allen Fällen der Sturm der feindlichen Infanterie, und im düsteren Herbst 1918 waren es in erster Linie unsere M.G.s, die es den dünnen Linien unserer zu Schlacken ausgebrannten Regimenter möglich machten, das Vorgehen der materiell und zahlenmäßig so unendlich überlegenen Gegner immer wieder aufzuhalten. Die Amerikaner im Saint-Mihiel-Bogen waren überhaupt nicht mehr vorzubringen, wenn sie merkten, daß bei uns noch ein M.G. feuerte. Jeder von uns hat diese herrliche Waffe geradezu geliebt. Das lange Zögern bei der Einführung der M.G.s hat allerdings den nicht zu unterschätzenden Vorteil gehabt, daß wir 1914 wohl mit der leistungsfähigsten und am besten durchkonstruierten Maschinenwaffe aller Heere ins Feld gingen. Besonders das langsam schießende französische M.G. war dagegen ein geradezu kümmerliches Ding und hatte nur den Vorteil der Luftkühlung vor unserer Wasserkühlung voraus, die allerdings bei Dauerfeuer durch den weit sichtbaren Dampf manchmal unangenehm die Stellung verraten konnte. Unsere neu gebackenen „Maschinisten" schlugen sich stolz wie die Pfauen die Sporen an, die nun nicht mehr allein das Vorrecht der Adjutanten waren, und sprachen mit Vorliebe und leiser Verachtung von der „Infanterie", zu der sie sich gar nicht mehr rechnen wollten. Die Ausbildung mit der Waffe ging dann, als sie vom Lehrkursus zurückkehrten, ziemlich schnell vorwärts. Dagegen machte die Fahrausbildung bei den zum größten Teil pferdeunkundigen Unteroffizieren bedeutende Schwierigkeiten, obwohl eine M.G.K., deren schwere Pferde, ein Zweigespann für jedes Fahrzeug, vom Bock gefahren wurden, ja nur Mitteltrab als schnellste Gangart hatte und ihr Galopp streng untersagt war. Im Anfang ihres Bestehens sah man allerdings unsere wackere M.G.K., wenn die Pferde den Stall in die Nase bekamen, nach einer Übung manchmal sehr wider Willen in rasendem Galopp rasselnd und polternd durch das Kasernentor jagen. Richtigerweise befahl unser Regimentskommandeur, daß sofort nach Aufstellung der M.G.K. sämtliche Offiziere und von jeder Kompagnie 5 Unteroffiziere in der Bedienung des M.G. auszubilden seien. Dieser Kommandeur war nicht mehr unser alter Schippekönig, über den wir so oft herzhaft geschimpft haben, und den wir nun doch mit Bedauern scheiden sahen, als er zum

Kommandeur einer Brigade in Straßburg im Elsaß ernannt worden war. Ich habe ihn nicht mehr wiedergesehen, aber im Jahre 1934, als ich meinen Urlaub in Baden-Baden verbrachte, dort auf dem schönen Friedhofe einige Blumen treuen Gedenkens an seiner letzten Ruhestätte niedergelegt, wo er neben seiner Gattin schlummert. Ob die bei uns ohne Erfüllung ihrer heftigen Heiratswünsche scheidende Tochter Maritta anderswo mehr Erfolg gehabt hat, weiß ich nicht. Der Sohn aber ist der später so bekannt gewordene Theater- und Filmregisseur von Boeckmann. Nachfolger war Oberst von Behr, der vom Großherzoglich Mecklenburgischen Grenadierregiment Nr. 89 zu uns kam, in fast allen Dingen das Gegenteil seines Vorgängers, wie das so oft zu sein pflegt. Er war ein schweigsamer, fast düsterer Herr, den man kaum je einmal lächeln sah. Er verstand es, eine geradezu eisige Atmosphäre um sich zu verbreiten, und es wird wenige im Regiment gegeben haben, die von ihm je ein wärmeres persönliches Wort gehört haben. Seinen dienstlichen Ansprachen und Kritiken fehlte jede Spur versöhnenden Humors. Seine mit ihm wohl gleichaltrige weißhaarige Gattin, mit der er in kinderloser Ehe lebte, hieß bald überall die „Ahnfrau" und sah auch genau aus wie ein graues Schloßgespenst. Beide waren puritanisch strenge Lutheraner, aber selbst der zwar auch dogmenstarre, doch gütige und lebensfrohe Kirchenrat Benemann konnte kein näheres Verhältnis zu ihnen gewinnen. Der Oberst war ein vorzüglicher Kommandeur und guter Reiter, doch auch militärisch wie im Sattel fehlte ihm jede Leidenschaft. Er besaß die sehr unangenehme Eigenschaft, sich ständig um das Privatleben seiner Offiziere zu kümmern, und besonders, wahrscheinlich unter dem Einfluß der Ahnfrau, die jüngeren Damen aufs Korn zu nehmen. Es genügte, daß eine Dame auf der Straße oder in Gesellschaft eine sehr elegante, vielleicht etwas auffallende Toilette trug, um dem Ehemann am nächsten Tage eine nicht sehr angenehme Unterredung mit Herrn von Behr zu verschaffen.

Als er nach einem Kasinoball versuchte, durch eine Aussprache mit dem Kreisrat auch die Damen unseres zivilen Verkehrskreises zu dieser altpreußischen Einfachheit zu bekehren, holte er sich freilich eine höfliche, aber gründliche Abfuhr. Natürlich kritisierte er auch nach seiner Meinung zu üppige Menüs bei Einladungen, was aber nur den Erfolg hatte, daß jene Diners, zu denen das kommandeurliche Paar erschien, als echte Kommißpekkos mit dem obligaten Kalbsbraten und einem billigen Surius gestaltet wurden, während sonst alles beim Alten blieb. Solche Dinge mochten vielleicht in einer kleinen ostelbischen Garnison durchführbar sein und sogar Beifall finden. An den leichtlebigen freien Rhein paßten sie wirklich nicht. Daß meine liebe Maria Theresa in der Herde der mißliebigen schwarzen Schafe an vorderster Stelle stand, läßt sich leider nicht bestreiten. Ihre Toiletten, ihr Reiten im Herrensitz, ihr intimer Freundesverkehr mit Künstlern und ähnlichen „zweifelhaften" Persönlichkeiten erregten immer aufs Neue Anstoß, so daß sie sogar schließlich dienstlich zur Kommandeuse bestellt wurde. Sie erklärte dieser jedoch auf ihre Vorhaltungen, mit aller einer alten Dame gegenüber gebotenen Höflichkeit, daß sie sich nicht bewußt sei, in einem militärischen Untergebenenverhältnis zu ihr zu stehen und daß sie nicht beabsichtige, ihre Gewohnheiten zu ändern, die denen ihres Lebens- und Familienkreises entsprächen. Damit hatten wir beide uns allerdings gründlich in die Nesseln gesetzt, und der Oberst verfehlte nicht, mich am nächsten Tage auf die möglichen Rückwirkungen auf meine Laufbahn aufmerksam zu machen. Das ärgerte mich zwar, bereitete mir aber wenig Kummer, denn durch Vermittlung des schon erwähnten Verwandten meiner Frau, des Großherzoglichen Generaladjutanten Generalleutnant von Hahn hätte ich mich jeden Tag in eines der Darmstädter Dragonerregimenter versetzen lassen können. Wir beide hatten übrigens schon vorher manchmal mit dem Gedanken gespielt, ob ich nicht in die bayrische Armee übertreten sollte, etwa zu den Bamberger Kaiserulanen, deren damaliger Kommandeur Oberst von Einsiedeln ein guter Freund meines Vaters war, und mich sofort genommen hätte, wie auch schon vorher mein aus München stammender Regimentskamerad Kalteis[41] zu diesem Regiment übergegangen war. Ich bin heute froh, daß ich aus Anhänglichkeit an mein schönes Regiment und das mir so lieb gewordene Worms doch zuletzt immer von der Ausführung solcher Pläne abgesehen habe. Übrigens hat Oberst von Behr mich dienstlich in der Praxis nie fühlen lassen, was er etwa an meinem, oder eigentlich meiner Frau, Privatleben auszusetzen hatte. Ich bin, soweit das bei einem Menschen seiner Art überhaupt möglich war, immer gut mit ihm ausgekommen, und er hat mich ja später sogar zu seinem Adjutanten gemacht. Auch meinen alten Bataillonskommandeur Major Lübbe hatte in diesem Manöver sein schon lange drohendes Schicksal in Gestalt des gefürchteten Blauen Briefes ereilt. Er wurde zum Kommandeur des Landwehrbezirks Neuwied ernannt, und die bekannten bösen Mäuler behaupteten, daß er sich mit der Unglücksbotschaft in der Tasche bis spät nachts nicht zu seiner ehrgeizigen Frau Gemahlin heimgetraut habe. Ich glaube, daß der liebe und nette Herr im Grunde seines Herzens erleichtert war, als die doch unausweichliche Entscheidung fiel, denn er wußte viel zu gut, daß er nicht zum Feldmarschall geboren war, und hatte nun endlich seine Ruhe. Im Ersten Weltkriege hat er dann bewiesen, daß er, wenn vielleicht auch kein großer Stratege, so doch ein tapferer Soldat war. Er fiel 1917 an der Spitze eines Reserveregiments. An seine Stelle trat Major von Hiddessen, der vom Waldecker Bataillon des Infanterieregiments 83 kam, und dessen reizende Tochter manches Leutnantsherz in Verwirrung brachte.

---

41 Er ist im August 1914 bei der siegreichen, aber sehr verlustreichen Attacke der bayrischen Ulanen-Brigade, wohl der größten Attacke zu Pferde im ganzen Kriege, bei Lagarde in Lothringen gefallen.

Und doch hat dieses elegante und hübsche junge Mädel ein Jahr
später die Schwesternhaube aufgesetzt und ist bei diesem zwar
schönen, aber schweren Berufe dauernd geblieben. Ihr Bruder
Ferry trat bald nach seines Vaters Versetzung in unser Regiment
bei den Darmstädter Leibdragonern ein und hat sich dann in der
Geschichte der Fliegerei als einer der ersten deutschen Offiziere,
die den Flugzeugführerschein erwarben, und überhaupt als einer
der ersten erfolgreichen Flieger der Welt einen bedeutenden
Namen gemacht. Es war nur ein nicht böse gemeinter Ulk, wenn
seine Regimentskameraden damals behaupteten, der gute Ferry
sei nur deshalb ein so guter Flieger, weil er viel zu dumm wäre,
um zu begreifen, wie gefährlich die Luftkutscherei eigentlich
sei. – Um auch das zu erwähnen, wenn es sich auch nur um eine
Äußerlichkeit handelt: Im Herbst 1909 wurden an Stelle der
hohen schwarzen Schaftstiefel für Offiziere braune Schnür-
schuhe mit Ledergamaschen und Anschnallsporen, die außer zur
Paradeuniform zu jedem Dienst getragen werden durften,
gestattet. Daß sie zu der bunten Uniform schön oder in ihrer
damaligen Form praktisch gewesen seien, kann man nicht
behaupten, und die meisten kehrten bald reumütig zu der alten,
bewährten Fußbekleidung zurück. Auch die weißen Waschleder-
handschuhe wurden außer zur Parade für jeden Dienst durch
braune Glacéhandschuhe ersetzt. Ferner wurden die schönen,
blitzenden silbernen Säbelscheiden matt brüniert, und der
Schleppriemen des Säbelkoppels kam in Fortfall. Die berittenen
Offiziere trugen von da ab den Säbel am Sattel, wie die Mannschaften der berittenen Truppe, außer dem Train, schon lange.
Es waren die ersten Vorzeichen der erst zwei Jahre später erfolgenden Einführung der grauen Felduniform, die allerdings auch
dann ausschließlich als Kriegsgarnitur gelagert und noch nicht
im Frieden getragen wurde. Versuche mit einer solchen waren
schon seit längerer Zeit im Gange, hatten aber noch zu keiner
Entscheidung geführt. Was man davon zu sehen bekam, konnte

nicht gerade Begeisterung erwecken. So trug eine Kompagnie eines Mainzer Infanterieregiments zur Probe eine weite Joppe in undefinierbarer Farbe, die im Sonnenschein violette Tönung annahm, dazu eine Art Feuerwehrhelm aus Filz in gleicher Farbe und erregte bei jedem Marsch durch die Straßen berechtigte Heiterkeit. Bei anderen Truppen getragene Probestücke waren noch merkwürdiger in Schnitt und Farbe. Daß der Abschied von der lieb gewordenen historischen Uniform in absehbarer Zeit unvermeidlich sein würde, wußte man ja längst, aber er fiel uns allen dann doch recht schwer. Einigen Neuformationen hatte man gleich bei ihrer Aufstellung dem Feldgebrauch besser angepaßte Uniformen verliehen, so dem Königlich Sächsischen Husarenregiment Nr. 20 graue Attilas, den M.G.-Abteilungen und den Jägern zu Pferde grüngraue Waffenröcke, wobei es allerdings unerfindlich blieb, warum man die „Pferdejäger" als leichte Kavalleristen zu dieser unzweifelhaft praktischen Kleidung ausgerechnet Kürassierhelme, allerdings aus geschwärztem Stahl, und ungeheure Stulpenstiefel tragen ließ. Unser Feldgrau, das schließlich das Ergebnis dieser langjährigen Versuche war, ist sicherlich die für einen europäischen Kriegsschauplatz am besten geeignete Schutzfarbe gewesen und wurde ja auch von der Reichswehr und der neuen Wehrmacht beibehalten. Es war nur schade, daß man sich nicht gleich entschloß, auch den Schnitt der Waffenröcke bequemer zu gestalten, wie es erst 1916 bei der damals eingeführten Feldbluse geschah, und den vollkommen überholten Helm abzuschaffen, den man für Paradezwecke ja hätte beibehalten können, wie das bei vielen Armeen der Fall ist. Bei einer Felduniform man musste man überhaupt nur auf das Praktische sehen und jede Rücksicht auf Schönheit und Kleidsamkeit fallen lassen. Engländer und Amerikaner haben das bis an die äußerste überhaupt denkbare Grenze getan, denn ihr battle-dress ist kaum noch eine Uniform, sondern ein Arbeitsanzug, der in jedem Knopf und jeder Tasche der vom Soldaten in einer modernen Schlacht zu leistenden Tätigkeit angepaßt ist. Eines darf man dabei aber nicht vergessen. Der Satz, den Schiller seinen Wachtmeister in „Wallensteins Lager" sprechen läßt, bleibt wahr, solange es noch Soldaten gibt: „Der Soldat muß sich können fühlen". Daher gaben die meisten Heere ihren Truppen neben der nur praktischen Feldbekleidung noch eine kleidsamere und schmuckere Uniform für Ausgang und Parade. Schließlich geht ja auch der Arbeiter nicht in seinem Monteuranzug, der Chemiker nicht in seinem Laboratoriumskittel abends mit seinem Mädel aus, und man wird nie in dem Soldaten Stolz auf seinen hohen Beruf und sein Regiment erwecken können, wenn man ihm nicht die Möglichkeit bietet, ihn auch äußerlich im Waffenkleide zur Schau zu tragen. Für die deutsche Armee war so bereits während des Ersten Weltkrieges eine im Grundstoff graue, aber mit farbigen Abzeichen und blanken Knöpfen ausgestattete Friedensuniform vorgesehen worden, und an die schmucken Ausgehuniformen der Reichswehr und des neuen Heeres erinnert sich heute noch jeder. Die Engländer haben bei allen Regimentern die historischen Uniformen für Friedensgebrauch beibehalten, und sogar der Soldat der sowjetischen Roten Armee trägt auf den Straßen Moskaus heute Uniformen, deren Glanz dem der alten Petersburger Kaisergarde nichts nachgibt. Es liegt weit mehr darin als nur eine Äußerlichkeit oder eine Konzession an die menschliche Eitelkeit. Wer die Geschichte der Uniform kennt, die viel weiter zurückreicht, als man gemeinhin annimmt, weiß das. Sie ist niemals allein ein Erkennungszeichen gewesen, das die Unterscheidung der eigenen Truppen vom Gegner erleichtert, sondern war und ist ein sichtbarer Ausdruck nationaler und staatlicher Eigenart. Nicht nur des Berufssoldaten Auge wird im fremden Lande zuerst durch die uniformierten Träger der Staatshoheit angezogen. Wer Blick dafür hat, wird aus ihrer Haltung nicht allein, sondern auch aus ihrer Tracht viel vom Charakter der betreffenden Nation herauslesen können. Der Leibrock der kaiserlichen Leibwache aus schwerem Goldbrokat konnte nur in Byzanz, die nüchtern praktische Rüstung des Legionärs nur in Rom erdacht werden. In dem schlichten, straffen, blauen Waffenrock, dessen Grundschnitt von den Trabantengarden des Großen Kurfürsten über die Grenadiere Friedrichs des Einzigen und die Musketiere von 1870 bis zum Ende des Reiches unverändert geblieben ist, wenn er auch seit 1914 die Farbe wechselte, liegt sehr viel vom Wesen des Preußentums. Wer hat je die theatralisch aufgemachten Offiziere und Soldaten Italiens gesehen, ohne gelinde Zweifel am kriegerischen Werte dieses Volkes zu empfinden? Die saloppe, lässige, aber doch irgendwie kämpferische Uniformierung des französischen Soldaten entspricht genau dem jedem äußeren Zwang abgeneigten, aber jederzeit zum Kampfe für ihr Land bereiten Geiste der Nation. Und der weite, grüne, später braune Waffenrock der russischen Armee seit Alexander dem Dritten war bewußt der kaftanartigen Hemdbluse des russischen Muschik angenähert, und seine Einführung an Stelle der unbeliebten, weil für Russen unnatürlichen „preußischen“ Uniformierung erfolgte genau zu dem Zeitpunkt, als die im russischen Volksgeiste während des 19. Jahrhunderts entstandene Feindschaft gegen Deutschland und überhaupt den „faulen Westen“ die Oberhand gewann.[42] So könnte man die Beispiele bis ins Unendliche fortsetzen, und scharlachroten Rock, Bärenmütze und Schottenkilt auf der einen, battle-dress in Khaki auf der anderen Seite als Spiegelbild des zäh an seinen Überlieferungen festhaltenden, aber im praktischen Leben recht fortschrittlichen Briten, die „preußischen“ Uniformen der argentinischen und der chilenischen Armee als Symbol dafür betrachten, daß diese beiden Völker sich sehr deutlich von der Indisziplin und Indolenz anderer südamerikanischer Nationen abheben. Noch eine andere, eine

---

42   Die Sowjets haben ihn im allgemeinen Schnitt beibehalten!

politisch-historische Bedeutung hat die Uniform. Nach einem Kriege drückt der Sieger der ganzen militärischen Welt sozusagen seinen Stempel auf. Viele, besonders kleinere Staaten, senden ihre Militärmissionen zu ihm, erbitten die Entsendung seiner Instruktoren und gleichen Taktik, Organisation, Bewaffnung, aber auch Uniformierung denjenigen an, die sich bei der siegriechen Armee bewährt haben. Fast ein halbes Jahrhundert, von 1870–1918, war unbestritten die deutsche Armee der Lehrmeister aller anderen. So war auch äußerlich die preußische Pickelhaube Trumpf in zahlreichen Ländern. Sie trugen die Soldaten Portugals, Spaniens, Rumäniens, Schwedens und vieler südamerikanischer Länder. Nach dem Ersten Weltkriege nahmen fast alle Heere die Khakifarbe und den mehr zivil geschnittenen Waffenrock mit Schlips und Kragen der Briten an, selbst die Yankees und die stolze französische Armee. Werden von nun ab die Soldaten der Erde im amerikanischen battle-dress oder im Waffenrock der Sowjets marschieren? Aus der Antwort auf diese Frage wird man viel entnehmen können – vor allem, wen man als den wirklichen Sieger dieses letzten Krieges ansieht. – Das damals von uns allen sehr bedauerte Abschneiden des schönen rot-silbernen Schleppriemens von unserem Säbelkoppel hat mich sehr weit ab vom Wege geführt. Nehmen wir den Faden wieder auf – es ist immer noch Herbst 1909. Ich muß zunächst von einer geradezu tragischen Affäre berichten, die sich damals im Regiment abspielte, und bei der auch mir eine Rolle zufiel. Unser mehrfach erwähnter Regimentsadjutant Oberleutnant Schulze war im Oktober eines Tages plötzlich verschwunden. Sein Bursche erklärte bei der Vernehmung, daß sein Herr sich morgens wie gewöhnlich aus der Wohnung entfernt, aber keinerlei Äußerung getan habe, aus der man entnehmen könnte, daß er verreisen wolle. Er habe auch kein Gepäck mitgenommen. Auf und in dem Schreibtisch des Vermißten und in seinem Büro fand sich nicht die mindeste schriftliche Mitteilung, die Aufklärung hätte geben können. Es wurden zwei Vermutungen von Schulzes näheren Bekannten geäußert: Entweder habe der übernervöse Mensch sich über das Scheiden des Obersten von Boeckmann, der ihm immer die Stange gehalten hatte, so aufgeregt, daß er Selbstmord begangen habe, oder er sei dem Racheakt eines seiner vielen Feinde unter seinen Untergebenen, deren Haß er sich durch sein unbeherrschtes Wesen zugezogen hatte, zum Opfer gefallen. Es blieb nichts übrig, als die Kriminalpolizei zu verständigen. Diese stellte nach wenigen Stunden fest, daß Schulze eine Fahrkarte Erster Klasse nach Frankfurt am Main genommen habe und mit dem Vormittags-D-Zuge in dieser Richtung abgefahren sei. Ob er in Frankfurt eingetroffen sei, ließ sich nicht ermitteln. Zwei Tage später rief der Direktor des ersten Wiesbadener Hotels „Nassauer Hof“ beim Regiment an. Er teilte mit, daß in seinem Hotel ein Offizier des Regiments Prinz Carl abgestiegen sei, der ein so auffälliges und sonderbares Wesen zur Schau trage, daß er dringend um Entsendung eines unserer Herren nach Wiesbaden bitte. Oberst von Behr beauftragte sofort den Hauptmann Wagner, einen der wenigen Freunde Schulzes, und, aus welchem Grunde weiß ich nicht, mich mit dieser äußerst unangenehmen Mission. Selbstverständlich fuhren wir in Zivil. Im Nassauer Hof empfing uns der weltgewandte und sicher nicht leicht aus der Fassung zu bringende Direktor, der übrigens Leutnant der Landwehr war und uns daher jede Unterstützung gewährte, mit allen Zeichen des Entsetzens: „Gott sei Dank, daß Sie so schnell gekommen sind, meine Herren, sonst hätte es einen unausdenkbaren Skandal geben können.“ Was er dann berichtete, bereitete uns auf das Schlimmste vor. Oberleutnant Schulze war in drei Autos, von denen zwei hoch mit den elegantesten Koffern beladen waren, vorgefahren und hatte die ganze Fürstensuite des Hotels, aus der gerade am Tage vorher der König von Dänemark ausgezogen war, gemietet, was einem Offizier in Uniform natürlich nicht verweigert werden konnte, obwohl sein übererregtes Wesen sofort allgemein aufgefallen war. Dann hatte er telephonisch eine Schaar der ersten Schneider, Schuhmacher, Wäschelieferanten usw. aus Wiesbaden, Frankfurt und Mainz bestellt, bei denen er riesige, innerhalb weniger Stunden zu liefernder Bestellungen aufgab. Das ganze Hotelpersonal schnauzte er an wie seine Feldwebel, warf aber dafür mit Goldstücken und Scheinen um sich. Zum Glück hatte er seine Zimmer nicht mehr verlassen, sondern sich dort die opulentesten Mahlzeiten servieren lassen und sich die übrige Zeit in Schreibereien vergraben, wie der Direktor durch Befragung der Bedienung festgestellt hatte. Ununterbrochen kamen, wie wir selbst sahen, ganze Kolonnen von Boten mit Kisten und Kartons aller Art, riesigen Blumenarrangements usw. an, die nach „Herrn Rittmeister von Schulze" fragten. Wir faßten uns also ein Herz und gingen hinauf, wo wir uns durch den Zimmerdiener melden ließen. Als die Tür des prunkvollen Salons aufging, war es uns, als hätten wir einen Schlag vor den Kopf bekommen: Da saß der Unglückliche in der blauen Silberattila der Bonner Königshusaren am Schreibtisch und schrieb fieberhaft Kuvert um Kuvert, wie sie schon bergehoch ringsum den Fußboden bedeckten. Bei unserem Eintritt erhob sich Schulze, schritt in majestätischer Haltung auf uns zu, maß uns von oben bis unten mit flackernden Augen und schrie mit der gellenden Stimme, die ich so gut vom Parolehof her kannte: „Sie kommen, um mir zu gratulieren, meine Herren, denn Seine Majestät hat mich zum Rittmeister Allerhöchst Seiner Husaren ernannt, mich in den Adelsstand erhoben und mir gestattet, mich mit Frl. X Y (er nannte die ihm persönlich völlig unbekannte Tochter eines Mannheimer Großindustriellen) zu verloben. Wie Sie sehen, schreibe ich gerade die Verlobungsanzeigen. Im Übrigen finde ich es geradezu empörend, daß Sie sich erlauben, bei mir in Zivil zu erscheinen. Ich werde Seiner Majestät davon Meldung erstatten." Nun war alles klar, die Frage war nur, was wir tun sollten, um den armen Kerl in Ruhe wegzubringen, ohne ihn zur Tobsucht zu reizen. Da habe ich Rudi Wagner aufrichtig bewundert. Ohne eine Sekunde zu zögern, nahm er Haltung an und antwortete in ganz selbstverständlichem Tone: „Herr Rittmeister, wir bitten zu entschuldigen, daß unsere Freude über Ihre wohlverdiente Auszeichnung uns veranlaßte, gleich nach unserer Ankunft hier zu erscheinen. Wir werden sofort Paradeuniform anlegen, und uns dann bei Ihnen melden." Schulze nickte hoheitsvoll und stürzte sich dann wieder in seine Schreiberei, während wir uns schleunigst zurückzogen. Wagner telephonierte sofort an den bekanntesten Irrenarzt der Stadt, legte ihm den Fall kurz klar und bat ihn dringend, sofort mit dem nötigen Hilfspersonal zu erscheinen. Nach einer halben Stunde schon, die uns wie eine Ewigkeit erschien, traf der Psychiater mit zwei kräftigen, aber unauffällig gekleideten Wärtern ein. Auf seinen Rat meldete der Hoteldirektor ihn und seine Begleitung als „Abordnung der Stadt Wiesbaden, die deren Glückwünsche überbringen sollte" an. Was dann oben vorging, habe ich, Gott sei Dank, nicht gesehen, erfuhr aber, daß der Arzt es fertig bekam, den Geisteskranken zu chloroformieren und ihm eine starke Morphiumspritze zu verabfolgen. Schulze wurde hierauf ganz unauffällig durch den Hinterausgang auf einer Bahre in einen Krankenwagen und mit diesem in die Irrenanstalt verbracht. Die Ordnung der Hinterlassenschaft war furchtbar. Der Kranke hatte seine Unternehmung schon lange vorher mit einer Schlauheit vorbereitet, wie sie bei derartigen Irrsinnsfällen nicht selten sein soll. Er hatte sein nicht unbeträchtliches Konto von einer Wormser auf eine Frankfurter Bank übertragen und dort abgehoben, so daß er über erhebliche Mittel verfügte, von denen allerdings nicht mehr viel übrig war. Die meisten Lieferanten waren so anständig, die bestellten Waren – Hunderte von seidenen Hemden, Dutzende von Stiefelpaaren usw. usw. – zurückzunehmen, und der Hoteldirektor berechnete nur einen normalen

Zimmerpreis. Aber es blieb noch genug, wie zum Beispiel die Husarenuniformen, die Tausende gedruckter Verlobungsanzeigen und die im Ganzen sehr hohe Summe, die er an das Hotelpersonal und die Geschäftsboten als Trinkgelder verteilt hatte. Die von Schulze bereits beschriebenen Kuverts waren an die halbe Welt gerichtet, den König von England, den Kaiser von China und überhaupt die meisten Potentaten der Erde, an Minister aller möglichen Länder, aber zum Beispiel auch an den Bahnhofsvorsteher von Worms und die Wirtin eines nicht gerade sehr moralischen und vornehmen Tanzlokals in Mainz, sowie an zahllose offenbar zusammenphantasierte Adressen. Wagner übernahm die schwere Aufgabe, die in Berlin wohnenden alten Eltern unseres unglücklichen Kameraden, der ihr einziges Kind war, zu verständigen. Schulze, der nach Ansicht des Irrenarztes schon lange in eine Anstalt gehört hätte, wurde bald aus Wiesbaden nach Zehlendorf überführt, verfiel sehr schnell in völlige, durch wilde Tobsuchtsanfälle unterbrochene Verblödung und ist ein Jahr später gestorben. Als Hauptmann Wagner ihn ein halbes Jahr nach der Internierung besuchte, erkannte der Kranke ihn nicht mehr. Mit am tiefsten hat mich bei diesem schrecklichen Erlebnis die Äußerung jenes bedeutenden Psychiaters berührt, die er abends, als wir ihn noch zu einer abschließenden Besprechung aufsuchten, uns gegenüber tat: „Sie ahnen nicht, meine Herren, wie viele Geisteskranke unerkannt unter uns herumlaufen.“ Wenn man manche Vorgänge in der Welt betrachtet, so scheint es einem, als ob der Arzt nur zu Recht gehabt hätte. An Schulzes Stelle als Regimentsadjutant trat Oberleutnant Beckert aus Braunfels an der Lahn, Sohn eines dortigen Oberlehrers. Er war eine wesentlich erfreulichere Erscheinung als sein Vorgänger, und bei seiner Ernennung ging ein wahres Aufatmen durch die Welt der Adjutanten, Schreiber und Feldwebel. Beckert hat sein Amt in jeder Hinsicht tadellos verwaltet, wurde später Brigadeadjutant und im Ersten Weltkriege bald

Generalstabsoffizier. Nach dem Kriege traf ich ihn in Berlin als Oberst der preußischen Schutzpolizei beim Regimentsabend wieder. Er ist aber nicht mehr oft zu solchen Veranstaltungen erschienen, denn viele Kameraden fanden, daß dieser besonders schneidige Offizier, der als Leutnant sogar in seinem Auftreten einen leisen Stich ins Simpliszissimushafte gehabt hatte, in seinen Ansichten nach unserem Geschmack etwas gar zu schwarz-rotgolden geworden war. –

Am Zarenhofe in Deutschland

Der Leib ist des Kaisers, die Seele Gottes,
der Rücken des gnäd'gen Herrn.

— — —

Der Russe ruht auf drei Pfeilern:
Vielleicht, Ach wo! und Irgendwie.

— — —

Haust du den Russen, so wird er sogar
eine Uhr machen.

Altrussische Sprichwörter.

Friedberg in Hessen, die Hauptstadt des gleichnamigen oberhessischen Kreises und der fruchtbaren, lieblichen Wetterau, gehört zu den ältesten städtischen Siedlungen des rechtsrheinischen Deutschland. Es erhielt bereits unter Karl dem Großen Marktgerechtigkeit und unter Otto dem Ersten Stadtrecht und führt daher mit Stolz den einköpfigen Reichsaar der Sachsenkaiser in seinem Wappen. Es ist – oder, wie man heutzutage sagen muß, war – ein sauberes hübsches Städtchen, dessen Bewohner meist Ackerbürger oder Kaufleute sind, die mit den Erzeugnissen der reichen umliegenden Landwirtschaft handeln. Ihr Wohlstand war beträchtlich, denn die Wetterau beliefert nicht nur das nahe Frankfurt, sondern findet für ihre gepflegten Gemüse, ihr Obst und ihr schönes Schlachtvieh auch in den zahlreichen Hotels der benachbarten Weltbäder Nauheim und Homburg vor der Höhe stets gut zahlende Abnehmer. Am Nordrande der kleinen Stadt liegt das Schloß, das zum Wohnsitz der Zarenfamilie während ihres Aufenthaltes in Deutschland, des Großherzogspaares und des Prinzenpaares Heinrich von Preußen, sowie des sehr zahlreichen Gefolges bestimmt war. Das Schloß, dessen älteste Bauteile auf das 12. Jahrhundert zurückgehen, ist im Laufe der Jahrhunderte zu einer gewaltigen Feste ausgebaut worden, die, damals jedenfalls, noch vollständig erhalten und im Inneren natürlich durchweg modernisiert war. Die lange Belagerung im 30-jährigen Kriege durch die Schweden hatte keine sichtbaren Spuren hinterlassen. Das Schloß war ursprünglich der Stammsitz der Grafen von der Wetterau gewesen, im 15. Jahrhundert in den Besitz der Kurfürsten von Mainz übergegangen und gehörte seit 1815 den Großherzögen von Hessen. Der ausgedehnte Pallas mit unzähligen Sälen und Wohnräumen erinnerte in seiner architektonischen Gestaltung stark an den Ottheinrichsbau des Heidelberger Schlosses, wenn er auch hinter diesem weit an Größe zurücksteht. Mehrere Nebengebäude gruppierten sich um diesen zentralen Bau an einem weiten, mit Granitplatten gepflasterten Hof, und auf den Rückseite breitete sich ein wohlgepflegter Garten mit uralten Bäumen und Rasenflächen, von dessen breiter Terrasse man einen unbeschreiblich schönen Blick weit hinaus in die lachende Ebene bis zu den blauen Bergketten des Taunus und des Vogelsberges genoß. Dieser ganze Komplex war von einer zehn Meter hohen mächtigen Mauer mit Wehrgängen, ehemaligen Geschützständen und Kasematten und vor dieser von einem tiefen und breiten Graben mit gemauerten Wänden abgeschlossen, dessen Sohle freilich schon lange zu Städtischen Anlagen umgewandelt war und einen beliebten Spazierweg der Friedberger Bürger und besonders der Liebespärchen bildete. Das Schloß, das nur durch das große Hauptportal der Umfassungsmauer betreten werden konnte, war also besonders geeignet, die Sicherheit seiner Bewohner zu verbürgen, und erleichterte deren Bewachung sehr. Aus diesem Grunde hatte es der Großherzog, der sich selbst alljährlich einige Zeit dort aufzuhalten liebte, auch als Unterkunft für seinen Schwager und dessen Familie gewählt. Das russische

Kaiserpaar (schon Alexander III.) weilte seit langem jedes Jahr bei den hessischen Verwandten, pflegte aber sonst immer Schloß Wolfsgarten im Odenwald nicht weit von Darmstadt zu bewohnen zu dessen Bewachung bei seiner Abgelegenheit Polizei und Gendarmerie genügte. In jenem Jahre aber sollte die schwer herz- und gemütskranke Zarin auf ärztlichen Rat die Heilmittel von Bad Nauheim benutzen, das zu Fuß nur eine Viertelstunde, im Auto nur wenige Minuten von Friedberg entfernt war. In der ersten Augustwoche holte ich meinen Zug in Worms ab und fuhr mit ihm nach Friedberg, wo die Züge der anderen Regimenter am gleichen Tage nach und nach eintrafen. Da das Städtchen keine Garnison besaß, wurden unsere Mannschaften in den ausgeräumten Turnhallen zweier Schulen, wo die Garnisonverwaltung Gießen Betten, Spinde usw. aufgestellt hatte, untergebracht, die Pferde des Dragonerzuges in den Ställen zweier großer Güter und der Feuerwehr. Wie schon erwähnt, hatte jedes hessische Infanterieregiment zu dieser Wachtkompagnie einen Offizier und einen Zug von 5 Unteroffizieren und 30 Mann gestellt. Führer war Hauptmann Schmitz vom 5. Infanterieregiment Nr. 168, Zugführer Oberleutnant von Oertzen (Leibgarde), Leutnant von Holly-Ponientzitz (Regiment Kaiser Wilhelm), Leutnant von Zangen (Infanterieleibregiment) und Leutnant Fell (Hans Wilhelm) (Regiment Prinz Carl). Den Dragonerzug führte Leutnant Freiherr Riedesel zu Eisenbach. Ferner war der Kompagnie Oberarzt Dr. Weckerling vom Infanterieleibregiment zugeteilt. Die selbstverständlich besonders ausgewählten Mannschaften der Infanterie gehörten sämtlich dem jüngeren Jahrgang an, da sich das Kommando über den Entlassungstermin der Reservisten hinausziehen konnte, wie es dann ja auch geschah. Wir Offiziere wurden im Hotel Trapp, der besten Gaststätte Friedbergs, einquartiert, die seit alters weithin einen verdient guten Ruf genoß. Dort richteten wir uns einen kleinen Konferenzsaal, den der alte Herr Trapp uns freundlicherweise zur Verfügung stellte, als

Kasino ein. Der greise Hotelier war ein weitgereister Mann und in seiner Jugend Direktor großer Hotels in der Schweiz und in Ägypten gewesen, ehe er das seit Anfang des 18. Jahrhunderts im Besitz seiner Familie befindliche Haus übernahm. Er kannte die Art und die Sitten der vornehmen russischen Gesellschaft sehr gut von seinen früheren Erfahrungen her, und sein kluger Rat ist uns oft recht nützlich gewesen. Unser Kasino hat manche fröhliche und, wenn die Russen erschienen, tolle Stunde erlebt. Wir vier Leutnants und der Oberarzt aßen dort auch meist mittags und abends, während der Hauptmann auf seinem Zimmer, oft auch in Nauheim speiste, ein Ausfluß seiner übergroßen Vorsicht, da er ständig Angst hatte, sich zu kompromittieren, was bei den Gepflogenheiten der russischen Offiziere freilich nicht ausgeschlossen war. Unser Hauptmann war eben ein etwas nervöser und ängstlicher älterer Herr, der dicht vor der Beförderung zum Major stand, und auf dem die allerdings große Verantwortung als Führer eines solchen Kommandos schwer lastete. Wir sind sehr gut mit ihm ausgekommen, aber es war erfreulich, daß Oberleutnant von Oertzen ein sehr energischer, ruhiger und selbstbewußter Offizier war, der dem Kompagnieführer den Rücken stärkte und verhinderte, daß dieser zu weitgehenden Forderungen der Russen und auch unserer Polizei nachgab. Hauptmann Schmitz ließ seine Gattin öfter für ein paar Tage nach Nauheim kommen, welchem Beispiel ich dann nach Maria Theresas Rückkehr von ihrer Reise auch folgte. Er und ich waren die einzigen Verheirateten. Oberleutnant von Oertzen war sehr wider seinen Willen für dieses Kommando bestimmt worden, was er auch gar nicht verhehlte. Er war nämlich nicht nur ein ausgesprochener Russenfeind, sondern, was für einen deutschen Offizier und Edelmann damaliger Zeit wohl eine seltene Ausnahme darstellen dürfte, sehr demokratisch, allem Hofwesen abgeneigt und, wie er offen zugab, im Grunde Republikaner. Er empfand es geradezu als eine persönliche Entwürdigung, einen fremden Potentaten bewachen zu müssen, und hielt sich von jedem näheren Verkehr mit den Russen, soweit das überhaupt möglich war, zurück. Wenn wir zur Hoftafel geladen waren, suchte er immer die Wache und Ronde zu übernehmen, um einen Grund zum Fernbleiben zu haben. Menschlich war er sehr nett, hochgebildet und vergrub sich in seiner Freizeit in das Studium philosophischer und sozialer Werke, die dem Interesse und Verständnis eines Offiziers im allgemeinen ziemlich fernzuliegen pflegten. Ich glaube fast, daß er, wenn er den Krieg überlebt hätte, in das Fahrwasser seiner wenigen radikal links gerichteten Standesgenossen, wie des Pazifisten Hauptmann von Beerfelde, der Herren Hello von Gerlach, von Tepper-Laski und des Dichters Fritz von Unruh geraten wäre. Oertzen ist aber als Hauptmann und Kompagniechef im Leibgarderegiment schon 1914 gefallen. Leutnant von Holly-Ponientzitz war, wie ich, aus Gesundheitsgründen kommandiert worden. Er hatte, wie er mit bitterer Selbstverspottung zu sagen pflegte, eine „Ladehemmung in der Lunge", die leider der Beginn der Schwindsucht war, die den auffallend schönen, hochgewachsenen Mann schon anderthalb Jahre später dahinraffte. Zur tiefen Trauer aller seiner Freunde, denn Holly war ein ungemein sympathischer Kamerad, der sich trotz seines Leidens einen unerschöpflichen Humor bewahrt hatte und zur Belebung jeder Gesellschaft beitrug. Alle Mädchen in Friedberg und Nauheim schwärmten für den eleganten Offizier, der mit seinen tiefschwarzen Augen und Haaren so polnisch aussah, wie sein Name klang. Leutnant Fritz von Zangen kannte ich schon sehr gut, von meinen engen Beziehungen zum Leibregiment her, und wir sind in dieser Kommandozeit wirkliche Freunde geworden. Er war der Sohn eines Darmstädter Ministerialdirektors und später hessischen Innenministers und der richtige, nie um eine Antwort verlegene „Heiner" mit einem Mundwerk, das keinen Augenblick stillstand und an hessischer Heimatfärbung selbst unserem verehrten Großherzog nichts nachgab. Von seinem Zuge her erklang, nicht gerade zum Wohlgefallen unseres etwas kommissigen Chefs, beim Exerzieren oft schallendes Gelächter herüber, wenn die „Darmstädter Zang", wie ihn die Mannschaften nannten, wieder einmal eines seiner Bonmots zum Besten gegeben hatte. Er ist 1917 als Flugzeugbeobachter an der Westfront auf furchtbare Weise gefallen. Seine Maschine mußte weit hinter den französischen Linien notlanden, und herbeieilende Bauern haben Zangen und seinen Flugzeugführer, die beide verwundet waren, mit Sensen und Mistgabeln bestialisch ermordet, wie die französische Regierung dem Roten Kreuz gegenüber selbst zugeben mußte. Und endlich unser Doktor, Oberarzt Weckerling, der eine ganz besondere Nummer war. Er war eine herkulische Erscheinung, rauh in Worten und Sitten als alter Gießener Burschenschafter, aber ein recht guter Arzt und ein trefflicher Kamerad. Weckerling war eine etwas verrückte Type, über dessen Ideen, die er uns – er stammte aus Nauheim, wo sein Vater Sanitätsrat war – in seinem harten Wetterauer Dialekt unter Vertilgung unzähliger Schoppen in später Nachtstunde vorzutragen liebte, wir viel gelacht haben. Er war begeisterter Nietzscheaner, schwärmte für die „blonde Bestie" und den „Übermenschen" und wünschte sich glühend einen Krieg zur Erneuerung der seiner Meinung nach völlig verrotteten Menschheit. Dabei war er selbst der gutmütigste Kerl von der Welt. Einer seiner Lieblingssätze war, daß „Geldverdienen gemein sei", und daher war er auch nicht Zivilarzt geblieben, sondern aktiver Sanitätsoffizier geworden. Am 26. August 1914, als wir in der Abenddämmerung das brennende Dorf Le Tremblois stürmten, riß sich Weckerling, ich sehe es noch vor mir, plötzlich die Genfer Binde vom Arm, zog den Säbel und übernahm an Stelle eines gefallenen Leutnants dessen Zug, den er weit vor der Front mit hochgeschwungener Klinge, laut brüllend in wildem französischem Feuer gegen den Dorfrand vorführte. Der Divisionsarzt untersagte ihm noch am gleichen Abend solche heroischen Narrheiten unter Androhung sofortiger

Versetzung in ein Heimatlazarett und machte ihn darauf aufmerksam, daß er sich als Arzt im Falle der Gefangennahme standrechtlicher Erschießung wegen Verstoßes gegen die Genfer Konvention aussetze. Auch Weckerling ist in dem von ihm so herbeigesehnten Kriege gefallen. Der Dragonerleutnant war nur zwei Wochen mit uns zusammen, denn es wurde bald festgestellt, daß die Abpatrouillierung der Zugangsstraßen durch Reiterstreifen wirklich nicht den geringsten Zweck hatte, und die Leibdragoner gingen daher zu ihrem Regiment zurück. Riedesel, dessen Schwester als Hofdame der Großherzogin ebenfalls nach Friedberg kam, hätte sonst bei seiner frischen und lebendigen Art sehr gut in unseren kleinen Kreis gepaßt. Nachdem wir uns einigermaßen eingerichtet hatten, begannen sofort die Konferenzen zwischen uns und den Leitern der hessischen und der russischen Gendarmerie und Polizei, an denen auch je ein Vertreter der hessischen Staatsregierung, des Kreisamts und der Bürgermeisterei teilnahmen. Die 50 Mann Gendarmen führten Rittmeister Höhn und ein Leutnant, die in Nauheim stationiert waren, die Polizeikräfte der Geheime Kriminalrat Dr. Cremer vom Darmstädter Innenministerium und die russische Polizei Staatsrat Bobrinkoff und Oberstleutnant Gomssin, die beide sehr gut deutsch sprachen. Die Besprechungen waren von vornherein von einem gewissen Gegensatz zwischen den Militärs, auf deren Seite sich die Gendarmen meist zu stellen pflegten, und den Russen beherrscht, die manchmal von unseren Polizisten unterstützt wurden. Dies beruhte allein darauf, daß den russischen Beamten und unserer Polizei keine Maßnahme sicher und scharf genug schien und daß sie daher von uns unmögliche Dinge verlangten, während wir Offiziere die Sache wesentlich ruhiger betrachteten und keinesfalls gewillt waren, uns und unsere Soldaten zu Polizeiorganen machen zu lassen. Den Russen war es sehr schwer klarzumachen, daß sie die bei ihnen üblichen Polizeimethoden in unserem Vaterlande nicht anwenden konnten, sondern sich streng im Rahmen der deutschen Gesetze zu halten hätten. Nach einer sehr eingehenden gemeinsamen Besichtigung des Schlosses und seiner nächsten Umgebung, bei der wir durch jedes Kellerloch und jede Dachkammer, die vielleicht seit Jahrhunderten nicht mehr geöffnet worden waren, krochen, wurde zunächst, sehr zum Mißfallen der Friedberger Bürger und vieler Nauheimer Kurgäste, denen damit ein beliebter Spaziergang genommen wurde, das gesamte Gebiet hundert Meter im Umkreise um das Schloß für jeden Verkehr gesperrt und durfte nur mit einer von der Polizei ausgestellten Ausweiskarte betreten werden. Das galt auch für die in diesem Bezirk wohnhaften Personen, denen damit große Unbequemlichkeiten auferlegt wurden. Da die Hauptstraße Frankfurt-Gießen unmittelbar an dem Schloßgraben entlang führte, mußte für den Durchgangsverkehr eine Umleitung auf einer ziemlich schlechten Straße zweiter Ordnung geschaffen werden, die für die damals schon recht zahlreichen Personen- und Lastkraftwagen einen bedeutenden Umweg mit sich brachte. Auf beiden Zugangsrichtungen wurden von Gendarmerieposten besetzte Sperren errichtet, und große Warnungstafeln zeigten an, daß die Gendarmen auf jedes Fahrzeug, das die Sperre zu durchbrechen versuche, Feuer geben würden. Wir setzten dann folgende 5 Bewachungslinien fest: 1) innerhalb des Schloßgebäudes Posten auf Treppen, Fluren usw., die ausschließlich von der russischen Polizei besetzt wurden, 2). im Schloßgarten, an der Umfassungsmauer, im Graben und vor dem Eingangstor Einzel- und Doppelposten, die das Militär stellte, dessen Hauptwache in einem der dem Haupttor gegenüber gelegenen kleinen Häuser für Schloßbeamte usw. untergebracht wurde. Der Schloßgraben wurde außerdem während der Nacht ununterbrochen von aus deutschen und russischen Kriminalbeamten zusammengesetzten Patrouillen mit Polizeihunden abgestreift, 3). an allen Stellen, wo Straßen und Gassen in den Sperrbezirk einmündeten, deutsche Polizei- und Gendarmerieposten, 4). Gendarmeriepatrouillen zu

Pferde und zu Rad auf allen nach Friedberg führenden Straßen und Wegen, die gemeinsam mit Dragonerstreifen diese Tag und Nacht auf einer Strecke von 10 Kilometern unter Beobachtung zu halten hatten, 5). gemischte deutsch-russische Überwachungsposten von Geheimpolizisten an den Bahnsteigsperren aller Bahnhöfe bis Gießen, Wiesbaden, Frankfurt am Main und anderen größeren Stationen im weiten Umkreise, die die Reisenden unauffällig auf verdächtige Personen zu kontrollieren hatten. Die gleiche Aufgabe fiel den Überwachungsbeamten zu, die allen Eisenbahnzügen, die Friedberg passierten, beigegeben wurden. Die russische Polizei nahm ihr Hauptquartier in einem neben unserer Hauptwache gelegenen größeren Hause, das die Bewohner, natürlich gegen Entschädigung, hatten räumen müssen, und wo die meisten der unteren Beamten untergebracht werden konnten. Diese russische Polizei setzte sich aus den verschiedenartigsten Bestandteilen zusammen. Zu ihr gehörten eine Abteilung der Palastgendarmerie, die aber, wie alle russischen Offiziere und Beamten, meist Zivil anlegte, und einige Unteroffiziere des Leibgarde-Konvois ausschließlich Kaukasier, prachtvolle Gestalten, die beim Dienst innerhalb des Schlosses die lange purpurrote Tscherkeska mit den silbernen Patronentaschen auf jeder Brustseite, die hohe schwarze Pelzmütze und silbernen Dolch und Krummsäbel trugen. Den letzteren war die Bewachung der Person des Selbstherrschers innerhalb des Schlosses und der von ihm bewohnten Räumlichkeiten vorbehalten. Die eigentliche Polizei gehörte teils der Palastpolizei, teils der berühmten oder berüchtigten Ochrana, der Vorgängerin der Tscheka und GPU, an. Die Palastpolizei war für den Dienst im Schlosse und die Begleitung der Zarenfamilie auf Ausgängen und Ausfahrten bestimmt, und bestand eigenartigerweise ausschließlich aus – Franzosen, früheren Beamten der Pariser Sureté, die gegen sehr hohe Gehälter für den russischen Dienst angeworben worden waren. Väterchen schien ihnen also mehr zu trauen als den eigenen geliebten Untertanen, ebenso wie auch die von dem Zaren benutzten Kraftwagen nur durch Ingenieure der Firma Dion-Bouton, die alle kaiserlichen Autos geliefert hatte, also auch durch Franzosen, gesteuert wurden. Die Beamten der Ochrana übernahmen den gesamten Außendienst, wie ich ihn oben geschildert habe. Es waren unheimliche Gesellen darunter, bei deren Anblick man die Schauergeschichten schon glauben konnte, die von dieser damals gefürchtetsten Polizeiorganisation der Welt erzählt wurden. Besonders die höheren Beamten besaßen eine unglaubliche Personenkenntnis. Sie schienen über jeden russischen Untertanen, der sich in Deutschland befand, seinen Aufenthalt, seinen Verkehrskreis, seine politische Überzeugung genau Bescheid zu wissen. Jeden Tag erhielt Staatsrat Bobrinkoff Stöße chiffrierter Telegramme aus Rußland, allen Teilen Deutschlands und besonders der Schweiz, die ihn über jede Ortsveränderung der von der Ochrana überwachten Personen – und das schienen tatsächlich alle im Auslande befindlichen Russen zu sein – genau unterrichteten. Er zeigte uns später einmal einen großen Stahlkoffer, in dessen Fächern viele Tausende von Photographien mit angeklebten Aktenauszügen eingeordnet waren. Die meisten dieser Lichtbilder waren offenbar aufgenommen worden, ohne daß der also Porträtierte eine Ahnung davon hatte. Man sah elegante Damen und Herren im Ballsaal oder an der Tafel eines Luxusrestaurants, im Badekostüm am Strande oder auch in zärtlichem Tête-à-Tête auf einer Bank im Park, man sah die typischen Gestalten russischer Studenten und Studentinnen mit wirrem Haar und in schäbiger Kleidung mit ihren Kollegmappen auf der Straße oder am Tisch eines Cafés, man sah aber auch Offiziere und Beamte in Uniform. Kurz, es schien, als ob weder Stand, Rang, Geschlecht noch Alter einen Menschen vor dem gefahrbringenden Argwohn dieser furchtbaren Organisation schützen konnten. Unser guter Geheimrat Dr. Cremer sagte mir einmal lachend, daß er sich mit seinen biederen hessischen

Kriminalbeamten gegenüber diesem satanischen Apparat wie ein armer Waisenknabe vorkomme, aber nicht für alles Gold der Welt an der Stelle seiner russischen Kollegen stehen möchte. Die Russen begannen ihre Tätigkeit zunächst damit, daß sie sich von der deutschen Polizei die Listen aller Ausländer in Friedberg und Bad Nauheim geben ließen und diese der schärfsten Prüfung unterzogen. Es erregte ihr höchstes Mißfallen, daß sich in Friedberg ein Technikum befand, auf dem natürlich auch eine Anzahl Ausländer studierten, denn nach ihrer, für Rußland wahrscheinlich nicht unbegründeten, Meinung war jeder Student ein Revolutionär und putativer Attentäter. Der Forderung, diese Studenten und einige der ausländischen Kurgäste und Hotelangestellten in Nauheim auszuweisen, hätte unsere Polizei auf Grund der deutschen Gesetze gar nicht nachkommen können, selbst wenn sie es gewollt hätte, was keineswegs der Fall war. Ebenso verbat sich die deutsche Behörde ebenso höflich wie energisch, daß die Russen sich irgendwie mit deutschen Staatsangehörigen befaßten, wozu sie tatsächlich schon Anstalten machten. Das Einzige, wozu unsere Polizei sich herbeiließ, war, zwei allerdings verdächtigen russischen Emigranten in Nauheim, die in Rußland schon wegen politischer Vergehen vorbestraft waren, für die Dauer des Zarenbesuches den Aufenthalt in der Provinz Oberhessen zu untersagen. Mit ihren eigenen Staatsangehörigen wußte die russische Polizei ohne Aufsehen fertig zu werden. Jeder in Friedberg oder Nauheim weilende Russe erhielt den Besuch eines Beamten der Ochrana, der ihm den „Rat" gab, seinen Aufenthaltsort besser sofort anderswohin zu verlegen. Zwingen könne man sie ja auf deutschem Boden nicht, aber wenn sie später wieder in die geliebte russische Heimat zurückkehrten – – – Sibirien sei ja auch eine ganz hübsche Gegend. Nur zwei oder drei, die offenbar kein Heimweh nach dem Heiligen Rußland mehr verspürten, verschlossen sich zunächst diesem liebenswürdigen Ratschlage, aber nicht für lange. Denn sie konnten nicht einen Gang mehr antreten, ohne von einem düsteren Schatten auf Schritt und Tritt verfolgt zu werden, so daß auch sie sich dann schnell entschlossen, freundlichere Gefilde aufzusuchen. Nur einige wenige Familien der höchsten russischen Aristokratie und der Petersburger Hofkreise, die die Kur in Nauheim gebrauchten, blieben von diesen Maßnahmen verschont. – Wir Offiziere gingen sogleich daran, die Plätze für die von uns aufzustellenden einfachen und Doppelposten auszusuchen und in eine von Leutnant von Zangen gezeichnete Skizze des Schlosses und seiner Umgebung einzutragen. Die Aufgabe war an sich nicht ganz einfach, da die Schildwachen einerseits guten Überblick über den von ihnen zu sichernden Raum haben, andererseits möglichst unsichtbar bleiben sollten, da der Zar, über dessen Furchtlosigkeit und persönlichen Mut ich später noch ausführlich sprechen werde, eine ausgesprochene Abneigung gegen jede auffällige Überwachung seiner Person hatte. Bei Nacht mußten die Posten ihren Bezirk abpatrouillieren können, bei Tage verborgen auf der Stelle bleiben. Wir ließen daher im Schloßgarten und im Graben durch die Schloßgärtner in verschiedene dichte Gebüsche innen einen freien Raum schneiden, der nur durch einen schmalen Gang zu erreichen war, und nach allen Seiten Beobachtungsöffnungen in das Buschwerk legen. Der Doppelposten vor dem Portal und der Posten vor Gewehr an der Hauptwache standen natürlich frei, da sie weniger als Bewachungs- wie als Ehrenposten anzusehen waren. Bei dieser Vorbereitungsarbeit gab es gleich einen heftigen Konflikt mit den Russen, die dabei leider auch von der allzu ängstlichen deutschen Polizei unterstützt wurden. Sie verlangten nämlich, daß unsere Posten mit geladenem Gewehr stehen sollten, wie es für Wachen vor Kaiserschlössern in Rußland vorgeschrieben sei, was wir aus sehr wohl erwogenen Gründen rundweg ablehnten. Unsere Leute waren durch die ihnen gänzlich ungewohnte Aufgabe, vor die sie plötzlich gestellt wurden und durch das ihnen sehr ernstlich eingeprägte Gefühl einer schweren

Verantwortung einigermaßen nervös geworden, und würden es, sobald die kaiserlichen Herrschaften erst eingetroffen waren, noch mehr werden, ehe sie sich eingewöhnt hatten. Bei der Durchschlagskraft und Tragweite unseres Gewehrs aber und im Hinblick darauf, daß die Zimmer des Zaren im Erdgeschoß lagen, konnte ein unvorsichtiger Schuß eines Postens, der in der Dunkelheit auf irgendein ihm verdächtig erscheinendes Geräusch hin in die Gegend feuerte, geradezu unausdenkbare Folgen haben. Wir gaben nicht weiter nach, als daß wir uns schließlich damit einverstanden erklärten, daß jeder Posten einen Streifen scharfe Munition bei sich führte, aber in der verschlossenen Patronentasche, damit er im Notfalle während der Zeit des Ladens Zeit zur Überlegung hatte, und daß die Wachtposten das Seitengewehr aufpflanzten. Auch das war schon zuviel, denn als Oberleutnant von Oertzen in den ersten Tagen nachts die Posten revidierte, riß einer seiner Gardisten, der ihn auf dem Rasen des Gartens nicht hatte kommen hören, in seinem Schreck so hastig das Gewehr in Fertigstellung, daß er dem Offizier das Bajonett unmittelbar unter dem linken Auge durch die Backe stieß. Hätte er geladen gehabt, so hätte er bestimmt geschossen, und zwar genau in Richtung auf die Fenster der Zarengemächer. Wie haben wir unseren guten Oertzen damit aufgezogen, daß er nun sogar sein Blut für den ihm unsympathischen Russenherrscher vergossen habe! Im Grunde genommen war die Aufstellung der Militärposten, abgesehen von denen vor dem Tor, überhaupt Unfug. Wenn ein etwaiger Attentäter so schlau war, daß er durch das dichtmaschige Netz der gewiegten und mit allen Hunden gehetzten Kriminalisten bis unmittelbar unter die Fenster des Zaren schleichen konnte, so wären unsere biederen Gardisten und Musketiere bestimmt nicht die geeigneten Leute gewesen, um ihn im letzten Moment noch unschädlich zu machen. Aber Befehl ist Befehl, und es war ja nicht unsere Sache, uns darüber die Köpfe zu zerbrechen. Ein weiterer Streitpunkt ergab sich daraus, daß wir nachdrücklich darauf bestanden, daß Befehle und Anordnungen an unsere Soldaten ausschließlich durch uns, und in keinem Falle durch Polizisten oder gar Russen, seien sie auch hohe Offiziere, zu erteilen. seien. Wenn ein deutscher oder russischer Beamter eine Anweisung zu geben wünschte, die unsere Wachttruppe betraf, so hatte er sich unbedingt an einen ihrer Offiziere zu wenden, der dann nach eigenem Urteil und unter seiner persönlichen Verantwortung entweder die Durchführung veranlaßte oder ablehnte. Unsere Mannschaften wurden in diesem Sinne instruiert. Im Zusammenhang damit kam noch eine andere Frage zur Besprechung und Erledigung in dem von uns gewünschten Sinne. Die Russen forderten, daß ihnen von unseren Mannschaften die ihrem Range entsprechende Ehrenbezeugung erwiesen werde. Wir antworteten sehr verbindlich, daß die Soldaten selbstverständlich die russischen Offiziere und im Offizierrang stehenden Beamten grüßen würden, wie es der internationalen Höflichkeit entspricht – wenn sie Uniform trügen. Zivilisten militärisch zu salutieren, sei in der deutschen Armee nicht Gebrauch. Mit saurer Miene mußten die Russen sich damit abfinden, und da sie, von seltenen Ausnahmefällen abgesehen, außerhalb der Schloßräume immer in Zivil erschienen, wurden sie eben praktisch nicht gegrüßt. Daß wir Offiziere uns mit den russischen Herren gesellschaftlich grüßten, war eine andere Sache. Ebenso legten wir unseren Mannschaften nahe (befehlen konnten wir es ihnen nicht), dem Chef der hessischen Polizei, dem greisen und immer liebenswürdigen Geheimrat Dr. Cremer, wenn sie ihm auf der Straße begegneten, den Gruß zu erweisen, was sie auch gern taten. Zu einzelnen Abschnitten der deutsch-russischen Konferenzen wurden auch die leitenden Persönlichkeiten gewisser Unterabteilungen der Polizeikräfte herangezogen, so Oberstleutnant Gomssin als Kommandeur der militärischen Teile, also der Palastgendarmerie und des Leibgardekonvois, sowie der Kollegienrat Voisin als Führer der Palastpolizisten, die, wie erwähnt, sämtlich Franzosen waren. Monsieur Voisin war früher Commissaire spécial der französischen politischen Polizei gewesen und freute sich wie ein Kind, als ich ihn in einer Verhandlungspause in seiner Muttersprache anredete und ihm erzählte, daß ich erst vor ein paar Monaten in Paris gewesen sei. Von diesem Augenblick ab verehrte er mich geradezu, und wo mich der kleine, elegante Herr mit dem schwarzen Spitzbärtchen und dem randlosen Kneifer irgendwo erblickte, schoß er wie der Blitz auf mich los und fing irgendeine Geschichte an, die unweigerlich in Paris spielte: „Voyez-vous, mon lieutenant, un jour sur le boulevard des Capucines ... “ Ich habe gern mit ihm zusammengesessen und mir von ihm interessante Erlebnisse aus seiner bewegten polizeilichen Tätigkeit in Frankreich und Rußland erzählen lassen. Bald nachdem er Vertrauen zu mir gefaßt hatte, warnte er mich dringend, den Russen in irgendeinem Punkte nachzugeben. Man imponiere ihnen nur durch energisches, ja herrisches Auftreten, dann würden sie sofort unsicher. „Au fond, ce sont des barbares!“ Ich habe mir Voisins, auf langer Erfahrung beruhenden, Rat, den ich natürlich meinen Kameraden weitergab, wohl dienen lassen. Diese Offiziere und Beamten der Bewachungskräfte, mit denen wir zuerst zu tun bekamen, waren wirklich eine eigenartige und zum Teil mit Vorsicht zu genießende Gesellschaft, so verschieden sie auch untereinander waren. Staatsrat Bobrinkoff war ein vornehmer älterer Herr, stets sehr soigniert gekleidet, deutsch, französisch und englisch fließend beherrschend, ein Mann der Großen Welt, der die meisten Hauptstädte Europas kannte, verschiedenen Botschaften zugeteilt gewesen war und den Zaren auf den meisten seiner Auslandsreisen begleitete. Und doch hatte sein Beruf als hoher Geheimpolizist ihm unverkennbar den Stempel aufgedrückt. Er war von einem unbesiegbaren Mißtrauen gegen alle und alles erfüllt, und in seinen durchbohrenden dunklen Augen lag eine eisige Härte. Ich hätte nicht in seine Klauen geraten mögen. Er gehörte, wie mir später ein russischer Offizier anvertraute, zu den bestgehaßten Persönlichkeiten in Rußland und war bereits das Ziel verschiedener Mordanschläge gewesen. Der Staatsrat ging auch im friedlichen Hessen niemals einen Schritt auf die Straße, ohne dass vor und hinter ihm einer seiner Beamten marschierte. Oberstleutnant Gomssin war eine ganz andere Erscheinung, der typische Petersburger Gardeoffizier, schlank und von guter Haltung. Man sah ihm den Offizier in Zivil von weitem an, ohne daß es des Monokels und des lang ausgezogenen blonden Schnurrbartes bedurft hätte. Seine Bildung ging über das bei jedem Russen der guten Gesellschaft selbstverständliche fließende Französisch nicht viel hinaus. Wenn er betrunken war, fielen die geschmeidigen weltmännischen Formen schnell ab, und er benahm sich dann häufig wie ein wildes Tier, welche Eigenheit er allerdings mit den meisten seiner Kameraden , die wir kennen lernten, teilte. Seine Untergebenen behandelte er mit einer für uns geradezu abstoßenden Brutalität. Ich werde nie vergessen, wie der Oberstleutnant einen Gardefeldwebel der Besatzung des in Homburg vor der Höhe geparkten kaiserlichen Hofzuges wegen eines kleinen Versehens vor unseren Augen mehrmals mit der geballten Faust ins Gesicht schlug, daß diesem grauhaarigen alten Soldaten das Blut aus Nase und Mund floß. Mit uns deutschen Offizieren stellte er sich sehr kameradschaftlich, aber seine Intimität, wie die auch anderer russischer Herren, ging für unsere Begriffe doch über die Grenzen des guten Geschmackes hinaus. Die Kaukasier des Leibgardekonvois kommandierte unter dem Befehl des Oberstleutnants Gomssin der Oberstleutnant des Mingrelischen Kavallerieregiments Grigorieff, selbst ein Mingrelier aus Tiflis. Da Gomssin der Garde angehörte, hatte er Oberstenrang, denn die Gardeoffiziere standen in der russischen Armee immer um einen Dienstgrad höher als die Linie. Grigorieff war in seinem Äußeren ein ebenso charakteristischer Tscherkesse wie seine wilden Reiter, die freilich ihre Pferde hatten in Rußland lassen müssen: Riesengroß, hager, blitzende Augen, Adlerprofil. Er war sogar Mohammedaner wie sie, schien aber von dem Alkoholverbot des Propheten nicht mehr viel zu halten, oder französischen Champagner nicht als Alkohol anzusehen. Wir mochten den Sohn der Berge alle recht gern, obwohl der Verkehr mit ihm ziemlich einseitig war. Grigorieff pflegte stocksteif und stumm mit düsteren Blicken auf seinem Platz zu sitzen, ein Glas nach dem anderen zum Munde zu führen und dann, wenn er den erforderlichen Pegelstand erreicht hatte, plötzlich mit wildem Schrei aufzuspringen, einen rasenden kaukasischen Tanz zu tanzen und sich dann still wieder hinzusetzen und in seiner vorigen Beschäftigung fortzufahren. Er sprach und verstand kein Wort einer europäischen Sprache außer Russisch. Gomssins Adjutant war ein Rittmeister der Grodno-Husaren, Baron Keller, ein völlig russifizierter Balte, der schlechter deutsch sprach als sein national-russischer Chef und sich sehr im Verkehr mit uns zurückhielt. Wahrscheinlich fürchtete er, sich gerade wegen seines deutschen Namens durch zu enge Beziehungen zu den deutschen Offizieren zu kompromittieren. Denn trotz aller zur Schau getragenen und durch die Verhältnisse ja schließlich gebotenen äußeren Verbindlichkeit der russischen Herren fühlten wir sehr bald – und das traf dann auch auf die meisten Mitglieder des eigentlichen Hofstaates zu, mit denen wir in Verbindung traten – daß alle diese Russen im Herzen eine tiefe Feindschaft und Abneigung gegen Deutschland hegten. Niemals habe ich bei Franzosen diese Empfindung so stark gehabt. Das hinderte nicht, daß sich zwischen einzelnen von ihnen und uns eine gewisse rein menschliche und sogar herzliche Sympathie von Mann zu Mann entwickelte. Aber den Russen mißfiel alles bei uns, außer der Landschaft, die sie bewunderten: die freie und ungezwungene Haltung der Menschen, besonders des schlichten Volkes, die stramme Disziplin unserer Soldaten, die doch keine sklavische Unterwürfigkeit war, die Allgemeingültigkeit der Gesetze, auch für den Hochstehenden und

Vornehmen, das Essen, und die Getränke, außer französischem Champagner und Cognak. Man merkte sehr wohl, daß diese halben Asiaten innerlich auf uns herabsahen, alles bei uns eng und kleinlich fanden. Daß wir uns ihren Hochmut keineswegs gefallen ließen, wird sie kaum anders gestimmt haben. Wie die Herren wirklich dachten, erfuhren wir häufig genug aus ihren betrunkenen Äußerungen. Gegen uns persönlich hatten sie ja nichts, schätzten uns vielleicht sogar, aber es sprach doch Bände, wenn einem immer wieder in vorgerückter Nachtstunde so ein vom heulenden Elend ergriffener Oberst oder Hauptmann tränenüberströmt um den Hals fiel und etwa schluchzte: „Brüderchen, geliebtes, wenn wir erst bei Euch einmarschieren, komm Du nur zu mir. Dir soll nichts geschehen, ich will Dich pflegen wie meinen Augapfel!" Die mittleren Funktionäre, mit denen wir sehr selten und dann nur dienstlich in Berührung kamen, Gendarmerieleutnants und Polizeikommissare, waren unbedeutende Persönlichkeiten, die meist nur das notdürftigste Deutsch sprachen und in zitternder Angst vor ihren Vorgesetzten lebten. Unsere deutschen Polizeioffiziere und -beamten verkehrten außerdienstlich nicht mit ihnen. Die Russen waren ihnen, wie mir ein nach Friedberg kommandierter Wormser Kommissar, früherer Feldwebel unseres Regiments, sagte, „viel zu gewöhnlich". – Bis zum Eintreffen der hohen Herrschaften wurde nun der ganze Bewachungsapparat bis ins Kleinste eingespielt. Wir besetzten unermüdlich die Wachen und Posten, bis jeder Mann seinen Platz mit geschlossenen Augen finden konnte, und paukten den Leuten immer wieder ihre Instruktion für jeden nur denkbaren und möglichen Fall ein. Außerdem wurde fleißig exerziert, wozu uns der große Wiesenplatz des Friedberger Sportvereins zur Verfügung stand, damit sowohl die geschlossene Kompagnie wie auch die einzelnen Wachen in Haltung und Griffen der strengsten Kritik standhalten konnten. Die Kompagnie wurde in vier Züge eingeteilt, von denen täglich einer auf Wache zog, so daß also, da ja die Mannschaften von fünf Regimentern gestellt waren, abwechselnsweise immer ein Regiment auf die übrigen aufgeteilt wurde. Der wachthabende Offizier hatte sich ständig auf der Hauptwache aufzuhalten und das Aufziehen der Posten, sowie die häufigen Ehrenbezeugungen der Wache zu kommandieren. Ein anderer Offizier wurde täglich zur Ronde befohlen, der die Posten bei Tage alle drei, bei Nacht alle zwei Stunden zu revidieren hatte. Der Hauptmann selbst revidierte außerdem täglich. Hauptwache und Posten mindestens drei- oder viermal. Für unsere Beschäftigung war also gesorgt Für das Aufziehen unserer Wache und die Postenablösung interessierten sich die französischen Polizisten, die alle gediente Leute waren, ganz besonders, während die Russen sich kaum darum kümmerten. Wenn ich Offizier der Wache war, pflegte mich Kollegialrat Voisin, Capitaine der Reserve des französischen 105. Infanterieregiments in Limoges, wie er mit Stolz betonte, oft zu einem Plausch bei einem „bock" oder „fine" in meinem neben der Mannschaftsstube gelegenen Dienstzimmer zu besuchen. – Unterdessen rückten auch die Hoffouriere mit der zahlreichen Dienerschaft und vielen vollbeladenen Möbelwagen an, der Hofmarschall und einige Kammerherren und Hofdamen kamen, um die Einrichtung des Schlosses zu leiten, und drei Tage vor Ankunft seiner russischen Gäste erschien auch der Großherzog mit seinem Generaladjutanten und überprüfte sehr genau alle Vorbereitungen. Einen militärischen Empfang hatte er sich ausdrücklich verbeten, so daß wir ganz ungestört blieben. Als Seine Königliche Hoheit sich die Hauptwache ansah, war ich leider nicht dort im Dienst, sondern Oberleutnant von Oertzen, den der Großherzog ja aus Darmstadt gut kannte. Unser Republikaner erklärte übrigens stets, Ernst Ludwig sei der einzige „Ferscht", den er leiden könne. Die von uns getroffenen Überwachungsmaßnahmen ließ sich der Generaladjutant Generalleutnant von Hahn von Hauptmann Schmitz zeigen und erklären und billigte sie. Er meinte aber gleich, daß man die Dragoner wieder nach Hause schicken könne, was ja dann auch geschah. Sie blieben aber noch bis zum Eintreffen des Zaren, damit dieser auch eine Abordnung desjenigen hessischen Regimentes, dessen Chef er war und das seinen Namenszug auf den Achselklappen trug, begrüßen könne. Für uns Offiziere hielt der Hofmarschall eine Instruktionsstunde in höfischem „Benimm" ab, damit wir keine Faux-pas machten. Wir lernten dabei zum Beispiel, daß man niemals eine Fürstlichkeit ansprechen oder bei Tafel ein Gespräch mit ihr eröffnen dürfte, sondern hübsch abzuwarten habe, bis das von hoher Seite geschehe, daß man selbst auf Aufforderung niemals in ihrer Gegenwart rauchen dürfe, daß man Fürstinnen nur die Hand küssen dürfe,[43] wenn man merke, daß sie das wünschten (!) und außerdem viele Dinge, die uns schließlich schon früher bekannt waren, etwa, daß man aufzustehen und auszutrinken hätte, wenn einem von einem hohen Herrn zugeprostet würde, daß man einen solchen immer auf der linken Seite zu begleiten habe usw. usw. Unser Oberleutnant von Oertzen geriet in eine weißglühende Wut: „Diese Hofschranze denkt wohl, wir wären im Kuhstall aufgewachsen." Wichtiger war die Besprechung mit dem Generaladjutanten. Es wurde dabei zu unserer Erleichterung festgelegt, daß die Wache nur von dem Zaren, dem Großherzog und dem Prinzen Heinrich ins Gewehr zu treten brauchte, nicht aber vor den übrigen fürstlichen Herrschaften, wenn sie nicht die Uniform einer Rangklasse trugen, der solche Ehrenbezeugung zustand. Andernfalls hätte nämlich bei dem ständigen Verkehr hoher Damen und Herren durch das Hauptportal die Wache am besten gleich angetreten bleiben können. Bei fürstlichem Besuch von außerhalb wurden von Fall zu Fall besondere Bestimmungen getroffen. Der Großherzog winkte übrigens immer schon von weitem ab, wenn er sah, daß der Posten vor Gewehr sich anschickte, die Wache herauszurufen. Vor

---

43 Was sich nachher als wesentlich übertrieben herausstellte!

den russischen Generalen des Zarengefolges trat die Wache nur heraus, wenn sie Uniform trugen, was sehr selten der Fall war. Ferner machte uns General von Hahn darauf aufmerksam, daß in Rußland jeder General mit Exzellenz, (bei uns nur vom Generalleutnant aufwärts), anzureden sei, und die Generale der Infanterie, Kavallerie und Artillerie sogar Hohe Exzellenz. Er wies uns an, formell den russischen Offizieren genau so gegenüberzutreten, wie wir es deutschen gegenüber tun würden, also den jüngeren und gleichrangigen kameradschaftlich, den höheren respektvoll, ihren Wünschen weitgehend entgegenzukommen, aber keinerlei dienstliche Befehle von ihnen anzunehmen. Das stimmte ganz mit unserem bisherigen Verfahren überein. Der General untersagte uns dann ausdrücklich, uns mit den Russen in irgendwelche politische Unterhaltungen einzulassen, und mahnte uns zur Vorsicht bei Gesprächen über militärische Angelegenheiten. Nun, große Geheimnisse waren uns jungen Leutnants ja sowieso nicht bekannt. In diese Besprechung, die in dem im Schlosse eingerichteten Büro der Generaladjutantur stattfand, platzte mit einem Male der Großherzog hinein. Als wir aufsprangen, drückte er sofort den ihm zunächst stehenden Leutnant von Zangen wieder auf seinen Stuhl nieder: „Bleibe Se um Gottes Wille sitze, meine Herren" und wandte sich dann an den General: „Sage Se mal, Hahn, warum wolle Se dann die Dragoner wieder heimschicke? Die sin doch aach froh, wann se net ins Manöver brauche. No, mir schpreche nachher noch drüwwer." Dann ließ Ernst Ludwig sich die einzelnen Herren vorstellen, wobei sich ergab, daß er alle schon kannte, und meinte lachend: „Trinke Se nor net zu viel mit dene russische Saufsäck. Die könne mehr vertrage wie Sie, des weiß ich von Petersburg her." Nun, diesen wohlgemeinten Rat unseres verehrten Landesherren haben wir leider nicht ganz befolgen können, wie die Leser dieser Aufzeichnungen noch sehen werden. – Ehe ich mit dem Bericht über die eigentliche Zarenzeit beginne, will ich doch auch erwähnen, daß der russische Besuch in Friedberg, wie man zu sagen pflegt, keine gute Presse hatte. Die „Darmstädter Zeitung" als offiziöses Organ der hessischen Regierung brachte zwar pflichtschuldigst einen Begrüßungsartikel, aber sonst schwiegen sich die rechts- oder mittelparteilichen Zeitungen in Hessen und im Reiche aus, was bei der immer feindseligeren Haltung, die Rußland gegenüber dem Reiche einnahm, zu verstehen war. Keineswegs aber schwieg die Presse der Linken bis ins Zentrum hinein. Die sozialdemokratischen und freisinnigen Blätter, an deren Spitze die „Rhein-mainische Volkszeitung" und die „Frankfurter Zeitung", stimmten ein wahres Indianergeheul an und erklärten es für eine unerträgliche Schande, dass der „Blutzar" als geehrter Gast auf deutschem Boden weilte und sogar von deutschen Soldaten und Beamten „auf Kosten der Steuerzahler"[44] bewachte werde. Natürlich fehlte es auch nicht an Zuschriften aus Friedberg und Nauheim, in denen über angebliche Übergriffe der Polizei, weniger des Militärs, Klage geführt wurde, denn die getroffenen Sperr- und Kontrollmaßnahmen brachten ja tatsächlich für einen Teil der dortigen Bevölkerung erhebliche Unbequemlichkeiten und Beschränkungen ihrer Bewegungsfreiheit mit sich. Diese „Stimmen aus dem Leserkreise" hörten allerdings bald auf, denn die guten Friedberger und Nauheimer merkten schnell, daß die Anwesenheit zweier großer Hofhaltungen – die russische warf nur so mit dem Gelde um sich – und der Besuch zahlreicher Fürstlichkeiten und hochgestellter Personen sehr beträchtliche Mehrverdienste für fast alle Berufsklassen der Regend bedeuteten, so daß bei Abreise der Russen dann allgemeine Betrübnis herrschte. – Und dann kam der große Tag, der 16. August. Der gesamte Bewachungsapparat war schon zwei Tage vorher angelaufen. Unsere Kompagnie, zu drei Zügen formiert, nahm

---

44 Was natürlich Unsinn war – es hat den Steuerzahler keinen Pfen-
    nig gekostet!

um 11 Uhr vormittags auf dem Bahnsteig des kleinen Bahnhofes in Paradeuniform Aufstellung, am rechten Flügel zehn Mann zu Fuß des Leibdragonerregiments unter Führung des Leutnants von Riedesel. Für diesen Empfang war die Musik der 168.er aus Offenbach herüberbefohlen worden, die rechts von den Dragonern stand. Sämtliche russische Offiziere und Beamte waren in großer Uniform, ein äußerst farbenprächtiges Bild, zu dessen Verschönerung besonders die Kaukasier in ihrer schon beschriebenen Tracht und die Palastgendarmen in hellblauen, silbergestickten Waffenröcken mit weißen Pelzmützen beitrugen. Mein französischer Freund Voisin in der goldgestickten schwarzen Beamtenuniform mit Degen und Zweimasterhut winkte mir vergnügt zu. Natürlich war der ganze Bahnhof und seine Umgebung durch Polizei und Gendarmerie abgesperrt, und verschiedene Züge waren umgelegt oder angehalten worden, was, da es sich zum Teil auch um durchgehende internationale D-Züge handelte, für diesen Tag im gesamten westeuropäischen Reiseverkehr fühlbar wurde. Auf die Minute pünktlich lief der Hofzug ein – das heißt, wir dachten, er wäre es – und Hauptmann Schmitz kommandierte schon „Stillgestanden". Aber es war nur ein Vorzug, dem der eigentliche Train des Gossudar erst nach zehn Minuten folgte. Denn seit Alexander dem Dritten war es mit Rücksicht auf die immer häufiger werdenden Attentate Regel geworden, daß bei Reisen des Zaren stets zwei oder drei genau gleich aussehende Züge fuhren, bei denen erst im letzten Augenblick vor der Abfahrt bestimmt wurde, in welchem davon der Kaiser selbst Platz nahm. Als der richtige Zug wie der Vorzug eine lange Reihe dunkelgrüner, mit goldenem Doppeladler gezierter Wagen, einlief, präsentierte unsere Kompagnie, und die Musik intonierte die feierlich getragene Hymne „Gott sei des Zaren Schutz". Vor dem Wohnwagen der kaiserlichen Familie wurden rote Teppiche auf den Bahnsteig gebreitet. Als erste sprangen eine Anzahl Palastgendarmen mit gezogenem Säbel heraus, die sofort auf beiden Seiten ein dichtes Spalier bildeten. Dann stieg ein spitzbärtiger, mittelgroßer Herr in der weißen Sommerbluse der russischen Armee mit den breiten goldenen Achselstücken eines Obersten des Preobraschenski-Garderegiments und der schief sitzenden flachen Schirmmütze mit der oralen Kokarde, aber ohne Säbel, die Stufen herab, – Nikolai der Zweite, Selbstherrscher aller Reußen. (Damals war es allgemein bekannt, aber heute muß man es wohl erklären: Der Zar trug niemals höhere Rangabzeichen als die des Obersten, weil dies der letzte Dienstgrad war, den er vor seiner Thronbesteigung erreicht hatte, und er sich nicht selbst weiterbefördern wollte, was ganz seiner persönlich schlichten und bescheidenen Art entsprach. Daher wurde er in der Petersburger Hofgesellschaft auch mit dem Spitznamen „Polkownik" (Oberst) bezeichnet.) Hinter ihm erschien ein riesiger Matrose der russischen Kriegsflotte, der einen 6-jährigen blassen Knaben, ebenfalls in weißem Matrosenanzug auf dem Arm trug, den Großfürst-Thronfolger und Erben der Krone Alexei, der das unselige Erbe des hessischen Fürstenhauses, die Bluterkrankheit, von Geburt an in sich trug. Ihm folgten vier wunderhübsche, kichernde und sich anstoßende Backfische, die Großfürstinnen Olga, Tatjana, Anastasia und Maria, auch in weißen Matrosenkleidchen, die von einer säuerlich blickenden, bebrillten alten Jungfer geleitet wurden, ihrer englischen oder eigentlich, worauf sie großen Wert legte, schottischen Erzieherin Miss Loch. Als letzte stiegen drei Herren in grünen oder blauen, goldüberladenen Generals-, bzw. Marineuniformen aus, unter denen uns ein geradezu riesenhafter und sehr wohlbeleibter General der Kavallerie mit aufgedunsenem dunkelrotem Gesicht und fuchsigem Schnurrbart auffiel, aus. Wir erfuhren später, daß dieser Herr Generaladjutant Fürst Orloff, die anderen der Marineadjutant Kapitän zur See Drentelen und der Leibarzt Generalarzt Dr. Botkin waren. Ich will gleich hier einschieben, daß alle drei ihre Treue zu ihrem Kaiser und Herrn mit dem Tode besiegelten. Fürst Orloff ist im Kriege als Kommandierender General gefallen, Botkin und Drentelen haben die kaiserliche Familie auf ihrem Märtyrerwege bis Tobolsk begleitet, obwohl sie vorher reichlich Gelegenheit gehabt hätten, sich in Sicherheit zu bringen, und sind dort gemeinsam mit ihr in dem Mordkeller unter den bolschewistischen Kugeln gefallen. Der Großherzog in Generalsuniform eilte auf seinen Schwager zu, schloß ihn herzlich in die Arme und küßte dann alle Kinder der Reihe nach ab. Es fiel natürlich allgemein auf, daß die Zarin nicht zu erblicken war. Sie war, wie wir nachher erfuhren, auf einer kleinen Station kurz vor Friedberg, wo sie von einem Hofauto erwartet wurde, von der Öffentlichkeit unbemerkt ausgestiegen und ohne Aufsehen ins Schloß gefahren. Ihr Gemütszustand, der sie vollkommen menschenscheu machte, war der Grund dafür. Der Zar in Begleitung des Großherzogs schritt dann die Front unserer Kompagnie schnell ab und begab sich in den mit den hessischen und den russischen Farben geschmückten Wartesaal, wo ihm das hessische Gefolge vorgestellt wurde. Diese an sich ziemlich unnötige Pause war eingelegt worden, um unserer Kompagnie Zeit zu geben, schleunigst abzurücken und auf dem nicht sehr weiten Wege zum Schloß zu beiden Seiten der Straße Spalier zu bilden. Auch dabei hatte es eine Meinungsverschiedenheit zwischen uns und den Russen gegeben. In Rußland stehen die Mannschaften eines solchen Spaliers aus begreiflichen Gründen mit der Front nach außen, drehen also dem Herrscher den Rücken zu. Das hatten wir Offiziere glatt abgelehnt, denn bei uns waren Attentate nicht zu fürchten, und für unsere Soldaten wäre es unwürdig gewesen, eine solche Stellung einzunehmen. Und dann fing für uns der Ernst des Lebens an, der allerdings häufig durch sehr heitere Intermezzi unterbrochen wurde. Gleich am ersten Abend nach Ankunft der hohen Gäste saßen Zangen, Weckerling und ich – Oertzen und Holly hatten Wache, bzw. Ronde – in unserem Kasinochen im Hotel Trapp nach dem Essen zusammen, als sich

die Tür auftat und eine ungeheure Gestalt in grünem, dem unseren ähnlichen Überrock eintrat, gefolgt von einigen anderen Herren in grüner oder blauer Uniform. Der grüne Riese brüllte mit einer Stimme, die Tote erwecken konnte: „Deitschen Brieder, in Schloß scheißlich langweilig. Wollen wirr ein klein wenig trinken."
Es war Fürst Orloff, der dann ein beinahe regelmäßiger Verkehrsgast in unserem Kasino wurde, und der zu den wenigen Russen gehörte, bei denen nicht die mindeste Aversion gegen das Deutschtum zu verspüren war, obwohl es einen echteren Russen wirklich kaum geben konnte. Wir haben den Fürsten, der trotz seines ungeschlachten Äußeren eine Seele von Mensch war und dabei außerordentlich gebildet, sehr hochschätzen, ja, man kann sagen, lieben gelernt. Daß die Herren an diesem ersten Abend noch Uniform trugen, lag daran, daß ihre Koffer noch nicht ausgepackt waren. Später gingen sie, außer in besonderen Fällen, stets in Zivil. Für die Russen gab es nur zwei Getränke, die sie allerdings in beträchtlichen Quantitäten vertilgten, französischen Champagner und, da es keinen ihren Ansprüchen genügenden Wodka (wenn sie ihn nicht selbst mitbrachten) in unserem Hotel gab, französischen Cognak. Unser bescheidenes Bier schätzten sie nicht, von unseren Qualitätsweinen verstanden sie nichts, und deutscher Sekt war ihnen ein Greuel. Gerade das machte dieses Kommando für uns zu einer sehr kostspieligen Angelegenheit, denn selbstverständlich legten wir größten Wert darauf, uns nie von den Russen einladen zu lassen, ohne uns sofort zu revanchieren. Der Großherzog hatte Recht, sie konnten, mit Respekt zu vermelden, saufen wie die Löcher. Dagegen waren wir geradezu Temperenzler, und selbst der unerschöpfbare Dr. Weckerling mußte manchmal kapitulieren. Und wenn sie dann das richtige Stadium erreicht hatten, fielen schnell alle Bande frommer Scheu von ihnen ab, und die „schirokaja natura" , die von vielen russischen Schriftstellern gepriesene „breite Natur" des Russen zeigte sich in voller Nacktheit. Daß sie brüllten, sangen und tanzten war

ja noch nicht so schlimm, auch nicht, daß sie dann oft plötzlich in
ein weltschmerzliches Elend mit Tränen und uns recht
unerwünschten Konfidenzen intimster Art umschlugen, ging
schließlich noch an, aber wenn sie anfingen, leere oder auch volle
Flaschen durch die Fensterscheiben, gegen Spiegel und Bilder zu
werfen, und die gesamte Einrichtung zu zertrümmern, stieg uns
das doch etwas über die Hutschnur. Doch was konnten wir
machen? Wie singt Prinz Orlowsky in der „Fledermaus"? „Ja, das
ist mal bei uns so Sitte, chacun à son gout." Von dem Gipfelpunkt
derartiger Unternehmungen werde ich nachher erzählen. Takt
besaßen viele dieser Herren, die doch durchweg dem hohen Adel
oder wenigstens der besten Gesellschaft Rußlands angehörten,
nicht für fünf Pfennige. Sie genierten sich nicht im Geringsten,
uns die unglaublichsten Skandalgeschichten vom Petersburger
Hofe mit Nennung aller Namen zu erzählen, ja, sich uns, den ausländischen Offizieren gegenüber, über den Zaren und die Zarin
lustig und die häßlichsten Bemerkungen über die Beziehungen des
Wundermönches Rasputin zur Kaiserlichen Familie zu machen.
„Wenn der Polkownik wüßte, was der ›Staretz‹[45] alles mit der
›Deutschen‹ anfängt, würde er das ›Heilige Biest‹ wohl schnell wieder nach Sibirien zurückexpedieren." , meinte lachend ein Rittmeister der Chevalier-Garde an einem der ersten Abende, als
unglücklicherweise das Gespräch auf jenen unheimlichen Wunder-
täter kam, von dem in der europäischen Presse damals schon viel
die Rede war. Daß der Polkownik (Oberst) der Zar war, erwähnte
ich schon. Den Spitznamen „die Deutsche" trug die in allen russischen Kreisen wenig beliebte unglückliche Zarin, und das „Heilige
Biest" war natürlich Rasputin. Es ist unnötig, zu betonen, daß wir
uns solchen Entgleisungen gegenüber taub stellten, aber jede
unehrerbietige Äußerung über unseren Kaiser und den

---

45 Wandernder Bettelmönch. Das einfache russische Volk betrachtete sie
    als Heilige, obwohl ihr Lebenswandel dem oft keineswegs entsprach.

Großherzog, wenn sie von einem der Russen gewagt wurde, was im Anfang leider auch vorkam, mit der äußersten Schärfe zurückwiesen. Wir hätten es unbedingt auch auf ein Duell ankommen lassen, aber die Russen merkten doch bald, daß wir in diesem Punkte nicht mit uns spaßen ließen. Es ist übrigens zu betonen, daß Fürst Orloff, wie auch manche andere Herren, nach dieser Richtung rühmliche Ausnahmen bildeten und niemals Taktlosigkeiten begingen, mochte der Fürst als betrunkener „Skandalist", wie man in Petersburg sagte, auch an vorderster Stelle stehen. Fürst Orloff war wirklich ein großer Herr, und sein Verhalten zeugte davon, daß er zu den fünf Familien gehörte, die als der einzige echte historische Adel Rußlands befrachtet wurden und ihren Ursprung bis in die byzantinische Zeit zurückführten, viel weiter als das Haus Romanoff selbst. Er war der einzige der Russen in Friedberg, der bei aller treuen Anhänglichkeit nicht in knechtischer Unterwerfung vor dem Selbstherrscher erstarb, – der unermeßlich reiche Mann hatte es ja auch nicht nötig. Generalarzt Dr. Botkin kam niemals, Kapitän zur See Drentelen nur sehr selten in unseren Kreis. Der letztere war einer der wenigen Letten, die es im russischen Staatsdienst zu hoher Stellung gebracht haben, ein stiller, zurückhaltender Seemann, der als frommer Lutheraner wenig trank und sich nie an den üblichen Ausschweifungen beteiligte. Wir mochten ihn sehr gern, obwohl er aus der seinem Volksstamm eigenen Abneigung gegen das Deutschtum keinen Hehl machte. So sagte er mir einmal: „Ich habe viele gute Freunde und Kameraden unter den Deutschen, die ja in unserem Seeoffizierkorps sehr stark vertreten sind, vielleicht mehr als unter den Russen. Aber wenn Sie wüßten, was mein Volk seit Jahrhunderten unter der deutschen Herrenschicht hat leiden müssen, so würden sie begreifen, daß es zwischen Letten und Deutschen als Einzelmenschen wohl Freundschaft, als Völker aber keine Liebe geben kann." Drentelen war einer der Überlebenden der Seeschlacht von Tsuschima, die er als

Korvettenkapitän und Erster Offizier eines Schlachtschiffes mitgemacht hatte. Er hat uns viel Interessantes von der verhängnisvollen Argonautenfahrt der Baltischen Flotte um die ganze Welt und von ihrer Vernichtung durch die Japaner erzählt. Stolzer als auf seine Kriegstaten aber war er darauf, daß er während seiner langen Gefangenschaft in Japan seinen japanischen Lagerkommandanten, einen Major, zum evangelisch-lutherischen Glauben bekehrt hatte! Daß Drentelen, aus einer bescheidenen lettischen Bürgerfamilie in Riga stammend und außerdem nicht der orthodoxen Kirche angehörend, seit Jahren zur unmittelbaren Umgebung des Zaren gehörte, hatte einen besonderen Grund. Der nunmehrige Kaiser hatte als Thronfolger Anfang der 1890er Jahre auf einem Kreuzer, zu dessen Besatzung der damalige „Mitschman" (Fähnrich zur See) Drentelen gehörte, eine Informationsreise nach Japan unternommen. Beim Besuche eines historischen Tempels in der Nähe von Osaka machte ein fanatischer Buddhistenmönch einen Attentatsversuch auf den russischen Prinzen, den Drentelen im letzten Augenblick unter Einsatz seines Lebens abwehren konnte. Es war bezeichnend für den Charakter Nikolaus des Zweiten, daß er so etwas niemals vergaß – allerdings ebensowenig Kränkungen oder Beleidigungen, selbst wenn er sie vor noch so langer Zeit, ja, noch als Kind erfahren hatte. Von den übrigen russischen Offizieren hatte nur einer, der Rittmeister Baron Keller, der in der Schlacht bei Mukden als Angehöriger des Kavalleriekorps Mischtschenko verwundet worden war, den Russisch-Japanischen Krieg mitgemacht. Die anderen gehörten entweder der Garde an, die ja nicht eingesetzt worden war, oder befanden sich schon damals im Hofdienst. Wenn man sie danach fragte, schien es nicht, daß sie das irgendwie bedauerten, ein für uns deutsche Offiziere ganz und gar unbegreiflicher Standpunkt. Nach unserer Auffassung hätte ein aktiver Berufsoffizier, der während eines schweren Krieges zu Hause bleiben mußte, sich schämen oder wenigstens tief unglücklich sein müssen. Die Russen lachten nur: „In Petersburg war es trotz Revolution viel gemütlicher als in dem mandschurischen Dreck." Allzu weitgehende Rückschlüsse, wie wir damals in unserem jugendlichen Eifer, darf man daraus nicht ziehen. Fast alle diese Offiziere waren seit langem der Front entfremdet und mehr Hofleute oder Gendarmen als wirkliche Soldaten. Daß auch der zaristische russische Offizier zu fechten und zu sterben wußte, hat er im Weltkriege und im Kampf gegen den Bolschewismus voll bewiesen. Aber schon bei meinem ersten Zusammentreffen mit russischen Kameraden als Fähnrich im Kasino der Grenzreiter in Ljubitsch konnte ich feststellen, daß uns weltanschaulich und in unserer Standesauffassung ein Abgrund von ihnen trennte. Mit einem französischen, englischen oder spanischen, selbst einem italienischen Offizier verband uns viel mehr. Wenn ich in Friedberg an jenen Besuch im Heiligen Rußland acht Jahre vorher zurückdachte, stieg mir noch ein anderer Gedanke auf. Damals, ob ehrlich gemeint oder nicht, begeisterte Trinksprüche auf die alte, deutsch-russische Waffenbrüderschaft und nun nicht mit einem Wort, mit keiner Andeutung mehr die Rede davon. Viel mehr als im Sommer des Vorjahres in französischen Kasinos hatte ich das dunkle Gefühl, dem Feinde von morgen gegenüber zu sitzen. Die Unterhaltung mit den Russen war überhaupt höchst oberflächlich. Ihr Interessenkreis war, immer von gewissen Ausnahmen abgesehen, eng begrenzt. Für Literatur, auch für die ihrer eigenen Sprache, hatten sie weder Interesse noch Verständnis, für Kunst und Theater nur, soweit es die Beine von Tänzerinnen anging. Petersburger Hofklatsch war ihr Hauptthema. Befehlsgemäß sprachen wir mit ihnen über Politik niemals, hätten dabei wohl auch wenig Gegenliebe gefunden, über militärische Dinge nur selten und dann etwa über die Beförderungsverhältnisse in den beiden Armeen, Uniformen, Manövererinnerungen und ähnliche Äußerlichkeiten. Es schien, daß die russischen Offiziere für den Verkehr mit uns ähnliche Anweisungen erhalten hatten wie wir für den mit ihnen. – Unser Dienst hatte sich nun vollkommen eingespielt. Jeden Vormittag um 9 Uhr traten die nicht auf Wache befindlichen Züge der Kompagnie zum Exerzieren auf der Sportwiese an, wo während einer Stunde hauptsächlich Griffe und Wachablösung geübt wurde. Anschließend fand eine Stunde Unterricht statt, bei dem den Mannschaften wieder und wieder ihre Posteninstruktion eingepaukt und ihnen die russischen Uniformen und Gradabzeichen sowie die Anreden der verschiedenen Fürstlichkeiten erklärt wurden. Um 12 Uhr mittags zog die neue Wache auf und löste unter den üblichen Formalitäten die alte vor der Hauptwache ab, ein Schauspiel, das jedesmal viele Zuschauer aus der Bewohnerschaft des Schlosses, oft auch die Kinder des Zaren, anlockte. Am Nachmittag um vier Uhr wurde noch einmal zu einem einstündigen Exerzieren angetreten. Dabei wurde auch die Ehrenbezeugung des Frontmachens geübt, die allen Fürstlichkeiten und Generalen zustand, also von unseren Leuten sehr oft erwiesen werden mußte. Sie war aber den 116., 118. und 168ern, in deren Garnisonen es keine Generale gab, wenig vertraut. Im Übrigen beschäftigte der Hauptmann die Leute, was sehr gut war, reichlich mit Putzstunden und Appells, zu denen aber die Offiziere nicht zu erscheinen brauchten. Diese waren nämlich viel mehr in Anspruch genommen als die Mannschaften. Während die Züge nur jeden vierten Tag auf Wache zogen, lag für den Offizier dazwischen immer noch ein Tag, an dem er Ronde hatte. Dabei aber war man mit kurzen Pausen fast ununterbrochen auf den Beinen, besonders nachts, denn das Abgehen der Postenkette nahm ungefähr eine Stunde in Anspruch.[46] In den ersten Tagen erschienen zu jedem Exerzieren die während der Nacht im Schloßgraben diensttuenden Kriminalbeamten, um ihre Polizeihunde mit

---

46 Anfänglich steckten wir uns bei nächtlicher Ronde eine Pistole ein, aber bald, als wir merkten, dass die Sache höchst harmlos und unromantisch war, schenkten wir uns die unbequeme Mehrbewaffnung.

unserer „Witterung" vertraut zu machen. Es war trotzdem im Anfang ein ziemlich unheimliches Gefühl, wenn man als Offizier der Ronde in stichdunkler Nacht plötzlich ein schattenhaftes Wesen aus einem Gebüsch auftauchen sah und einem mit leisem Knurren um die Beine streichen fühlte. Die klugen Tiere freundeten sich aber sehr schnell mit uns an. Ich will gleich hier erwähnen, daß während der ganzen Zeit des Zarenbesuches von der engeren Bewachung nicht ein einziger Versuch verdächtiger Persönlichkeiten zur Durchbrechung der Absperrung festgestellt worden ist. Die äußere Polizeikontrolle auf Straßen, Bahnhöfen und Eisenbahnzügen nahm einige Leute fest, die sich aber als harmlos erwiesen, oder denen jedenfalls nicht nachgewiesen werden konnte, daß sie verbrecherische Absichten gehabt hätten. Es handelte sich dabei meist um Russen, die dann vorsichtshalber in andere Gegenden abgeschoben wurden. – Zwei Tage nach der Zarenfamilie traf der andere Schwager unseres Großherzogs, Prinz Heinrich von Preußen, mit seiner Gemahlin ein. Eine offizielle Einholung fand auf seinen Wunsch nicht statt. Am Tage darauf wurden sämtliche Offiziere der Wachtkompagnie durch den Generaladjutanten auf 12 Uhr mittags ins Schloß befohlen, um den hohen Herrschaften vorgestellt zu werden. Die Offiziere der Wache und der Ronde wurden während dieser Zeit durch Feldwebel vertreten. Angenehmer Weise war angeordnet, daß wir nicht in Parade- oder Dienstanzug, sondern im bequemeren Überrock zu erscheinen hatten. Anschließend an die Vorstellung waren wir zur Frühstückstafel geladen. Wir bauten uns also kurz vor der befohlenen Zeit im sogenannten Kleinen Salon, der aber ein ziemlich großer, mit altmodischen, etwas verblichenen grünen Plüschmöbeln ausgestatteter Saal war, auf und warteten der Dinge, die da kommen sollten. Für uns alle war es ja die erste persönliche Fühlungnahme mit den „Großen dieser Erde", denn unser lieber Großherzog hätte es selbst weit von sich gewiesen, sich zu diesen rechnen zu lassen. Um Punkt 12 ging die Tür auf, und als Erster erschien lachend und mit vergnügtem Augenzwinkern zu uns der Großherzog im hellgrauen Flanelltennisanzug und weißen Schuhen, schick wie immer. Er hatte den Zaren, der etwas hinter ihm zurückgeblieben war, am Arm und führte ihn gleich auf Hauptmann Schmitz zu, den er als Ersten vorstellte, dann uns der Reihe nach, wie wir der Nummer unserer Regimenter entsprechend angetreten waren. Bei jedem machte er eine ulkige Bemerkung, die sich entweder auf die Person oder das Regiment bezog, und der Zar beherrschte offenbar nicht nur hochdeutsch, sondern auch darmstädtisch, denn er amüsierte sich köstlich. Bei mir meinte Ernst Ludwig: „Könne Se aach zwitschere, Herr Leitnant?" Und zum Zaren gewandt: „Der is nämlich von de Wormser Kanarievögel" (Spitzname meines Regiments). Bei dem Dragonerleutnant: „Do is ja der Riedesel von de weiße Dragoner. Der hot dei' Visitekart' uff de Achselstick." (Weil ja dieses Regiment den Namenszug des Zaren trug). „Sei Schwester is die hübsche Hofdam' vom Lorche, die Du ja schon kennst." Als er zu unserem riesigen Doktor kam, trat er einen Schritt zurück und sagte mit komischem Pathos zum Zaren: „Jetzt paß uff, Niki, do is der größte deutsche Arzt." Während dieser Vorstellung hatten wir die erste Gelegenheit, den Zaren aus allernächster Nähe zu betrachten. Er war kaum mittelgroß und in einen dunkelbraunen Sport- oder Touristenanzug mit Kniehosen gekleidet, den er während der fast drei Monate seines Besuchs Tag für Tag getragen hat, im Freien dazu ein grünes Jägerhütl mit einem Stutz an der Seite, wie ihn die ausländischen Karikaturisten dem Deutschen zuzuschreiben pflegten. In seinem gebräunten, spitzbärtigen Antlitz waren eigentlich nur die sehr klugen, aber melancholischen hellblauen Augen bemerkenswert. Seine Hände und Füße waren für einen Mann auffallend klein. Er hatte, wie man das bei sehr starken Rauchern häufig findet, sehr nervöse Bewegungen und manchmal ein Zucken in den Gesichtsmuskeln. Die Gesichtszüge des Zaren waren mit ihren hervortretenden

Backenknochen typisch russisch, obwohl das Haus Romanoff, eigentlich ja Schleswig-Holstein-Gottorp, offiziell wenigstens, nicht einen Tropfen russischen Blutes in den Adern hatte. Nikolaus der Zweite zeigte in seinem Wesen nichts Majestätisches, eher etwas Scheues, ja Kleinbürgerliches, und niemand wäre, wenn er ihm, ohne ihn zu kennen, begegnet wäre, auf den Gedanken gekommen, vor dem Beherrscher des gewaltigsten Reiches der Erde, von 120 Millionen Seelen zu stehen. Dabei fehlte ihm eine natürliche menschliche Würde durchaus nicht, und im Gespräch hatte er etwas außerordentlich Anziehendes und Sympathisches. Der Zar schüttelte jedem von uns kräftig die Hand, sprach aber kein Wort, wozu ihn der Redeschwall seines lustigen Schwagers auch kaum hätte kommen lassen. Prinz Heinrich von Preußen dagegen, der gleich nach seinen Schwägern eingetreten war, in Haltung und Aussehen der typische deutsche Seeoffizier, hatte für jeden von uns eine freundliche Bemerkung. Er ist dann abends gelegentlich in unser kleines Kasino bei Trapp gekommen, um mit uns kameradschaftlich zu plaudern, verabschiedete sich aber stets sofort, wenn russische Offiziere erschienen. Da wir auf deren Besuch nicht soviel Wert legten wie auf den des bald von uns allen hochverehrten Prinzen, baten wir Herrn Trapp an solchen Abenden, etwaige russische Besucher mit seiner oft bewährten diplomatischen Gewandtheit abzuwimmeln, was ihm auch stets gelang. Prinz Heinrich und seine gütige Gemahlin Irene, die uns Leutnants immer, wenn sie uns im Schlosse oder auch in der Stadt traf, freundlich und mütterlich anzusprechen und nach unseren Angehörigen zu fragen pflegte, verdienten unser herzliches Mitgefühl, da auch bei ihren drei Söhnen, wie bei dem russischen Zarewitsch, jener alte Fluch des hessischen Fürstenhauses sich ausgewirkt hatte. Sie litten an der Bluterkrankheit, und der mittlere war außerdem mit einer lahmen Hüfte geboren worden. Diese seltene Erbkrankheit, die sich außer in gewissen alpinen Hochgebirgssiedlungen eigentlich nur bei

Familien der regierenden Fürstenhäuser und der Hocharistokratie findet und wohl auf der Jahrhunderte lang betriebenen Inzucht dieser immer wieder unter einander heiratenden Geschlechter beruht, wird übertragen nur von den weiblichen Mitgliedern, erfaßt aber nur die männliche Nachkommenschaft. Die Töchter des Zarenpaares waren gesunde, kräftige Mädel, aber niemand hätte sagen können, ob sie nicht später den Keim der Krankheit auf ihre Söhne übertragen würden. Ihr furchtbares frühes Ende hat die Probe auf dieses Exempel verhindert. Die Kinder des Großherzogs waren sämtlich kerngesund. Die Krankheit drückt sich darin aus, daß das Blut der Leidenden keine Gerinnungsfähigkeit besitzt und daher die kleinste Wunde zum Tode durch Verbluten führen kann. Zahnziehen bedeutet zum Beispiel für solche Menschen akute Lebensgefahr. Außerdem treten bei den befallenen Personen mehr oder weniger ernste Nebenerscheinungen auf, wie allgemeine Körperschwäche und mangelnde Widerstandsfähigkeit gegen andere Krankheiten, sowie Kurzsichtigkeit, Schwerhörigkeit, Stottern und Bleichsucht. In das Großherzoglich-hessische Haus ist diese verhängnisvolle Anlage durch die Großherzogin-Mutter Alice, eine britische Prinzessin, hineingetragen worden. Es gab sie durch die Zarin weiter an das russische Kaiserhaus, an die Nebenlinie der Hohenzollern durch die Prinzessin Heinrich und endlich an das spanische Königshaus durch Prinzessin Ena von Battenberg,[47] die Gemahlin König Alfons XIII., dessen sämtliche Söhne Bluter waren oder sind. Meines Wissens hat die ärztliche Wissenschaft bis heute noch kein wirksames Mittel gegen dieses Leiden gefunden. Das einzige, was ihr mit Mühe und nicht in allen Fällen gelingt, ist die Stillung des Blutflusses aus einer Wunde. Der große und

---

47 Enkelin des Prinzen Alexander von Hessen aus seiner morganatischen Ehe. Ihr Bruder ist der britische Admiral, der im 1. Weltkriege seinen Namen in Mountbatten änderte.

verhängnisvolle Einfluß Rasputins auf die Zarenfamilie beruhte in erster Linie darauf, daß der seltsame Mönch es tatsächlich verstand, den Zustand des kranken Zarewitsch, wahrscheinlich auf hypnotischem Wege, merklich zu bessern, was selbst den bedeutendsten Ärzten nicht geglückt ist. Jedes Mal, wenn der Zar, der sich über die moralische Minderwertigkeit des Staretz nicht im Unklaren war, versuchte, ihn vom Hof zu entfernen, verschlechterte sich sofort das Befinden des Thronfolgers in gefährlicher Weise, so daß Rasputin schleunigst zurückberufen werden mußte. Dadurch hatte der Wundermönch allmählich die nervenkranke Kaiserin zu seinem willenlosen Werkzeug gemacht, wenn auch die Skandalgeschichten, die damals in Petersburg herumerzählt wurden, zweifellos erlogen sind. Zweimal während der Friedberger Zeit stand man unmittelbar vor dem Entschluß, Rasputin nachkommen zu lassen, sah aber doch davon ab, vor allem wohl, weil dieser merkwürdige Heilige sich bis dahin grundsätzlich geweigert hatte, den russischen Boden zu verlassen. – Prinz Heinrich sagte mehr als einmal traurig zu uns: „Wenn ich Euch frische junge Leutnants so ansehe, muß ich immer an meine armen Jungens denken. Warum können sie nicht auch sein wie Ihr?" – Nach der Vorstellung gingen wir in den nebenan gelegenen Speisesaal, wo die Großherzogin, die Großfürstinnen und die Prinzessin Heinrich, sowie einige Damen und Herren des beiderseitigen Gefolges bereits warteten, denen wir nun ebenfalls präsentiert wurden. Großherzogin Eleonore reichte jedem von uns freundlich die Hand zum Kuß, die Großfürstinnen kicherten und benahmen sich trotz der strafenden Blicke ihrer Erzieherin Miss Loch wie die richtigen Backfische. Die Zarin war nicht anwesend. Ihr Gemüts- und Gesundheitszustand erlaubte ihr die Teilnahme an irgendwelchen Veranstaltungen selbst im kleinen Kreise nicht. Wir haben sie während der ganzen Monate nur von weitem gesehen. Es wurde dann sofort an der Frühstückstafel Platz genommen. Meine Tischdame war die etwa 12-jährige

Großfürstin Tatjana, links von mir saß eine russische Hofdame Prinzessin Dawidowa oder Demidowa und schräg gegenüber der Zar, der die Prinzessin Heinrich führte. Prinz Heinrich, links von der Großherzogin, saß mir gerade gegenüber. Der Tisch war sehr hübsch mit dem Meißner Porzellan des Darmstädter Hofes gedeckt und mit reichem Blumenschmuck geziert. Die berühmten und viel besprochenen goldenen Teller fehlten allerdings. Mit diesen hatte es folgende Bewandtnis. Bekanntermaßen gehörten die Großherzöge von Hessen zu den am wenigsten bemittelten deutschen Fürstenhäusern. Ein Besuch der Zarenfamilie mit ihrem zahlreichen Hofstaat brachte aber ungeheure Ausgaben mit sich, und es ging ja nicht an, daß der Zar diese dem Großherzog in bar zurückerstattete. So war schon unter Zar Alexander dem Dritten der Ausweg gefunden worden, daß der russische Herrscher dem Großherzog als Gastgeschenk hundert schwer goldene Teller mitbrachte, die man im Darmstädter Schloß bewundern konnte. Sie wurden natürlich nur bei den feierlichsten Gelegenheiten verwendet, — und ihre Zahl vermehrte sich trotz der alljährlichen Zarenbesuche nie. Denn die sparsame Verwaltung der großherzoglichen Privatschatulle ließ den Zuwachs prompt in der hessischen Münze in Mainz einschmelzen und in hübsche, runde 20-Mark-Stücke ausprägen. Hinter dem Stuhl des Zaren stand unbeweglich der Leibkosak, ein bärtiger Riese in langem, dunkelblauem Rock, Pumphosen mit breiten roten Streifen und weichen, faltenreichen Juchtenstiefeln. Seine Aufgabe bestand darin, seinem Gebieter unaufhörlich Feuer für seine Zigaretten zu reichen. Vor dem Kaiser stand eine Kristallschale, die hochgehäuft voll russischer Zigaretten mit dem langen Papiermundstück und ganz wenig Tabak war. Nikolaus der Zweite rauchte ununterbrochen. Selbst während er Suppe aß, hielt er die brennende Zigarette in der linken Hand. Als erster Gang wurde eine märchenhafte russische Sakuska, auserlesene Leckerbissen, die wir zum Teil überhaupt nicht kannten, und Wodka gereicht. Der köstliche hellgraue grobkörnige Kaviar stand in mächtigen Eisblöcken, die über den ganzen Tisch verteilt waren, so daß man darin schwelgen konnte, soviel man wollte. Während der ganzen 12 Wochen traf jeden Tag ein Hofkurier aus Petersburg ein, der außer den amtlichen Depeschen und Dokumenten stets einen ganzen Gepäckwagen voll der seltensten russischen Delikatessen mitführte, so daß Kaviar, frischer Sterlet und andere Genüsse stets in Überfluß vorhanden waren. Die russischen Offiziere brachten abends in unser Kasino ganze Körbe davon mit, denn sie standen jedem Mitglieds der Hofhaltung uneingeschränkt zur Verfügung. Soviel Kaviar wie in diesen Wochen habe ich mir in meinem ganzen übrigen Leben nicht zu Gemüte führen können, und doch ist er mir nie über geworden. Gewöhnliche Sterbliche haben diese Qualität auch sonst nie zu schmecken bekommen. Denn für den Zarenhof wurden die besten Sorten gleich bei der Wolgafischerei reserviert und kamen überhaupt nicht in den Handel, ebenso wenig wie der bei Hofe verwendete herrliche Tee, und der Tabak der kaiserlichen Zigaretten, die allein für den Gebrauch des Monarchen hergestellt wurden. Ich will dabei einschieben, daß für den kleinen Zarewitsch auch zwei Milchkühe aus Rußland mitgebracht worden waren, die im Hofzuge ihren eigenen Stallwagen hatten und nicht nur von einem echten Schweizer aus Simmenthal, sondern auch von einem eigenen Leibveterinär betreut wurden. Dies schien uns leicht übertrieben, denn wir meinten, daß die fette Milch unserer Wetterauer Kühe selbst kaiserlichen Ansprüchen hätte genügen können. Die übrige Speisenfolge bestand aus einer Suppe, gebratenen Hähnchen mit Gemüsen und Nachtisch. Ähnlich war sie beim Frühstück immer, während beim Diner abends noch ein Gang eingelegt wurde. An Getränken wurden, außer dem Wodka zu den Vorspeisen, weißer und röter Wein der Großherzoglichen Domänen und französischer Champagner serviert, ich glaube Moët et Chandon, eine Marke, die der Zar besonders bevorzugte. Es wurde nur sehr wenig getrunken. Der Zar hat, wie ich genau beobachten konnte, außer einem Gläschen Wodka nur zwei Gläser Champagner zu sich genommen. Ich betone das, weil noch heute von bolschewistischer Seite das Märchen verbreitet wird, daß Nikolai der Zweite ein ausgesprochener Gewohnheitssäufer gewesen sei. Die Unterhaltung bei Tische war sehr angeregt, wozu besonders der Großherzog und Prinz Heinrich beitrugen, während der Zar still und in sich gekehrt war und höchstens einmal lächelte oder einen kurzen Satz einwarf. Er sprach vorzüglich deutsch, sogar ganz ohne die bei Balten und anderen Rußlanddeutschen so stark auffallende Klangfärbung. Eingedenk der Mahnung des Hofmarschalls saß ich stumm neben meiner niedlichen Tischdame und wartete, daß sie mich zuerst ansprechen sollte. Wir guckten uns beide schräge aus den Augenwinkeln an, und die Großfürstin, das sah ich genau, erstickte fast vor unterdrücktem Lachen. Schließlich rief mir Prinz Heinrich über den Tisch zu: „Aber unterhalten Sie doch Ihre Tischdame, Herr Leutnant!" , worauf ich schüchtern antwortete: „Zu Befehl, Euer Königliche Hoheit, aber sprechen Ihre Kaiserliche Hoheit deutsch?" Der Prinz lachte laut und sagte mit seiner dröhnenden Kommandostimme: „Ach nee, die Bande soll's schon lange lernen, aber sie tut's nicht. Sie können doch sicher ein bißchen Englisch." Ich faßte mir also ein Herz: „Your Imperial Highness, do you like Friedberg?" Die Kleine platzte heraus und antwortete dann mit einer auffallend tiefen Stimme, wie sie viele Russinnen haben: „Oh yes, I like it. It's lovely." Und nach einer Pause: "But who are you? Are you a German General?" – „Oh no, I am only a lieutenant", erwiderte ich, worauf sie ein bedauerndes „Oh" ausstieß. Die nächste Frage war: „Have you a horse?" Und so ging die Unterhaltung, zwar nicht gerade tiefgründig, aber doch ohne große Unterbrechungen weiter. Von diesem Frühstück an bezeichnete mich Großfürstin Tatjana als „My lieutenant", und wenn ich ihr begegnete und vorschriftsmäßig Front machte, verfehlte sie nie, auf mich zuzulaufen und mir das Händchen zu

geben. Das wurde auch von der sehr gestrengen Miss Loch
gebilligt, denn ich hatte bei dieser einen Stein im Brett, weil ich
der einzige von uns Kameraden war, der sich einigermaßen Englisch ausdrücken konnte. Die anderen Herren hatten ziemlich
unglücklich neben ihren russischen Tischdamen gegessen. Tatjana nannte mich auch, wie Prinz Heinrich mir einmal verriet,
„mein Fell“, denn ich hatte ihr auf die Frage nach meinem Namen
erklärt, daß dieser auf Russisch „Mnjä“ bedeute, was ich von den
Potsdamer Unterrichtsstunden des tüchtigen Major Hoppenstedt
her noch behalten hatte. Ich hatte die nette Kleine dann bei fast
allen Frühstücken und Abendessen, zu denen wir wöchentlich
zwei- bis dreimal geladen wurden, zu Tisch, was wohl sicher auf
ihren besonderen Wunsch zurückging. Nach Aufhebung der Tafel
wurden im Kleinen Salon Kaffee, Schnäpse und Zigaretten serviert, und dann ging die Gesellschaft auseinander. In gleicher
Form verliefen alle ähnlichen Veranstaltungen, zu denen wir
zugezogen wurden. Die russischen Offiziere und Beamten, von
denen nur die höchsten, wie Staatsrat Bobrinkoff und Oberstleutnant Gomssin, gelegentlich zur Tafel geladen wurden – Fürst
Orloff, Kapitän Drentelen und Generalarzt Dr. Botkin gehörten
selbstverständlich zum engsten Kreise des Herrscherpaares –
beneideten uns sehr und sahen diese Bevorzugung der deutschen
Offiziere, die wir nur dem Großherzog zu danken hatten, mit
recht scheelen Augen an. Da sie uns gegenüber aus diesem an sich
verständlichen Gefühl keinen Hehl machten, sprachen wir einmal
mit Prinz Heinrich darüber. Er sagte uns, daß er selbst schon dem
Fürsten Orloff gegenüber diesen Punkt berührt habe. Der
Generaladjutant sei aber völlig ablehnend gewesen, da es der russischen Auffassung durchaus widerspreche, Personen niederen
Ranges in die unmittelbare Nähe der geheiligten Person des Herrschers zu bringen. – Am nächsten Tage war ich Offizier der
Ronde. Als ich um 3 Uhr nachmittags die Posten im Schloßgarten
revidierte, sah ich mich, als ich um die Ecke eines Bosketts bog,

plötzlich dem Zaren gegenüber, der dort, nur von seinem Leibkosaken begleitet, seinen Verdauungsspaziergang machte. Ich faßte den Säbel an und meldete mich vorschriftsgemäß. Der Kaiser dankte freundlich und befahl mir, ihn ein wenig zu begleiten. Der Leibkosak trug einen großen goldenen Kasten, aus dem er jedesmal, wenn der Zar seine Zigarette ausgeraucht hatte, ihm eine neue bot und anzündete. Der Zar forderte mich auf, auch zuzugreifen, nahm es aber durchaus nicht übel, als ich mit der Hand am Helm meldete: „Eure Majestät, ich bin im Dienst." – Er fragte mich dann allerlei über Land und Leute, ließ sich die Zusammensetzung der Wachtkompagnie erklären und erkundigte sich nach meiner bisherigen Laufbahn. Als ich ihm dabei von meinem Reitunfall berichtete, ordnete er an, daß ich mich von Dr. Botkin untersuchen lassen sollte, was dann auch wenige Tage später geschah, ohne daß dieser hervorragende russische Arzt mir natürliche irgendetwas Neues sagen konnte. Meine Kameraden und ich haben dann noch oft auf unseren Rondegängen einen solchen kurzen Spaziergang mit dem Zaren gemacht. Es ist selbstverständlich, dass der fremde Monarch, der sehr viel mehr Takt als die meisten seiner in Friedberg anwesenden Offiziere besaß, niemals mit uns über irgendwelche politischen oder sonst bedeutenden Gegenstände gesprochen hat, aber wir alle bewunderten sein gesundes und treffendes Urteil und wurden ausnahmslos durch sein sympathisches Wesen gefesselt. Selbst Herr von Oertzen mußte zugeben, daß der russische Selbstherrscher, als Mensch jedenfalls, eine sehr anziehenden Persönlichkeit sei. Wenn wir bei der Ronde an das Nordende des Parks gelangten, so sahen wir bei schönem Wetter von weitem auf der Terrasse die Zarin in ihrem Liegestuhl in Decken gehüllte einsam oder mit ihrer Hofdame und vertrautesten Freundin Gräfin Wrbowa, einer kleinen, dicken Person mit ziemlich ungewöhnlichem Gesicht, sitzen. Die Wrbowa, die sich vollständig im Banne Rasputins befand, ist es übrigens gewesen, die der Kaiserin den

unheimlichen Mönch zugeführt hatte und trägt somit, wenn sie
auch in bester Absicht gehandelt hat, einen Teil der Schuld an
dem Verhängnis, das die Zarenfamilie vernichtete.[48] Sie ist ihrer
Herrin und Freundin treu in den schrecklichen Tod gefolgt. Welche Gedanken mögen wohl die immer noch wunderschöne,
unglückliche Fürstin bewegt haben, wenn sie in die liebliche deutsche Landschaft hinausschaute, die ja auch ihre Heimat war? Von
dem fröhlichen „Prinzesschen Sonnenschein" ihrer glücklichen
Darmstädter Jugend war nichts, aber auch nichts mehr in ihrer
tragischen Erscheinung geblieben. Auf nächtlichen Rondengän-
gen aber schaute man von draußen in das erleuchtete Fenster des
kaiserlichen Arbeitskabinetts hinein, wo der Zar allabendlich am
Schreibtisch saß, bis tief in die Nacht in Aktenstudium vertieft,
ihm zur Seite der Generaladjutant oder ein Kabinettsrat und hinter ihm die unbewegliche riesige Gestalt des Leibkosaken. In den
Seiten dieser Akten und Dokumente mochte manches Geheimnis
europäischer Politik verborgen sein, manches vielleicht auch, das
für die Zukunft unseres Vaterlandes entscheidend war. Ich habe
dort vor dem Fenster oft manche Minute in tiefen Gedanken
gestanden. War es ein Todesurteil, das die kleine weiße Hand des
Herrschers jetzt mit hastigem Schwung unterzeichnete? Stand
auf dem Bogen, den er eben kopfschüttelnd dem General reichte,
eine geheime Nachricht, die der französische oder englische Verbündete ihm sandte? Der schlichte Musketier aus Rheinhessen

---

48 Wir Deutsche haben keinen Grund, Rasputin zu verdammen. Seine
    moralischen Qualitäten können uns gleichgültig sein, aber wir soll-
    ten nicht vergessen, dass der Mönch in den entscheidenden Tagen
    des Sommers 1914 alles eingesetzt hat, um den Zaren vor dem Ent-
    schluss zum Kriege zurückzuhalten. Als es ihm nicht gelang, rief er
    dem Zaren zu: „Du hast Russland und Dein Haus vernichtet!" Bis
    zu seinem Tode wirkte Rasputin dann für einen Sonderfrieden mit
    Deutschland – und das war der Hauptgrund für seine Ermordung.

oder dem Odenwald, der ein paar Schritte hinter mir, verborgen im Gebüsch, mit aufgepflanztem Bajonett die Wacht hielt, machte sich solche Gedanken gewiß nicht. Aber vielleicht ist er fünf Jahre später als Reservist bei Gorlice vor den feuerspeienden Stellungen der Garde des Mannes dort oben im Zimmer gefallen. Der Zar selbst hat den Krieg gewiß nicht gewollt. Obwohl er soldatisches Wesen liebte, war er eine durchaus friedliche Natur, die vielleicht innerlich etwas auf dem Standpunkt Nikolaus des Ersten, des großen Drillmeisters, stand: „Nichts verdirbt eine Armee mehr als der Krieg". Man darf auch nicht vergessen, daß Nikolaus der Zweite es war, auf dessen persönliche Initiative hin 1899 die erste, freilich ergebnislose Abrüstungskonferenz im Haag berufen wurde. Es war sicher keine hohle Phrase, wenn der Zar sogar uns kleinen Leutnants gegenüber betonte, daß er Deutschland und seine Menschen liebe und sich bei uns so wohl fühle, wie nirgends wo anders. Seine Russen selbst sagten immer, daß er bei einem Besuche in Deutschland ein ganz anderer Mensch sei als in Petersburg. Aber auch er war ja nur eine Schachfigur in dem großen Spiel des politischen Geschehens, denn er, der das furchtbare Verhängnis Europas im letzten Augenblick vielleicht noch hätte abwenden können, war leider zu schwach, um sich der aufsteigenden Woge des Verderbens entgegenzustemmen. – Ich bin im Laufe der Wochen einige Male mit Kollegienrat Voisin zu nächtlicher Stunde durch die Innenräume des Schlosses gegangen, wenn er in Begleitung eines seiner französischen Kriminalbeamten dort seine Runde machte. Es war ein unheimlicher Eindruck. Im Dämmern der matt erleuchteten Flure und Treppen standen überall die schweigenden Gestalten der Gendarmen in Uniform und der zivilen Geheimpolizisten, schattenhaft wie Gespenster. Vor dem Schlafgemach des Zaren hielten zwei Kaukasier des Leibgardekonvois mit gezogener Schaschka die Wacht. Das ganze düstere Schloß wimmelte von Menschen, und doch lag es in tiefem Schweigen. Nirgends hörte man einen Laut.

Morgens, ehe die Herrschaften sich erhoben, verschwand der ganze nächtliche Spuk spurlos und geräuschlos. Bei der alle zwei Stunden erfolgenden Ablösung trugen die Leute dicke Filzschuhe. Im Vorzimmer des Zaren schlief immer der erwähnte Leibkosak, quer vor der Eingangstür zum Schlafgemach des Herrschers. Ich muß sagen, ich habe die hohen Herrschaften nicht beneidet – eher bemitleidet. Der Tagesverlauf der Fürstlichkeiten war fast immer der gleiche. Um 9 Uhr vormittags fuhren die in Homburg vor der Höhe untergebrachten Autos des Zaren im Schloßhofe auf, mächtige Wagen, wie man sie sonst damals kaum zu sehen bekam, am Steuer die französischen Ingenieure in dunkelgrüner Uniform, neben ihnen ein Palastpolizist in Zivil. Mehrere von deutschen und russischen Polizisten besetzte Wagen, von denen immer je einer 50 Meter vor und hinter den Wagen des Zaren oder der Zarin fuhr, standen zur Begleitung bereit. Kurz danach trat die Zarin in Begleitung der von ihr unzertrennlichen Gräfin Wrbowa heraus, nahm in einem Auto Platz und fuhr nach Nauheim, um dort in den für sie reservierten Räumen des Badehauses bis 12 Uhr mittags ihre Kur zu machen. Bald nachher folgten an vielen Tagen der Zar, der Großherzog und Prinz Heinrich, um eine Ausfahrt in die weitere Umgebung zu unternehmen. Der Trommelwirbel des Tambours der herausgetretenen Wache, der in dem ganzen Städtchen zu hören war, lockte im Anfang die ganze Bevölkerung an die Fenster oder auf die Straße. Später bekümmerten sie sich kaum noch darum. Oft blieben die Herrschaften auch im Schloß und spielten auf dem Tennisplatz im Garten, oder sie machten einen Spaziergang zu Fuß durch Friedberg. Das tat der Zar besonders gern an Markttagen, weil es ihn sehr interessierte, das Leben und Treiben auf dem großen Marktplatze, dem die Bäuerinnen in ihrer malerischen hessischen Tracht ein besonders hübsches Gepräge gaben, zu beobachten. Zur Verzweiflung der verantwortlichen Polizeibeamten unternahm er oft in plötzlichem Entschluß solche Gänge ganz allein, ohne daß

irgendeine Möglichkeit zu besonderen Bewachungsmaßnahmen
bestand. Der Kaiser ging dann unbekümmert mitten durch das
dichteste Volksgewühl, so daß er von Leuten, die ihn gar nicht
oder zu spät erkannten, angestoßen oder gedrängt wurde. Keine
Macht der Erde hätte ein etwaiges Attentat verhindern können.
Aber Nikolaus der Zweite war, wie mir Voisin unter Anführung
vieler Beispiele bestätigte, absolut ohne jede Sorge um seine
persönliche Sicherheit, von einer geradezu fatalistischen Furchtlosigkeit und bildete dadurch den Schrecken der mit seiner
Bewachung betrauten Beamten. Nun waren ja in Friedberg
Angriffe kaum zu befürchten, aber auch dort gab es natürlich
Leute, die, durch die Lektüre der Linkspresse verhetzt, sich zur
irgendeiner Beleidigung des Zaren hätten hinreißen lassen können. Zum Glück ist derartiges niemals erfolgt. Im Gegenteil
wurde der fremde Monarch, der der Gast unseres Landes war,
überall, wo man ihn erkannte, ehrerbietig begrüßt. Nachdem der
Zar in der zweiten Woche auf einem solchen Spazierwege zufällig
an die Sportwiese gelangt war und uns hatte exerzieren sehen,
kam er öfter dorthin und betrachtete sich mit Interesse unsere
Übungen. Dabei ließ er sich einmal ein Gewehr geben und machte
uns die russischen Griffe vor, die den unseren sehr ähnlich waren.
Ein anderes Mal unterhielt er sich mit Hauptmann Schmitz über
die kriegsmäßige Bepackung des Infanteristen, und auf seinen
Wunsch wurde ihm ein Gefreiter des Leibgarderegiments mit
kompletter feldmarschmäßiger Ausrüstung, gepacktem Tornister
und mit scharfer Munition gefüllten Patronentaschen vorgeführt.
Der Zar ließ den Mann dann das Gepäck ablegen, hing sich selbst
den Tornister um, schnallte Koppel mit Seitengewehr, Patronentaschen und Brotbeutel um, nahm Gewehr über und marschierte
zehn Schritte auf und ab. Er meinte dann, daß, nach seiner
Ansicht, der rucksackartige Tornister des russischen Infanteristen
praktischer und bequemer sei als der starre deutsche. Dagegen sei
das abnehmbare Seitengewehr bei uns zweckmäßiger als das stets

am Gewehr befestigte russische Bajonett. Dieses aber entspreche nun einmal der russischen Mentalität. Er zitierte das Wort des russischen Generals Dragomiroff: „Die Kugel ist eine Törin, das Bajonett ist der rechte Mann." Einmal sagte der Zar bei einer solchen Unterhaltung mit etwas wehmütigem Lächeln: „Ja, meine Herren, meine Zeit als Kompagniechef bei den Preobraschenski-Grenadieren war eine der glücklichsten meines Lebens." Und nach dem ganzen Eindruck, den seine Persönlichkeit machte, hatte man wirklich die Empfindung, daß Nikolai Romanoff sich als schlichter Frontoffizier sehr viel wohler gefühlt haben würde als auf dem Throne Rußlands. – Die Großfürstinnen begleiteten ihren Vater oft auf den Ausfahrten in die Umgebung, waren aber noch häufiger auf den Straßen Friedbergs zu sehen. Es machte ihnen eine Riesenspaß, in den naturgemäß doch sehr bescheidenen Läden der kleinen Landstadt Einkäufe zu machen, und sie haben wohl Koffer voll Andenken mit nach Rußland zurückgenommen. So zeigte mir meine Gönnerin Tatjana einmal mit Stolz jene beiden grell kolorieren Buntdrucke in vergoldetem Rahmen, die man zu jener Zeit in allen „guten Stuben" von Bauern und Klein-bürgerhäusern fand, „Kriegers Tod" und „Des Jägers Leichen-zug". Die Großfürstinnen waren übrigens so schlicht, ja geradezu schäbig angezogen, daß bei uns wenige einfache Bürgerfamilien ihre Töchter in einem solchen Aufzuge hätten herumlaufen las-sen. Immer trugen sie die gleichen weißen oder blauen Matrosen-kleidchen, dazu schwarze, sehr sichtbar gestopfte Wollstrümpfe und Schuhe mit schief getretenen Absätzen. Ich fragte einmal meinen französischen Freund Voisin, der ja sehr genau über die inneren Verhältnisse am Zarenhof Bescheid wußte, und bei dem ich keine nationale Empfindlichkeit zu befürchten brauchte, danach. Er schmunzelte und meinte: „Sie würden sich wundern, wenn sie die Summen lesen könnten, die alljährlich für die Bekleidung der Zarenkinder in den Rechnungen der Hofhaltung ausgewiesen werden. C'est comme ça, mon eher lieutenant." – Der kleine Zarewitsch verließ das Schloß kaum. Er war nur in Begleitung seines riesenhaften Matrosen zu sehen, der die Abzeichen eines Obersteuermanns auf der weißen oder blauen Bluse der Garde-Marine-Equipage und auf dem Mützenband den Namen der Kaiseryacht „Polarnaja Swjesda" (Polarstern) trug, und der unser aller Mißfallen dadurch erregte, daß er niemals die geringsten Anstalten machte, einen deutschen Offizier zu grüßen. Oft fuhr ihn der Matrose auf einem vor der Lenkstange seines Fahrrades angebrachten Sitz auf den Gartenwegen oder auch auf den Straßen in der unmittelbaren Nähe des Schlosses spazieren. Wer über das Leiden des Thronfolgers Bescheid wußte, mußte sich über diese Leichtherzigkeit wundern, denn jeder Sturz, der auch dem vorsichtigsten Fahrer passieren kann, hätte bei der geringsten blutenden Hautabschürfung für den Zarewitsch Todesgefahr bedeutet. Die Geschichte dieses von dem russischen Kronprinzen unzertrennlichen Begleiters ist auch wieder bezeichnend für die russische Mentalität. Als die Zarenfamilie einmal an Bord der Kaiseryacht ging und an der Front der in Parade angetretenen Besatzung vorbeischritt, riß sich der damals dreijährige Zarewitsch plötzlich von der Hand seiner Kinderfrau los, stürzte auf einen in Reih und Glied stehenden Matrosen zu und klammerte sich fest an ihn. Als man ihn von dem Manne trennen wollte, verfiel er in Schreikrämpfe, so daß nichts übrig blieb, als den Matrosen mit in die Kabine des Thronfolgers zu nehmen. Die sofort angestellten Ermittlungen ergaben, daß der Matrose ein sibirischer Bauernsohn (wie auch Rasputin) und erst kürzlich zur Besatzung des „Polarstern" versetzt worden war, so daß der Thronfolger ihn unmöglich vorher jemals gesehen haben konnte. Es entsprach dem mystischen Sinn der Russen, der bei Zar Nikolai besonders stark ausgeprägt war, daß man darin eine höhere Fügung sah. Der Matrose wurde von nun ab zum persönlichen Dienst beim Zarewitsch kommandiert und verließ ihn nicht einen Augenblick mehr, schlief sogar in seinem

Zimmer.[49] Seine Stellung wurde dadurch noch verstärkt, daß Rasputin, der sibirische Landsmann des Auserwählten, erklärte, der Matrose sein von Gott selbst zum Beschützer des Erben der heiligen russischen Krone bestimmt. Beschützen hat er seinen unglücklichen jungen Herrn später nicht können, aber er ist tapfer mit ihm in dem Mordkeller von Tobolsk in den Tod gegangen. Mit dem Zarewitsch erlebte ich eine amüsante und bezeichnende Episode. Als ich eines Tages auf Wache war und aus dem Fenster meines Dienstzimmers zu dem gegenüberliegenden Schloßportal schaute, sah ich zu meiner Verwunderung, daß der Doppelposten fortgesetzt das Gewehr präsentierte und wieder Gewehr übernahm. Ich setzte mir den Helm auf und ging sofort hinaus, um mich über den Grund dieser unangebrachten Exerzierübung zu informieren. Da sah ich, daß der kleine Thronfolger, wie von einem Schatten von seinem viermal so großen Matrosen gefolgt, fortgesetzt durch das Tor heraus und wieder hereinmarschierte, und sich königlich über die Ehrenbezeugungen der Posten amüsierte. Dazu waren unsere Soldaten nun doch nicht da, und ich ging spornstreichs zu der nebenan gelegenen russischen Polizeiwache, um diesem Scherz Einhalt zu tun. Dort fand ich aber nicht die mindeste Gegenliebe. Jeder russische Offizier oder Beamte, in diesem Falle sogar mein sonst so freimütiger französischer Freund Voisin, wies es weit von sich, irgendetwas zu unternehmen. Wutschnaubend, im Vorbeigehen dem Zarewitsch pflichtgemäß salutierend, eilte ich ins Schloß, aber General Fürst Orloff, der sich sicherlich nicht geniert hätte, war nicht anwesend, und

---

49 Der Zarewitsch redete ihn „Batjuschk" (Väterchen) an. Infolge des ständigen Umganges mit diesem einfachen Manne war der kleine Kronprinz das einzige der Zarenkinder, das wirklich russisch sprechen konnte, während die Großfürstinnen die Sprache ihres Landes nur unvollkommen und mit starkem Akzent beherrschten, da sie immer untereinander englisch sprachen.

Oberstleutnant Gomssin hob entsetzt die Arme in die Höhe: „Wenn das Seiner Kaiserlichen Hoheit Spaß bereitet, so kann man eben nichts machen." Aber da begegnete ich zum Glück auf dem Gang der Erzieherin der Zarenkinder Miss Loch, der ich mein Leid klagte. Hier war ich an die richtige Stelle gekommen. Der schottische Spinster rückte sich seine Brille zurecht und eilte dann mit fliegenden Röcken und dem empörten Ausrufe: „Oh, this noughty boy" hinaus, packte den salutlustigen winzigen Matrosen am Arm und beförderte ihn nicht sehr sanft ins Schloßinnere. Der stolzen Britin imponierten die Russen, mochten sie sein, wer sie wollten, überhaupt nicht, das merkte man bei vielen Gelegenheiten. – Jeden Sonntag fand in der griechisch-katholischen Kapelle in Nauheim Gottesdienst statt, an dem die gesamte Zarenfamilie, auch die Kaiserin, und sämtliche dienstfreie Mitglieder des Hofstaates und der russischen Bewachungskräfte teilnahmen. Auch wir deutschen Offiziere wohnten ihm interesseshalber gelegentlich bei, wobei ich zum ersten Male den byzantinisch-prunkvollen Ritus der orthodoxen Kirche kennen lernte. Der Zar trug dabei immer einen sehr schlecht sitzenden Gehrock, in dem er aussah wie ein Dorfschulmeister. Die Messe wurde von dem Hofgeistlichen, einem sehr beleibten Archimandriten mit langen schwarzen Locken und wallendem Vollbart, zelebriert, dem mehrere andere Popen assistierten.[50] Diese Geistlichen lebten vollkommen zurückgezogen in einer für sie reservierten Zimmerflucht des Schlosses, wo auch eine kleine Hauskapelle für die täglichen Andachten eingerichtet war. Wir haben die Herren nicht persönlich kennen gelernt. Ein besonderer Genuß war der wundervolle Choral- und Psalmengesang des 40 Mann starken kaiserlichen Sängerchors, der in Nauheim untergebracht war und dort auch einige Konzerte gab. Ich habe

---

50 Eine Predigt wurde nicht gehalten, jedenfalls bei keinem der
    Gottesdienste, an denen ich teilnahm.

niemals so tiefe Bässe und so hohe Tenöre gehört wie bei diesen aus dem ganzen hochmusikalischen russischen Volke ausgesuchten Künstlern. Selbst der weltberühmte päpstliche Sängerchor konnte sich nicht mit ihnen vergleichen. Sie sangen auch häufig bei den abendlichen Veranstaltungen im Friedberger Schloß, und die von ihnen vorgetragenen russischen Volkslieder klingen mir noch heute im Ohr. Beim Gottesdienst versanken der Zar und die Zarin in eine tiefe religiöse Verzückung, bekreuzigten sich ununterbrochen und beugten oft kniend die Stirn bis zum Boden. Bei der Kaiserin als der Tochter des streng protestantischen hessischen Fürstenhauses war dieses völlige Aufgehen in die für den Europäer doch sehr fremdartige, wenn auch ergreifende Mystik der griechischen Kirche eigentlich erstaunlich. Aber es sind wohl das schwere innere Erleben, die unausgesetzte Angst um das Leben ihrer Familie und das bedrückende Gefühl der sie umgebenden Feindschaft gewesen, die sie dazu trieben, Trost im Überirdischen zu suchen. Der Zar bekreuzigte sich übrigens auf seinen Spaziergängen nicht nur vor jedem Heiligenbild, sondern auch vor jeder Kirche, selbst vor den protestantischen. Bei den Großfürstinnen war von solcher religiösen Versunkenheit nicht viel zu merken. Sie ließen ihre Augen herumwandern, flüsterten und kicherten sogar manchmal untereinander. Die gestrenge Miss Loch als schottische Puritanerin ging nämlich niemals mit in den „heidnischen Tempel". Die russischen Offiziere und Beamten machten die Gebräuche mechanisch mit, aber bei den meisten schien das nur eine äußerliche Pflicht, der sie sich nun einmal nicht entziehen konnten, während die zur persönlichen Begleitung des Zaren kommandierten französischen Palastpolizisten vor der Kirche auf einer Bank sitzen blieben und dort anzügliche Bemerkungen über die vorbeispazierenden Mädels machten. – Wenn wir zur Abendtafel geladen waren, so freuten wir uns immer besonders auf das wirklich gemütliche Zusammensein nach dem Essen. Dies erhielt einen besonderen Reiz dadurch,

daß dann regelmäßig die an den vorhergehenden Tagen aufgenommenen Filme des Hofphotographen Herrn von Hahn-
Jagelski vorgeführt wurden. Auf besonderen Befehl des Zaren
nämlich mußte dieser, ein nicht sehr sympathischer, eingebildeter
Pole, aber ein sehr guter Photograph, alles, was im Schlosse und
außerhalb vorging, mit seinem für damalige Zeiten erstklassigen
Apparat aufnehmen, also zum Beispiel die Herrschaften beim
Tennisspiel, auf Ausflügen und Spaziergängen, die manchmal
recht wilden Spiele der Großfürstinnen, aber auch das Volksleben
in Friedberg, das Aufziehen der Wache und unser Exerzieren.
Wenn diese vielfältigen, bewegten Szenen auf der Flimmerlein-
wand in dem verdunkelten Saale abliefen, riefen sie natürlich oft
brausendes Gelächter hervor, und die humorvollen Kommentare
des Großherzogs und des Prinzen Heinrich entlockten selbst
dem stillen und ernsten Zaren manchmal ein herzliches Lachen.
Wie mir Großfürstin Tatjana erzählte, ließ der Zar im Winter in
Petersburg die Filme von seinen während des Jahres unter-
nommenen Reisen oft der Hofgesellschaft vorführen, und gab
dann selbst die Erklärungen dazu. Dies war eigentlich ein recht
fortschrittlicher Gedanke Väterchens, denn das Kino war ja
damals noch eine ganz neue und nicht gerade angesehene
Erfindung.[51] Mir war es eine seltsame Vorstellung, daß meine
bescheidene Person, die natürlich auch öfter erschien und sich
nach meinem Urteil nicht immer sehr vorteilhaft präsentierte,
später am fernen Newastrande vor den Augen der kritischen und
spottlustigen Hofleute vorbeimarschieren würde. Das ging auch
den meisten anderen porträtierten so, denn jeder, der einmal,
ohne daß er es wußte, gefilmt worden ist, weiß, wie komisch man
dann häufig wirkt. So erinnere ich mich an die gar nicht enden
wollende Heiterkeit, die es hervorrief, als Prinz Heinrich eines
Abends auf der Leinwand zu sehen war, wie er sich heftig kratzte,

---

51 Offiziere durften damals Kinos nicht in Uniform besuchen.

wahrscheinlich, weil ihn irgend etwas gestochen hatte. Die Großfürstinnen und der Großherzog, die begeisterte Photographen waren, veranstalteten auch einmal eine Ausstellung ihrer eigenen Aufnahmen, bei der die besten Bilder Preise erhielten, die von den hohen Herrschaften in Gestalt hübscher Erzeugnisse der hessischen Volkskunst gestiftet worden waren. Ich habe – oder hatte – eine ganze Sammlung von Aufnahmen, die mir die Großfürstinnen und Herr von Hahn geschenkt hatten, und die sozusagen eine Bildchronik der Friedberger Wochen darstellten. Sollten sie noch erhalten sein, so würden sie ein immerhin nicht uninteressantes historisches Erinnerungsdokument an eine versunkene Zeit und an Menschen darstellen, die damals auf den Höhen des Daseins wandelten und jetzt wohl ausnahmslos aus dem irdischen Leben geschieden sind, die meisten auf grauenhafte Art. – Von den zahlreichen Besuchen fürstlicher Herrschaften und bekannter politischer Persönlichkeiten sind mir die des Großfürsten Nikolai Nikolajewitsch und des russischen Botschafters in Paris Graf Iswolsky besonders im Gedächtnis geblieben. Der Großfürst, der spätere Oberbefehlshaber der russischen Heere im Weltkriege, stattete seinem kaiserlichen Neffen, mit dem er sich bekanntermaßen sehr schlecht stand, auf der Durchreise nach Paris einen kurzen Besuch ab. Er begab sich zu den französischen Manövern, und es unterliegt wohl keinem Zweifel, daß er sich vor dem Zusammentreffen mit Regierung und Heeresleitung des verbündeten Frankreich eingehend mit seinem Souverän auszusprechen wünschte. In welchem Sinne, dürfte bei der haßerfüllten Feindschaft des Großfürsten gegen Deutschland und der unaufhaltsam der Entladung zutreibenden, schnell zunehmenden Spannung zwischen den Mittelmächten und dem Dreiverbande klar sein. Für den Großfürsten war militärischer Empfang befohlen worden. Also wurde unsere Kompagnie wieder im Paradeanzug auf dem Bahnsteig aufgestellt, wozu auch die Musik des Infanterieregiments Kaiser Wilhelm aus

Gießen herübergeholt worden war. Weder der Zar noch der Großherzog waren auf dem Bahnhof erschienen, sondern hatten sich durch den Fürsten Orloff, bzw. Generalleutnant von Hahn vertreten lassen, was viel bemerkt wurde und auch zu Kommentaren in der Presse Anlaß gab. Der Salonwagen des Großfürsten war an den planmäßigen D-Zug Berlin-Frankfurt angehängt. Als Nikolai Nikolajewitsch in Begleitung von vier Adjutanten ausgestiegen war, nahm er zunächst die Meldungen der beiden Generaladjutanten entgegen, die er ausgesprochen kühl begrüßte. Dann schritt er schnell, aber jeden Mann scharf ansehend die Front unserer Kompagnie ab, die ganze Zeit mit der Hand an der schief aufgesetzten weißen Schirmmütze salutierend, und reichte dem Hauptmann Schmitz, der ihn mit gesenktem Säbel begleitete, stumm die Hand. Der Großfürst, der die Interimsuniform eines russischen Generals der Kavallerie, langen grünen Überrock und grüne Beinkleider mit doppelten roten Streifen, dazu den breiten Krummsäbel in Lederscheide am goldenen Schulterbandolier trug, war eine sehr auffallende Erscheinung. Er war mindestens zwei Meter lang, von einer geradezu grotesken Hagerkeit und hielt sich etwas gebeugt. Sein Kopf schien viel zu klein für die riesige Statur. Aus seinem scharf geschnittenen Geiergesicht blickten eisig zwei stechende graue Augen, in denen man die ihm nachgesagte rücksichtslose Brutalität zu erkennen glaubte. Im Ganzen aber hatte man doch den Eindruck einer sehr bedeutenden Persönlichkeit. Im Kriege später hat unsere Presse den Großfürsten vielfach zum Ziel ihrer mehr oder weniger guten Witze gewählt, aber sehr mit Unrecht. Ich darf dafür den kompetentesten Zeugen anführen, nämlich Hindenburg. Bei einem Bierabend in kleinem Kreise in Hannover, gleich nach der ersten Wahl des Feldmarschalls zum Reichspräsidenten im Jahre 1925, an dem ich teilnahm, kam das Gespräch auf die hohen Führer des Weltkrieges. Hindenburg erklärte mit besonderem Nachdruck, daß er den Großfürsten Nikolai Nikolajewitsch, der ja während des größten Teils der Kriegszeit sein unmittelbarer Gegenspieler gewesen war, für die bei weitem bedeutendste Feldherrnpersönlichkeit auf der Seite unserer Feinde halte und ihn weit über Joffre und Foch stelle. Nur der hervorragenden Rückzugsstrategie[52] des Großfürsten, die nach allen Niederlagen und Rückschlägen die russischen Heere immer wieder zu sammeln und kampffähig zu machen gewußt und die sich der verschiedentlich drohenden Einkreisung durch die Deutschen stets zu entziehen verstanden habe, sei es zuzuschreiben gewesen, wenn Rußland nicht schon 1915 den Krieg verloren habe. Als der Zar unter dem Druck der Politiker, und vielleicht auch aus persönlicher Abneigung, Nikolai Nikolajewitsch des Oberbefehls entsetzte und ihn auf den Nebenkriegsschauplatz im Kaukasus abschob, habe er sein eigenes und Rußlands Todesurteil unterschrieben. Hindenburg meinte sogar, daß der Großfürst der einzige Mann in Rußland gewesen sei, der selbst mit der Revolution und dem Bolschewismus hätte fertig werden können. Tatsache ist, daß die meisten russischen Offiziere, darunter General Krasnoff, General Miller und andere Generale, die ich nach dem Ersten Weltkriege sprach, die gleiche Auffassung vertraten. Sie erklärten durchweg, daß der Großfürst nur bei einem Teil der Generalität und den Beamten der Armeeverwaltung und Intendantur, denen er scharf auf die Finger sah, verhaßt gewesen sei. Das Offizierkorps und vor allem der gemeine Mann hätten ihn dagegen geradezu verehrt. Seine Truppen haben ihn ja dann auch gegen die Bolschewisten geschützt, die es nicht wagten, sich an seiner Person zu vergreifen, sondern ihn in ehrenvoller

---

52 Die der russischen Tradition und dem Charakter von Volk und Heer durchaus entsprach! In allen großen Kriegen Russlands, die auf seinem eigenen Boden geführt wurden, haben die wirklich bedeutenden russischen Feldherren sie angewandt, da dabei Russlands größte Stärke, sein unermesslicher Raum, am wirkungsvollsten in Erscheinung tritt. (Kutusoff 1812 und – die Führer der Sowjetheere im 2. Weltkriege!)

Internierung hielten, ehe sie ihn ins Ausland entließen. Der Großfürst war eben ein Mann, wie ihn der Russe als Herrscher oder Führer an seiner Spitze liebt: Rücksichtslos, brutal bis zur Grausamkeit, herrisch, streng gegen die großen Herren, aber doch, entweder wirklich oder der Legende nach, herablassend und gütig gegenüber dem schlichten Mann des Volkes. So ist ja auch der blutigste aller Zaren, Iwan der Schreckliche, dem russischen Bauern zu einer Idealgestalt geworden, von der die Sagen erzählen, daß er einst in silberner Rüstung vom Himmel steigen werde, um sein Russenvolk zu erlösen, wie er es während seiner Regierungszeit von dem Drucke der Bojarenherrschaft befreit habe. In diesem eigenartigen Zug des russischen Gemütes liegt vielleicht eine Erklärung für die unbestrittene Popularität des rohen Kaukasiers Stalin. Der arme, gutmütige, aber leider so schwache Zar Nikolaus der Zweite entsprach diesem Wunschbild seiner Untertanen freilich sehr wenig. Während der Anwesenheit des Großfürsten wurden wir nicht zur Tafel geladen, so daß wir nicht in persönliche Berührung mit ihm getreten sind. Seine Abreise erfolgte ohne besondere Formalitäten mit dem Abendzuge nach Paris, an den der Salonwagen angehängt wurde. Der Besuch des Botschafters Iswolsky stand sicher im Zusammenhang mit dem des Großfürsten und diente wohl der Aussprache mit dem Zaren über irgendeine eilige und dringende Angelegenheit, denn der Diplomat blieb nur eine Nacht und fuhr dann sofort wieder nach Paris zurück. Ich habe den eleganten, graubärtigen Herrn mit dem schlauen und etwas verschmitzten Fuchsgesicht viele Stunden lang durch das erleuchtete Fenster des Zarenzimmers in ernster Unterhaltung neben seinem Herrscher sitzen sehen. Iswolsky ist ja neben Eduard dem Siebenten von England wohl der eifrigste Schmied an dem Einkreisungsringe gegen das Deutsche Reich gewesen. Psychologisch interessant ist die eigenartige Tatsache, daß es diesem grimmigen und haßerfüllten Feinde des Reiches in dem Lande, zu dessen Vernichtung er alle seine Kräfte einsetzte, so gefiel, daß er sich 1906 einen großen Landsitz in Oberbayern, ich glaube, bei Tegernsee, kaufte, wo er alljährlich seinen Urlaub mit seiner Familie verbrachte. – Diese beiden Besuche waren natürlich auch in der Weltöffentlichkeit nicht unbemerkt geblieben und gaben zu vielerlei Vermutungen Anlaß. Sie hatten eine große Anzahl von Zeitungsvertretern aus allen Ländern in unser stilles Friedberg gelockt. Als ich am Tage der Ankunft des Großfürsten im Dienstanzug zum Aufziehen der Wache ging, sprach mich auf der Straße ein Herr jüngeren Alters, nach Aussehen und eleganter Kleidung der typische gebildete Franzose, an und stellte sich mir als Monsieur Jules Sauerwein, Sonderberichterstatter des Pariser „Matin" vor. Er richtete einige allgemeine Fragen über die Zarenfamilie, das Schloß usw. am mich und erkundigte sich dann, seit wann die deutschen Offiziere denn braune Handschuhe trügen, während er sie früher immer mit weißen gesehen habe. Das interessiere ihn nicht als Journalist, sondern als Reserveoffizier der französischen Armee, in der braune Handschuhe seit langem vorschriftmäßig seien. Nun, dar-über konnte ich ihm ja leicht Auskunft geben, und wir trennten uns mit vielem kameradschaftlichem Händeschütteln von einan-der. Wenn ich mich nicht sehr irre, ist damals als Vertreter der amerikanischen Hearst-Presse auch Herr Karl von Wiegand in Friedberg gewesen, den ich dort allerdings noch nicht kennen gelernt habe. Aber sind die Wege des Schicksals nicht seltsam ver-schlungen? Jetzt, nach 36 Jahren, haben sie uns alle drei, Sauer-wein, Wiegand und mich, in Portugal, im schönen Estoril, als alte Männer noch einmal am gleichen Orte zusammengeführt. Und was haben wir, jeder auf seine Weise, in diesen 3 1/2 Jahrzehnten erlebt, wie hat sich die Erde geändert, seitdem zwei junge inter-nationale Journalisten, deren Namen einmal Weltruf bekommen sollten, in Reih und Glied der Ehrenkompagnie einen noch jün-geren Leutnant vor dem späteren russischen Heerführer gegen Deutschland den Säbel senken sahen! Als ich die beiden dann wiedersah, war ich selbst Zeitungsmann. Wiegand traf ich bei der Konferenz von Locarno, dann mehrfach in Berlin und schließlich in Friedrichshafen, als er die erste Weltumkreisung des Zeppelinluftschiffes mitmachte. Sauerwein in Berlin und in Paris. Unseren Polizisten und den politischen Beamten machte die journalistische Invasion, die zum Glück nur ein paar Tage dauerte, ziemliche Schererein. Den ersteren, weil die Reporter, besonders die amerikanischen, sich in unverfrorenster Weise überall einzudrängen versuchten und häufig sogar die fürstlichen Herrschaften und die Zarenkinder auf der Straße belästigten, den anderen aber, weil zahlreiche Artikel einfach aus den Fingern gesogene oder völlig entstellte Dinge enthielten. Ein Teil der französischen Presse, aber nicht der „Matin", erging sich auch in keineswegs freundlichen Bemerkungen über die Person des Zaren, der doch schließlich Frankreichs wichtigster Verbündeter war, und seine Familie. So waren wir alle froh, als die fahrenden Ritter von der Feder wieder abgezogen waren. – Woche auf Woche verging, und nach und nach wurde, wie das so zu gehen pflegt, auch dieses interessante Kommando für uns zur Alltäglichkeit. Da uns allen, Offizieren wie Mannschaften, das ständige Exerzieren recht zum Halse heraushing, erreichte Oberleutnant von Oertzen bei dem zunächst sehr widerstrebenden Hauptmann, daß wir statt dessen einige Male wöchentlich kleine Märsche und Geländeübungen einschieben durften, die wir natürlich immer so anlegten, daß sie uns auf dem Hin- oder Rückmarsch über die Nauheimer Kurpromenade führten, damit die hübschen Kurgästinnen aus aller Welt auch etwas zu sehen bekamen. Da es mit meiner Marschfähigkeit immer noch nicht weit her war, verschaffte mir Dr. Weckerling für solche Übungen ein allerdings nicht sehr repräsentables Rößlein von einem ihm befreundeten Gutsbesitzer der Umgegend, das den poetischen Namen Griseldis führte. Nachdem wir einige Märsche ausgeführt hatten, erfolgte ein Befehl, der bei uns allen große und berechtigte Empörung hervorrief. Es wurde nämlich verboten, die Mannschaften Lieder singen zu lassen, die „bei Ausländern Anstoß erregen könnten". Das waren nun nicht etwa die etwas rauhen Gesänge von der „Schwiegermamama", dem „Hamburger Mädchen" oder dem „Fähnrich und seiner Braut", die vielleicht verletzend auf zarte Jungfrauenseelen hätten wirken können, sondern (wörtlich) „alle Lieder, in denen ein ausländischer Staat als Feind bezeichnet wird", also etwa „Morgen marschieren wir", „Siegreich wolln wir Frankreich schlagen" usw. – es wurde eine ganze Liste, darunter unsere ältesten und schönsten Soldatenlieder, aufgeführt. Wir tobten, denn wir sahen darin einen traurigen Ausdruck der immer noch nicht überwundenen Servilität der Deutschen gegen das Ausland. Ganz sicher war dieser Befehl auf eine Beschwerde von russischer Seite ergangen, die man ebenso höflich wie entschieden hätte ablehnen müssen, aber – – – Ich möchte einmal wissen, ob sich englische, französische oder auch russische Soldaten so etwas hätten bieten lassen. Aber so war eben das angeblich so kriegslüsterne Deutschland von damals. – Von den in Oberhessen stattfindenden Manövern sahen und hörten wir nichts, da die weitere Umgebung von Friedberg außerhalb des Übungsgeländes lag. An Sonn- und Ruhetagen kamen allerdings zahlreiche Offiziere herüber, um sich den Betrieb im „Russenlager" einmal anzusehen, einmal auch eine ganze Wagenkolonne voll Herren meines und des Leibregiments, darunter Bruder Kurt und Emil Eichhorn, was zu heftigen Feiern im Trapp-Kasino Anlaß gab. Alle Regimentsmusiken der hessischen Division erschienen nach einander, um den hohen Herrschaften ein Ständchen zu bringen. Mit dem Orden, auf den sich die Herren Musikmeister gespitzt hatten, hatte es allerdings dann einen Haken. Sie erhielten ihn später zwar, – aber sie konnten sich nicht damit schmücken. Der St.-Annen-Orden V. Klasse, der in der russischen Armee für die Dienstgrade, die dem Musikmeister entsprechen, verliehen wurde, war nämlich nicht auf der Brust, sondern auf dem Portepee zu tragen. Da es das in den deutschen Vorschriften nicht gab, blieb den Herren Taktstockschwingern nichts übrig, als das hübsche rote Emaillekreuzchen in ihren Erinnerungskasten zu legen oder es wie unser immer genialer Kapellmeister Roesel zu machen, der seiner Gattin eine Brosche daraus anfertigen ließ, um die sie viel beneidet wurde. – Auf unseren Wunsch fuhr Oberstleutnant Gomssin eines Nachmittags mit uns nach Homburg v.d.H. zur Besichtigung des auf dem dortigen Bahnhof abgestellten Kaiserlichen Hofzuges, oder, genauer gesagt, der drei Hofzüge, die einander äußerlich wie ein Ei dem anderen glichen. Schon die Lokomotiven waren sehenswert, mächtige Maschinen, die, glaube ich, als einzige ihrer Art in der ganzen Welt, zur Umstellung auf verschiedene Spurweiten eingerichtet waren, wie natürlich sämtliche Wagen. Bei gewöhnlichen durchgehenden D-Zügen, die von dem russischen Bahnnetz auf die schmaler gespurten europäischen Geleise übergingen, waren nur die Wagen verstellbar, während die Lokomotiven gewechselt werden mußten. Die der Hofzüge hatte eine amerikanische Fabrik besonders konstruieren lassen, nachdem alle europäischen Techniker erklärt hatten, daß eine derartige Einrichtung bei so schweren Maschinen unmöglich sei, ohne die Sicherheit zu gefährden. Die gesamte Besatzung der Züge war militärisch und wurde von dem Eisenbahnregiment des russischen Gardepionierkorps gestellt. Zugkommandanten waren Oberstleutnants, die Maschinen wurden von als Ingenieuren ausgebildeten Leutnants geführt, denen Unteroffiziere als Heizer beigegeben waren. Das übrige Begleitpersonal bestand aus Leutnants, Feldwebeln und Unteroffizieren, die natürlich besonders auswählt waren. Diese etwa kompagniestarke Truppe war in einem ermieteten Homburger Hotel untergebracht und trug außerhalb der ihr zur Bewachung und Instandhaltung anvertrauten Züge Zivil, dem man es von weitem ansah, daß es der erste Zivilanzug war, den die Leute seid ihrer Kinderzeit getragen hatten. Daß die Züge auch unter scharfer und ständiger Bewachung durch deutsche und russische

Polizei standen, ist selbstverständlich. Jeder Zug bestand aus folgenden Wagen: Einem Salonwagen, einem Wohnwagen, einem Speisewagen, einem Küchenwagen mit Vorratswagen und mehreren Schlafwagen, die aber richtige Schlafzimmer mit Baderäumen und nicht etwa Kabinen enthielten, für die kaiserliche Familie, mehreren Wagen für das Gefolge, das Begleitpersonal, die Gendarmerie und Polizei, mehreren Gepäckwagen und dem Stallwagen für die Milchkühe des Thronfolgers. Schlafgelegenheit gab es außer für die hohen Herrschaften nur für die Damen und Herren der nächsten Umgebung. Die übrigen Offiziere und Beamten, von dem Unterpersonal ganz zu schweigen, waren auf der doch immerhin mehrere Tage dauernden Reise höchst unbequem zusammengedrängt und konnten sich nur nacheinander in den recht primitiven Toiletten kümmerlich waschen. Sie wurden zwar aus der kaiserlichen Küche verpflegt, hatten aber keinen eigenen Speiseraum, sondern mußten ihre Mahlzeiten in ihren überfüllten Kupees einnehmen. Es muß also kein besonderes Vergnügen gewesen sein, den Selbstherrscher auf seinen Reisen zu begleiten. Sämtliche Wagons, die von der Zarenfamilie benutzt wurden, waren aus besonders starkem Stahl erbaut, so daß sie auch Zusammenstöße oder Entgleisungen ohne Schaden hätten aushalten können. Bekanntlich war in den 1890er Jahren der Hofzug des damals jungen Zaren infolge einer von Anarchisten im Gleiskörper gelegten Bombe einmal entgleist, wobei der Monarch ziemlich schwer verletzt wurde und überhaupt nur durch ein Wunder mit dem Leben davon kam. Damals wurden diese, nach menschlichem Ermessen allen Zwischenfällen gewachsenen Wagen, ebenfalls in Amerika, in Auftrag gegeben. Die kaiserlichen Räume waren mit fabelhaftem Prunk eingerichtet, die Wände mit schweren Seidentapeten bespannt, in die der Doppeladler eingewirkt war, alle Möbel wie in einem Palast und die Beleuchtungskörper aus vergoldetem Silber. In der Mitte des Salonwagens stand ein riesiger Tisch mit einer herrlichen

Onyxplatte, die, wie Gomssin erzählte, das Geschenk eines sibirischen Goldbergwerksbesitzers war. Im Wohnwagen war ein Teil abgetrennt und diente als Arbeitskabinett des Zaren. Dieses enthielt einen sehr praktisch eingerichteten Schreibtisch mit bequemem Sessel, ein Tischchen mit einer versenkbaren amerikanischen Schreibmaschine, deren sich der Zar gern bediente, und ein Telefon, durch das in die Räume der Zarin, der kaiserlichen Kinder und des Generaladjutanten gesprochen werden konnte. Mit diesem Telephon verbindet sich eine merkwürdige Geschichte, die mir ein russischer Offizier anvertraute, für deren Wahrheit ich mich aber natürlich nicht verbürgen kann. Als der Zar kurz nach Antritt einer Reise – es soll im Jahre 1907 gewesen sein – den Hörer abhob, hörte er eine Stimme, die mehrmals den gleichen Satz wiederholte: „Herrscher, gib Deinem Volke die Freiheit, sonst wird es sich sie nehmen!" Erst nach langen Nachforschungen konnte ein versteckt angebrachter Grammophonapparat entdeckt werden, der sehr geschickt mit der Leitung verbunden war und dessen Platte immer wieder den angeführten Satz abspielte, sowie der Hörer im Zarenzimmer abgehoben wurde. Was beweist, daß selbst die schärfste Bewachung keine unbedingte Sicherheit gewährt, denn es hätte ja ebenso gut eine Bombe sein können. In den neben einander liegenden Schlafgemächern des Zaren und der Zarin befanden sich an den Wänden unzählige edelsteingeschmückte goldene Ikone und Heiligenbilder und eine ewige Lampe, die auch während der Abwesenheit des Herrscherpaares brennend erhalten und jeden Tag von einem der Popen mit geweihtem Öl gefüllt wurde. Die Schlafzimmer der Großfürstinnen und des Thronfolgers waren in Weiß gehalten, ganz modern und mit ihren lackierten Wänden und den englischen Schleiflackmöbeln ebenso hygienisch wie hübsch, was wohl sicher auf den Einfluß der Miss Loch zurückzuführen war. Auch in ihnen hingen die goldenen Ikone, die ja in keinem griechisch-orthodoxen Hause fehlen durften. Im Gemach des Zarewitsch

sahen wir neben dessen kleinem Kinderbett die der Größe des
Matrosen angemessene Lagerstatt dieses ständigen Begleiters. Im
Speisewagen konnten etwa 30–40 Personen an zwei langen Tafeln
gesetzt werden, doch war die Tischgesellschaft unterwegs immer
viel kleiner und bestand nur aus der Kaiserfamilie und deren
engster Umgebung. In diesen sämtlichen Wagen konnten die
Fenster mit schweren Stahlblenden vollkommen abgedichtet werden, natürlich auch eine Vorsichtsmaßnahme für den Fall von
Attentaten. Und dann kamen wir in den Küchenwagen, der mit
allen Schikanen wie eine ganz erstklassige Hotelküche ausgestattet
war. Dort aber erwartete uns eine Überraschung, die uns zu mühsam unterdrücktem Lächeln reizte, unserem Führer Oberstleutnant Gomssin aber ungeheuer peinlich war. Als wir den Zug
besichtigten, waren seit der Ankunft der Zarenfamilie etwa 6–7
Wochen vergangen. Und, man sollte es nicht glauben , aber es war
so: In der Küche stand alles noch genau so, wie es im Augenblick
des Eintreffens des Zuges gewesen war. Gebrauchte Teller, Tassen und Bestecke, Platten mit verschimmelten Wurst- und
Schinkenscheiben, Glasschalen mit verfaulter Butter, ein-
getrocknete Spiegeleier, kupferne Pfannen und Kessel, dick von
Grünspan überzogen und mit Speiseresten angefüllt. Es war eine
unvorstellbare Schweinerei, und in dieser kaiserlichen Küche
stank es zum Erbrechen. Nach diesem Erlebnis hätte man wohl
auf die Vermutung kommen können, daß die verschiedenen
„Vergiftungsversuche" gegen die kaiserliche Familie vielleicht
eine viel natürlichere Ursache gehabt haben. Wir taten natürlich
taktvoll, als ob wir nichts sähen und verließen schleunigst den
Wagon, in dem Gomssin zurückblieb und den totenblaß
gewordenen Zugkommandanten anbrüllte, daß es über den ganzen Bahnhof schallte, was dieser Offizier allerdings auch verdient
hatte. Aber als gleich danach ein alter Feldwebel das Besuchs-
buch, in das wir uns eintragen sollten, etwas ungeschickt hielt,
ereignete sich jene unwürdige Szene, von der ich schon weiter

oben gesprochen habe, bei der der in besinnungsloser Wut
tobende Oberstleutnant diesen grauhaarigen Soldaten in einer
Weise mißhandelte, die uns Deutsche aufs tiefste empörte. Wir
hätten am liebsten auf die weiter vorgesehene Besichtigung des
kaiserlichen Kraftwagenparks verzichtet, was wir aber nicht taten,
da es einer offenen Brüskierung unseres Führers gleichgekommen
wäre. Schließlich gingen uns ja auch die militärischen Erziehungs-
methoden der Herren Russen nichts an. Die annähernd 50 Automobile des Zaren waren sämtlich von der französischen Firma
Dion-Bouton (die längst nicht mehr existiert), geliefert, und
selbstverständlich durchweg neuesten Modells. Da es Groß-
garagen im heutigen Sinne noch nicht gab, waren die Wagen in
der Exerzierhalle des in Homburg stehenden II. Bataillons des
Füsilierregiments von Gersdorff Nr. 80 untergebracht. Die
Waffenmeisterei dieses Bataillons war als Werkstatt dem leitenden
Ingenieur zur Verfügung gestellt worden, der dort verschiedene
hochmoderne Schmiedeöfen, Werkbänke usw., die von der französischen Firma übersandt worden waren, aufstellen ließ. Diese
wertvollen und teuren Maschinen wurden beim Abmarsch der
Russen einfach stehen gelassen und blieben dem hochbeglückten
Waffenmeister als freudig begrüßtes Erbe. Unter den Wagen
waren die verschiedensten Typen vertreten, vom achtsitzigen
geschlossenen Salonkupee bis zum offenen zweisitzigen Selbst-
fahrer, den der Zar selbst zu steuern liebte. Auf ihren Ausflügen
in die Umgegend benutzten die Herrschaften meist einen Sechs-
sitzer mit aufklappbarem Verdeck. Alle Wagen waren dunkelgrün
lackiert und trugen vorn auf dem Kühler und auf den Seitentüren
den goldenen gekrönten Doppeladler. Unserem Großherzog war
es ein Dorn im Auge, daß sein Schwager ausschließlich französische Wagen besaß. Er setzte dem stark widerstrebenden Zaren
solange zu, bis dieser ihn zu einer Besichtigung der Opelwerke in
Rüsselsheim begleitete und ruhte dort nicht, ehe der Kaiser zehn
Automobile verschiedener Größe und Art bestellte. Die Wagen

wurden dann nach den Wünschen und Angaben des Auftraggebers in überraschend kurzer Zeit angefertigt und von dem einen der beiden Firmeninhaber Herrn Dr. Fritz Opel, persönlich nach Friedberg gebracht. Es waren wirklich prachtvolle Maschinen, zum Unterschied von den französischen kaffeebraun lackiert, Musterstücke deutscher industrieller Tüchtigkeit. Dr. Fritz Opel, ein damals bekannter und erfolgreicher Rennfahrer, der zu dieser Gelegenheit in der Uniform eines Leutnants der Reserve der weißen Leibdragoner erschien, war Alter Herr der Starkenburger und daher von jenem Stiftungsfest des Korps her mein Duzbruder. Ich lud ihn in unser Trappkasino ein, und er erzählte, daß der Zar die Wagen sehr genau untersucht und sich dabei als erstaunlich sachverständig erwiesen habe. Er sei außerordentlich zufrieden gewesen und habe seine hohe Anerkennung über die hervorragende Qualität der Motoren und die ebenso praktische wie schöne Ausstattung der Fahrzeuge geäußert. Die erhofften Nachbestellungen sind aber ausgeblieben. Man wollte in Petersburg wohl die französischen Verbündeten nicht verstimmen, von denen man gerade zu jener Zeit alle paar Monate eine neue Milliardenanleihe verlangte. Da ich aus verschiedenen Andeutungen russischer Offiziere entnommen hatte, daß die französischen Ingenieure und Mechaniker des kaiserlichen Autoparks wütend über die deutsche Lieferung waren, riet ich Dr. Opel, unter dem Vorwande der Überfüllung der Exerzierhalle darauf zu dringen, daß seine Wagen nicht dort, sondern an einem anderen Platz untergebracht würden, was dann auch geschah. Für die Führung und Instandhaltung der Autos wurden auch deutsche Chauffeure – durchweg Ingenieure oder ältere Studenten der Technischen Hochschule – engagiert, die dann mit nach Petersburg gingen. Geheimer Kriminalrat Dr. Cremer, ein sehr guter Bekannter der Familie Opel, sorgte dafür, daß die deutschen Wagen von seinen Beamten ganz besonders scharf überwacht wurden, um jeden Sabotageversuch zu verhindern. Es war uns dann immer eine besondere Freude, wenn wir sahen, daß die russischen Herrschaften bei Ausfahrten diese schönen deutschen Automobile benutzten. – Und nun will ich über den Höhepunkt meiner außerdienstlichen Erlebnisse mit den russischen Kameraden berichten, ein Abenteuer, das leicht verhängnisvoll für mich hätte ausgehen können, und mir heute in der Erinnerung selbst beinahe märchenhaft erscheint. Eines Abends, es war schon gegen das Ende der Russenzeit, saßen wir so etwa um 10 Uhr in unserem Trappkasino gemütlich beisammen, Zangen, Dr. Weckerling und ich, und unterhielten uns. Es herrschte schauderhaftes Herbstwetter, Sturm und klatschender Platzregen. Plötzlich hörten wir draußen eine Anzahl Autos Vorfahren, rauhe Stimmen und Gelächter – und dann wurde die Tür aufgerissen. „Auf, deitschen Brieder, fahrren wirr nach Frankfurt, klein wennig amüsierren,“ erscholl die uns schon so vertraute Bärenstimme des riesigen Fürsten Orloff, und seine ebenso bärenhaften Tatzen trommelten auf unseren Schultern. „Aber, Hohe Exzellenz, es geht doch gar kein Zug mehr!“ – „Was Zug – heite fährrt kein vernünftige Mensch mehrr mit lächerliche Eisenbahnn. Haben wirr schon Autos aus Homburg bestellt.“ Es war nichts zu machen. Zum Glück bestanden wir darauf, uns schnell Zivil anzuziehen. Die sausende Fahrt ging los, und auf Wunsch des Fürsten, in dessen Begleitung sich seine beiden Adjutanten Oberstleutnant Scheremetieff vom Semenowsky-Garderegiment und Rittmeister Bajarüschnik vom Chevalier-Garderegiment befanden, lotsten wir die schon ziemlich angeheiterte Gesellschaft in das damals eleganteste und teuerste Nachtlokal Frankfurts, die Maxim-Bar auf der Zeil. Als wir sechs Männer, an der Spitze die gigantische Gestalt Orloffs, einzogen, erregten wir schon ziemliches Aufsehen, das sich aber schnell noch erheblich steigern sollte. Denn als Erstes erklang der brüllende Befehl: „Judden raus!“ Ausgerechnet in Frankfurt – o jeh, o jeh! Wütende Protestrufe von vielen Tischen, die aber unseren Fürsten gar nicht störten. Er

packte den mit ängstlichen Bücklingen händereibend auf ihn
zugehenden Geschäftsführer am Arm und schrie ihn an: „Diese
Bude gehört mir heute Nacht. Ich miete, verstehst Du? Was kos-
tet?“ Der Unglückliche, der vor Angst förmlich schlotterte, denn
er erkannte gleich, welche gefährlichen Gäste dieser Abend ihm
zugeführt hatte, versuchte erst, dem Fürsten die Unerfüllbarkeit
seines Verlangens klar zu machen und nannte dann, als das gänzlich erfolglos blieb, eine sehr hohe Summe, ich glaube, 5000.-
Mark, um ihn abzuschrecken. Aber der gute Mann irrte sich: Der
Fürst wandte sich nur mit einem kurzen russischen Befehl an den
Rittmeister, der daraufhin seine Brieftasche zog und dem widerstrebenden Manager ein Paket Tausendmarkscheine in die
Smokingtasche pfropfte. Nun ging Orloff von Tisch zu Tisch,
sah sich die dort sitzenden Leute an und bestimmte: „Ihrr könnt
bleiben – Du mußt rraus, aber Mädel kann bleiben – Du bist
Judde, schnell rraus, usw. usw.“ Und dann, zur Allgemeinheit der
gnädig Zugelassenen gewandt: „Heite alles meine Gäste, wollen
wir tüchtig trinken und vergniegt sein – Musik spiele flott, verstehst Du?“ Der hocherfreuten Kapelle flog ein zusammen-
geknülltes Bündel von Geldscheinen vor die Füße. Natürlich gab
es wilden Protest der Ausgewiesenen, aber keiner wagte es schließlich, sich dem russischen Riesen etwa gewaltsam zu widersetzen.
Auch von den Eingeladenen verließ eine Anzahl das Lokal, aber
viele, besonders die meisten „Damen“, die allerdings wohl durchweg der Halbwelt angehörten, blieben. Uns drei deutschen Offizieren war es sehr wenig behaglich zu Mute, denn wir ahnten
schon, nicht nur, was die angebrochene Nacht bringen, sondern
welche weitere Folgen diese Expedition haben würde. Besonders
mulmig wurde uns zu Mute, als plötzlich zwei Schutzleute auf-
tauchten, die von irgendwelchen Exmittierten alarmiert worden
waren. Aber unsere Befürchtungen waren, nach dieser Richtung
wenigstens, unbegründet. Die wackeren „Augen des Gesetzes“
zwinkerten freudig, als ihnen sofort eine große Flasche

Champagner auf einen Tisch gestellt wurde, und trugen im weiteren Verlauf der Unternehmung unter der offensichtlichen Wirkung dieses ihnen nicht vertrauten Getränks nicht unwesentlich zur Erheiterung bei. Es wurde dann eine Orgie, wie ich sie weder vorher noch nachher irgendwo mitgemacht habe. Der französische Champagner floß in Strömen, die Bekleidung der „Damen" wurde immer spärlicher, bis sie schließlich nur noch mikroskopischen Umfang hatte, und die Gäste, Deutsche wie Russen, Kellner, Musiker, Portier und Garderobenfrau, nicht zum wenigsten die braven Polizeiwachtmeister, immer betrunkener. Der erst so abgeneigte Manager fiel als Erster unter den Tisch. Dass nach russischer Sitte die leeren und vollen Pullen in die Spiegel flogen, war klar. Als wir uns um 5 Uhr früh zum Aufbruch rüsteten, war in der ganzen Bude nicht mehr viel heil. Die Teppiche waren getränkt von Champagner, der auch auf dem Tanzparkett in großen Lachen stand. Überall lagen Männlein und Weiblein in alkoholischem Schlummer. Wieviel der Rittmeister dann dem einigermaßen zurechnungsfähig gebliebenen Oberkellner, der die Stelle des völlig besinnungslosen Geschäftsführers vertrat, bezahlen mußte, weiß ich nicht. Aber es wird buchstäblich ein Vermögen gewesen sein. Wir drei Kameraden von der Wachtkompagnie hatten uns mit verzweifelter Anstrengung wenigstens einigermaßen aufrecht erhalten, wenn uns der Alkohol auch bis an die Ohren stand. Von der Rückfahrt nach Friedberg weiß ich nicht mehr viel. Der unverwüstliche Fürst Orloff wollte dort im Hotel Trapp sogar noch eine Abschiedsflasche trinken, aber da streikten nicht nur wir, sondern auch seine eigenen russischen Saufgenossen. Zum Glück war es ein Sonntag, und ich hatte weder Dienst, noch Wache, noch Ronde, sondern konnte meinen gigantischen Kater im Bett pflegen, während der unglückliche Zangen um 12 Uhr auf Wache ziehen mußte. Aber um 8 Uhr abends kam eine Ordonnanz von der Generaladjutantur und brachte Weckerling und mir den Befehl, uns unverzüglich bei General von Hahn zu melden. Auch Zangen war von der Hauptwache hinüberberufen worden. Der General saß mit sehr ernstem Gesicht an seinem Schreibtisch, neben ihm stand, ebenso ernst, Hauptmann Schmitz. Der sonst so liebenswürdige Generaladjutant schlug mit der Faust auf einen vor ihm liegenden Stapel Zeitungen, und sagte dann in scharfem Tone zu uns: „Haben Sie die Frankfurter Abendblätter schon gelesen? Nein? Dann hören Sie bitte mal zu." Und er las uns vor: Rhein-Mainische Volksstimme: „Kosakenüberfall auf Frankfurt – Die Polizei des Klassenstaates duckt sich vor den Russen." – Offenbacher Volkszeitung: „In Frankfurt herrscht die Knute Schergen des Blutzaren brüskieren die Gäste eines bekannten Restaurants." Frankfurter Zeitung: „Unerhörte Vorgänge in einem Frankfurter Nachtlokal – Protestkundgebung und Reichstagsanfrage der Freisinnigen und der Sozialdemokraten geplant." usw. in lieblichem Chor. „Ja, meine Herren", fuhr General von Hahn fort, „diese fidele Nacht kann Sie leicht Ihren Kragen kosten. Wie konnten Sie nur an derartigen Ausschreitungen teilnehmen?" Auf seinen Befehl mußten wir ihm nun die Vorgänge von Anfang bis zum Abschluß in allen Einzelheiten schildern, wobei er häufig den Kopf schüttelte, sich manchmal aber auch kaum das Lachen verbeißen konnte. Wir wiesen schüchtern darauf hin, daß er selbst uns ja den Befehl erteilt habe, den Wünschen der russischen Herren in weitestem Maße entgegenzukommen, aber da wurde er ernsthaft böse: „Reden Sie doch nicht so dummes Zeug. Wenn Ihnen einer der Russen den Wunsch ausspräche, Sie möchten in Badehose auf der Rheinstraße in Darmstadt spazieren gehen, so würden Sie sich das ja vielleicht auch etwas überlegen. Es gibt eben Wünsche, die man nicht erfüllen kann und darf. Nun, ich kann Ihnen jetzt noch nichts über die weiteren Folgen sagen, aber machen Sie sich auf alles gefaßt." Damit verabschiedete uns der General, und wir schlichen mit hängender Nase hinaus, um draußen noch eine empörte Moralpredigt unseres Hauptmanns entgegenzunehmen, die unseren

weit unter den Nullpunkt gesunkenen Gemütszustand aber kaum
weiter herabdrücken konnte. Wir begleiteten dann unseren
Freund von Zangen auf seine Wachtstube, und dort saßen wir
drei Sünder noch lange bei einem unserem körperlichen und seelischen Befinden angemessenen Dünnbier zusammen, und machten Pläne für unsere Zukunft, die sehr trübe vor uns zu liegen
schien. Dr. Weckerling schlug vor, gemeinsam auf eine Südsee-
insel auszuwandern und dort unter den Wilden ein von den
lächerlichen Fesseln und Rücksichten der von seinem Heiligen
Nietzsche verachteten Zivilisation befreites, neues Leben zu
beginnen. Doch auch diese Aussicht tröstete uns wenig, da ich
mir meine liebe Frau nur sehr schlecht in einer Bambushütte
unter Kannibalen vorstellen konnte. Und dann – erfolgte gar
nichts. Zwar tobten am Montag noch die roten und rötlichen Zeitungen in der weiteren Umgebung, und sogar der Berliner „Vorwärts" fühlte sich zu einem entrüsteten Artikel gedrängt, aber am
Dienstag herrschte überall tiefstes Schweigen im Blätterwalde.
Von Reichstagsanfrage und der geplanten Protestkundgebung,
die ursprünglich sogar in Friedberg selbst stattfinden sollte, war
nicht mehr die Rede. Das hatten wir einzig und allein unserem
Großherzog zu verdanken, der sich noch am gleichen Abend ans
Telephon gehängt und seine Freunde unter den Sozis und Demo-
kraten inständigst gebeten hatte, doch keine große Aktion aus
dieser zwar unangenehmen, aber doch eigentlich ziemlich lächerlichen Angelegenheit zu machen. Er werde dafür sorgen, daß so
etwas nicht mehr vorkomme, und daß alle, die sich etwa geschädigt
fühlten, reichen Ersatz erhielten. Das letztere war ja nun reine
Theorie, denn materiell geschädigt war niemand worden, und von
den „ausgewiesenen" Gästen hatten die meisten, wie mir der
Oberkellner anvertraut hatte, die Gelegenheit ihres beschleunigten
Abmarsches benutzt, um die Bezahlung ihrer Rechnung zu vergessen. Jedenfalls boten die betreffenden Abgeordneten, an erster
Stelle David – Mainz, ihren ganzen Einfluß auf, um dem von

ihnen geschätzten Großherzog Ärger zu ersparen. Die Partei-
presse erhielt entsprechende Anweisungen, die Kundgebung
wurde abgeblasen, und die Sache ging aus wie's Hornberger
Schießen. Wir aber, die wir ja eigentlich wirklich unschuldig
waren, fühlten eine Zentnerlast von unseren Herzen rollen und
blickten unseren lieben Großherzog, wenn er uns mit schalk-
haftem Lächeln mit dem Finger drohte, dankbar und errötend an.
Den Fürsten Orloff und seine, beiden Trabanten schien die
Affäre gar nicht bekümmert zu haben. Er lachte dröhnend, wenn
die Rede darauf kam und meinte: „Warr scheen in Frankfurt nei-
lich – sowas machen wirr in Pieter auf den Inseln[53] alle paarr
Tage." Er hatte gut reden, in „Pieter" gab es auch keine sozialdemokratischen Redakteure, und wenn, so standen sie immer mit
einem Fuße in Sibirien und waren hübsch vorsichtig in ihren Arti-
keln. – Von meinem Privatleben während der Wochen in Friedberg sind nur folgende Dinge zu berichten. Maria Theresa kam,
dem Beispiel von Frau Schmitz folgend, von Ende September an
mit Zwischenräumen von ein paar Tagen immer auf eine Woche
nach Nauheim, wo sie im Park-Hotel Wohnung nahm. In meinen
dienstfreien Stunden waren wir natürlich oft dort zusammen. Das
Groteske war, daß sie, um die Vorschrift nicht zu verletzen,
eigentlich Friedberg nicht betreten durfte. Natürlich kam sie doch
manchmal dorthin, um sich den Betrieb anzusehen, aber wir durften nie zusammen erscheinen, oder uno auf der Straße sehen lassen. Der Großherzog und die Großherzogin, die sie ja sehr gut
kannten, luden sie verschiedentlich, wenn sie sie in Nauheim trafen, ein, aber General von Hahn bat seine Nichte und mich

---

53 Im Jargon der eleganten russischen Gesellschaft wurde Sankt
   Petersburg nur „Pieter" genannt. Auf den „Inseln" (in der Newa)
   lagen die vornehmsten und teuersten Nachtlokale, wo die besten
   Z*******kapellen spielten, und wo sich die „Skandalisten" der
   Lebewelt und besonders der Garde auszutoben liebten.

inständigst, darauf zu verzichten, um kein schlechtes Beispiel, vor allem für die verheirateten Unteroffiziere, zu geben. Unser „antimilitaristischer" Großherzog fand die ganze Vorschrift Quatsch. „Des is emol widder so e militärischer Blödsinn, den e verninftiger Mensch net begreift", meinte er zu mir im Beisein seines ob dieser Meinungsäußerung wenig erfreuten Generaladjutanten. Fürst Orloff, der von meiner Frau, als ich ihn ihr auf der Kurhausterrasse in Nauheim vorstellte, wild begeistert war, schickte ihr jeden Tag etwas ins Hotel – eine Riesenbüchse Kaviar, ein Pfund Zarentee, Zigaretten usw. – immer von einem riesigen Rosenstrauß begleitet, und verehrte ihr zum Abschied den von ihm als Generaladjutanten des Kaisers auf den Achselstücken getragenen Namenszug des Zaren in schwerem Uralgold, umrahmt von sibirischen Smaragden, als Brosche. Auch meine lieben Eltern besuchten mich einmal, aber leider konnte ich Papa nichts von russischen Soldaten in Uniform zeigen, da er natürlich das Schloß nicht betreten durfte. – Eine sehr interessante Bekanntschaft, die schließlich zu einer viele Jahre dauernden Freundschaft wurde, machte ich in Friedberg, nämlich mit dem Dichter und Schriftsteller Albert Harry Rausch. Dieser feinsinnige Poet, dessen spätere Werke, darunter die wundervolle, tiefe Kaiserinnentrilogie aus der mittelalterlichen deutschen Geschichte, aus mir unbekannten Gründen unter dem Pseudonym Henry Benrath erschienen sind, stammte aus Friedberg, wo sein Vater ein großer, schwerreicher Getreidehändler war. Ich lernte ihn durch Fritz von Zangen kennen, der sein Klassenkamerad auf dem Gymnasium gewesen war, aber gar kein Verständnis für seine Bedeutung und seine persönliche Eigenart hatte, sondern ihn immer gutmütig, aber soldatisch rauh veräppelte. Rausch war ein zierlicher, fast zarter Mensch, dem alles Laute, Grobe und Ordinäre Abscheu verursachte, immer geradezu exquisit gekleidet und in allen seinen Lebensgewohnheiten von einer beinahe morbiden Kultiviertheit. Er war einer der gebildetsten Menschen auf allen denkbaren

Gebieten, die ich in meinem Leben kennen gelernt habe, sprach französisch wie ein Franzose und fließend englisch und italienisch. Viele Jahre war er Korrespondent der „Frankfurter Zeitung" in Paris und Rom gewesen, kannte alle europäischen Länder und besaß überall Freunde unter den Schriftstellern und Künstlern. Den politischen Meinungen der „Frankfurter" stand er übrigens sehr fern, denn er war von jenem romantischen konservativen Nationalismus erfüllt, der auch seinen Meister, den großen rheinischen Dichter Stefan George, dessen Lieblingsjünger er war, beherrschte. Auch sonst gab es manche Gegensätze in seinem Leben. Seine Herkunft paßte eigentlich gar nicht zu seiner ganzen Art. Der Vater war ein biederer ländlicher Geschäftsmann, der gern mit seinen Bauern am Wirtshaustisch saß, seine Mutter eine schlichte, bescheidene Frau, der der geniale weltmännische Sohn, das einzige Kind, wohl ein bißchen unheimlich war. Seine Landsleute und Jugendfreunde, die natürlich nicht den mindesten Begriff von seiner Leistung hatten, nannten ihn im Hinblick auf den Beruf seines Vaters spöttisch das „Mehlwörmche", wie ihn auch Zangen zu Rauschs großem Verdruß immer anzureden und sogar vorzustellen pflegte. Ich bin oft in seinem Poetenstübchen gewesen, das aber mit dem von Spitzweg verewigten nicht die mindeste Ähnlichkeit hatte. Es war ein mit geradezu raffiniertem Luxus ausgestattetes großes Zimmer in seinem Elternhause, mit unschätzbaren Teppichen, die er selbst aus dem Orient mitgebracht hatte, Bildern und Skulpturen großer Meister. Dort braute der Dichter nach feierlichem Ritual auf silberner türkischer Maschine ungefähr den besten Kaffee, den ich in meinem ganzen Leben getrunken habe. Dazu gab es Hennessy mit drei Sternen und ägyptische Zigaretten, die die berühmte Firma Simon Arzt in Alexandria nach einer von Rausch angegebenen Mischung nur für ihn herstellte. Dann las er mir seine Gedichte, die ganz in der Formgebung Stefan Georges gehalten waren, und erzählte mir von seinem Gedankenaustausch mit den Größen des damaligen europäischen Geisteslebens. Es war sehr schön, anregend, interessant – und ein klein bissel komisch. Besonders, wenn man vorher unten von der behäbigen Frau Mama empfangen worden war, die einem gesagt hatte: „Gehe Se nor ruhig nuff, Herr Leitnant, der Albert wart' scho' uff Ihne'." Maria Theresa, der ich den neugewonnenen Dichterfreund in Nauheim auch vorstellte, unterhielt sich sehr gut mit ihm, fand auch viele geistige Berührungspunkte, nicht aber eine richtige Beziehung zu ihm. Das ging Rausch mit den Frauen, soweit ich das beobachten konnte, immer so. Er war ihnen wohl zu weich, zu wenig männlich. Ich fuhr einmal mit ihm eines Nachmittags nach Frankfurt, wo er in einer Kunstdruckerei über die Ausstattung seines nächsten Gedichtbandes verhandelte. Der arme Drucker! Stundenlang wurde über die Qualität des Papiers, seine Farbtönung, die Bindung gesprochen. Zum Glück blieb der wichtigste Punkt, nämlich der Letternsatz, einer späteren Besprechung vorbehalten – sonst säßen wir wahrscheinlich jetzt noch dort. Trotzdem hatte ich die Unvorsichtigkeit, Rausch zu verraten, daß ich mir einen Schlips kaufen wolle. Unbarmherzig schleppte er mich in ein Geschäft in den Arkaden am Frankfurter Hof, von dem er behauptete, daß es das einzige in Deutschland sei, das wenigstens einigermaßen mögliche Krawatten herzustellen fähig wäre. Er selbst ließ sich die Stoffe für seine Schlipse nach eigenen Angaben weben. Na, ich war heilfroh, als wir nach einer Stunde wieder aus dem Geschäft heraus waren, völlig erledigte Fräuleins und Ladenjünglinge sicher noch lange damit zu tun hatten, die zahllosen Stoffballen wieder wegzupacken, die Albert Harry sie gezwungen hatte, zu entrollen, und bei Lampen- und Tageslicht in allen nur denkbaren Schattierungen vorzuführen. Statt des beabsichtigten einen hatte ich zehn Schlipse bestellt, die natürlich erst angefertigt werden mußten. Einer davon, ein dunkelgoldgelber, hat sogar so lange gelebt, daß ich ihn 1925 noch in Locarno trug, wo er Außenminister Stresemann auffiel, und ihn zu der Frage veranlaßte: „Wo haben Sie denn den wunderhübschen Schlips her, Herr Major?" Durch Rausch bin ich später einmal in der hoch über dem Rhein gelegenen, burgartigen Villa Stefan Georges in Bingen eingeführt worden. Obwohl ich das Werk des großen Dichters schon damals und ihn selbst bis auf den heutigen Tag als den deutschen Dante verehre, hat es mir in seinem Kreise nicht besonders gefallen, und ich bin auch nicht wieder dorthin gegangen. Stefan George selbst in seinem priesterliehen Rock mit dem weißen, lang hinabwallenden Lockenhaar und den strengen asketischen Gesichtszügen war gewiß eine ehrfurchtgebietende Persönlichkeit. Er sprach nie jemanden persönlich an, sondern wandte sich stets mit seinen aphoristischen oder sentenzenartigen Äußerungen an die Allgemeinheit. Und es war herrlich, auf der Terrasse im Mondenlicht hoch über dem flutenden Rhein zu sitzen und bei tiefem Gespräch aus edel geschliffenen Römern auserlesenen Wein – dafür war Stefan George Rheinhesse – zu schlürfen. Aber der Kreis der langhaarigen Jünger mit ihrem süßlich gezierten Wesen, von denen keiner außer Albert Harry Rausch sich einen Namen erworben hat, war mir als Soldaten doch reichlich unsympathisch. Ich hatte bei allen diesen weibischen Jünglingen einen sehr bestimmten Verdacht. In diesem Kreise war nur eine Weiblichkeit, eine klapperdürre Jungfrau nicht mehr ganz jungen Jahrgangs – gut abgelagert, wie wir am Rhein sagen – die ab und zu in lang fließendem weißen Gewande, eine Schale mit Früchten auf den erhobenen Händen tragend, durch den schimmernden Mondschein „wallte", anders kann man es wirklich nicht ausdrücken, und gelegentlich mit tiefer Hingebung lispelte: „Mein Meister!" Aber das „Mehlwörmche" hat dann doch gezeigt, daß es nicht nur ein Poet, ein Feingeist, ein Luxusgeschöpf war, für das es die meisten seiner Bekannten hielten. Am 2. August 1914 hat sich Albert Harry Rausch, der wegen seiner körperlichen Schwäche nie gedient hatte und sicher noch lange, wenn nicht überhaupt, von der Einziehung verschont geblieben wäre, als 32-jähriger Mann freiwillig zur Fahne gemeldet und hat nicht geruht, ehe er beim Regiment Kaiser Wilhelm in Gießen angenommen wurde. Er hat bis zum Jahre 1916 den Krieg in vorderster Front mitgemacht, und ich, der ich ihn sehr genau kenne, weiß, daß er seinen Mut gar nicht in erster Linie im Gefecht zu beweisen hatte, sondern in der täglichen Misere des einfachen Frontsoldaten, im ständigen Zusammensein mit den derben, oft rohen Kameraden, von denen jede Äußerung, jede Handlung das Feingefühl dieses Überästheten aufs bitterste verletzen mußte. Er hat durchgehalten – mit einer von allen seinen Vorgesetzten hoch anerkannten Charakterstärke – bis sein schwächlicher Körper endgültig versagte, und wurde dann nach langem Lazarettaufenthalt als Redakteur zur „Liller Kriegszeitung" kommandiert. 1937 habe ich Rausch in Paris, wenn auch nicht wiedergesehen, so doch telephonisch wieder gesprochen. Ein Zusammentreffen verbot die schwere Nierenerkrankung, an der er litt. Nun wird er wohl in jene Ferne gegangen sein,[54] von der sein Meister, Stefan George, sang:

> „Ich weiß du trittst zu mir ins haus
> Wie jemand der an leid gewöhnt
> Nicht froh ist wo zu spiel und schmaus
> Die saite zwischen säulen dröhnt."

Die Zarenzeit neigte sich dem Schluß zu. Im Schloß fing man an zu packen, und unser Freund und etwas gefährlicher Gönner Fürst Orloff, der ja am besten Bescheid wußte, sagte immer öfter zwischen dem xten und dem yten Glase: „Deitschen Brieder, wenn nach Pieter kommt, machen wirr ganz große Nacht." Und dann hieß es eines Tages im Befehl: „Die Wachtkompagnie steht

---

54 + 1947

morgen vormittag 11 Uhr vor der Hauptwache im Paradeanzug angetreten." (was noch nie geschehen war). Der Zar erschien mit dem Großherzog, beide in Uniform, schritt die Front ab und ließ dann durch den Generaladjutanten von Hahn eine Liste verlesen, die Liste der Ordensverleihungen. Jeder trat vor und nahm seinen Piepmatz in Empfang. Der Hauptmann erhielt den Sankt-Stanislaus-Orden II. Klasse, aus dem Halse zu tragen, Oberleutnant von Oertzen den Sankt-Annen-Orden III. Klasse, wir Leutnants und der Oberarzt den Sankt-Stanislaus-Orden III. Klasse, die Unteroffiziere die Medaille des Annen-Ordens, die Mannschaften die Medaille des Stanislaus-Ordens. Der Zar versammelte dann die Offiziere um sich, sprach ihnen in kurzen, aber wirklich herzlichen Worten seinen Dank für ihre Mühewaltung aus und bat, ihn auch den Mannschaften zu übermitteln, was selbstverständlich auch geschah. Ein ausländischer Orden durfte erst getragen werden, wenn die Erlaubnis der deutschen zuständigen Stellen dazu erteilt war. Da dies bei uns die Generaladjutantur war, konnten wir uns schon am gleichen Nachmittag mit der funkelnden Auszeichnung auf der Brust den Friedberger und Nauheimer Jungfrauen zeigen, was natürlich unseren braven Gardisten und Musketieren ungeheuren Spaß machte. Die Abfahrtszeit des Zaren wurde stets bis zur letzten Stunde geheim gehalten. Daher mußte unsere Wachtkompagnie die letzten drei Tage alarmbereit in der Quartieren bleiben. Dann kam plötzlich am 4. November vormittags der endgültige Befehl zum Antreten in Paradeuniform. Die Abfahrt erfolgte genau so wie die Ankunft der hohen Herrschaften, nur daß die bei Abreise des Zaren noch anwesenden russischen Offiziere und Beamten in den hinter dem Zarenzuge folgenden Zug stiegen, so daß wir plötzlich ganz „unter uns" waren. Die Familie und nächste Umgebung des Zaren erfuhren den Zeitpunkt offenbar auch nicht vorher, denn meine Gönnerin Großfürstin Tatjana hatte bei dem zwei Tage vorher stattfinden Frühstück bestimmt keine Ahnung, sonst hätte sie mir irgendeine Andeutung gemacht. So haben wir uns nicht einmal von einander verabschieden können, denn als ich auf dem Bahnhof am rechnen Flügel meines Zuges in Reih und Glied stand, winkte das entzückende Mädelchen mir zwar herzlich zu, konnte mir aber nicht mehr die Hand geben. Der Zar, diesmal in Zivil, schritt nicht einmal die Front der Ehrenkompagnie ab, sondern küßte und umarmte nur den Großherzog und die Großherzogin – Prinz Heinrich war schon vorher zu den Flottenmanövern abgereist – und stieg dann schnell und ohne sich noch nach uns umzusehen in seinen Salonwagen. – Mein französischer Freund Voisin war noch schnell auf mich zugerannt und hatte mir winkend zugerufen: „Au revoir, à Paris, mon cher ami!" Und als dann der dunkelgrüne Zug sich in Bewegung setzte, und der letzte Wagen hinter der Kurve verschwand, hörte ich neben mir ein aus tiefstem Herzensgrund kommendes: „Gott sei Dank!" Es war unser allverehrter Geheimer Kriminalrat Dr. Cremer, dem es sich entrang, und er hatte ja auch allen Grund dazu, wenn er auch den Stanislaus I. Klasse, also den Stern und Großkordon, erhalten hatte. Aber das konnte ihm, der die hohen Orden aller Staaten der Erde besaß, nicht weiter imponieren. Wir Offiziere veranstalteten an diesem Abend eine recht fidele Abschiedsfeier im Hotel Trapp, an der sich auch unser nun von jeder Verantwortung entlasteter Hauptmann beteiligte, und fuhren am nächsten Morgen mit unseren Zügen in die verschiedenen Standorte ab, wo längst das Rekrutenexerzieren im Gange war. Ich kehrte, nachdem ich meinen Zug in Worms abgegeben hatte, nach Mainz zurück, da mein Kommando zur Brigade ja noch weiter lief, was mir eigentlich leid tat, da ich viel lieber bei meinem Regiment geblieben wäre.

Das Schicksal schlägt zu

> „Seele, vergiß sie nicht,
> Seele, vergiß nicht die Toten!"
>
> Friedrich Hebbel.

Mitte Oktober hatte ich in Friedberg wie alljährlich die Aufforderung des Mannheimer Reitervereins für meine Frau und mich zur Teilnahme an der am 11. November stattfindenden Hubertusjagd erhalten. Maria Theresa war gerade wieder nach Nauheim gekommen, und so besprachen wir die Angelegenheit nachmittags in ihrem Hotelzimmer, ehe wir uns nach unserer Gewohnheit zum Tee auf die Kurhausterrasse begaben, wo wir mit Albert Harry Rausch verabredet waren. Keinen von uns beiden rührte auch nur eine Ahnung davon an, welche verhängnisvolle Bedeutung dieses elegant auf schwerem weißem Büttenpapier gedruckte und mit eichenlaubumrankten Jagdhörnern, Sporen und Peitschen gezierte Schriftstück, das da vor uns auf dem Tisch lag, erhalten sollte. Wir studierten genau die darin angegebenen Bedingungen und entschlossen uns schließlich zur Zusage, da dieses Jagdreiten immer eine der besten und interessantesten, wenn auch schwierigsten reitsportlichen Veranstaltungen Südwestdeutschlands zu sein pflegte. Gesundheitlich fühlte ich mich durchaus wieder in der Lage, bei einiger Vorsicht und bei sorgfältiger Wickelung des verletzen Knies die nicht unerheblichen Anstrengungen des langen Parcours mit den bekannt schweren Hindernissen auf mich zu nehmen, und wußte auch, daß ich von der Brigade die Erlaubnis zur Teilnahme sicher erhalten werde. Da meine alte Polly der Jagd natürlich nicht mehr gewachsen war, beabsichtigte ich, das zweite Pferd meiner Frau, einen ziemlich schweren ostpreußischen Wallach zu reiten, der zwar nicht sehr schnell, aber ein guter und sicherer Springer war. Maria Theresa selbst wollte auf ihrem bewährten irischen Hunter in den Sattel steigen, der nie ein Hindernis versagte und mit dem sie schon zahlreiche Preise gewonnen hatte. Wir verabredeten, daß sie Ende des Monats nach Mainz zurückfahren und dort die letzten 14 Tage vor der Jagd zum systematischen Einspringen der beiden Pferde ausnutzen sollte. Ich schrieb auch gleich an den Brigadeadjutanten, der mir sofort antwortete, daß meiner Beteiligung an der Mannheimer Jagd nichts im Wege stehe. Nach meiner Rückkehr von dem Friedberger Kommando hatte ich dann selbst noch einige Tage Zeit, um mich mit dem Pferde, das ich ja schon oft geritten hatte, wieder vertraut zu machen. Wir hatten uns, gemeinsam mit dem Oberleutnant von Holbach vom 6. Dragonerregiment, der auch für das Jagdreiten gemeldet war, in der offenen Reitbahn seines Regiments die schwierigsten der in Mannheim zu erwartenden Hindernisse aufbauen lassen und übten dort nun vor- und nachmittags, wobei sich unsere Pferde als durchaus sicher erwiesen. Schon am 10. November früh sandten wir die beiden Pferde mit Burschen und Reitknecht nach Mannheim, damit sie sich in den vorher reservierten Boxen des schönen Gaststalls nach der Bahnfahrt noch genügend ausruhen konnten, und trafen selbst am Abend dort ein, wo wir im Hotel Kaiserhof Wohnung nahmen und früh zu Bett gingen, um am nächsten Morgen frisch zu sein. Um 9 Uhr vormittags des 11. November sammelten sich Reiter und Reiterinnen am Rande der ausgedehnten, von Hecken und Gräben durchschnittenen Wiesenflächen, die sich in Richtung auf Ladenberg erstrecken, und wo die Jagden des Mannheimer Reitervereins seit vielen Jahren traditionsgemäß stattfanden. Das Feld war wieder sehr groß, über hundert Reiter, was bei engen Durchlässen und in der Nähe des Fuchses meist zu einem nicht ungefährlichen Gedränge führte. Maria Theresa, die, wie immer, wenn sie, die begeisterte und anerkannt hervorragende Reiterin, im Sattel saß, strahlender Laune war, trug die rote Jacke, schwarzen Rock und niedrigen Zylinder, ich Waffenrock ohne Achselstücke, wie es üblich war. Leider mußten die Damen damals nach Klubvorschrift im Damensattel reiten, was sich bei Stürzen oft als gefahrbringend erwies, da der lange Rock und das Sattelhorn ein Loslösen vom stürzenden Pferde fast unmöglich machen. Als Fuchs ritt ein Leutnant der gelben badischen 21. Dragoner aus Bruchsal, ein sehr erfolgreicher Rennreiter, ich glaube, ein Herr von Rotenhan. Es war ein leicht verschleierter, kalter Herbstmorgen, aber die Sonne brach gerade durch die Wolken, als der Master mit der hellläutenden Meute die Fährte aufnahm und sich das Feld in Bewegung setzte. Dumpf trommelten die Hufe auf dem trockenen Rasen, die Sättel jankten, die Pferde schnaubten und stießen weißen Dampf aus den Nüstern – ein für jeden wahren Reiter erregender und beseligender Augenblick. Maria Theresa war mir bald um mehrere Pferdelängen voraus und wurde durch einige andere Reiter von mir getrennt. Sie wandte sich im Sattel um und winkte mir lachend mit der Peitsche zu. Ihre dunklen Augen leuchteten, es war das letzte Mal, dass ich sie mir zustrahlen sah. Obwohl ich mir alle Mühe gab, wieder in ihre Nähe zu kommen, gelang es mir bei der Schnelligkeit und Wendigkeit ihres Hunters nicht, so daß ich schließlich etwa 50 Meter hinter ihr blieb. Die Hälfte des Parcours war durchmessen, verschiedene sehr schwere Hindernisse, bei denen eine Anzahl Reiter die Erde küßten, waren genommen, und dann jagten wir auf eine von Gebüsch umwachsene Mauer zu, hinter der sich ein Graben entlang zog, also ein besonders unangenehmes, weil für Pferd und Reiter erst im letzten Augenblick zu übersehendes Hindernis. Ich sah, wie Maria Theresa zum Sprung ansetzte, wie sich der in der Sonne funkelnde goldbraune Leib des Hunters hob. Und in diesem Augenblick raste ihr ein Reiter in Artillerieuniform, der offenbar sein Pferd, das auszubrechen versuchte, nicht mehr in der Hand hatte, wie ein Rammbock mit voller Gewalt in die Flanke. Der Hunter kam noch über die Mauer, konnte aber in dem Graben nicht mehr Fuß fassen und stürzte. Ob er schon dabei auf die Reiterin gefallen ist, oder erst beim Aufstehen sein Gewicht auf ihren Körper geworfen hat, ließ sich nicht mehr genau feststellen. Als ich heran war und aus dem Sattel sprang, lag Maria Theresa regungslos halb auf der Seite, der rechte Arm, der mehrfach gebrochen war, in seltsam verdrehter Haltung unter ihrem Leibe, der linke weit ausgestreckt, mit der Zügelhand noch geschlossen, als ob sie den Zaum halte. Ihr Gesicht war ganz ruhig, gar nicht verzerrt, nur aus dem Mundwinkel und der Nase liefen dünne Blutstreifen. Die Augen waren halbgeöffnet. Ein Stabsarzt, der die Jagd mitritt und sich im Moment des Unglücks in der Nähe befand, konnte, was ich beim ersten Blick grauenerfüllt geahnt hatte, nur den Tod feststellen, der sofort eingetreten sein mußte. Die Sektion ergab dann, daß der gesamte Brustkorb zerdrückt und alle inneren Organe zerrissen waren. Der Arzt, der die Obduktion vornahm, sagte mir später, – ob es ein Trost sein sollte, weiß ich nicht – daß dieser schnelle, schöne Reitertod vielleicht ein Glück für meine arme Frau gewesen sei, da sie den Beginn eines schweren Lungenleidens in sich getragen habe. Die Leser dieser Aufzeichnungen werden mir verzeihen, wenn ich über meine Gefühle schweige. Es gibt Dinge, die man selbst in der Erinnerung nur mit sich selbst ausmachen kann. Aber es war mir, als ob auch mein Leben nun wertlos geworden sei und seinen besten Inhalt verloren habe. Meine sorglose, vielleicht allzu unbekümmerte, frohe Jugendzeit war mit diesem Unglückstage zu Ende. Ich habe lange gebraucht, ehe ich es überhaupt so ganz zu fassen vermochte, daß dieses strahlende, schöne, begabte und im edelsten Sinne gute Menschenwesen so mit einem Schlage verlöschen konnte. Man war ja damals mit dem Tode noch nicht so vertraut, wie man es später geworden ist. Ich will mich hier auch nicht näher über die Einzelheiten der vielen äußeren Notwendigkeiten und Pflichten auslassen, die nun einmal für die Nachgebliebenen einem Todesfälle zu folgen pflegen. Genug, daß meine alte, sehr leidende Schwiegermutter von dem Tode ihres einzigen Kindes so furchtbar getroffen wurde, daß sie ihm nach weniger als einem Jahre folgte, daß ihr und mir von Hoch und Niedrig, von Verwandten, Freunden und Kameraden, von der ganzen Wormser Bevölkerung und allen Menschen, die die Heimgegangene lieb gehabt hatten, – und das waren eigentlich alle, die sie kannten – eine so herzliche und aufrichtige Teilnahme entgegengebracht wurde, daß sie, wenn es einen solchen hätte geben körnen, einen wirklichen Trost bedeutet hätten. Nun ruht meine Maria Theresa schon seit dreieinhalb Jahrzehnten in der Doerrschen Familiengruft auf dem alten Wormser Friedhof in rheinischer Erde, deren echtes Kind sie war, und die sie so geliebt hat. Im Herzen des alten Mannes, der ich geworden bin, lebt ihr Bild in unverblaßtem Glanze ,wie sie einst war. Wir sind sehr glücklich gewesen in den kurzen Jahren gemeinsamen Lebens, die das Schicksal uns nur gegönnt hat, nicht nur als Mann und Frau, sondern auch als Kameraden, die sich in allem verstanden haben. Und wir wären es gewiß auch geblieben. Maria Theresa hat fest an ein künftiges Leben in einer besser Welt geglaubt. Die Gottesmutter, deren Heiligen Namen sie trug, möge sie liebreich an ihrem Thron empfangen haben. Have pia anima!

Regimentsadjutant 1911-12

> Ein guter Adjutant ist für einen Chef
> mehr wert als ein Generalstäbler.
>
> Napoleon Bonaparte.

Was die Rückkehr in die verödete Wohnung in Castel für mich bedeutete, ist mit Worten nicht auszudrücken. Alles riß die frische Wunde in meinem Herzen weiter auf – hier ein aufgeschlagenes Buch, in dem die Verewigte gelesen, dort eine Stickerei, an der sie gearbeitet hatte, ihre Kleider und Schmucksachen, die verweinten Gesichter der Dienstmädchen und tausend andere Einzelheiten. Immer schien es mir, als ob Maria Theresas schlanke Gestalt in jedem Augenblick mit ihrem festen, elastischen Schritt zur Tür hereintreten, als ob ihre dunkle Stimme mich grüßen, eine ihrer heiteren und oft überlegen ironischen Bemerkungen über Menschen und Dinge machen müßte. Es war ja nicht so, wie wenn ein teurer Mensch nach längerer Krankheit, deren Verlauf das Schlimmste allmählich ahnen läßt, durch die dunkle Pforte gehen muß. Mitten aus dem blühenden Loben war sie, die so gern gelebt hatte, wahrhaft wie von einem Blitzschlage aus heiterstem Himmel hinweggerafft worden. Es wäre für mich einfach nicht auszuhalten gewesen, wenn nieh4 meine liebe Mama mir einen großen Teil der notwendigen Geschäfte, das Packen und Wegräumen, die unerläßliche Umgestaltung der Wohnung und zahllose andere Notwendigkeiten abgenommen hätte. Die Auflösung unserer Wormser Wohnung, in die ich auf keinen Fall wieder ziehen wollte, hatte bis später Zeit und vollzog sich dann in schon größerer Ruhe. Da das Haus meiner Schwiegermutter

Doerrscher Familienbesitz war , wurde natürlich dabei eine Auseinandersetzung mit den Chefs der Familie und Firma notwendig, die sich, wie auch die vermögensrechtlichen Regelungen, im besten beiderseitigen Verstehen und von Seiten der Familie Reinhard und der Firma Doerr und Reinhard in vornehmster Fora vollzog. Die angebotene vorläufige Weiterzahlung der sehr hohen Geldzulage, die uns seit unserer Verheiratung gewährt worden war, lehnte ich ab, ließ auch die gestellte Heiratskaution wieder auf die Familie zurücküberschreiben. Dagegen nahm ich auf liebenswürdiges Drängen des Herrn Dr. ing. Reinhard die beiden Pferde meiner verewigten Frau an, behielt also auch den bei seinem unheilvollen Sturz unverletzt gebliebenen Hunter. Dieses ausgezeichnete Pferd, das ja wirklich nichts für die Katastrophe konnte, hatte Maria Theresa besonders geliebt, und ich glaubte, in ihrem Sinne zu handeln, wenn ich es nicht in fremde Hände gab. – Ich will nun wieder zur Darstellung meiner dienstlichen Laufbahn zurückkehren. Bei der Brigade war eine große Veränderung eingetreten. Der wohlwollende General von Grumbkow hatte nach dem Manöver seinen Abschied eingereicht und sich auf sein märkisches Gut zurückgezogen, so daß ich ihm nur noch schriftlich meinen Dank für seine oft bewiesene Güte ausdrücken konnte. Ich habe ihn leider niemals wiedergesehen. Meines Wissens lebte er noch über den Ersten Weltkrieg hinaus. An seine Stelle war Generalmajor Franke getreten, der vorher Kommandeur eines schlesischen Infanterieregiments gewesen war, auch ein besonders angenehmer und immer freundlicher Vorgesetzter. Der Adjutant, Hauptmann Wegeli, der sich in den schweren Wochen, die ich durchleben mußte, als wahrer Freund gezeigt hatte, wurde, wie ich gleich hier erwähnen will, zu Kaisers Geburtstag 1911 nach Württemberg kommandiert und als Kompagniechef dem Grenadierregiment König Karl in Ulm zugeteilt. Er ist als solcher 1914 gefallen. Sobald ich etwas zur Ruhe gekommen war, nahm ich meine Kur in Wiesbaden wieder auf.

Bei der einleitenden Untersuchung in der Kaiser-Wilhelm Heilanstalt stellte Stabsarzt Dr. von Würthenau fest, daß mein Knie sich wesentlich gebessert, ich aber immer noch nicht die Dienstfähigkeit für Fußtruppen zurückerlangt hatte. Er machte mir auch kein Hehl daraus, daß dies nach seiner Meinung auf Jahre hinaus nicht der Fall sein würde. Dieses ärztliche Urteil bereitete mir recht große Sorgen. Meine materielle Lage war ja jetzt nicht mehr so glänzend, daß ich unbekümmert die Möglichkeit einer Versetzung zu einem teuren Kavallerieregiment oder den Übergang in einen Zivilberuf hätte ins Auge fassen können. So erschien vor meinem geistigen Auge immer drohender der hellblaue Kragen der Trainuniform, und dieser Gedanke deprimierte mich tief. Bei meiner Anwesenheit in Worms hatte mich Oberst von Behr gefragt, wie es mit meiner Dienstfähigkeit stehe. Auf meine Antwort, die ich noch vor jenem ärztlichen Untersuchungsbescheid nach meinem eigenen Gefühl gab, daß ich mich nach Ablauf meines Kommandos zum Brigadestab wieder im Stand glaube, Dienst, wenn auch noch keine anstrengenden Märsche und Gefechtsübungen, auszuführen, hatte der Regimentskommandeur in seiner düster verschlossenen Art geschwiegen, was nicht gerade zu meiner Beruhigung beitrug. Um so erstaunter war ich Anfang Dezember, die dienstliche Aufforderung des Regiments zur Meldung zu erhalten, ob ich zu Beginn des neuen Jahres fähig sein würde, eine Adjutantenstellung einzunehmen. Ich antwortete sofort im bejahenden Sinne, dachte aber selbstverständlich nur an eine Wiederernennung zum Bataillonsadjutanten, was ich schon dankbar als ganz besonderes Wohlwollen betrachtete. Kurz darauf erfolgte der Befehl des Großherzoglichen Divisionskommandos, daß mein Kommando zur Brigade mit dem 31. Dezember beendet sei und ich dann zum Regiment zurückzutreten habe. Während des Urlaubs zum Weihnachtsfest, das unsere ganze Familie so kurz nach den furchtbaren Schicksalsschlägen durch den Tod des Onkel

Schorsch und meiner Frau in trauriger und trüber Stimmung verbrachte, erhielt ich zu meiner sprachlosen Überraschung ein Telegramm des Regiments, wonach ich mit dem 1. Januar 1911 zum Regimentsadjutanten ernannt wurde. Mit allem anderen hätte ich eher gerechnet, da Oberst von Behr ja niemals eine besondere Vorliebe für meine Person gezeigt hatte, ich eher das Gefühl des Gegenteils hatte. Daß ich glücklich war, soweit das mein damaliger Gemütszustand überhaupt zuließ, war selbstverständlich. Auch meine Eltern waren hocherfreut über diese Auszeichnung, die ja ein kleines Pflaster auf die schweren seelischen und körperlichen Wunden bedeutete, die mir die letzten Jahre zugefügt hatten, besonders mein Vater, der ja wußte, was die Stellung eines Regimentsadjutanten zu bedeuten hatte, die wirklich eine erste Stufe für den Aufstieg in die höhere Laufbahn darstellte. Ich fuhr schon am ersten Weihnachtstage nach Mainz zurück, um schleunigst meine dortige Wohnung aufzulösen, die Pferde nach Worms zu schicken und mich abzumelden. Am 29. Dezember traf ich wieder in der lieben alten Garnison ein, herzlich und ohne jeden Neid von allen Kameraden begrüßt und von meinem Kommandeur, dessen nächster Mitarbeiter ich ja jetzt wurde, mit soviel Liebenswürdigkeit empfangen, wie sie die kalte Natur des Herrn von Behr aufzubringen vermochte. Mein Vorgänger, Oberleutnant Beckert, wurde, wovon das Regiment schon vorher unterrichtet worden war, bei den am Neujahrstage terminmäßigen Personalveränderungen innerhalb der Armee zum Adjutanten der in Mörchingen in Lothringen stehenden Infanteriebrigade ernannt. Da Beckert nicht die Kriegsakademie besucht hatte, bedeutete diese Ernennung aus der Front heraus eine besondere Auszeichnung für ihn, die wir ihm alle aufrichtig gönnten. Für ihn selbst mußte sie einen Ausgleich für den wenig angenehmen Standortwechsel bilden, denn Mörchingen, dieses lothringische Drecknest in vollkommen reizloser öder Landschaft, wo es vielleicht dreitausend Einwohner gab, aber eine

Infanteriebrigade, eine Feldartillerieabteilung und eine Ulanen-schwadron mit zusammen etwa 5000 Mann standen, gehörte wohl zu den gefürchtetsten Garnisonen unseres Reiches. Ich nahm mir, da meine alte Behausung bei dem guten Ehepaar Weber leider nicht frei war, eine hübsche Dreizimmerwohnung mit Zubehör in der Speyererstraße, denn ich verfügte ja jetzt über die nötigen Einrichtungsgegenstände. Meine Pferde konnte ich dank dem Entgegenkommen der Familie Reinhard wieder im alten Stall beim Hause meiner Schwiegermutter unterbringen, aber man wird verstehen, daß es mir noch lange einen schmerz-lichen Stich ins Herz versetzte, wenn ich dort an die Boxen trat, wo meine arme Frau täglich mehrmals den von ihr so geliebten Pferden einen Besuch abzustatten und ihnen Zucker und Mohr-rüben zu bringen pflegte. In Armeekorps, Division und Regi-ment waren unterdessen auch so manche Veränderungen ein-getreten. Die bei der Brigade erwähnte ich ja schon. Unser hochverehrter Kommandierender General von Eichhorn war zum Armeeinspekteur in Saarbrücken, der Divisionskommandeur Generalleutnant von Strantz zum Kommandierenden General des V. Armeekorps in Posen ernannt worden. An des Ersteren Stelle trat General der Infanterie Schenk, der vorher die 7. Divi-sion in Magdeburg, bei der mein Vater einst Adjutant gewesen war, befehligt hatte, ein wohlwollender Herr, der aber seinem Vorgänger nicht an Bedeutung gleichkam. Kommandeur der Großherzoglich Hessischen Division aber wurde der bisherige Kommandeur der 1. Gardeinfanteriebrigade Generalleutnant von Plüskow, über dessen menschliche und soldatische Eigen-schaften ich mich schon in einem früheren Abschnitt eingehend ausgesprochen habe. Kameraden der Garde, die dieses Ungetüm ja nur allzu genau kannten, wünschten uns ironisch Glück zu unserem neuen Divisionär. Mein alter Freund von Tarnoczy vom Kaiser-Franz-Gardegrenadierregiment schrieb mir: „Warum soll es Euch besser gehen, als es uns bisher ergangen ist? Vielleicht könnt ihr hessischen Bundesbrüder die Bestie zähmen, wir haben es nicht fertig gebracht!" Na, uns ist es ebenso wenig geglückt. Die erste Besichtigung schon sollte uns schrecklich klar machen, welchen hervorragenden Vertreter die Preußen uns geschickt hatten.

Am 1. Januar 1911 begann ich meinen Dienst als Regimentsadjutant mit der ersten Paroleausgabe, bei der ich nun als Chef des Ganzen an der Stelle stand, die einst der unglückliche Schulze eingenommen hatte. Ich hoffe, daß es mir gelungen ist, mein Amt in etwas liebenswürdigerer Form zu führen, als es jenem kranken Manne gegeben war. Die Aufgaben des Regimentsadjutanten glichen, äußerlich betrachtet, in ihren allgemeinen Zügen denen des Bataillonsadjutanten, wie ich sie bereits geschildert habe. Aber ihr Umfang und die damit verbundene Verantwortung waren wesentlich größer. Der Schriftverkehr innerhalb des Regiments bildete nur einen geringen Teil der täglichen Postausfertigung. Ein Regimentskommando hatte einen umfangreichen Schriftwechsel mit Brigade, Division, Generalkommando und anderen Truppenteilen, mit den verschiedensten Behörden des Reiches, des Staates und der Stadt, aber auch mit Firmen des Handels und der Industrie, sowie mit Privatpersonen zu führen. Oft handelte es sich um recht verzwickte und schwierige Probleme, bei den Berichten und Meldungen an die Vorgesetzten Dienststellen vielfach, zum Beispiel bei Angelegenheiten der Mobilmachungsvorbereitungen, der Bewaffnung und politischer Art, um streng geheime Sachen. Viele Fragen mußte der Adjutant unter eigner Verantwortung entscheiden und die entsprechenden Schriftstücke „AB" (Auf Befehl) unterzeichnen, da der Kommandeur mit den wichtigsten Entscheidungen, die nur er treffen konnte, schon sehr stark belastet war. Das Regimentsgeschäftszimmer war daher reichlich mit Unterpersonal ausgestattet. Regimentsschreiber war ein Feldwebel, zu meiner Zeit der außerordentlich tüchtige, zuverlässige und sympathische Ostpreuße Tolkmitt, der später nach Ablauf seiner Kapitulation eine sehr angesehene und gut bezahlte Vertrauensstellung im Privatsekretariat der Firma Cornelius Heyl einnahm. Ihm unterstanden drei Unteroffiziere und sechs Musketiere als ständige, vier Musketiere als mit wöchentlichem Wechsel kommandierte Hilfsschreiber sowie fünf Ordonnanzen. Fast ebenso stark war das Geschäftszimmer des Regimentszahlmeisters besetzt, wo der Oberzahlmeister drei Zahlmeisteraspiranten, vier Unteroffiziere und vier Musketiere zur Verfügung hatte. Regimentszahlmeister war Oberzahlmeister Henneberg, ein vortrefflicher alter Beamter, mit dem aber nicht ganz leicht auszukommen war, da er eifersüchtig darauf bedacht war, daß ihm niemand in seinen Kram hereinredete. Die Zahlmeister waren nicht Personen des Soldatenstandes, sondern „Militärbeamte mit allgemeinem Offiziersrang". Sie ergänzten sich aus dem Unteroffizierkorps. Ihrer Leitung unterstand, natürlich unter Verantwortung des Kommandeurs, der gesamte recht umfangreiche und komplizierte Wirtschaftsbetrieb und das Kassenwesen ihres Truppenteils, also Unterbringung, Verpflegung, Bekleidung und Besoldung. Ihre gesellschaftliche Stellung war etwas schwierig, da sie dienstgradmäßig zum Offizierkorps zählten, aber ihrer Bildung und Herkunft nach doch aus ganz anderen Kreisen stammten, besonders auch, was ihre Frauen anging. So beschränkte sich ihre Teilnahme am geselligen Leben fast stets auf die Festdiners an Kaisers und Großherzogs Geburtstag. Regimentsarzt war, nachdem Oberstabsarzt Dr. Spahmer den Abschied genommen hatte und bald zum gesuchtesten Augenspezialisten von Frankfurt am Main geworden war, Oberstabsarzt Dr. Kemper, recht guter Arzt und außerdem eingefleischter Junggeselle, ein biderber Westfale, dessen Trink- und Sitzfestigkeit an den verschiedenen Stammtischen bald berühmt wurde. Eine besondere Verantwortung lastete mit den Mobilmachungsvorbereitungen und der Aufstellung des Mobilmachungskalenders für das Regiment und die von ihm aufzustellenden Truppenteile, bei uns das Reserve- und das Landwehrregiment 118 und die Landsturmbataillone Worms und Alzey, auf dem Regimentsadjutanten, der außerdem noch die Mobilmachungsvorarbeiten der drei Bataillonsadjutanten zu überwachen und zu prüfen hatte. Es war eine enorme und nervenzermürbende Arbeit, die während des Monats Januar manche Nacht in Anspruch nahm. –

Die Personalien der Offiziere wurden vom Regimentskommandeur persönlich bearbeitet, der die Qualifikationsberichte zu führen und laufend zu erhalten hatte. Es ließ sich aber nicht vermeiden, daß der Adjutant davon Kenntnis erhielt, so daß er genau über die Beurteilung und die Beförderungsaussichten der einzelnen Herren unterrichtet war, worüber er natürlich zu allerstrengster Diskretion selbst dem besten Freunde gegenüber verpflichtet war. Mancher Kamerad hätte gestaunt, wenn er gelesen hätte, was in diesen schicksalsschweren Dokumenten über seinen Charakter, seine dienstlichen Leistungen, sein außerdienstliches Verhalten und sogar sein Familienleben vermerkt war. Den eigenen Personalakt bekam auch der Adjutant niemals zu sehen. Diese geheimen Qualifikationsberichte wurden, wie gesagt, über alle Offiziere des Regiments vom jüngsten Leutnant bis zum Oberstleutnant beim Stabe vom Kommandeur geführt und mußten alljährlich dem Chef des Generalstabes des Armeekorps zur Vorlage beim Kommandierenden General eingereicht werden, der dann über die Beurteilung sämtlicher Stabsoffiziere dem Militärkabinett Seiner Majestät des Kaisers, bei uns in Hessen auch der Generaladjutantur Seiner Königlichen Hoheit des Großherzogs, Bericht erstattete. Die Qualifikationsberichte der Kommandeure von Regimentern und selbständigen Truppenteilen (also Jäger- und Pionierbataillonen und Trainabteilungen usw.) wurden von den Divisionskommandeuren geführt, diejenigen aller Generale vom Militärkabinett. Nur über die im Range Kommandierender Generale stehenden höchsten Führer behielt sich der Kaiser persönlich die Beurteilung vor. Diese Qualifikationsberichte (in Österreich und Bayern hießen sie „Beschreibung") begleiteten den Offizier, für ihn unsichtbar, durch sein ganzes dienstliches Leben, und selbst wenn er den Abschied nahm oder erhielt, bekam er sie nicht zu sehen, sondern sie wurden beim Militärkabinett zu den Geheimakten genommen. Diese Einrichtung, die meines Wissens mit leichten Abweichungen in allen großen europäischen Armeen bestand, hatte natürlich sehr ihre zwei Seiten, wurde vielfach, auch in der Presse und im Parlament, angegriffen, aber niemand konnte etwas Besseres vorschlagen. Sie stellte an das Pflicht- und Verantwortungsbewußtsein, auch an das rein menschliche Wohlwollen und Verständnis der mit ihrer Wahrnehmung beauftragten Vorgesetzten sehr hohe Anforderungen. Denn von jedem Wort, das sie in diese mit jedem Jahre der Dienstzeit umfangreicher werdenden Akten hineinschrieben, konnte die Laufbahn eines Offiziers, damit aber das Schicksal von Menschen und ganzen Familien, im günstigen oder ungünstigen Sinne beeinflußt werden. Jeder Offizier hing also schließlich ganz von dem größeren oder geringeren Wohlwollen seines Kommandeurs und dem Eindruck ab, den er persönlich, dienstlich und außerdienstlich auf diesen machte. Das Schlimmste war, daß niemand in der Lage war, sich gegen einen Vorwurf zu verteidigen oder ein unrichtiges Urteil, das ja schließlich jedem Vorgesetzten selbst bei gewissenhaftester Prüfung unterlaufen konnte, zu widerlegen, da keiner je erfuhr, was in diesen roten Aktendeckel eingeheftet war. Aber eine Beurteilung der Untergebenen durch den für seine Truppe und sein Offizierkorps Verantwortlichen Kommandeur war natürlich notwendig. Ihre Bekanntgabe an den Betreffenden jedoch hätte unweigerlich zu zahllosen und auf die Dauer für die Disziplin gefährlichen Streitigkeiten und Beschwerden, vielleicht sogar noch zu Schlimmerem geführt. Mancher nicht eisern charakterstarke oder ängstliche Vorgesetzte hätte sich sicher auch bewußt oder unbewußt von dem Gedanken beeinflussen lassen, daß eine pflichtgemäß abgegebene ungünstige Beurteilung zur Kenntnis des so Gezeichneten gelangen würde. Also mußte es eben bleiben, wie es in der preußischen Armee seit der Heeresreform von 1810 vorgeschrieben war. Vorher, in der alten Söldnerarmee, hatte sich der König ja persönlich das Urteil über jeden einzelnen Offizier vorbehalten, was zu vielen Ungerechtigkeiten führen mußte, selbst und gerade unter Friedrich dem Großen. Denn der Monarch sah oft manchen tüchtigen Offizier, der ihm einmal bei einer Revue ungünstig auffiel, nach solchem Einzelfall als ungeeignet für höhere Stellungen an. Die Qualifikationsberichte, die ich als Adjutant au Gesicht bekam, waren durchweg mit höchster Gewissenssorgfalt und scharfem Urteilsvermögen aufgestellt. Ich hätte, wenn ich zu ihrer Abfassung berufen gewesen wäre, nicht ein einziges Urteil anders gefällt. Mit diesen Personalfragen stand auch die Behandlung ehrengerichtlicher Angelegenheiten im Zusammenhang, deren Bearbeitung ebenfalls dem Adjutanten zufiel. Während meiner Adjutantur ist erfreulicherweise nicht ein einziger solcher Fall vorgekommen, wie ich mich überhaupt, was gewiß für die Zusammensetzung unseres Offizierkorps sprach, während meiner ganzen Dienstzeit im Regiment nur an zwei ehrengerichtliche Verhandlungen erinnere. Die eine bezog sich auf eine Duellforderung zwischen zwei Leutnants, die durch Vermittlung vermieden werden konnte, die andere auf eine ziemlich törichte Weibergeschichte, bei der der Schuldige mit einer Verwarnung davon kam. – Im praktischen Dienst war der Regimentsadjutant, wie die Adjutanten der Bataillone, Gehilfe und Befehlsüberbringer seines Kommandeurs, aber das war der geringste Teil seiner Tätigkeit. Eine Regimentsübung war schon ein kleines Manöver, und ihre Anlage und Vorbereitung erforderte wesentlich mehr Arbeit und taktische Fähigkeit als die einfachen Übungen der Bataillone und Kompagnien, denn sie mußten, um natürlich zur wirken, immer in einem größeren Rahmen gestellt werden. So war die Aufstellung und Führung des markierten Feindes und der ebenfalls durch Flaggen dargestellten Anschlußtruppen keine einfache Aufgabe. Sie fiel im Wesentlichen dem Regimentsadjutanten zu. Bei allen Besichtigungen war darüber hinaus vorher ein genauer und bis in die kleinsten Einzelheiten gehender Plan aufzustellen, denn die von auswärts kommenden höheren Vorgesetzten, die ja in-der verhältnismäßig kurzen zur Verfügung stehenden Zeit möglichst viel sehen und prüfen wollten, konnten höllisch unangenehm werden, wenn irgendwo Reibungen, Verzögerungen und unvorhergesehene Pausen eintraten. Es wäre eine wahre Katastrophe für den unseligen Adjutanten gewesen, wenn zum Beispiel der zu Abholung der hohen Herren bestimmte Wegen nicht pünktlich am Bahnhof, die zur Berittenmachung von der Kavallerie gestellten Pferde nicht genau am Eingange des Exerzierplatzes aufgestellt gewesen wären, wenn irgendein Offizier oder Unteroffizier einen Befehl falsch verstanden hätte und die zu besichtigende Truppe oder der markierte Feind den unrichtigen Platz eingenommen hätten. Aber auch, wenn das üblicherweise an die Besichtigung anschließende Essen des Offizierkorps mit den hohen und gefürchteten Gästen im Kasino nicht zur Zeit fertig oder mißraten und der Wein nicht gekühlt gewesen wäre. Man hatte oft genug Gelegenheit zu heftigen Ausbrüchen von Angstschweiß – besonders wenn unser „reizender" neuer Divisionär Generalleutnant von Plüskow zur Besichtigung eintraf, der sowieso mit nichts zufrieden war, und diesem Gefühl ununterbrochen durch rohes Anbrüllen in den übelsten Ausdrücken Luft machte. Im Hinblick auf diesen Vorgesetzten wurde auch eine sonst ziemlich nebensächliche Pflicht des Regimentsadjutanten, nämlich das Einexerzieren der Spielleute und der Musik zu einem Problem. Bei der ersten von ihm abgehaltenen Besichtigung, beim Leibgarderegiment nämlich, begann Herr von Plüskow mit dem klassischen Ausspruch, der sich blitzschnell in der ganzen Division verbreitete und schlotterndes Entsetzen bei den Adjutanten und allen, die Schwalbennester auf der Uniform trugen, hervorrief: „Ich beurteile ein Regiment überhaupt nur nach dem Exerzieren seiner Spielleute und Musiker. Wenn die nichts taugen, kann mir das ganze Regiment gestohlen bleiben." (Und nach der Meinung dieses Kommissknüppels, der sein ganzes militärisches Leben in der hauptsächlich auf Parade gedrillten preußischen Garde verbracht hatte, taugten sie bei uns niemals etwas.) Jedenfalls eine Auffassung, die – vielleicht – für die Potsdamer Riesengarde Friedrich Wilhelms des Ersten eine gewisse Berechtigung gehabt hätte, zweihundert Jahre später, im Zeitalter der Maschinengewehre und Schnellfeuergeschütze bei einem hohen Führer doch recht merkwürdig erscheinen mußte. Daher mußte kostbare Zeit, die man wirklich besser hätte anwenden können, auf das Bimsen des „Federviehs", wie der Soldatenspott die Jünger der Heiligen Cäcilia nannte, verwandt werden. Bei den Spielmöpsen ging es ja noch, denn diese wurden, wie ich schon erzählt habe, von vorneherein mehr auf Grund ihrer exerziermäßigen als musikalischen Leistungen ausgesucht. Die Hoboisten aber waren doch in erster Linie Musiker, und ein hervorragender Geiger oder Bläser brauchte keineswegs ein Athlet oder Bleisoldat zu sein, war es sogar meistens nicht. Unser tüchtiger Musikmeister Roesel selbst hatte sogar ganz ausgesprochen schief eingehenkte Beine und pflegte beim Parademarsch vor der Front seiner Mannen mehr genial daherzuwandeln als zu marschieren. Unsere Musikanten waren höchst verschnupft, als ich sie nun, wahrhaftig nur notgedrungen, jeden zweiten Tag auf dem Kasernenhof intensiv in die Geheimnisse des langsamen Schrittes und des Exerziermarsches einweihte. Sehr viel Erfolg hat auch das nicht gehabt, wie wir bei der Schilderung unserer ersten Besichtigung durch den neuen Divisionskommandeur sehen werden. – Dem Regimentsadjutanten fiel auch die dienstliche Beaufsichtigung der Regimentshandwerker zu. Jedes Regiment verfügte über

20 Schneider und ebenso viele Schuster, nicht voll frontdienstfähige Angehörige dieser nützlichen Berufe, die als sogenannte Ökonomiehandwerker eingezogen wurden. Sie erhielten nur eine vierzehntägige militärische Ausbildung, bei der ihnen notdürftig Haltung und Ehrenbezeugungen beigebracht wurden, und arbeiteten während ihrer zweijährigen Dienstzeit auf den Regimentshandwerksstuben unter Aufsicht des Regimentsschneiders bzw. -schusters, die den Rang eines Vizefeldwebels hatten. Diese Ökonomiehandwerker, die man ja allerdings kaum als Soldaten bezeichnen konnte, waren eine ziemlich üble und disziplinlose Bande, und kaum einer von ihnen brachte seine Dienstjahre ohne eine Anzahl wohlverdienter Arreststrafen hinter sich. Es war nicht sehr erfreulich, daß diese Kerle, vielfach halbe Krüppel mit schiefen Schultern und krummen Beinen – wir hatten sogar einmal einen mit einem ausgesprochen verkürzten Bein – die Regimentsuniform und als einziges Abzeichen an Stelle des Seitengewehrs 98 einen schweren, leicht gekrümmten Kurzsäbel, der zu ihrer unkriegerischen Erscheinung geradezu grotesk wirkte, trugen. Aber sie waren zur Instandhaltung der Uniformen und Stiefel, später auch des Sattelzeugs und der Fahrgestelle der Maschinengewehrkompagnie einfach unentbehrlich. Für die Gebrauchsgarnituren der Kompagnien mußte jede Kompagnie sich aus ihrem Bestande die nötigen Handwerker, die natürlich nebenbei vollen Dienst tun mußten, selbst auswählen. Infolgedessen versuchte jeder tüchtige Kompagniechef, durch alle möglichen und meist später nicht voll eingehaltenen Versprechen, Schneider und Schuster zum Eintritt als Zweijährig-Freiwillige zu gewinnen, und es gab sogar Häuptlinge, die, wie in der Zeit des alten Werbesystems, eine Prämie für jeden Unteroffizier oder Musketier aussetzten, der einen solchen Handwerker zum freiwilligen Eintritt in die Kompagnie überredete. – Sonderfunktionen, wie sie dem Bataillonsadjutanten übertragen wurden, hatte der Regimentsadjutant, dessen Zeit ja mehr als ausgefüllt

war, nicht zu versehen. Wenn er aber sein Amt richtig verstand, so fiel ihm noch eine, zwar in keiner Dienstvorschrift aufgeführte, aber außerordentlich wichtige und dankbare Aufgabe zu.

Es war die taktvolle und nach außen möglichst unsichtbar bleibende Vermittlung zwischen dem Kommandeur und dem Offizierkorps. Er konnte, wenn er seinen Chef zu nehmen und ihm Vertrauen einzuflößen verstand, so manche Härte mildern, manche sonst unbekannt bleibende Leistung zu verdienter Würdigung bringen und manche unzutreffende Beurteilung richtigstellen. Andererseits konnte der Adjutant manchem Kameraden, von dem er wußte, daß dessen dienstliches oder außerdienstliches Verhalten dem Kommandeur zu mißfallen begann, rechtzeitig eine Warnung oder Mahnung zukommen lassen, ehe von höherer Stelle mit Verweisen oder gar mit Strafen eingegriffen zu werden brauchte. Ein guter Adjutant mußte gleichzeitig der Vertrauensmann seines Kommandeurs und des Offizierkorps sein und dabei in jedem Augenblick genau wissen, wie weit er gehen durfte, ohne einerseits zum Denunzianten zu werden und andererseits seine dienstliche Schweigepflicht zu verletzen. Es war nicht leicht, aber es konnte nichts geben, was größere innere Befriedigung verlieh. – Zur Pflicht des Regimentsadjutanten gehörte natürlich auch die Unterstützung seines Kommandeurs bei der gesellschaftlichen Repräsentation des Regiments. Bei den Bällen des ersten Winters war ich im Hinblick auf meine Trauer davon entbunden und wurde in vollendeter Form durch meinen Kameraden Leutnant Fendel vertreten, der diesen „Dienst" zweifellos wesentlich besser versah, als ich ihn infolge meines Mangels an tänzerischer Begabung hätte ausüben können. Aber es gab sehr viele andere Gelegenheiten, bei denen ich entweder als Begleiter meines Kommandeurs oder allein als Vertreter des Offizierkorps erscheinen mußte, zum Beispiel Herrenabende der benachbarten Garnisonen, Veranstaltungen der Zivilbehörden, der Kriegervereine, vieler anderer bürgerlicher Vereinigungen und der studentischen Korporationen der Universitäten Gießen und Heidelberg, sowie der Technischen Hochschule Darmstadt, mit denen wir in enger Beziehung standen, da viele ihrer Alten Herren unsere Reserveoffiziere waren. – Dem Regimentsadjutanten standen etatsmäßig zwei Dienstpferde zu. Die beiden ausgezeichneten Pferde, die das Erbe meiner geliebten Maria-Theresa waren, der Hunter Percival und der Ostpreuße Wiking, genügten allen Ansprüchen und wurden von der Abschätzungskommission sofort zum Höchstbetrage des zuständigen Pferdegeldes, nämlich je 1500.- Mark, übernommen, obwohl ihr realer Wert natürlich sehr viel höher war. Meine treue alte Polly hatte sich nun wirklich einen Ruheposten verdient, obwohl das brave Tier immer noch tadellos seine Pflicht tat. Ich verkaufte sie im Laufe des Jahres für 600.-- Mark an meinen Regimentskameraden Leutnant Niezoldi, bei dessen Vater sie ja schon einmal in Pension gewesen war, und wo ich sie in allerbesten Händen wußte. Niezoldi hatte nämlich infolge plötzlichen Hinscheidens seines Vaters den Abschied nehmen und das Weingut der Familie in Nackenheim übernehmen müssen. Dort hat Polly noch bei Beginn des Ersten Weltkrieges fröhlich auf guter Weide gelebt. Was dann aus ihr geworden ist, nachdem ihr neuer Herr, der natürlich bei Kriegsbeginn sofort als Oberleutnant mit unserem Reserveregiment ausgerückt war, im Westen den Heldentod gefunden hatte, weiß ich leider nicht. – Für den Regimentsadjutanten war es besonders wichtig, wie er sich mit den drei Bataillonskommandeuren zu stellen wußte. Auf diesen Posten waren während meiner langen Abwesenheit vom Regiment auch durchweg Veränderungen vorgekommen. Das I. Bataillon kommandierte Major Grube, denn Herr von Hiddessen hatte unterdessen als Bezirkskommandeur in Wesel unter seine Laufbahn den gefürchteten Schlußstrich ziehen müssen. Major Grube kam aus dem Kadettenkorps zu uns, wo er lange Jahre Militärlehrer an der H.K.A. gewesen war. – Auch ich hatte in Obersekunda seinen vorzüglichen französischen Unterricht genossen. Er war ein ganz besonders reizender Herr und vorzüglicher Offizier, der im Regiment bei Kameraden und Untergebenen bald ebenso beliebt wurde, wie er es bei seinen Kadetten gewesen war. Er fiel 1918 als Regimentskommandeur an der Balkanfront. Seim Adjutant war Leutnant Fendel, der Sohn eines Justizrates aus Lorch im Rheingau, der später mein Nachfolger als Regimentsadjutant wurde, wie er es schon als Bataillonsadjutant gewesen war. Fendel hat den Krieg überlebt und war viele Jahre Oberst und Kommandeur der hessischen Schutzpolizei, bei den Nationalsozialisten aber sehr unbeliebt, da er bei der Aufdeckung der nationalsozialistischen Boxheimer Verschwörung im Jahre 1952 eine entscheidende Rolle gespielt hatte, so daß er 1933 sofort zurücktreten mußte. Kommandeur des II. Bataillons war Major Fabarius, vorher Divisionsadjutant in Koblenz, nach vielen Richtungen ein ausgesprochenes Original. Ex war für einen Offizier auffallend klein, erreichte wohl gerade das Mindestmaß von 1,54 Meter und sah mit seinem gesträubten Schnauzbart aus wie der gestiefelte Kater. Wie man es oft bei Männern solcher Statur findet, war Fabarius eine ausgesprochene Kratzbürste, polterte und schimpfte ununterbrochen und war von einem grundsätzlichen Widerspruchsgeist, besonders gegen vorgesetzte Behörden, besessen, der den dienstlichen Verkehr mit ihm nicht einfach machte. Aber im Grunde war er eine Seele von Mensch und von einer phantastisch scharfen Intelligenz. Wenn man ihn zu nehmen wußte, ließ sich mit ihm auskommen. Es lag schon etwas Wahres darin, wenn Fabarius in seiner sarkastischen Art erklärte, daß er sicher Kommandierender General werden würde, wenn er nur zehn Zentimeter größer wäre, denn er war einer der besten Taktiker, die ich überhaupt kennen gelernt habe. Fabarius lebte noch bis zum Zweiten Weltkriege als Oberst a.D. in Xanthen am Niederrhein, woher sowohl er selbst stammte, als seine sehr nette, zwei Köpfe größere Frau, die es bestimmt nicht leicht mit ihm hatte. Adjutant des II/Prinz Carl war mein alter Freund und Kriegsschulkamerad Lüters, der mit seiner hannoverschen Ruhe seinem zappeligen und aufgeregten Brotherrn ein sehr nützliches Gegengewicht bot. Das III. Bataillon endlich führte Major von Notz, ein etwas bequemer, gemütlicher und sehr wohlwollender alter Junggeselle, der vom 4. Garderegiment zu Fuß zu uns versetzt worden war. Höhere Ambitionen hatte er kaum und war froh, wenn man ihn möglichst in Ruhe ließ. Er ist zusammen mit seinem Adjutanten schon am ersten Gefechtstage unseres Regiments gefallen, am 22. August 1914 bei Neufchâteau, der uns fast ein Drittel aller Offiziere kostete. Leider zum Teil durch das Feuer unserer eigenen, zu kurz schießenden Feldartillerie. Dieser Adjutant war Leutnant von Steiger, ein Schweizer aus einer alten Berner Adelsfamilie und Neffe des späteren Bundespräsidenten der Eidgenossenschaft. Wir hatten nämlich, was ich bisher zu erwähnen vergaß, in unserem Regiment drei junge Schweizer, die in den Jahren 1907 und 1908 als Fahnenjunker bei uns eingetreten waren. Außer den früher schon erwähnten Neufchâteler Adligen, die traditionsgemäß bei den preußischen Gardeschützen dienten, gab es bis zum Ersten Weltkriege eine ganze Anzahl von Schweizern, die, obwohl das eigentlich den eidgenössischen Gesetzen widersprach, in fremde Heere eintraten und dort entweder nur einige Jahre Dienst taten oder die normale Offizierslaufbahn einschlugen. Sie wählten dazu meist die alte deutsche Armee, manche auch die k. und k. österreichisch-ungarische und einige, nicht sehr viele, die französische. Sie entstammten durchweg denjenigen Berner, Graubündner und Genfer Adelsfamilien, die schon seit Jahrhunderten als Offiziere den Schweizer Regimentern in fremdem Dienst angehört hatten und zäh an dieser, freilich veredelten Form des Reislaufens festhielten. So standen die Namen meiner drei Regimentskameraden auch auf dem herrlichen Löwendenkmal Thorwaldsens in Luzern, wo die Offiziere und Soldaten der französischen

Schweizer-Regimenter zum ehrenden Andenken verzeichnet sind, die am 10. August 1792 vor den Tuilerien getreu ihrem Eide für den schwachen König Ludwig XVI. unter den Kugeln und Bajonetten des Pariser Pöbels gefallen sind. „Fidei ac virtuti Helvetiorum" lautet die Inschrift des herrlichen Denkmals. Die in fremde Dienste tretenden Schweizer verloren zwar, weil sie gegen das 1848 erlassene Verbot des Reislaufens verstoßen hatten, formell ihre Staatsangehörigkeit, erhielten sie aber später ohne Schwierigkeit und irgendeine Bestrafung wieder, da die Schweizer Heeresleitung immer durchaus zufrieden damit war, auf diese Weise über eine Anzahl modern in einer großen Armee ausgebildeter und oft kriegserfahrener Offiziere verfügen zu können. Außer Herrn von Steiger waren es Herr Wille, ein Neffe des Oberbefehlshabers der Schweizer Armee im Weltkriege, General Wille, und Herr von Muralt, der als einziger von ihnen nach mehrfacher Verwundung den Krieg überlebte. Herr von Muralt trat dann 1919 als Instruktionsoffizier in die Schweizer Armee [55]über und war vor Kriegsausbruch 1939 Oberstleutnant und Infanteriechef des Kantons Zürich. Er hat treu seine Anhänglichkeit an sein deutsches Regiment bewahrt und kam regelmäßig zum Chambord-Fest nach Worms, wo ich ihn häufig getroffen habe. Daß er sich gerade sehr begeistert über sein heimatliches Heer geäußert hätte, kann man nicht behaupten, und der Unterschied war für einen kriegserfahrenen und in der alten deutschen Armee ausgebildeten Offizier wohl auch recht kraß. – Für den Regimentsadjutanten war auch die Persönlichkeit des

---

55 In der Schweizer Milizarmee heißen die wenigen aktiven Berufsoffiziere (1939 waren es 150), die hauptsächlich in höheren Stabsstellungen verwendet werden, Instruktionsoffiziere. Alle anderen Offiziere werden als Milizoffiziere bezeichnet und sind sozusagen nur im Nebenberuf Offizier, selbst, wenn sie ein Regiment, eine Division, oder sogar ein Armeekorps kommandieren.

Oberstleutnants beim Stabe nicht unwichtig, der zwar kein Kommando ausübte, aber der regelmäßige Vertreter des Regimentskommandeurs bei dessen Abwesenheit war. Es war damals bei uns Oberstleutnant Biss, ein kommandierter Königlich Württembergischer Offizier, der ein sehr angenehmer, immer liebenswürdiger und verständnisvoller Chef war, mit dem sich leicht arbeiten ließ. Er wurde später Kommandeur des Infanterieregiments Alt-Württemberg Nr. 121. Ich weiß nicht, ob er aus dem Weltkrieg heimgekehrt ist. Daß ich mich auch in meiner neuen Stellung weiter besonders der argentinischen Offiziere annahm, ist selbstverständlich. Es war in dem Jahre 1910 Capitan Peretti, dem im Januar 1911 Teniente Echegaray folgte, beide wieder sehr angenehme Kameraden und tüchtige strebsame Offiziere. Der Oberleutnant gehörte, wie früher Capitan Lima, dem Garderegiment Escolta an, dessen schicke Uniform nun auch noch durch einen weißen Haarbusch nach Art der preußischen Garde verschönert war. – Im Frühling dieses Jahres wurde mein Freund Emil Eichhorn auf seine Meldung hin zur Ausbildung als Flugzeugführer zur Fliegerschule nach Darmstadt kommandiert. Diese stand unter Leitung des Ingenieurs Euler, verfügte über ein Dutzend der damals noch mehr als primitiven Maschinen verschiedenster Modelle und galt, nicht zu Unrecht, als ausgesprochenes Himmelfahrtskommando. Sehr viele der damaligen militärischen und zivilen Flugschüler haben schon bei der Ausbildung den Fliegertod gefunden oder sind so schwer abgestürzt, daß sie ihr Leben lang Krüppel blieben. Es ist bezeichnend, daß zu jener Zeit noch keine Versicherungsgesellschaft Flieger gegen Tod oder Unfall versichern wollte. Emil mit seiner unbekümmerten Leichtherzigkeit wurde schnell ein recht guter, allerdings nie ein hervorragender Flieger. .Als ich ihn einmal besuchte, gondelte er mich, was eigentlich streng verboten war und nachher zu erheblichem Krach mit dem zwar tüchtigen, aber nicht sehr liebenswürdigen Herrn Euler führte, in etwa

200–300 Meter Höhe einige Male rund um den Truppenübungsplatz. Ich muß sagen, daß ich heilfroh war, als ich aus der schwankenden gebrechlichen Kiste, in deren Gestänge man wie frei im
Bodenlosen hing, wieder heraus war und den sicheren Boden der
guten Mutter Erde unter den Füßen fühlte. Eichhorns
Abkommandierung hatte für Bruder Kurt die erfreuliche Folge,
daß er an dessen Stelle zur Maschinengewehrkompagnie versetzt
wurde, deren Dienst ja erheblich interessanter und auch
angenehmer war, als der einer Infanteriekompagnie. So trugen
nun beide Brüder Fell stolz die Sporen, was dem Alten Herrn
besonderes Vergnügen bereitete, als wir am Sonntag darauf zum
ersten Male klirrend am Sodener Stammtisch erschienen. Es war
nämlich damals ein sicherlich lächerlicher, aber bei jungen Soldaten verzeihlicher Sport, sich silberne, besonders abgestimmte
Sporen anfertigen zu lassen, die bei jedem Schritt ein zweitönig
liebliches Geläute erzeugten. Kurt erwarb bei der zwar jüdischen,
aber in ganz Südwestdeutschland als unbedingt reell rühmlichst
bekannten Pferdehandlung Schwab in Offenbach ein pracht-
volles Dienstpferd, eine fünfjährige geradezu kolossale Rapp-
stute, die ihren Namen „Teufelsmaid“ mit Recht führte, denn sie
war zwar blitzschnell und eine ausgezeichnete Springerin, aber
sehr schwer zu reiten. Das Pferd neigte zum Durchgehen und
Steigen, Kurt wie ich sind jedoch sehr gut mit ihm fertig geworden.
Als Kurt später zur Schutztruppe ging, habe ich die „Teufelsmaid“ von ihm übernommen und viel Freude an dem mächtigen
Roß gehabt, das überall geradezu Aufsehen erregte. Natürlich
reichte das zuständige Pferdegeld von 1500.- Mark für den Kauf
dieses Pferdes nicht aus, aber der gute Papa steuerte, gütig wie
immer, die fehlenden 800,- Mark bei. – Bei der Rekrutenbesichtigung im Mai hatten wir zum ersten Male Gelegenheit,
unseren neuen Divisionskommandeur zu genießen. Oberst v.
Behr, Oberstleutnant Biss und ich empfingen ihn auf dem Bahnhof. Als General v. Plüskow aus dem D-Zuge ausstieg, drängten

sich alle Reisende an den Fenstern, denn dieser Riese war tatsächlich ein ungewöhnlicher Anblick. Sein – nicht zu beneidender – Adjutant, der sehr nette Major v. Willisen vom Metzer Königsregiment, wirkte, obwohl über Mittelgröße, neben ihm wie ein Zwerg. Der Degen des Generals reichte mir bis fast an die Schultern. In dem vierkantigen roten Gesicht mit dem rohen, von einem langen, blonden Schnurrbart überhangenen Munde und den hervorquellenden blassblauen Augen drückte sich eine brutale, geradezu grausame Härte aus. Die erste zur Besichtigung aufgestellte Truppe waren die Rekruten der Leibkompagnie, deren ausbildender Offizier der schon erwähnte Schweizer Leutnant v. Muralt war. Bei der vordersten Abteilung warf Plüskow einen Blick auf den vor der Front stehenden, etwas beleibten Vizefeldwebel Menges, einen tadellosen, pflichttreuen Unteroffizier, und brüllte dann: „Der Hauptmann, hierher! Warum ist das Schwein so fett? Hat wohl zu wenig zu tun? (Der General redete grundsätzlich niemals einen Offizier mit „Herr“ an, was zwar nicht Vorschrift, aber in der ganzen Armee üblich war.) Wir kochten schon alle vor Wut, und selbst der sonst eiskalte Oberst v. Behr gab deutliche Zeichen seiner Missstimmung. Dann aber folgte eine Szene, die mir heute noch in der Erinnerung Herzklopfen verursacht. Plüskow ging die Front der Rekruten ab und fragte die Leute nach ihrem Beruf. Das verlief (wörtlich) etwa so: „Was bist Du?“ – „Kaufmann, Euer Exzellenz!“ – „Also Koofmich. Der nächste?“ – „Landwirt, Euer Exzellenz.“ – „Bauer bist Du, verstehst Du.“ – „Der nächste?“ – „Arbeiter, Euer Exzellenz.“ – „Pfui Deibel!“ Ich glaube dieser Mensch in Generalsuniform, dem schon als Hauptmann das Handwerk hätte gelegt werden müssen, hat mehr Sozialdemokraten und Antimilitaristen geschaffen, als es hundert geschickte Propagandaredner fertig gebracht hätten. Ein anständiger, ehrliebender Mann, wie es 99% unserer Soldaten waren, konnte eine solche Behandlung einfach nicht vergessen. Und wir, deren ganze Arbeit an Herz und Geist unserer Leute so in einem Augenblick zunichte gemacht wurde, waren einfach ohnmächtig. In diesem Ton ging dann die Besichtigung weiter, bis zuletzt der wie immer abschließende Parademarsch kam, dem ich und die anderen Adjutanten mit düsteren Gefühlen entgegensahen. Nicht ohne Grund, denn natürlich erregten Musik und Spielleute das äußerste Missfallen des hohen Herrn. Es hagelte nur so von „Krumme Saubande" – „Verdammte Z*******" – „Faule Hunde" usw. Den unglücklichen Musikmeister Roesel nahm sich der General persönlich vor und ließ diesen schon älteren Herrn und bedeutenden Künstler wie einen Rekruten im langsamen Schritt vor den Augen des ganzen Regiments allein hin- und hermarschieren – ein geradezu unwürdiges Bild. Die Adjutanten, und besonders ich als Regimentsadjutant, wurden in den gröblichsten Ausdrücken angeschrien und mit allen Höllenstrafen bedroht, wenn bis zur nächsten Besichtigung den „verfluchten Musiklümmeln die Knochen nicht gerade gebogen seien". Die Schlusskritik nach der Besichtigung war im Ganzen gesehen nicht einmal schlecht, denn der hohe Ausbildungsstand unseres Regiments bot auch dem übelwollendsten Vorgesetzten keinen Anlass zu Tadel, aber Herr v. Plüskow konnte es sich doch nicht verkneifen, einige Bemerkungen etwa in der Form zu machen, dass die Hessen, die früher wohl so eine Art von Bürgerwehr gewesen seien, die verfluchte Pflicht hätten, sich der Ehre würdig zu zeigen, dass sie jetzt zur preußischen Armee gehörten. Unsere Gemütsverfassung kann man sich denken. Ich habe in unserem Kasino niemals eine so düstere Stimmung erlebt, wie die, die bei dem gemeinsamen Essen nach der Besichtigung herrschte, aber auch niemals einen solchen Ausbruch wilder Empörung wie den nach dem Verschwinden der „langen Bestie", wie Major Fabarius, der dem General etwa bis an die Hüften reichte, ihn mit lauter Stimme nannte. Ich habe es meinem sonst so kühlen Oberst v. Behr hoch angerechnet, dass er, was sonst durchaus nicht Brauch war, am nächsten Morgen die sämtlichen Rekruten antreten ließ und ihnen in menschlich sehr schöner Form seine besondere Anerkennung für ihre Leistungen aussprach, um so den vernichtenden Eindruck etwas zu verwischen, den das Verhalten des Generals bei den Leuten hinterlassen haben musste. Wenn je einer meiner alten Kameraden aus der alten Armee diese Aufzeichnungen lesen sollte, so würde er mir vielleicht vorwerfen, dass ich die Erinnerung an die höchst unerfreuliche Persönlichkeit des Generals v. Plüskow überhaupt erwähnt habe. Aber ich bin der Meinung, dass ich nicht darüber schweigen durfte, wenn ich, was mein Bestreben ist, ein wirklich lebendiges und wahrheitsgetreues Bild jener Zeit und des militärischen Lebens im Kaiserreich zeichnen wollte. In diesem Bilde hat es so wenig Schatten und so unendlich viel Licht gegeben, dass man das Andenken an das prachtvolle alte deutsche Heer nicht kränkt, wenn man auch die Mängel erwähnt, die es, wie alles Menschenwerk, aufwies, denn etwas Vollkommenes gibt es auf unserer Erde nicht. Was mir immer unbegreiflich geblieben ist, ist die Tatsache, dass ein Mann wie Plüskow, unsympathisch, ja, geradezu abstoßend als Mensch und unfähig als höherer Führer, viele Jahrzehnte hindurch bis zu seinem Tode die niemals getrübte Gunst des Kaisers besaß. Dieser rohe Kommissoffizier, dem jede feinere Bildung fehlte und dessen einzige hervorstechende Eigenschaft seine riesenhafte Leibesgröße war, hatte keinen Freund, nicht einmal unter seinen Kameraden vom 1. Garde-Regiment zu Fuß, aus dem er hervorgegangen war, tyrannisierte seine unglückliche Familie so sehr, dass er seinen einzigen Sohn zum Selbstmord trieb, und war bei Kameraden, Untergebenen und Vorgesetzten gleich verhasst. Nur die kaiserliche Gunst ließ ihn bis zum Kommandierenden General aufsteigen – wodurch er sie sich verdient hat, ist allen, selbst den Eingeweihten des Hofes, immer ein Rätsel geblieben, denn sein ganzes Wesen hätte eigentlich das vornehme und fein empfindende Gemüt des Monarchen abstoßen müssen. Ich will gleich vorwegnehmen, dass spätere Besichtigungen dieses Jahres milder verliefen, als wir nach diesem Auftakt gefürchtet hatten, denn bei ihnen war der Kommandierende General zugegen, so dass Plüskow sich etwas mäßigen musste. – Der Sommer brachte mir die große Freude, dass mein französischer Vetter, Capitaine Robert Doumayrou, seine Absicht ausführte, einen längeren Sprachurlaub nach Deutschland zu nehmen. Auf meinen Rat nahm er Pension im Hause des Professors der Neusprachen am Gymnasium in Benzheim a.d.B. Kiefer, Hauptmann der Reserve unseres Regiments, in dessen reizender Familie er sich sehr wohl fühlte, und wo er gleichzeitig die beste Gelegenheit für seine Sprachstudien fand. Vorher kam er natürlich auf einige Tage zu mir nach Worms. Selbstverständlich hatte ich meinem Kommandeur von dem Besuch des französischen Offiziers vorher Meldung gemacht, der aber keine Einwendungen erhob, da für Doumayrou ja, wie es den Vorschriften bei uns wie im umgekehrten Falle In Frankreich entsprach, durch den französischen Militär-Attaché in Berlin bei den deutschen Behörden die Genehmigung zu seinem Aufenthalt in Deutschland nachgesucht worden war. Er wohnte bei mir, und ehe ich ihn ins Kasino mitnahm, machte ich ihn mit möglichst vielen Kameraden im kleinen Kreise bekannt, wo der nette, intelligente und fröhliche junge Mensch sich sofort warme Sympathien erwarb. Mit der Unterhaltung haperte es natürlich sehr, denn Doumayrou konnte nur sehr wenig Deutsch, und unter meinen Regimentskameraden waren auch nur wenige Sprachkünstler mit Ausnahme des Majors Grube, der Französisch wie ein geborener Pariser beherrschte und sich mit dem französischen Gast besonders anfreundete. Bei dem Herrenabend im Kasino mag mein guter Vetter wohl zuerst ähnliche Gefühle gehabt haben wie ich s.Zt. im Kasino der 3. Tirailleurs in Cherchell. Aber ich glaube, dass seine Beklommenheit dann ebenso schnell gewichen ist wie damals bei mir, denn alle kamen dem französischen Kameraden mit der größten Liebenswürdigkeit entgegen, sogar Oberst v. Behr zog ihn, wobei ich als Dolmetscher fungierte, in ein längeres Gespräch, und der kleine Major Fabarius, einer der besseren „Franzosen", führte mit ihm sogar ein taktisches Verhör über die Kampfweise der nordafrikanischen Eingeborenen durch. In einem preußischen Offizierkasino wäre es vielleicht doch nicht so ganz einfach gewesen, einen französischen Offizier als Gast einzuführen, denn dort gab es doch vielfach noch alte Animositäten, die bei uns ganz wegfielen. Eine Tischrede mit anschließender Nationalhymne wie bei dem Besuch des englischen Oberleutnants Montgomery allerdings gab es nicht, und das war wohl auch besser. Der Regimentskommandeur wünschte auch nicht, dass ich Doumayrou in der Kaserne und beim Dienst herumführte, obwohl ich ihm sagte, dass mir das bei den Franzosen in weitgehendem Maße gewährt worden sei. Kleine Peinlichkeiten ließen sich nicht ganz vermeiden, denn es konnte ja für den französischen Offizier nicht sehr angenehm sein, am Kaserneneingang die eroberten Chambord-Geschütze und im Kasino das große Schlachtenbild mit fliehenden Franzosen und den Degen des damals gefangenen Brigadegenerals zu sehen. Aber das ließ sich halt nicht umgehen, und mein Vetter tat, als ob er nichts bemerkte. Ich ritt dann morgens mit ihm spazieren, und zwar am Exerzierplatz Rosengarten vorbei, so dass er, was ja jeder Vorbeigehende sowieso konnte, wenigstens von weitem etwas von unserem Dienstbetrieb sah. Wir haben uns dann während seines Urlaubs noch oft in Worms oder Bensheim getroffen, zusammen Ausfluge in den Odenwald, den Rheingau und nach Heidelberg gemacht, wo ich ihm eine Mensur beim Korps Saxoborussia zeigen konnte, die ihm aber wenig gefiel. Er sagte ganz offen, dieser Sport sei ihm zu roh. Eine ganz große Freude aber bereitete ich ihm, als ich ihm bei der großen Truppenschau des XVIII. Armeekorps vor dem Kaiser, die am 18. August auf dem Großen Sande bei Mainz stattfand, einen Platz in unmittelbarer

Nähe Sr. Majestät verschaffen konnte. Er war nachher wie berauscht und erklärte immer wieder, es sei das größte Erlebnis seines Daseins gewesen. „J'étais si pres, j'ai touché les drapeaux! Et votre Empereur – voilà un soldat!" Und als wir dann am Abend mit Kurt und noch einigen Kameraden zusammen saßen, hob er plötzlich sein Glas: „Je bois à l'admirable infanterie de St.-Privat!" Allerhand für einen Franzosen! Natürlich machte Doumayrou auch mehrere Besuche bei meinen Eltern in Soden, und der Alte Herr war geradezu begeistert von dem französischen Neffen. Und grand'mère in Mainz! Es war, als sei die Greisin plötzlich um 20 Jahre verjüngt, als bringe ihr der junge Franzose den ganzen Zauber ihrer geliebten unvergessenen douce France in ihr einsames Witwenheim. Es war nur gut, dass der brave Robert glänzend in der ganzen weiteren Verwandtschafts-geschichte war, denn da gab es keine Tante und Nichte, keinen Onkel und Vetter zehnten Grades, nach dem er nicht bis ins Letzte ausgequetscht wurde. Natürlich sprachen Robert und ich in vielen stillen Stunden auch über die politische Entwicklung. Es war ja das Jahr 1911, das Jahr der zweiten Marokko-Krise. Drei Jahre vorher, in Cherchell war Doumayrou, wie alle seine Kame-raden, eigentlich recht zuversichtlicher Stimmung gewesen. Kei-ner von ihnen glaubte an den Krieg. Sie waren wesentlich opti-mistischer als der Engländer Montgomery. Jetzt war es anders. Auch Doumayrou hielt nun, wenn nicht ein Wunder geschehe, einen europäischen Krieg in naher Zukunft für fast sicher. Er wünschte ihn nicht, denn er war fern von allen Revanche-Gedanken und schien, obwohl er sich darüber natürlich nicht offen aussprach, durchaus nicht sehr zuversichtlich über den Ausgang zu sein. Genau wie Montgomery meinte er, dass ein Krieg zwischen den alten Kulturstaaten Europas für alle Beteiligten ein furchtbares Verhängnis sein würde, auch für den Sieger. Und damit hat er ja nur zu recht behalten. Er sah übrigens in England, das er wie alle französischen Kolonialoffiziere hasste, den Haupttreiber, denn seiner Ansicht nach würden die Pariser Politiker es niemals wagen, loszuschlagen, wenn sie nicht der britischen Unterstützung gewiss seien, da Russland allein ihnen ein zu unsicherer Bundesgenosse sei. – Wenn ich heute an diese und manche andere Unterhaltung zurückdenke, so scheint es mir, als seien wir Soldaten die ehrlichsten Pazifisten gewesen – – – Als Robert Doumayrou dann, sehr ungern, Abschied nahm, versprachen wir uns, in enger Fühlung zu bleiben und uns recht bald wiederzusehen. Geschrieben haben wir uns dann auch regelmäßig bis zum Kriege, aber wiedergesehen haben wir uns erst 23 Jahre später in Paris. Und was hatten wir inzwischen beide erlebt! Robert war, als ich ihn traf, ein schwer leidender Mann, so zusammengeschossen, dass er an zwei Stöcken ging. Ob er heute noch lebt, weiß ich nicht. – Das Manöver 1911 fand im westlichen Odenwald und der Darmstädter Gegend statt. Schon die Wahl dieses Manöverfeldes, von dem aus alle Truppen in wenigen Stunden ihre Garnisonen bzw. Verladeplätze erreichen konnten, bewies, als wie kritisch die Weltlage von den maßgebenden Stellen beurteilt wurde. Aber es gab noch deutlichere Anzeichen: Alle beschleunigt mobilen Truppenteile, also die meisten unseres Armeekorps einschließlich unseres Regiments, erhielten Befehl, „zu Übungszwecken" die Kriegsmunition mit ins Manöver zu nehmen. Man hielt es höheren Orts also offenbar nicht für ausgeschlossen, dass der Krieg so plötzlich ausbrechen könne, dass eine Rückkehr in die Standorte nicht mehr möglich sei und die Truppen vom Übungsraum unmittelbar in den Aufmarschraum abtransportiert werden müssten. Ebenfalls „zu Übungszwecken" erhielten alle Adjutanten Befehl, den Mobilmachungskalender mit ins Manöver zu nehmen und die für den oben erwähnten Fall notwendigen Änderungen in sie einzusetzen. Ich habe später einmal von französischen Offizieren gehört, dass in Frankreich ungefähr die gleichen Maßnahmen getroffen worden sind. Die Wolken verzogen sich ja dann noch einmal, da im November das

Marokko-Abkommen zwischen Deutschland und Frankreich geschlossen wurde, das manche Leute bei uns sogar noch als einen Erfolg betrachteten, da das Reich ein Stück Kameruner Urwald erhielt. Man vergaß nur, dass es dafür auf jeden Einfluss in dem zukunftsreichen Marokko verzichtete und außerdem seine vollkommene weltpolitische Isolierung zum zweiten Male vor aller urteilsfähiger Augen unter Beweis gestellt hatte. – Das Manöver brachte keine besonderen Ereignisse, war aber für mich in meiner Stellung als Regimentsadjutant natürlich besonders interessant, wenn auch außerordentlich anstrengend und arbeitsreich. Letzteres vor allem, auch wegen der, wie erwähnt, zum ersten Male mitgeführten Munitionsfahrzeuge. Denn die Leitung dieser improvisierten Kolonnen war keine einfache Aufgabe. Die Wagen waren mit ermieteten Pferden bespannt und wurden von Zivilkutschern gefahren. Die Führer der Kolonnen waren Reserveoffiziere des Trains. Die Fahrzeuge waren nie da, wo sie sein sollten, kamen immer zu spät und versperrten dauernd die engen Gebirgsstraßen. Ich habe mich eigentlich gewundert, dass es nachher im wirklichen Kriege so hervorragend klappte, auch auf diesem Gebiet.

In London und im Militärlager Aldershot

Meinen Urlaub hatte ich in diesem Jahre auf die Zeit nach dem Manöver verlegt, da der Regimentsadjutant in diesem Abschnitt am leichtesten zu entbehren war. Captain Montgomery, der mir auf die Anzeige vom Tode meiner Frau in so warmherziger Form sein Beileid ausgedrückt hatte, wie ich es gerade von einem Briten kaum erwartet hatte, lud mich immer dringender zu einem Besuche ein. Erst hatte ich keine besondere Neigung dazu, denn der Gedanke war mir zu schmerzlich, nun diese Englandreise, auf die Maria Theresa sich so gefreut hatte, allein ausführen zu müssen. Aber schließlich sagte ich doch zu, denn andererseits reizte es mich doch sehr, England und besonders die von der unseren so verschiedene britische Armee kennen zu lernen. So fuhr ich denn Mitte Oktober los, und zwar zunächst nach London. Die Kanalüberfahrt nach Harwich während der Nacht war scheußlich – platschender Regen und ein Kuhsturm. Gut, dass ich unbedingt seefest bin, alle anderen Passagiere lagen speiend in ihren Kojen. Heute mag es anders sein, aber damals waren diese Kanalboote kleine, unglaublich dreckige Kästen, die mich in mancher Beziehung lebhaft an meinen unvergessenen „Général Chanzy" (den unterdessen sein wohlverdientes Schicksal erreicht hatte) erinnerten. Nur die Besatzung war anders – echt englische Seeleute und tadellos höfliche, wohlgeschulte Stewards. An einem regnerischen, nebligen Herbstmorgen den Fuß auf die Insel zu setzen, besonders in dem trostlos niederdrückenden Harwich, gibt gerade keinen einladenden Begriff vom Lande der lieben Vettern. Aber man verzeiht ihnen vieles, wenn man dann im gut geheizten und freundlich erleuchteten boats-train das (bis auf den in ganz Großbritannien schauderhaften Kaffee) märchenhafte breakfast serviert bekommt, dessen Gänge gar nicht abreißen. Vorher musste man übrigens durch den Zollschuppen gehen, wo sehr liebenswürdige Beamte die Reisenden blitzschnell abfertigten, d.h. in den meisten Fällen nur den berühmten Kreidestrich auf die Koffer machten, die ich z.B. nicht einmal zu öffnen brauchte. Das waren, man kann's in diesen herrlichen Zeiten gar nicht oft genug erzählen, damals alle Formalitäten einer Grenzüberschreitung, außer in Russland, China und der Türkei, wo man schon eines Passes bedurfte. Und dann London – endlose, graue, eintönige Vorstädte, die gar nicht aufhören wollten, ebenso graue Straßen der Innenstadt, kaum ein grüner Baum dazwischen, Regen, Nebel, endlich Victoria Station. Gepäckträger, höflich, umständlich, aber unverständlich, da Irishmen, Taxichauffeure, weniger höflich, fix, aber fast ebenso unverständlich, für mich wenigstens, da waschechter Cockney. Hotel Metropol-Monopol in der Northumberland Avenue, wo mir Montgomery ein Zimmer bestellt hatte, sehr vornehm, Empfangschef wie ein Herzog, Dame hinter dem Schalter wie eine Hofdame, aber alles sehr stilgemäß. Als Neuling fragte ich nach dem Fremdenbuch zur Eintragung, weil ich es mir gerade als Offizier zur Regel gemacht habe, im Auslande alle polizeilichen Vorschriften pünktlich und sofort zu erfüllen. Worauf mir von der Lady bedeutet wurde, so etwas gäbe es in England nicht, nur ein „Visiting book", wo man sich eintragen könne, wenn man seinen etwa hier vorsprechenden Bekannten kundgeben wolle, dass man im Hotel wohne. Mit einem deutlichen Unterton: „Du armseliger Foreigner aus irgendeinem kontinentalen Ländchen denkst wohl, freie Briten ließen sich von der Polizei kontrollieren?" Na, sie haben's unterdessen lernen müssen, die freien Briten. Als ich dann in meinem Zimmer ankam, brannte (und rauchte) schon behaglich der Kamin, auf dem Tisch stand eine Tasse goldgelben Tees, und nebenan war das Zimmermädchen bereits dabei, ein Bad einzulassen. Dann trat das Mädel zu mir und sagte: „Your key, Sir, please." Erst nach einiger Zeit begriff ich, dass sie meinen Kofferschlüssel haben wollte, um meine Sachen auszupacken. Soviel „Dienst am Kunden" waren wir Kontinentalen nun allerdings wirklich nicht gewöhnt. Aber es war eigentlich ganz angenehm und man gewöhnt sich sehr schnell daran. – Woran man sich auch gewöhnen musste, war die unpersönliche Art der britischen Dienstboten, die jede noch so gut gemeinte Vertraulichkeit, selbst ein freundliches Wort, ablehnen. Mehr als „Thank you, Sir" oder „Very good, Sir" bekommt man nie aus ihnen heraus. In Privathäusern noch mehr als in Hotels. Die Leute wünschen eben ihr Dienstverhältnis zur Herrschaft als rein geschäftlich aufgefasst zu sehen und wollen keinerlei Einmischung in ihr Privatleben. Natürlich gibt es Ausnahmen, besonders in den alten Adelshäusern auf dem Lande, wo das Dienstpersonal seit Generationen, manchmal seit Jahrhunderten, den Familien der tenants entstammt. – Pünktlich um 1 Uhr rief mich Montgomery aus Aldershot an und begrüßte mich sehr herzlich. Ich verabredete mit ihm, dass ich noch zwei Tage in London bleiben würde, um mir die Stadt ein wenig anzusehen. Er gab mir dann den besten Zug in das große Truppenlager an und erklärte, dass er mir einen Krümperwagen und eine Ordonnanz an den Bahnhof schicken würde, da er mich wegen dienstlicher Verhinderung nicht selbst abholen könne. Er und seine Kameraden freuten sich schon mächtig auf mein Kommen und hätten ein großes Programm ausgedacht.

– Also nun mal eine weitere Großstadt, die in das schon ganz nett bunte Album meines Lebens eingeheftet werden sollte. Ich muss sagen, London hat mir sehr imponiert. Die eigentlichen Bädecker-Sehenswürdigkeiten sind ja schnell absolviert, nicht wie in Paris oder Rom, wo man ein ganzes Leben damit ausfüllen könnte. Westminster Abbey, St. Pauls Cathedral, Westminster, wo aber gerade Parlamentsferien waren, Buckingham Palace, Whitehall mit den berittenen Posten der Horse Guards gleich ehernen

Denkmälern mitten im Straßengewühl, der Tower, selbst im nüchternen Licht eines Morgens des XX. Jahrhunderts von blutigen Gespenstern umweht, das Britische Museum mit seinem unermesslichen Reichtum aus aller Welt zusammengebrachter (und -geraubter) Schätze, und, last not least, der nüchterne, düstere Bau von Scotland Yard am Embankment, auf den jeder Leser von Kriminalgeschichten – und wer ist das heute nicht? – doch auch einen Blick zu werfen wünscht. Trafalgar Square mit der ragenden, im Herbstnebel verschwimmenden Säule Nelsons, eines großen Admirals und kleinen Menschen, Piccadilly, wohl der verkehrsreichste Platz dieser Erde, Hyde-Park, recht trübselig im grämlichen Oktoberwetter – damit sind die Glanzpunkte Londons so ziemlich erledigt. Aber überall in dieser ungeheuren Stadt mit ihrem gewaltig brausenden Verkehr, gegen die Berlin ein flacher Emporkömmling, Paris, Rom und Wien historische Denkmäler der Vergangenheit schienen, hatte man damals das überwältigende Gefühl, wirklich im Mittelpunkt der bewohnten Erde, im Kraftzentrum eines der gewaltigsten Reiche zu stehen, die jemals von Menschen in jahrhundertelangem blutigem Kampfe, in zäher, zielbewusster Arbeit, freilich auch mit rücksichtslos brutaler Energie geschaffen worden sind. Alle Völker, alle Rassen gaben sich dort ein buntes Stelldichein. Ich bin durch die unheimlichen, verwinkelten Gassen des Chinesenviertels nach der Themse gestrichen, in denen nach Eintritt der Dunkelheit Weißen der Zutritt verboten war, durch das Judenquartier, wo die noch nicht in den Olymp der britischen Aristokratie aufgestiegenen Kinder Israel lebten wie im polnischen Ghetto, aus dem sie ja alle einst auf die freie britische Erde gewandert waren. Ich habe die Straßen, wo nur braune, bärtige Inder oder pechschwarze N**** wohnten, ich habe aber auch in Soho und Whitechapel die geradezu furchtbaren Slums der englischen Arbeiterbevölkerung gesehen, wo abends betrunkene Weiber in den Gassen lagen, halbnackte Kinder in den schmutzigen Straßen spielten und ein Elend, eine Armut herrschten, für die es, in Deutschland wenigstens, nirgends ein Gegenstück gab. Das Seltsame aber war, dass diese schlecht bezahlten, in menschenunwürdigen, zerfallenden Wohnungen dahinvegetierenden Arbeiter, jeder Einzelne von ihnen, sich mit unbändigem Stolz als britische Bürger fühlten und mit tiefer Verachtung auf den „bloody foreigner" herabsahen. Von Labour Party war damals noch nicht die Rede. Es gab ein paar anarchistische und sozialistische Gruppen, deren Propagandisten täglich ihre Brandreden am Hyde Park Corner (Marble Arch) schwangen und meist nur laute Heiterkeit bei ihren paar Zuhörern ernteten. Aber gerade die Londoner Arbeiterviertel waren die sichersten Domänen der Konservativen Partei. Dass die Themse mit der unübersehbaren Menge von Schiffen aller Größen und Flaggen, unter denen der Union Jack bei weitem überwog, den Eindruck der scheinbar unerschütterlichen Größe dieses weltumspannenden Reiches, das wirklich noch „Lord of the Seas" war, noch verstärkte, ist nur natürlich. Ich muss gestehen, dass mich in jenen Londoner Tagen manchmal ein Schauder überrann, wenn ich daran dachte, – und 1911 war ja kein Zweifel mehr daran – dass auch dieses ungeheure und scheinbar so fest in sich selbst ruhende Weltreich auf der Seite der Feinde Deutschlands stand. Mit Frankreich, selbst mit dem riesigen Russland trauten wir es uns jeden Tag aufzunehmen – aber Großbritannien? Was hatten wir und das zerkrachende Österreich seiner Finanz-, Wirtschafts- und Flottenmacht eigentlich entgegenzustellen? In Hamburg und Bremen mochte man sich diese Fragen wohl auch stellen, aber was wusste der durchschnittliche deutsche Binnenländer schon von Großbritannien? Nun, heute, vier Jahrzehnte später, sieht man, dass auch dieses Weltreich auf tönernen Füßen stand, – aber ist das ein Segen für das Abendland, für die weiße Rasse? Das Deutsche Reich und das British Empire, die stärkste Militär- und die stärkste Flottenmacht der Erde, zusammen wäre die sicherste

Friedensgarantie gewesen, die sich überhaupt erträumen ließ – und dieses Bündnis wäre noch zu Beginn unseres Jahrhunderts durchaus denkbar gewesen, wenn nicht politische Fehler und Irrtümer auf beiden Seiten, aber vielleicht mehr noch bei uns, den Weg dazu verbaut hätten. – Am dritten Tage nach meiner Ankunft fuhr ich dann mit dem verabredeten Zuge von London ab – nicht ohne am letzten Abend in dem ältesten und berühmtesten Lokal, das schon seit Shakespeares Zeit unverändert bestand, „Ye Old Chester Cheese" gespeist zu haben. Dort war wirklich Tradition und ein Publikum, das dazu passte, meist ältere, vornehme Herren, Leute aus der City und Rechtsanwälte von Temple Bar, echt britische Gesichter, gedämpfte Unterhaltung, ausgezeichnete Bedienung in Kniestrümpfen und Lederwämsern, und, wenn man sich die britischen Spezialitäten, Roastbeef, Apple Pie usw. bestellte und dazu vorzügliches Ale trank, sogar sehr gutes Essen, was ja sonst nicht zu den Vorzügen Englands gehört. An den meisten Plätzen zeigten Kupferplatten an den schweren Eichentischen, welche Größen aus Politik, Wissenschaft und Kunst dort einst ihre Mahlzeiten einzunehmen pflegten. Ich saß auf dem Stammplatz Charles Dickens. – Nach etwa zweistündiger Fahrt traf ich auf der Eisenbahnstation von Aldershot, einem kleinen Bahnhof, der sich aber sehr weit ausdehnte, da überall Nebengeleise, Rampen und Auffahrten für die Verladung von Truppen, Geschützen und Pferden angelegt waren. Fast nur Herren, denen man auch im „Mufti", wie die Engländer sagen, den Offizier in Zivil ansah, Offizierdamen ihrer knappen und fast potsdamisch anmutender Eleganz, sowie Soldaten stiegen aus, die ersteren von Burschen in Uniform oder Livreedienern empfangen. Ich erkannte gleich eine Gruppe im scharlachroten, weißbesetzten Rock der King's Dragoon Guards, die suchend umherschaute. Montgomery hatte mir nicht nur zwei Ordonnanzen, sondern sogar einen Ensign (Fähnrich), ein frisches, gerade aus der Kadettenschule Sandhurst entlassenes Jungchen, geschickt, der mich stramm salutierte, als ich mich ihm vorstellte. Draußen vor dem Stationsgebäude stand der mit zwei prächtigen Juckern bespannte Krümperwagen, der aber mit den bei uns so benannten bescheidenen Vehikeln keine Ähnlichkeit hatte, sondern ein tadellos gummibereifter, hocheleganter Jagdwagen war. Während die Ordonnanzen meine drei Koffer verstauten, lud ich an der von vielen Offizieren belagerten Bahnhofsbar meinen jungen Begleiter zu einem Drink ein, der noch kein, damals unbekannter, Cocktail, sondern ein biederer Whisky-Soda war. Dass ich zu einem kurzen Besuch soviel Gepäck mitgenommen hatte, bedarf heute auch einer Erklärung, denn selbst im stolzen Albion sind diese Zeiten vorbei. Damals aber bedurften man außer der nötigen Straßenanzüge unbedingt des Fracks mit reichlicher Stärkewäsche, der schon in jedem besseren Hotel oder Restaurant, immer aber in der Familie abends unerlässlich war, möglichst eines Sport- und eines Reitanzuges. Letzteren konnte ich mir sparen, da Montgomery, der ungefähr meine Figur besaß, mir in der Einladung den seinen zur Verfügung gestellt hatte. – Dann gondelten wir auf einer der zahlreichen tadellos gehaltenen und an beiden Selten von breiten Reitwegen eingefassten Militärstraßen nach dem etwa 3 km entfernten Lager. Zunächst durchquerten wir das kleine Städtchen, in dessen Hauptstraße es nur Uniformschneider, Militär-Effektengeschäfte und – Kneipen aller Rangklassen gab. Das Lager selbst war von einer hochroten Ziegelmauer umgeben. Vor dem gotischen Gewölbetor mit dem britischen Königswappen, auf dessen Turmspitze die weiße Kriegsflagge wehte, stand ein Doppelposten der Princess Argyll and Sutherland Highlanders im Kilt, Wadenstrümpfen und federbuschgeschmückter hoher Pelzmütze, der vor dem Fähnrich das Gewehr mit aufgepflanztem Bajonett präsentierte. (Ein Ensign hat bereits Offizierrang). Nach Vorzeigung des Passierscheins bei dem Sergeanten der Wache fuhren wir in das Lager ein. Das „Fortified Camp of Aldershot" hatte wohl in keinem anderen

Lande der Welt ein Gegenstück. Einschließlich des dazu gehörigen Übungsgeländes, der Reit-, Schieß- und technischen Übungsplätze umfasste es so ziemlich das gesamte Gebiet der gleichnamigen Grafschaft, so dass es etwa eines Tagemarsches bedurfte, um die gesamte, sehr vielfältige Landschaft mit Flüssen, Hügeln, Wäldern, Schluchten zu durchqueren. Der Unterbringungsraum entsprach einer kleinen Stadt mit breiten, baumbestandenen Alleen, zahllosen Kasernen, Verwaltungsgebäuden, Werkstätten, Munitions-, Geschütz- und Fahrzeugschuppen und Ställen nicht nur, sondern Offiziervillen, Familienhäusern für verheiratete Unteroffiziere und Mannschaften, Schulen, Kirchen aller Konfessionen und Friedhöfen. Auf dem weiten Hauptplatz vor der Kommandantur stand ein Reiterstandbild des Herzogs von Wellington, und auch sonst sah man auf Straßen und Plätzen viele Denkmäler hervorragender britischer Generale und Erinnerungsmale fast sämtlicher Regimenter des britischen Heeres. Auf den Straßen herrschte sehr lebhafter Betrieb – aber alle Bewohner dieser Stadt, soweit sie nicht Frauen oder Kinder waren, trugen Uniform. Wenn man einmal einen Zivilisten sah, so war es bestimmt ein Offizier, der aus der Außenwelt zurückkam oder dorthin ging. Marschmusik, Trompeten- und Trommelsignale und das weinerliche Gequieke der schottischen Dudelsäcke, scharfe, abgehackte Kommandorufe erklangen überall. Die Weiträumigkeit und die großzügige Anlage dieses Lagers erklärte sich aus dem Umstande, dass bis zum I. Weltkriege ein großer Teil der britischen Landarmee, soweit sie sich in der Heimat befand, nicht nur, wie bei uns, zu längeren oder kürzeren Übungsperioden in das Lager verlegt wurde, sondern dort seine ständige Garnison hatte. Außerdem aber diente es natürlich auch den in anderen Standorten liegenden Truppenteilen, so wie Ausbildungskursen für Offiziere und Spezialisten und den zu ihren kurzen jährlichen Übungsperioden eingezogenen Miliz-, Volunteer- und Yeomanry-Bataillonen und -Regimentern zur Abhaltung von Gefechtsschießen und kriegsmäßigen Manövern. Dort wurden auch bis 1912 die Divisionsmanöver des Heeres abgehalten. Dies hatte einen sehr einfachen Grund: In England gab es kein Naturalleistungsgesetz wie bei uns und in allen kontinentalen Staaten, so dass niemand gezwungen werden konnte, Einquartierung aufzunehmen oder der Truppe das Betreten seiner Grundstücke, Äcker und Wiesen zu gestatten. Da viele Landwirte und Grundbesitzer das auch rundweg ablehnten, waren Truppenübungen größeren Maßstabes im freien Gelände unmöglich. Daher war die Schulung der hohen Befehlshaber in der Führung großer Truppenverbände auch durchaus unzulänglich, was sich durch den ganzen I. Weltkrieg immer wieder nachteilig bemerkbar machte und oft genug die französischen Armeeführer zur Verzweiflung brachte. – Vor der Erzählung meiner weiteren persönlichen Erlebnisse noch ein Wort über das britische Heer jener Zeit, das ja wie ein letztes, übriggebliebenes Stück militärischer Vergangenheit in die moderne Zeit hineinragte. Außer der Armee der Vereinigten Staaten, bei der ja aber ganz andere Verhältnisse vorlagen, war das britische das einzige Heer, das noch auf dem Werbesystem aufgebaut war. Überall in den Städten und Dörfern, auf jedem Postamt, Bahnhof usw. sah man damals die großen, schreiend bunten Werbeplakate der verschiedenen Truppen, die den jungen Engländern den freiwilligen Eintritt in das Heer schmackhaft zu machen versuchten. Ich entsinne mich noch des ungefähren Textes zweier Plakate auf der Victoria Station in London: 1). „Willst Du nicht Ägypten auf des Königs Kosten kennen lernen, wofür Millionäre Tausende von Pfunden ausgeben? Dann melde Dich sofort bei dem Recruiting Office des altberühmten Regiments der Inniskilling Dragoons in der … street. Hoher Sold, erstklassige Verpflegung, schicke Uniform, die jedem Mädchen gefällt." Im Hintergrunde ein Dragoner hoch zu Ross vor Pyramide und Sphinx. 2). „Bist Du Techniker, Monteur oder Handwerker und wünschst eine erstklassige

Ausbildung in Deinem Lebensberuf? Dann melde Dich gleich im Recruiting Office der Royal Engineers, E-Company, ... street." Manchmal sah man auch an einer Straßenecke in einem belebten Volksviertel einen Tisch, hinter dem ein Werbesergeant saß, der die, durch schmetternde Signale eines Trompeters angelockten Jünglinge mit ungeheurem Wortschwall zur Unterzeichnung eines Werbescheins zu verführen suchte und dabei verheißungsvoll mit einem Beutel von Gold-Sovereigns klimperte, aus dem den etwaigen Rekruten sofort das Handgeld gezahlt wurde. Den einzelnen Regimentern waren bestimmte Landesteile zur Werbung zugewiesen (wie im Preußen Friedrich Wilhelms I.) London stand allen Truppenteilen offen, und die Garde durfte im gesamten Vereinigten Königreich werben. Diese Art der Heeresergänzung hat stets große Schwierigkeiten bereitet, und es ist niemals gelungen, die etatsmäßige Truppenstärke voll zu erreichen, denn dem durchschnittlichen Engländer[56] ist die militärische Disziplin dermaßen zuwider, dass die jungen Leute den Eintritt in das Heer tatsächlich als allerletzten Ausweg betrachteten. Im Gegensatz zur Marine genoss der Soldat, der sich ja auch aus den untersten Schichten der Bevölkerung rekrutierte, keinerlei Ansehen, und selbst ein Dienstmädchen oder eine kleine Verkäuferin hätte sich geniert, sich mit einem Tommy zu zeigen. Etwas besser stand es damit bei den schottischen Hochlandsregimentern, die traditionsgemäß die Erben der alten kriegerischen Clans waren, und sehr viele Rekruten stellte Irland, da die Iren, mochten sie England auch sonst nicht schätzen, immer gern Soldat geworden sind und dem britischen Heer zu allen Zelten ausgezeichnete Soldaten lieferten. Das britische Heer war ja eigentlich auch nicht für den großen Krieg gegen europäische Militärstaaten gedacht und ausgebildet, sondern

---

56 Nur britische Staatsbürger durften angeworben werden – aber manchmal nahm man das nicht so genau.

stellte mehr eine bewaffnete Polizeimacht zur Aufrechterhaltung der Ruhe und Ordnung in dem weltweiten Imperium dar. Seine Stärke war damals sehr gering, auf dem Papier 120.000 Mann (ausschließlich der Indischen Armee und der Dominiontruppen), tatsächlich wohl zwischen 100.000 und 110.000 Mann. Für ihre oben erwähnte Aufgabe genügten sowohl die Stärke wie die Organisation der Armee, was aber schon im Burenkriege, der ja schließlich auch nur eine größere Kolonialunternehmung gewesen war, nicht mehr der Fall war. Die anschließend an diesen und später durch die Heeresreform des Kriegsministers Lord Haldane vorgenommene Modernisierung hatte grundsätzlich nicht viel ändern können, denn eine Söldnerarmee, die gerade wegen dieses Ergänzungssystems fast aller Reserven entbehrt, kann nie eine moderne Wehrmacht sein. Der Kampf gegen die Unzulänglichkeiten der unbehilflichen britischen Heeresmaschine durchzieht die gesamte englische Militärgeschichte, und im I. Weltkriege hat es ja bis 1917 gedauert, ehe das englische Heer, trotz aller Tapferkeit des britischen Soldaten, einigermaßen den Anforderungen neuzeitlicher Kampfführung genügte. In der Vorkriegszeit war mehr als die Hälfte der britischen Landarmee über das weite Imperium zerstreut, nur die wenigen Garderegimenter zu Fuß und zu Pferde blieben immer in der Heimat. Von jedem Infanterie-Regiment war stets ein Bataillon „abroad", das andere, das Rekrutenausbildung und Nachschub zu leisten hatte, „at home", und etwa die Hälfte der Kavallerie und der Feldartillerie befand sich ebenfalls in den Dominions oder Kolonien. Daraus schon ergibt sich, dass England, selbst wenn die Absicht bestanden hätte, gar nicht zur allgemeinen Wehrpflicht hätte übergehen können, oder aber neben der kurz dienenden Wehrpflichtarmee noch ein starkes Söldnerheer hatte unterhalten müssen. Denn die Dienstzeit des kurz dienenden Pflichtsoldaten wäre ja viel zu kurz gewesen, um ihn in fernen Ländern zu akklimatisieren und mit den dortigen Verhältnissen vertraut zu machen. Übrigens bestand, was wenig bekannt ist, in England immer gesetzlich eine Art allgemeiner Wehrpflicht, die in den Miliz-, Volunteer und Yeomanry-Truppen abgeleistet werden sollte. Dem konnte sich aber jeder, der es wünschte – und das waren 80% der Bevölkerung – durch eine einfache Entschuldigung, etwa wegen starker Beanspruchung im Zivilberuf oder notwendiger Familienfürsorge, entziehen. Diese Milizbataillone und -eskadrons hatten keinerlei militärischen Wert, denn sie übten höchstens eine Woche im Jahr und traten sonst nur in prunkvollen Uniformen bei Kirchenparaden oder Festaufzügen in Erscheinung. Sie waren übrigens nur zum Dienst innerhalb des Vereinigten Königreichs verpflichtet, konnten also nur mit ihrer Zustimmung außerhalb verwendet werden[57]. Die Regimenter des britischen Heeres führten keine Nummern, sondern Namen, die dem kontinentalen Ohr oft sehr seltsam und altertümlich klangen, wie Scots Greys, ein schottisches Dragonerregiment, South Wales Borderers, Gordon Highlanders, Surrey Light Infantry, The Queens Own Hussars usw. Die Feldartillerie bildete nur ein Regiment, allerdings mit über hundert Batterien, The Royal Regiment of Artillery, ebenso die Pioniere, The Royal

---

57 Bei den gewöhnlichen Kolonialfeldzügen kam das nicht in Frage, aber im Burenkriege musste die Heeresverwaltung notgedrungen auf Miliz und Yeomanry bzw. Volunteers zurückgreifen. Die Begeisterung ist, wie mir die aktiven Offiziere erzählten, nicht gerade groß gewesen, und nur ein verhältnismäßig geringer Teil der Milizangehörigen erklärte sich zum Dienst „abroad" bereit, konnte aber mangels militärischer Ausbildung eigentlich nur in der Etappe verwendet werden. Damals entstand in den Kreisen der Londoner Börsenjobber ein Gassenhauer mit dem bitterbösen Refrain:
„Bluten mag für uns der Reguläre
Dafür zahlt man das Gesindel ja!"

Regiment of Engineers. Das Regiment war, außer bei der Kavallerie, nur eine Verwaltungseinheit, die Bataillone, die ja auch oft durch den halben Erdkreis von einander getrennt waren, waren ganz selbstständig. 6 Bataillone bildeten eine Division, Brigaden gab es nicht. Das ganze Heer war in zwei Armeekorps und einige selbständige Militärgouvernements, z.B. Irland, eingeteilt, die aber keine taktischen, sondern nur verwaltungsmäßige Aufgaben hatten. Gibraltar rechnete als Heimatgarnison; die dort die Besatzung bildenden Truppen galten also nicht als „abroad". Die Mannschaften konnten sich bei der Anwerbung für „short service" (6 Jahre) oder „long service" (12 Jahre) verpflichten. Das erstere wurde von der Heeresverwaltung lieber gesehen, da so wenigstens eine gewisse Reserve ausgebildeter Soldaten geschaffen wurde, auf die man im Notfalle zurückgreifen konnte. Die Unteroffiziere konnten bis zu 25 Jahren dienen. Der Sold war sehr hoch, für den gemeinen Soldaten (Private) bei der Linieninfanterie täglich 1 Schilling, bei der Kavallerie und Artillerie 1,50 Schilling, bei der Gardeinfanterie 2 sh, der Gardekavallerie 2,50 sh. Man muss dabei bedenken, dass es sich um reines Taschengeld handelt, da Bekleidung, Verpflegung, Unterkunft, ja sogar das Putzzeug geliefert wurden. Der Tommy stand sich also wesentlich besser als damals die meisten Arbeiterkategorien. Bei den Unteroffizierdienstgraden stieg die Löhnung stark an. Allerdings gab es, außer bei Invalidität, für Unteroffiziere und Mannschaften keine Pensionierung oder Zivilversorgung, so dass man vor vielen Londoner Nachtlokalen, Theatern usw. alte Feldwebel im Schmuck langer Ordensreihen als Türhüter sah. Eine Zwischenstufe zwischen Mannschaft und Offizierkorps bildeten die Warrant Officers, die sich aus dem Mannschaftsstande ergänzten und kein Königliches Patent, sondern eine Bestallung des Kriegsministeriums innehatten. Man konnte sie etwa mit den Deckoffizieren der Marine oder unseren Feldwebelleutnants während des I. Weltkrieges vergleichen. Diese wurden beim

Ausscheiden natürlich pensioniert. Ihnen fiel eigentlich der gesamte kleine und innere Dienst in der Truppe, das Einzelexerzieren, die Rekrutenausbildung, die Appells usw. zu. Der Offizier trat nur zu geschlossenem Exerzieren der Kompagnie, bzw. Eskadron oder Batterie, zu Felddienstübungen, Manöver oder Paraden an. Um die Details der Ausbildung oder des Kasernendienstes kümmerte er sich nicht, wenn sie auch natürlich von den Chefs und Kommandeuren angeordnet und überwacht wurden. Daher hatte der britische Offizier jener Zelt beneidenswert viel Muße für Sport, Geselligkeit und andere persönliche Liebhabereien. Gesellschaftlich zählten die Warrant Officers nicht zum Offizierkorps. Die Offiziere gingen entweder aus der Kadettenschule Sandhurst hervor, oder sie traten, was aber seltener war, wie bei uns als Junker in die Regimenter ein. Die gesellschaftliche Auslese war sehr streng, wenn auch zwischen dem Offizierkorps der einzelnen Regimenter große Unterschiede bestanden. Dienten bei Garde und Kavallerie in der Hauptsache die jüngeren Söhne des Adels, was ein sehr kostspieliges Vergnügen war, so stammten die Offiziere der übrigen Waffen meist aus dem besseren Mittelstande, waren also Söhne von Geistlichen, Gutsbesitzern, Beamten, seltener von Industriellen oder Kaufleuten. Eine ganz einzigartige Einrichtung war es, dass ein Offizier immer bei dem Regiment geführt wurde, bei dem er einmal eingetreten war, und dass er in dem Rahmen von dessen Offizierkorps avancierte, bis er General war. Natürlich wurden Offiziere auch anderen Truppenteilen zugeteilt, aber sie rangierten dann immer weiter in ihrem Regiment und behielten dort ihren Dienstgrad. Wenn also z.B. der Captain Campbell der Gordon Highlanders als Bataillonskommandeur dem Regiment der Scotch Fuseliers zugeteilt wurde, war er dort (brevetierter) Major, in seinem Regiment aber blieb er Hauptmann, und wenn er aus irgendeinem Grunde dorthin zurücktrat, so musste er sich den Majorsstern wieder von den Epaulettes nehmen. Nach dem

I. Weltkriege ist so mancher englische Brigadegeneral plötzlich wieder Hauptmann oder bestenfalls Major geworden. Den Namen seines Regiments führte der britische Offizier sein Leben lang, auch wenn er längst General war, auf der Visitenkarte (wie der Seeoffizier das R.N. (Royal Navy)), und in Zivil trug er immer den Schlips in den Regimentsfarben. Das Offizierkorps des britischen Landheeres war sehr angesehen (im Gegensatz zur Mannschaft), aber nicht wie bei uns, in Frankreich, Österreich, Russland usw. als Stand, sondern weil eben nur gentlemen Offiziere werden konnten. Wenn man von den alten Offizierfamilien absieht, die traditionsgemäß wie in anderen Ländern seit Jahrhunderten von Generation zu Generation die militärische Laufbahn einschlugen, so war der Beruf des Landoffiziers eigentlich nicht sehr beliebt, im Gegensatz zu dem des Seeoffiziers. Er stellte sozusagen die unterste Stufe der Gentlemen-Klasse dar und war so recht der Beruf der jüngeren Söhne oder manchmal auch der sonst nicht zu bändigenden Tunichtgute. Umso mehr fühlte sich das Heer als fest geschlossener, etwas abseits stehender Körper im Volksganzen, auch schon deswegen, weil in den entlegenen kleinen Garnisonen ferner Länder mitten unter einer fremdrassigen, oft feindlichen Bevölkerung der britische Soldat und Offizier ja ganz auf sich selbst angewiesen war. Die Frauen, besonders die Offizierdamen, fühlten genau so und betonten es sogar oft noch stärker gegenüber Außenstehenden, dass sie eben zur Army gehörten und zu niemand anders. Im Bilde des Volkslebens trat der Offizier kaum hervor. Niemals sah man ihn auf der Straße, im Theater oder in Gesellschaft in Uniform. Außer natürlich zum Dienst erschien er nur bei Hofe, in der Offiziermesse und bei gesellschaftlichen Veranstaltungen militärischen Charakters in Uniform. Verabschiedete Offiziere legten niemals wieder Uniform an. Ich habe, was kontinentaler Auffassung ja scharf widersprach, sogar in der großen Soldatenstadt Aldershot gesehen, dass Bataillons- und Regimentskommandeure in Zivil auf ihren Geschäftszimmern arbeiteten, ja, dass Hauptleute Appells in Zivil abhielten. Wenn der Offizier außerhalb der Kaserne wohnte, so ging er zum Dienst in Zivil dorthin und legte erst dort Uniform an. Viele Eigenarten des britischen Heeressystems erklärten sich aus Einrichtungen, die damals noch gar nicht lange, erst seit der Heeresreform des Herzogs von Connaught Anfang der 90er Jahre des XIX. Jahrhunderts, abgeschafft waren und uns fast unglaublich erschienen. So erwarb bis dahin der Offizier sein Patent durch Kauf. Der Preis war je nach den Regimentern verschieden, aber immer sehr hoch, so dass von jeher nur wohlhabende Leute Offizier werden konnten. Auch bei jeder Beförderung musste der Offizier das Patent des höheren Dienstgrades kaufen – konnte er das Geld nicht aufbringen oder stand gerade kein Patent zum Verkauf, so konnte er eben nicht aufrücken! Eine andere altertümliche Einrichtung, die in allen kontinentalen Armeen seit dem XVIII. Jahrhundert verschwunden war, sei hier erwähnt, obwohl sie natürlich mit der eben erwähnten nichts zu tun hat: Bis 1891 (bei der Marine bis 1902) bestand noch die Prügelstrafe, und zwar in abstoßend grausamer Form. So umgab den deutschen Soldaten schon bei dieser ersten Berührung mit Großbritanniens Wehrmacht eine vollkommen fremdartige Atmosphäre, verstärkt noch durch den deutlich spürbaren Hauch der weiten Ferne, der um diese Soldaten wehte, die ihre Waffen heute in die Glut tropischer Urwälder, morgen in die Eiswüste Canadas zu tragen gewohnt waren. – Mit flottem Schwung fuhr unser Wagen vor einem großen, villenartigen Gebäude auf, aus dessen Eingangsportal ein schlanker Offizier in der für alle Waffen gleichen Interimsuniform, dem langen, dunkelblauen Überrock, heraustrat. Das „badge" am Kragen zeigte die goldene Krone der Königsdragoner. Es war Montgomery, der gleich auf mich zueilte und mich mit freundlichem Handschlag begrüßte. Dieses Haus war das zur Offiziermesse gehörende Gasthaus des Regiments, wo auch meine Wohnung reserviert war, in die Montgomery mich gleich führte. Es waren zwei hochelegant eingerichtete Zimmer, selbstverständlich mit gekacheltem Baderaum. Schon bekam ich einen Begriff von dem Zuschnitt des britischen Offizierlebens, das höchstens bei den feudalsten Regimentern der russischen Gardekavallerie ein Gegenstück hatte. Einer der Dragoner, die mich abgeholt hatten, war mir als Bursche zugeteilt und packte gleich meinen Koffer aus, während mein englischer Freund mich einlud, mit ihm das Lunch in seiner Wohnung einzunehmen, wozu er auch die Offiziere seiner Eskadron geladen habe. Er bat mich um eine Anzahl Visitenkarten, die er durch eine Ordonnanz an die Stabsoffiziere und Rittmeister des Regiments verteilen ließ, eine Formalität, die unbedingt vor dem abendlichen Dinner in der Messe erledigt werden müsse. Montgomery, der selbst ein sehr freier Geist war, lachte: „You know, old man, we are very formal". Nachdem ich mich etwas zurecht gemacht hatte, gingen wir zusammen in das nicht weit entfernte Wohnhaus der unverheirateten Offiziere. Schon auf diesem kurzen Wege fiel mir die selbst für ein deutsch gedrilltes Auge fast übertrieben stramme Art der Ehrenbezeugungen der begegnenden Unteroffiziere und Soldaten auf. Die Leute salutierten wie aufgezogene Gliederpuppen. Als Rittmeister hatte Montgomery im 1. Stock des Offizierhauses seines Regiments vier Zimmer mit Bad, Küche und Burschenzimmer, selbst einem Leutnant standen schon 2 Zimmer mit Zubehör zu. Ein unverheirateter Major hatte Anspruch auf 6 Zimmer, ein Oberst auf ein eigenes Haus. Die Wohnung war geradezu luxuriös eingerichtet, zum Teil allerdings mit eigenen Möbeln und zahlreichen herrlichen Teppichen, Bildern usw., die Montgomery aus Indien mitgebracht hatte. Im Parlour erwarteten uns der Oberleutnant und der Leutnant der Schwadron (dieser in Zivil), sowie der mir schon bekannte Ensign. Bei der Vorstellung ergab sich, dass der Leutnant fließend deutsch sprach, da er in Heidelberg das Gymnasium besucht

hatte, wovon er mir dann gar nicht genug vorschwärmen konnte.
Er war sogar auf einem Ausfluge mal in Worms gewesen. Der
Oberleutnant war ein Ire und betonte, was mir gar nicht so sehr
angenehm war, dass er, wie alle seine Landsleute, eine besondere
Liebe zu Deutschland hegte, das er unbedingt einmal besuchen
müsse, worauf Montgomery ihm einen nicht sehr freundlichen
Blick zuwarf. Nach dem einfachen Lunch, bei dem wir uns sehr
nett unterhielten, forderte Montgomery mich auf, ihn zum Quartier seiner Eskadron zu begleiten. Wir durchquerten dabei zuerst
das ausgedehnte Offizierviertel mit seinen vielen hübschen,
gartenumgebenen Villen, dann das Viertel der verheirateten
Unteroffiziere und Mannschaften, wo die Familien der ersteren
sich zu sechsen, die der letzteren zu zehn bis zwölf in ein Haus
mit abgeteilten Wohnungen zu, je nach dem Dienstgrade, 2–4
Zimmern teilten. Wir kamen auch an einer Schule für Soldaten-
kinder vorbei, die unentgeltlichen Unterricht durch Armeelehrer
genießen und später auf einen Beruf als Handwerker, Mechaniker usw. vorbereitet werden. Viele Jungen traten auch schon mit
14 Jahren als Trompeter, Hornisten oder Trommler in die Truppe
ein, denn traditionsgemäß sind die Spielleute eines baltischen
Regiments Knaben von 14–18 Jahren, auch ein für uns etwas
seltsames Bild. Die Soldatenfrauen, die das Regiment überall hin
durch die Welt begleiten, verdienen sehr gut als Wäscherinnen,
Näherinnen, Aufwartefrauen usw. bei den Offizieren und deren
Familien. Für ihre Kleinkinder sorgte ein von gelernten Kinder-
gärtnerinnen geleitetes Regimentskinderheim. Dass es auch dem
unverheirateten Tommy nicht schlecht ging, sah ich dann in der
Kaserne der King's Dragoon Guards. Je zwei Eskadrons
bewohnten einen Block, aber nicht wie unsere braven Landser.
Vier Mann bildeten die Belegschaft einer freundlichen, großen
Stube mit weißen Vorhängen, Bilderschmuck, bunten Tisch-
decken, Korbsesseln, weiß lackierten Bettstellen usw. Neben
jeder Stube befand sich ein Wasch- und Duschraum, je vier

Stuben teilten sich außerdem in ein großes Badezimmer. Die Mahlzeiten nahmen die Mannschaften in Speisesälen mit hübsch gedeckten Tischen ein, und nach dem, was ich davon gesehen und gekostet habe, war das Essen reichlicher und besser als in den meisten Londoner Restaurants. So wunderte es mich nicht, als ich dann an einem Morgen sah, dass das breakfast der einfachen Soldaten aus Kaffee, weißen Brötchen mit Butter und Spiegeleiern mit Speck bestand. Hier konnte man wirklich sagen: „O, welche Lust Soldat zu sein!" – und doch verhungerte der freie Brite meistens lieber in seinem Londoner Slum oder den Walisischen Elendsdörfern, als dass er den roten Rock anzog. Für uns eigentlich unbegreiflich. Im Eskadronsstall bewunderte ich das geradezu hervorragende Pferdematerial (bei den King's Dragoon Guards ausschließlich Füchse). Die britische Kavallerie hat ja dann auch im Herbst 1914 die Feldzugsstrapazen viel besser durchgehalten als unsere und die französische, deren Reiterdivisionen schon nach vier Wochen Krieg kaum mehr aktionsfähig waren, weil die Pferde versagten. Auf dem Exerzierplatz vor der Kaserne war die Eskadron zum Fußexerzieren unter Aufsicht eines Warrant Officer angetreten, der dem Rittmeister Montgomery Meldung erstattete, eine famose Soldatenerscheinung mit buschig herabhängendem grauen Schnurrbart und langem Ordensband. Er wurde mir nicht vorgestellt, denn selbst der Warrant Officer steht ja jenseits der tiefen Kluft, die damals im Söldnerheer Offizier und Mannschaft gesellschaftlich trennte. Kavallerie zu Fuß wirkt beim Exerzieren immer etwas komisch, und hier wurde dieser Eindruck noch durch den merkwürdigen Schnitt der Uniform verstärkt, die der britische Soldat damals zum kleinen Dienst und auch zum Ausgehen trug. Ein ganz kurzes, über den Hüften endendes, knapp sitzendes, scharlachrotes Jäckchen und ein schief an die rechte Kopfseite geklebtes, steifes, rundes Mützchen, ähnlich den Cerevis unserer Farbenstudenten, das durch einen lackierten Kimmriemen zwischen Unterlippe und Kinn gehalten wurde. Aber stramm waren die Kerle, das muss man sagen, was ja schließlich kein Wunder war, da es durchweg altgediente Soldaten waren. Mit der Rekrutenausbildung hatten die Feldtruppen nichts zu tun. Diese erfolgte bei allen Waffen durch die Depotkompagnien bzw. -eskadrons oder -batterien, die über besonders für diesen Dienst spezialisierte Warrant Officers und Unteroffiziere verfügten und übrigens immer in der Heimat blieben. Während die Schwadron einrückte und sich zum Reiten fertig machte, – ein Dienstzweig, der ebenso wie das Scharfschießen meist von Offizieren abgehalten wurde, – ging ich mit Captain Montgomery auf seine „Schreibstube", übrigens der einzige Raum, der in seiner Nüchternheit einige Ähnlichkeit mit unseren Diensträumen hatte. Dort arbeiteten ein Lance-Corporal als Schreiber und der Wachtmeister. Dieser war der einzige Unteroffizier, zu dem der Schwadronschef eine gewisse menschliche Beziehung zu haben schien, denn er nahm eine Art Vorstellung vor. „Look here, sergeant-major, that's an officer of the Kaiser." Worauf der eisgraue alte Soldat die Sporen zusammenschlug: „Very glad to meet you, Sir." Draußen auf der Reitbahn traf ich die Offiziere der Schwadron wieder. Sie leiteten das Reiten ihrer Abteilungen zu Pferde (wie bei der französischen Kavallerie). Ich habe das nicht für praktisch gehalten, denn wer sich mit seinem eigenen Pferd beschäftigen muss, kann seine Aufmerksamkeit nicht ungeteilt seinen Leuten zuwenden. Die Dragoner ritten ausgezeichnet, wenn auch ganz anders als wir, mit langen Bügeln und losen Zügeln. Ein Zusammenstellen der Pferde gab es nicht, aber viel Schenkelarbeit. Montgomery führte mich dann in seinen Stall und zeigte mir seine Pferde. Er hatte zwei „Charger", die ihm vom Staat gestellt wurden, außerdem aber noch drei Privatpferde und zwei Polo-Ponies, über deren Boxen Plaketten angenagelt waren, die die von ihnen gewonnenen Preise verzeichneten. Dann war allmählich die Zeit herangekommen, um sich für die feierliche Handlung des Dinner vorzubereiten, der ich doch mit einem gewissen Herzklopfen entgegensah. Montgomery lieferte mich erst in meiner Behausung ab, da ich mich allein wohl noch nicht zurecht gefunden hätte, und holte mich eine Stunde später dort auch wieder ab. (Ich vergaß übrigens zu erwähnen, dass er mir auf seiner Schwadronsschreibstube einen „Permit" der Kommandantur aushändigte, durch den dem „Lieutenant H.W. Fell, Imperial German Army, quartered at the Guest House K.D.G. Room 17" „freie Bewegung innerhalb der Lagergrenzen und Passieren der Torwachen für 10 Tage" gestattet wurde.). Als ich mein Schlafzimmer betrat, war ich mehr als erstaunt: Auf dem Bett säuberlich ausgebreitet lagen der Frackanzug, Hemd, Kragen, Krawatte, Seidenstrümpfe, sogar die Manschetten- und Kragenknöpfe waren schon eingezogen. Davor standen die Lackschuhe und auf dem Nachtisch lag ein frisches Taschentuch. Allerhand Achtung! Diese Dragonerordonnanz war meinem braven Odenwälder Burschen um viele Pferdelängen voraus! Nur eins fehlte noch, was ich nachholen musste: Ich steckte mir schnell noch das hübsche Miniaturkreuzchen des Russischen Stanislaus-Ordens an den Frackaufschlag, das ich mir extra für diese Gelegenheit hatte anfertigen lassen, denn gerade unter Offizieren gibt ein Orden immer ein wenig Relief. Mit Montgomery schritt ich dann durch die weite Vorhalle des Messegebäudes, in der rechts und links der Eingangstür zwei riesige ausgestopfte Königstiger standen, die breite, teppichbelegte Treppe empor — und stand droben plötzlich in dem riesigen, mit Schlachtenbildern geschmückten Versammlungsraum dem ganzen Offizierkorps gegenüber. Mein Freund führte mich sofort auf einen schlanken, grauhaarigen Herrn zu, der etwas vor den anderen stand, schlug die Sporen zusammen und sagte im Ton einer militärischen Meldung: „Sir Henry, may I introduce my friend, lieutenant Hans Fell, Prince Charles of Hessia regiment of the German Army". Oberst Sir Henry Maverick reichte mir freundlich

die Hand, wandte sich um und rief mit lauter Stimme: „Gentlemen, may I introduce a German comrade, lieutenant Hans Fell".
Allgemeines Verbeugen und Sporenklirren. Im gleichen Augenblick rissen Ordonnanzen, die aber Livree trugen, eine mächtige
Flügeltür auf, durch die von Innen der Regimentsmarsch erklang.
Der Oberst bot mir den Arm, Montgomery nahm den anderen,
und so marschierten wir, gefolgt vom langen Zuge der anderen,
in den Speisesaal ein, der mit der prachtvoll gedeckten Hufeisen-
tafel, den lebensgroßen Bildern des Königspaares und den zahllosen brennenden Wachskerzen viel mehr an ein Fürstenschloss
als an ein Offizierkasino erinnerte. Mein Platz war rechts vom
Regimentskommandeur, auf der anderen Seite saß neben mir
Montgomery. Es war ein wunderbar farbiges Bild, das diese Tafel
bot. Die Offiziere trugen das scharlachrote, vorne offene, kurze
Mess-Jackett mit schwerer Goldstickerei an Kragen, Aufschlägen
und Nähten, darunter eine ausgeschnittene hellblaue Weste,
Frackhemd und weiße Krawatte, dazu hellblaue Beinkleider mit
breiten roten Streifen. Drei Herren in dunkelblauen Mess-Jacketts
waren Sanitätsoffiziere. Zwei oder drei andere schon sehr bejahrte
Frackträger außer mir waren Alte Herren des Regiments, einer
davon General a.D. und früherer Oberbefehlshaber der Truppen
in Canada. Nachdem alle Platz genommen hatten und die Gläser
gefüllt waren, erhob sich der Kommandeur und alle mit ihm.
„Gentlemen, the King". Einige Takte „God save the King", und
schon setzten sich viele gewohnheitsmäßig wieder. Aber Sir
Henry blieb stehen und hob nochmals sein Glas: „Gentlemen,
the Emperor and the German Amy!" Die gleiche Melodie —
einige Takte „Heil Dir im Siegerkranz". Der Oberst zog mich
dann gleich sehr liebenswürdig ins Gespräch, fragte nach meiner
Garnison, erwähnte seine Urlaubsreisen nach Deutschland und
wollte wissen, was für einen Orden ich trage und wo ich ihn
erhalten hätte. Meine Antwort darauf interessierte ihn offenbar
sehr, und er hatte während des ganzen Essens immer wieder

Fragen über den russischen Hof und seine einzelnen Persönlichkeiten zu stellen. Von militärischen Dingen oder Politik wurde nicht gesprochen. Ich habe dann später bei dem weiteren Zusammensein mit den Offizieren festgestellt, dass unter ihnen von Politik überhaupt niemals, von militärischen Angelegenheiten selten, und dann nur von Beförderungssachen, Personalien usw., aber fast dauernd von Sport, Jagd und – Gesellschaftsklatsch geredet wurde. Sehr hoch war das Niveau nicht. Natürlich aber kam man doch einmal mit dem einen oder anderen im kleinen Kreise auch auf wichtigere Dinge zu sprechen, vor allem, wenn Montgomery dabei war, der die meisten seiner Kameraden entschieden an Bildung und Intelligenz überragte. Was mich am meisten wunderte, war, wie wenig die Herren doch an geistigen Erkenntnissen von ihren Weltfahrten mitbrachten. Das Regiment hatte wenige Jahre vorher in Indien gestanden. Wenn man davon anfing, dann hieß es höchstens: „Ja, in dieser Garnison ist ein sehr guter Poloplatz“, oder „Von jener Garnison aus kann man bequem auf Tigerjagd gehen.“ Die Inder? „Ach, die damned n******, ein dreckiges Pack“. Der Tadsch Mahal? „Oh, dort haben wir einmal mit den Ladies ein feines Picknick gemacht“. Dagegen sprach mich nach dem Essen, als man sich auf die Gesellschaftsräume verteilte, einer der erwähnten Alten Herren an, ein ganz reizender, hochgebildeter Mann, Major a.D., der sofort auf die von ihm tief beklagte, unselige Entwicklung des deutsch-englischen Verhältnisses zu sprechen kam. Er kannte Deutschland sehr gut, liebte es und hatte alle seine Kinder auf deutsche Schulen geschickt. Aber auch er sah kaum mehr eine Möglichkeit, die völlig verfahrene Lage friedlich zu entwirren. Als wir uns dann nach langem Gespräch trennten, gab er mir seine Karte und lud Montgomery, den er sehr schätzte, und mich für das nächste Weekend auf sein Landhaus ein, das nur 1 1/2 Autostunden von Aldershot entfernt lag. Major Fitzgilbert hatte, wie mir Montgomery später erzählte, nur bis zum Rittmeister im

Regiment gedient und war dann im höheren Verwaltungsdienst in Südafrika tätig gewesen. Er besaß sehr ausgedehnte Beziehungen zu einflussreichen politischen Kreisen, hatte auch einmal als konservativer Unterhausabgeordneter kandidiert, sich aber kurz vor der Wahl zurückgezogen, weil er der Außenpolitik der Partei nicht zustimmte. Das Letztere hatte ich bei unserem Gespräch ja sehr deutlich gemerkt. Diese Unterhaltung mit Major Fitzgilbert blieb, außer den vielen ernsten Aussprachen mit Montgomery, aber die einzige während meiner Tage in Aldershot, bei der die politische Lage überhaupt berührt wurde. Ich möchte fast annehmen, dass den meisten der jüngeren Offiziere der ganze Streit um Marokko, der Europa seit Jahren bewegte und es gerade in diesen Herbstmonaten 1911 bis dicht an den Rand des Krieges führte, überhaupt kein Begriff war, und dass sie in den Zeitungen nur die Sport- und Gesellschaftsspalten lasen. Auch darin zeigte sich aber wieder der Charakter des Söldnerheeres im Gegensatz zur Volksarmee des Kontinents. Der britische Offizier, der „fighting gentleman", war jeden Tag bereit, zu kämpfen, wenn es der König befahl, aber wo und gegen wen, war ihm ebenso gleichgültig wie Grund und Ziel des Krieges, in den er entsandt wurde. – Der Abend wurde noch sehr gemütlich, feuchtfröhlich und – ausgedehnt und nachdem die älteren Herren gegangen waren, lernte ich einen mir bisher unbekannten englischen Brauch kennen. Ich saß mit Montgomery und einigen anderen Herren in lebhaftem Gespräch in einem der gemütlichen Gesellschaftsräume, als sich unmerklich um uns die Leutnants und Fähnriche sammelten. Der Leutnant von Montgomerys Schwadron kommandierte plötzlich: „Now!" und im gleichen Augenblick wurde ich von vier kräftigen Armpaaren erfasst, hochgehoben und auf die Schultern von zwei Fähnrichen gesetzt. Dann ging es unter dem donnernden, von Trompeten schmetternd begleiteten Gesang aller Anwesenden: „For he is a jolly good fellow, What nobody can deny!" durch sämtliche Räume der Messe – womit ich endgültig in den kameradschaftlichen Kreis aufgenommen war. Überhaupt war ja die Liebenswürdigkeit, mit der mir alle Offiziere vom Oberst bis zum jüngsten Fähnrich nicht nur dieses, sondern auch anderer Regimenter, die ich kennen lernte, entgegenkamen, geradezu bezaubernd. Hier war es wirklich ganz unmöglich, sich im Ernst vorzustellen, dass man, was ja leider schon drei Jahre später der Fall war, diesen reizenden, wohlerzogenen, sympathischen Menschen einmal als Feind gegenüberstehen sollte, woran ich im Kreise russischer und französischer Offiziere doch stets im Unterbewusstsein gedacht hatte. – Am nächsten Morgen schon um 7 Uhr, nach also sehr kurzer Nacht und mit etwas schwerem Kopf, ritt ich mit Montgomerys Eskadron bei strahlendem Herbstwetter hinaus auf einen der riesigen Übungsplätze zum Exerzieren. Dazu trugen die Truppen schon damals die praktische und bequeme Khakiuniform. Mein Freund hatte mir einen Zivilreitanzug geliehen, der tadellos passte, und schickte mir eins seiner Pferde, übrigens einen Hannoveraner, einen ziemlich schweren Fuchswallach, durch eine berittene Ordonnanz vor das Gästehaus, die mich zum Appellplatz der Schwadron geleitete. Das erste Glied des Dragonerregimenter führte die Bambuslanze mit rotweißen Fähnchen, das zweite nur den Säbel, beide Glieder natürlich den Karabiner. Das Exerzieren verlief genau wie bei uns, nur war die britische Kavallerie ganz offensichtlich viel besser im Fußgefecht ausgebildet als leider die unsere zu damaliger Zeit. Auf den Übungsplätzen herrschte natürlich ein riesiger Betrieb aller Waffengattungen. Alle Truppen, die ich sah, machten einen ganz vorzüglichen Eindruck, was ja bei ihren langdienenden Soldaten, die vielfach schon Kriegserfahrung besaßen, aus ihren Kolonialkämpfen, nicht verwunderlich ist. Es hat sich ja dann auch später im Kriege gleich bei den ersten Kämpfern gezeigt, dass der britische Soldat im Schützengefecht, vor allem aber in der schnellen Anlage von Feldbefestigungen dem unseren und auch dem französischen zunächst ausgesprochen überlegen war. Dagegen war die Führung nur bei den Truppen bis Bataillonsstärke hinreichend, die höheren Kommandostellen versagten, da ihnen jede Erfahrung fehlte. Außerdem war das erste britische Expeditionskorps im Bewegungskriege 1914 seiner ganzen Organisation nach durchaus nicht auf einen europäischen Krieg zugeschnitten. Es hatte einen viel zu großen Tross, und seine Bewegungen waren unendlich langsam und umständlich. Die Kavallerie war im Gefecht zu Pferde der unseren gleichwertig, besaß aber viel besseres Pferdematerial. Trotzdem haben unsere Kavalleriedivisionen die britische überall geworfen, and auch meine Freunde von den King's Dragoon Guards sind bei Mons schwer von unserer Gardekavallerie zerfledert worden. – Gegen Ende der Übungszeit zog Sir Henry sein Regiment zusammen, ließ es einige Bewegungen ausführen und dann im Parademarsch in Zugfronten im Trabe vorbeimarschieren. Ich hielt mich natürlich taktvoll abseits, aber der Oberst hatte die große Liebenswürdigkeit, mich an seine Seite zu rufen, während er den Vorbeimarsch abnahm, und behielt mich neben sich, als er unter schneidigen Marschklängen des vor uns reitenden Trompeterkorps das Regiment ins Lager zurückführte. Zum Lunch gingen wir in die Messe. Dort saß man zwanglos an kleinen Tischen und jeder kam und ging, wie er wollte. Nach dem Essen zeigte mir dann Montgomery die einzelnen Räume, die ich mir abends natürlich nur oberflächlich hatte ansehen können. Das Regiment King's Dragoon Guards hatte, wie die meisten alten britischen Regimenter, eine sehr lange, bewegte und ruhmreiche Geschichte. Trotz seines Namens gehörte es nicht zur Garde, sondern die Bezeichnung „Guards" hatte etwa die gleiche Bedeutung wie bei uns Leibregiment. Es war zur Zeit Marlboroughs aufgestellt worden, hatte im Spanischen Erbfolgekrieg in Deutschland und Flandern, im Siebenjährigen Krieg in Hannover, im Nordamerikanischen Unabhängigkeitskriege, gegen Napoleon in

Spanien und bei Waterloo, in Indien, im Krimkriege, wo es die vielbesungene Attacke der Leichten Brigade mitritt, im indischen Aufstandskriege und in beiden Burenkriegen gekämpft. Es hatte in allen fünf Weltteilen in Garnison gestanden. So lässt sich leicht vorstellen, welche Überfülle von Erinnerungsstücken aus fast allen Ländern der Erde die Räume dieses Kasinos schmückten. Es war einfach überwältigend. Herrliche, uralte indische Waffen hingen an den Wänden, unschätzbare chinesische Kunstwerke standen auf Tischen und in vielen Glasschränken, alle Teppiche waren kostbare Orienterzeugnisse usw. Dazu die vielen Schlachtenbilder, die Erinnerungstafeln an gefallene Offiziere, unter denen ihre Säbel gekreuzt waren. Die Regiment konnte wirklich stolz auf seine Vergangenheit sein.

Am Nachmittage schleppte mich Montgomery in 4–5 Familien von Rittmeistern und Stabsoffizieren zur geheiligten „tea-time", damit ich auch den Damen des Regiments vorgestellt würde. Die Wohnungen, bzw. bei den Stabsoffizieren, Villen, waren sehr luxuriös eingerichtet, aber man merkte den Möbeln doch oft an, dass sie, soweit persönliches Eigentum, schon viele Schiffs- und Bahntransporte durch die halbe Welt überstanden hatten, soweit sie von der Armee gestellt waren, dass sie schon sehr vielen Familien gedient hatten. Meine Besuche waren eine rein formelle Angelegenheit, und wir blieben überall nur ein paar Minuten. Ich wurde vorgestellt, trank, meist im Stehen, eine Tasse Tee und verabschiedete mich wieder. Wie damals überall, traf man in allen Häusern eine zahlreiche Gesellschaft von Offizieren und Damen, auch anderer Regimenter. Zur Unterhaltung kam man gar nicht, aber manche Damen fanden doch Gelegenheit, ein paar nette Worte zu sagen, die sich natürlich meist auf ihre Reiseerinnerungen bei Urlaubsfahrten durch Deutschland bezogen, wobei übrigens oft Luzern, Zürich oder Salzburg und Tirol ins Deutsche Reich verlegt wurden, auch bei den Herren, denn der durchschnittliche Brite hatte von kontinentaler Geographie noch weniger Ahnung als der Franzose. In Indien oder Südafrika wussten sie viel besser Bescheid. Erst machte ich einen faux pas, indem ich, gemäß meiner Erziehung, der Dame des Hauses die Hand küsste. Aber ich merkte gleich, dass man das in England nicht tut und ließ es dann natürlich. Die Abgeschlossenheit der Armee trat bei diesen Teegesellschaften besonders deutlich hervor, – es war nicht eine einzige Dame aus Zivilkreisen vertreten. – Für den Abend hatte mir das Offizierkorps der Princess Argyll and Sutherland Highlanders eine Einladung zum Dinner in seine Messe gesandt, was ich natürlich nur Montgomerys Liebenswürdigkeit verdankte, denn ich kannte dort niemanden. Dort erkannte ich gleich, dass nicht nur in der britischen Armee, sondern auch in der Bevölkerung des Vereinigten Königreichs Unterschiede bestehen, die mindestens so tiefgehend waren wie bei uns zwischen Bayern und Preußen. Schon äußerlich, denn die Offiziere trugen zum scharlachroten Dinnerjackett mit gelbem Besatz und Silberstickerei den Kilt, dieses merkwürdige, karrierte, bis an die Kniee reichende Röckchen, und kurze, ebenfalls karrierte Wadenstrümpfe. Außer Montgomery und mir hatten nur die drei Sanitätsoffiziere und der „Padre", ein sehr netter und vergnügter Militärgeistlicher, keine nackten Beine, die ich mir übrigens im englischen Spätherbst als eine ziemlich frostige Angelegenheit denke. Soweit ich das feststellen konnte, waren sämtliche Offiziere Schotten, nicht ein einziger Engländer stand in diesem Regiment. Infolgedessen fiel es mir in der Unterhaltung recht schwer, die Herren zu verstehen, dann der hochschottische Dialekt ist mit zahlreichen gälischen und altsächsischen Worten durchsetzt, und auch die Aussprache des Englischen vielfach ganz anders als im Hochenglischen. Man sagte z.B. statt „I know" – „I ken", und fast jeder Satz beginnt mit „Mon", was abgewandelt von „Man" ist und an die Stelle von „Sir" tritt. Dar Ton war viel ernster und ruhiger als bei den fröhlichen Dragonern, die sich nur aus Engländern und ein paar Iren zusammensetzten. Auch bei den Schotten wurde ich mit wohltuender Kameradschaftlichkeit aufgenommen. Selbstverständlich fehlten auch nicht die Trinksprüche auf King und Emperor, nur dass der schottische Oberst sich offensichtlich besser informiert hatte und seinen zweiten Trinkspruch auf „The German Emperor, the Grand-Duke of Hessia and the German Army" ausbrachte. Um noch einmal auf die nackten Waden zurückzukommen, machte ich in der Nähe die amüsante Beobachtung, dass sich die Herren augenscheinlich die Beine – rasiert hatten, was im Interesse der Ästhetik ja wohl zu begrüßen war, aber doch eine recht große Unbequemlichkeit darstellte. Am Schlusse der Tafel, als der Portwein serviert wurde, erklang draußen im Vorzimmer plötzlich das weinerliche Gequieke der Pybrokes, und gleich darauf marschierte in den Speisesaal der riesige Regimentshornist, ein graubärtiger alter Feldwebel, gefolgt von den Dudelsackpfeifern, alle in der phantastischen Paradeuniform mit der mächtigen Bärenmütze, von der rechts ein Straussfederbusch niederhing, den langen schottischen Dolch in silbergetriebener Scheide am Gürtel und ein Pantherfell über den Schultern. Diese Auszeichnung trugen die Spielleute des Regiments, seitdem es beim Sturm auf Delhi in der indischen Mutiny als erstes im Bajonettangriff die Mauern der Festung erstieg. Feierlich marschierten sie um die ganze Tafel und spielten die tief melancholische Melodie von „Auld long syne", in die die gesamte Tischgesellschaft einstimmte. Dann nahmen sie hinter dem Platz des Regimentskommandeurs Stellung. Der Oberst erhob sich feierlich, ließ dem Regimentshornisten ein Glas Portwein servieren und stieß mit ihm an unter dem Rufe (den ich mir später aber erst übersetzen lassen musste, denn es war gälisch): „Gott segne unser altes Schottland!" . Den ganzen Abend spielten die Dudelsäcke dann weiter schottische Heimatlieder, was musikalisch betrachtet für einen Nichtschotten ja kein besonderer Genuss ist. Auch dieses Regiment hatte eine lange und ruhmvolle Geschichte, wenn sein Gründungstag auch erst von 1750 rechnete, denn 1746 hatte es noch in der unglücklichen Schlacht von Culloden für Karl Eduard Stuart gegen die Briten des Herzogs von Cumberland gefochten, diesem letzten Versuch der Hochländer, die schottische Selbständigkeit wieder zu erobern. Die Unterhaltung mit dem Oberst bei Tisch war übrigens ziemlich schwierig für mich gewesen, denn mein Englisch war keineswegs erstklassig, und da ich wiederum sein Schottisch kaum verstehen konnte, musste Montgomery oft dolmetschen. Mit den jüngeren Herren ging es besser. Bei diesen (und wohl auch den anderen) schottischen Truppen war das Verhältnis zwischen Offizieren und Mannschaften merklich enger als bei den englischen Regimentern. Auch die einfachen Soldaten waren eben ausschließlich Schotten, und besonders bei den Hochländern gehörten Offizier und Soldat oft genug dem gleichen Clan an, dessen Farben ihr Kilt zeigte. Es gab sogar unter der Mannschaft manche Nachkommen uralter Häuptlingsgeschlechter. In Schottland galt es eben noch als Ehre, Krieger zu sein. Ob das heute noch so geblieben ist? Ich glaube es kaum.

Der nächste Tag war der Samstag, an dem Montgomery und ich nach Culling Manor, dem Landsitz des Majors Fitzgilbert, zu unserem Weekend-Besuch fahren wollten. Vormittags ritt Montgomery auf meine Bitte noch einmal mit mir auf die Übungsplätze hinaus, weil ich gerne das Exerzieren der Infanterie etwas genauer beobachten wollte. Es bestätigte mir den Eindruck, den ich schon am Tage vorher erhalten hatte: Ausbildung im Schützen- und Gefechtsdienst war tadellos und den modernsten Ansprüchen genügend. Darin merkte man eben die Kriegserfahrung, die die Offiziere vom Hauptmann aufwärts und viele ältere Unteroffiziere auf den Schlachtfeldern des Burenkrieges gesammelt hatten. Das geschlossene Exerzieren war reinstes XVIII. Jahrhundert, weit mehr noch als bei den spanischen Truppen, und es wurde mit einer Schärfe gebimst, dass Potsdam geradezu dagegen verblasste. – Nach dem Lunch fuhren wir mit einem von unseren Gastgebern freundlichst entsandten Auto los, durch die typische mittelenglische Landschaft mit unabsehbaren Weideflächen, auf denen prachtvolle Rinder, Pferde und Hammelherden grasten, mit freundlichen Farmhäusern, und immer wieder parkumgebenen Schlössern. Zwei Kilometer hinter einem sauberen Dorf, das ganz an unsere norddeutschen Dörfer erinnerte, bog der Wagen dann durch ein wappengeschmücktes altes Tor in einen mauerumgebenen Parkwald ein, wo auf allen Lichtungen Rehwild stand, das so zahm war, dass es sich durch das vorbeifahrende Auto nicht im mindesten stören ließ. Nach einer Fahrt von 10 Minuten öffnete sich dann eine breite Rasenfläche, umgeben von Blumenbeeten, dahinter die breite Auffahrt des von zwei viereckigen Türmen überragten Schlosses, das aus einem Mittelbau und zwei Seitenflügeln bestand. Schon sank die frühe Dämmerung, und die zahllosen Fenster des mächtigen Baus waren strahlend erleuchtet, ebenso der Vorplatz mit der breiten Freitreppe, vor der wir auffuhren. Ein weißhaariger würdiger Herr in schwarzem Rock mit silberner Kette um den Hals, begleitet von zwei footmen in dunkelblauer Livree, verbeugte sich — der butler, diese hochangesehene Vertrauensperson, auf dem damals der vielköpfige, komplizierte Betrieb eines großen englischen Hauses vollkommen ruhte. Er führte uns über viele Gänge und Treppen des vielhundertjährigen Tudor-Schlosses in unsere nebeneinander gelegenen und natürlich mit einem Baderaum verbundenen Gastzimmer, wo uns dann von einem Diener wieder gleich der Kofferschlüssel abgefordert wurde. Wir machten uns etwas zurecht und stiegen dann hinab in das Parlour, denn es war gerade Tea-time, und so die beste Gelegenheit, uns den Gastgebern und den bereits eingetroffenen Gästen vorzustellen. (Montgomery natürlich in Zivil, abends im Frack). Major Fitzgilbert kam uns gleich entgegen und führte uns zunächst zu seiner Gattin, einer wunderschönen alten Frau, dem Urbild der vornehmen englischen Dame, mit dem frischen, rosigen Gesicht unter den silberweißen Haaren. Sie begrüßte mich in einer reizend mütterlichen Art und ließ mich auf einem Sessel neben dem Sofa Platz nehmen, auf dem sie mit mehreren anderen Damen saß, denen ich natürlich auch vorgestellt wurde. Von Montgomery, der ständiger Gast in ihrem Hause war, hatte sie von dem Tode meiner Frau gehört und ging darauf in einer so zarten und verständnisvollen Weise ein, wie ich es von einer der als kalt verschrieenen Britinnen nicht erwartet hätte. Das Ehepaar hatte zwei Söhne, von denen der eine als Offizier der Prince of Wales Lancers in Indien stand, der andere Botschaftssekretär in Rio de Janeiro war, und eine mit einem Lieutenant-Commander der Marine verheiratete Tochter, die in Hongkong wohnte, wo ihr Gatte als Kommandant eines Zerstörers stationiert war. Später machte mich Major Fitzgilbert nach und nach mit den anderen Gästen bekannt, die, ihre Teetasse in der Hand, in kleinen Gruppen herumstanden oder bei den Damen saßen. Es waren einige Offiziere verschiedener Regimenter, zwei Geistliche der englischen Hochkirche, der Arzt des nahen Dorfes, der Chief Constable der Grafschaft, wie alle diese provinziellen Polizeichefs ein Offizier a.D., der alte Londoner Rechtsanwalt der Familie und im Übrigen das, was man in Deutschland Landjunker zu nennen pflegte, also Gutsbesitzer aus der Nachbarschaft, von denen einige auch ehemalige Offiziere waren. Dann wurde es Zeit, sich für das Dinner bereit zu machen, also sich in den unvermeidlichen Frack zu werfen. Man versammelte sich dazu in der riesigen Bibliothek, deren sicher viele Tausende zählende Bücher in offenen Schränken alle Wände bis hoch an die Decke füllten. Als Tischdame erhielt ich, was ich als besondere Aufmerksamkeit empfand, eine junge Dame, Miss Marjorie Evans, Tochter eines Oxforder Universitätsprofessors, die tadellos deutsch sprach, da sie nicht nur in Dresden im Pensionat gewesen war, sondern auch zwei Semester in Freiburg Literatur studiert hatte. Auf meiner anderen Seite saß dann bei

Tisch eine sehr fidele junge Frau, Gattin des jüngeren Geistlichen, die aber gar keinen klerikalen Eindruck machte. Nach
einiger Zeit rissen zwei Diener in großer Livree die Flügeltüren
auf, der würdige Butler, jetzt in Eskarpins und Seidenstrümpfen,
meldete der Dame des Hauses feierlich das Dinner. Man reichte
seiner Dame den Arm, und der lange Zug – es waren wohl 50
Paare – trat in den kerzenstrahlenden Speisesaal ein und nahm an
der herrlich mit frischen Blumen geschmückten Tafel Platz. Das
Menü und die Weine entsprachen durchaus dieser Aufmachung.
Erst war es etwas steif, aber nach dem Toast auf den König
wurde die Stimmung schnell sehr animiert. Ich unterhielt mich
vorzüglich mit meiner hübschen Tischdame, die mir erzählte,
dass sie verschiedene Bälle im Kasino des Regiments 113 und des
Feldartillerie-Regiments 76 in Freiburg mitgemacht hatte, so dass
wir bald gemeinsame Bekannte, so meine Kriegsschulkameraden
Hoche und Krafft, ausknobelten. Meine Nachbarin zur Linken,
der Montgomery wohl versetzt hatte, dass ich ein „Papist" sei
(was vielen Engländern immer noch grausig erscheint) meinte,
ob ich es nicht traurig finde, dass unsere Geistlichen nicht heiraten dürften. Nach Beendigung des Essens erhob sich alles von
den Plätzen, aber nur die Damen verließen den Speisesaal, während die Herren zusammenrückten und sich wieder setzten. Es
wurde Portwein serviert und Zigarren und Zigaretten herum-
gereicht. Damals durfte man in England in Damengesellschaft
unter keinen Umständen rauchen. Später sind dann die Engländerinnen die ersten gewesen, die das Rauchen der Damen schick
machten. Jetzt wurde die Stimmung recht ungezwungen. Es wurden Witze erzählt, Jagdgeschichten und Anekdoten über bekannte
Persönlichkeiten – niemals über das Königshaus – ausgekramt
und erheblich gebechert, so dass manches Antlitz sich purpurn
färbte. Nach etwa einer Stunde gab der Hausherr das Zeichen,
dass es nunmehr an der Zeit sei, sich wieder den Ladies zu widmen – was einigen der älteren Portweinverehrer keinen

besonderen Spaß zu machen schien. Nun verteilte sich die Gesellschaft in den zahlreichen Räumen. Es bildeten sich Bridge-Tische, einige Herren spielten Billard, und die Jugend tanzte in einem der kleineren Säle zu Grammophonmusik. Dabei war ich durch meine Trauer entschuldigt, sonst hätte ich wohl der deutschen Armee eine ziemliche Blamage eingetragen. Sehr früh, etwa um 1/2 12 Uhr, trennte sich alles. Eine ganze Anzahl Gäste zog sich auf ihre Zimmer zurück, die meisten, die in der Nähe wohnten, fuhren im Auto oder auch noch im pferdebespannten Wagen nach Hause. Montgomery kam, nachdem er den Frack durch einen bequemen Hausrock ersetzt hatte, noch zu einem Schwatz auf mein Zimmer, eine Whisky-Pulle und einen Syphon unter dem Am. Er machte mich mit den Gebräuchen bei solchem Landbesuch bekannt: Jeder Gast war den Tag über vollkommen frei, und es wurde keineswegs erwartet, ja, nicht einmal gewünscht, dass er sich den Gastgebern widmete. Breakfast konnte man sich aufs Zimmer bestellen oder bis 11 Uhr im Frühstückszimmer einnehmen, ebenso kam man zwischen 1 und 2 Uhr mittags zum Lunch, wenn man wollte, im Reit- oder Sportdress. Zum Tee erschien man im allgemeinen, aber auch das war kein Zwang. Man konnte in den übrigen Stunden in dem riesigen Park oder in der Umgegend spazierengehen oder reiten, auf einem der Tennisplätze oder dem kleinen Golfplatz spielen, in der Bibliothek schmökern – kurz, das außerordentlich Reizvolle dieser britischen Gastfreundschaft lag in der vollkommenen Freiheit, die einem die Illusion verschaffte, man sei im eigenen Hause. Nur das Dinner abends um 7 Uhr war strengste Verpflichtung. Als ich dann am nächsten Morgen um 8 Uhr klingelte, erschien ein hübsches Zimmermädel in schwarzem Kleid mit Spitzenhäubchen und -schürzchen, zog die Vorhänge auf und stellte eine dampfende Tasse Tee auf den Nachttisch – eine sehr angenehme Sitte. Ich holte Montgomery ab, und wir zogen in das Frühstückszimmer, um uns dem wirklichen Genuss des unglaublich vielseitigen breakfast hinzugeben. Dame und Herr des Hauses nahmen das Frühstück in ihren eigenen Räumen, um ihre Gäste ganz ungestört zu lassen, aber ich traf den Major Fitzgilbert in der Bibliothek. Er schlug, da das Wetter für Sport und Spaziergänge nicht sehr einladend war, Montgomery, der wie ein Kind das Hauses betrachtet und von ihm wie seiner Gattin John genannt wurde, vor, mir das Schloss zu zeigen, was mich natürlich sehr interessierte, besonders der Ahnensaal mit vielen Familienporträts aus vier Jahrhunderten. Wie es die blutige englische Geschichte bei vielen großen Familien mit sich gebracht hatte, waren auch dort unter den finsterblickenden Ahnherren im Harnisch und Pelzschaube einige, deren Haupt im Tower auf dem Schaffott gefallen war. Ein anderer Saal enthielt eine Gemäldesammlung, deren sich kein Museum zu schämen gehabt hätte, nicht nur Werke großer englischer, sondern auch deutscher, niederländischer, italienischer und französischer Meister. Den Silberschatz des Hauses hatte ich schon bei der Dinnertafel bewundert. Es war ein unerhörter Reichtum, der damals in den Schlössern der großen britischen Familien aufgespeichert war. Ich fragte Montgomery, als wir dann auch die Ställe mit ihren prachtvollen Pferden besucht hatten, wieviel Personal wohl für diesen Haushalt notwendig sei. Er schätzte die Dienerschaft, einschließlich Stallknechten, Gärtnern, Jagdhütern etc. auf 150-200 Leute! Tempi passati! Schon nach dem I. Weltkrieg zwangen Steuern und Kriegsabgaben selbst die reichsten Familien, ihren Haushalt aufs äußerste einzuschränken, und heute hat selbst der Hochadel fast durchweg seine Schlösser auf dem Lande geschlossen, sein Londoner Stadthaus verkauft und wohnt in einer oft sehr bescheidenen Etagenwohnung mit 1–2 Dienstmädchen. Es ist ein wertvolles Stück alter und feiner europäischer Kultur damit verschwunden, ebenso wie durch die Vernichtung der alten Adelssitze bei uns in Deutschland. Ich bin dankbar, dass ich es noch habe kennen lernen dürfen. – Als es sich nach dem Lunch aufklärte, spielte ich mit Montgomery, meiner netten Tischdame vom Abend vorher und einem anderen jungen Mädchen ein Set Tennis,[58] konnte aber dabei, obwohl ich durchschnittlich spielte, gegen die hervorragend trainierten Engländer keine Lorbeeren erringen. Das Dinner verlief ähnlich wie am Vortage, es waren auch in der Hauptsache die gleichen Gäste anwesend. Aber nach dem Portwein bat mich Major Fitzgilbert, bei ihm und einigen anderen älteren Herren in einem gemütlichen Rauchzimmer Platz zu nehmen, und dort entspann sich eine Unterhaltung, die ich bis heute nicht vergessen habe. Offensichtlich hegten die Freunde Major Fitzgilberts die gleichen politischen Ansichten wie er selbst. Das allgemeine Thema war: Was will Deutschland eigentlich? Darauf konnte ich als 27-jähriger Leutnant ja nun freilich keine Antwort geben, aber es lag den Engländern wohl auch hauptsächlich daran, mich ihre Auffassung hören zu lassen und diese vielleicht in Deutschland wiederzugeben. Gerade weil es sich bei diesen Herren um erfahrene, politisch unterrichtete und angesehene Mitglieder der ersten britischen Kreise handelte. Was sie sagten, ging etwa auf folgendes hinaus: Dass Deutschland, dass besonders der Kaiser

---

58 Von dem sonst für Familie, Gäste und entbehrliches Personal unbedingt obligatorischen Kirchenbesuch war ich als „Papist" dispensiert, und Montgomery war mir herzlich dankbar, dass er als mein Begleiter der bei der High Church of England immer sehr langwierigen Zeremonie nicht beizuwohnen brauchte. Alle anderen fuhren oder gingen um 9 Uhr, natürlich die Herren im Zylinder, zur Kirche des Dorfes. Culling Manor war überhaupt für die damaligen englischen Verhältnisse ein sehr „freies" Haus, sonst hätten wir nachmittags auch unter keinen Umständen Tennis spielen dürfen. Der britische Sonntag vor dem I. Weltkriege war der denkbare Höhepunkt des Begriffs Langeweile, aber die Jungen fingen schon an, sich davon frei zu machen.

keinen Krieg will, weiß jeder Verständige in England außer den Jingokreisen. Warum betreibt dann das Reich eine Politik, als ob es auf einen Krieg lossteuere, warum stößt es England, das ihm dreimal seit Anfang des Jahrhunderts die Hand geboten hat, jedesmal zurück? Frankreich und Russland sind erklärte Feinde Deutschlands, aber Großbritannien hat sich ihnen nur zur Seite gestellt, weil ihm tatsächlich nichts anderes mehr übrig blieb. Es ist fünf Minuten vor zwölf, aber auch jetzt noch wäre England bereit, eine Basis der Einigung mit Deutschland zu suchen, wenn das Reich nur endlich einmal klar und deutlich sagen wollte, was es eigentlich erstrebt und erreichen will. Eroberungen in Europa scheint es nicht zu wollen. Also Kolonien? Warum hat es dann in geradezu überstürzter Hast alle Ansprüche auf Marokko zweimal aufgegeben? Warum geht es nicht auf die britischen Vorschläge ein, einen Teil der Kolonien eines kleinen Landes, das sie nicht selbst entwickeln kann, zu übernehmen? Der Zankapfel bleibt also nur die unselige Flottenfrage. Daran aber dürfte doch eine Einigung nicht scheitern, denn auch Tirpitz wird sich nicht einbilden, dass er jemals die Parität erreichen könnte, und der Kaiser, der England so gut kennt, weiß doch nur zu gut, dass die Flottenhegemonie für Großbritannien die gleiche lebenswichtige Bedeutung besitzt wie für Deutschland sein Rang als stärkste Landmilitärmacht. Und die Flotte ist doch keineswegs eine Lebensfrage für das Reich. – Was sollte ich darauf erwidern? In manchen Punkten war ich ganz der Meinung der Engländer, gegen andere hätte sich vieles einwenden lassen, aber dazu fehlte mir das politische Rüstzeug. Jedenfalls hatte ich bei diesem ernsten Abendgespräch mit hochstehenden Engländern das sichere Gefühl, dass keiner von ihnen uns feindlich gesinnt war, und dass sie in bitterer Sorge einen Ausweg aus dem Irrgarten suchten, in den die europäische Politik jener Jahre geraten war, und der ja dann auch 3 Jahre später in die Katastrophe des Krieges, im weiteren Verlauf in den Untergang der alten abendländischen Welt ausmünden sollte. – Dieses Gespräch setzte ich am nächsten Vormittag bei einem Ausritt mit Major Fitzgilbert fort, bei dem wir, von einem Reitknecht begleitet, den ganzen Besitz durchquerten. Auch dieses Gut wurde so bewirtschaftet, wie es damals in England und Irland (in Schottland herrschten etwas andere Verhältnisse), allgemein üblich war. Die Herrschaft behielt sich nur den außerhalb des Parkes gelegenen, nicht sehr umfangreichen Waldbestand, einige Wiesen als Weidefläche für ihre Pferde und Milchkühe, sowie das Jagdrecht vor, alles andere war an die meist in dem Dorfe, seltener in Einzelhöfen wohnenden Bauern verpachtet. Ich erinnere mich nicht, ob es mir damals schon auffiel, aber heute weiß ich, dass sich mir bei diesem Ausritt die größte Schwäche Englands hätte offenbaren können: Die Pächter produzierten ausschließlich Schlachtvieh, etwas Milch und Butter und einiges Gemüse, alles Waren, die sich in London oder anderen Großstädten leicht und zu guten Preisen absetzen ließen. Ich glaube mich zu entsinnen, dass ich nicht ein einziges Getreide- oder Kartoffelfeld sah. So war Großbritannien für einen großen und wichtigen Teil seiner Volksernährung auf Einfuhr aus Australien, Canada, Argentinien und den Vereinigten Staaten angewiesen. Das ist ein Zustand, der nur unter der damals zutreffenden Voraussetzung tragbar war, dass Großbritannien die unbedingte Seeherrschaft besaß. Trotzdem ist es bekanntlich unseren U-Booten 1917 um ein Haar gelungen, England in die Kniee zu zwingen. Heute ist die Gefahr für die Briten natürlich noch erheblich größer geworden, aber ein seit Jahrhunderten eingebürgertes Landwirtschaftssystem lässt sich, wenn überhaupt, nur in einem sehr langen Zeitraum umstellen. – Nach dem Tee ließ mich mein liebenswürdiger Gastgeber nach herzlicher und wirklich dankerfüllter Verabschiedung von ihm und seiner gütigen Gattin im Auto nach Aldershot zurückbringen, wohin Montgomery schon am Morgen gefahren war, da er Dienst hatte. Ich bin mit Major Fitzgilbert noch bis zum I. Weltkriege in freilich seltener Briefverbindung geblieben. Seine Absicht, mich bei einer Deutschlandreise zu besuchen, hat er leider nicht ausgeführt. Ich will gleich hier einschieben, was ich 1924, als ich Montgomery in Köln wiedertraf, von ihm über das weitere Geschick dieser verehrungswürdigen Familie erfahren habe. Major Fitzgilbert hatte sich trotz seines vorgeschrittenen Alters bei Kriegsausbruch zur Verfügung gestellt und war bis 1916 Kommandeur der Ersatztruppen eines mittelenglischen Militärbezirks. Dann zwang ihn seine Gesundheit zum Rücktritt. Er starb 1918 auf Culling Manor, seine Gattin folgte ihm 1920. Der älteste Sohn fiel 1915 in Mesopotamien gegen die Türken, der Schwiegersohn in der Schlacht am Skagerrack! So hat auch dieses vornehme alte Haus voll das Blutopfer für sein Land gebracht. Der zweite Sohn war Anfang der zwanziger Jahre britischer Gesandter in einer südamerikanischen Republik (Uruguay oder Paraguay). – In Aldershot traf ich rechtzeitig zum Dinner in der Messe der Dragoon Guards ein, wo ich nun schon ganz zum Kameradenkreise gerechnet wurde und nicht mehr feierlich bei den Stabsoffizieren, sondern im fröhlichen Kreise der jungen Rittmeister und Oberleutnants saß. Es wurde wieder äußerst fidel, und wir schrieben ungezählte Ansichtskarten an meine Wormser Tischgesellschaft und an alle Kameraden, die Montgomery damals kennen gelernt hatte. Am nächsten Tage hieß es dann Abschied nehmen, denn ich wollte meinen Besuch aus verschiedenen Gründen nicht allzu lange ausdehnen. Netterweise begleitete Montgomery mich nach London, wo ich noch zwei Tage zu bleiben beabsichtigte. Wenn nicht gerade Manöver oder eine andere wichtige Übung stattfand, konnten die britischen Offiziere nämlich jederzeit ohne Schwierigkeit einige Tage Urlaub nehmen – auch das ein erheblicher Unterschied von unseren Verhältnissen. Sie waren ja überhaupt keineswegs so in den eisernen Rahmen des Dienstes gespannt wie wir und konnten auch bei ihren Truppenteilen leichter entbehrt werden, da, wie erwähnt, die Warrant Officers

ihnen einen großen Teil der bei uns einem Offizier zufallenden
Pflichten abnahmen und außerdem die britischen Regimenter
sehr stark mit Offizieren besetzt waren. So nahmen manche
Offiziere ein Jahr Urlaub, um Jagd- oder Forschungsreisen in
überseeischen Ländern auszuführen. Ferner waren sehr zahlreiche Stellen im Zivil- und Polizeidienst der Kolonien mit aktiven Offizieren besetzt, die dann für Jahre, wenn nicht überhaupt,
ihrem Regiment fernblieben, in dessen Liste sie aber, wie schon
erzählt, weitergeführt wurden. Eine erhebliche Anzahl, wenn
nicht die meisten der mit Recht vielbesungenen „Empire Buil-
ders" sind aktive Offiziere des Heeres gewesen und sind es wohl
noch, wenn heute auch kein Empire mehr zu erbauen, sondern
nur noch der völlige Einsturz der Reste zu verhindern oder
wenigstens hinauszuschieben ist. – Montgomery zeigte mir in
London vieles, was ich vorher noch nicht gesehen hatte, so
Temple Bar, den besonders von den Schriftstellern des XIX.
Jahrhunderts so oft beschriebenen Bezirk der Rechtsanwälte, der
mitten im Herzen der brausenden Weltstadt mit seinen stillen
Höfen und altmodischen Häusern noch genau so friedlich und
weltabgewandt daliegt wie zu Dickens Zeit. Wir besuchten auch
die Verhandlung eines Polizeigerichts in Old Bailey ganz in der
Nähe der Temple Bar, wo zwar jedem das Zuhören gestattet ist,
ich mich aber allein nie hingetraut hätte. Für uns Kontinentale
ein merkwürdiges Bild, diese Richter und Anwälte in ihren Perrü-
cken und seltsamen Talaren. Das Verfahren, bei dem nur kleine
Spitzbuben vorgeführt wurden, ging wie's Bretzelbacken: Aussage des Constable, Frage an den Angeklagten, ob er sich schuldig bekenne – drei Monate Arbeitshaus – der Nächste! Die Strafen schienen mir recht erheblich für solche Vergehen, 5 Jahre
Gefängnis für einen Taschendiebstahl! Aber der Eigentums-
begriff ist den Briten eben besonders heilig, wurden doch noch
vor weniger als 100 Jahren in England zwölfjährige Buben, die
ein Brot gestohlen hatten, gehängt. – Ich ging auch unter

Montgomerys kundiger Führung noch einmal mit ihm in den Tower und besichtigte die Kronjuwelen, die ich das erste Mal nicht gesehen hatte. Sehr beeindruckt haben sie mich nicht, denn die schlecht oder gar nicht geschliffenen riesigen Diamanten sahen eigentlich gar nicht wie Edelsteine aus. – Um mich wenigstens etwas für die liebenswürdige Aufnahme zu revanchieren, lud ich Montgomery abends zum Dinner in das damals als bestes geltende Luxus-Restaurant von London, Café de Paris, ein. Man aß und trank vorzüglich, ganz nach französischer Art, aber als ich dann die Rechnung bezahlte, standen mir doch etwas die Haare zu Berge! Von diesem Betrag hätte eine bescheidene Familie einen Monat leben können. Nachher nahm Montgomery mich noch für einen „Night cap" in den United Service Club mit, den Klub der Offiziere des Heeres und der Marine, der in der Nähe von Piccadilly liegt, eine natürlich auch äußerst prunkvolle Angelegenheit, wo wir in einem sehr gemütlichen Rauchzimmer noch eine Stunde mit Kameraden verschiedener Regimenter, denen Montgomery mich vorstellte, zusammen saßen. Einer davon, ein Captain der Grenadier Guards, war einige Jahre vorher der britischen Gesandtschaft in Darmstadt zugeteilt gewesen und kannte die Großherzogliche Familie und viele der Offiziere der Darmstädter Regimenter. Er versuchte sogar, zu unserer sehr geräuschvollen Erheiterung – die uns strafende Blicke einiger grämlicher alter Stabsoffiziere oder Generale am Nebentisch eintrug – Darmstädter Dialekt zu sprechen, was ihm aber nicht gut gelang. In diesem Club nahmen wir dann am nächsten Tage auch den Lunch, denn Montgomery glaubte mit Recht, dass mich der ganze Betrieb dort interessieren würde. Es war auch wirklich fesselnd, die verschiedenen Typen, natürlich alle in Zivil, zu beobachten: die Seeoffiziere, die den unseren in Haltung und Aussehen sehr glichen, die Infanteristen, besonders die der Garde, mit der eingedrillten, fast überstrammen Körperhaltung, legere Kavalleristen, bebrillte Engineers, weißblonde, rosige

Engländer, dunkle, hochgewachsene Schotten, rothaarige Iren. Dazwischen hier und da ein tiefgebräunter Herr, hager und ausgedorrt, der offensichtlich vom Tropendienst in die Heimat zurückgekehrt war. – Am anderen Tage nun nahm ich Abschied von meinem Freunde Montgomery, der sich nicht nehmen ließ, mich abends noch in den boat's train nach Dover zu setzen, denn diese Route wollte ich aus gleich zu erwähnenden Gründen für meine Rückreise einschlagen. Trotz aller trüben Erwägungen glaubten wir beide wohl damals doch nicht im Ernst, dass wir uns so bald als Feinde gegenüberstehen würden. – Als ich in Dover an Bord des Kanalbootes stand und die „White Cliffs of England" langsam in der Dunkelheit verbleichen sah, fragte ich mich, welchen Gesamteindruck ich von diesem ersten Besuch in Großbritannien mitnehme. Eines war mir völlig klar: Trotz der mehr als liebenswürdigen Aufnahme, die ich überall und bei allen gefunden hatte, war mir dieses Land fremd geblieben und selbst bei längerem Aufenthalt würde ich wohl niemals eine so enge seelische Beziehung zu ihm und seinen Menschen finden wie zu Frankreich und den Franzosen. (Von den Offizieren sehe ich dabei ab. Bei ihnen überbrückte die gemeinsame soldatische Lebensauffassung den nationalen Unterschied). Lag das an meiner Abstammung oder daran, dass ich Binnenländer war? Ich weiß es nicht. Ein starkes Gefühl für die damalige, tatsächlich weltbeherrschende Macht des Imperiums nahm ich mit. Sie erschien mir fast unerschütterlich. Auch hatte ich die Empfindung, dass die Briten tatsächlich ein Herrenvolk im wahrsten Sinne des Wortes waren, was sich selbst in der Haltung des einfachen Mannes ausdrückte, der mit einer selbstverständlichen Achtung für die Autorität der Staatsgewalt ein sofort erkennbares Selbstbewusstsein verband. Eine kleine Episode hat mir tiefen Eindruck gemacht. Ein Policeman verhaftete auf der Bond Street einen stark angetrunkenen Mann, der dort Lärm machte. Als der Mann Widerstand leistete, schlug er ihn mit seinem Polizeiknüttel nieder. Das gesamte Publikum, gutgekleidete Herren wie schlichte Arbeiter und Matrosen nahmen sofort für den Polizisten Partei und riefen ihm zu: „Right so, officer, give it him." Bel uns oder in Frankreich hätte das Publikum ebenso selbstverständlich gegen den Polizisten Stellung genommen. Dass damals der einfache Mann die prunkvollen Autos der Reichen, besonders des Hochadels, die eleganten Besucher von Theatern und Luxusgaststätten ohne jeden Neid, ja mit einem gewissen Stolz betrachtete, offensichtlich in dem Gefühl, dass ein Teil dieses Glanzes auch auf ihn selbst als Briten zurückstrahlte, konnte damals jeder Besucher Englands leicht feststellen. Dieser Stolz äußerte sich, freilich weniger bei den Gebildeten als bei der breiten Volksmasse, in einer ausgesprochenen Abneigung, ja Verachtung gegen jeden Ausländer, den „bloody foreigner", gleichgültig, woher er stammte. Dass der Deutsche besonders unbeliebt gewesen wäre, habe ich persönlich nicht erfahren, aber Montgomery sagte mir, dass es tatsächlich der Fall sei, nicht nur, weil viele Leute uns die ja wirklich unendlich törichte Burenbegeisterung nicht vergessen hatten. Aber während man den Franzosen mehr oder weniger als komische Person, den Italiener oder Spanier als verächtlichen „dago", den Russen als halbwilden Barbaren und den Yankee als ungebildeten Flegel ansah, getrachtete man den Deutschen als den einzigen wirklich gefährlichen Konkurrenten auf politischen und wirtschaftlichem Gebiet. Dazu kam, dass die empörende und lügenhafte Hetze der gerade in den breiten Volksschichten hauptsächlich gelesenen Jingo-Presse allmählich ihre Wirkung getan und ein vollkommen falsches Bild Deutschlands, der Deutschen und vor allem des Kaisers in Millionen englischer Köpfe erzeugt hatte. Ein Krieg gegen Deutschland wäre unzweifelhaft populär gewesen – wie er es dann später ja auch war. Es war kein Zufall, dass gerade in jenen Jahren in den großen Londoner Varieté-Theatern das Publikum immer öfter stürmisch das während des Burenkrieges vielgesungene Lied verlangte:

„We don't want war, we don't want to fight,
But, by Jingo, if we do,
We have the men, we have the ships,
We have the money too.“

Es war ein unheimliches Gefühl des unabwendbar herauf-
ziehenden Unwetters, mit dem ich an jenem trüben Oktober-
abend des Jahres 1911 von England Abschied nahm. – Folgender
Grund hatte mich bewogen, für die Rückreise die Strecke Dover –
Ostende zu wählen. In Wiesbaden hatte ich kurz vor meiner
Englandfahrt meinen Kadettenkameraden aus Bensberg und
Lichterfelde Graf Looz-Corsvarem getroffen, der als Leutnant
bei den 5. Ulanen in Düsseldorf stand. Als ich diesem von meinem Plan erzählte, forderte er mich dringend auf, in Brüssel Aufenthalt zu machen und dort seiner Schwester, die mit einem Grafen von Edeghem verheiratet war, seine Grüße zu bringen. Ich
stieg also in Brüssel morgens aus, wollte aber unbedingt abends
weiterfahren. Gegen Mittag gab ich im Stadthaus der Edeghems,
das meiner Erinnerung nach in der Nähe der Porte de Namur lag,
meine Karte ab, traf aber niemanden zu Hause. Als ich aber später anrief, um meine Grüße abzuladen, bat mich die Gräfin, nachmittags zu ihrem Empfang zu erscheinen, den sie gerade an diesem Tage regelmäßig gab. Da geradezu schauderhaftes,
flandrisches Dreckwetter herrschte, habe ich von Brüssel außer
St. Gudula und dem Königspalast nichts gesehen, sondern trieb
mich bis 5 Uhr in einem Café herum. Bei Edeghems begrüßte
mich die Gräfin sehr freundlich, Ihr Gemahl umso steifer. Auch
die übrigen anwesenden Damen und Herren zeigten mir bei der
Vorstellung eine sehr kalte Schulter; es waren belgische Aristo-
kraten, Politiker, Finanzleute und ein Priester, der die violette
Halsbinde der Prälaten trug. Niemals und nirgends, weder in
Frankreich noch in England, ist mir jemals eine so unverhüllte
und heftige Feindseligkeit entgegengetreten wie unter diesen

Belgiern. Sie konnte sich nur auf meine Eigenschaft als deutscher Offizier beziehen, denn niemand kannte mich ja persönlich. Das ist umso interessanter, als gerade die Belgier bekanntlich bei Kriegsausbruch 1914 nicht laut genug über den Bruch ihrer angeblich streng gewahrten Neutralität schreien konnten. 1940 hatten sie nach meinen Beobachtungen wirklich Grund dazu, 1914 nicht. Eine amüsante Episode ereignete sich, als ein Hauptmann des in Brüssel stehenden 1. Grenadier-Regiments erschien, und zwar zum allgemeinen Erstaunen in Uniform, da er wohl vorher Dienst gehabt hatte. Entrüstet rauschte die Gräfin auf ihn zu und sagte mit spitzer, überall vernehmlicher Stimme: „Mais, capitaine, vous n'etes pas dans la caserne!" – Ich verabschiedete mich dann sehr bald von dieser, mir wenig sympathischen Gesellschaft und setzte meine Rückreise fort. Den Rest meines Urlaubs verbrachte ich in Wiesbaden und Soden, wo meinen Alten Herrn meine Erzählungen über die britische Armee, die ihm völlig, unbekannt war, sehr interessierten. – Nach meiner Rückkehr in die Garnison musste ich natürlich nicht nur einen Haufen Angelegenheiten des Regiments-Adjutanten erledigen, die liegen geblieben waren, da mein Stellvertreter richtigerweise sich nur mit den Routinesachen befasst hatte, sondern mich auch gleich in die Vorbereitungsarbeiten für das Kriegsakademieexamen stürzen. Ich hatte mich dazu gemeldet, weil ich so die Teilnahme an den gesellschaftlichen Veranstaltungen des Winters vermied, nach denen mir wirklich nicht der Sinn stand. Von der Verfassung einer Winterarbeit war ich zwar so befreit, aber ich hielt dem Offizierkorps doch einen Vortrag über meine Erfahrungen und Beobachtungen in England, der besonderes Interesse erregte, und zweimal, einmal vor den Offizieren des Beurlaubtenstandes, einmal auf Befehl der Division vor den Stabsoffizieren aller hessischen Regimenter in Darmstadt, wiederholt werden musste. Während die französische Armee jedem deutschen Offizier eine bekannte Größe war, wusste man eben von der britischen fast nichts, da noch wenige Jahre vorher niemand bei uns daran gedacht hatte, England unter unsere eventuellen Kriegsgegner zu zählen. Alljährlich bis zum 1. Oktober mussten die Regimenter dem Generalkommando diejenigen Oberleutnants und Leutnants (letztere mit mindestens dreijähriger Offizierdienstzeit) einreichen, die an dieser Vorbereitung zum Examen teilnehmen wollten. Die Leitung wurde für Taktik und Feldkunde dem Generalstabsoffizier der Division, für Waffenlehre einem Hauptmann der Artillerie und für Befestigungslehre einem Hauptmann der Pioniere übertragen. Die Vorbereitung in Geschichte und Erdkunde blieb dem Examinanden selbst überlassen, doch wurde ihnen ein bestimmter Abschnitt mitgeteilt, aus dem später das Prüfungsthema gestellt werden würde. In jenem Jahre war es die europäische Geschichte zwischen 1789 und 1850, bzw. das Verkehrswesen Europas. Die leitenden Herren stellten jede Woche eine Aufgabe aus ihrem Fach, deren Bearbeitung ihnen innerhalb einer bestimmten Frist einzusenden war und die dann bei regelmäßigen Zusammenkünften der Prüflinge in Darmstadt bzw. Mainz eingehend besprochen wurden. Die taktischen Aufgaben behandelten Gefecht, Marsch und Sicherung einer Division (3 Infanterieregimenter, 1 Kavallerieregiment, 1 Feldartillerieregiment, 1 Pionierkompagnie), die der Waffenlehre Schießverfahren der leichten und der schweren Artillerie, die der Befestigungslehre ständige und Feldbefestigung., In Feldkunde wurde Beurteilung von Geländeabschnitten nach Karte oder im freien Gelände verlangt. Die Vorbereitung erforderte, wenn man auch nur mit einiger Aussicht auf Bestehen ins Examen steigen wollte, eine höchst intensive Arbeit. Daher wurden die in der Front stehenden Herren möglichst vom routinemäßigen Dienst befreit und brauchten nur an größeren Übungen teilzunehmen. Das war bei einem Adjutanten natürlich nicht möglich, so dass ich, ebenso wie mein Freund Lüters, der Adjutant des II. Bataillons, der sich ebenfalls gemeldet hatte, den vollen Dienst weiterversehen musste. Mehr als vier bis sechs Stunden habe ich während dieses Winters wohl in kaum einer Nacht geschlafen und war daher im Frühjahr, als das Examen vorüber war, ziemlich mit den Nerven herunter. Im Allgemeinen legte jeder Kommandeur Wert darauf, dass sich von seinem Offizierkorps alljährlich mindestens ein Herr zur Vorbereitung meldete. Das war aber nur in Regimentern mit vollzähligem Offizierkorps möglich, während, wie ich in einem früheren Abschnitt ausführte, bei nicht so begünstigten Truppenteilen die erwähnte Dienstbefreiung nicht durchzufuhren war und nicht in jedem Jahr einer der wenigen Frontoffiziere entbehrt werden konnte. Die Herren in solchen Garnisonen waren also in ihrem späteren Vorwärtskommen unzweifelhaft recht benachteiligt, während zum Beispiel die Garde, die an sich schon in Berlin die besten Vorbereitungsmöglichkeiten hatte, manchmal in einem Jahre zwei oder gar drei Offiziere von einem Regiment zur Akademie entsenden konnte. Das Kriegsakademieexamen war die gerechteste und unparteiischste Prüfung, die es überhaupt geben konnte. An ihr nahmen durchschnittlich In jedem Jahre 1200 bis 3500 Offiziere der gesamten Armee teil(ausschließlich Bayern, das seine eigene Kriegsakademie in München besaß, aber einschließlich der Kaiserlichen Seebataillone, die ja zur Marine zählten.) Von diesen wurden die 150 besten einberufen. Ein Durchfallen oder Bestehen im eigentlichen Sinne gab es also nicht. Die Prüfung wurde nur schriftlich abgelegt. Die unter Aufsicht angefertigten Arbeiten wurden nicht mit dem Namen, sondern nur mit einem Kennwort versehen, so dass die beurteilenden Offiziere des Großen Generalstabes, bzw. für Geschichte und Erdkunde die Professoren der Universität Berlin nicht wissen konnten, wer der Verfasser der von ihnen geprüften Arbeit war. Wie streng diese Regel innegehalten wurde, mag aus der Tatsache entnommen werden, dass Prinz Eitel Friedrich von Preußen zweimal das Examen ablegte, ohne dass er zu den 150 Einberufenen gehörte. Wer dieses Pech hatte, konnte recht gut gearbeitet haben – nur gab es eben 150 Kameraden, die noch Besseres geleistet hatten. Ein Versager in einem Fach genügte schon, um die Aussicht auf Einberufung zunichte zu machen. Also eine so scharfe Auslese, wie sie wohl in wenigen anderen Berufen vorgenommen wurde. Und später auf der Akademie und nach ihrer Absolvierung verengerte sich das Sieb immer mehr, so dass in den Generalstab schließlich nur Männer aufstiegen, die geistig, charakterlich und leistungsmäßig das Beste vom Besten darstellten, was das deutsche Offizierkorps überhaupt liefern konnte. Ich werde darauf später noch eingehend zurückkommen. Später das Examen fand an sechs Tagen des Monats März am Sitz des Generalkommandos, für uns also in Frankfurt a/Main statt. Ich quartierte mich während dieser Zeit im Elternhause im nahen Soden ein und lud dorthin auch den meiner Familie seit langem wohlbekannten Kameraden und Leidensgenossen Lüters ein. Vormittags um 9 Uhr mussten die Prüflinge, die allen Waffengattungen angehörten, in einem dazu zur Verfügung gestellten großen Sitzungssaale des Oberkriegs-gerichts Platz genommen haben. Der Aufsicht führende Offizier, ein Stabsoffizier der Frankfurter Garnison, teilte die gedruckten Aufgaben und, bei Taktik, Feldkunde, Waffenlehre und Befestigungslehre die Kartenblätter aus, auf denen die betreffenden Aufgaben spielten. Ebenso wurde das Schreib-papier geliefert, das mit einem Stempel versehen war. Jeder Prüf-ling hatte am ersten Tage einen versiegelten Umschlag abzu-liefern, der außen ein selbstgewähltes Kennwort mit einer Zahl zu tragen hatte. Er enthielt einen Zettel mit Namen, Dienstgrad und Truppenteil und durfte erst nach Beurteilung der Arbeiten vom Direktor der Kriegsakademie persönlich geöffnet werden. Ich wählte mir das Kennwort „Prinz Eugen 1708“. Die Kenn-worte durften unter keinen Umständen einen Hinweis auf Namen, Persönlichkeit, Regiment oder Garnison des Betreffenden enthalten. Für die Lösung jeder Prüfungsaufgabe standen

4 Stunden zur Verfügung. In allen Fächern wurden zwei Themata zur Auswahl gestellt. Ich wählte mir die Folgenden: Taktik: Vormarschbefehl für eine Division mit Flankensicherung, Entfaltung und Entwicklung aus der Marschkolonne zum umfassenden Angriff gegen den linken Flügel eines in befestigter Stellung eingegrabenen Gegners. (Natürlich im Rahmen einer ausgegebenen Kriegslage). Feldkunde: Beurteilung eines angegebenen Geländeabschnitts nach seiner Eignung für die Anlage einer befestigten Feldstellung zu nachhaltiger Verteidigung einer Division. Planskizze war beizufügen. Waffenlehre: Die Aufgaben der Schweren Artillerie in der Feldschlacht des Bewegungskrieges, dargestellt an der Tätigkeit je eines Bataillons 10-cm-Kanonen und Schweren Feldhaubitzen mit Feuerbefehlen und Schießverfahren. Befestigungslehre: Vorschlag für die Befestigung und Armierung einer Stadt mit Einzeichnung der geplanten ständigen Werke und Armierungsanlagen. Geschichte: Politik und Kriegsführung Napoleons des Ersten – ein Kampf gegen England. Erdkunde: Wirtschaftliche und militärische Bedeutung des mitteleuropäischen Kanalsystems. – Es war streng verboten, irgendwelche Unterlagen oder Eselsbrücken mit in den Prüfungssaal zu nehmen. Bei der Art der gestellten Aufgaben hätten sie ja auch kaum etwas genützt. Erlaubt waren nur unentbehrliche Hilfsmittel, wie Schieß- und Logarithmentafeln, ein Geschichtskalender für Jahreszahlen und ein Handatlas. Keinerlei Unterhaltung war gestattet. Die Aufsicht wurde sehr streng durchgeführt. Jeder war schließlich heilfroh, wenn er seine nur mit dem Kennwort versehene Lösung abgegeben hatte und sich verflüchtigen konnte. Lüters und ich fuhren dann mit dem nächsten Zuge nach Soden, aßen schnell etwas und vertieften uns dann zusammen in das Prüfungsfach des nächsten Tages. Alles schlich in der Zwiebelvilla auf Zehenspitzen, um die fieberhaft ochsenden Examinanden nicht zu stören, denen der gute Papa allerdings täglich ein gutes Fläschchen zur Auffrischung der allmählich

immer mehr absinkenden Lebensgeister auf den Arbeitstisch zu
stellen pflegte. Als dann aber die Sache endgültig überstanden
und nichts mehr zu ändern war, ließ es sich Mama nicht nehmen,
uns noch ein geradezu fürstliches Mahl zu spenden, ehe wir wieder nach Worms zurückkehrten. Wir hatten übrigens beide das
Gefühl, gut gearbeitet zu haben, aber leider fiel der brave Lüters,
wie schon erwähnt, schließlich doch unter die Rubrik „Ferner liefen", was mir herzlich leid für ihn tat. Ich dagegen erhielt Anfang
Mai zu meiner freudigen Überraschung ein Telegramm meines
Kriegsschulkameraden Walther Sonntag, der schon ein Jahr vorher das Examen bestanden hatte, mit einem Glückwunsch zu
meiner Einberufung. Dass diese dann erst im Jahre 1913 wirksam
wurde, hatte andere Gründe, von denen später zu erzählen sein
wird. Während meiner Vorbereitungszeit hatte ich einen Brief
meines französischen Vetters Robert Doumayrou erhalten, in
dem dieser mir mitteilte, dass auch er in der Vorbereitung für das
Examen zur École Supérieure de Guerre stehe, die in der französischen Armee ganz ähnlich verlief wie bei uns. Er bat mich, ihm
unsere im freien Handel erhältlichen Vorschriften zu übermitteln,
was ich natürlich sehr gerne tat. Spaßes halber teilten wir uns
dann manchmal gegenseitig die uns gestellten Aufgaben in Taktik
mit und tauschten auch die Lösungen aus. Die Aufgabenstellung
in Frankreich war ganz genau so wie bei uns, und natürlich mussten sich auch die Lösungen entsprechen, denn die Gesetze der
Taktik sind ja sozusagen naturgegeben, wenn auch die Formen
der Befehlsgebung und gewisse Einzelheiten, besonders im Vor-
posten- und Marschsicherungsdienst, in den beiden Heeren verschieden waren. Der größte Unterschied in der Auffassung bezog
sich auf die wesentlich größere Rolle, die die Franzosen der Artillerie in Angriff und Verteidigung zuwiesen – und damit haben sie
unzweifelhaft Recht gehabt, wie die spätere Kriegserfahrung
bewies. Vetter Robert bestand das Examen ebenso wie ich. –
Aber nach dieser Vorwegnahme zurück zum Beginn des Winters

1911–12. Zu Großherzogs Geburtstag, am 25. November, wurde ich zum Oberleutnant befördert. Seit der Besoldungsreform von 1906 war das nun freilich keine Überraschung mehr, sondern eine rein terminmäßige Angelegenheit. Aber Freude machte die erste Rangerhöhung als Offizier doch, und so heftete ich mir zufrieden den Stern auf meine Achselstücke und Epaulettes und feierte die Beförderung gründlich mit meinen engeren Freunden, Bruder Kurt und den anderen neugebackenen Oberleutnants, meinen Altersgenossen Lüters und Muhl. Habicht hatte bereits den bunten Rock ausgezogen und studierte Philosophie und Literaturgeschichte in München. Vielleicht haben ihm unsere vergnügten Karten von der Beförderungsfeier doch ein wenig das Herz schwer gemacht, aber er wurde ja wenige Monate später zum Dr. phil. „befördert“. Unser guter Johnnie aus Johannesburg feierte den Stern im tristen Mörchingen als Bombenschmeißer. Seine fidele Karte, die sich mit unserer kreuzte, enthielt außer ein paar englischen und holländischen Worten in deutschen Text wie immer ein paar amüsante Fehler. Ich glaube, er hat bis zu seinem frühen Soldatentode nicht mehr richtig deutsch gelernt. – Ein paar Tage später meldeten wir Beförderten uns in Darmstadt bei Sr. Kgl. Hoheit dem Großherzog, wobei dieser mir ein sehr freundliches Wort über meinen Vater sagte: „Wann Ihr lieber Pappa a hessisch Regiment kommandiert hätt’, dann hätt’ ich schon dafür gesorgt, dass so e’ tüchtiger Offizier net in der Weis abgehalftert wird, un’ wann sich Berlin uff de Kopp gestellt hätt’.“ Es war bestimmt keine höfliche (oder höfische) Redensart. Was Ernst Ludwig sagte, meinte er auch. – Zu Weihnachten fuhr ich nur über die Feiertage nach Soden, um keine Arbeitszeit zu verlieren. Lüters, der gar keine Angehörige mehr besaß und nie zu Festzeiten Urlaub nahm, und ich paukten weiter tüchtig zum Examen. – Im übrigen ging des Dienstes ewig gleichgestellte Uhr im gleichen Takt weiter, – Rekrutenbesichtigung, Kompagniebesichtigung, Bataillonsbesichtigung, jede mit viel Ärger über unseren lieblichen Divisionskommandeur verbunden. – Zu Kaisers Geburtstag erhielt Oberst v. Behr unter Beförderung zum Generalmajor seine heimatliche, die Großherzoglich Mecklenburgische Brigade, und zum Kommandeur unseres Regiments wurde Oberst Münter, vorher Kommandeur des 1. Schlesischen Jägerbataillons Nr. 5 in Hirschberg, ernannt. Der Abschied von Herrn v. Behr fiel eigentlich niemandem sehr schwer, denn obgleich er keinem besonders wehe getan hatte (bis auf einen, gleich anzudeutenden Fall), so besaß er doch nicht die Gabe, Sympathien zu erwecken, und seine eiskalte Art schuf immer einen luftleeren Raum um ihn. Es ist psychologisch bezeichnend, dass die Mannschaft nie einen Spitznamen für ihn erfunden hatte, was sie, die ihre Vorgesetzten sehr scharf beobachtete, und beurteilte, sonst bei allen Kommandeuren tat. Herr v, Dietlein war „Der Vatter“, Herr v. Boeckmann „Der Schippekönig“, und der neue Chef hieß bald „Der wilde Jäger“, alles Bezeichnungen, die dem Wesen der Herren ausgezeichnet gerecht wurden. Nun, ich persönlich hatte ja jeden Grund, Herrn v. Behr dankbar zu sein, und sah dem Wechsel mit starker Spannung entgegen, denn gerade für einen Adjutanten ist ein neuer Gebieter immer ein Lotterielos, von dem niemand vorher sagen kann, ob es eine Niete oder ein Hauptgewinn wird. Oberst Münter war beides nicht, aber doch ein recht erfreulicher Treffer, liebenswürdig, höflich, kein großer Stratege, aber ein guter Soldat. Wie bei einem Offizier, der bis dahin während seiner gesamten Dienstzeit der Jägerwaffe angehört hatte, nicht anders zu erwarten war, hatte er besonderes Interesse für das Schießen und forderte darin Leistungen, die bei den Jägern mit ihrem Ersatz von Forstleuten, nicht aber von der Linieninfanterie erwartet werden konnten. Seine private Hauptpassion war dementsprechend die Jagd, und er war zunächst wenig erfreut über eine Garnison, in deren Umgegend es nicht den kleinsten Wald und nur, freilich hervorragende, Hasen- und Fasanenjagden gab. Ich konnte mich gleich bei ihm sehr beliebt machen, denn ich schrieb an Graf Erbach und verschaffte dem Oberst eine ständige Jagderlaubnis in den gräflichen Forsten im Odenwald, wohin er dann an jedem freien Tag entwischte und zwar in einer Aufmachung, die seinen Spitznamen durchaus rechtfertigte. Mir war das sehr angenehm, denn ich hatte so eine weitgehende Selbständigkeit, die ich bei Oberst v. Behr nicht genossen hatte. Wenn der Wechsel der Kommandeure ein Jahr früher eingetreten wäre, so hätte sich der von uns allen so bedauerte Vorfall, den ich oben erwähnte, nicht ereignet. Denn Oberst Münter hätte bestimmt den Ausweg eingeschlagen, den Oberst v. Behr in seiner schroffen Engherzigkeit ablehnte.

Es handelt sich um Folgendes: Einer unserer jüngeren Kameraden, ein ganz hervorragender Offizier, der gerade das Kriegsakademieexamen ausgezeichnet bestanden hatte, war mit einer reizenden jungen Dame der besten Gesellschaft verlobt. In einer schwülen Sommernacht mag in den beiden jungen Menschen, die sich innig liebten, das Blut übermächtig geworden sein – kurz, es traten Folgen ein, die schleunigst ausgeglichen werden mussten. In seiner Pflichttreue und strengen Ehrauffassung meldete der Leutnant – „leider" sagten wir alle – das Unglück dem Kommandeur und bat ihn, die Heiratsgenehmigung zu beschleunigen. Der herzlose Puritaner aber erklärte dem jungen Mann, wer sich so „gegen Gottes Gebote vergangen" habe, habe auch die Offiziersehre verletzt und forderte ihn auf, sofort seinen Abschied einzureichen. Es blieb dem Leutnant natürlich nichts anderes übrig, als sofort dem Befehl zu folgen, aber, so schmerzlich es ihm auch war, den geliebten Beruf aufzugeben, so ist es ihm schließlich doch zum Guten ausgeschlagen. Er studierte Chemie, machte seinen Doktor und trat in den Betrieb seines Schwiegervaters ein, den er seit dessen Tode leitet. Die Ehe wurde außerordentlich glücklich. Zu Ehren der guten Wormser Gesellschaft muss ich hinzufügen, dass die reizende Braut und dann junge Frau nach dieser Entscheidung des Regimentskommandeurs, die allgemeine

Empörung hervorgerufen hatte, geradezu ostentativ bei Einladungen bevorzugt wurde, wobei die maßgebende Familie Frhr. von Heyl voranging. Sogar einzelne Offizierfamilien schlossen sich dem an, wozu immerhin erheblicher moralischer Mut gehörte. Meine verewigte Maria Theresa hätte bestimmt dazu gehört! – Im April erhielt mein Bruder Kurt, der sich sofort nach Vollendung der drei dafür vorgeschriebenen Dienstjahre als Offizier zur Schutztruppe gemeldet hatte, seine Versetzung zur Kaiserlichen Schutztruppe für Deutsch-Südwestafrika. Dem passionierten und abenteuerlustigen jungen Soldaten war der friedensmäßige Kasernendienst zu öde geworden. Meinen Eltern war das zunächst gar nicht recht, aber schließlich gaben sie doch nach, und es war Papas Freundschaft mit dem Chef des Militärkabinetts Sr. Majestät zu verdanken, dass die Kommandierung so schnell erfolgte, denn im Allgemeinen wurden nur ältere Offiziere zur Schutztruppe versetzt. Kurts Jubel war ungeheuer. Ein paar Tage erregte er noch das Erstaunen der Wormser Bürgerschaft (besonders der kleinen Mädchen) in seiner kleidsamen, dort vorher nie gesehenen Uniform mit der Silberstickerei auf dem hellgrauen Waffenrock und dem breitrandigen, aufgeschlagenen Hut, dann erfolgte eine ungeheure Abschiedsfeier im Kasino, denn das „Kurtche" war bei Vorgesetzten und Kameraden gleich beliebt gewesen. Die Feier war so fidel, dass Kurt sich nicht wie ein anderer Reisender bescheiden zu Fuß oder im Krümperwagen auf den Bahnhof begab, sondern dazu zum letzten Male seine feurige „Teufelsmaid" bestieg und, geleitet von einem halben Dutzend ebenfalls berittener Kameraden, durch die Bahnhofshalle auf den Bahnsteig ritt und dort hoch zu Ross den Zug erwartete. Das Aufsehen unter den Reisenden kann man sich vorstellen! Ich begleitete meinen Bruder, der mir immer der beste Freund und Kamerad war, bis nach Hamburg, wo sich auch die Eltern und unsere Kusine Lulu, die sich als verlobt mit Kurt betrachten durfte – über ihr trauriges Schicksal habe ich im

Eingangskapitel berichtet – eingefunden hatten. Am Abend vor dem Auslaufen gab es ein von der Rheederei veranstaltetes Diner an Bord des Woermann-Dampfers für die sechs ausreisenden Schutztruppen-Offiziere und ihre Angehörigen, das sehr nett und stilvoll verlief. Besonders für die Eltern und Lulu war es doch ein schweres Abschiednehmen, als das Signal „Gäste von Bord" erklang und wir dann das Schiff langsam elbabwärts verschwinden sahen. Unseren Vater sollte Kurt nicht wiedersehen, Lulu nur als beklagenswertes menschliches Wrack, Mama und mich erst neun Jahre später unter ach, so veränderten Umständen. Kurt wurde in Afrika der 8. Feldkompagnie zugeteilt, deren Standort Warmbad im äußersten Süden des Schutzgebietes war. Die Aufgabe dieser Kompagnie war hauptsächlich die Bewachung der Oranje-Grenze gegen die Südafrikanische Union und die Verhinderung des von dort aus lebhaft betriebenen Schmuggels von Waffen und Branntwein, den die britischen, bzw. südafrikanischen Behörden ruhig geschehen ließen, wenn sie ihn nicht gar unterstützten. Kurt hat mir natürlich nach seiner Heimkehr sehr viel Einzelheiten über seine Afrikanerjahre erzählt, denn es war eigentlich das Hauptthema, von dem er zu sprechen liebte. Das Heimweh nach dem fernen, freien Sonnenlande hat ihn, wie so viele alte Afrikaner, bis zu seinem Tode nicht verlassen. So will ich einiges davon hier berichten, denn auch das ist ein Ausschnitt aus der versunkenen deutschen Vergangenheit. Während des letzten halben Jahres vor Kriegsausbruch führte Kurt den Grenzposten Watersluit am Oranje, der aus einem Offizier, zwei Unteroffizieren, zwanzig Reitern und zehn eingeborenen Polizeisoldaten (Hottentotten und Bastards) zusammengesetzt war. Dazu traten einige Buschmänner als Kundschafter. Ich habe viele Photos davon gesehen. Es muss eine trostlose Gegend gewesen sein: Sand und Felsen, kein grüner Halm auf viele Meilen. In dieser Wüste eine Wellblechbaracke für die Weißen, einige Pontocks für die Farbigen – das war alles.

Der Kompagniestandort Warmbad war vier Tagesritte entfernt. Alle Woche einmal kam von dort eine Patrouille mit einem Ochsenwagen, die Verpflegung, Post, und Befehle brachte. Telephonverbindung gab es nicht. Und doch hat Kurt sich dort in der Einöde so wohl gefüllt wie niemals in seinem ganzen Leben, denn er war dort, als so junger Offizier, buchstäblich unbeschränkter Monarch, der nicht nur seine Reiter befehligte, sondern auch die Regierungsgewalt über alle Eingeborenenwerften, in einem Umkreise von 300 km, darstellte. Zu Unteroffizieren und Mannschaften bestand draußen natürlich ein viel engeres Kameradschaftsverhältnis als es in der Heimat möglich war, denn die paar Weißen auf diesem Außenposten waren ja ganz auf einander angewiesen und teilten bei den häufigen Patrouillen durch die wasserlose und von feindlichen Eingeborenen, sowie den gewissenlosen britischen Waffenschmugglern durchstreifte Wüste alle Gefahren und Entbehrungen. Gegenüber am anderen Ufer des Oranje lag ein englischer Grenzposten der Cape Mounted Police – unter Führung eines Oberleutnants, mit dem, was die Verhältnisse ja mit sich brachten, ein ständiger dienstlicher und kameradschaftlicher Verkehr unterhalten wurde. Der britische Offizier, Oberleutnant Hennessy – ein schmackhafter Name, pflegte Kurt hinzuzufügen –, der vom Regiment Dublin Fuseliers abkommandiert war, wurde bald ein wirklicher Freund meines Bruders. Er war Ire, daher sehr deutschfreundlich, unterstützte die Deutschen bei der Schmugglerjagd, soweit er es irgend mit seinen Dienstpflichten vereinbaren konnte, und wohl jeden Abend war entweder er auf der deutschen oder mein Bruder auf der englischen Seite zu fröhlichem Trunk und Grammophonmusik. Auch die beiderseitigen Unteroffiziere und Mannschaften unterhielten einen regen Verkehr, und es muss ein unvergessliches Erlebnis für alle gewesen sein, wenn dort am lodernden Lagerfeuer die gemeinsam gesungenen deutschen und englischen Soldatenlieder in die afrikanische Nacht klangen. Oft gingen

Hennessy und mein Bruder zusammen auf die Jagd. Sportwettkämpfe und Reitkonkurrenzen der deutschen und englischen Reiter wurden veranstaltet. In dieses Idyll schlug der Kriegsausbruch, für die Soldaten dort in ihrer Einsamkeit, wirklich wie ein Blitz aus heiterem Himmel. Wie er sich für sie abspielte, dürfte einzigartig sein und ist wohl des Erzählens wert. Eines schönen Morgens im August 1914 kam ein Unteroffizier zu meinem Bruder und meldete ihm, der sergent X. von den Engländern müsse wohl verrückt geworden sein oder einen Sonnenstich erlitten haben, denn er sei bis in die Mitte des Oranje geritten, schwenke ein weißes Tuch und rufe immerzu, er sei ein Parlamentär und wolle den Herrn Leutnant sprechen. Mein Bruder ging also hinaus und forderte den Engländer auf, heranzukommen. Dieser übergab ihm ein Schreiben seines Oberleutnants folgenden Inhalts: Er habe soeben von seiner Eskadron die Nachricht erhalten, dass seit drei Tagen zwischen Großbritannien und dem deutschen Reiche Kriegszustand herrsche. Da aber der Ausgang dieses tiefbedauerlichen Krieges keineswegs davon abhänge, ob die paar Männerchen hier unten in der afrikanischen Wüste sich gegenseitig umbrächten, schlage er vor, dass beide sich ohne weitere Umstände mit einem kameradschaftlichen Farewell zu ihren Stabsquartieren zurückzögen. Worauf mein Bruder dem Boten ein Antwortschreiben mitgab, in dem er herzlich zustimmte, aber den Vorschlag dahin erweiterte, dass man doch ebenso gut abends noch zusammen den übrigen Whisky austrinken könnte, von dem es schließlich schade wäre, wenn ihn nach Abmarsch die Kaffern söffen. Und so geschah es. Es dürfte wohl der einzige Ort auf der Erde gewesen sein, wo drei Tage nach Kriegsausbruch deutsche und britische Soldaten noch einen fröhlichen Umtrunk veranstalteten. Am anderen Morgen ritten die einen nach Norden, die anderen nach Süden und winkten sich noch lange zu. Hennessy hatte sehr anständig und ritterlich gehandelt. Er wusste genau, dass mein Bruder, im Gegensatz zu ihm selbst, keine Telephonverbindung mit der Außenwelt hatte, also vom Kriegsausbruch nichts wissen konnte. Hätte der englische Offizier, was an sich durchaus sein Recht gewesen wäre, den deutschen Posten überraschend angegriffen, so hätte er ihn sicher vernichtet oder gefangen genommen. Wenige Wochen später, nach dem Gefecht von Sandfontein, dem einzigen Sieg der Schutztruppe von Südwest, in dem mein Bruder leicht verwundet wurde, traf er Hennessy, der ebenfalls leicht verwundet war, als Gefangenen wieder – aber nicht zum letzten Male. Das dritte Zusammentreffen war ein viel merkwürdigerer Witz des Schicksals. Ich will das hier vorwegnehmen. Mein Bruder wurde nach seiner Rückkehr aus der Internierung 1920 als Begleitoffizier der Interalliierten Kontrollkommission in Stuttgart zugeteilt, und zwar, da er fließend englisch sprach, der britischen Abteilung. Wer beschreibt seine Überraschung, als er in deren Führer seinen unterdessen zum Major beförderten afrikanischen Freund Hennessy wiederfand? Nun, dieser freundliche Zufall hat nicht nur beiden viel Freude gemacht, sondern ist auch der deutschen Sache zu Gute gekommen, dann Hennessy, der sein Amt als feindlicher Schnüffler bei seiner Gesinnung uns gegenüber von vornherein sehr weitherzig auffasste, tat nun erst recht alles, um meinem Bruder bei der Abwendung peinlicher Entdeckungen behilflich zu sein. Nach so langer Zeit darf man das wohl verraten, umso mehr als Hennessy nach der Gründung des Freistaates Eire sofort aus der britischen in die irische Armee übertrat und dort ein Regiment kommandierte. – Kurt hat dann den ruhmlosen Feldzug der schwachen, schlecht ausgerüsteten und schlecht geführten Schutztruppe gegen 80.000 Südafrikaner bis zum bitteren Ende mitgemacht. Er ist immer der Meinung gewesen, dass, wenn nicht ein unglückseliges Verhängnis der Truppe gleich zu Anfang ihren ausgezeichneten Kommandeur, Oberstleutnant v. Heydebreck, und den einzigen Generalstabsoffizier, Hauptmann Wenk, geraubt hätte, es ihr durchaus möglich gewesen wäre, sich nach Ostafrika durchzuschlagen und sich Lettow-Vorbeck anzuschließen, der dadurch immerhin eine Verstärkung von einigen Tausend ausgesuchter deutscher Soldaten erhalten hätte. Bei einer tatkräftigen Unterstützung durch die deutschen Behörden und die Schutztruppe hätte vielleicht auch der tapfere Aufstand der nationalen Buren, der dann so kläglich scheiterte, mehr Erfolg gehabt. Die Schutztruppe, die weder über Flugzeuge noch über moderne Artillerie und Motorfahrzeuge verfügte, wurde schließlich vollkommen von den Südafrikanern eingekreist und musste kapitulieren. Die Nachricht davon war wohl der letzte große Kummer meines Vaters, der wenige Monate später fiel. Er konnte es nicht fassen, dass eine deutsche Truppe im freien Felde die Waffen streckte und schrieb mir bitter: „Ich hoffe, dass Kurt diese Schmach nicht mehr erlebt hat." Diese Kapitulation war aber die einzige im ganzen Kriege, die in Anerkennung der tapferen Haltung der Truppe, die buchstäblich bis zur letzten Patrone gekämpft hatte, mit vollen militärischen Ehren erfolgte. Sie wurde nicht gefangen, sondern im Lager Aus interniert und behielt ihre Waffen. Die Reservisten wurden sofort entlassen, und die Offiziere durften sich, soweit sie nicht mit Ablösung bei der Truppe bleiben mussten, ihren Wohnsitz frei im Lande wählen. Kurt tat immer drei Monate im Lager Dienst und arbeitete die nächsten drei Monate als Volontär auf der bekannten Musterfarm Hoffnung, um sich als Farmwirt auszubilden, da er die Absicht hatte, sich nach dem Kriege, dessen günstigen Ausgang er damals als selbstverständlich annahm, in Südwest anzukaufen. Leider hatte die Truppe 1918 noch starke Verluste an der in ganz Südafrika besonders heftig wütenden Grippe, die ihre Kampfverluste um das Vielfache überstiegen. Die südafrikanischen Bewachungstruppen wurden jedoch noch viel mehr davon mitgenommen, so dass der etwas groteske Fall eintrat, dass die internierten Deutschen ihr eigenes Lager bewachen mussten, da die drei südafrikanischen Bataillone nicht mehr genug gesunde Soldaten hatten, um die Posten zu besetzen. Eine Zeit lang war Kurt auch, zusammen mit einem südafrikanischen Leutnant, als Aufsichtsoffizier im Bastardgebiet stationiert, da dieses unzuverlässige Mischvolk, das erst die Deutschen verraten hatte, nun gegen die Engländer, bzw. Südafrikaner revoltierte. Diese Kommandierung darf man wohl als Zeichen dafür ansehen, dass auf feindlicher Seite damals noch mit einer Rückgabe des Schutzgebietes an Deutschland gerechnet wurde. Nach dem Waffenstillstande im November 1918 wurde, unanständigerweise, die ehrenvolle Internierung in Kriegsgefangenschaft umgewandelt. Die Waffen wurden der Truppe genommen und alle Offizielle in ein Sonderlager verbracht. Erst Ende 1919 wurde die Schutztruppe in die Heimat zurücktransportiert. Über das weitere Schicksal meines lieben Bruders berichte ich später. -

Abkommandiert nach Argentinien

Anfang Juni erlebte ich eine Überraschung, und zwar freudigster Art, die ich mir in meinen kühnsten Phantasien nicht hätte träumen lassen. Beim Regiment ging nämlich folgender Befehl des Generalkommandos ein: „Oberleutnant Fell hat sich baldigst in Berlin beim Militär-Attaché der Argentinischen Gesandtschaft zu einer Rücksprache einzufinden." Ich konnte mir absolut kein Bild machen, was das zu bedeuten hätte. Als ich unseren damals kommandierten Argentinier, Capitan Aguirre, fragte, lachte er und sagte nur: „Will wahrscheinlich wissen, ob ich anständiger Kerl!" Nachher merkte ich, dass er schon Bescheid gewusst hatte, aber zum Schweigen verpflichtet gewesen war. Na, in jedem Falle war eine Reise nach Berlin auf Staatskosten ganz nett, und so setzte ich mich wieder einmal vergnügt in den D-Zug. Der Militär-Attaché Major Pertiné gehörte, wie mein spanischer Freund Oberst de Valdivia, zu denjenigen Herren dieser militärischen Diplomatenklasse, die ihr Amt besonders lange, weit über die übliche Zeit hinaus, innehatten. Wie dieser war er ein begeisterter Freund Deutschlands und fühlte sich in Berlin, das ihm eine zweite Heimat geworden war, besonders wohl. Ich kannte ihn bereits, da er alljährlich eine Inspektionsreise zu allen bei deutschen Regimentern kommandierten argentinischen Offizieren durchzuführen pflegte. Major Pertiné empfing mich mit kameradschaftlicher Liebenswürdigkeit und las mir dann ein Schreiben des Argentinischen Kriegsministeriums vor, in dem zunächst in schmeichelhaftester Weise meiner langjährigen Verdienste um die unserem Regiment zugeteilten argentinischen Offiziere gedacht wurde. Unter Bezugnahme darauf lud mich das Kriegsministerium zu einem dreimonatigen Besuch des argentinischen

Heeres und zur Teilnahme an den Divisionsmanövern ein. Alle Kosten der Hin- und Ruckreise, sowie des Aufenthalts in Argentinien übernahm das Ministerium. Mir schwindelte, und ich konnte zunächst kein Wort erwidern, umsomehr, als Major Pertiné hinzufügte, dass er von deutscher Seite bereits die Zusage erhalten habe; meiner Beurlaubung stehe nichts im Wege. Ich stotterte meinen tiefgefühlten Dank, aber dann fiel mir plötzlich siedend heiß meine Einberufung zur Kriegsakademie auf die Seele. Diese konnte ich unter keinen Umständen schießen lassen, denn sie war entscheidend für meine ganze berufliche Zukunft. Eher hätte ich blutenden Herzens auf das unerhörte Abenteuer verzichtet, das eine südamerikanische Reise für mich bedeutete. Das musste ich Major Pertiné sagen, fügte aber hinzu, dass ich sofort versuchen werde, eine Verschiebung meiner Einberufung auf das nächste Jahr zu erreichen. Diesen Antrag zu unterstützen, war Major Pertiné seinerseits sofort bereit. Er stellte mich dann dem Gesandten Dr. Escobar vor, der uns zum Frühstück dabehielt. Vor der Abreise hatte ich schon meinem alten Freund Walther Sonntag telegraphiert, in dessen Wohnung in Halensee ich mich nachmittags begab, und ein fröhliches Wiedersehen mit ihm und seiner reizenden Gattin feierte. Natürlich besprach ich mit diesem besonders klugen und erfahrenen Kameraden die Angelegenheit, die mir jetzt besonders am Herzen lag. Er riet mir, am nächsten Tage gleich eine Rücksprache bei dem der Kriegsakademie zu erbitten, die er mir gern vermitteln wollte. So stieg ich denn am nächsten Vormittag die Marmortreppe in dem alten, aber pompösen Akademiegebäude in der Dorotheenstraße hinauf, die mir noch von meinen Besuchen als Kadett bei General v. Villaume vertraut waren. Dieser war natürlich längst nicht mehr Direktor, aber auch in dem neuen Chef fand ich einen sehr wohlwollenden und verständnisvollen Herrn. Es war Oberst Graf v.d. Goltz, der später durch das von ihm geführte Finnland-Unternehmen seinen Namen glanzvoll in die Kriegsgeschichte einschreiben sollte. Der Oberst erklärte, nachdem ich ihm meine Bitte um Verschiebung der Einberufung vorgetragen hatte, dass derartige Gesuche zwar bisher nur im Falle von Krankheit bewilligt worden seien, dass es aber im Interesse der Armee läge, wenn ein Offizier, besonders ein Generalstabsaspirant, sich Kenntnis fremder Länder und Heere erwerbe. Er werde also das Gesuch, wenn es ihm auf dem Dienstwege vorgelegt werde, genehmigen. Damit war mir ein Stein vom Herzen gefallen. Auf der Rückreise machte ich in Frankfurt Station und meldete mich beim Chef des Generalstabes des XVIII. Armeekorps, Oberst Ilse, um ihm über meine Angelegenheit und das Ergebnis meiner Rücksprache mit dem Direktor der Kriegsakademie Vortrag zu halten. Auch bei ihm fand ich volles Verständnis. Mein Kommandeur freilich war nicht besonders entzückt, als ich ihm von dem Grund meiner Berufung nach Berlin Mitteilung machte, was man verstehen konnte, denn es ist für einen Chef immer unangenehm, sich von einem Adjutanten zu trennen, mit dem er gut eingearbeitet ist. Da aber an meiner Kommandierung nach Argentinien nichts mehr zu ändern war, und ich ja zu Beginn meines Akademiekursus sowieso die Adjutantur hätte niederlegen müssen, machte er gute Miene zum bösen Spiel und gab auch mein sofort eingereichtes Gesuch um Verschiebung der Einberufung zur Kriegsakademie befürwortend weiter. Ich nehme vorweg, dass dieses dann einen Monat später bewilligt wurde. Im Juli konnte ich selbst bei Paroleausgabe folgenden Befehl verlesen lassen: „Durch Verfügung des Generalkommandos wird Oberleutnant Fell vom 1. November des Jahres ab auf drei Monate zur Argentinischen Armee kommandiert. Er hat sich vor Abreise in Berlin beim Militärattaché der Argentinischen Gesandtschaft zur Empfangnahme näherer Anweisungen einzufinden und meldet sich in Buenos Aires sofort beim Militärattaché der Deutschen Gesandtschaft. Die Einberufung des Oberleutnant Fell zur Kriegsakademie wird mit Zustimmung der Akademiedirektion auf den 1. Oktober 1913 verschoben." Ich war natürlich unendlich froh und dankte von Herzen meinem Schicksal, das sich wieder einmal außerordentlich gütig gezeigt hatte. Ich dachte an diesem Tage daran, wie ich fast genau sechs Jahre vorher den Regimentsbefehl mit meiner Beurlaubung nach Paris, diesem ersten Sprung in die weite Ferne, gelesen hatte. Dann kam, drei Jahre darauf, die Reise nach Spanien und Nordafrika – und jetzt nun das mir natürlich in blendendem Lichte einer bunten Abenteuerromantik vorschwebende Südamerika! Wahrlich, ich konnte mich nicht beklagen, und doch – so ganz war es nicht mehr der überschäumende Jubel, mit dem ich früher hinausgezogen war. Wohl war ich immer noch jung und aufnahmefähig, aber ein ganz klein wenig blasierter war man halt doch geworden, und das Schwere, das ich in den letzten drei Jahren hatte durchmachen müssen, hatte seine Spuren in der Seele hinterlassen. Immerhin überwog doch bei weitem das Glücksgefühl, und ich konnte es kaum erwarten, bis endlich der große Augenblick herannahte, in dem ich den Staub Europas von meinen Füßen schütteln durfte. Zunächst freilich gab es noch reichlich zu tun. Zwar konnte mir mein designierter Nachfolger Leutnant Fendel, während ich ihn in die Geschäfte einführte, schon manches abnehmen – aber das meiste musste doch unter meiner Verantwortung erledigt werden, besonders die Vorbereitung des gefechtsmäßigen Schießens und des Regimentsexerzierens, sowie die Anlage der Regimentsübungen in der Garnison. Ferner nahm ich täglich eine spanische Unterrichtsstunde in der Berlitz-School und ließ mich von unserem Argentiner in langen Unterhaltungen eingehend über die Verhältnisse in seinem Vaterlande und in seiner Armee aufklären. Er gab mir viele gute Ratschläge, die mir sehr zu statten gekommen sind, und zahlreiche Empfehlungen an Offiziere und andere wichtige Persönlichkeiten, die Major Pertiné dann noch wesentlich vermehrte. Besondere Sorgfalt wandte ich meiner Ausrüstung zu und ließ mir sehr reichlich

neue Uniformstücke anfertigen, die sich dann freilich als recht
ungeeignet für den Südamerikanischen Sommer erwiesen. Mein
eines Pferd verkaufte ich zum etatsmäßigen Preise von 1500.-
Mark (sehr billig) an meinen Nachfolger. Von dem Hunter „Percival", auf dem Maria Theresa ihr tragisches Schicksal erlitten,
und meines Bruders „Teufelsmaid" konnte ich mich aus Gefühls-
gründen nicht trennen. Ich stellte sie Leutnant Fendel aber während meiner Abwesenheit zur Verfügung, so dass er sich zunächst
das für den Regimentsadjutanten vorschrifsmäßige zweite Pferd
nicht anzuschaffen brauchte. Als wir in den ersten Augusttagen
zum Gefechtsschießen und den Herbstübungen ausrückten, war
ich vollkommen reisefertig, und die neu angeschafften, sehr teuren Schiffskoffer standen bereit, gepackt zu werden. – Zum
Gefechtsschießen und Regimentsexerzieren war dem Regiment
zum ersten Male der neue Truppenübungs- und Schießplatz Orb
angewiesen worden. Der Militärfiskus hatte im Spessart, in nächster Nähe von Bad Orb ein weites Gelände mit Wäldern, Hügeln
und kleinen Flüssen erworben, auf dem modernste kriegsmäßige
Ausbildung möglich war. Auch drei kleine Dörfer waren in diesem Geländestück eingeschlossen, deren Bewohner ihre alte Heimat hatten verlassen müssen. Sie waren sehr gut entschädigt worden, doch hatte es, wie mir ein Intendanturrat erzählte, recht
traurige Szenen beim Auszug der Einwohner gegeben, als die
enteigneten Bauern die Höfe, auf denen ihre Vorfahren oft jahr-
hundertelang gesessen hatten, die Friedhöfe mit den Gräbern
ihrer Lieben hatten verlassen müssen. Einzelne alte Leute hatte
man geradezu mit Gewalt fortschaffen müssen. Diese verlassenen, allmählich in Ruinen fallenden Dörfer, die von der
Artillerie immer mehr zerschossen wurden, boten einen recht
melancholischen Anblick. Aber sonst war dieser Platz in der
wunderschönen schwermütigen Landschaft des Spessart mit
dem hoch modernen, praktisch und bequem eingerichteten
Barackenlager eine wahre Erholung nach dem uralten Rattennest

des Griesheimer Lagers bei Darmstadt, wo wir vorher immer geschossen und geübt hatten. An den Sonntagen konnte man vom Lager aus auch schöne und interessante Ausflüge unternehmen, in das hübsche kleine Bad Orb, ins Frankenland zur Huttenburg Steckelberg und nach Gelnhausen, wo Lüters und ich, beide vom tiefem historischen Interesse erfüllt, eingehend die 700-jährige Kaiserpfalz der Hohenstaufen studierten, die Philipp von Schwaben, des Rotbarts jüngster Sohn, im Jahre 1200 erbaut hatte, ein stolzes Denkmal alter Herrlichkeit unseres Reiches. Divisions- und Korpsmanöver im oberhessischen Vogelsberg verliefen bei leider sehr schlechtem Wetter ohne besondere Ereignisse. Ich musste mich sehr zusammennehmen, um meine vielfältigen Pflichten mit dem notwendigen Interesse zu erfüllen, denn jeder wird verstehen, dass meine Gedanken schon ganz wo anders, weit über dem Weltmeer, weilten. Aber ich war doch außerordentlich beglückt, als das Regiment endlich wieder in Worms aus den Transportzügen ausgeladen wurde, und ich dann sofort die Abmeldung beim Regimentskommandeur und die Verabschiedung von den Kameraden und näheren Bekannten vornehmen konnte. Dann ging ein großes Packen los, und ich sandte meine Koffer, bis auf das notwendige Handgepäck nach Rotterdam, von wo aus, wie mir Major Pertiné geschrieben hatte, die Seereise angetreten werden sollte. Noch einmal zu den Pferden, die Taschen voll Zucker, noch ein Abschiedstrunk mit den näheren Freunden im Kasino, schon im schlichten Gewande des Bürgers, und dann fuhr ich erst einmal nach Soden, um den Eltern Ade zu sagen. Sie kamen sich ganz seltsam vor: Beide Söhne Übersee, der eine in Afrika und der andere (bald) in Südamerika. Aber sie gönnten mir mein Glück von Herzen, wenn die Sache ihnen auch ein bisschen unheimlich erschien. Dann ging's nach Mainz und Wiesbaden, um Abschied von den Großmüttern zu nehmen. Grand'mère Fell verfehlte nicht, mir einzuschärfen: „Surtout prends garde des Indiens, mon petit chou, ils sont très

méchants, ces sauvages là-bas." Ich lachte natürlich furchtbar,
ahnte aber nicht, dass diese Warnung der lieben alten Frau mir
später in einem recht peinlichen Augenblick als nicht so ganz
unberechtigt erscheinen würde. Nun waren alle Brücken
abgebrochen und die Schiffe hinter mir verbrannt – als ich einen
Tag darauf in Berlin vor Major Pertiné stand, fühlte ich mich
ganz losgelöst von meinem bisherigen Leben. Der liebenswürdige Militärattaché händigte mir eine Schlafwagenkarte I.
Klasse Berlin – Rotterdam, das Schiffsticket I. Klasse Rotterdam – Buenos Aires, ein feierliches, mit vielen Stempeln ver-
sehenes Geleitschreiben der Argentinischen Gesandtschaft und,
last not least, einen Scheck über 1000.-- Mark aus, wobei er
lächelnd erklärte, dass diese Summe drüben nach Notwendigkeit
ergänzt werden würde. Er ließ es sich nicht nehmen, mich noch
zum Abendessen bei Toepfer in der Dorotheenstraße einzuladen
und mich dann auf dem Bahnhof Friedrichstraße mit vielen
herzlichen Wünschen in den Zug zu setzen. Ehe ich mich nieder-
legte, trank ich noch im Speisewagen ein gutes Fläschchen rheinischen Rebensaftes, sozusagen als letztes Lebewohl an die liebe
Heimat und versenkte mich in Gedanken an die unbekannten
Abenteuer, die mir draußen in der bunten Welt bevorstehen würden. Ich will übrigens hier betonen, dass ich selbst lieber einen
unserer prachtvollen deutschen Dampfer der Hamburg-Süd-
amerikalinie für die Reise gewählt haben würde, aber die Argentiner hatten es nun einmal aus mir unbekannten Gründen anders
beschlossen. In Rotterdam begab ich mich gleich zur Agentur
des niederländischen Lloyd und erfuhr, dass die „Prinsess Juliaane", einer der neuesten Dampfer der Linie, bereits am nächsten
Tage auslaufen würde. Ich konnte mich also gleich an Bord
begeben, was ich auch tat, da in Rotterdam nichts Besonderes zu
sehen ist. Meine vorausgeschickten Koffer waren bereits eingetroffen und verladen.

Argentinische Reise – Wolkenkratzer, Pampa und Urwald

Die „Prinsess Juliaane" war damals einer der modernsten großen Dampfer, die auf der Südamerikalinie liefen und wirklich mit jedem nur denkbaren Komfort und Luxus ausgestattet. Die Kabinen I. und II. Klasse entsprachen den besten Zimmern eines Hotels ersten Ranges, aber auch die III. oder Auswandererklasse war durchaus bequem und menschenwürdig eingerichtet. Dem entsprachen die Speisesäle, Rauch-, Lese- und Spielsalons, die Bar usw. Natürlich gab es auch einen Frisiersalon für Damen und Herren, ferner verschiedene Läden, in denen man Bücher, Blumen, Wäsche usw. kaufen konnte. Die Verpflegung war über jedes Lob erhaben, nur nach holländischem Geschmack etwas schwer, und es war gut, dass man sich im Schwimmbassin, in der Gymnastikhalle und beim Decksport etwas austoben konnte, sonst hätten wohl am Ende der Reise niemandem mehr seine Kleider gepasst. Die Besatzung, Offiziere wie Mannschaften und Stewarts, machte einen ausgezeichneten Eindruck, war tadellos geschult und stets höflich und zuvorkommend. Sie bestand naturgemäß fast durchweg aus Holländern, aber sämtliche Offiziere und Stewarts sprachen deutsch oder englisch, manche auch französisch und spanisch. Der Erste Offizier erzählte mir später, dass auch einige Reichsdeutsche unter den Seeleuten und Heizern wären, aber ich habe nur einen davon kennen gelernt, einen sehr netten Bootsmann aus Brunsbüttel, der bei der Marine gedient hatte und, wenn er mich irgendwo traf, zum Erstaunen aller Mitreisenden, die Hacken zusammenzuknallen und mich mit einem dröhnenden „Guten Morgen, Herr Oberleutnant!" zu begrüßen pflegte. – An Bord wurde ich zunächst von dem

Zahlmeister empfangen, der mein Ticket in Empfang nahm und mich dann dem Obersteward überantwortete. Dieser führte mich, nachdem er Anweisung gegeben hatte, mein Gepäck hinunterzuschaffen, zu meiner Kabine, die aus einem hochelegant eingerichteten großen Zimmer mit Schreibtisch, einem weiteren Tisch, mehreren Klubsesseln, Chaiselongue, Bett und Toilettentisch in besonderer, durch einen Vorhang abgetrennter Abteilung und gekacheltem Baderaum bestand. Überall standen Vasen mit frischen Blumen, die während der Reise täglich erneuert wurden. Und nun machte ich zum ersten Mal von einem der Ratschläge Gebrauch, die mir in Worms mein vielgereister Freund v. Brockhusen erteilt hatte – und habe es nicht bereut! Ich drückte nämlich dem Obersteward, sozusagen als Anzahlung, einen 50-Guldenschein in die Hand (später meinem Kabinensteward ein Goldstück) und war von diesem Augenblick an für beide ein Lieblingsgast. Der Herr Obersteward, ein richtiger behäbiger Mynheer mit Bäuchlein und roten Pausbacken, versprach ohne Aufforderung, er werde mir einen sehr netten Tisch im Speisesaal aussuchen und – „der Herr Oberleutnant wird auch eine hübsche und vergnügte Kabinennachbarin bekommen, aber erst in Southhampton." Na, er hat beide Versprechungen gehalten, aber von der Erfüllung der zweiten wollen wir lieber nichts erzählen, sondern diskret schweigen und in der Erinnerung ein wenig schmunzeln. Die Holde von damals ist ja auch, wenn sie noch lebt, gewiss Groß- und vielleicht sogar schon Urgroßmama. – – Mit Hilfe des Kabinenstewards, der so gewandt wie ein britischer footman war, packte ich dann meine Sachen aus und richtete mich gemütlich für die immerhin (damals) über dreiwöchige Reise ein. Ich schickte dann durch den Steward meine Karte an den Kapitän und den Ersten Offizier, auch entsprechend einem Rate Brockhusens. Das ist an sich nicht nötig und wird von den meisten Passagieren auch unterlassen, wird aber von den führenden Offizieren des Schiffs immer als Aufmerksamkeit gewürdigt. Den Rest des Nachmittags benutzte ich, um mich einigermaßen mit der verwickelten Topographie des Dampfers vertraut zu machen. Das ist, obwohl überall an den Wänden Wegweiser hingen, gar nicht so einfach, und es hat manche Unglückshasen gegeben, die sich noch 14 Tage später nicht zurechtfanden und halbe Nächte umherirrten, um ihre Kabine zu suchen. Der ganze Betrieb interessierte mich sehr, diese geräuschvolle Geschäftigkeit an Bord eines großen Überseeers am Tage vor der Abfahrt, das Rasseln und Klirren der Winden und Krahne bei der Übernahme des Ladung, die Kommandos der Aufsicht führenden Offiziere, das allmähliche Eintreffen der Passagiere. Im Teesalon trank ich vorzüglichen Kaffee und aß wunderbare Kuchen jeder nur denkbaren Sorte, ein Vorgeschmack der Überfülle leiblicher Genüsse, die mich erwarteten. Am ersten Abend ist das Diner noch ganz zwanglos. Man braucht nicht Abendanzug anzulegen und setzt sich hin, wo man Platz findet. Mich zog der Erste Offizier, der mich wohl an meinem Monokel als den Absender der ihm überbrachten Karte erkannt hatte, an seinen Tisch, wo auch der Schiffsarzt und eine Anzahl recht vergnügter jüngerer Herren Platz genommen hatten, durchweg Holländer, Kaufleute und Ingenieure, die in Südamerika eine Stellung antraten oder vom Urlaub dorthin zurückkehrten. Der Erste Offizier war Reserveoffizier der Niederländischen Marine und nannte mich gleich „Herr Kamerad"; der Doktor hatte in Berlin studiert und war sogar Alter Herr einer Burschenschaft. Nach dem Essen zog die ganze Gesellschaft – außer dem Ersten Offizier, der Dienst hatte – in die Bar, und dort stellte ich fest, dass die Holländer unheimlich saufen können, so dass für einen nicht an so starke Getränke gewöhnten Mann große Vorsicht ratsam war. Aber es war ein sehr netter und amüsanter Reiseauftakt. Am nächsten Morgen weckte mich das tiefe Brüllen der Sirene aus dem nach der schweren Sitzung des Vorabends noch sehr tiefen Schlummer. Als ich dann auf Deck kam, sah ich

Rotterdam schon im grauen Frühnebel verschwinden. Zwei winzige Schlepper zogen das gewaltige Schiff langsam den breiten Stromlauf des Lek hinunter und warfen bei der Mündung los, während zum ersten Male das Vibrieren unserer Maschine den weißen Rumpf erschütterte. Am Nachmittag legten wir in Southhampton an, einem ebenso düsteren, unfreundlichen Stadtbilde, wie es Rotterdam geboten hatte. Dort kamen noch zahlreiche Passagiere an Bord, und es wurde auch Ladung übernommen, aber schon abends lief die „Prinsess Juliaane" wieder aus. Ade Europa! Der letzte Gruß des alten Erdteils war das ungeheure Flammenschwert des Leuchtturms von Lands End an der äußersten Südwestspitze Cornwalls, das viele Kilometer weit in die See hinausleuchtete. Der offene Atlantik machte sich bald durch ein sanftes, regelmäßiges Heben und Senken des Schiffs bemerkbar, das schon auf vielen Gesichtern eine deutliche Verfärbung ins Grünliche hervorrief. Um 8 Uhr riefen die Trompeten zum ersten Diner der Fahrt, das nun schon ganz im feierlichen Stile verlief. Alles war in Frack oder Smoking, die Damen in großer Abendtoilette. Am Eingang des festlich erleuchteten Speisesaals, in dem diskrete Musik einer sehr guten Kapelle erklang, stand der Obersteward mit einer Passagierliste und ließ durch seine Stewards die Gaste zu ihren Plätzen an den blumengeschmückten Tischen führen. Mir zwinkerte er listig zu und wies mich an den Tisch des Ersten Offiziers, der für etwa zwanzig Personen gedeckt war, die nach und nach eintrafen. Der Erste Offizier nahm die Vorstellung vor. So blieb die Tischordnung, mit nur geringen Veränderungen, während der ganzen Reise. An den Kapitänstisch pflegte man nur prominente Gäste, zu denen ich ja nun nicht zählte, zu setzen, also Diplomaten, hohe Beamte, berühmte Künstler und – Millionäre. Aber auch der Tisch des Ersten Offiziers bedeutete schon eine Auszeichnung. Unsere Tischgesellschaft war sehr harmonisch zusammengesetzt und hat sich immer ausgezeichnet vertragen. Es waren in der Hauptsache

Engländer, darunter ein jovialer alter Konsul mit seiner liebenswürdigen, aber äußerst autoritären Gattin und einer reizenden Tochter von 19 Jahren. Ferner einige Holländer und Holländerinnen und ein paar Südamerikaner, – Argentiner, Brasilianer und Uruguayer –, mit ihren Damen. Meine Tischdame war eine ganz entzückende, nicht mehr ganz junge, aber hochelegante, kluge und interessante Engländerin, die nach einem längeren Besuche in der Heimat zu ihrem Mann zurückkehrte, der im Süden Argentiniens eine große Farm besaß. Soll ich verraten, dass sie meine Kabinennachbarin war?? Später erfuhr ich, dass diese Strohwitwen aus überseeischen Ländern, die sich, ehe sie in die Einsamkeit oder die Kulturferne entlegener Farmen, exotischer Kleinstädte usw. zurückkehren, noch einmal austoben wollen, an Bord der großen Überseedampfer eine sehr bekannte Erscheinung sind. Von den übrigen Passagieren lernte ich dann im Laufe der Zeit auch noch eine ganze Anzahl, aber natürlich nicht alle, kennen. Es war ein buntes Gemisch aller möglicher Nationen und Berufe, aber, soweit ich das feststellen konnte, war ich der einzige Deutsche und der einzige Offizier. In der II. Klasse dagegen, mit der man gelegentlich zusammentraf, reisten mehrere Deutsche, meist Kaufleute, unter denen ich einen Reserveoffizier des Leibregiments aus Mainz kennen lernte, mit dem ich dann in der Bar der II. Klasse manchen Schoppen getrunken habe. Er hatte nämlich einen sehr „süffigen" Beruf, als Vertreter der großen Sektfirma Kupferberg für Argentinien. Ob er große Geschäfte gemacht hat? Schwerlich, denn nach meinen Erfahrungen trinkt man in Südamerika, wenn überhaupt Schampus, nur französischen Champagner. Der Kapitän, ein Jonkheer van der Muylen, hielt an diesem ersten Abend eine kurze Begrüßungsansprache, erst auf holländisch, dann auf englisch und endlich auf spanisch, in der er eine angenehme Reise wünschte. Er sah eigentlich gar nicht wie ein rauher Seebär, sondern wie ein sehr vornehmer, älterer Gelehrter aus, mit silberweißem Haar, gepflegtem

Spitzbart und goldener Brille. Ich habe ihn später kennen und sehr hoch schätzen lernen, denn er war ein hochgebildeter Herr, der in der deutschen Literatur erstaunlich gut beschlagen, und, was schon damals bei einem Holländer keineswegs selbstverständlich war, von tiefer Sympathie für Deutschland und die deutsche Kultur erfüllt. Er war früher aktiver Seeoffizier gewesen und kannte viele Offiziere unserer Marine.

Am nächsten Tage begann dann die übliche Bordroutine. Morgens klingelte man dem Steward, der, nach englischer Sitte, die dampfende Tasse Tee brachte. Ich pflegte immer ziemlich früh aufzustehen, etwa um 1/2 8 Uhr – d.h. wenn der Abend vorher sich nicht allzu lange ausgedehnt hatte. Nach gemütlich vollzogener Toilette ging man in den Speisesaal und studierte die wahrhaft endlose Karte der essbaren und trinkbaren Genüsse, mit denen der Tag begann. Jeder, selbst der ausgefallenste Wunsch konnte erfüllt werden. Man konnte Kaffee, Tee, Schokolade, Kakao, Milch, aber auch Fruchtsäfte der verschiedensten Art haben, nur wer, wie ein alter, ausgedorrter schottischer Schafzüchter aus Patagonien, gleich mit Whisky-Toddy anfangen wollte, musste ihn besonders bezahlen. So viele verschiedene Arten von Brot, Brötchen und Kuchen habe ich niemals mehr zusammen gesehen, und der Marmeladen, Gelees und des Honigs waren es noch mehr. Dass auf einem holländischen Schiff die Butter ein besonderer Genuss war, ist klar. Dann Eier jeder Zubereitungsart, Beefsteaks, Koteletts, Nierchen, Leber, gegrillte, gekochte, gebratene Fische, riesige Platten mit kaltem Aufschnitt und Käse – kurz, das reinste Schlaraffenland. Meist ging man anschließend gleich ein wenig in den Turnsaal, wo es die raffiniertesten gymnastischen Geräte gab, und man, je nach Belieben, einen Morgenritt im Trabe und Galopp auf einem mechanischen Pferde unternehmen oder sich im Trockenruderapparat im Pullen trainieren konnte. Begab man sich dann zu einem Spaziergang auf das Promenadendeck, legte sich in einen Liegestuhl oder schmökerte in der Bibliothek, so hielten gewandte Stewards einem immer wieder Platten mit Sandwiches und heißer oder kalter Fleischbrühe unter die Nase. Man konnte auch eine Partie Tischtennis unternehmen oder sich an einem der Bordspiele, Shuffleboard oder anderen, beteiligen. In das Schwimmbad ging ich meist nachmittags, aber als wir in die heißen Breiten kamen, gab es viele Damen und Herren, die sich dort fast den ganzen Tag aufhielten. Von 12 Uhr ab konnte man den Lunch nehmen, dessen Speisekarte das erste Frühstück natürlich noch turmhoch überragte. Ich habe ihn nach einigen Tagen oft ausgelassen, denn man fühlte sich trotz zehrender Seeluft und Gymnastik manchmal wie genudelt. Hatte man dann seine Nachmittagsruhe hinter sich – nach wenigen Tagen schon, etwa auf der Höhe von Lissabon, konnte man sie im Freien auf dem Liegestuhl abhalten – so nahm man Tee oder Kaffee, wieder mit unendlichen Kuchen und Sandwiches, und wer Lust hatte, das waren fast alle Damen und sehr viele, selbst ältere Herren, konnten ein Tänzchen einschieben. Um 8 Uhr erklang das Signal zum Diner, bei dem Abendanzug vorgeschrieben war. Es brachte nie weniger als Vorspeisen, Suppe, drei Gänge, Nachtisch, aber diese Aufzählung wird ihm nicht gerecht, denn bei allen Gängen standen mindestens vier oder fünf Gerichte zur Auswahl. Man muss wirklich sagen, dass die Schiffahrtsgesellschaften für den Preis der Fahrkarte etwas leisteten! Nur die Getränke mussten besonders bezahlt werden. Dafür schrieb man Bons, die am Ende der Reise abgerechnet wurden. Ich habe mich übrigens davon überzeugt, dass die Verpflegung in der II. Klasse gar nicht so sehr hinter der der I. zurückblieb und dass es auch in der III., der Auswandererklasse, ein sehr reichliches und schmackhaftes Essen gab. Nach dem Diner verteilte sich alles auf die verschiedenen Gesellschaftsräume, manche, darunter regelmäßig ich, unternahmen noch einen Verdauungsspaziergang, um das Promenadendeck, die jüngere Welt eilte zum Tanz, und die älteren Herren oder hartgesottenen Junggesellen machten sich in der Bar oder in einem der Trink-, Rauch- oder Spielsalons sesshaft, wo es meist sehr spät wurde. Dort ließ auch ich mich meist nieder, nachdem ich meiner sehr tanzlustigen Tischdame zu ihrer Enttäuschung erklärt hatte, dass ich im Tanzen kein besonderer Held sei. Sie nahm es mir nicht übel, aber ein paar Tänze musste ich doch nolens volens jeden Abend mit ihr absolvieren. Allmählich lernte ich dann unter den Herren, mit denen ich abends einen Männertrunk tat oder pokerte, eine ganze Menge interessanter Leute kennen. Man macht ja an Bord sehr leicht und schnell Bekanntschaften. Am meisten schloss ich mich Holländern und Engländern an, die mir doch näher standen als die zum Teil sehr netten, vielfach aber auch recht protzigen, ungebildeten reichen Südamerikaner. Die angenehmsten Menschen unter diesen waren Estancieros aus dem Inneren Argentiniens oder Uruguays, vielfach uralten spanischen Adelsblutes, denen Güter vom Umfang eines Herzogtums gehörten, wo sie, wie ich später selbst sah, als unumschränkte Monarchen über ihre Peones und indianischen Arbeiter herrschten. Die anderen waren Getreidespekulanten oder Börsianer, denen, und vor allem deren Damen, man den neu und oft auf nicht sehr reinliche Art erworbenen Reichtum nur zu deutlich anmerkte. Die Engländer und Holländer waren meist Direktoren oder leitende Angestellte und Ingenieure großer Industrie-, Bergwerks- oder Farmgesellschaften, einzelne hatten auch selbst große landwirtschaftliche Besitztümer in Brasilien, Uruguay oder Argentinien erworben. Von irgendwelcher Feindschaft oder Abneigung gegen Deutschland habe ich auch in diesem Kreise nicht ein einziges Mal etwas gemerkt, im Gegenteil beherrschte besonders die Briten immer noch der Gedanke der „Two white nations". Aber gerade darum war es erschütternd, dass auch unter diesen welterfahrenen und weitschauenden Männern die feste Überzeugung vorwog, dass ein europäischer Krieg unvermeidlich sei und in allernächster Zeit ausbrechen werde.

Der Direktor eines der größten Schlachthäuser und Fleischexportunternehmens sagte mir einmal ganz offen, dass seine Firma bereits umfassende Vorkehrungen für den Kriegsfall treffe und Vorräte ansammele, die dann sofort nach Europa verschifft werden sollten. Er wundere sich, dass ein deutscher Offizier in dieser kritischen Zeit nach Südamerika kommandiert werde. Aber oft wurde nicht von Politik gesprochen, denn man fühlte sich auf unserer luxuriösen schwimmenden Insel mitten im Weltmeer tatsächlich irgendwie losgelöst von den Wirrungen und Irrungen der fernen Welt da draußen. Die täglich erscheinende Bordzeitung siebte ihre Funktelegramme sehr sorgfältig, um die gute Lame der Passagiere nicht zu trüben. Für die besonders interessierten Leute, Diplomaten oder Finanziers, wurde ein besonderes Zusatzblatt herausgegeben, das auch die weniger angenehmen Nachrichten enthielt. – Unser erster Anlegeplatz war Funchal in Madeira, wo wir 12 Stunden Zeit hatten, uns diese paradiesische Insel anzusehen. Eine fröhliche Gesellschaft, der ich mich angeschlossen hatte, sauste in den merkwürdigen Schlitten unter viel Geschrei der Damen in atemberaubender Schnelligkeit die steilen, eisglatten Straßen hinab, und dann kaufte natürlich alles Madeira-Stickereien, ich für Mama und Lulu als Weihnachtsgeschenk, und setzte sich dann in einer der zahllosen kleinen Schenken fest, um den berühmten Vinho de Madeira zu proben. Was eine ganze Anzahl der Herren so ausgiebig tat, dass man nachher eine Reihe sehr schwankender Gestalten in die Boote taumeln sah, die uns an Bord zurückbrachten. Wohl in jedem erwachte der Wunsch, auf dieser glücklichen Insel mit ihren malerischen weißen Städten und Dörfern, den blumenschweren Gärten einmal längere Zeit verbringen zu können. – Einen ganz anderen Eindruck hinterließen die beiden einzigen anderen Inseln, an denen wir, auf ziemlich weite Entfernung, vorbeipassierten: Erst St. Paul's Rock, ungefähr auf dem Äquator, ein winziger Steinbrocken mitten in der unendlichen Weite des Atlantik, der höchste Gipfel eines unterseeischen Berges, damals nur von der Besatzung eines Leuchtturms bewohnt und keiner Nation zugehörig. Heute haben, wenn ich richtig unterrichtet bin, die U.S.A. dort eine Funkstation errichtet, die um ihre Aufgabe auf dem düsteren, ewig sturmumtobten Felsen, auf dem nicht Baum, nicht Strauch wächst, nicht zu beneiden ist. Dann, näher schon der Küste Südamerikas, Fernando Noronha, etwas größer, aber ebenso finster und unwirtlich, wohin Brasilien, dem die Insel gehört, seine politischen Gefangenen verbannt, die dort ein wahres Höllenleben führen. Es wurde an Bord erzählt, dass sich zu jener Zeit unter ihnen ein früherer brasilianischer Botschafter in Paris befand, der sich in irgendeine Verschwörung gegen den Präsidenten eingelassen hatte. Der Mann mag wohl oft sehnsüchtig an die fröhlichen Boulevards der Lichtstadt zurückgedacht haben. Unablässig umkreisten zwei brasilianische Kanonenboote die nach allen Selten senkrecht ins Meer abfallenden himmelhohen Felsenwände des unheimlichen Eilandes und eröffneten auf jedes Schiff, das sich auf mehr als 300 m der Insel näherte, sofort das Feuer. Trotzdem soll gelegentlich einem der Gefangenen die Flucht gelingen. Natürlich waren während der Vorbeifahrt unzählige Ferngläser an Bord unseres Dampfers auf die Insel gerichtet, aber es war nicht die mindeste Spur einer menschlichen Behausung dort zu erkennen. Einer der brasilianischen Mitreisenden erklärte, dass die Gebäude für die Unterbringung der Gefangenen und Bewachungsmannschaften im Innern des Felsenblockes auf einer Hochfläche lägen und nur durch einen Aufzug zu erreichen seien. Er wollte uns auch glauben machen, dass dort die Verbannten ein sehr gemütliches Leben führten, aber daran hegten wir alle einige Zweifel und hielten seine Behauptung mehr für einen Ausfluss seines Patriotismus. – So gingen die Tage hin, ohne dass irgendwelche besondere Ereignisse das glückliche Gleichmaß unterbrachen. Wenn wir ein Schiff passierten, war das schon das Aufregendste, was passierte, und es lockte so ziemlich alles an Deck, außer den alten Überseern, die nichts mehr erschüttern konnte, und die sich nicht von ihrem Poker oder Whiskyglas fortziehen ließen. Mit Stolz sah ich einen der herrlichen Dampfer der Hamburg – Süd vorbeifahren, und das Herz schlug mir höher, als ich am Mast dieses prachtvollen Schiffes die geliebte schwarz-weiß-rote Flagge wehen sah. Oft begleiteten Tümmler unser Schiff, an deren fröhlichem Spiel wir uns erfreuten, und hinter dem Heck folgten manchmal stundenlang Haie in Erwartung der weggeworfenen Küchenabfälle. Eine amüsante Unterbrechung war die Äquatortaufe, der sich alle unterziehen mussten, die den Gleicher noch nicht passiert hatten. Aber natürlich war das an Bord dieses Luxusdampfers nur eine Art Fastnachtsscherz, und die etwas rauhen seemännischen Gebräuche wurden nur angedeutet. Die Trompete rief alle Passagiere auf das Bootsdeck, und dort erschien dann, über die Reling steigend, als ob er aus der See auftauche, Neptun und seine hohe Gemahlin, begleitet von Hofastronom, Leibarzt und zahlreichem Gefolge, alle in sehr dezenten, sauberen Kostümen, was sonst keineswegs der Fall zu sein pflegt. Der Meeresgott hielt eine holländische Ansprache, die ein Offizier in englischer und spanischer Sprache wiederholte, und begrüßte die Neuankömmlinge in seinem Reich. Dann wurden die Täuflinge aufgerufen und die „heilige Handlung" wurde in der Form vorgenommen, dass den Herren ein Schwamm Wasser über dem Kopf ausgedrückt, den Damen aber mit einem parfümierten Tüchlein ins Gesicht getupft wurde (für jede Dame ein neues Tüchlein!). Jeder und jede erhielten ihren Namen und einen hübsch ausgeführten Taufschein, während der Hofastrolog ihnen ihre Zukunft voraussagte und der Leibarzt ihnen Medizin gegen angebliche Leiden verabfolgte, für die Damen ein Schächtelchen Konfekt, für die Herren ein Fläschchen Cognak. Natürlich gab es dabei viele kleine Neckereien, denn Neptun schien über den heftig blühenden Bordklatsch sehr gut unterrichtet zu sein. Ich

wurde Wilhelm der Eroberer getauft, und der Astrolog prophe-
zeite mir, ich würde noch viele Siege gewinnen – womit ich ja
schon an Bord dieses neutralen Dampfers begonnen habe; was
natürlich heftiges Gelächter und bei einer bestimmten Persönlichkeit ebenso heftiges Erröten hervorrief. Zum Schluss passierte man einige mit Servietten zugedeckte Suppenschüsseln, in
die jeder eine Spende für die Äquatorfeier der Mannschaft hinein-
legte. Sie hatte sich sicher nicht zu beklagen, denn man hörte
manches Goldstück klirren. Abends fand dann ein Taufessen mit
anschließendem Ball statt, bei dem es, wenn möglich, noch herr-
lichere Genüsse gab als sonst. Dabei tanzte ich auch (so gut ich es
eben konnte) und – beleidigte, ohne es zu wollen, die nette Tochter des an unserem Tisch sitzenden britischen Konsuls tief. Sie
war nämlich in Buenos Aires geboren und ich hatte von ihr schon
viel Interessantes über die Gesellschaft und das Leben in der
argentinischen Hauptstadt erfahren. Ich sagte ganz harmlos: „Da
Sie in Buenos Aires geboren sind, sind Sie doch eigentlich Argentinerin, Miss X." Worauf die stolze Britin tief pikiert erwiderte:
„Wenn ich zufällig in einem Kuhstall geboren wäre, wäre ich
dann eine Kuh?" Tableau! – Außer den üblichen Bordzer-
streuungen, von denen ich schon erzählt habe, bemühte ich mich,
das ganze Schiff vom Oberdeck bis zum Kielraum eingehend
kennen zu lernen, denn mir als ausgesprochener Landratte war ja
alles völlig fremd und interessant. Bei den Offizieren fand ich
größtes Entgegenkommen, denn es geschah wohl selten, dass
sich ein Passagier einmal für den schweren und verantwortungsvollen Dienst der Besatzung interessierte, der, für den oberflächlichen Beobachter kaum zu bemerken, neben dem Luxusdasein
der Fahrgäste herlief. Der Kapitän lud mich, als er mein Interesse
bemerkte, verschiedentlich auf die Kommandobrücke ein, deren
Betreten sonst den Passagieren streng verboten war. Es wurde
mir nie langweilig, die komplizierte und doch mit selbstverständ-
licher Ruhe vor sich gehende Führung eines so großen Schiffes

zu beobachten, den eisernen Gleichmut, mit dem der Mann am Ruder sein Rad drehte, das Schrillen der Maschinentelegraphen, die kurzen Kommandos der wachhabenden Offiziere. Den größten Eindruck machten mir der Kessel- und der Maschinenraum, das Arbeiten der ungeheuren Maschinen mit ihren funkelnden, sich blitzschnell drehenden Schwungrädern, die Maschinisten, die mit ihren Ölkannen mitten zwischen ihnen und den stampfenden Kolben umherkletterten, alles in einem ohrenbetäubenden Getöse. Aber der Kesselraum war die reinste Hölle. Man muss dabei bedenken: Wir waren schon in tropischen Breiten, wo man selbst an Deck in leichtester Gewandung dauernd in Schweiß gebadet war. Dort unten aber im tiefsten Bauch des Schiffes stießen die halbnackten, kohlschwarzen[59] Heizer die schweren Schürhaken in lohende Glut des Feuers, schoben die hochbeladenen Karren mit Kohle vor die Kesseltüren und warfen mit weit ausholendem Schwung die mächtigen Schaufeln voll Kohle in den gähnenden Höllenrachen – vier Stunden lang in einer Temperatur, die einem kaum noch das Atmen erlaubte. Was mochten diese Leute denken, wenn sie an das luxuriöse Leben der Glücklicheren viele Stockwerke über ihnen in der freien Luft der See dachten? Jedenfalls hatte ich damals geradezu ein gewisses Gefühl der Scham, wenn einer der Männer, von deren nackter Brust der Schweiß in Strömen floss, seine in dem schwarzen Gesicht unheimlich weiß rollenden Augen auf mich richtete. Ich war eigentlich nicht verwundert, als der Leitende Ingenieur mir sagte, dass die Stoker eine außerordentlich gefährliche Gesellschaft seien, vor der man sich sehr in Acht nehmen müsse, und dass sie politisch zu den Rotesten der Roten gehörten. Die Technik hat mit der Erfindung dar Turbine und der Ölfeuerung dem Seevolk wirklich eine unendliche Wohltat erwiesen. Als ich viele Jahre später auf einem unserer modernsten Kreuzer durch den

---

59 D.h. vom Kohlenstaub, denn Heizer und [unlesbar] waren Weiße.

sauberen, kühlen Heizraum ging, wo zwei Heizer in schnee-weißen Uniformen gemütlich herumgingen und hier und da durch ein Drehen der Ventile den Ölzufluss zu den Brennern regelten, musste ich an die schwitzenden Heizer in der glühenden Hölle der „Prinsess Juliaane" denken. Und dann kam die wunderbare Einfahrt in die märchenhaft schöne Bucht von Rio de Janeiro mit den beiden hochragenden Felsnadeln des Zuckerhuts und des Corcovado vor der weit hingebreiteten weißen Stadt, die die steile Bergwand mit ihren Palästen und Häusern empor steigt, hoch über ihr auf mächtigem Felsgipfel das gewaltige Kreuz des Erlösers, das, sobald die Dunkelheit sich senkt, weit hinaus in die tropische Nacht strahlt wie ein Gruß des Friedens. Des Friedens, der auch hier nicht herrscht unter den Menschen. Als wir in den Hafen einliefen, lehnte neben mir an der Reling ein großer Kaffeepflanzer aus São Paulo und deutete mit hasserfülltem Blick auf die leuchtende brasilianische Hauptstadt. „Sehen Sie", sagte er in französischer Sprache zu mir, „für dieses Rattennest von korrupten Politikern und Bankiers müssen wir im Süden arbeiten und bluten. Hätten wir nur die anständige und gerechte Monarchie noch. Warum musste Dom Pedro damals so überstürzt die Sklaverei aufheben? Hätte er es nicht getan, so hätte der Süden das Kaisertum unbedingt gehalten. Aber es ist noch nicht aller Tage Abend." Der gleiche Gegensatz also wie in den Vereinigten Staaten zwischen dem rohstofferzeugenden Plantagenland der Südstaaten und dem industriellen, handeltreibenden Norden, der auch dort heute noch nicht überbrückt ist, obwohl in dem blutigsten Bürgerkriege aller Zeiten vor fast achtzig Jahren die Waffen gegen den Süden entschieden. Auch der brasilianische Süden erhebt immer wieder das Banner des Aufstandes und der Sezession gegen die Zentralgewalt in Rio de Janeiro, und 1922 war es fast so weit, dass die Trennung vollzogen wurde, wenn sich nicht die Flotte im letzten Augenblick für die Bundesregierung erklärt hätte. Fast zwei Tage lagen wir in Rio, und natürlich strömten alle

Passagiere an Land. Für mich war es wirklich ein Schritt in eine ganz neue, fremdartige Welt (viel mehr übrigens als später in dem doch viel europäischer oder besser nordamerikanisch anmutenden Buenos Aires). Die endlose Uferpromenade war nicht sehr exotisch – eine ununterbrochene Reihe von prunkvollen Gebäuden der Banken, Handels- und Schiffahrtsgesellschaften usw., darunter viele Wolkenkratzer von 15 oder 20 Stockwerken. Im Innern der Stadt die Paläste des Bundespräsidenten, der Ministerien, des Parlaments, viele teils wirklich schöne, teils aber geschmacklose und überladene Denkmäler auf palmenbestandenen weiten Plätzen, elegante Hotels und Läden, aber dicht daneben winklige schmutzige Gassen mit zerfallenden Hütten und armseligen Baracken, von unzähligen Menschen in allen nur denkbaren Farbenschattierungen wimmelnde Mietskasernen mit abbröckelndem Verputz und zerbrochenen Fenstern. Die Wohnhäuser und Villen der besser gestellten Bevölkerung und der Reichen lagen durchweg außerhalb der Stadt am Meeresstrande oder am Rande des die Stadt umschließenden Urwaldes, viele auch in dem wunderschönen Badeort Copacabana. Das Interessanteste aber waren die Menschen. Ein solches Gemisch von Rassen habe ich nie und nirgends wieder gesehen wie in Rio. Von irgendeiner Colour Bar war nichts zu merken. Wenn man einen wirklich reinen Weißen auf der Straße oder in den Restaurants sah, so war es in 90% der Fälle ein Ausländer. Als ich vor dem Präsidentenpalais mittags die Ablösung der Wache beobachtete, waren unter den Soldaten der Jägerkompagnie in dunkelgrünen, gelbverschnürten Uniformen mit hohem schwarzem Ledertschako mindestens Dreiviertel Vollblutn****, und aus dem Kriegsministerium sah ich zu meinem Erstaunen einen pechschwarzen General herauskommen. Die Truppen, die ich sah, machten übrigens nicht gerade einen sehr strammen und disziplinierten Eindruck. Viele Soldaten sahen sehr abgerissen, fast zerlumpt aus. Rio de Janeiro ist wohl die einzige Hauptstadt dieser Erde, wo man mit der Elektrischen Straßenbahn direkt in den wirklichen tropischen Urwald hineinfahren kann, der bis unmittelbar an die Stadtgrenze heranreicht. Wenn man an der Endstation aussteigt, so braucht man nur ein paar Schritte zu tun, und man steht unter riesenhaften, von Lianen und Orchideen bewachsenen Bäumen, in deren Wipfeln kreischende Affenhorden herumturnen und Papageien und andere unwahrscheinlich bunte Vogel krächzend flattern. Oft kriecht aus dem undurchdringlichen Unterholz an den Seiten der Straße eine meterlange Schlange gemütlich über den Asphalt, und die meisten davon sind giftig. Diese Bestien sind, wie man mir erzählte für die etwas außerhalb gelegenen Villen eine wahre Plage, und Schlangenserum ist dort ein unentbehrliches Ingredienz jedes Arzneischrankes. – Nun stand die Reise unmittelbar vor dem Abschluss, und meine Spannung stieg, besonders nach dem ersten Eindruck von Südamerika, den ich in Brasilien erhalten hatte, auf den Höhepunkt. Vorher aber war noch nach altem Gebrauch das stets am Vorabend der Ankunft abgehaltene Kapitänsdiner zu erledigen, dem immer ein besonders festlicher Ball folgt. Die von der jüngeren Damenwelt eifrig betriebenen Vorbereitungen – die meisten hatten für diese Gelegenheit eine bis dahin sorglich verborgene Toilette aufgehoben – brachten für mich eine Überraschung, die mir eigentlich gar nicht sehr angenehm war. Eines Abends nach dem Essen nämlich kam eine wahre Deputation von jungen Mädels zu mir und forderte mich dringend auf, an diesem letzten Abend in Uniform zu erscheinen. Ich hoffte das abzubiegen, indem ich den Damen erklärte, dass alle meine Uniformen in Koffern verpackt seien, die tief im Schiffsbauch verstaut seien und vor der Zollrevision überhaupt nicht geöffnet werden dürften. Aber das half mir nichts, denn die hartnäckigen Bittstellerinnen steckten sich hinter den Vierten Offizier und den Zahlmeister, die für das Gepäck verantwortlich waren. Na, diese beiden Offiziere konnten natürlich den flehenden Blicken so vieler schöner Augen nicht widerstehen, und so fand ich denn am Nachmittag meine Kabine ausgefüllt von meinen sämtlichen Koffern. Gut, dass ich sie nummeriert und mir den Inhalt der einzelnen Stücke genau orientiert hatte, sonst hätte ich schön nach den verschiedenen, zum Gesellschaftsanzug gehörenden Teilen suchen können! Also erschien ich denn abends in voller Kriegsbemalung – Waffenrock, Epaulettes, Orden – von allgemeinem „Ah!" und Händeklatschen begrüßt. Es wird wohl das erste – und letzte – Mal gewesen sein, dass die Uniform des hessischen gelben Regiments Prinz Carl auf den Wogen des Atlantik an der Küste Südamerikas aufgetaucht ist. Es war aber ein voller Erfolg, und ich musste sogar jeden Tanz – durchstehen, so schwer mir das auch fiel. Bei dem damals so beliebten Cotillon bedeckte sich meine Heldenbrust mit soviel Orden und Schleifen, dass ich unbestrittener Sieger der gesamten Herrenwelt war. Jedenfalls aber erhielt ich dabei einen Vorgeschmack davon, was es heißt, im südamerikanischen Sommer zwei Breitengrade südlich des Äquator in einer dickwollenen europäischen Uniform mit hohem steifem Kragen zu exerzieren! Nett war's aber doch und der Bordphotograph hat mich mindestens zwanzig Mal in immer wechselndem holden Kreise aufgenommen.* Ob wohl in irgendeinem Winkel von Argentinien, England oder Holland heute noch manchmal eins silberhaarige Großmutter, wenn sie ihre Jugenderinnerungen durchsieht, auch ein verblasstes Photo in die welke Hand nimmt, das sie an der Seite eines unwahrscheinlich schlanken deutschen Leutnants zeigt? Ich versäumte aber doch nicht, einmal auf ein Stündchen den Sirenen zu entrinnen und den oben erwähnten Kameraden vom Leibregiment in der II. Klasse aufzusuchen: Na, die Freude, als er und die anderen Deutschen plötzlich die vertraute Uniform erscheinen sahen! Es war wirklich rührend, wie mancher seit Jahrzehnten in Südamerika tätige graue alte Kaufmann oder Farmer sich plötzlich der halb vergessenen Soldatenzeit erinnerte, die Hacken zusammenriss und gar nicht oft genug ein „Jawohl, Harr Oberleutnant", herausschmettern konnte. Und schließlich wollten auch viele der „zweitklassigen" deutschen Damen (die aber oft viel „erstklassiger" in jeder Hinsicht waren als die Protzen der Ersten Klasse) einmal bei einem kurzen Tänzchen die Hand auf ein deutsches Epaulett legen und sich in einen blauen Uniformärmel schmiegen. Man wollte mich gar nicht wieder fortlassen, und ergriffen fühlte ich, was für diese weit in der Welt zerstreuten Kinder der großen Mutter Germania der Anblick des Waffenkleides unseres herrlichen deutschen Heeres bedeutete. – Und dann war der große Tag da. Schon lange, lange bevor wir Land sichteten, hatte sich die grüne Flut des Meeres in ein schmutziges Braungelb verwandelt. Es sind wohl 100 bis 150 km oder noch mehr, die der Rio de la Plata die ungeheuren Wassermassen der in ihm zusammenströmenden Flüsse Paraná und Uruguay mit riesigen Erdmassen hinaus in den freien Ozean führt. Allmählich tauchte dann auf Backbord eine reizlose, flache Küste in der Ferne auf, aber da waren wir ja schon tief im Rio de la Plata, der kein Fluss, sondern die weite Mündungsbucht der beiden eben genannten Ströme ist. Das Ufer zu Steuerbord, die Küste der kleinen Republik Banda Oriental del Uruguay, was ja nur „Östliches Ufer des Uruguay" bedeutet, konnten wir nicht erkennen, denn der Rio de la Plata ist 45 km breit. Schon lange, ehe wir in ihn eingelaufen waren, war der argentinische Lotse an Bord gekommen, denn nur zwei, nicht sehr breite Fahrrinnen sind für größere Schiffe gefahrlos zugänglich, sonst ist die Bucht stark versandet. Dieser argentinische Lotse aber war – ein Deutscher, was mir gleich einen Begriff von der sehr starken und angesehenen Stallung des Deutschtums in der Argentinischen Republik gab. Allmählich erschienen dann einzelne kleinere Siedlungen, Fischerdörfer, Fabriken, Villen, die sich immer mehr verdichteten, bis wir schließlich an einer geschlossenen Gebäudefront von Werften, Lagerhäusern usw. vorbeifuhren, hinter der sich endlos, unübersehbar das Häusermeer von Buenos Aires breitete, überragt von Kirchtürmen, Palastkuppeln und Hochhäusern. Vor der Hafeneinfahrt legten zwei kleine starke Schlepper an der „Prinsess Juliaane" fest und zogen den Dampfer vorsichtig durch zahllose vor Anker liegende Schiffe bis an den Anlegekai. (Heute ist das, soweit ich gehört habe, nicht mehr nötig, sondern die Schiffe können mit eigener Kraft bis zu ihren ihnen angewiesenen Anlegestellen fahren). Nachdem das Schiff festgemacht hatte, kamen zuerst die Zollbeamten und der Amtsarzt an Bord, aber hinter den weißen Uniformen der Carabineros erkannte ich schon verschiedene Herren in der khakifarbenen Sommeruniform des argentinischen Heeres, die mir lachend zuwinkten. Fast alle alten Freunde und Kameraden aus den vergangenen Jahren in Worms waren erschienen, um mich abzuholen: Eduardo Weiss, Costa, Molina, Perlinger, Lima und Peretti, alle bereits um mehrere Dienstgrade befördert und entweder dem Generalstab oder dem Infanterielehrbataillon zugeteilt. Nur der fette Weiberheld Gazari fehlte. Er hatte gleich nach seiner Rückkehr aus Deutschland die Uniform ausgezogen, in die er auch wirklich nicht hineinpasste, und war in die Bank irgendeines begüterten und einflussreichen Verwandten eingetreten. Außerdem aber betätigte er sich lebhaft in der Politik, nämlich in der Oppositionspartei und hielt militärfeindliche Volksreden, wie mir Molina auf meine Frage nach diesem einzigen unerfreulichen Zeitgenossen unter unseren Argentinern erzählte. Nach herzlichster Begrüßung und Umarmung gingen die Herren gleich mit mir zu dem Offizier der Zollabteilung (wie in den meisten romanischen Ländern sind auch in Argentinien die Zöllner eine militärische Truppe und unterstehen gleichzeitig dem Kriegs- und dem Finanzministerium). So wurde ich denn mit Selbstverständlichkeit sofort unter den ersten Passagieren, den Diplomaten und Konsuln, ohne jede Untersuchung meines Gepäcks abgefertigt, und verabschiedete mich schnell von dem Kapitän, den Offizieren und den Mitreisenden, besonders meiner Tischdame, was nicht ohne ein Tränchen abging, obwohl der Herr Gemahl schon am Kai unter der Menge der Abholenden wartete, die erst nach der Zoll- und Gesundheitsrevision, (die bei mir ganz wegfiel), das Schiff betreten durften. Und dann ging ich im vergnügten Schwarm der Kameraden über die Brücke und setzte zum ersten Male den Fuß auf den Boden der Silberrepublik. Ein Sergente und fünf Soldaten des Regiments Escolta warteten schon, um mein Gepäck vom Dampfer zu holen und in einem Lastkraftwagen in das Hotel zu bringen, wo ich für einige Tage untergebracht war. Es war, natürlich, das Hotel Rivadavia, damals das beste der Hauptstadt, an der prachtvollen Avenida de Mayo, die den Champs-Elysées nachgebildet ist. Zunächst einige kurze Worte über die Argentinische Republik, ihre Wehrmacht und Buenos Aires, wie sie sich mir damals, im Jahre 1912, darstellten. Während der Jahrhunderte der spanischen Herrschaft gehörte das heutige Argentinien zuerst zum Vizekönigreich Peru und bildete später, zusammen mit den heutigen Staaten Uruguay, Paraguay und Teilen von Chile, Peru und Bolivia ein eigenes Vizekönigreich La Plata. Als Simon Bolivar 1810 das Banner der Befreiung in Caracas erhob, erkämpfte auch General San Martin, der als Feldherr und Staatsmann bedeutendste Gefährte des Libertadors, mit seinen Gauchoregimentern seiner Heimat die Unabhängigkeit, die 1816 proklamiert und zuerst von den Vereinigten Staaten, dann zögernd und zum Teil sehr spät auch den übrigen Mächten anerkannt wurde. Argentinien hat seit der Entdeckung Amerikas und der Besitzergreifung durch die Könige Spaniens ein von den übrigen süd- und mittelamerikanischen Ländern sehr verschiedenes Schicksal gehabt, was sich noch heute im Charakter von Staat und Volk deutlich ausprägt. In diesem ungeheuren Flachlande, das sich vom tropischen Chaco bis in die eisigen Gefilde Patagoniens, von der himmelragenden Gipfelkette der Anden bis an den Atlantischen Ozean ausdehnt, gab es kein Gold zu erbeuten, keine reichen Königtümer wie im Incareiche und in Mexico zu plündern. Nur schweifende Indianerhorden, gering an Zahl und von niedrigster Kulturstufe, streiften durch die weite Pampa und den Urwald des Chaco. So interessierte sich die spanische Regierung nur wenig für dieses ihr fast wertlos erscheinende Gebiet, denn ihre Beamten erkannten nicht oder zu spät, dass die ungeheuer fruchtbare Erde dieser jungfräulichen Prärien Schätze barg, deren unzerstörbarer Wert viel größer war als der der Gold- und Silberbarren, die die Flotten der Krone alljährlich nach Sevilla und Cadiz trugen. Wohl aber erkannten das sehr bald die unternehmungslustigen Siedler, die von den spanischen Königen, meist zur Belohnung für dem Staat geleistete Dienste, ungeheure Landzuteilungen in diesem herrenlosen Gebiet erhielten – die sie sich freilich erst selbst entdecken und erobern mussten. Es war durchweg bestes spanisches Adelsblut, das sich von dem verderblichen Goldrausch der ersten Conquistadores frei hielt und mit zäher Energie daran ging, seinen neuen Besitz zu entwickeln und auszuwerten. Es sind sehr vielfach die Ahnen der heutigen Estancieros. Sie waren auch klug genug, die zähen und, im Gegensatz zu den tropischen Stämmen, arbeitsfähigen Indianer nicht auszurotten, sondern sie als gut behandelte Untertanen an sich heranzuziehen und allmählich aus ihnen den Typ des Gaucho, des wilden, unbändigen und freiheitsstolzen, aber seinem angestammten Herrn treu bis zum Tode ergebenen Reiters zu schaffen, mit denen dann General San Martin dem jungen Staate seine Freiheit von der unerträglich gewordenen Bevormundung durch die, damals, korrupte und unfähige Bürokratie von Madrid erkämpfte. Wenn man von den ganz indianischen oder mischblütigen Elementen der Gauchos absieht, ist Argentinien als einziger der lateinamerikanischen Staaten weißen Mannes Land geblieben. Das ist auch durch den Umstand begünstigt worden, dass Argentinien niemals eine nennenswerte Einfuhr von N****sklaven geduldet hat, die für den völkischen Bestand der meisten dieser

Neustaaten so verderblich geworden ist. Eine Vermischung mit farbigem Blute wäre bei den alten Familien der Criollos völlig undenkbar. Argentinien ist bis in die neueste Zeit hinein auf seiner Landwirtschaft aufgebaut. Schon im XVIII. Jahrhundert waren aus den paar Rindern, Schafen und Pferden, die die ersten Schiffe der Entdecker mit aus der Heimat gebracht hatten, ungeheure Horden dieser vorher in Südamerika unbekannten Nutztiere geworden, und unabsehbare Weizenfelder fingen an, die Weite der Pampa zu bedecken. Heute ist Argentinien einer der größten Fleisch- und Weizenproduzenten der Erde, und ohne seine Lieferungen wäre das durch zwei Kriegskatastrophen verwüstete Europa wohl schon ganz verhungert. Bergbau und Industrie sind noch in den Anfängen, und während meines Kommandos begann man gerade erst, einzelne kleine Bergbaubetriebe am Rande der Cordillera auszubeuten. Die Schwäche des Staates in unserem technischen Zeitalter liegt in dem fast völligen Mangel und überhaupt den wichtigsten Rohstoffen – Öl ist jetzt in Patagonien erbohrt worden –, so dass alle Maschinen, und, – was vielleicht noch wichtiger ist, alle Waffen eingeführt werden müssen. Durch den Zusammenbruch Deutschlands hat Argentinien seinen besten und vor allem völlig uneigennützigen Lieferanten für Rüstungsmaterial verloren – alle Gewehre, Maschinengewehre und Geschütze, sowie die Munition des argentinischen Heeres kamen damals aus deutschen Waffenwerken. Nach der Befreiung teilte Argentinien das wechselvolle Geschick aller spanisch-amerikanischen Republiken. Fast ein Jahrhundert dauerte es, bis das Land sich aus den Wirren unaufhörlicher Revolutionen, Pronunciamentos und Kriege mit den Nachbarländern zu einem geordneten Staatswesen durchrang. Es ist die Armee gewesen, die nach dem Staatsbankrott von 1891 endlich die Zügel der Regierung in die Hand nahm und, gestützt auf die konservativen Elemente des Großgrundbesitzes und ihre Gauchos, durch eine starke, wenn auch mitleidslos harte Militärdiktatur Ruhe und

Ordnung schaffte, die dann fast drei Jahrzehnte nicht mehr gestört wurden und dem Lande einen unerhörten Aufschwung schenkte. Heute ist wieder die Armee der Garant für die innere Festigkeit und äußere Machtstellung Argentiniens. Daraus erklärt sich auch die ausschlaggebende Position, die das Heer, ähnlich wie in Chile, in der argentinischen Innen- und Außenpolitik einnimmt. Seit Beginn der neunziger Jahre des vorigen Jahrhunderts hatte sich die Armee ganz nach deutschem Vorbild organisiert, soweit die völlig von den unseren verschiedenen Verhältnisse das irgend zuließen. Ich habe erzählt, dass alljährlich wechselnd eine größere Zahl argentinischer Offiziere nach Deutschland kommandiert wurde, aber auch in Argentinien selbst wirkten viele Deutsche an der Erhaltung und Förderung der Schlagkraft des Heeres mit. Diese freilich waren nicht abkommandiert, sondern entstammten teils den sehr angesehenen deutschen Elementen der Nation, teils waren es frühere deutsche Offiziere, die ganz in die argentinische Armee übergetreten waren. Zu den ersteren gehörte der damalige Major v.d. Becke, heute Chef des Generalstabes der Armee, zu den letztgenannten Oberst v. Kornatzky, während meines Kommandos Zweiter Chef des Generalstabes und rechte Hand des Generalstabschefs General Uriburú. Gesetzlich bestand in Argentinien die allgemeine Wehrpflicht mit, je nach der Waffengattung, acht-, zehn-, oder zwölfmonatiger Dienstzeit, Reserve- und Landwehrpflicht (la und 2a Tropa Territorial) 5, bzw. 4 Jahre. Organisation nach deutschem Muster, doch gab es keine Armeekorps, sondern das Heer war in 8 Divisionen zu je 4 Infanterieregimentern, 1 Kavallerieregiment, 1 Feldartillerieregiment, 1 Pionierkompagnie und Hilfstruppen eingeteilt. Ferner bestanden 2 Kavalleriedivisionen zu je 3 Regimentern und 1 Abteilung Reitender Artillerie, 1 Gebirgsbrigade zu 2 Jägerregimentern und 1 Regiment Gebirgsartillerie, 1 Küsten- und Festungsartilleriebrigade zu 3 Regimentern. Die Luftwaffe war erst im Aufbau begriffen und verfügte über 10 Flugzeuge verschiedener Modelle und 1 kleines amerikanisches Lenkluftschiff. Das Infanterieregiment bestand aus 2 Bataillonen zu je 3 Schützen- und Maschinengewehrkompagnie. Die Mannschaftsstärke betrug wie bei uns im Frieden etwa 3 Offiziere, 15 Unteroffiziere, 150 Mann je Kompagnie. Exerzier-Reglement, Schießvorschrift und Felddienstordnung waren wörtliche Übersetzungen der entsprechenden deutschen Vorschriften. Es fielen nur einzelne reine Exerzierübungen fort, wie Parademarsch und Präsentiergriff, da die Dienstzeit dafür viel zu kurz war. Außerdem litt die Armee wie viele Heere, die sonst unserem Vorbild folgten, an zwei empfindlichen Mängeln, die sich gerade bei der Rekrutenausbildung oft schmerzlich bemerkbar machten, nämlich der Schwierigkeit, ein wirklich brauchbares Unteroffizierkorps heranzuziehen und der viel zu geringen Zahl der Reserve-Offiziere. Beidem war, wie mir die argentinischen Kameraden oft klagten, schwer abzuhelfen. Wie alle Lateiner, besonders Spanier, widerstrebte auch der Argentiner dem Zwange der militärischen Disziplin in Friedenszeiten, mochte er auch noch so patriotisch gesinnt und im Ernstfalle ein todesmutiger Kämpfer sein. So war es einfach nicht möglich, genügend anständige Elemente und gute Soldaten zu finden, die sich zur Kapitulation über die gesetzliche Dienstzeit hinaus verpflichteten. Auch hohe Geldprämien und Aussicht auf Zivilversorgung konnten keinen Anreiz bilden. Das germanische Element unter den Eingewanderten, besonders die Deutschen, die Freude am Soldatenleben hatten, war zahlenmäßig viel zu gering. Auch die Anmeldung geeigneter Jünglinge für die Unteroffizierschule genügte nicht im Entferntesten. Die Schule blieb stets weit unter ihrem Sollbestand. So blieb nichts übrig, als die besten Soldaten schon zu Unteroffizieren zu befördern, wenn sie ihre halbe Dienstzeit abgeleistet hatten. Diese selbst kaum ausgebildeten Leute aber hatten wenig Autorität und konnten bei noch so gutem Willen natürlich ihrer Aufgabe nicht gerecht werden. Die Abneigung gegen den

Militärdienst aber war bei der gebildeten Jugend eher noch größer, besonders bei den Studenten der stark unter französischem Einfluss stehenden Universitäten Cordoba und Buenos Aires, und da es kein gesetzliches Mittel gab, die Leute zu zwingen, lehnten die meisten die Beförderung zum Reserve-Offizier, der häufiger Übungen machen musste, ab. Oberbefehlshaber der Wehrmacht war nominell der Präsident der Republik, damals Dr. Irrigoyen, ein erprobter Freund Deutschlands, tatsächlich der Chef des Generalstabes, General Uriburú. Im Ganzen gesehen machte die Armee einen vorzüglichen Eindruck. Sachverständige stellten sie weitaus an die erste Stelle aller südamerikanischen Heere, sogar noch vor die ebenfalls seit langem deutsch-organisierte chilenische Armee. Ich selbst habe nach dieser Richtung keine Gelegenheit gehabt, Vergleiche anzustellen. Für die ihr zufallende Aufgabe, also die Aufrechterhaltung der Ordnung im Innern und die Niederwerfung etwaiger Aufstände, sowie den Kampf gegen die Heere der Nachbarstaaten war sie durchaus vorbereitet und fähig. Als einziger etwa in Frage kommender Feind galt das in allen Volksschichten geradezu verhasste Brasilien, und dessen Armee, wenn sie auch zahlenmäßig etwa um das Doppelte so stark war, fühlte sich die argentinische unbedingt überlegen. – Buenos Aires, die Hauptstadt, hatte eigentlich nichts Anziehendes. In einer völlig flachen, reizlosen Umgegend ohne Baum und Strauch gelegen, ohne bemerkenswerte historische Bauwerke bot die Riesenstadt mit dem nüchternen Schachbrettmuster ihrer gleichförmigen Straßen das typische Bild einer jungen, schnell emporgeschossenen Kolonialsiedlung, eher nord- als südamerikanischen Charakters. Nicht wie in anderen Städten der einst spanischen Gebiete am Atlantik und Pazifik, wie in Lima, Caracas, Bahia Blanca träumen dort altersgraue Barockkathedralen, prächtige Adelspaläste, die auch in Sevilla oder Toledo stehen konnten, an palmenumsäumten, stillen Plätzen, sondern prunkvoll überladene Regierungsgebäude, wie die Casa

Rosada und das dem Kapitol von Washington nachgebildete Kongressgebäude schauen auf den betäubenden Verkehr von Avenuen und Boulevards, die denen von Paris nicht nachstehen. Freilich, in den Außenbezirken und Arbeitervierteln findet man jenes schroffe Nebeneinander von krasser Armut und protzigem Reichtum, von elenden, zerfallenden Bretterhütten und Marmorvillen in sorgfältig gepflegten Gärten, das für so viele südamerikanische Großstädte charakteristisch ist. Versöhnend wirkt, dass die Stadtverwaltung sich seit langem besonders der Schaffung von grünen Oasen in diesem steinernen Meer angenommen hat: Buenos Aires hat über hundert große öffentliche Parks, und die schönen Vororte Tigre und Palermo sind mit ihren riesigen Parklandschaften neben dem großen Badestrand von Mar del Plata an den schmutzig gelben Fluten der Bucht die beliebtesten, freilich auch fast die einzigen Ausflugsziele der Airenser an Sonn- und Feiertagen. Die luxuriösen Läden auf der Calle Florida, Mode- und Hutsalons, Juweliere gaben denen der Rue de la Paix nichts nach, waren übrigens vielfach Filialen der berühmten Pariser Firmen. Im kulturellen Leben und der Zivilisation Argentiniens war ein sehr starker französischer Einschlag unverkennbar. Jeder Gebildete sprach fließend französisch, die Universitäten beriefen auf ihre Philosophischen Lehrstühle mit Vorliebe französische Gelehrte, und Paris bildete den Wunschtraum vieler Argentiner und aller Argentinerinnen. Die wohlhabenden Familien pflegten alljährlich für einige Wochen oder Monate nach Frankreich zu reisen, und manche reichen Leute besaßen in Paris oder an der Côte d'Azur eigene Villen. Sehr selten traf man jemanden, der die anderen europäischen Länder bereist hatte, nur in Rom waren einzelne Damen aus religiösen Gründen gewesen. Die Kirche spielte übrigens im argentinischen Leben keine besondere Rolle, soll aber hinter den Kulissen starken politischen Einfluss ausgeübt haben, obwohl die – auf dem Papier – extrem liberale Verfassung der Republik Staat und Kirche völlig getrennt hatte und volle Bekenntnisfreiheit herrschte. Im Gegensatz zu den Universitäten stand die Technische Hochschule unter deutschem und englischem Einfluss. Deutsche und Engländer spielten überhaupt wirtschaftlich die Hauptrolle im Lande. Die oberhalb von Buenos Aires am Paraná gelegenen riesigen Frigorificos, die die ganze Welt mit Gefrierfleisch und Fleischkonserven versorgten, waren damals ausnahmslos in deutschem oder englischem Besitz, eine einzige in nordamerikanischem. Eine sehr große Belastung für die Unabhängigkeit des Staates lag darin, dass die gesamten Eisenbahnen Argentiniens einer englischen Gesellschaft gehörten. Die Offiziere erzählten mir entrüstet, dass einige Jahre vorher, als die latente Spannung zwischen Argentinien und Brasilien zu gewissen militärischen Maßnahmen Anlass gegeben hatte, der Generaldirektor der Eisenbahngesellschaft dem Staatspräsidenten gedroht habe, den gesamten Bahnverkehr stillzulegen, wenn diese Maßnahmen nicht sofort rückgängig gemacht würden. So etwas konnten sich Engländer damals noch erlauben. Erst jetzt, 35 Jahre später, ist es dem Staatschef General Perrón, nicht ohne sanften Druck, gelungen, die Bahnen in den Besitz des Staates zu überführen. Die städtische Arbeiterschaft bestand fast ausschließlich aus eingewanderten Italienern, die die argentinische Staatsangehörigkeit erworben hatten, aber ganz nach heimischer Sitte und völlig abgeschlossen unter sich in einem besonderen Stadtviertel lebten. Ebenso waren die Erntearbeiter in dem Weizengebiet fast durchweg Italiener, die aber nur zur Ernte nach Argentinien kamen und dann wieder heimkehrten. Die Italiener, im Ganzen etwa anderthalb Millionen, bildeten den weitaus stärksten Teil der Einwanderer. Dann folgten die sogenannten „Turcos", die aber keine Türken, sondern Syrer, Araber und Armenier waren, und sich hauptsächlich als Hausierer, Trödler und leider auch als Geldverleiher und Wucherer betätigten. Im Innern des Landes, weniger in Buenos Aires, waren die Inhaber fast aller Kramläden, in denen die Landbevölkerung ihren Bedarf decken musste, solche „Turcos“, eine vom Volk wie von den Behörden wenig gern gesehene Gesellschaft, die gelegentlich, wenn sie es zu toll trieb, von den ergrimmten Gauchos tot geschlagen wurde. Es wanderten im Laufe der Zeit auch einige Zehntausende spanischer Bauern und Arbeiter ein, die natürlich schnell in der stammverwandten Nation aufgingen. Das deutsche Element war besonders in Buenos Aires stark vertreten. Neben den großen Kaufleuten, Bankiers, Ärzten und Ingenieuren bestand es in der Hauptsache aus gehobenen Arbeitern, die in der Industrie gut bezahlte Stellungen innehatten, und aus Handwerkern jeder Art, die sehr gesucht waren und viel Geld verdienten, da es an guten Handwerkern überall fehlte. Auch in den Provinzen gab es deutsche Siedler, die sich aber leider, wie das bei unseren Landsleuten so leicht geschieht, schnell entnationalisierten. Ich bin im Manöver in ein Dorf in der Nähe von Rosario gekommen, wo nur Deutsche wohnten, deren Väter und Großväter in den siebziger Jahren eingewandert waren. Außer ein paar alten Leuten verstand und sprach niemand mehr ein Wort deutsch! In der besten Gesellschaft von Buenos Aires spielten die Deutschen eine sehr große, man kann fast sagen, die erste Rolle, viel mehr als die Engländer oder die geradezu verhassten Nordamerikaner. Der Deutsche Club nahm den gleichen Rang ein wie der Jockey-Club, dem nur die oberste Gesellschaftsschicht angehörte und dessen Mitgliedschaft sehr schwer zu erwerben war. Daneben aber gab es noch Dutzende von deutschen Vereinen, Klubs, Zirkel, berufliche und politische Vereinigungen, kurz, die berühmte deutsche Vereinsmeierei stand in üppigster Blüte. Dass sie sich gegenseitig grimmig zu befehden liebten, braucht man leider bei Deutschen gar nicht erst zu erwähnen. Z.B. wurde mir bald gesteckt, dass ich diesen Verein nur besuchen dürfe, wenn ich darauf verzichte, jenen Verein mit meiner Gegenwart zu beehren usw. Es war geradezu beschämend. In dieses Kapitel gehört auch, dass sowohl das sozialdemokratische wie das demokratische Blättchen (das mit Stolz auf seinem Titelkopf die Angabe führte: „Gegründet im Jahre der deutschen Revolution 1848") meine bescheidene Person als „Vertreter des deutschen Militarismus und Kaiserismus" mit einem entsprechenden Artikel begrüßten. Es war wie in der lieben Heimat: jede politische Richtung hatte ihr Wurstblättchen. Wichtiger aber war, dass in Buenos Aires die bedeutendste deutsche Zeitung Lateinamerikas erschien, die ausgezeichnet geleitete und von bestem nationalen Geiste erfüllte „La Plata-Zeitung", die auch von der argentinischen Öffentlichkeit und Regierung stark beachtet wurde. – Für meinen ersten Abend auf argentinischer Erde hatten die Kameraden sich eine reizende Überraschung ausgedacht: Ein Kasino-Abend nach Wormser Art. In einem Sonderzimmer des Deutschen Clubs waren die Wände mit Bildern des Kaisers und des Großherzogs, mit einer Reproduktion unseres Chambord-Gemäldes und mit vielen Photos aus der Garnison und den Manövern geschmückt. Auf der Tafel stand der silberne Tafelaufsatz mit dem Namenszug des Regiments Prinz Carl, den das Offizierkorps seinerzeit Costa zur Taufe seines Söhnchens Carlos geschenkt hatte, und Rosen in der gelben Regimentsfarbe waren überall verteilt. Natürlich wurden an diesem Abend nur rheinischer Wein und nachher Münchner Bier getrunken. Es war geradezu rührend, mit welcher Liebe und Dankbarkeit die Argentiner Deutschlands, der Kameraden und ihres alten Regiments gedachten. Sie konnten gar nicht genug davon hören und wollten über das Ergehen jedes einzelnen Offiziers und die Ereignisse im Regiment jede kleinste Einzelheit wissen. Perlinger, jetzt Oberst und Kommandeur des Infanterie-Lehrbataillons, setzte als der Älteste eine Adresse an das Offizierkorps auf, in der anlässlich meiner Ankunft den Gefühlen der Argentiner, die in unseren Reihen gestanden hatten, Ausdruck verliehen und treue Dankbarkeit gelobt wurde. Ich darf hier einschieben, dass es wohl mit das Verdienst der Offiziere des argentinischen Heeres ist, wenn

Argentinien wenige Jahre später während des ganzen I. Weltkrieges trotz aller Drohungen und Lockungen unserer Feinde neutral geblieben ist, und zwar wohlwollend neutral. Sie haben uns noch über den Zusammenbruch hinaus die Treue gehalten, denn im November 1918 widmeten die argentinischen Offiziere dem deutschen Offizierkorps eine silberne Reiterstatue mit der Plaketteninschrift:

„Das heißt nicht Sieg, das heißt nicht Ehr’,
Wenn Tausend einen Mann erschlagen.
Der Ruhm bleibt doch dem deutschen Heer,
Von nun an bis zu fernsten Tagen.“

Dass an diesem Begrüßungsabend zahllose Karten mit herzlichen Grüßen vom La Plata an den Rhein geschrieben wurden, ist selbstverständlich. – Am nächsten Morgen begann dann der Ernst des Lebens. Zunächst musste ich mich beim deutschen Militärattaché melden, wozu ich bereits Uniform anlegte, da ich ja dieses Mal nicht ins Ausland beurlaubt, sondern kommandiert war. Dieser, ein Major, begrüßte mich sehr freundlich und stellte mich dann gleich dem Gesandten, Frhrn. v. Busse-Haddenhausen vor. Dann fuhr er mit mir in das an der Plaza de Mayo gelegene Generalstabsgebäude, wo ich vom Chef des Generalstabes General Uriburú empfangen werden sollte. Das Gebäude hatte nichts von der preußischen Schlichtheit unserer „Großen Bude“ am Königsplatz in Berlin. Es war ein pompöser Palast mit einer mächtigen Säulenvorhalle, an dessen Portal ein Doppelposten des Regiments Granaderos a Caballo stand, der vor uns den Degen präsentierte. Dieses von dem Libertador General San Martin bei Beginn des Freiheitskrieges im Jahre 1810 gegründete Kavallerieregiment trägt noch heute zur Parade und auf Wache die gleiche Uniform wie vor 140 Jahren: Blauen Frack mit weißen Aufschlägen und Rabatten, rote Reithosen mit breiten blauen

Streifen, weißes Lederzeug und hohen schwarzen Ledertschako mit blauweißem Federstutz. Im Vorzimmer des Generalstabschefs hatten wir nicht lange zu warten. Sofort, nachdem wir gemeldet waren, ließ uns General Uriburú bitten, kam dem von ihm hochgeschätzten und mit ihm befreundeten Militärattaché sogar bis vor die Türe entgegen. Der General, von Mittelgröße und jugendlich elastischer, schlanker Gestalt, trug die weiße Sommeruniform mit schwerer Goldstickerei auf Kragen und Aufschlägen. Auffallend waren seine scharfen, ganz hellgrauen Augen, die wohl der aus seinem Namen zu schließenden baskischen Abstammung entsprachen. Er begrüßte den Militärattaché ganz unzeremoniell mit „Don Federigo, que tal?" und nahm dann meine Meldung entgegen, die ich mit einem Dank für die ehrenvolle Einladung durch das argentinische Heer verband. Der General erklärte darauf, dass, wenn schon von Dank die Rede sei, dieser nur der deutschen Armee, „der großen Lehrmeisterin", gebühre und auch mir für meine Bemühungen um die argentinischen Kameraden. Dann forderte er uns zum Platznehmen auf, bot Zigarren und Zigaretten an und teilte mir mit, dass er mich zunächst dem Lehrbataillon zugeteilt habe, damit ich mich bis zum Beginn der vier Wochen später beginnenden Manöver eingewöhnen und mit den besonderen Verhältnissen des argentinischen Heerwesens vertraut machen könne. Mein alter Freund, Oberst Perlinger, der Kommandeur des Bataillons, habe mir bereits eine nette Wohnung im Campo de Mayo eingerichtet, die, wie er lächelnd hinzufügte, „no es tan espartanico como las barracas en el Griesheimer Lager", (von denen ihm wohl seine Offiziere erzählt hatten). Ich solle mich ganz als zu Hause und zugehörig betrachten. Es gebe für mich keine Geheimnisse, „ni militares, ni otros". Wir würden, fügte der General bei freundlich verabschiedendem Händedruck hinzu, uns ja noch oft sehen, zum ersten Male schon am folgenden Tage bei der Besichtigung des 4. Infanterieregiments. Er klingelte einem Adjutanten und

befahl ihm, mich in einem Generalstabswagen zum Hotel zurück-
zugeleiten, da er unseren Militärattaché noch zu einer Besprechung
zurückbehielt. In der Halle des „Rivadavia", wo mich der nette
Rittmeister richtig ablieferte, fand ich schon Oberst Perlinger, der
mich fragte, ob ich gleichzeitig mit ihm ins Lager fahren oder
noch einige Tage in Buenos Aires bleiben wolle. Natürlich wählte
ich das Erstere, machte mein Gepäck fertig, ließ es hinunter-
schaffen und – fand meine Rechnung schon bezahlt. Dann fuhren wir zu der etwas außerhalb (ich glaube in Belgrano) gelegenen
Endstation der Militäreisenbahn, wohin uns ein Lastwagen mit
meinen Koffern folgte. Die Bahn war ganz genau nach dem Muster unserer Militäreisenbahn, die Berlin-Schöneberg mit dem
Schießplatz Jüterbog verband, eingerichtet, wurde also von der
Eisenbahntruppe des Heeres betrieben, und alle Beamte waren
Soldaten, die Stationsvorsteher Offiziere, die Zugführer Feldwebel, die Weichensteller Unteroffiziere usw. Nur stand die
argentinische Bahn, im Gegensatz zu der unseren, dem Zivilverkehr nicht offen, weil die englische Eisenbahngesellschaft, die
eine Parallelstrecke betrieb, das nicht zuließ. So waren die Fahrgäste ausschließlich Militärs. Nach einer etwa anderthalbstündi-
gen Fahrt durch die Vororte und eine reizlose, vollkommen flache Landschaft voll Fabriken, Arbeiterkolonien und den Farmen
von Gemüsebauern mit Zwischenstationen an einzelnen Kasernen und Magazinen, langten wir am Lagerbahnhof an, wo Perlinger von seinem Adjutanten erwartet wurde, dem jungen Hauptmann Agudo, einem Correntino aus altem Juristengeschlecht, der
sich meiner in ganz besonders netter Weise angenommen hat.
Auch Costa, Weiss und Molina holten mich ab. Das Lager Campo
de Maya war schon in spanischer Zeit ein presidio, ein Fort mit
starker Besatzung, aber davon zeugte außer einer zerfallenen Kirche nichts mehr. Seitdem die argentinische Armee auf moderner
Grundlage organisiert ist, also etwa seit der Mitte des vorigen
Jahrhunderts, diente es der Truppenausbildung, ist aber

gleichzeitig ständige Garnison für Truppenteile aller Waffen. Es hat also, wenn auch nur in sehr verkleinertem und übertragenem Maßstabe eine gewisse Ähnlichkeit mit dem britischen Lager Aldershot. Ständig liegen dort alle Lehrtruppenteile, die Offizier- und die Unteroffizierschule, sowie das 2. und das 4. Infanterieregiment, das 6. Kavallerieregiment (Dragones), ein Feld- und ein Schweres Artillerieregiment, sowie Pioniere, Nachrichtentruppen, Trainformationen und – das bataillon disciplinar, eine Straftruppe, wie unsere Arbeiterabteilungen. Buenos Aires selbst hat, wohl aus politischen Gründen, nur eine sehr schwache Garnison. Dort stehen außer der vollkommen militärisch organisierten und bewaffneten Polizei nur die beiden Garderegimenter Escolta und Granaderos a Caballo, die aus unbedingt zuverlässigen Berufssoldaten zusammengesetzt sind (wie in Spanien die Guardia Civil und in Portugal die Guarda Nacional Republicana). Außer im Campo de Mayo sind um die Hauptstadt herum zahlreiche Truppen verteilt, die notfalls sofort eingesetzt werden können. Bei dem Pronunciamento des heutigen Staatschefs Oberst Perrón marschierten die Regimenter aus dem Campo de Mayo in Buenos Aires ein und führten die Bewegung schnell zum Siege. Entsprechend seiner Bestimmung ist das Lager angelegt. Um einen großen Exerzierplatz, Reitbahnen, Sprunggarten, Turnplätze usw. gruppierten sich die Baracken, Ställe, und Fahrzeugschuppen der einzelnen Truppenteile. Etwas außerhalb verteilt sind die Wohnhäuser der verheirateten Offiziere und Unteroffiziere, und noch weiter außerhalb befinden sich die Schießstände und dehnt sich der sehr umfangreiche Übungsplatz für die Gefechtsausbildung aus. Am Ufer des Paraná liegt der technische Übungsplatz für die Pontonniere. Das eigentliche Lager umschließt eine starke Betonmauer mit Schießscharten, Schützenauftritt und sogar Geschützbettungen, so dass es gegen jeden nicht mit starker Artillerie ausgestatteten Gegner eine durchaus verteidigungsfähige Festung bildet, was in früheren, unruhigen Jahrzehnten wohl gelegentlich notwendig gewesen sein wird. Die außerhalb dieser Mauer in hübschen Gärten an baumbestandenen Alleen gelegenen Häuser für Offiziere und verheiratete Unteroffiziere sind schneeweiße, im spanischen Kolonialstil errichtete Gebäude mit flachen Dächern, die sich meist um einen Patio im Innern gruppieren. Zu einer solchen kleinen Villa brachte mich Oberst Perlinger und führte mich in eine reizende, tadellos saubere Wohnung von 2 Zimmern, deren Türen auf den Patio gingen, und einem Badezimmer. – Die Einrichtung war einfach, aber sehr gemütlich und bestand, dem Klima entsprechend, hauptsächlich aus Korbmöbeln. Mit tiefer Rührung erblickte ich an den Wänden des Wohnzimmers Bilder des Kaisers und des Großherzogs, sowie viele gerahmte Fotos von Worms und dem Regiment, die die Kameraden aus ihren Erinnerungsmappen beigesteuert hatten. Auf dem Tisch stand ein großer Strauß gelber Rosen mit einer Schleife von schwarz-weiß-roten und den argentinischen blau-weißen Bändern. Als sich die mir für die Dauer meines Kommandos zugeteilte Ordonnanz meldete, war ich nicht wenig erstaunt, dass der große, blonde Soldat in der Uniform des Lehrbataillons dies in tadellosem Deutsch ausführte. Er war nämlich selbst noch in Deutschland, in Esslingen, in Württemberg, geboren und als zweijähriges Kind mit seinen Eltern nach Argentinien ausgewandert und dort naturalisiert worden. Franz Neumeiers Vater war Metzger und hatte sich zu einer sehr gut bezahlten Stellung als Aufseher in dem großen Frigorifico La Negra hinaufgearbeitet. Der sehr nette und sympathische Junge hatte die Absicht, zu kapitulieren und sich dann als Unteroffizier zum Offizier-Examen zu melden. Hoffentlich ist es ihm geglückt – er ist sicher ein sehr guter Offizier geworden. Mit seiner Hilfe ging das Auspacken schnell, und eine Stunde später holte mich Oberst Perlinger zum Frühstück in der Messe des Lehrbataillons ab, die ebenfalls außerhalb des eigentlichen Lagers lag. Es war ein schlichter Bungalow und umfasste außer Küche und Wirtschaftsräumen nur einen Speisesaal und ein Gesellschafts-, gleichzeitig Lesezimmer. In dem letzteren wurden wir von den Offizieren des Bataillons, etwa 25 Herren, erwartet. Sie trugen die bequeme und praktische Sommeruniform, entweder weißen Leinenrock und Beinkleid oder das Khakihemd, auf das die an Stelle unserer Achselstücke vorgeschriebenen Querbänder nach dem Muster der nordamerikanischen Armee aufgenäht waren. Ich hatte die hellgraue Litewka angelegt, die mit ihrem Klappkragen, leichten Stoff und losen Schnitt immerhin noch das bequemste unserer Uniformstücke war. Aber auch darin transpirierte ich nach wenigen Minuten so, dass ich klatschnass war. Ich sollte es noch oft und noch ausgiebiger tun. Die Vorstellung erfolgte im Ganzen, und ich machte mich dann später allmählich mit den einzelnen Herren bekannt, die ja jetzt für einige Monate sozusagen meine Regimentskameraden waren. Es waren durchweg sehr sympathische Leute, mit denen man schnell vertraut wurde, außerdem, wie ja bei diesen Lehrtruppen selbstverständlich, besonders tüchtige Offiziere. Mehrere der Majore und Hauptleute waren in der deutschen Armee kommandiert gewesen, aber erstaunlicherweise sprachen und verstanden auch die anderen durchweg wenigstens etwas Deutsch, da diese Sprache auf der Offizierschule obligatorisches Lehrfach war und die deutsche Militärliteratur einen wichtigen Studiengegenstand bildete. Das eigentliche Offizierkorps ließ sich in seiner Zusammensetzung und Herkunft naturgemäß nicht mit dem unseren oder dem britischen vergleichen, womit aber keineswegs ein Werturteil ausgesprochen werden soll. In Neustaaten, wie in den sudamerikanischen Republiken, gelten Standesunterschiede nur bedingt. Die Söhne der obersten, ungeheuer reichen Schicht, der großen Grundbesitzer oder Bankiers wurden nur sehr ausnahmsweise Offiziere, ebenso die Sprösslinge der intellektuellen Schichten, der Professoren, Rechtsanwälte usw. Im Allgemeinen ergänzte sich das Offizierkorps aus dem Mittelstande, kleinen

Gutsbesitzern, Kaufleuten und Beamten, aber die Offizierlaufbahn stand auch dem Sohn eines braven, gehobenen Arbeiters, wie z.B. meiner Ordonnanz Neumeier, und überhaupt jedem tüchtigen Kerl offen, der aus unbescholtener Familie stammte. Wie in jeder Armee gab es auch drüben schon gewisse Offizierdynastien, Familien, in denen durch Generationen der Beruf sozusagen erblich war. Und endlich fanden sich als letztes unliebsames Erbe vergangener Epochen noch einzelne Protegés einflussreicher Politiker, meist junge Leute, die sonst nicht gut getan hatten, wie z.B. unser verflossener Freund Gazari. Diese Elemente waren bei ihren Kameraden wenig beliebt und dürften wohl schon lange ganz aus dem argentinischen Heere verschwunden sein. Soweit ich das beobachten konnte, herrschte im argentinischen Offizierkorps ein sehr ernstes Streben, hohe Ehrauffassung und glühende, fast fanatische Vaterlandsliebe, außerdem durchweg eine geradezu abgöttische Verehrung Deutschlands, seiner Armee und überhaupt alles Deutschen. Vielleicht ist gerade in dieser Empfindung der Grund dafür zu suchen, dass, damals wenigstens, ein sehr starker Gegensatz zwischen Armee und Marine herrschte. Zwischen Land- und Seeoffizierkorps bestanden nur die unerlässlichsten gesellschaftlichen Beziehungen. Die nicht sehr große, aber moderne und vorzüglich ausgebildete argentinische Marine nämlich war, wie das Heer nach deutschem, ganz nach englischem Muster organisiert, und viele Seeoffiziere waren zur britischen Flotte kommandiert gewesen. So ergab es sich von selbst, dass auch die Sympathien der argentinischen Marine mehr zu England neigten, und dass sie immer wieder versucht hat, die argentinische Politik entsprechend zu beeinflussen. Erfolg hat sie dabei nicht gehabt, denn das Schwergewicht der Armee war, auch auf politischem Gebiet, sehr viel größer und überwog auch die immer wieder angesetzten Versuche gewisser politischer Kreise, Argentinien ins Lager der Gegner Deutschlands hinüberzuziehen.

Die Ergänzung des Offizierkorps erfolgte zum Teil aus den Zöglingen der Militärschule (Escuela Militar), zum größten Teil aus Unteroffizieren, die nach mindestens zweijähriger Dienstzeit ein Bildungsexamen ablegten und dann zu Sonderkursen einberufen wurden. Die Offiziere waren dienstlich sehr stark in Anspruch genommen, da bei dem Mangel an Unteroffizieren und deren vielfach unzureichenden Leistungen eigentlich jeder Dienst von Offizieren abgehalten werden musste. – Am Nachmittag führte mich der Adjutant durch das Lager. Dabei hörte ich, wenn ich vorbeiging, oft das Wort „Chileno", und daran habe ich mich dann bald vollkommen gewöhnt. Da nämlich die Uniformen der chilenischen Armee nicht nur im Schnitt, wie die der argentinischen, sondern auch in den Farben und Abzeichen vollkommen den deutschen gleichen, wurde ich allgemein von den Soldaten und auch von dem Zivilpublikum für einen chilenischen Offizier gehalten, wie sie gelegentlich dem benachbarten Heere einen Besuch abzustatten pflegten. Die Baracken der Mannschaften verdienten durchaus die Bezeichnung „espartanico", die der Generalstabschef auf unser Griesheimer Lager angewandt hatte. Es waren lange, einstöckige Gebäude aus Luftziegeln mit nur einem großen Raum, in dem eine Kompagnie untergebracht war. Die Einrichtung bestand nur aus dünnen Strohmatratzen mit einer Wolldecke ohne Bezug, die, ohne Bettstellen, dicht nebeneinander auf dem gepflasterten Boden lagen, Kleiderhaken und Wandbrettern zur Unterbringung der Uniformen und Ausrüstungsstücke. Schränke, Tische und Stühle gab es nicht! Man muss aber bedenken, dass die überwiegende Mehrzahl der Mannschaften es von zu Hause nicht anders gewohnt war: In den Hütten der Bauern und Peones war solcher Luxus wie Tische und Stühle oder Betten und Schränke auch unbekannt. Während der heißen Zeit schliefen die Soldaten übrigens meist vor den Baracken im Freien. Ordnung und Sauberkeit ließen nichts zu wünschen übrig. Die Pferde der berittenen

Waffengattungen waren nicht in Ställen untergebracht, sondern tummelten sich frei in Corrales, drahtumhegten Grasplätzen, wo sie mit dem Lasso zusammengefangen wurden, wenn man sie brauchte. Außer einem Teil der Offizierpferde und der Zugpferde der Artillerie und des Trains waren die Pferde nach europäischen Begriffen nicht richtig eingeritten oder -gefahren, sondern nur in der oft beschriebenen, sehr grausamen Art der Gauchos „gebrochen". Es waren durchweg prachtvolle, nicht sehr große, gedrungene Tiere, in diesem Zuchtlande für Pferde kein Wunder. Ein Teil der Kolonnen war mit Maultieren bespannt, die in besonderen Corrales standen, und die ich in sehr unangenehmer Erinnerung habe, da sie mir mit ihrem unablässigen rauhen Geschrei manche Nacht den Schlaf geraubt haben. Die Soldaten machten einen strammen Eindruck und erwiesen gute Ehrenbezeugungen, wenn natürlich auch die Haltung und das Benehmen viel legerer waren als bei uns oder bei den Engländern. – Oberst Perlinger war so gütig, mir für die Besichtigung des nächsten Tages eines seiner Pferde zur Verfügung zu stellen. (Ich erhielt dann später vom Regiment Dragones für die Dauer meines Kommandos zwei Pferde, mit denen ich mich schnell befreundete.) Den Abend benutzte ich, um mich mit den argentinischen Vorschriften vertraut zu machen, die ich mir vom Bataillonsgeschäftszimmer geholt hatte. Es war eine leichte Arbeit, denn sie waren im Wesentlichen wörtliche Übersetzungen der entsprechenden deutschen Reglements. Am nächsten Morgen hieß es früh aufstehen, denn im Sommer begann aller Dienst sofort nach Hellwerden, endete aber auch spätestens um 10 Uhr, da die heißen Stunden zwischen 10 und 17 Uhr grundsätzlich dienstfrei waren. Ich legte Dienstanzug (Waffenrock mit Feldbinde und Orden, Helm) an, trank vorzüglichen Kaffee in der Offiziermesse und schwang mich dann auf mein Ross, das eine Ordonnanz herangeführt hatte. Den Säbel hatte der tüchtige Neumeier schon am Sattel befestigt. Dieser Sattel ähnelte dem

arabischen, mit hohem Vorder- und Hinterzwiesel und schuh-
artigen Steigbügeln. Man saß darin wie in Abrahams Schoß und
konnte eigentlich beim besten Willen nicht hinunterfallen. Die
ganze Kavallerie war mit diesem Gauchosattel ausgerüstet, aber
viele Offiziere zogen doch den englischen Sattel vor. Ich habe
sehr gerne auf dem argentinischen Sattel geritten, denn auf langen Märschen ist er sehr bequem, und außerdem war der sichere
Sitz recht angenehm, wenn ein halbwilder Bronco plötzlich den
Raptus bekam und meterhoch zu bocken anfing. An die ganze
Reiterei muss man sich erst sehr gewöhnen. Im Allgemeinen
kennt man in Argentinien nur zwei Gangarten: Galopp und, sehr
viel seltener, Schritt. Trab können die Pferde, die Passgänger
sind, gar nicht gehen. Ein paar Jahre später, im Kriege in Syrien,
erinnerte ich mich lebhaft an meine argentinischen Reit-
erfahrungen, denn auch das arabische Pferd kennt im Allgemeinen keinen Trab. Die argentinische Rasse hat übrigens sehr
viel arabisches Blut. Pferde waren damals für unsere Begriffe in
Argentinien unglaublich billig, selbst im Umkreise der Hauptstadt. Ich habe mir später selbst ein Pferd, einen erstklassigen
Rapphengst gekauft – für 80.- Mark nach unserem Gelde! Aber
man hätte schon für 20 oder 30 M ein immerhin verwendbares
Tier haben können. Im Inneren, wo es damals noch kam Autos
gab, ritten Mann, Weib und Kind selbst den kleinsten Weg. Zu
Fuß gehen war beinahe eine Schande. Argentinien war wohl auch
das einzige Land, wo man – Bettler zu Pferde traf! Wenn man die
ungeheuren Pferdeherden in den Viehzuchtprovinzen sah, wunderte man sich nicht. Maultiere waren übrigens vergleichsweise
viel teurer als Pferde. Heute ist das alles wohl anders geworden.
Die Pferdepreise haben schon im I. Weltkriege stark angezogen,
als die kriegführenden Länder, besonders England, jeden Preis
für Pferde und Maultiere zahlten. Jetzt, da alle Heere motorisiert
sind und Kavallerie fast eine Legende geworden ist, ist die argentinische Pferdezucht stark zurückgegangen. Auch der

Eigenbedarf ist gering geworden – sah ich doch schon vor Jahren ein Photo, das argentinische Gauchos zeigte, wie sie im Fordauto ihre Rinderherden umkreisten! Aber ich bin heute in der Erinnerung froh, dass ich dieses Pferdeparadies noch in voller Blüte erlebt habe. Am Lagerportal stand die Wache in Zugstärke unter Führung eines Alferes in Paradeuniform angetreten – deutscher Helm mit der strahlenden Sonne als Helmzier, dunkelblauer Waffenrock mit grünem Besatz. Sie war vom 2. Infanterieregiment gestellt, über das nachher noch ein Wort zu sagen ist. Dort sammelten sich auch die hohen Offiziere, die der Besichtigung beiwohnten, um den Obersten Befehlshaber des Heeres zu empfangen. Ich konnte also die Gelegenheit benutzen, um mich beim Lagerkommandanten, einem Brigadegeneral, und dem Kommandeur der 1. Division, der das Lehrbataillon zugeteilt war, zu melden und mich den Stabsoffizieren der im Campo de Mayo stehenden Truppen vorzustellen. Bei allen war die Begrüßung ausgesprochen herzlich, waren doch wieder die meisten Schüler unserer Armee. General Uriburú und sein Gefolge trafen in Heereskraftwagan ein, stiegen vor dem Portal zu Pferde und ritten dann die Front der salutierenden Wache, deren Hornist das Signal „Achtung" blies, ab. Ich hatte mich in der langen Front der Generale und Stabsoffiziere neben dem Adjutanten des Obersten Perlinger einrangiert. Nach kurzer Begrüßung setzte der General sein Pferd in gestreckten Galopp und ritt, gefolgt von der langen Kavalkade von Reitern, in dem üblichen sausenden Tempo durch die Lagerstraße auf den Exerzierplatz, wo das 4. Infanterieregiment zur Besichtigung aufmarschiert stand, die beiden Bataillone nebeneinander in Bataillonskolonne, der Kommandeur und die Bataillonkommandeure mit ihren Adjutanten vor der Front. Beim Herannahen des Generals erfolgten die Kommandos wie bei uns: „Regimiento! – Primero batallon! – Segundo batallon! – – At-ten-to! – Portad – armas! – A la – derecha!" Die am rechten Flügel stehenden Hornisten

(Tambours hatte die argentinische Armee nicht, auch, außer den beiden Garderegimentern, keine Musikkorps) bliesen die Paradepost, und der Regimentskommandeur jagte, um die Meldung zu erstatten, dem General entgegen, der, ohne anzuhalten, dankte und dann die Front abritt, alles im Attacketempo. Ein Begrüßungszuruf, wie bei uns, war nicht üblich. Das Regiment war in feldmarschmäßigem Anzuge: Khakihemd und -beinkleider, rucksackartiger Tornister, Brotbeutel und Feldflasche, an Stelle unserer Patronentaschen den viel praktischeren Patronengürtel. Als Kopfbedeckung wurde ein breitrandiger vorn eingekniffener Filzhut (nach nordamerikanischem Muster) getragen, auf dessen Band vorn Waffenabzeichen (bei der Infanterie gekreuzte Gewehre) und Regimentsnummer in Messing glänzten. Für das dortige Klima ein außerordentlich zweckmäßiges und bequemes Kleidungsstück. Die berittenen Offiziere trugen den Säbel am Sattel, die unberittenen nur die Pistole und einen kurzen Dolch, was mir damals schon als sehr praktisch auffiel, denn im modernen Gefecht ist Degen oder Säbel, leider, nur eine Behinderung. Khaki und Hut trugen auch fast alle Generale und Stabsoffiziere, nur der Generalstabschefs und einige Generalstäbler hatten die weiße Uniform und weiße Mütze angelegt. Ich kam mir in meiner friedensmäßigen Pracht beinahe wie ein bunter Vogel vor. Das Regiment führte dann einige Marschbewegungen und Formationsveränderungen in geschlossener Ordnung vor. Griffe, Haltung und Ordnung waren für eine milizartige Truppe mit so kurzer Dienstzeit recht ordentlich, wenn auch natürlich nicht mit der Strammheit einer deutschen Truppe zu vergleichen. Die Soldaten waren im Durchschnitt klein, aber sehnig, ihre zum Teil sehr dunklen Gesichter zeigten, dass sich viele Halb- oder Ganzindianer unter ihnen befanden, denn das Regiment rekrutierte sich aus der Landbevölkerung des äußersten Nordwestens, der Gegend um Tucuman an der Chaco-Grenze. Es waren die ersten Rekruten, die dieses erst seit Anfang des Jahrhunderts allmählich erschlossene und vorher fast unbekannte Gebiet stellte, und man hatte sie wohl absichtlich so weit von ihrer Heimat wegverpflanzt. Die Offiziere erzählten mir aber, dass die halbwilden Urwald- und Gebirgsindianer, die immerhin auf einer wesentlich höheren Kulturstufe standen als die Steinzeitmenschen des Gran Chaco, recht gute und willige Soldaten seien, obwohl viele von ihnen bei ihrem Einrücken kein Wort Spanisch verstanden. Nach den Exerzierbewegungen stellte der Divisionskommandeur dem Regiment eine Gefechtsaufgabe, und auf diesem Gebiet zeigte die Truppe, dass sie jeden Vergleich, auch mit unserer Armee, aushalten konnte. Es war eine Freude, zu sehen, wie gewandt die Leute das Gelände auszunutzen und sich vorzuarbeiten verstanden, auch die Feuerdisziplin war sehr gut. Ich stieg ab und überzeugte mich an verschiedenen Stellen, dass alle Leute das befohlene Visier richtig eingestellt hatten – was nicht einmal bei uns immer der Fall war und bei diesen Indianern, die ja die Zahlen nicht lesen konnten, wirklich erstaunlich war. Auch die Führung und Befehlsgebung durch die Offiziere war durchaus auf der Höh. Mit voller Überzeugung konnte ich dem General Uriburú, als er mich nach meinen Eindrücken fragte, antworten: „Muy bien, mi general!" – In den folgenden Tagen sah ich mich zunächst einmal im Lager um, um auch einen Begriff von den anderen dort stehenden Truppen und Waffengattungen zu bekommen. Das 2. Infanterieregiment genoss ein sehr geringes Ansehen, und zwar, weil es sich ausschließlich aus dem italienischen Proletariat von Buenos Aires rekrutierte. Diese Italiener der niedrigsten Volksschicht waren ausgesprochen schlechte und widerwillige Soldaten. Wenn man einen Kerl in schlampiger Uniform sah, der keine oder nur eine schlappe Ehrenbezeugung erwies, so brauchte man gar nicht erst nach der Regimentsnummer zu sehen. Außerdem galten die Kerle auch als politisch sehr unzuverlässig, und sicher war die Mehrzahl von ihnen Sozialisten oder sogar Anarchisten. Daher hatte man sie auch ins

Campo de Mayo eingezogen, um sie besser unter Aufsicht zu haben und ihnen die Desertionsversuche, die bei ihnen an der Tagesordnung waren, etwas zu erschweren. Ihre Offiziere waren nicht zu beneiden. Ganz anders das 6. Kavallerieregiment, das sehr stolz auf seine traditionelle Bezeichnung als Dragonerregiment war. Wie die gesamte Reiterei war es ausschließlich aus Bauern, Hirten und besonders Gauchos oder Vaqueros zusammengesetzt, geborenen Reitern, Schützen und Jägern, bei denen sich die Ausbildung eigentlich darauf beschränken konnte, ihnen die militärischen Formen und das Reiten in geschlossener Formation beizubringen. Auch unter ihnen waren viele Indianermischlinge, aber von den Pampastämmen, große, hagere Gestalten mit kühnen, scharf geschnittenen Gesichtern, bei denen man schon eher an Winnetou denken konnte, als bei den mongolisch aussehenden Waldindianern. Sie sind schon seit Jahrhunderten zivilisiert und christianisiert, sogar durchweg sehr fromme Katholiken. Die Felduniform der Kavallerie glich der der Infanterie, nur trugen sie die weiten, ledernen Reithosen, an die sie auch im Zivilleben gewohnt waren, und riesige Sporen mit tellergroßen Rädern. Bewaffnet war die Kavallerie mit Karabinern und einer sehr langen Lanze, aber nur die Offiziere mit dem Säbel. Außerdem jedoch führte sie die traditionelle Waffe der Gauchos, die Bolas, einen Wurflasso, an dessen Enden schwere Eisenkugeln hängen, und die sie mit einer unglaublichen Treffsicherheit vom galoppierenden Pferde auf 30 m Entfernung schleuderten. Ich habe bewundernd gesehen, wie die Reiter mit diesem Lasso die stärksten Stiere und Pferde blitzartig zu Boden warfen, ohne dass die Tiere verletzt wurden. Ebenso aber konnten sie auch, wenn sie die Kugeln treffen ließen, ein Tier augenblicklich töten. Dieser furchtbaren Waffe schreibt die Tradition die Siege der Gauchos im Freiheitskriege in erster Linie zu, und man kann sich wohl den erschütternden Eindruck vorstellen, den es auf die regulären spanischen Truppen machen musste, wenn diese wilden Naturreiter sie mit gellendem Kriegsruf attackierten und dann plötzlich eine Salve dieser Wurfkugeln ihre Glieder zu Boden riss. Bei südamerikanischen Kriegen und bei der Dämpfung innerer Unruhen mögen die Bolas wohl heute noch ihre Wirkung ausüben. Im Campo de Mayo habe ich die Dragoner gern beobachtet, wenn sie abends, in ihren farbigen Poncho gehüllt, vor ihren Baracken im Kreise auf dem Boden lagerten und zu Guitarrenklang ihre melancholischen Lieder sangen. Seltsam sah es aus, wenn Abteilungen dieses Regiments in der Wacht- oder Paradeuniform, die genau, auch in der Farbe, der unserer Dragoner glich, erschienen und unter dem preußischen Helm die braungelben, scharfgeschnittenen Indianergesichter hervorblickten. Später habe ich sie noch genauer kennen gelernt, wie ich noch erzählen wende. – Die Artillerie führte unsere Krupp-Geschütze, Feldkanonen, und leichte Feldhaubitzen bei der Feldartillerie, schwere Feldhaubitzen und 10-cm-Kanonen bei der Schweren Artillerie. Mörser habe ich nicht gesehen, ebenso wenig, außer bei der Küstenartillerie, Kanonen größeren Kalibers. Sie wären, da in einem denkbaren Kriege nirgends ständige Befestigungen schwerer Art zu bekämpfen waren, auch überflüssig gewesen. Die Train-Abteilungen waren zum großen Teil nicht mit Fahrzeugen, sondern mit Packtieren ausgerüstet, was bei dem schwierigen und weglosen Gelände aller Grenzgebiete zweifellos praktischer war. Daher waren auch die meisten Kolonnen der Infanterie- und Kavallerie-Regimenter mit Tragtieren, meist Maultieren, ausgestattet. Abgesehen von den Offizieren, sah man nur ausgesprochene Naturreiter. Von einem Zusammenstellen der Pferde, von Schenkelarbeit usw. war gar nicht die Rede. Die Pferde reagierten auch gar nicht darauf, wie ich schnell feststellte. Den halb- oder ganz wilden Tieren, wie sie mit der Bola aus der Remuda herausgefangen wurden, zwängte man die grausame altspanische Kandare ins Maul, legte ihnen Decke und Sattel auf und „brach" sie unter mitleidloser Anwendung der riesigen Pfundsporen, der Kandare und der Peitsche, bis sie nie mehr einen Widerstand gegen den Reiter wagten. Gingen sie dabei darauf, dann war es auch kein Schaden, denn, wie ich schon erwähnte, ein Pferd hatte nur einen minimalen Wert. Liebkosungen verstanden die verängstigten Tiere überhaupt nicht. Die Zugpferde und -maultiere der Artillerie und der bespannten Kolonnen waren natürlich richtig eingefahren. – Nachdem ich mich ein wenig überall im Lager umgesehen hatte, beteiligte ich mich am täglichen Dienst und an den Übungen des Lehrbataillons und ritt zu allen größeren Übungen, die im Lager stattfanden. Es machte mir Spaß, gelegentlich als Zug- oder Kompagnieführer in die Front zu treten, wobei mir allerdings meine unbequeme und für das Klima völlig ungeeignete Uniform äußerst hinderlich war. Den Mannschaften machte das fast ebensoviel Vergnügen wie mir, und sie renommierten ihren Kameraden gegenüber tüchtig damit, unter dem Kommando des „Teniente aleman" gestanden zu haben. Die Kommandos klingen mir noch heute im Ohr: „Compañia – attenta! – Portad armas! – Marcha – marchen! – Columna de secciones a la isquierda – formad! – Compañia – alto! – Armas – a pié! – Descansen! – Segundo pelotón – Linea de tiradores del Centro! – En posicion! – En frente tiradores enemigos – Distancia 750 metros! Fuego vivaz!" usw. Sehr bald kannte ich natürlich nicht nur alle Offiziere meines Bataillons, sondern auch viele Unteroffiziere und Mannschaften, lernte auch eine große Zahl von Offizieren anderer Truppenteile kennen und wurde oft in deren Kasinos eingeladen. Überall fand ich Kameraden, die in der deutschen Armee kommandiert gewesen waren, bei der Feldartillerie zwei alte Darmstädter 25er und bei der Schweren Artillerie einen ehemaligen 3. Fußartilleristen, der sich im goldenen Mainz so wohl gefühlt hatte, dass er allen Ernstes erwog, seinen Abschied zu nehmen und ganz in die schöne Stadt am Rhein überzusiedeln! Bei den Dragonern fühlte ich mich besonders

wohl, denn deren Kommandeur, Coronel Escaleron, war zu den
3. Husaren in Rathenow kommandiert gewesen und übertraf,
wenn überhaupt möglich, die anderen Argentiner noch an Liebe
zu Deutschland. Ihm hauptsächlich hatte ich dann die interessante Verlängerung meines Kommandos zu danken, von der ich
später erzählen werde. Die Dragoneroffiziere stammten durchweg aus den landwirtschaftlichen Provinzen des Inneren. Sie
waren Söhne mittlerer oder kleiner Grundbesitzer und Vieh-
züchter; einige waren offensichtlich Nachkommen von Gauchos
and hatten Indianerblut. Daher standen sie zu ihren Mannschaften durchaus kameradschaftlich, weit mehr, als das bei
anderen Truppenteilen möglich gewesen wäre, saßen oft abends
im Kreise der Dragoner und stimmten mit ihnen in die alten
Gaucholieder ein. Als Führer dieser wilden Reiter waren sie
durchaus am Platze, aber sie unterschieden sich doch sehr deutlich von dem völlig modernen, wissenschaftlich durchgebildeten
Typ der argentinischen Offiziere, und selten wählte einer aus
ihren Reihen die Generalstabslaufbahn. Daher kamen die Stabsoffiziere, Adjutanten und der Kommandeur dieses eigenartigen
Regiments immer von anderen Kavallerieregimentern. Nirgends
habe ich aber den Begriff dessen, was man unter altspanischer
Ritterlichkeit versteht, reiner verkörpert gefunden, als in den Reihen dieses Regiments, und zwar auch in der Mannschaft. Jeder
dieser Halb- oder Ganzindianer war ein Caballero und fühlte sich
stolz als solcher. Nie hörte man, selbst bei dem gerade ihnen
natürlich besonders verhassten Fußexerzieren, ein Schimpfwort,
und ich habe mich immer wieder daran gefreut, welche selbstverständlich guten Manieren und welchen Takt die Reiter mir gegenüber bewiesen, der ihnen doch noch fremdartiger erscheinen
musste, als sie mir. Allerdings – als Feind hätte ich nicht in ihre
Hand geraten mögen, dazu war ihr Indianerblut doch noch zu
mächtig. Die Offiziere erzählten mir mit Stolz, dass die Dragoner
niemals Pardon gäben oder nähmen und – dass ihr Regiment im

Unabhängigkeitskriege einmal zwei spanische Regimenter bis auf den letzten Mann mit Lanze, Bola und Machete, dem schweren Buschmesser, abgewürgt habe. Aber südamerikanische Kriege und Revolutionen sind ja immer, und bis auf den heutigen Tag, erbarmungslos und von keinerlei Sentimentalität, die uns überzivilisierte Europäer selbst im Kriege nicht verlässt, angekränkelt. – Natürlich brachte ich gelegentlich auch den Abend in Buenos Aires zu und wurde dabei auch in den Jockey-Club, wohl die exklusivste und gleichzeitig luxuriöseste Gesellschaft der Welt, eingeführt. Nur die oberste und reichste Schicht des Landes gehörte zu seinen Mitgliedern, und es war außerordentlich schwer, aufgenommen zu werden. Ganz wenige hohe Offiziere und längst nicht alle Minister gehörten ihm an. Die ausländischen Diplomaten konnten Verkehrsgäste, aber nicht Mitglieder werden, hätten es sich wohl meist auch nicht leisten können. Der Club besaß, neben mehreren Landhäusern und einem Yachthafen, einen wahrhaft königlichen Palast an der Plaza 25 da Mayo, der mit einem kaum vorstellbaren Luxus eingerichtet war. Der Betrieb, die Speisenfolge, die Bälle, die Spielsäle, das Schwimmbad, der Dachgarten, die erstklassige Künstlermusik, das zahllose, meist aus Ausländern bestehende Personal in prunkenden Livreen – alles entsprach der unerhörten Aufmachung. Man erschien abends selbstverständlich nur im Frack, Offiziere in Gesellschaftsuniform, die Damen in großer (Pariser) Toilette. Die Brillanten, die man dort an den schönen Argentinerinnen sah, hatten den Wert des Heeresbudgets eines kleinen Staates. Auf dem grünen Tuch der Spielsäle wurden Vermögen verloren und gewonnen. In den Räumen dieses Clubs aber wurde, nebenbei, damals die argentinische Politik gemacht, denn diese Großgrundbesitzer und Bankiers beherrschten die Wahlmaschine souverän, mussten allerdings dabei stets Rücksicht auf den Willen und die Wünsche der Armee nehmen. Eingeführt durch Oberst Perlinger, wurde ich sehr liebenswürdig aufgenommen, fand aber dort doch nicht jene bedingungslose Begeisterung für Deutschland, die ich aus den Kreisen der Offiziere gewohnt war. Diese Herren tendierten offensichtlich doch mehr nach England, mit dem sie seit Jahrzehnten in engen Geschäfts- und auch persönlichen Verbindungen standen, die jüngeren Mitglieder und die Damen nach Frankreich, dessen Hauptstadt ja das nun einmal angebetete Paris ist. Unter meinen Kameraden fühlte ich mich wohler. Im übrigen unterschied sich der abendliche und Nachtbetrieb von Buenos Aires in keiner Weise von dem in irgendeiner europäischen oder nordamerikanischen Großstadt, selbst die auf Fremdenverkehr zugeschnittenen Nachtlokale mit „original" argentinischen Kapellen oder Tänzerinnen (die kaum ein Argentiner je besuchte) hätten ebenso gut in Berlin, Paris oder London liegen können. Interessanter war ein Bummel durch die Volksviertel, wo das Leben aber mehr italienisch als südamerikanisch anmutete, und durch das Hafenquartier mit seinen unzähligen Matrosenkneipen – wie in St. Pauli. nein, das gewaltige Buenos Aires hat nicht viel Argentinisches! – Ich fuhr auch einmal für zwei Tage über den mächtigen La Plata nach Montevideo, um einen Blick auf die benachbarte „Liebig-Republik" zu werfen, wie die Argentiner, die die Banda Oriental del Uruguay als eine ihnen entrissene und einst zurückzugewinnende Provinz ihres Landes betrachten, den kleinen Staat spöttisch nennen. Auch Montevideo ist eine moderne, ziemlich nüchterne Stadt, wenn auch die Lage durch die umgebenden, nicht sehr hohen Hügelzüge etwas hübscher ist als die von Buenos Aires. Es fehlen nicht die anspruchsvollen, für den Umfang des Landes etwas zu gewaltigen Regierungspaläste, die festungsartigen Kasernen, mit den operettenhaft bunt nach französischem Vorbild uniformierten, ziemlich schlappen Truppen und die Plätze und Avenüen mit den klangvollen Namen der Freiheitshelden. Aber die Innen- und Außenpolitik Uruguays wird nicht in den Palais der häufig wechselnden Regierungen entschieden, sondern in einem mächtigen, nüchternen, ganz nordamerikanisch anmutenden Wolkenkratzer, wo mehrere tausend Angestellte hinter ihren Schreibmaschinen und Kontobüchern sitzen, dem Sitz der britischen Liebig-Co, deren ungeheure Schlachthäuser, Konserven- und Fleischextraktfabriken im nahen Fray Bentos den Raum einer kleinen Provinz einnehmen. Nebenbei bemerkt: Wieder einmal die Leistung deutscher Wissenschaft, die ungezählte Millionen in fremde Taschen fließen ließ und lässt. Wenn mein hessischer Landsmann, der Giessener Chemiker Liebig, aus Himmelshöhen auf den Riesenbetrieb hinabschaut, der auf seinen Gedanken aufgebaut ist, so tröstet es ihn vielleicht, dass in der Eingangshalle des Geschäftshauses seine ziemlich schäbige kleine Bronzebüste steht – neben sehr viel größeren früherer Konzernpräsidenten und Generaldirektoren. Der Liebig-Co gehört so ziemlich das ganze Land. Es dürfte wohl kaum einen Uruguayano gaben, der nicht direkt oder indirekt in ihrem Dienst steht. Sie lässt Präsidenten und Regierungen der Republik ernennen – und, wenn sie nicht artig sind, wieder absetzen, sie veranlasst den Erlass von Gesetzen, Zolltarifen usw., ihr Machtspruch lässt die gelegentlich als Volksbelustigungen veranstalteten Revolutiönchen schneller aufhören, als sie angefangen haben. Dass die Gesellschaft die Viehpreise diktiert, bedarf kaum der Erwähnung, aber es wurde mir auch erzählt, dass sie die Umwandlung der Viehweiden in (besser rentierende) Kornackerflächen einfach verboten hat. Die Gerechtigkeit gebietet hinzuzufügen, dass die Liebig-Co aber auf der anderen Seite sehr viel Gutes für „ihr" Land getan hat. Die soziale Fürsorge, das Schulwesen, die Krankenhäuser, die alle einen regelmäßigen, hohen Zuschuss von ihr erhalten, stehen wohl an der Spitze von ganz Südamerika. Erwerbslose gab es praktisch nicht, man sah keinen Bettler, und dank der wohltätigen Despotie der Gesellschaft genoss das Volk mehr Ruhe als in den meisten der von unaufhörlichen Revolutionen erschütterten Staaten Südamerikas (außer

Argentinien und Chile). Der schmetternde Refrain der uruguayischen Nationalhymne „Libertad, libertad!" klang allerdings einigermaßen ironisch. – Ich habe dann später auch den größten Fleischverarbeitungsbetrieb Argentiniens, den Frigorifico La Negra am mittleren Paraná, besichtigen können, wo mich ein sehr netter deutscher Veterinär – alle Tierärzte und Meister dieser englischen Firma waren Deutsche – herumführte. Ein unvergesslicher, aber kein sehr angenehmer Eindruck blieb zurück. Die um die riesigen Schlachthäuser, Gefrieranlagen, Küchen, Wurst- und Konservenfabriken herumliegenden unabsehbaren Corrales, wo Zehntausende Stück Rindvieh, Schafe und Schweine nach dem Antrieb aus dem Inneren noch einmal aufgefüttert wurden und von denen ein ununterbrochenes betäubendes Brüllen, Blöken, Mäen, Quieken und Grunzen aufstieg, boten zwar ein buntes, fesselndes Bild, besonders wenn die berittenen Gauchos die zum Schlachten bestimmten Tiere aus den Herden sonderten, und sie in die sich allmählich trichterförmig verengernden Zugänge in die Schlachthäuser trieben. Aber dort war dann das Inferno. Jedes Stück Rindvieh, darunter gewaltige Stiere und Ochsen mit gefährlichen weit geschwungenen Hörnern, mussten unter einer Brücke durchpassieren, auf der ein herkulischer, nur mit einer Badehose bekleideter N**** stand und von dort oben aus einen Hammer auf die Stirn der Tiere niedersausen ließ. Noch ehe das stürzende Tier den Boden berührte, stieß ihm ein Arbeiter das Messer in die Halsader, gleichzeitig legte ein anderer ihm eine Kette um die Hörner. Eine Maschine schleppte das Rind in den nächsten Raum, wo es wieder maschinell aufgehängt wurde. In wenigen Minuten war es gehäutet, ausgenommen, zerteilt, Kopf, Haut, Hörner und Hufe wanderten auf laufenden Bändern in die einzelnen Verarbeitungsräume. Noch peinlicher war der Anblick in den Abteilungen für Schafe und Schweine, da diese Unglückstiere nicht betäubt werden konnten, sondern lebend an riesigen, sich langsam drehenden Rädern mit Haken gehängt wurden, wo sie von einem Arbeiter, wenn sie an ihm vorbeikamen, den Halsstich erhielten. Heute werden, soviel ich weiß, alle Tiere durch elektrischen Schlag betäubt. Die Arbeiter in den Schlachträumen sahen aus wie die Teufel, völlig blutüberströmt von den Haaren bis zu den Füßen. Es waren meist N**** oder Chinesen, da sich Weiße zu dieser Tätigkeit nicht hergaben. Ein entsetzlicher Blutgeruch lag über dem Ganzen, obwohl Boden und Wände fortgesetzt automatisch abgespült wurden. In den Verarbeitungsräumen dagegen ging es ungemein appetitlich und sauber zu. Dort waren meist Frauen und Mädchen in weißen Kleidern und Kopftüchern beschäftigt. Der ganze Betrieb war überhaupt sehr sauber und hygienisch, was bekanntlich in den Fleischfabriken von Chicago keineswegs der Fall sein soll. Jedes einzelne Tier wird tierärztlich untersucht und geprüft, alles Ungeeignete oder Verdächtige gleich ausgeschieden und vernichtet, nicht etwa verkauft. Ich muss aber gestehen, dass mir das sehr substanzielle Frühstück, das mir mein freundlicher Führer, ein gemütlicher Bayer, alter Münchner Burschenschafter, in dem hocheleganten Ärztekasino anbot, nicht so sehr gemundet hat. Fast sämtliche Metzgerläden in Buenos Aires sind Eigentum der großen Konservenfabriken, wahre Schmuckkästchen mit Marmor, Spiegeln, Temperaturregelung und vorzüglicher Bedienung durch weißgekleidete Mädchen und Gesellen. Man sieht dort Fleisch von einer Qualität, wie man es in Europa wohl selten zu Gesicht (oder in den Mund) bekommt, kann auch einzelne Fleischgerichte, appetitlich mit Salaten und Kartöffelchen garniert, an Ort und Stelle verzehren. Fleisch ist so ziemlich das Einzige, was in Buenos Aires billig ist, dabei allerbester Qualität. So bildet es das Hauptnahrungsmittel der armen Bevölkerung, denn Gemüse und Kartoffeln sind viel teurer, auch Fisch nicht billig. Der bayrische Tierarzt zeigte mir noch etwas, das mich mit Grauen und Entsetzen erfüllte. Er führte mich an die Außenmauer, wo die Abwässer des Werkes durch einen breiten

Zementkanal in den gewaltig dahinströmenden Paraná flossen und dessen gelbe Fluten weithinaus blutig rot färbten. Dort schien mir das Wasser weithin brodelnd zu kochen. Ab und zu lief ein welliges metallisches Leuchten über das aufgewühlte Wasser. „Pirañas", sagte der Bayer lachend, „wann's hier 'neinfallen, Herr Oberleutnant, brauchen's Ihna net mehr um a Begräbnis zu kümmern." Es waren Zehntausende dieser furchtbaren Raubfische der südamerikanischen Ströme, die eigentlich nur aus Rachen mit wahren Haifischzähnen bestehen und eine unvorsichtig aus dem Boot ins Wasser gehaltene Hand in Sekunden in ein sauber abgenagtes Skelett verwandeln können. Na, ich könnte mir ein schöneres Ende denken! Später im Innern hab' ich noch mehr von diesen grausigen Bestien gesehen, die von den Einheimischen mehr gefürchtet werden als Giftschlangen und Jaguare. – So gingen die Wochen schnell hin, und das Fremde, Außergewöhnliche wurde allmählich – alltäglich und vertraut. Es war schließlich nicht anders wie daheim, wie überall, wo ein Mensch seinen gewohnten Beruf ausübt: Dienst, frohe Stunden mit alten und neuen Kameraden, ernstes Gespräch mit diesem oder jenem von ihnen, der etwas weiter über den Tag hinaus zu sehen und zu denken verstand, darunter besonders Costa, Molina und Oberst Escaleron. Auch die Argentiner betrachteten die Lage in Europa als sehr ernst und sahen den kommenden Krieg als unabwendbar an. Ihre Sorgen um das Schicksal des von ihnen geliebten und verehrten Deutschland waren viel größer als die unseren, denn sie fühlten etwas voraus, woran wir selbst nicht glauben wollten, bis es schließlich soweit war: Das aktive Eingreifen der Vereinigten Staaten. Sie kannten besser als die Europäer den seit dem Spanisch-Amerikanischen Kriege erwachten und nicht mehr zu bändigenden Imperialismus der Yankees, mit dem die meisten südamerikanischen Staaten bereits sehr üble Erfahrungen gemacht hatten: Sie kannten auch die ungeheure besonders wirtschaftliche und technische Machtfülle, die hinter diesem stürmischen Drang nach Weltherrschaft stand und der nach ihrer Ansicht kein anderes Land auf die Dauer gewachsen sein konnte. Für sie alle unterlag es gar keinem Zweifel, dass U.S.A. unter keinen Umständen ein Niederringen Englands oder überhaupt einen Sieg des Deutschen Reiches zugeben werde, und sie erblickten die einzige Hoffnung in einem sehr schnellen und vollständigen militärischen Erfolge Deutschlands, ehe die Vereinigten Staaten soweit waren, um auf dem europäischen Kriegsschauplatz erscheinen zu können. Selbst das hätte nach ihrer Meinung nur einen Aufschub bedeutet, denn U.S.A. sei nun einmal fest entschlossen, keine wirkliche Weltmacht neben sich zu dulden. Als ich diese Auffassung, die auch vom argentinischen Generalstab geteilt wurde, pflichtgemäß berichtete, wurde ich — mehr oder minder — ausgelacht. Noch 1917, als die ersten amerikanischen Divisionen schon in Frankreich landeten, erklärte man bei uns ja ganz offiziell, dass es den U.S.A. niemals gelingen werde, eine wirklich entscheidende Streitmacht nach Europa zu verschiffen. (Genau wie übrigens, trotz dieser Erfahrungen, 1942!) Quem Deus vult perdidi — — Es sollte der argentinischen Armee bei uns nicht vergessen werden, dass sie trotz ihrer pessimistischen Auffassung über den Kriegsausgang Deutschland die Treue gehalten und durch ihr politisches Schwergewicht verhindert hat, dass Argentinien dem Beispiel fast aller anderen südamerikanischen Republiken folgte und die Beziehungen zu Deutschland abbrach. (Ebenso wie Chile). — Es gefiel mir ausgezeichnet in diesem frischen, freien und zukunftsreichen Neulande, wo man überall fühlte, wie sich die Kräfte und Geister regten, um die unbegrenzten Möglichkeiten auf fast jedem Gebiet zu entwickeln und auszunutzen, die dieses unermessliche, erst zum kleinsten Teil wirklich ausgenutzte Gebiet, das die Bevölkerung halb Europas aufnehmen, ernähren und beschäftigen könnte, zur Vormacht des südamerikanischen Kontinents zu machen strebten. Wobei allerdings immer ein als fast

unausbleiblich betrachteter Konflikt mit der anderen südamerikanischen Großmacht, Brasilien, in Rechnung gestellt
wurde – daher das große Gewicht, das auf Ausbildung, Ausrüstung und Modernisierung der Armee gelegt wurde. – Es kam
mir oft der Gedanke, ob ich nicht ganz drüben bleiben sollte.
Zweifellos wäre ich sofort als Offizier angestellt worden und
zwar, wie man mir offen sagte, als Capitan des Generalstabes.
Wie hätte sich dann wohl mein Schicksal gestaltet? Vielleicht
wäre ich heute General, vielleicht auch, wie manche andere
deutschstämmige Offiziere innerhalb des Perron-Regimes in
noch einflussreicherer Stellung. Aber ich habe solche Ideen dann
doch immer schnell abgeschüttelt, denn bei der immer ernster
werdenden Lage in der Heimat wäre es mir doch wie eine Art
Fahnenflucht vorgekommen, wenn ich das Vaterland und die
Waffengefährten in so schwerer Zeit endgültig aufgegeben
hätte. – Der argentinische Sommer wurde immer glühender, aber
die Manöverzeit war herangekommen, und da wir keine Tropen-
uniform besaßen, hieß es halt sich mit dem geradezu körperauf-
lösenden Schwitzen in dem dick-wollenen blauen Waffenrock
abfinden, dessen roten, steifen Kragen ich schon auf die denkbar
geringste Höhe hatte herabsetzen lassen. Die Übungen der 1.
und 2. Infanterie-Division und der 1. Kavallerie-Division fanden
in dem Gebiet zwischen Cordoba und Rosario statt. Diese Provinzen sind teils mit riesigen (damals gerade abgeernteten)
Getreidefeldern, teils mit grasiger Pampa, auf der ungeheure
Rinder- und Pferdeherden weideten, bedeckt. Es gibt wenige
Dörfer, meist von europäischen Einwanderern bewohnt, die dort
zwischen den ausgedehnten Latifundien der Großgrundbesitzer
Gemüse- und Obstzucht betreiben und meist recht wohlhabend
sind. Die großen Estancieros sitzen in fürstlichen Schlössern,
umgeben von den Lehmhütten ihrer Peones und Gauchos, die
zwar auf dem Papier der Verfassungsurkunde freie Bürger der
Republik, praktisch aber Untertanen ihrer Grundherren sind, wie

es die Bauern auf den Ländereien eines mittelalterlichen Seigneurs waren. Aber sie waren ihrer Herrschaft in Treue zugetan, wurden von dieser als entfernte Familienmitglieder betrachtet und behandelt und wünschten sich gar kein anderes Dasein. Mit Stolz und Verachtung sahen sie auf die alljährlich eintreffenden italienischen Erntearbeiter herab, denen sie sich hoch überlegen fühlten. Es war mir immer eine Freude, diese urwüchsigen, malerischen Gestalten im Sattel ihrer feurigen Rosse oder abends am lodernden Feuer vor ihren Hütten zu beobachten. Welche natürliche, edle Haltung, welches ungezwungene, von jeder knechtischen Unterwürfigkeit ferne Benehmen, auch gegenüber den Hochgestellten, sei es die eigene Herrschaft oder ein General. Das sind Eigenschaften, die der europäische Proletarier seit langer Zeit verloren hat – wenn er sie jemals besaß. Die Truppen wurden zum Teil mit der Bahn in den Versammlungsraum befördert – wobei es, wie ich beobachten konnte, unausgesetzte Reibungen mit den Beamten der britischen Eisenbahngesellschaft gab – teils erreichten sie ihn im Fußmarsch. Interessant war es mir, dass bei den bahnbeförderten Kavallerieregimentern nur die Offizierpferde mitgenommen wurden, während die Truppe selbst an Ort und Stelle mit neuen Pferden ausgestattet wurde, die den unendlichen Pferdeherden entnommen und nach den Manövern den Eigentümern, natürlich gegen Entschädigung und Abnutzungs- oder Ausfallgebühr, zurückgegeben wurden. Der enge, auch seelische Zusammenhang zwischen Reiter und Pferd, wie ihn ein europäischer Kavallerist besitzen soll, kannte man in diesem Lande des Pferdeüberflusses nicht. Das Pferd war ein unentbehrliches Werkzeug, mehr nicht. Über die Manöver selbst ist nicht viel zu sagen. Sie verliefen genau wie bei uns, nur wurde fast ausschließlich Bewegungskrieg dargestellt. Begegnungsgefechte mit schneller Entwicklung und laufend vorgetragenem Angriff bildeten die Regel. Sehr selten sah man, dass sich eine Truppe eingrub, dann fast immer nur eine Vorhut, die eine Stellung bis zur Entwicklung des Gros halten sollte. Kampf um befestigte Stellungen sah ich nicht, solche wären in dem tellerflachen Gelände auch kaum zu finden gewesen, wo es höchstens einmal eine kaum sichtbare Bodenwelle oder ein tiefer eingeschnittenes Bachbett gab. Die Artillerie musste daher fast immer offen auffahren. Die Kavallerie attackierte meiner Ansicht nach zu viel und zu unbekümmert um die moderne Waffenwirkung in dem deckungslosen Gelände. Aber das hatte ja auch die unsere an sich, – bis sie der Ernstfall blutig eines Besseren belehrte. Auch die Angriffsbewegungen der Infanterie waren meinem Gefühl nach zu wenig der modernen Auffassung entsprechend, wonach ein Vorgehen im offenen Gelände ohne nachhaltige Feuervorbereitung unmöglich ist. Die argentinischen Offiziere meinten, als ich davon sprach, dass die Brasilianer sehr schlecht schössen und moralisch überhaupt nicht in der Lage seien, einen Sturm auszuhalten. (Als einziger denkbarer Gegner wurde immer nur Brasilien angenommen). Aber bei Massenfeuer moderner Schnellfeuer- und Maschinenwaffen kommt es auf das gute Schießen des Einzelnen gar nicht so sehr an – das würde der Ernstfall auch den tapferen Argentinern sicher schnell gezeigt haben. Die Truppe bezog niemals Quartiere, sondern biwakierte immer, während die Stäbe, wo sich Gelegenheit dazu bot, in Schlössern oder auch Dörfern untergebracht wurden. Ich blieb fast immer draußen bei der Truppe, obwohl mir stets ein Quartier, wo sich ein solches fand, angeboten wurde. Häufig allerdings nahm ich, was ich nicht ablehnen konnte, an den Diners der hohen Stäbe in den fürstlichen Schlössern der großen Estancieros teil. Es waren nach Aufmachung und Verpflegung Veranstaltungen, wie sie an einem europäischen Königshof nicht anders hätten sein können – und der englische Butler, geschult im Hause eines britischen Herzogs, vertrat mit seiner Silberkette um den Hals und seinen seidenen Escarpins sehr wohl die Stelle eines Hofmarschalls. Unter den Damen waren nicht wenige

Engländerinnen, Italienerinnen und Französinnen aus großen Adelsfamilien, auch einige Amerikanerinnen aus der Dollar-Aristokratie. Daher kam es wohl, dass in diesen Kreisen die Haltung gegenüber Deutschland gedämpfter war als in anderen argentinischen Kreisen, obwohl ich persönlich überall mit der größten Liebenswürdigkeit aufgenommen wurde. Aber draußen bei den Kameraden am lodernden Lagerfeuer unter dem funkelnden Sternenhimmel des Südens, wo die alten Gaucholieder klangen und von fernher der immer erneute Ruf der Posten die schwüle Nacht durchtönte: „Sentinela alerta! Ssntinela alerta!“ fühlte ich mich wohler. In einer kleinen Stadt konnte ich übrigens amüsiert beobachten, was es mit der demokratisch-republikanischen Freiheit, wenigstens hier im Herrenlande des Inneren, praktisch auf sich hatte. Es fand eine Wahl statt, ich glaube des Provinzgouverneurs. Das Wahllokal war die Kirche als einziger größerer Raum, und dort saß hinter einem langen Tisch, auf dem die hölzerne Wahlurne stand, sehr ernsthaft die Wahlkommission, der Alcalde, der Cura und – der Kommandeur der Rurales, der Gendarmerie. Vor der Kirche hielt ein Zug dieser ausgezeichneten, aus Berufssoldaten bestehenden Reitertruppe abgesessen; angeblich zur Sicherung der Wahlfreiheit, aber der Offizier sah sich jeden der erscheinenden Wähler sehr genau an, ob er etwa zur regierungsfeindlichen Partei gehöre. Es dürfte nicht einer von diesen gekommen sein! Von den umliegenden Großgütern ritten die Mayordomos heran und überbrachten in ihren Satteltaschen die Wahlzettel sämtlicher wahlberechtigter Peonas, Gauchos und Beamten – die sie zweifellos, der Einfachheit halber, auch selbst nach den Weisungen der Gutsbesitzer ausgefüllt hatten! Kein Wunder, dass niemand neugierig oder gar ängstlich über das Wahlergebnis war. In Buenos Aires oder Cordoba ließ sich so etwas natürlich nicht machen, aber das Land gab eben den Ausschlag, nicht so sehr zahlenmäßig, als, weil sich eben gegen die finanzielle und damit politische Macht des Großgrundbesitzes keine Regierung halten konnte. Nach der Kritik an einem der letzten Manöver befahl mich General Uriburú zu sich und fragte mich zu meiner größten Überraschung, ob es mir Freude machen würde, nach Abschluss der Übungen eine Grenzexpedition der 2. Kavallerie-Brigade im Urwaldgebiet des argentinischen Gran Chaco mitzumachen. Ich bejahte natürlich begeistert, musste aber pflichtgemäß hinzufügen, dass mein Kommando nur drei Monate Dauer besitze, und ich daher von der Entscheidung meiner Oberbehörde abhängig sei. Der General lächelte und erklärte mir, dass er sich der deutschen Zustimmung bereits vorher versichert habe, und dass mein Kommando um zwei Monate verlängert sei. Wer war froher als ich? Man kann sich vorstellen, wie herzlich ich dem reizenden Oberst Escaleron, dem Kommandeur des Reiterregiments (Dragones) dankte, denn nur seinem Vorschlag hatte ich dieses, wie sich zeigen sollte, hochinteressante Abenteuer, das vor mir lag, zu danken. Dem Stabe seines Regiments wurde ich dann auch zugeteilt. Zunächst begleitete ich nach Manöverschluss das Lehr-Bataillon in das Campo de Mayo zurück und feierte gründlich meinen freilich nur vorläufigen Abschied von diesen trefflichen Kameraden. Dann widmete ich mich gründlich meiner Ausrüstung für den Indianerkrieg. Als ich einst in Frankfurt mit dem unvergesslichen Dr. Stuhlmann Indianer spielte und dann jahrelang ein begeisterter Karl-May-Verehrer wurde, hatte ich nicht geahnt, dass ich wirklich einmal selbst in die Jagdgründe des roten Mannes reiten würde (der allerdings, wenigstens dort im Chaco, nicht die leiseste Ähnlichkeit mit Winnetou oder dem „Letzten Mohikaner" hatte). Da zu dieser Unternehmung meine Uniform nun wirklich nicht passte, ließ ich mir eine Khakiuniform nach argentinischem Muster bauen, an der ich nur die deutschen Knöpfe und Abzeichen und am Hute die deutsche und die hessische Kokarde anbringen ließ. Eine Pistole (da ich natürlich keine mit nach Argentinien genommen hatte) lieh mir

Costa, und mit einem gewissen romantischen Hochgefühl ließ
ich beim. Waffenmeister des Lehrbataillons meinen Säbel schleifen. In Deutschland geschah dies nur im Mobilmachungsfalle,
während die argentinischen Offiziere die Waffe auch im Frieden
scharf trugen, wie viele andere Armeen auch. Anfang Dezember
wurden der Stab der Brigade, das im Campo de Mayo stehende 6.
Kavallerie-Regiment, eine Gebirgsbatterie, ein Zug Pioniere und
mehrere Trainkolonnen, diese, wie die Artillerie mit Tragtieren
ausgerüstet, in Buenos Aires einwaggoniert und in mehreren langen Sonderzügen nach Salado im Norden in Marsch gesetzt.
Wieder wurden nur die Offizierpferde und Tragtiere mitgenommen, während die Pferde der Kavallerie durch voraus-
gesandte Sonderkommandos bei den in der Nähe des Ver-
sammlungsraumes gelegenen Estancias angekauft oder ermietet
wurden. Dieser Versammlungsraum, den das in Rosario stehende
4. Kavallerie-Regiment selbständig zu erreichen hatte, lag östlich
des genannten Ausladeplatzes, in jenem schmalen, zwischen
Uruguay, Brasilien und Paraguay vorspringenden Zipfel argentinischen Gebietes am Rande des Urwaldes, der unser Operations-
gebiet bilden sollte, und zwar hart nordöstlich S. Alonso. Diese
ganze, für unsere Zeit etwas ungewöhnliche Expedition, die
eigentlich mehr an die Epoche der ersten Kolonisierung erinnerte,
bedarf einiger Worte der Erklärung. An sich sind die Territorial-
verhältnisse im Urwaldgebiet des Chaco ziemlich ungeklärt —
oder waren es wenigstens damals. Die Grenzen waren rein theoretisch auf der Karte festgelegt. Verkehr gab es nicht, ebenso
wenig Zollposten oder Grenzwachen, denn beim völligen Fehlen
aller Straßen waren Weiße nur ganz vereinzelt als Gummi- oder
Orchideensucher in diesen undurchdringlichen Urwald vor-
gestoßen, der nur von auf allerniedrigster Kulturstufe stehenden,
wenig zahlreichen Indianerhorden durchschweift wurde. Die
Zivilisation fing aber damals gerade an, den Urwald an seinem
Rande   sozusagen   anzuknabbern,   und   diese   von   der

argentinischen Regierung in einer eigentlich wenig schönen Weise eingeleitete Aktion ist zu einer schweren Tragödie für eine ganze Anzahl europäischer Menschen geworden. Die argentinischen Vertretungen in verschiedenen europäischen Ländern, auch in Deutschland, hatten nämlich eine sehr wirkungsvolle Propaganda entfaltet, um Siedler für diese noch unerschlossenen Gebiete zur Auswanderung anzureizen. Den Leuten wurden die schönsten Versprechungen gemacht, die sich auf dem Papier großartig ausnahmen; nachher in der Praxis aber zeigte sich, dass diese europäischen Bauern – es waren in der Hauptsache Schweizer, Österreicher und Süddeutsche – geradezu in eine Falle gelockt worden waren. Wohl teilte ihnen die Regierung Land, Ackergeräte und Vieh zu, aber das Land war eben völlig jungfräulicher Urwald, und vor der Aufgabe, diesen erst einmal zu roden und dann kulturfähig zu machen, standen die ganz unerfahrenen Europäer einfach ratlos da. Arbeitskräfte waren dort am Rande der Wildnis nicht zu finden. Die Auswanderer, die durchweg mittellos waren, hätten sie auch gar nicht zahlen können. An Behausungen irgendwelcher Art war nicht zu denken. So hausten die unglücklichen Familien manchmal jahrelang in Laubhütten oder erbärmlichen Bretterbuden, dazu in einem sehr gefährlichen Klima und in einem Lande, wo es von Giftschlangen und sehr gefährlichen Insekten wimmelte. Und endlich dazu die Indianergefahr, denn die Wilden im Urwald hatten es sehr bald heraus, dass diese hilflosen Weißen in ihren weit verstreuten Siedlungen eine leichte Beute waren, und dass bei ihnen so manches zu holen war, das selbst ein Steinzeitmensch gebrauchen kann. Zahlreiche Menschen sind am Fieber, an Schlangenbissen, an den Giftpfeilen der Indianer elend und in Verzweiflung zu Grunde gegangen. Eine Rückkehr in die Heimat war ihnen auf Grund ihres Vertrages und natürlich auch ihrer Mittellosigkeit unmöglich. Und doch hatte sich eine freilich nicht sehr große Zahl tapferer Männer und Frauen durchzusetzen

verstanden und mit zäher Beharrlichkeit und unsagbarer Arbeits-
mühe eine Kette von Bauerngütern geschaffen, die damals gerade
anfingen, einen gewissen Ertrag zu bringen. Nachdem sich dann
auch ein paar deutsche Ärzte dort oben angesiedelt und Missio-
nare eine Art primitiven Schulwesens für die Kinder eingerichtet
hatten, nachdem die Bahn bis Salado verlängert und damit ein
Absatz ihrer Produkte möglich war, hätten die Leute einigermaßen aufatmen können, wenn eben nicht die ständige
Bedrohung durch die Urwaldindianer gewesen wäre. Immer wieder wurde eine einsame Farm plötzlich von den aus dem Dickicht
vorstoßenden Wilden überfallen, und das bedeutete, wenn der
Angriff zu spät erkannt wurde, unbedingt den grauenvollen Tod
alles Lebenden und die Zerstörung aller Werte. Die wenigen,
weit zerstreuten schwachen Gendarmerie-Postierungen kamen
immer zu spät. Garnisonen gab es dort oben im Norden nicht,
und gegenseitige Hilfe der Farmer unter einander war kaum
möglich, da die Siedlungen viele Kilometer von einander entfernt
lagen. Das Interesse der politischen Stellen im fernen Buenos
Aires war sehr gering, und auch auf diesem Gebiet ist es der
Armee zu danken gewesen, wenn nun endlich einmal energische
Maßnahmen zum Schutze der Siedler ergriffen wurden, die doch
schließlich unter Einsatz von Leben und Gesundheit daran arbeiteten, der Republik ein bisher völlig wertloses Gebiet in Kultur-
land umzuschaffen. Das Einzige, was die Regierung bisher getan
hatte, war der Erlass einer Verordnung, durch die auf den Kopf
eines Urwaldindianers eine Abschussprämie von 10 Pesos gesetzt
wurde – aber wer konnte den Wilden in ihren Urwalddschungel
folgen und sie dort aufspüren? Diese Verordnung hatte übrigens,
als ich von ihr erfuhr, mein europäisches Zivilisationsgemüt
ziemlich peinlich berührt, aber als ich die Bestien dann selbst sah
und auch die Folgen ihrer Untaten, änderte ich mein Urteil. Die
Heeresleitung hatte also von der Regierung die Genehmigung
erwirkt, von Zeit zu Zeit Expeditionen gemischter

Truppenabteilungen in das Urwaldgebiet des Chaco zu entsenden, um die Randgebiete möglichst von den Indianern zu säubern. Als Nebenzweck wurde so eine Übung der Truppen im Urwaldkriege erzielt, was nicht unwichtig war, da gerade hinter dem Chaco die Grenze des präsumptiven späteren Gegners Brasilien liegt, sich dort also in einem etwaigen Kriege die ersten Operationen abspielen könnten. Es kann sich dabei in dem vollkommen weglosen Gelände, wo jedes Kilo Verpflegung, oft sogar das Wasser, der Truppe nachgeführt werden musste, nur um die Tätigkeit ganz kleiner Abteilungen von höchstens Kompagnie-, bzw. Eskadronstärke handeln. Erst wenn diese die Urwaldzone durchstoßen und etwaige feindliche Vortruppen zurückgeschlagen hätten, könnten im freien Gelände jenseits des Urwaldes die eigentlichen Operationen beginnen. Dazu aber hätten zuerst Straßen durch das Dschungelgebiet gebaut werden müssen, eine monatelange, Kräfte und Geld verzehrende Aufgabe, deren sich beide Länder in Friedenszeiten nicht unterziehen wollten, besonders da ja umgekehrt die Ungangbarkeit dieser Zone gleichzeitig für Brasilien wie für Argentinien einen gewissen Schutz der Grenze bietet. Dass entscheidende militärische Operationen innerhalb der Urwaldzone unmöglich sind, und dass ein dort geführter Krieg nur zu einem zweck- und planlosen gegenseitigen Abmorden führt, hat später der Chaco-Krieg zwischen Bolivien und Paraguay bewiesen, bei dem Bolivien nur deshalb im Nachteil war, weil die bolivianischen Hochgebirgsindianer das tropische Urwaldklima schlechter vertrugen als die Niederungs- und Flussindianer Paraguays (abgesehen von einem Teil der Offiziere bestanden beide kämpfenden Heere nur aus Indianern). Alle diese Überlegungen spielten naturgemäß bei der Lösung der uns übertragenen Aufgabe eine große Rolle. Sie vollzog sich etwa in folgender Form: Zunächst wurde eine Anzahl indianischer Späher in diejenigen Gebiete des Urwaldes entsandt, wo man nach gewissen Anzeichen Indianerhorden vermutete.

Bis zu deren Rückkehr besetzte die Truppe den Waldrand mit Feldwachen und Posten, unterhielt auch einen ständigen Patrouillendienst, ohne dabei tiefer in die Waldzone einzudringen. Auf die Farmen in weitem Umkreise wurden Schutzwachen in Stärke von 10 Mann unter Führung eines Unteroffiziers gelegt. Das ganze zu sichernde Gebiet wurde in zwei Abschnitte eingeteilt, von denen jeder einem Kommandeur der beiden Kavallerieregimenter unterstand, und in Unterabschnitte für je eine Eskadron gegliedert war. Die Gebirgsbatterie bereitete an verschiedenen Orten Stellungen vor, von denen aus sie im Falle eines freilich sehr unwahrscheinlichen Vorbrechens von Indianern die Waldzone unter Feuer nehmen konnte. Die Pioniere begannen mit Unterstützung angeworbener Zivilarbeiter an einzelnen, auf Rat von Landeskundigen ausgewählten Stellen Straßen, d.h. schmale Pfade in den Dschungel zu hauen und zu sprengen. Der Stab der 2. Kavallerie-Brigade nahm in San Alonso Quartier, von wo aus der Nachrichtenzug der Zapadores (Pioniere) Fernsprechverbindungen zu den in Farmen hinter ihrem Abschnitt untergebrachten Regimentsstabsquartieren und von dort zu den Eskadrons und der Batterie legten. In der Nähe von San Alonso biwakierten auch die als Einsatzreserve zurückgehaltenen 2 Eskadrons des 4. Kavallerieregiments und die Kolonnen und Trains. Dort war auch ein Munitionsdepot und eine Verpflegungszentrale (Mehl, Mais, Reis, Rinder) errichtet. – Unser landeskundiger Ratgeber, der uns auch die indianischen Späher stellte, und ihnen, die kein Wort Spanisch verstanden, ihre Aufträge übermittelte und erklärte, war bin Missionar, der sich seit 30 Jahren der sehr undankbaren Aufgabe widmete, die Urwaldindianer zu bekehren und gleichzeitig etwas zu zivilisieren. Es war ein hochgewachsener, graubärtiger Benediktinerpater, geborener Franzose, ein außergewöhnlich sympathischer, hochgebildeter Mann, der zweifellos aus sehr vornehmer Familie stammte, und mit dem ich mich oft und gern unterhalten habe.

Père François freute sich, endlich einmal wieder in seiner Muttersprache reden zu können. Er beherrschte aber fließend auch Spanisch, Englisch und sogar Deutsch und war mit der Literatur aller dieser Nationen völlig vertraut. Seine Bibliothek in dem schlichten Missionsgebäude, das vollkommen einsam in der Nähe des Urwaldrandes lag, enthielt alle Neuerscheinungen der europäischen Geisteswelt. Daneben stand eine kleine Holzkirche, umgeben von den Hütten seiner Missionskinder. Der Pater dachte sehr skeptisch über die von ihm in jahrzehntelanger hingebender, opferreicher Arbeit erzielten Erfolge. „Il faut le comprendre", sagte er mir, „ces sauvages sont presque des bêtes. Il est tout à fait impossible de leur donner la moindre idée de la morale chrétienne." Gefühle wie Anhänglichkeit, Dankbarkeit, Ehrlichkeit, Mitgefühl seien ihnen völlig unbekannt und auch nicht begreiflich zu machen. Gelegentlich treffe man auf eine etwas höhere Intelligenz, aber das seien dann immer die Sprösslinge geraubter Weiber der wesentlich höher stehenden Pampastämme oder, Gott sei Dank in sehr seltenen Fällen, verschleppter weißer Frauen, deren furchtbares Los man sich gar nicht ausmalen dürfe, denn unter diesen Halbtieren gebe es noch nicht einmal eine Ehe, sondern in den Horden herrsche völlige Promiskuität. Aus diesen Mischlingen setzten sich denn auch die bei der Mission angesiedelten bekehrten Indianer zusammen, und aus ihnen waren auch unsere Späher ausgewählt. Dar Pater war der Verfasser eines Wörterbuches und einer Grammatik (soweit man bei der Primitivität dieser Sprachen überhaupt von einer solchen sprechen konnte) der bei den einzelnen Horden völlig verschiedenen Dialekte, die kaum mehr als etwa 300 Worte umfassten, und hatte für diese mühevolle Arbeit, – er hatte auch Grammophonaufnahmen gemacht – ehrende Anerkennung der Académie Française und anderer wissenschaftlicher Institute erhalten. Das Völkerkunde-Museum in Paris besaß eine von Père François gestiftete Sammlung der Waffen und Gerätschaften der

Urwaldindianer. Ich gewann im Laufe dieser Wochen höchste Achtung für diesen Priester, der aus reinstem Idealismus sein Leben dieser unfruchtbaren und gefahrvollen Aufgabe gewidmet hatte, obwohl ein Mann seines Geistes und seiner Fähigkeiten sicher einen glänzenderen Platz im Leben der zivilisierten Welt hätte erringen können. Als der Nachrichtenoffizier der Brigade zum Missionsgebäude ritt, begleitete ich ihn und erhielt dort bei der Instruktion einen ersten Eindruck von unseren künftigen Gegnern, wenn auch, wie sich zeigen sollte, einen noch nicht ganz zutreffenden, denn diese schon leicht von der Zivilisation beleckten Wilden standen, wie oben erklärt, doch schon etwas höher als ihre schweifenden Stammesbrüder im Urwalde und waren auch nicht ganz reinrassig. Sehr vertrauenerweckend sahen die 10 Kerle, die im Schulsaal der Mission auf dem Boden hockten und unter einander schnatterten, trotzdem nicht aus. Es waren zwerghaft kleine, schmutzigbraune Männer mit kurzen, krummen Beinen und glatten, schlitzäugigen ausdruckslosen Gesichtern, die man für Mongolen hätte halten können. Höchst merkwürdig waren ihre hohen quietschenden Stimmen, die ihre merkwürdige Sprache eher wie tierische Laute als menschliche Worte klingen ließen. Auf der Mission mussten die Leute kurze Leinenhosen tragen – in der Freiheit hatten sie keine Spur von Kleidung gekannt, nicht einmal den leichten kleinsten Lendenschurz. Dar Capitan teilte dem Pater die Aufträge für die fünf, aus je zwei Mann bestehenden Patrouillen mit, die der Priester den Leuten dann in ihrer Sprache erklärte. Jeder Gruppe wurde ein bestimmtes Gebiet zugeteilt, das sie zu durchstreifen hatten. Trafen sie dort auf eine Indianerhorde, so hatte ein Mann eiligst zur Meldung zur Missionsstation zurückzukehren, während der andere die Gegner unter weiterer Beobachtung zu halten hatte. Natürlich wurden den Spionen gewisse Belohnungen versprochen. Irgendwelche Bedenken, ihre Rassebrüder zu verraten, hatten sie, wie der Pater mir auf meine Frage sagte, nicht. Auch solche Gefühle standen weit über ihrem Begriffsvermögen. Bei Dunkelwerden sah ich die Kerle dann losziehen – natürlich in „Felduniform", d.h. völlig nackt, das etwa 1 ½ m lange Blasrohr und den winzigen, vielleicht 20 cm großen Bogen in der Hand, einen Lederbeutel mit den vergifteten Pfeilen und Bolzen um den Hals und an einer um die Hüften geschlungenen Bastschnur ein Messer. Auf der Mission, die telefonisch mit der Brigade verbunden wurde, blieb ein Unteroffizier stationiert, um etwa einlaufende Meldungen sofort weitergeben zu können. – Nun hieß es erst einmal abwarten, ob die Erkundung Erfolg hatte, was einige Tage dauern musste. Zuerst aber hatte ich Gelegenheit, jedes etwa vorhandene Mitleid mit den unstet im Urwalde schweifenden gelben Bestien in mir zu ersticken. Unglücklicherweise hatte sich die Besetzung einer am äußersten Rande des Sicherungsabschnittes liegenden Farm, die einem Schweizer gehörte, infolge eines Irrtums in der Befehlserteilung zu lange hinausgezögert. Und ausgerechnet in der Nacht, ehe das Dragonerkommando eintraf, war die Farm von den Indianern überfallen worden. Ich ritt mit dem Brigadekommandeur hinaus und sah ein Bild, das ich bis heute nicht vergessen habe, obwohl der Krieg mich später wahrhaftig gegen vieles abgestumpft hat. Alles, was Leben besaß, war erschlagen, Menschen und Vieh, alles, was zu zerstören war, vernichtet. Der Schweizer lag, fürchterlich zerfleischt, mit abgeschnittenem Kopf vor der Haustür, seine Frau in gleichem Zustande auf dem Fußboden des Schlafzimmers. Was ihr vorher geschehen war, malt man sich besser nicht aus. Die armen Kinder von 4, 6 und 7 Jahren waren mit Messern an die Scheunentür genagelt, die indianischen Knechte und Mägde waren auf ebenso grauenvolle Weise in ihren Hütten ermordet worden wie ihre Herrschaft. In den Ställen war sämtliches Vieh, sogar die Hühner und Enten, der Hofhund in seiner Hütte abgeschlachtet. Man hatte es schließlich begreifen können, wenn die Wilden das Vieh weggeführt oder gefressen hätten – aber sie hatten es nur totgeschlagen. Geraubt waren nur einige Gerätschaften, Messer vor allem, die die Indianer gebrauchen konnten, während sie das Geld hatten ebenso liegen lassen wie Gewehre und Pistolen im Gewehrschrank, da sie mit Feuerwaffen nicht umzugehen verstanden. An dieser Stätte des Grauens begriff ich, warum es solchen, nur äußerlich menschenähnlichen Unholden gegenüber nur eine Politik geben konnte: Ausrottung. – – Diese Tage des Lagerlebens vor und zwischen den einzelnen Unternehmungen schenkten mir etwas, was ich nur einmal erlebt habe und unverlöschlich in der Erinnerung trage bis zu meiner letzten Stunde: Soldatische und exotische Romantik in reinster, ungetrübter Form. Der Urwaldkrieg (soweit man von einem solchen überhaupt sprechen konnte) war hässlich und nüchtern, der spätere Weltkrieg, dieses maschinenmäßige Massentöten, fern von allem, was wir uns einst als junge Soldaten vom Kriege erträumt hatten, und selbst die Streifzüge in der asiatischen Wüste waren farblos und mit so viel Widerwärtigkeiten verbunden, dass alle romantischen Gefühle selbst in dem aufnahmebereitesten Geiste schnell erstarben. Aber diese Tage und Nächte in der weiten Pampa klingen in unverminderbarem Glanze in meinem Herzen nach. Weithingestreckt die weißen Zeltreihen, vor denen die Lagerfeuer flackerten und rauchten. Zwischen ihnen das bunte Gewimmel der Khakigekleideten braunen Soldaten, den breitkrempigen Hut kühn auf dem straffen schwarzen Haar. Antretende Abteilungen, abreitende Patrouillen, die Karabiner quer über den Sattel. Scharfer Anruf der Lagerwachen: „Quien vive?“, helles Wiehern der Pferde, misstöniges Maultiergeschrei, helles Schmettern eines Trompetensignals. Draußen weideten die Pferdeherden, die „Remuda“ jeder Schwadron getrennt von der anderen, umkreist in rasender Karriere von den als Hirten kommandierten Reitern, geborenen Gauchos, deren rauhe Schreie, wenn sie die Bola nach einem widerspenstigen Gaul schwangen, wie aus Urzeiten der Menschheit herüberschallten. Die Offizierpferde waren in langer

Reihe hinter den Offizierzelten angehalftert. Wenn abends nach kurzer Dämmerung die tropische Nacht ihre samtenen Fittiche über das weite Land breitete, das fern im Westen der düstere Rand des Urwaldes wie eine Mauer vor dem Unbetretbaren, Unerforschlichen abschloss, wenn droben die Sternbilder des Südhimmels aufleuchteten und die Lagerfeuer in purpurner Glut strahlten, lagerte ich mich gern am Feuer der Dragoner, freundlich als Gast von diesen stolzen, mannhaften Söhnen einer weiten, freien Natur empfangen. Ein buntgestreifter Poncho wurde mir untergebreitet, ein anderer gegen die nach des Tages Hitze empfindliche Kühle um die Schultern gehängt. Dann trat wohl ein Korporal oder ein einfacher Leiter mit ungezwungenem Anstande vor mich und bot mir mit ritterlicher Geste den Flaschenkürbis, der unter ihnen die Runde machte, um aus ihm durch die silberne „bombilla" den kochendheißen Maté zu schlürfen, eine Kunst, die gelernt sein will. Nach dem Begrüßungsschluck wurde dann immer auf einem flachen Brotstück, oder einfach auf einem großen Blatt des wilden Feigenbaumes eine Schnitte des köstlichen Asado gereicht, die wunderbarste Fleischspeise, die man auf dieser Erde essen kann. (Die besten Teile eines Rindes werden in grüne Blätter gehüllt zwischen glühend gemachten Steinen in die Erde gegraben und sind nach etwa einer halben Stunde so zart und saftig, wie sie es selbst in der besten Luxusküche niemals werden können). Und dann griff einer in die Guitarre und bald klangen die melancholischen und feurigen Lieder, die schon ihre Väter auf einsamer Wacht in der Pampa gesungen hatten, in die argentinische Nacht, von kühner Reitertat unter dem unsterblichen San Martin, von Rivadavia und Rosas, aber auch von glücklicher, öfter noch unglücklicher Liebe, wie sie das Volk in allen Breiten der Welt singt. Wenn ich mich dann bei den melodischen Klängen des Zapfenstreichsignals verabschiedete, erhoben sich die Dragoner und ein vielstimmiges „Vaya con Dios, teniente," gab mir das Geleit. Lange stand ich dann meist noch vor meinem Zelt und lauschte den geheimnisvollen Stimmen der tropischen Nacht; der langgezogene Ruf der Posten umkreiste das Lager: „Sentinela alerta!" . Manchmal ein Schuss, aber nicht gegen den nicht vorhandenen menschlichen Feind, sondern um die unglaublich frechen Wölfe und Schakale zu verscheuchen, die zwar gänzlich ungefährlich sind, aber alles stehlen, und auffressen, was sie erhaschen können. Von weit draußen her das tausendfache Gestampf der Remudas, gellender Schrei der Hirten, unbekannte Vogelstimmen darüber. Ehe ich mich im Zelt auf mein weiches Deckenlager streckte, und das Moskitonetz über mich zog, untersuchte ich erst beim Schein meiner Taschenlaterne mit meiner Säbelklinge das Bett und den ganzen Zeltboden. Mehr als einmal musste eine Schlange durch einen raschen Hieb unschädlich gemacht werden, und einmal schüttelte morgens meine Ordonnanz einen solchen unliebsamen Gast sogar aus einem meiner Reitstiefel, als er diese zum Putzen abholte. Das war dem braven Neumeyer übrigens ebenso ungewohnt und peinlich wie mir, denn in seiner Heimat, der hochzivilisierten Umgebung von Buenos Aires gab es so etwas nicht. Dort oben im Norden war die Schlangenplage wirklich scheußlich, fast ebenso unangenehm wie die Milliarden von Moskitos. In hohen Reitstiefeln war man ja ziemlich sicher, da die Schlangen diese nicht durchbeißen können, aber ehe man sich ins Gras setzte, war große Vorsicht geboten. Später im Urwalde war es unangenehmer, da dort die Schlangen, und zwar gerade die giftigsten, in den Zweigen sitzen. Wir haben eine ganze Anzahl Pferde verloren, die beim Grasen Schlangenbisse ins Maul davontrugen, und auch verschiedene Soldaten wurden gebissen, die aber durch Serumbehandlung gerettet werden konnten. Während dieser Lagerzeit hatte ich ein besonders nettes Erlebnis. Die Weihnachtszeit war herangekommen; aber im argentinischen Hochsommer hätte ich das fast vergessen, wenn nicht am 24. Dezember mittags eine Deputation vom

4. Kavallerie-Regiment zu mir gekommen wäre und mich für den Abend zu einer Christfeier eingeladen hätte. In diesem Regiment diente nämlich eine sehr große Anzahl von Söhnen deutscher und schweizerischer Kolonisten aus Mittelargentinien, und auch mehrere Offiziere waren deutscher Abkunft. Nach Dunkelwerden ritt ich also hinüber zum encampamento des als Einsatzreserve weiter rückwärts aufgestellten 4. Regiments und wurde schon unterwegs von zahlreichen Offizieren und Soldaten empfangen und mit lautem Zuruf begrüßt – vielfach mit „Guten Abend, frohe Weihnachten, Herr Oberleutnant!" Als wir uns dem Lager näherten, blies ein mitreitender Dragoner ein Signal, und im gleichen Augenblick flammte auf der Höhe eines kleinen Hügels ein riesiger Christbaum auf! Welche schöne und rührende Überraschung hatten sich diese versprengten Kinder unseres alten Deutschland, das wohl keiner von ihnen je gesehen hatte, doch für mich ausgedacht. Näher kommend sah ich dann, dass sie eine mächtige Araucarie von oben bis unten mit kleinen Pechfackeln besteckt und die Zweige mit bunten Ketten geschmückt hatten. Davor stand ein großer Sängerchor, und als wir abgesessen waren, klang es, wohl zum ersten Male in dieser fremden Umwelt, das süße, alte Lied – Stille Nacht, heilige Nacht! Wer will es sentimental schelten, wenn ich erzähle, dass mir die hellen Tränen die Backen herabflossen? Alle die schönen, jedem Deutschen so tief ins Herz gegrabenen Lieder folgten. Ringsum stand das ganze Regiment, die Artilleristen und Trainsoldaten. Still und andächtig lauschten auch die Spanier und Indianer unter ihnen den ihnen so fremden Klängen, und als die „Fröhliche, selige Weihnachtszeit" die Lieder abschloss, fielen viele der frommen Gauchos mit „O piissima, o sanctissima dulcis mater Maria" in die auch ihnen vertraute Melodie ein. Wer sollte es glauben, dass der deutsche Koch der Offiziermesse sogar deutsches Weihnachtsgebäck hervorgezaubert hatte? Deutsche Weihnacht in der unendlichen Pampa Südamerikas, am Rande des grausigsten

Urwaldes des Erde, unter dem 25. Grad südlicher Breite, viele tausend Meilen fern der geliebten deutschen Heimaterde. –

> „Du lebst und schwärmst und dämmerst
> In tiefster Seelenruh –
> Indes du Eisen hämmerst,
> Singst Du ein Lied dazu.
> Und schöpf aus Sang und Sage,
> Gemüt und Frömmigkeit
> Und Kraft zu wuchtigem Schlage
> In alle Ewigkeit
> Mein Deutschland!“

> (Schönaich-Carolath) – –

Und dann kam der große Moment. Eines Nachts wurde ich von einer Ordonnanz geweckt und im Auftrage von Oberst Escaleron gebeten, sofort zum Stabszelt zu kommen. Dort fand ich bereits den Kommandeur, die Eskadronschefs, eine Anzahl als Patrouillenführer befohlener Offiziere und den Nachrichtenoffizier der Brigade. Dieser berichtete auf Befehl des Obersten, dass 2 indianische Späher zurückgekehrt seien und übereinstimmend gemeldet hätten, dass in einem bestimmten Abschnitt des Urwaldes eine etwa 45 Köpfe starke Horde der Urwaldindianer (ich glaube Piriquis) lägen, und zwar sei es, wie aus den von ihnen mitgeführten geraubten Sachen hervorgehe, die partida, die die Schweizer Farm überfallen und ausgemordet habe. Größte Eile sei erforderlich, wenn man sie abfangen wolle, da sich die Indianer nie lange an einem Ort aufhielten und schon in ein paar Tagen wieder in den unergründlichen Tiefen des Dschungels verschwunden sein konnten. Der Oberst gab anschließend sofort seine Befehle: 3 Eskadrons wurden konzentrisch auf vorher erkundeten und von den Pionieren einigermaßen gangbar gemachten Pfaden angesetzt, in ihren Zwischenräumen Patrouillen, die freilich selbst sehen mussten, wie sie durch das Dickicht durchkamen. Sie blieben, um das vorwegzunehmen, fast alle stecken, nur 2 Patrouillen schlugen sich unter Zurücklassung der Pferde mit der Machete durch, kamen aber zu spät. Ihre wichtigste Aufgabe war ja auch, zu verhindern, dass die Indianer durch die Lücken durchschlüpften und hinter die vorgehenden Schwadronen gelangten. Jeder Eskadron wurden 10 berittene Pioniere und ein Gebirgsgeschütz zugeteilt, dessen Verwendungsmöglichkeit aber im Urwald von vornherein problematisch war. Die Artillerie trat dann auch praktisch nicht in Aktion. Schon während der Befehlsausgabe hörte man draußen die gellend aufreizenden Klänge des Alarmsignals und dann das hastende Treiben des Fertigmachens einer alarmierten Truppe. Als die Offiziere zu ihren Abteilungen eilten, winkte der Oberst mich zu sich und fragte mich, ob ich Lust hätte, mich einer der Eskadrons anzuschließen. Selbstverständlich sei die Unternehmung angesichts der zahlenmäßigen und der Waffenüberlegenheit der Truppe ziemlich harmlos, aber er halte es doch für seine Pflicht, mich darauf aufmerksam zu machen, dass die Sache nicht völlig gefahrlos sei, da der Urwald selbst der beste Verbündete der Indianer sei. Man kann sich denken, wie begeistert ich war und wie dringend ich den reizenden Oberst bat, mir die Teilnahme zu gestatten. „Na, dann will ich es auf meine Verantwortung nehmen“, sagte er nach kurzem Bedenken auf deutsch zu mir und fügte in der echt Berliner Tonart, die er in Rathenow gelernt hatte, hinzu: „Ick wer’ Sie dem Capitan Aguirre zuteilen, der is’ selbst ’n halber Indianer. Aber passen Se jut uff, Herr Kamerad, ’ne Felddienstübung an der Havel is det nich. Viel Spaß!“ Beglückt rannte ich zu meinem Zelt und machte mich mit Hilfe des über so viel Tatendrang kopfschüttelnden Neumeyer feldmarschmäßig, schob ein frisches Magazin in meine Pistole und kletterte auf meinen Bronco, an dessen Sattel schon der scharfe Säbel hing (der natürlich im Urwald völlig unverwendbar war!). Dann ritt ich auf den Appellplatz der 2. Eskadron und meldete mich bei Capitan Aguirre, der unterdes schon vom Kommandeur verständigt worden war und mich sehr freundlich begrüßte. Der Rittmeister war wirklich ein vielleicht nicht „halber", so doch viertel Indianer mit seinem scharfgeschnittenen kühnen, tiefbraunen Gesicht und den harten, kohlschwarzen Augen. Er gehörte zu den wenigen Offizieren, die gar kein Deutsch sprachen und verstanden, und war, wie ein Teil seiner Regimentskameraden, zwar ein prächtiger Frontsoldat, aber kein Schriftgelehrter. Ich erwähnte ja schon, dass bei diesem Gauchoregiment auch viele Offiziere der gleichen Schicht entstammten wie die Mannschaften. Ohne Verzögerung ging's los: „Escuadron – atento! – Montad – Oargad!" – Es war für mich doch ein eigenartig prickelndes Gefühl, als, zum ersten Mal in einer Art von „Ernstfall", die Karabinerschlösser rasselten und die Ladestreifen in die Kammern fuhren. Weiter: „Alferes X, primero peloton vanguardia – dirección el arbol alto – adelante!" und als die Vorhut 100 m vorgejagt war: „Escuadrón – an fila de la derecha – adelante!" In dem üblichen scharfen Galopp ritt die Schwadron in Zweierkolonnen an, das Gebirgsgeschütz auf seinen Tragtieren zwischen dem 2. und 3., die Packmaultiere mit Munition und Verpflegung zwischen dem 3. und 4. Zug. Ich ritt mit dem Rittmeister und einem Trompeter an der Spitze. Nach einer halben Stunde Marsch, der bald schon durch lichtes, schnell dichter werdendes Gehölz führte, erreichten wir den Urwaldsaum. Der Anfang des von den Pionieren geschlagenen Pfades, in den die Vorhut schon eingedrungen war, war durch weiße Bänder an zwei Bäumen markiert. Hier ließ der Schwadronschef kurz halten und rief der Schwadron den Befehl zu, während des Marsches scharf nach der Seite Ausschau zu halten und auf jede verdächtige Bewegung sofort zu feuern. Nun war es mit dem freien Galoppieren freilich zu Ende. Auf dem schmalen Pfad, der zu beiden Seiten eine völlig undurchdringliche Mauer

von düstergrünem, in einander gewirrten Gesträuch und
Gestrüpp, dornigem Astwerk und schlangenartig verknäulten
Lianen, mächtigen Baumsäulen und modernden, übereinander-
gefallenen Stämmen abschloss und über dem sich ein dichtes,
keinen Sonnenstrahl durchlassendes Dach von Laubwerk wölbte,
konnte nur in Kolonne zu Einem vorsichtig, fast Schritt vor
Schritt, geritten werden. Ein unheimlich beklemmendes Gefühl
legte sich auf die Brust. Die Reiter schienen ganz unbeeindruckt,
obwohl sie ja Söhne der freien Pampa mit ihren unbegrenzten
Horizonten und des Urwaldes ungewohnt waren. Eine dumpfe
drückende Schwüle lag in der faulig riechenden, von keinem
Lufthauch bewegten Atmosphäre. Man ritt durch eine grünliche
Dämmerung, als sei man auf dem Grunde des Meeres. Besonders
seltsam erschien mir die völlige Lautlosigkeit dieses Waldes. Kein
Vogelruf, kein Blätterrauschen unterbrach die lastende Stille. Man
hörte nur das gedämpfte Stampfen der Hufe auf dem feuchten
Boden, Waffenklirren, hier und da einen spanischen Fluch, wenn
ein Pferd stolperte und, allerdings, das helle Summen der Myria-
den von Moskitos, die eine schreckliche Plage für Menschen und
Pferde waren, und, wie sich dann später ergab, so manchem einen
Malariakeim ins Blut gesenkt hatten, auch mir. Ich sah, außer
Insekten, auf diesem Ritt nicht ein einziges Tier. Nach etwa 3
Stunden waren wir am Ende des primitiven Pfades angekommen.
Es wurde Halt gemacht, abgesessen, und, wo jeder gerade hielt,
gefuttert und getränkt. Man nahm ein paar Schluck Maté aus der
Feldflasche und aß einige Tortillas oder Brot. Dann zog der Rittmeister die Pioniere heraus, teilte jedem von ihnen einige (darüber sehr missvergnügte!) Reiter zu und ließ sie einen einigermaßen freien Platz schlagen, eine Hundeschufterei, bei der die an
solche „Fußarbeit" nicht gewohnten Dragoner häufig abgelöst
werden mussten. Dass die Arbeit auch nicht ungefährlich war,
konnte man leicht feststellen, wenn man sah, welche Unmengen
scheußlichen Getiers beim Roden des Gestrüpps mit den

schweren meterlangen Machetes (Haumessern) zu Tage gefördert wurde, Schlangen aller Art und Größen, Skorpione, giftige Käfer und Spinnen unwahrscheinlicher Größe, riesige feuerrote Ameisen, deren Bisse schmerzten wie glühendes Eisen. Dazu noch gewisse Lianenarten, deren Haare bei Berührung der Haut sehr üble Entzündungen hervorrufen können. Der Sergente der Pioniere, übrigens ein deutschstämmiger Handwerker aus Corrientes, erkundete unterdessen die Möglichkeiten für weiteres Vorgehen und fing an, mit Hilfsmannschaften dort wenigstens die schlimmsten Hindernisse zu beseitigen. Endlich, es war schon gegen Abend, konnte die Eskadron sich einigermaßen versammeln und zur Ruhe übergehen. Zelte freilich wurden nicht aufgeschlagen, sondern jeder lagerte sich neben seinem Pferde auf seiner Decke. Es konnte natürlich auch keine warme Verpflegung ausgegeben werden, aber die Leute bereiteten sich an kleinen Feuern ihren unentbehrlichen Maté, der wirklich ein wunderbares Anregungs- und Stärkungsmittel ist. Die Pferde blieben mit gelockerten Gurten und abgeschnalltem Gebiss gesattelt. Eine dichte Postenkette stand rings um das Lager mit einstündiger Ablösung. Wir hatten Befehl, hier zu warten, bis über die Nachrichtentruppen weitere Meldungen der indianischen Späher und Nachrichten einliefen. Sehr früh wurde aus der Tagesdämmerung stichdunkle Nacht, in der man tatsächlich den Reiter und sein Pferd neben sich auf drei Schritt nicht mehr erkennen konnte. Gleichzeitig aber verwandelte sich die lautlose Stille des Urwaldes in einen geradezu betäubenden Hexensabbath. Von allen Seiten, von oben aus den Wipfeln und dem Netz gewundener Lianen erklangen die tausendfältigen Stimmen der unsichtbaren und am Tage auch unhörbaren Tierwelt. Keckernde Affenhorden rauschten durch die Zweige, in dem Buschwerk raschelte und quiekte es überall, und alle nur vorstellbaren Vogelrufe vom schrillen Pfiff und melodischen Dreiklang bis zu einem rauhen höllischen gelächterähnlichen Gröhlen bildeten das Grundmotiv dieser Hexensymphonie. Manchmal vernahm man auch näher oder ferner das Grunzen von Wildschweinen, das schmetternde Brüllen eines tigre oder einer onza, des Jaguars, und den Todesschrei eines geschlagenen Wildes. Und ununterbrochen das nervenzermürbende Singen und Summen der Moskitos! Ich habe in dieser Nacht kein Auge zugetan und bewunderte und beneidete die stählernen Nerven der Dragoner einschließlich ihres Rittmeisters, die so unbekümmert und ungestört in den Falten ihres Poncho schlummerten, als lagen sie in der heimischen Hütte, in der Stille der nächtlichen Pampa. Den armen Gäulen dagegen ging es wie mir – von Tausenden von Stechmücken geplagt, standen sie nicht einen Augenblick ruhig, schlugen und bissen um sich und schnaubten und stöhnten zum Steinerweichen. Am nächsten Morgen hatte ich das Gefühl, als seien mein Kopf und meine Hände doppelt so groß geworden, so zerstochen und geschwollen waren sie. Bei Tagesgrauen kam der erwartete Melder von der Nachbarschwadron und brachte den Befehl zu sofortigem Aufbruch, da die Späher die gesuchte Indianerhorde noch am gleichen Platz, nur wenige Kilometer entfernt, festgestellt hatten. Diese wenigen Kilometer allerdings mussten wahrhaftig sauer erkämpft werden! Es ging sozusagen nur Schritt für Schritt vorwärts, und oft genug gab es lange Haltepausen, ehe die bewundernswert geschickten und unermüdlichen Pioniere ein besonders schweres Hindernis entfernt hatten. Das Schlimmste war ein tückisches Sumpfgebiet, das auf weitem Umwege umgangen werden musste. Ich hätte nicht hineingeraten mögen, denn dort sah ich zum ersten Male Kaimans. Von diesen scheußlichen Untieren, darunter solchen von 5–6 m Länge, wimmelte der stinkende Morast geradezu. Und auf diesem Marsche hatte ich dann mein einziges wirkliches Abenteuer, bei dem ich lebhaft an die leichtherzig verlachte Warnung der lieben Mainzer grand'mère vor den „sauvages méchants" denken musste. Als wir uns mühsam und unendlich langsam auf dem kaum erkennbaren Pfade vorwärtsquälten, in dessen sumpfigen Boden die Hufe der Pferde immer tiefer einsanken, ritt vor mir der Trompeter der Eskadron, ein netter, immer fröhlicher junger Soldat, der mich am Lagerfeuer oft durch sein vortreffliches Guitarrespiel erfreut hatte und der auf diesem scheußlichen Marsch mich und seine Kameraden ständig durch seine witzigen Zurufe aufgeheitert hatte. Ich sah, dass er plötzlich mit der Hand nach seinem Nacken fuhr, und glaubte, dass er einen besonders schmerzhaften Insektenstich erlitten hatte. Gerade wollte ich ihm ein scherzhaftes Wort sagen, da fing der Mann an, im Sattel zu schwanken, und nach einigen Schritten fiel er mit einem leisen Aufschrei vom Pferde, zuckte krampfhaft mit Armen und Beinen und lag dann in seltsam verkrümmter Haltung still. Ich sprang sofort ab, sah aber gleich an seinem verzerrten Gesicht mit den unnatürlich weit aufgerissenen Augen, das sich schnell schwarz zu färben begann, dass der arme Kerl tot war. Auf die Alarmrufe der vor und hinter uns reitenden Dragoner drängte sich der Sanitätssergeant der Schwadron mühsam durch, konnte aber natürlich auch nicht mehr helfen. Mit einem wilden Fluch richtete sich der Unteroffizier auf und hielt mir einen winzigen Dorn hin, der an der Rückseite mit einem kleinen Borstenpinsel versehen war – ein vergifteter Blasrohrbolzen, der den Trompeter über dem Hemdkragen getroffen hatte. Ein Indianer hatte in dem Geäst eines der seitlich des Pfades stehenden Baume versteckt gesessen und das unbedingt tödliche Geschoss aus der Höhe entsandt. Hätte es einen Zentimeter tiefer auf das Hemd getroffen, so wäre es bei der minimalen Durchschlagskraft dieser Bolzen wahrscheinlich harmlos geblieben. Aber der geringste Ritz in der Haut bedeutete den schnellen Tod. Mir lief es doch etwas kalt den Rücken hinunter, denn wenn der Wilde nur einige Sekunden später in sein Rohr geblasen hätte, so wäre der Pfeil auf den nächsten Reiter geflogen – und der war ich! Blitzschnell wurden 2 Maschinengewehre frei gemacht und rechts und links Geschossgarben in die Baumwipfel gestreut, aber sicher wohl ohne Erfolg. Auch viele Dragoner feuerten ihre Karabiner ab. Eine Verfolgung in dem undurchdringlichen Dschungel war natürlich völlig aussichtslos. Der Tote wurde auf sein Pferd gebunden, und der Marsch ging weiter. Nach kurzer Zeit aber war ein weiteres Vordringen zu Pferde nicht mehr durchführbar. Der Rittmeister ließ absitzen und die Karabiner frei machen, dann wurde zu Fuß weiter marschiert. Die Pferde blieben einfach stehen, wo sie waren. Zu ihrer Beaufsichtigung genügten ein Unteroffizier und zwei Mann, denn die Tiere waren ja in dem schmalen Urwaldpfad sozusagen eingeklemmt und konnten sich nicht von der Stelle rühren. Auch das in diesem Gelände nutzlose Geschütz wurde zurückgelassen. Schön war das Vorgehen zu Fuß nicht, ganz im Gegenteil. Oft sank man bis zum Knie in den Moder ein, stachlige Lianen zerkratzten einem Gesicht und Hände, und die Uniform hing bald in Fetzen am Körper. Stromweise lief einem der Schweiß in der erstickenden, schwülen Luft von Gesicht und Leib. Nach einiger Zeit hörten wir gar nicht mehr weit vor uns Schüsse und vielstimmiges Geschrei, worauf wir keuchend und fluchend das Tempo beschleunigten, soweit das überhaupt in menschlicher Leistungsfähigkeit lag. Eine der anderen Eskadrons war offenbar schon auf den Feind gestoßen, was unsere Leute, die von einem wilden Rachedurst für den Tod des bei seinen Kameraden allgemein beliebten Trompeters erfüllt waren, in bitterer Empörung zum letzten Einsatz ihrer Kräfte anstachelte. Aber als wir dann in einer Lichtung ankamen, war alles schon vorbei. An verschiedenen Stellen lagen tote Indianer, etwa 20 Männer und Frauen, und in der Mitte des freien Raumes, wo einige primitive Laubhütten errichtet waren, und ein Lagerfeuer flackerte, standen und kauerten, umringt von Reitern mit schussfertigen Karabinern, etwa 30 Indianer, darunter auch einige Kinder verschiedenen Alters, mehrere davon verwundet. Diese Geschöpfe hatten wirklich kaum etwas Menschenähnliches. Fast zwergenhaft klein, mit affenartig langen Armen und kurzen krummen Beinen, aufgetriebenen Bäuchen und flachen, schlitzäugigen Gesichtern, über die verfilztes schwarzes Haar niederhing, waren sie von gelblich brauner Farbe. Die Bande stank zum Erbrechen, war schmutzbedeckt vom Scheitel bis zur Sohle und wimmelte von Ungeziefer. Sie waren völlig nackt, nur einige trugen einen aus Lianen gedrehten Strick um die Hüften, und einige Weiber hatten an Schnüren primitive Schmuckstücke oder Amulette um den Hals hängen. Ein alter Kerl, wohl der Häuptling, trug einige Papageienfedern im Haar. Die Indianer zeigten eine stumpfsinnig stoische Ruhe, gaben keinen Laut von sich und rührten sich kaum, auch nicht die Kinder und die zum Teil sehr schwer Verwundeten. Ein Unteroffizier, der einige Worte ihrer Sprache beherrschte, versuchte eine Art Vernehmung mit ihnen durchzuführen, konnte aber, wie ich dann erfuhr, keine Antwort aus ihnen herauskriegen Die Kinder unter 10 Jahren wurden abgesondert, wobei nicht einmal die Weiber irgendeine Gemütsbewegung zeigten. Sie sollten mitgenommen und der Mission übergeben werden. Als dann auf Befehl des Rittmeisters der erstangekommenen Schwadron eine Gruppe Dragoner vorrückte und die Karabiner fertig machte, zog ich mich in den Wald zurück, aus dem wir gerade gekommen waren. Den folgenden Akt wollte ich lieber nicht miterleben. Es war, so sehr ich begriff, dass die Bestien ihr Los verdient hatten, doch etwas zuviel für mein europäisches Gemüt. Erst nachdem ich die zwei Salven hatte knattern hören, ging ich wieder zu der Truppe zurück. Die Toten, die in wirren Haufen über- und durcheinander lagen, wurden etwas tiefer in den Urwald geschleppt – ihr Begräbnis war Sache der Tiere des Dschungels. Ich sah mir dann ihre Waffen und Gerätschaften an, die wirklich auf dem Stande der allerersten Anfänge menschlicher Zivilisation standen. Unsere Vorfahren in der Eiszeit waren bestimmt schon weiter vorgeschritten. Das

Beste waren noch die Waffen, Blasrohre, Bogen und die dazu gehörigen Bolzen und Pfeile. Äxte, Messer und Ähnliches besaßen sie nicht, außer einigen sicher geraubten europäischen Messern, auch die beiden einzigen Gefäße, rostige Eisentöpfe, stammten von Raubzügen. Es musste einen verwundern, dass sie schon Feuer zu entzünden verstanden, und man konnte sich das Dasein dieser Wesen, die nicht mehr ganz Tiere und noch nicht ganz Menschen waren, kaum vorstellen. Am seltsamsten aber war es, dass diese kaum auf der Höhe der Steinzeitmenschen stehenden Horden in Gegenden lebten, in denen einst eine Rasse außerordentlich hoher Zivilisation und Kultur ihre Heimstatt gehabt hatte. Père François, der Missionar, hatte mich zu einer gar nicht weit vom Urwaldrande gelegenen Ruinenstadt geführt, deren Gebäude, aus ungeheuren, zweifellos aus weiter Ferne herangeschafften Quadern erbaut, von einer architektonischen und technischen Fähigkeit ihrer Schöpfer Zeugnis gaben, die nicht hinter der unseren zurücksteht. Diese Städte, zweifellos lange vor der Entdeckung Amerikas erbaut, sind den Archäologen bis heute ein Rätsel geblieben, und werden es wohl ewig bleiben. Dass ihre einstigen Bewohner nichts mit den heutigen Urwaldmenschen zu tun haben, ist sicher, und vielleicht haben die Gelehrten recht, die sie der vielumstrittenen Atlantikrasse zuschreiben. – Unser gefallener Trompeter war das einzige Opfer, das die Expedition zu beklagen hatte. Wir betteten ihn dort im Urwalds in die schlammige Erde, ein schlechter Ruheplatz für den Sohn der unendlichen freien Pampa. Rittmeister Aguirre sprach soldatisch kurze Abschiedsworte für den gebliebenen Kameraden, die Trompeter bliesen die melodisch-melancholischen Akkorde der spanischen Kavallerie-Retraite über das einsame Soldatengrab, und drei Salven weckten tausendfältiges Echo in den dunkelgrünen Mauern des Urwaldes. Lange nachher noch knieten viele fromme Gauchos an dem schlichten Hügel in stillem Gebet. Die Eskadron holte dann ihre Pferde heran, auch die dritte Schwadron, die sich im Urwalde vor dem Sumpfgebiet, das auch uns aufgehalten hatte, festgelaufen hatte, kam endlich heran. Auf der Lichtung wurde gelagert, abgesattelt and endlich konnte auch abgekocht werden. Fast drei Tage hatten wir kein warmes Essen mehr bekommen. Wir saßen dann noch lange im Gespräch am Feuer, wo man wenigstens etwas Schutz vor den Moskitowolken fand, denn schlafen konnte man trotz schwerer Ermüdung bei der schauderhaften Insektenplage doch nicht. Der Chef der 1. Eskadron, die den Angriff durchgeführt hatte, erzählte uns, wie die Sache vor sich gegangen war. Geführt von den indianischen Spähern war es dem vordersten Zuge gelungen, unbemerkt an den Rand der Lichtung vorzustoßen. Die Indios hatten nicht einmal Posten aufgestellt, so sicher schienen sie sich zu fühlen. Der führende Leutnant ließ sofort das Feuer auf die völlig überraschten Indianer eröffnen und stürmte dann kurz entschlossen vor. Widerstand leisteten die Indianer, die ja auch keine Nahwaffen besaßen, nicht, und nur einigen gelang es, im nahen Dschungel zu verschwinden. Kein Dragoner war auch nur verwundet worden. Wie ich selbst dann sah, fügten sich die Gefangenen fast gleichgültig in ihr Schicksal. Am nächsten Morgen wurde der Rückmarsch angetreten, der ebenso anstrengend war wie der Hinmarsch, aber ohne Zwischenfälle verlief. Nur brachte es eines der Indianerkinder, die zwischen den Reitern einhertrotteten, ein etwa zehnjähriges Mädel, fertig, blitzschnell in das Unterholz zu Seiten des Pfades zu entwischen, wo man es natürlich nicht einholen konnte, denn dort war das kleine Geschöpf mit seiner affenartigen Gewandtheit den Soldaten unbedingt überlegen. Wahrscheinlich wird sie sich zu ihren Stammesgenossen haben durchschlagen können, denn auch darin waren diese Wesen tierähnlich: Sie fraßen eigentlich alles – Käfer, Würmer, Schnecken, Blätter, Gras, Beeren. Immer wieder bückte sich einer unserer kleinen Gefangenen und las irgendetwas Kriechendes oder Hüpfendes auf und stopfte es in seinen breiten

Mund. – Nach der Rückkehr ins Lager unterhielt ich mich lange mit Oberst Escaleron über den Verlauf der Unternehmung. Nach meiner Ansicht wäre für derartige Aufgaben Infanterie wesentlich besser geeignet als Kavallerie, denn im Urwald war das Pferd tatsächlich nur eine Belastung und Hinderung. Es musste ja sogar das Futter für die Tiere mitgeführt werden. Der Oberst gab mir durchaus Recht, deutete aber an, dass es aus anderen Gründen doch als zweckmäßig erachtet werde, auch die Reiterei mit den Bedingungen des Urwaldkampfes vertraut zu machen, da in einem etwaigen Kriege die Kavallerie doch die Vorhut der vorgehenden Armee bilden werde, weil hinter dem Urwald (also in Brasilien!) für sie besonders geeignetes Kampfgelände liege. Was meine weiter oben geäußerte Meinung bestätigte, dass die Heeresleitung noch tiefere Gründe als nur Hilfeleistung für die Siedler hatte, als sie diese Expeditionen gegen die Indianer bei der Regierung durchsetzte. – Als nächste Erinnerung an meinen Indianerkrieg verblieb mir eine zum Glück nur leichte Malaria, die der Medico Mayor (Stabsarzt) schnell mit einigen kräftigen Chiningaben niederschlug. Was Malaria wirklich bedeuten kann, habe ich dann vier Jahre später in Sçrien erfahren – und merke es heute noch! Während der nächsten vierzehn Tage schloss ich mich noch enger mit Père François zusammen und lernte von diesem hochgebildeten und weltkundigen Priester unendlich viel, wofür ich ihm heute noch in der Erinnerung dankbar bin. Nicht nur über das Land und die Menschen, denen er sein Leben gewidmet hatte, sondern auch auf allgemein geistigem Gebiet. Während ich das schreibe, 39 Jahre später, steht mir sein Bild lebendig vor Augen: die hagere, große, etwas gebeugte Gestalt in der weißen Kutte, das durchgeistigte, scharfgeschnittene, aristokratische Antlitz mit den leuchtenden dunklen Augen umrahmt von einem langen graumelierten Bart. Ich höre sein kultiviertes Französisch, aber ich sehe auch, wie zart seine schlanken, gepflegten Hände einem kleinen Indianerkinde eine Wunde zu verbinden verstanden, wie unermüdlich er die seiner Obhut anvertrauten Tiermenschen auf eine etwas höhere Stufe der Humanität zu führen sich bemühte. Auch er ein Held in seiner Art, nicht weniger als die Vorfahren seines alten Geschlechts, die durch viele Jahrhunderte den Degen im Dienste ihres Landes geführt hatten, ein „Soldat Christi", wie er sich selbst gern nannte. – An einer weiteren Expedition in den Urwald betätigte ich mich nicht mehr, da Oberst Escaleron mich bat, davon abzusehen; ich verlor dabei auch nichts, denn nur einmal noch gelang es einer Eskadron, eine kleine Indianerhorde einzukreisen. Die Wilden hatten doch wohl Lunte gerochen und waren im unergründlichen Dunkel des Urwaldes verschwunden – womit der Zweck der ganzen Unternehmung ja auch erreicht war. Ich stattete auch den in der Nähe liegenden Farmen Besuche ab und gewann hohe Achtung vor diesen tapferen germanischen Männern und Frauen, die in unermüdlichem Kampf mit einer feindlichen Natur dort ihren Kindern und Kindeskindern eine neue Heimat errangen. Noch einmal genoss ich in vollen Zügen die Romantik des tropischen Lagerlebens, und dann nahm ich Abschied von all den guten Kameraden, von denen so mancher mir ein wirklicher Freund geworden war, und von dem Missionar, der mir ein französisches Büchlein über den Heiligen Augustinus verehrte, in das er eine mich tief ergreifende Widmung hineinschrieb. Eines Morgens ritt ich los, gefolgt von dem braven Neumayer, der kein Hehl daraus machte, dass er sehr froh war, wieder in die zivilisierte Welt zurückzukehren. Viele Kameraden gaben mir noch weithin das Geleite. In Salado, einem nüchternen Landstädtchen, damals der Endpunkt der Bahn, verlud ich Pferde und Gepäck und installierte mich gemütlich in dem reservierten Abteil I. Klasse, wohin ich auch meinen tüchtigen Burschen mitnahm, nicht ohne einen kleinen Kampf mit dem englischen Stationsvorsteher! Als ich nach der langen Fahrt in Buenos Aires eintraf, und gleich mit der Militärbahn weiter ins Campo de Mayo fuhr, hatte ich wirklich das Gefühl nach Hause zu kommen. Die Kameraden dort begrüßten mich herzlich wie immer und sparten nicht mit gut gemeinten Witzen über den „Indianerbesieger". Costa, der ein sehr guter Zeichner war, überraschte mich mit einem humorvollen Portrait, das mich in vollem Kriegsschmuck eines (freilich stark idealisierten) Häuptlings zeigte, und das wir dann abends im Kasino mit entsprechenden Kommentaren an die Tischgesellschaft in Worms sandten.

Die noch übrige Zeit meines argentinischen Aufenthalts verwandte ich darauf, noch möglichst viel vom Lande zu sehen, wobei das Interessanteste ein Abstecher mit der Andenbahn nach Chile war. Diese Bahnlinie durch die Cordilleren mag wohl die kühnste technische Linienführung der ganzen Welt sein. In ununterbrochenem Kurven über schwindelnd hohe Brücken und Viadukte, durch endlose Tunnels windet sich der sehr luxuriös eingerichtete Zug aus dem glühenden Flachland der Pampa bis in die Regionen des ewigen Eises empor. Die allmähliche Verdünnung der Luft machte sich sehr peinlich bemerkbar, denn jede Bewegung rief sofort außerordentlich unangenehme Atembeschwerden hervor, besonders wenn man, wie leider ich und mein holländischer Coupeegenosse, den guten Rat des jeden Zug begleitenden Sanitäters nicht befolgt hatte, nämlich nicht zu rauchen und nichts zu trinken. Einer freilich schon sehr bejahrten Engländerin im Nebenabteil wurde es zu viel – sie starb trotz Kampferinjektionen am Herzschlag. Aber für alle Unbequemlichkeiten entschädigte der wahrhaft grandiose Blick, den man bei jeder neuen Kurve genoss. Die Majestät dieser gewaltigen Hochgebirgswelt in ihrer tiefen Einsamkeit war einfach überwältigend, und auf dem höchsten Punkt des Kammes, über 4000 m hoch, über den die argentinisch-chilenische Grenze läuft, breitet, auf einem schroffen Steilgipfel, aus leuchtenden Gletschern aufsteigend, eine ungeheure Christusfigur segnend die Hände über die beiden blutsverwandten Länder. „Paz!" lautet die Inschrift auf dem Sockel. – Und dann kam der wirkliche, der endgültige Abschied, der mir schmerzlich schwer wurde, denn wenn ich auch die feste Absicht hatte, einst, vielleicht, wenn die politischen Verhältnisse sich, freilich wider jedes Erwarten, beruhigt haben sollten, für dauern in dieses freie, zukunftsreiche Land zurückzukehren, so hatte ich doch innerlich das Gefühl, dass es ein Abschied für immer werden würde. Nur Freunde ließ ich zurück, Freunde meiner Person und gleichzeitig Freunde meines Volkes, Menschen, denen ich mich in ihrer stolzen Ritterlichkeit innig verwandt fühlte. Als ich am letzten Abend im Kasino des Lehrbataillons mein Glas auf das Wohl der Kameraden, auf den Ruhm ihres Heeres und auf eine glückliche Zukunft ihres herrlichen Landes leerte, da kam mir das „Viva Argentina" aus tiefstem, dankerfülltem Herzen. Diesen Dank drückte ich auch bei der Abmeldung dem General Uriburú aus, und ich vergesse nicht, wie er dann meine Hand lange festhielt, mir stumm in die Augen sah und dann sagte: „Mi camarada, wie auch die Zeiten werden, und wie Schweres Ihrem Lande auch beschieden sein mag – wir hier werden im Herzen bei Ihnen sein. Vaya con Dios". – Zu meiner großen Freude war es wieder die „Prinsess Juliane", auf der ich die Rückfahrt antreten sollte, und an Bord wurde ich dem entsprechend von allen, vom Kapitän bis zum Steward besonders liebenswürdig empfangen. Dass mich wieder alle die alten Kameraden bis zur letzten Minute begleiteten, dass sie mir tausend herzliche Grüße an „ihr" Regiment auftrugen, brauche ich nicht zu betonen. Uns allen liefen die hellen Tränen über die Wangen, als wir uns zum letzten Male die Hand drückten. Es war mir unsagbar traurig zu Mute, als die Türme und Häusermassen von Buenos Aires hinter uns versanken und als dann allmählich das gelbe Wasser des La Plata in dem leuchtenden Grün des breiten Ozeans versickerte. Lange konnte ich nicht über diesen Eindruck wegkommen. Die Rückfahrt, die ja nun nichts Neues mehr bot, brachte keine besonderen Erlebnisse, nur hatten wir teil-

weise sehr schlechtes Wetter, so dass sich die Tafeln im Speisesaal stark lichteten. Ich war froh über meine Seefestigkeit. Ich lernte wieder interessante und sympathische Menschen verschiedenster Nationen und Lebenskreise kennen, darunter einen britischen Major der Coldstream Guards, der von längerem Jagdurlaub – er hatte im brasilianischen Urwalde Jaguare und anderes Großwild geschossen – heimkehrte. Er meinte, es wäre wohl für ihn wie für mich Zeit, „to return to our ports", denn „you never know" – –
Vor dem Kanaleingang begegneten wir einer starken Abteilung der Home Fleet, mehrere Schlachtschiffe, einige Kreuzer und viele Zerstörer, und für mich war es doch ein beklemmender Eindruck, diese schwimmenden Festungen unter dem grauen nordischen Himmel düster und drohend durch die schwere See brausen zu sehen. Drei Tage später stieg ich, von meinem telegraphisch bestellten Burschen und einigen guten Freunden, Lüters, Eichhorn, Fendel und Petersen, empfangen, auf dem vertrauten Wormser Bahnhof aus. Der interessanteste und schönste, von keiner hässlichen Erinnerung getrübte Abschnitt meines Lebens lag hinter mir wie ein Traum, denn überraschend schnell fand ich mich wieder in den stählernen Rahmen des Dienstes und – der Alltäglichkeit eingespannt. Vorgesetzte und Kameraden begrüßten mich sehr herzlich, und natürlich konnte ich gar nicht genug von meinen exotischen Erlebnissen erzählen. Auch der übliche Vortrag vor dem Offizierkorps, den ich noch einmal für die Offiziere des Beurlaubtenstandes des Landwehrbezirks Worms wiederholen musste, blieb mir nicht erspart. Ich war unterdessen der Leibkompagnie, die zu meiner Freude mein alter Hauptmann Staubesand übernommen hatte, zugeteilt worden, der als jüngere Offiziere Leutnant Petersen und der bereits erwähnte Schweizer Leutnant von Muralt angehörten. Viel Dienst habe ich dort bis zum Antritt meines Kommandos zur Kriegsakademie nicht getan, denn als Pferdebesitzer wurde ich dauernd als Ordonnanzoffizier zum Regimentsstabe kommandiert, führte auch in

den Sommermonaten häufig vertretungsweise die Kompagnien beurlaubter Hauptleute, was mir viel Freude machte und für meine Ausbildung sehr wertvoll war, da ich für den Mobilmachungsfall zum Kompagnieführer im Reserveinfanterieregiment No 88 bestimmt war. Meine Pferde hatte ich in tadellosem Zustande wieder angetroffen. Das Wiedersehen mit den lieben Eltern wurde am ersten Sonntag tüchtig gefeiert. Sie waren doch froh, mich wieder in erreichbarer Nähe zu wissen, obwohl die Briefe meines Bruders Kurt aus Afrika geradezu überströmend glücklich klangen. Auch bei den Großmüttern und den übrigen Verwandten in Wiesbaden, Frankfurt, Mainz und Bensheim stellte sich der heimgekehrte Weltreisende dann möglichst bald vor, und grand'mère Fell, der schon Preußen ein recht unheimliches exotisches Land´ war, konnte über meine Erlebnisse gar nicht genug ihr silbergraues Haupt schütteln. Die Manöver 1913 – die letzten des alten deutschen Heeres – fanden für die hessische Division in der Wetterau zwischen Friedberg und Gelnhausen statt, bei sehr guten Quartieren, aber sehr schlechtem Wetter. Wir wunderten uns dabei wieder über unseren hervorragenden Divisionskommandeur, der z.B. in der Kritik über die Vorpostenaufstellung kein Wort über die taktische Lage sagte, wohl aber in seiner beliebten „liebenswürdigen" Tonart darüber donnerte, dass bei einer Vorpostenkompagnie die Gewehrpyramiden nicht scharf ausgerichtet gewesen seien! Korpsmanöver fanden in diesem Jahre nicht statt, da das XVIII. A.K. an dem für 1914 angesetzten Kaisermanöver teilnehmen sollte. Es ist ein langes und blutiges Kaisermanöver geworden! So kehrten wir sehr früh schon, in der ersten Septemberhälfte, aus dem Manöver zurück, zu meiner großen Freude, denn ich war doch sehr gespannt auf die Kriegsakademie, die höchste militärische Bildungsanstalt, zu deren Hörerkreis ich vom 1. Oktober ab gehören sollte. Meine Pferde ließ ich vorläufig in Worms und stellte sie meinem Nachfolger als Regimentsadjutant, Oberleutnant Fendel,

und meinem guten Freunde, dem Adjutanten des I. Bataillons,
Oberleutnant Lüters, zur Verfügung, da ich sie als gute und fürsorgliche Reiter kannte. Die Wohnung war schnell aufgelöst,
dann kamen die üblichen Abmeldungen bei den Vorgesetzten,
eine heftige Abschiedsfeier mit den Kameraden, und wieder einmal saß ich vergnügt, gespannt und hoffnungsvoll im D-Zuge
nach Berlin, um einem neuen und bedeutungsvollen Lebens-
abschnitt entgegenzufahren.

Kriegsakademie

> „Wie kann man über Strategie ein Buch schreiben!
> Darüber lässt sich überhaupt nichts schreiben.
> Strategie ist nichts weiter als die Anwendung
> des gesunden Menschenverstandes, und der lässt
> sich nicht lehren."
>
> M o l t k e.

> „Vor jedem, der Feldherr werden will, liegt ein
> Buch, „Kriegsgeschichte" betitelt, das mit dem
> Zweikampf zwischen Kain und Abel anhebt und mit
> dem Sturm auf Lissaboner Klöster noch lange nicht abge-
> schlossen ist. – – Auf dem Grunde findet
> sich Erkenntnis, wie alles gekommen ist, wie es
> kommen musste und wie es kommen wird."
>
> S c h l i e f f e n in seiner Festrede zur
> Jahrhundertfeier der Kriegsakademie 1910.

Zu den grundlegenden Einrichtungen für die wissenschaftliche Höherbildung des Offizierkorps, die Scharnhorst im Zuge seiner großen Heeresreorganisation schuf, gehört auch die Kriegsakademie, die der Vorbereitung einer Auslese von Offizieren für die Generalstabslaufbahn dienen sollte. Diese militärische Hochschule war die erste in der Welt und fand im Laufe des XIX. Jahrhunderts in allen größeren Heeren Nachahmung – in Frankreich die École Supérieure de Guerre, in England das Staff College, in Russland die Generalstabsakademie usw. Über die sehr scharfe und gerechte Auslese, die nur einem sehr geringen Teil des großen Offizierkorps den Zugang zur Akademie eröffnete, habe ich bereits gelegentlich des Examens gesprochen. Die preußische Kriegsakademie in Berlin diente der preußischen Armee und den ihr angeschlossenen Kontingenten, der sächsischen und der württembergischen Armee. Die bayrische Armee besaß eine eigene, 1862 gegründete Kriegsakademie in München, die ganz nach dem preußischen Muster eingerichtet war. Die Kaiserliche Marine hatte eine Marineakademie in Kiel, die aber nicht die gleiche Stellung einnahm wie die Akademie des Landheeres, da man damals dem Admiralstabsdienst keine so große Bedeutung beilegte, wie sie dem Generalstab mit Recht zukam, was zweifellos ein Fehler war und sich dann im Kriege als höchst nachteilig erwies, besonders bei gemeinsamen Unternehmungen des Heeres und der Flotte. Die Studienzeit betrug drei Jahre. Jeder Kursus, der etwa 150 Offiziere im Range von Leutnants mit mindestens dreijähriger Frontdienstzeit, von Oberleutnants und, ausnahmsweise, jungen Hauptleuten umfasste, war in 4 Hörsäle eingeteilt. Der Lehrplan entsprach, äußerlich betrachtet, dem der Kriegsschulen, doch war er natürlich von vornherein auf höheren Gesichtspunkten aufgebaut. Auch hier war Taktik, im III. Kursus auch Strategie, das wichtigste und für die Gesamtbeurteilung ausschlaggebende Fach. Als fast ebenso wichtig wurde Kriegsgeschichte betrachtet. Dann folgte Befestigungslehre und Waffenlehre. Als Nebenfächer, die bei der Prüfung nicht bewertet wurden, galten Seekriegslehre, Militärjustizwesen, Sanitätswesen, Weltgeschichte und Sprachen. Die Vorlesungen wurden in Taktik und Kriegsgeschichte von Stabsoffizieren der Großen Generalstabes, in Befestigungs- und Waffenlehre von solchen des Ingenieurkorps bzw. der Artillerie, in Seekriegslehre von einem Flaggoffizier des Admiralstabes, in Militärjustizwesen von einem Oberkriegsgerichtsrat des Reichsmilitärgerichts, in Sanitätswesen von einem Oberstabsarzt, in Weltgeschichte und Sprachen von Dozenten an der Berliner Universität gehalten.

Der Lehrbetrieb ähnelte dem einer zivilen Hochschule, war aber natürlich von militärischer Disziplin beherrscht. Die Vorlesungen waren also „Dienst" und durften nicht ohne Erlaubnis versäumt werden. Urlaub gab es außer ganz kurzen Ferien zu Weihnachten und Ostern nicht. Die sogenannten Akademieferien vom 1. Juli bis 30. September wurden zu einem Kommando zu einer anderen Waffe ausgenutzt, bei der dann auch das Manöver mitzumachen war. Dia Infanteristen, Kavalleristen, Fußartilleristen und Pioniere wurden im I. Kursus zur Feldartillerie, im II. zur Kavallerie, die anderen Waffen entsprechend zur Infanterie kommandiert, im III. Kursus konnte man wählen, ob man zur Fußartillerie, zu einer technischen Truppe oder zur Marine kommandiert werden wollte. Eigentliche Prüfungen gab es während der Studienzeit nicht, doch wurde am Schlusse jedes Kursus der Direktion eine Beurteilung der einzelnen Hörer durch die Taktik und Kriegsgeschichte vortragenden Generalstabsoffiziere vorgelegt, die aber nur dann praktische Bedeutung hatte, wenn sich, was fast nie vorkam, ein Hörer als völliger Versager erweisen sollte. Dann freilich wurde dessen Kommando zur Akademie als abgeschlossen betrachtet, er kehrte zu seinem Regiment zurück und hatte damit natürlich jede Aussicht auf eine höhere Laufbahn verspielt. Die eigentliche Entscheidung über die Zukunft des Akademikers fiel am Schlusse des III. Kursus. Sie wurde auf Grund schriftlicher Aufgaben in den Hauptfächern, mehr aber noch nach dem Ausfall einer praktischen Generalstabsreise im Gelände gefällt, bei der ein Oberst des Großen Generalstabes mit den Offizieren strategische und taktische Probleme durchspielte und deren Führerbegabung, Entschlussfähigkeit und strategisch-taktisches Verständnis einer sehr scharfen Prüfung unterzog. Die Schlussbeurteilung konnte lauten: Geeignet für 1). Großen Generalstab (das höchsterstrebte Ziel), 2). Truppengeneralstab, 3). Höhere Adjutantur, 4). Höheres militärisches Lehrfach, 5). Verwendung in der Front. Das letztgenannte Urteil war natürlich für den Betreffenden vernichtend, denn es bedeutete, dass er ungeeignet für jede höhere Dienstverwendung sei. Der etwas bittere Armeewitz deutete die dafür vorgeschriebene Formel: „Mit Vorteil in der Front zu verwenden" um in: „Mit Vorsicht in der Front zu verwenden". Nur ganz wenige, etwa 10–15 von jedem Kursus, errangen die Beurteilung 1., ebenso viele die Beurteilung 2. Sie wurden dann, manchmal auch erst nach 2–3 Jahren, in den Generalstab kommandiert, aber längst nicht alle durften sich nach Ablauf der dort abgedienten noch schärferen Auslesezeit die himbeerroten breiten Streifen auf die Hosen nähen lassen. Wie bereits gesagt: Eine so scharfe Auslese der wirklich nach jeder Richtung Allerbesten und Geeignetsten, wie sie wohl in keinem anderen Berufe vorgenommen wurde. Und dann? Ein Leben so voll Arbeit, niemals aufhörender, nervenzerrüttender Arbeit, dass nur das eiserne Pflichtgefühl des deutschen Offiziers ihm gewachsen sein und den Ausgleich dafür in dem Bewusstsein erfüllter Aufgabe und vielleicht auch der Genugtuung, dieser Elite angehören zu dürfen, finden konnte. „Genie ist Arbeit", hat der alte Moltke einmal gesagt. Und noch eins: Die Tätigkeit des Generalstäblers ist ruhmlos nach außen hin. Wie viele siegreiche Feldzüge und Schlachten sind durch die Gedankenarbeit eines Generalstabschefs, der den Plan aufgestellt, die vielleicht sehr kritische Lage durch kühnen Entschluss gemeistert hat, gewonnen werden. Niemand kennt ihre Namen. Der Sieg bleibt in der Geschichte mit dem des Befehlshabers verknüpft. Und mit Recht, denn die Verantwortung für den Entschluss, die Entscheidung, ob der ihm von seinem Chef des Generalstabes vorgetragene Plan auszuführen sei, bleibt dem Feldherrn, und das ist das noch Größere und Schwerere. Aber die Bitterkeit der Entsagung, die darin für den Planenden liegt, liegen muss, hat keiner besser ausgedrückt als der größte und genialste aller Genoralstabsoffiziere, Scharnhorst, als er, kurz vor seinem Tode, 1813, an seine Tochter schrieb: „Alle meine Orden gäbe ich für das Kommando eines Tages." Später im Kriege, als die Armee notgedrungen ungeheuerlich vermehrt werden musste, als eine Division, ein Armeekorps nach dem anderen aus dem Boden gestampft wurden, konnte die Auslese der Generalstabsoffiziere natürlich nicht mehr so scharf sein, aber es legt ein glänzendes Zeugnis für die Qualität unseres Offizierkorps und für seine Führerschulung ab, dass alle diese, zum Teil noch jungen Generalstabschefs und Generalstabsoffiziere der neuen Korps und Divisionen, die oft nur die ersten Kurse der Kriegsakademie absolviert, manche sie gar nicht besucht hatten, ihre schwierige Stellung auszufüllen wussten.

Doch nun zurück zu meinem eigenen Erleben. In Berlin holte mich mein alter Freund und Kriegsschulkamerad Walter Sonntag am Anhalter Bahnhof ab und brachte mich zu der Wohnung, die er mir auf meine Bitte gemietet hatte. Es waren zwei hübsche, freundliche, gut möblierte Zimmer in Charlottenburg-Westend, Königin Elisabethstr. 55, bei einer sehr netten älteren Dame, Frau Müller, der Witwe eines Gerichtssekretärs, die schon Generationen von Akademikern beherbergt hatte und mit der ich mich sehr schnell anfreundete. Im Laufe des Jahres ließ ich mir dann noch einen Teil meiner eigenen Möbel, Bilder usw. aus Worms nachkommen, so dass ich mir meine Bude sehr heimisch und gemütlich ausstattete. Auch mein Bursche, der brave Odenwälder Bauernjunge Spangenberger, fand eine gute Bleibe in einem Dachkämmerchen, wo er, dem das gewaltige Berlin immer unheimlich blieb, sich am liebsten aufhielt. Am nächsten Morgen fuhr ich zur Akademie zur Meldung, die aber nur in der Einschreibung in das Meldebuch und der Aushändigung der Akademieordnung bestand. Der Akademieadjutant, ein Oberleutnant des 4. Garderegiments zu Fuß, teilte mir mit, dass ich dem Hörsaal I c zugeteilt sei und dass am folgenden Tage um 11 Uhr vormittags sich alle Hörer des I. Kursus in der Aula einzufinden hätten. Die Kriegsakademie, ein roter Backsteinbau aus der Biedermeierzeit, schlicht, aber architektonisch sehr stilvoll, lag in der Dorotheenstraße, Ecke Neue Wilhelmstraße. Im Erdgeschoss befanden sich die Verwaltungsräume, ein Kasino für die Hörer und die Stube des Portiers, einer insofern wichtigen Persönlichkeit, als er viele Besorgungen, Beschaffung von Theater- und Konzertkarten usw. übernahm, natürlich gegen entsprechenden klingenden Händedruck. Der Mann, ein ehemaliger Unteroffizier der Garde, war übrigens ein ziemlich mürrischer und eingebildeter Kerl, dem die Akademiker durchaus nicht imponierten. Im ersten Stock, zu dem eine pompöse Marmortreppe emporführte, lagen die Hörsäle, die in ihrer Einrichtung denen der Universität entsprachen, und die riesige Aula, deren Marmorwände mit den Bildern der preußischen Könige und der Akademiedirektoren geschmückt waren. Im zweiten Stockwerk befand sich die mir von General v. Villaumes Zeiten her wohl bekannte Wohnung des Direktors. Schräg gegenüber der Akademie lag das bekannte Restaurant „Zum Schwarzen Ferkel", das in der literarischen Geschichte Berlins eine große Rolle gespielt hat, unter anderem als Stammlokal Strindbergs, Sudermanns und anderer Größen, und wo auch viele Kriegsakademiker verkehrten. Dort frühstückte auch ich an jenem ersten Morgen, sozusagen als Eröffnungsfeier meines Akademikertums, tat dies dann aber später doch nur gelegentlich, denn das im Kasino der Akademie gebotene Frühstück war wesentlich billiger. Zu Hause vertiefte ich mich zunächst in die Akademieordnung, um mir die darin enthaltenen, sehr komplizierten Berliner Garnisonbestimmungen wieder ins Gedächtnis zurückzurufen, die ich seit meiner Lichterfelder und Potsdamer Zeit natürlich vergessen hatte. Darüber hielt ich auch gleich mit meinem tüchtigen Spangenberger eine Instruktionsstunde ab, denn die Soldaten aus der Provinz konnten bei Verstößen sehr eklig anecken, was dann auch für ihre Offiziere sehr unangenehm werden konnte. Zwei ulkige Paragraphen standen untereinander: Der erste betonte, dass das

Ziviltragen für die Offiziere der Berliner Garnison verboten und nur im Falle der Beurlaubung gestattet sei. Paragraph 2 aber besagte: „Die Offiziere der Kriegsakademie gelten als vom Schluss des Hörsaaldienstes bis zum Beginn des Hörsaaldienstes am nächsten Tage als nach Berlin beurlaubt." Na also! Bei der Versammlung am folgenden Morgen erkannte ich den Sinn dieser im Übrigen ja für uns sehr angenehmen Vorschrift. Bei dieser ersten Zusammenkunft in der Aula traf ich natürlich unter den 150 „Füchsen" viele alte Kameraden von Kadettenkorps und Kriegsschule und aus meinem Armeekorps, aber ich habe mich eigentlich mit keinem besonders angefreundet. Dazu war ja der ganze Betrieb auch nicht angetan. Man sah sich eigentlich nur während der Hörsaalstunden. Gemeinsames Essen gab es nicht, und so zerstreute sich nach Dienstschluss alles schnell. Zu Hause hatte man erheblich zu arbeiten, und abends bot Berlin so viel, dass man eigentlich immer ein bestimmtes Ziel hatte, wenn man sich zum Ausgehen entschloss und Bücher und Generalstabs-karten einmal geschlossen lassen wollte. Die Versammlung in der Aula bot ein farbiges und glänzendes Bild. Fast alle Uniformen der preußischen, sächsischen und württembergischen Armee waren vertreten. Nur der hellblaue Kragen des Trains fehlte. Der Direktor, General der später im Kriege als Kommandierender General des XVIII. Reservekorps mein erster Feldzugsführer wurde, begrüßte uns mit einigen freundlichen Worten und gab dann seinem Chef des Stabes, dem Obersten im Generalstabe Frhrn. v.d. Goltz das Wort. In längeren Ausführungen umriss dieser unsere Pflichten und Aufgaben und erregte dabei unser aller, die wir doch bis dahin im eng umgrenzten, nach manchen Richtungen geistig beengten Rahmen der Truppe gelebt hatten, lebhaftes, aber freudiges Erstaunen. Er betonte nämlich, dass diese Jahre in Berlin nicht nur unserer militärischen Weiter- und Höchstbildung zu dienen hätten. Der künftige Generalstabs-offizier müsse in unserer modernen Zeit mitten im geistigen

Leben der Zeit stehen und sich aller Strömungen im politischen, wirtschaftlichen und auch künstlerischen Leben der Nation und der Welt bewusst werden. Er empfehle uns daher, nicht nur die Presse aller Richtungen und die wichtigsten literarischen Erscheinungen aufmerksam zu verfolgen, sondern auch politische Versammlungen und Kundgebungen, gerade auch der Oppositionsparteien, zu besuchen und unser kritisches Urteil daran zu üben und zu erproben. Gerade uns als einzigen Offizieren des Standortes Berlin sei die Erlaubnis zum Ziviltragen außer Dienst erteilt worden, weil man zu dieser Auslese des deutschen Offizierkorps das Vertrauen hege, dass sie den richtigen Gebrauch von dieser ihr damit gewährten Freiheit zu machen verstehen werde. – Diesen Worten des Stabschefs entsprechend waren im Lesesaal der Akademie auch alle größeren Zeitungen Deutschlands und des Auslandes ausgelegt, und es wäre manchem Beobachter wohl seltsam vorgekommen, wenn er dort einen feudalen Gardekürassier ins Studium des „Vorwärts" oder der „Humanité" vertieft gefunden hätte. Überhaupt glaube ich nicht, dass es unter uns viele gegeben hat, die dem Bilde des eingebildeten und reaktionären Offiziers entsprochen hätten, wie ihn, angeregt durch Wort und Bild mancher deutscher Zeitungen und Zeitschriften, ein Teil der Öffentlichkeit sich vorstellte. Ich selbst bin dann oft, entweder allein oder mit Kameraden, zu politischen Versammlungen gegangen, muss aber sagen, dass ihr Niveau und der Inhalt dessen, was man dort hörte, mir fast immer außerordentlich tief zu stehen schien. Am geistlosesten fand ich die öden Hetzereien ohne jede sachliche aufbauende und zukunftweisende Grundlage, von denen die Kundgebungen der Sozialdemokratie erfüllt waren, noch am höchsten standen manche Veranstaltungen der Nationalliberalen, zu denen das gute Bürgertum und die Akademikerschaft sich einfanden. Einen tiefen Eindruck hinterließ mir gleich zu Anfang des Kursus ein Vortrag in der Philharmonie zum hundertjährigen Gedenktage der Schlacht bei Leipzig. Wir waren vom Akademiedirektor besonders darauf aufmerksam gemacht worden, und fast die gesamte Kriegsakademie war erschienen und unterbrach den Vortragenden immer wieder mit begeisterten Beifallskundgebungen, die sich am Schluss zu einem wahren Orkan steigerten. Und wer war nun dieser Vortragende, der die Elite des deutschen Offizierkorps zu solchen stürmischen Beifallskundgebungen hinzureißen verstand? Der Herausgeber der „Zukunft", Maximilian Harden! Der zweifellos hochbegabte und geistvolle Jude, der außerdem als ehemaliger Schauspieler eine phantastische Vortragsbegabung besaß, war damals allerdings ein fanatischer Rationalist, ja Militarist (oder tat wenigstens so!) und sprach in jenem Vortrag ganz unverblümt für einen Präventivkrieg. Von seinem nach 1918 ebenso fanatisch praktizierten Pazifismus und Internationalismus war damals noch nichts zu merken. – Am Morgen des 2. Oktober um 9 Uhr saßen wir dann zum ersten Male im Hörsaal. Unsere Gruppe von 50 Herren war sehr harmonisch zusammengesetzt, und wir haben uns alle während des ganzen Jahres ausgezeichnet vertragen. Eine größere Rolle hat später nur einer von ihnen gespielt: der damalige Oberleutnant des 13. Dragonerregiments Hoeppner, ein außerordentlich sympathischer, fröhlicher und sehr begabter Mensch, der nach dem 20. Juli 1944 als Generaloberst auf Grund des Urteils jenes berüchtigten Volksgerichts mit seiner ganzen Familie gehängt wurde. – – Mein Banknachbar war Oberleutnant Kuhlenkampf, ein Vetter des berühmten Geigenvirtuosen, vom 73. Feldartillerieregiment in Verden an der Aller, mit dem ich mich gut verstand. Aber, wie schon gesagt, näher trat man sich nicht, wenn man sich nicht von früher her kannte. Die übrigen, mit denen ich häufiger zusammenkam, waren, neben meinem alten Freunde Walter Sonntag, in dessen gemütlichem Heim in Halensee ich oft weilte, mein Landsmann und Divisionskamerad Heimann vom 2. Großherzoglich-Hessischen Infanterieregiment Kaiser Wilhelm No 116 (Giessen) und Oberleutnant Kolehwe vom Jägerregiment zu Pferde No 12 in Mülhausen in Thüringen. Der einzige Ausländer in unserem Hörsaal war der chinesische Oberleutnant Herzog Kung, mit dem ich auch in engere Beziehungen trat, da dieser hochgebildete junge Chinese aus der vornehmsten Familie dieses ältesten Reiches der Welt mir nicht nur sehr sympathisch, sondern auch besonders interessant war. Er war ein direkter Nachkomme des großen Philosophen Kung-fu-tse, dessen Familie als einzige des Reiches den Adelstitel führte, den ihr auch die Republik belassen hat. – Er war dem Leib-Grenadierregiment in Frankfurt a/Oder zugeteilt worden. Er lächelte, wenn man von unserem „alten" Adel sprach – der seinige war zweieinhalb Jahrtausende alt! Es war merkwürdig, dass dieser späte Spross einer solchen Familie gerade den im damaligen China keineswegs angesehenen militärischen Beruf gewählt hatte, und Soldat in unserem Sinne war er eigentlich auch nicht. Aber ich habe oft abends in seiner mit wundervollen chinesischen Möbeln und Bildern ausgestatteten Wohnung am Bayrischen Platz mit ihm und einem ebenfalls philosophisch veranlagten Kameraden des Hörsaals I a, dem Oberleutnant Freiherrn v. Weltzien vom Königlich-Sächsischen Karabinierregiment, bis tief in die Nacht zusammen gesessen. Und unsere Gespräche drehten sich nicht um Strategie und Taktik. Herzog Kung war uns ein guter Kamerad, aber man hatte doch ihm gegenüber immer das etwas unbehagliche Gefühl, dass er uns Europäer für vielleicht ganz nette, aber im Grunde doch noch wenig über die Steinzeit avancierte Barbaren hielt. – Ich hatte mich übrigens bei der Wahl der Sprache für Französisch entschieden, da mir dieses keine Schwierigkeiten machte, und ich keine besondere Arbeitsleistung auf dieses für die Beurteilung nicht mitzählende Fach verwenden wollte. Taktik trug der Major i.G. Bethke, Kriegsgeschichte Major i.G. Loesecke vor; an die Namen der übrigen Herren kann ich mich leider nicht mehr erinnern, außer an den des Lektors für Weltgeschichte, Professor

Hoeniger. In Taktik und Kriegsgeschichte arbeitete natürlich jeder Hörer mit angespanntester Aufmerksamkeit mit, denn von den Leistungen in diesen beiden Fächern hing ja tatsächlich alles ab. Auch Waffenlehre und Befestigungslehre wurden mit Eifer betrieben, da sie nicht nur wichtig, sondern auch hochinteressant waren. Man erfuhr darin so manches, wovon man als schlichter Frontsoldat vorher nichts geahnt hatte. So hörten wir mit Staunen und einer gewissen Erschütterung von dem später „Dicke Bertha" genannten Riesengeschütz, dem 42 cm Mörser, und studierten nicht nur die deutschen Grenzbefestigungen in Ost und West, sondern arbeiteten auch auf den Plänen der französischen und russischen Festungen, die natürlich in großen Zügen unserem Generalstabe ebenso bekannt waren wie die unseren den fremdländischen Generalstäben. – Unser Hörsaalältester, der aber natürlich keinerlei Vorgesetztenstellung einnahm, sondern nur die Weitergabe der Befehle an die Kameraden, Meldungen über das Fehlen oder die Erkrankung von Hörern usw. zu erledigen hatte, war Oberleutnant von Strubberg vom Königin-Augusta-Garde-Grenadierregiment, ein sehr netter, immer gefälliger und zuvorkommender Herr, dem wir daher auf nebenstehendem Photo auch einen „Heiligenschein" verliehen haben. Er fiel schon in den ersten Wochen des Krieges an der Westfront. Überhaupt waren wir eine recht vergnügte Gesellschaft, und neben dem Ernst des Studiums kam auch der Ulk und Frohsinn nicht zu kurz. Es ist ja eine merkwürdige psychologische Erscheinung, dass erwachsene Menschen, selbst ältere, sobald sie eine gemeinsame Schulbank drücken, schnell wieder zu Kindern werden. Hat mir doch mein Vater schmunzelnd erzählt, dass bei Kursen der Schießschule für Generale und Regimentskommandeure diese würdigen Herren sich gegenseitig heimlich Papierschwänze anzuhängen oder Zettelchen mit komischen Inschriften oder Karikaturen auf den Rücken zu kleben pflegten. So gab es auch bei uns viele Possen, immer harmloser Art, die dem einen oder anderen gespielt wurden, sei es, dass einem Herrn plötzlich aus seiner Aktentasche ein Dutzend mechanischer Frösche oder Mäuse entgegenhüpften, wie sie damals von Straßenhändlern auf der Friedrichstraße verkauft wurden, sei es, dass einem als nervös bekannten württembergischen Artilleristen gar einige Feuerwerkkörper in seiner Pultschublade losknatterten. Selbst wilde Hörsaalschlachten führten die Beflissenen der hohen Kriegskunst manchmal auf, bei denen das Hauptgeschoss der nasse Tafelschwamm war, der einmal sogar versehentlich dem gerade eintretenden Waffenlehrer ins Antlitz platschte, was der joviale Artilleriemajor aber nicht übel nahm. Wahrscheinlich hatte er früher selbst solche Streiche mitgemacht, denn er war ein sehr humorvoller Herr, der seinen für uns Infanteristen, Kavalleristen und sonstige Nichtjünger der Heiligen Barbara etwas trockenen Lehrstoff gern durch eingeschobene Witze zu würzen liebte. – Der Taktiklehrer, Major i.G. Bethcke, war ein unnachsichtig scharfer Kritiker, der seine Urteile über die von uns bei Lösung der gestellten Aufgaben gefassten Entschlüsse und ihre Begründung, die erteilten Befehle, die Gliederung der Truppen usw. mit beißendem Sarkasmus recht schmerzhaft für die Betroffenen machte. Er war aber sehr gerecht, und ein Lob von ihm wog schwer für uns. Ohne peinlich wirkendes Eigenlob darf ich heute, nach so vielen Jahrzehnten wohl verraten, dass ich ziemlich häufig den Vorzug genoss, meine Lösungen als die richtigen bezeichnet zu sehen, und wie auf Kriegsschule teilte ich mit drei oder vier Kameraden, darunter dem vorhin erwähnten Oberleutnant Hoeppner, der damals wohl in seinen finstersten Träumen sein furchtbares Ende nicht vorausahnte, und dem sehr bekannten Rennreiter Graf Bethusy-Huck vom 1. Gardeulanenregiment, den Ruhm, zu den besten Taktikern des Hörsaals zu gehören. Dass Major Bethcke mich schätzte, zeigte sich auch darin, dass er mich, und merkwürdigerweise nicht einen unserer Kavalleristen, nach einiger Zeit bat, seine Pferde zu bewegen, wenn er selbst verhindert war. So habe ich denn immer drei- oder viermal wöchentlich morgens vor dem Hörsaaldienst wunderschöne Ritte im Grunewald, manchmal als Begleiter der reizenden Tochter des Majors, unternommen. Häufig ritt ich auch zusammen mit dem schon genannten Oberleutnant der Jäger zu Pferde Kolehwe im Tiergarten, wo wir gelegentlich Sr. Majestät dem Kaiser auf seinen Morgenritten begegneten. Mein Bursche Spangenberger brachte mir jeden Morgen meine Aktenmappe in die Akademie, da Offiziere in Uniform ja solche in Berlin nicht auf der Straße tragen durften. Das war an sich ganz gut, da die Burschen der unverheirateten Offiziere ja wirklich so gut wie nichts zu tun hatten, so dass man froh war, wenn man eine Beschäftigung für sie fand. (Wöchentlich zweimal mussten sie nachmittags zum Exerzieren auf den Kasernenhof des 2. Garderegiments zu Fuß antreten, damit sie wieder daran erinnert wurden, dass sie Soldaten seien). An sich war die Gestellung von Burschen für die unverheirateten und nicht berittenen Offiziere bei solchen Kommandos wirklich eine kaum zu rechtfertigende Vergeudung von Arbeitskraft – daher die nur zu berechtigten Klagen der Truppe über die Unzahl der Kommandierten. Nachmittags um 2 Uhr holte mein Bursche dann die Aktenmappe wieder ab, um sie nach Hause zu bringen. Dieses Verfahren hatte gerade bei uns auch eine recht bedenkliche Seite: Sehr oft befanden sich in diesen Aktenmappen streng geheime Sachen, wie z.B. Festungspläne, auf denen man zu Hause zu arbeiten hatte, Schusstafeln unserer modernsten Geschütze usw. Daher musste man den Träger der Aktenmappe wie ein Schießhund bewachen. Nicht etwa, weil man den Leuten nicht traute, sondern weil es natürlich für einen gewandten Gauner ein Leichtes gewesen wäre, diesen braven Bauernjungen aus der fernsten Provinz die Mappe zu klauen. Meines Wissens ist das aber nie vorgekommen oder auch nur versucht worden. Immerhin, die Verantwortung war groß, und ich war immer froh, wenn ich das heikle Objekt wieder sicher in meinen vier Wänden oder in der Akademie hatte. – In Taktik, Kriegsgeschichte, Befestigungs- und Waffenlehre hörten wir nicht eigentlich Vorlesungen, sondern die Arbeit vollzog sich mehr in Form von Seminaren, bei denen jeder aktiv mitarbeiten musste, während in den übrigen Fächern die Dozenten nur vortrugen. Taktik spielte in alle rein militärischen Fächer hinein, in Kriegsgeschichte, auch schon Strategie, denn bei dem Studium des Festungswesens handelte es sich nicht nur um die technischen Anlagen, sondern auch um Verteilung und Verwendung der Besatzung, in Waffenlehre nicht um konstruktive Einzelheiten und Schießverfahren der verschiedenen Geschütze allein, sondern auch um ihren Einsatz im Feld- und Festungskriege. Der Unterricht in Taktik begann mit kleinen Einheiten von einer gemischten Abteilung (1 Infanterieregiment, 1 Eskadron, 1 Abteilung Feldartillerie) und stieg im Laufe des I. Kursus bis zur Führung einer Division auf. Es wurde auf Karten der westlichen und östlichen Grenzgebiete gearbeitet, gelegentlich auch ein taktischer Ausflug ins Gelände, meist in der Potsdamer Gegend, unternommen. Die französische und russische Taktik wurde häufig zu kritischem Vergleich herangezogen, auch spielten wir manchmal Aufgaben in der Form durch, dass der Gegner tatsächlich die taktischen Formen unserer mutmaßlichen Feinde anzuwenden hatte. Jede Woche zweimal war von einem der Hörer ein Vortrag über ein vorher gestelltes Thema zu halten. Da Major Bethcke gesprächsweise erfahren hatte, dass mir die französische und die britische Armee aus eigener Anschauung bekannt waren und dass ich in Argentinien kommandiert gewesen war, hatte ich Vorträge über diese drei Heere zu halten. In Kriegsgeschichte studierten wir zuerst das dritte Jahr des Siebenjährigen Krieges mit den Schlachten bei Zorndorf und Hochkirch und dann, durch den größten Teil des Jahres, den glänzenden Feldzug Bonapartes in Oberitalien 1796, den der große Korse selbst seinen schönsten Feldzug genannt hat, mit den leuchtenden Siegen von

Lodi und Arcole. Da Major v. Loesecke selbst die Schlachtfelder bereist hatte, war sein Vortrag so lebendig und fesselnd, dass Kriegsgeschichte eigentlich unser liebstes Fach war. Jeder Abschnitt der strategischen Heeresbewegungen und der Schlachten wurde bis in die Einzelheiten durchgespielt und kritisch betrachtet, wobei unser wohlbeleibter Kamerad Himburg, Infanterieregiment No 155, stürmische Heiterkeit erregte, als er, in übrigens sehr geistreichen Ausführungen, Bonaparte verschiedene schwere Fehler nachwies und zum Schluss betonte, wenn er das Kommando gehabt hätte, so hätte er in 14 Tagen Wien erobert. Unnötig zu bemerken, dass Major v. Loesecke dabei den uralten und jedes Jahr wiederkehrenden Akademiewitz nicht vergaß, indem er erklärte: „Ja, sehen Sie, meine Herren, so war eben dieser Napoleon Bonaparte – ein guter Kerl, aber dumm, dumm, dumm!" Über Befestigungs- und Waffenlehre habe ich schon gesprochen, die Themata für Militärjustizwesen und Sanitätswesen ergaben sich von selbst. In Weltgeschichte las Professor Hoeniger über den Dreißigjährigen Krieg und stellte zu unser aller Erstaunen die von ihm sehr eingehend begründete Behauptung auf, dass die politischen Folgewirkungen für das Reich, bis in die Gegenwart nachwirkend, freilich katastrophal gewesen seien, die materiellen aber weit übertrieben worden seien. Nur einen verhältnismäßig geringen Teil Deutschlands hätten die Kriegsereignisse völlig zerstört, in anderen seien die Schäden längst nicht so tiefgehend gewesen, und der größte Teil das Reiches sei von ihnen überhaupt nicht berührt worden. Die Schilderung Gustav Freytags in seinen „Bildern aus der deutschen Vergangenheit" sei erheblich übertrieben und treffe nur für Thüringen zu. Nun, wir konnten nicht beurteilen, wer Recht hat. Der Dozent der französischen Sprache war ein sehr eleganter und amüsanter Herr, und da es sich bei seinen Hörern durchweg um Herren handelte, die die Sprache bereits einigermaßen beherrschten, so lasen wir mit ihm hauptsächlich modernste französische Literatur. Zu den zum Studium zugelassenen Sprachen gehörte auf der Kriegsakademie übrigens auch japanisch, wofür ja eigentlich kein besonderer Anlass vorlag, da in dieser kurzen Zeit doch niemand es soweit bringen konnte, dass er die militärische japanische Literatur hätte studieren können. Der Dozent, Hakimura, gab auch einer Anzahl von Herren Unterricht in Djiu-Djitsu und war ein recht vergnügter gelber Zwerg, den man allabendlich in den Amüsierlokalen der Friedrichstraße treffen konnte. Aber unmittelbar nach Kriegsausbruch verschwand er spurlos, und die Vermutung, dass Herr Hakimura, der über militärische Dinge weit besser informiert war, als man es bei einem angeblichen Reserveoffizier der japanischen Kavallerie erwarten sollte, neben seinem Unterricht am Orientalischen Seminar der Universität und an der Kriegsakademie auch noch andere Aufgaben gehabt habe, dürfte wohl nicht ganz unbegründet sein. – Mein Tagesprogramm war im Allgemeinen das gleiche: Um 7 Uhr kam der tüchtige Spangenberger, zog die Vorhänge auf und weckte mich mit der stereotypen Aufforderung: „Herr Oberleitnant, ich tät uffstehe, die Fraa hot scho 's Bad eigelasse." Die „Fraa" war natürlich die gute Witwe Müller, mit der er sich nicht besonders stand, nicht nur, weil die sprachliche Verständigung zwischen beiden etwas schwierig war, sondern weil die scharfe Berliner Zunge sehr häufig einiges an dem Aufräumen und Säubern meiner Wohnung auszusetzen hatte. Wie gesagt, meinem „Odewäller" gefielen und imponierten die damals so glänzende Reichshaupstadt und ihre Menschen überhaupt nicht, und er wäre wohl lieber im heimischen Reichelsheim gewesen. Ein paar Mal ging er abends in die kleinen Kneipen bei der Elisabether-Kaserne, aber dann ließ er es, denn die stolzen preußischen Gardegrenadiere sahen den hessischen Bundesbruder mit seinen gelben Aufschlägen wohl nicht ganz als ebenbürtig an. – Nach dem Frühstück setzten Spangenberger (mit meiner Aktenmappe) und ich uns dann auf die „80" und fuhren bis zur

Akademie. In der Garderobe hatte man eine möglichst alte Litewka hängen, mit welcher angetan man sich dann in den Hörsaal begab. Man konnte, was manche Herren regelmäßig, ich nur gelegentlich, wenn ich nach Hörsaalschluss etwas vorhatte, taten, auch in Zivil in die Akademie kommen und dort Uniform anlegen. Die Karten wurden geliefert, alles andere Lehrmaterial musste man sich selbst beschaffen. Zwischen den einzelnen Vorlesungen waren 20 Minuten Pause, in denen man sich an einem sehr delikaten kalten Buffet im Kasino (natürlich gegen Bezahlung) gütlich tun konnte. Um 2 Uhr zerstreute sich alles wieder. Da ich meistens in der Akademie frühstückte, geleitete ich dann meinen Burschen mit der kostbaren Aktenmappe nach Hause, braute mir einen guten Kaffee und setzte mich an die Arbeit. Abends aß ich meistens zu Hause, denn Frau Müller wusste mir für billiges Geld immer ein einfaches, aber schmackhaftes Mahl zu bereiten. Natürlich ging man auch häufig aus, aber die nächtlichen Reize von Berlin konnten mich, der ich ja nun allmählich ins etwas gesetztere Alter gelangt war, nicht mehr besonders verlocken. Ich erwähnte schon, dass ich häufig Vorträge und politische Kundgebungen besuchte, und natürlich machte man auch von der den Offizieren gewährten Verbilligung für Theater-, Konzert- und Zirkuskarten Gebrauch. In den Königlichen Theatern waren sogar allabendlich eine bestimmte Zahl von Karten für die Kriegsakademie reserviert, aber im Allgemeinen verzichtete man darauf, da man dort in dem sogenannten Hofgartenanzug, also Waffenrock mit Achselstücken und Helm erscheinen musste. Wollte man nach Schluss der Vorstellung noch etwas essen oder ein Glas trinken, so standen einem also nur die teuersten Luxusrestaurants oder das immer überfüllte sogenannte Offizierzimmer bei Siechen in der Behrenstrasse offen. Im übrigen kam man sich, wenn man nachts in der auffallenden Uniformierung durch den internationalen Rummelbetrieb der Friedrichstraße ging, doch stark deplaciert vor und musste manche spöttische oder unerfreuliche Bemerkung leicht angedudelter Bummelbrüder hören (oder überhören!). Bei Siechen hatten wir auch allmonatlich einmal unseren Regimentsabend, bei dem alle in Berlin kommandierten Offiziere des Regiments, unsere in der Reichshaupstadt wohnenden Reserveoffiziere und früher dem Regiment angehörende Offiziere regelmäßig erschienen, so dass es stets eine sehr zahlreiche Tafelrunde war. Im gleichen Lokal tagte auch jeden Freitag abend der Stammtisch der Hessen, den ich auch häufig besuchte, da es dort nicht nur sehr gemütlich zuging, sondern auch die Unterhaltung recht interessant war, denn verhältnismäßig viele Hessen nahmen in Berlin bedeutende Stellungen ein. So waren zu jener Zeit der Kommandeur der Königlichen Schutzmannschaft, Polizeioberst Bickel, und der bekannte Direktor des Berliner Zoos, Geheimrat Heck, unsere Landsleute, ebenso wie viele hohe Beamte der Reichsbehörden. Unser Gesandter, Freiherr v. Biegeleben, pflegte regelmäßig zu erscheinen. Ferner sah man in dieser stets fröhlichen Runde oft den Schauspieler Theodor Loos, der aus Zwingenberg a/d. Bergstraße stammte, aber es war auch besonders nett, dass viele einfache Leute, Handwerker, kleine Beamte usw. zu diesem Kreise gehörten und gerade die Unterhaltung mit ihnen, die mit rheinischem Freimut ihre Meinung vertraten, war mir sehr interessant, denn hier konnte man wirklich die Stimmung der breiten Massen des Volkes zu den schwebenden politischen und wirtschaftlichen Fragen erkunden. Das galt auch für die Zusammenkünfte des Kriegervereins „Hassia", dem alle in Berlin wohnenden alten Soldaten angehörten, die in Großherzoglich-Hessischen Truppenteilen gedient hatten. Er trat monatlich einmal im Kriegervereinshaus in der Chausseestraße zusammen, und die regelmäßige Teilnahme war uns nach Berlin kommandierten hessischen Offizieren besonders zur Pflicht gemacht worden. Von gesellschaftlichen Veranstaltungen hielt ich mich möglichst frei, um nicht von der Arbeit abgelenkt zu werden.

Natürlich aber war ich doch häufig bei meinem alten Freunde Walther Sonntag, wo ich Sonntags fast immer zu speisen pflegte, und ganz ließ sich der Verkehr bei einzelnen Regimentsfamilien auch nicht vermeiden. Das interessanteste Erlebnis dabei war eine Abendeinladung bei unserem früheren Regimentskommandeur Oberst a.D. v. Puttkamer in seiner Villa in Zehlendorf. Seine Gattin, die er aber erst nach seinem Abschied geheiratet hatte, war die Dichterin und Schriftstellerin Marie Madeleine, deren poetische Werke als ungefähr das erotisch freieste galten, das man sich, ohne mit dem Staatsanwalt in Konflikt zu kommen, damals in deutscher Sprache erlauben durfte, besonders der Gedichtband „Auf Kypros“, der allerdings an Schwüle kaum zu überbieten war. Also erwarteten wir in heißer Spannung, in der Dame des Hauses eine dämonische, von wilder Erotik umwitterte Frau kennen zu lernen. Was wir aber fanden, war eine sehr kleine, sehr rundliche und keineswegs mondän aufgemachte, ausgesprochen hausfraulich wirkende, sehr nette ältere Dame, der man nie zugetraut hatte, dass ihren Träumen Verse entsprungen wären, wie z.B. dieser:

<blockquote>

„Ruft mir die Mädchen, die schmerzvoll weinen,

Wenn im Lenz, im sonnendurchglühten,

Die jungen Bäume zu brechen scheinen

Unter der schweren Last ihrer Blüten.

Ruft mir die Knaben, die ihre hageren

Glieder dehnen in dumpfem Verlangen,

Wenn die Schatten der Nacht sie umlagern

Und ihre Sinne mit Sehnsucht umfangen“

usw. usw.

</blockquote>

Aber es war sehr nett bei Puttkamers, Essen und Weine vorzüglich – und jeder von uns nahm ein Exemplar von „Auf Kypros“ mit eigenhändiger Widmung der Dichterin mit nach Hause. – Eine andere Einladung ist mir aus einem besonderen Grunde in Erinnerung geblieben, und zwar bei dem Schwager meines Regimentskameraden v. Keiser, einem Ministerialdirektor im Preußischen Handelsministerium, dessen Namen ich leider vergessen habe. Dort kam die Rede natürlich auch auf die Möglichkeit oder sogar Wahrscheinlichkeit eines in absehbarer Zeit ausbrechenden europäischen Krieges, denn es war für Lage und Stimmung der damaligen Zeit sehr bezeichnend, dass dieses Thema eigentlich immer angeschlagen wurde, wo man in ein ernstes Gespräch trat. Unser Gastgeber lächelte und sagte ungefähr wörtlich: „Dass Sie, meine Herren, an die Möglichkeit eines Krieges denken, ist verständlich und gehört ja auch zu Ihren Pflichten. Aber lassen Sie mich Ihnen sagen, dass Sie sich täuschen. Es wird keinen Krieg geben, denn schon die Mobilmachung würde jede Großmacht bankrott machen, und sollte wider Erwarten einmal ein bewaffneter Konflikt ausbrechen, so würden alle Beteiligten nach längstens vier Wochen wegen völliger Erschöpfung der materiellen und finanziellen Mittel die Waffen niederlegen müssen. Die Schlägereien zwischen den Raubstaaten des Balkans beweisen in dieser Hinsicht gar nichts." Wir waren natürlich einigermaßen erstaunt über diese Meinungsäußerung eines der höchsten Beamten eines preußischen Ministeriums, fühlten uns keineswegs überzeugt, wohl aber sehr bedrückt, als der Herr uns auf unsere Frage erklärte, dass man in seinem Ministerium aus den von ihm angeführten Gründen keinerlei Vorbereitungen für einen möglichen Kriegsfall getroffen habe. Wenige Monate später haben die Ereignisse – leider – den Herrn Ministerialdirektor eines Besseren belehrt! – Selbstverständlich nahm ich in Berlin auch die Verbindung mit den Militärattachés Spaniens und Argentiniens, denen ich so viel Dank schuldig war, wieder auf und genoss ihre persönliche Gastfreundschaft und die ihrer Missionen. Ich schrieb mich auch einmal für einen Hofball ein, denn schließlich war auch dies ein Ereignis, das man erlebt haben musste. Zu tanzen brauchte man ja nicht, und die Gefahr, von einer Prinzessin zu einem Tanz befohlen zu werden, war für einen kleinen Oberleutnant der bundesstaatlichen Linieninfanterie gering. Es war natürlich ein phantastisch glänzendes Bild, das einem in unserer nüchternen, farblosen Gegenwart in der Erinnerung wie ein unwirkliches Märchen erscheint, aber menschlich gemütlicher waren unsere Hofbälle im Darmstädter Schloss doch. In den Sälen drängte sich eine derartige Überfülle von Menschen, dass man manchmal fast zu ersticken fürchtete. An dem Sturm auf das Buffet beteiligte ich mich nicht, so dass ich „Kaisers" nur um ein Glas Sekt, das ich einem vorübereilenden Lakaien entriss, geschädigt habe. Natürlich war es ein sehr feierlicher Moment, als die Majestäten unter schmetternden Fanfarenklängen und gefolgt von allen Prinzen ihren Einzug im Silbersaal hielten , und interessant war es auch, bei dieser Gelegenheit zahlreiche bekannte Persönlichkeiten der Politik, der Wirtschaft, der Kunst und der Wissenschaft zu beobachten, die man ja sonst als gewöhnlicher Sterblicher nicht zu sehen bekam. Es waren viele darunter, die in den kommenden Jahren eine bedeutende und vielfach nicht beneidenswerte Rolle spielen sollten. So erinnere ich mich noch genau an die elegante Erscheinung und das geistvolle, aber ausgesprochen semitische Gesicht des Präsidenten der A.E.G. Rathenau, der dem Kaiser die vielen Freundlichkeiten, die er von ihm genossen hatte, später sehr schlecht vergalt. Er dachte damals, als ich ihn im Gespräch mit dem in Johanniteruniform erschienenen Reichskanzler v. Bethmann-Hollweg stehen sah, sicher noch nicht daran, dass er selbst einmal Außenminister des Deutschen Reiches werden sollte. Mein Divisionskamerad Oberleutnant Heymann, vom Regiment Kaiser Wilhelm, Oberleutnant Kolehwe von den Reitenden Jägern und ich verzogen uns dann bald und leisteten uns ein vorzügliches, aber entsprechend teures Abendessen bei Adlon, wo wir uns einen Tisch reserviert hatten. Dort spielte sich nämlich regelmäßig der zweite Akt jedes Hofballs ab, denn das diplomatische Korps, der hohe Landadel, viele Offiziere der Garde und überhaupt alles, „was gut und teuer war", speiste dort, da bei Hofe niemand satt wurde, wenn er nicht zu den Auserlesenen gehörte, die zur Kaiserlichen Tafel geladen waren. So war das Bild, das sich in den schönen und geschmackvollen Räumen des ersten Hotels von Berlin entrollte, nicht weniger farbig, glänzend und interessant als im Kaiserschloss. Und der, damals noch junge, Herr Adlon sah, wenn er sich in seinem unübertrefflich eleganten, ordengeschmückten Frack zwischen seinen prominenten Gästen bewegte, mehr wie ein Botschafter aus als alle anwesenden wirklichen Botschafter! – Am Geburtstage Seiner Majestät des Kaisers, dem letzten Friedensgeburtstag, trat das gesamte Offizierkorps der Garnison Berlin, zu dem ja auch wir Akademiker gehörten, um 12 Uhr mittags im Paradeanzug zum Paroleempfang im Lichthof des Zeughauses Unter den Linden an. Vorher war Gottesdienst für die Garnison im Dom und in der Katholischen Hedwigskirche, wo eine feierliche Pontifikalmesse stattfand, gewesen. Diese Parole-Ausgabe, bei der die Offizierkorps regimenterweise geschlossen antraten und um Punkt zwölf Uhr der Kaiser in der Uniform des Regiments der Gardes du Corps mit dem silbernen Adlerhelm erschien, von der Musik des Königin-Augusta-Gardegrenadierregiments mit der Nationalhymne begrüßt, bot auch ein wunderbares militärisches Bild, von dem niemand ahnte, dass es die Welt zum letzten Male sah. Die Offiziere der Garde waren zum großen Teil ausgesucht schöne, stattliche Erscheinungen, besonders die Riesen des Gardekürassierregiments, die Uniformen so kleidsam, geschmackvoll und doch kriegerisch, dass der Anblick sich jedem Teilnehmer unauslöschlich einprägen musste. Es war ein feierlicher und ergreifender Augenblick, als der Kommandierende General des Gardekorps mit der Hand an dem vom schwarzweißen Federbusch überwallten Helm vor den Obersten Kriegsherrn trat und mit lauter Stimme meldete: „Parole: Es lebe Seine Majestät der Kaiser und König!" Nachmittags um 6 Uhr fand im

Kasino der Kriegsakademie ein gemeinsames Essen statt, bei dem der Akademiedirektor das Kaiserhoch ausbrachte und dann Oberst Freiherr v. d. Goltz eine dem hohen Niveau seiner Zuhörer angepasste geistvolle Rede hielt. Dies war das letzte Mal, dass ich die friedensmäßige Gesellschaftsuniform mit Epaulettes anlegte. – – – Einige Male war ich bei Kadetten- oder Kriegsschulkameraden zu Herrenabenden verschiedener Garderegimenter eingeladen, so bei den Gardeschützen in Lichterfelde, beim Kaiser-Franz-Gardegrenadierregiment, beim 3. Garderegiment zu Fuß, beim Gardekürassierregiment und bei der Garde-Train-Abteilung. Es liegt mir besonders daran, hier zu betonen, dass ich überall und ausnahmslos bei allen Herren, mochten sie noch so hohe Adelstitel tragen, in der reizendsten und kameradschaftlichsten Weise aufgenommen wurde, und dass bei keinem älteren oder jüngeren Offizier auch nur der Hauch eines Hochmuts gegenüber dem nichtpreußischen bürgerlichen Linienoffizier zu fühlen war. Die Hetze einer gewissen Presse gegen die Garde war vollkommen unbegründet und bewusst verlogen. Dass die Garde der preußischen Könige auch dienstlich auf der höchsten Stufe stand, ist in der Armee immer zugegeben worden, und im Kriege haben ihre Regimenter durch ihre unerhörten Blutopfer, besonders Offizieren, voll bewiesen, dass sie auch nach dieser Hinsicht ihrer ruhmvollen Tradition treu geblieben waren. Dies bestätigte mir auch Hauptmann Kahlenberg, der wenige Monate vorher von unserem Regiment zum Kaiser-Alexander-Gardegrenadierregiment versetzt worden war und sich dort dienstlich wie gesellschaftlich außerordentlich wohl fühlte. In jeder Armee gibt es von altersher Elitetruppen, die nicht nur durch besondere Abzeichen der Uniform und durch einen ausgesuchte Ersatz ausgezeichnet sind, sondern in denen auch die Söhne alter Offizierfamilien durch Generationen traditionsgemäß zu dienen pflegen. Selbst im Heer der französischen III. Republik ist z.B. das 2. Kürassierregiment in Versailles immer die Domäne der royalistischen Adelsgeschlechter gewesen, und die Sowjetarmee hat mehr Garderegimenter geschaffen, als sie die Armee der russischen Zaren besaß. Der Stolz, die Uniform einer solchen Truppe zu tragen, ist verständlich und hat nichts mit Hochmut zu tun. In unserer alten Armee selbst hat die Hetze gegen Garde und Adel von seiten der militärfeindlichen Linken auch niemals irgendwelches Echo gefunden. – Im April hatte unser Hörsaal einen schmerzlichen Verlust zu beklagen. Unser allgemein beliebter Kamerad Oberleutnant Weigandt vom Württembergischen Infanterieregiment No 122, der sich als ausgebildeter Pilot an dem Prinz-Heinrich-Rundflug durch Deutschland beteiligt hatte, stürzte bei Halberstadt tödlich ab. Jede flugsportliche Veranstaltung kostete ja zu damaliger Zeit Todesopfer. Wir haben den immer fröhlichen Schwaben auf dem Militärfriedhof in der Hasenhaide mit militärischen Ehren zur letzten Ruhe gebracht. Viele, ja die meisten unserer Hörsaalkameraden sollten ihm noch im gleichen Jahre folgen. Aber das ahnten wir damals noch nicht. – So neigte sich der I. Kursus seinem Ende zu. Ich meldete mich für das Sommerkommando zum Feldartillerieregiment No 63 in Frankfurt a/M, was auch genehmigt wurde. Am 1. Juli hatte ich mich dort zu melden. Major Bethcke hatte mir freundlicher Weise angedeutet, dass meine Abschlussbeurteilung recht gut sei. Dienstlich erfuhr man darüber nämlich nichts, außer in dem schon erwähnten Falle, dass man vollständig versagt hatte. Im Juni ereignete sich in unserem Hörsaal noch eine unbändig belachte Episode. Unser Kamerad Oberleutnant v.H. hatte nach vielen Schwierigkeiten endlich die Scheidung von seiner Gattin erreicht, war äußerst vergnügt darüber und erklärte uns, dass er und seine Frau moderne Menschen seien und daher beschlossen hätten, gemeinsam die Trennung mit einem solemnen Abendessen im Hotel Bristol zu begehen. Am nächsten Morgen aber erschien Herr v.H. stark verlegen, und bald erfuhr man, dass dieses „Scheidungsmahl" zu einer erneuten Verlobung und zu dem

Entschluss baldigster neuer Vermählung geführt habe. Tableau! – Am 28. Juni, einem strahlend schönen Sommersonntage, hatte ich in der „Traube" in der Leipzigerstraße zu Mittag gegessen, schlenderte dann zum Potsdamer Platz hinunter, setzte mich gemütlich auf die Terrasse des Café Schultheiss zu einem Tässchen Kaffee und beschaute mir das bunte Berliner Sonntagsleben. Scharen von Ausflüglern strömten zum Potsdamer und Wannsee-Bahnhof, die Frauen und Mädels in duftigen, hellen Kleidern, viele Soldaten der Garde in ihren kleidsamen Uniformen. Feiertäglich fröhliche Stimmung lag über der riesigen Stadt. Plötzlich sah ich zwei Autos des Verlages Ullstein auf den Platz jagen und eine Flut von Extrablättern in die Menge werfen, die sich sofort in aufgeregten Gruppen um diejenigen sammelte, die ein solches Blatt ergattert hatten. Gleichzeitig stiegen auf dem Bahnhof und dem nahegelegenen Postamt die Reichsflaggen auf und blieben auf Halbmast stehen. Ein Herr von einer sehr lustigen Gesellschaft am Tisch neben mir, nach ihrem Dialekt Österreicher, war gleich hinunter geeilt, und es war ihm geglückt, ein Extrablatt zu bekommen. Ich sehe ihn noch heute vor mir, wie er schwankenden Schrittes totenblass und mit Tränen in den Augen zu seinen Gefährten trat und das schicksalschwere Stückchen Papier auf den Tisch legte. Eine der Damen brach in lautes Schreien aus, und daraufhin drängte sich alles um den Tisch und ein Herr las mit lauter Stimme die Meldung vor. Es war die Nachricht von der Ermordung des Erzherzogs-Thronfolgers Franz Ferdinand und seiner Gemahlin durch serbische Verschwörer in Sarajewo. Tiefste Bestürzung malte sich auf allen Gesichtern. Es war, als ob plötzlich ein grauer Schleier über den eben noch so strahlenden sonnigen Himmel gezogen sei. Und das Wort, das man dann am meisten in den aufgeregten Gesprächen ringsum hörte, war – Krieg! Ich nahm mir sofort ein Taxi und fuhr nach Halensee zu meinem Freunde Walther Sonntag, um mit diesem, unserem entschieden klügsten und fähigsten Kameraden, die Katastrophe und ihre Folgen zu besprechen. Der Chauffeur wusste schon Bescheid und auch er fragte mich gleich aufgeregt! „Wenn dat man nich Krieg jibt?“ Sonntag betrachtete die Angelegenheit bei allem selbstverständlichen Ernst sehr viel ruhiger. Natürlich hielt auch er bei der seit Jahren bestehenden Spannung einen großen internationalen Konflikt nicht für ausgeschlossen, glaubte aber doch, dass die Großmächte nicht gerade ein solches, von allen zu verurteilendes Verbrechen zum Anlass nehmen würden. Diese Ansicht setzte sich dann in den folgenden Wochen eigentlich immer mehr durch, und bis in das letzte Drittel des Monats Juli hinein glaubte schließlich niemand mehr ernstlich, dass es losgehen würde. Am 29. morgens, dem Schlusstage des Kursus, als wir uns zum letzten Mal – es war wirklich das letzte Mal – in der Akademie zur Verabschiedung zusammenfanden, sprachen wir freilich, wie es unter Soldaten in solcher Lage selbstverständlich ist, viel von den Kriegsmöglichkeiten, nahmen aber dann doch vergnügt Abschied von einander und das „Auf Wiedersehen am 1. Oktober!“ war tatsächlich ernst gemeint. Oberst Freiherr v.d. Goltz hielt eine sehr beruhigende Rede, mahnte zwar kurz zur Bereitschaft für den höchsten Einsatz, wünschte uns aber dann viel Glück zu unseren Kommandos und schloss ebenfalls mit einem „Hoffentlich auf Wiedersehen im Oktober!“ Das kann ich jedenfalls hier mit bestem Gewissen betonen, dass unter den Offizieren der Kriegshochschule des Deutschen Reiches von der unserem Volke und besonders dem Generalstab verleumderisch zugeschriebenen Kriegslust nicht das Geringste zu spüren war. Gerade wir wussten ja auch nur zu gut, was ein moderner Krieg bedeutete, wir wussten, gegen welche ungeheure Übermacht wir mit unzulänglichen Bundesgenossen zu kämpfen haben würden. Nein, keiner von uns wünschte den Krieg, wenn wir natürlich auch mit vollem Herzen bereit standen, unser Blut und Leben rückhaltlos für unser Land einzusetzen, wenn das Schicksal uns doch zur letzten Entscheidung aufrief. Von meinen Kursuskameraden haben nur sehr wenige den Krieg überlebt, und diese sind wohl ausnahmslos verwundet gewesen. Wir alten Oberleutnants waren ja durchweg nach unserer Mobilmachungsbestimmung als Führer von Kompagnien, Eskadrons oder Batterien bei Reserveregimentern ausersehen. So gehörten wir alle zu den Hauptträgern des Kampfes in vorderster Linie gerade in den Monaten des Bewegungskrieges. Die meisten meiner Kameraden sind in der Zeit von Kriegsausbruch bis zur Marneschlacht einschließlich gefallen, oder, wie ich, verwundet worden. – Am 30. Juni fuhr ich also nach Frankfurt a/Main und nahm natürlich nur das Notwendige für eine dreimonatige Abwesenheit mit, denn ich behielt meine Wohnung bei Frau Müller bei, die darüber verständlicher Weise sehr erfreut war. Ein gewisses Vorgefühl aber veranlasste mich, obgleich man sich ja unterdessen wieder etwas beruhigt hatte, meine feldgraue Uniform – ich besaß, wie wohl die meisten Offiziere, vorläufig erst eine – und meine Pistole mit Munition einzupacken, was ich beides ja für das Manöver nicht nötig hatte. Und ich tat wohl daran, denn Pistolen waren bei Mobilmachung für Geld und gute Worte nirgends mehr aufzutreiben, und die Militärschneider waren so überlastet, dass eine ganze Anzahl meiner Kameraden in Mannschaftsuniform ausgerückt ist, auf die sie nur schnell noch die Achselstücke hatten aufnähen lassen. In Frankfurt logierte ich mich zunächst in einem Hotel am Bahnhof ein, mietete mir aber am nächsten Tage ein Zimmer in dem nahe der Artilleriekaserne gelegenen Bockenheimer Hof, einem malerischen früheren Gutshause, während mein Bursche in der Kaserne untergebracht wurde. Am 1. Juli vormittags meldete ich mich bei den Kommandeuren des Regiments und der Abteilung, wurde dort sehr freundlich begrüßt und der 3. Batterie zugeteilt. Deren Chef war der recht nette Hauptmann Wimmer und zur Batterie gehörten Oberleutnant Poel, ein bekannter Rennreiter, der gerade von der Reitschule Hannover zurückgekehrt war, der erst vor kurzem beförderte Leutnant v. Grimm und ein mir besonders sympathischer Leutnant der

Reserve, im Zivilberuf Professor der alten Geschichte an der Universität Basel, mit dem ich mich immer sehr gerne unterhalten habe, da die Interessen der übrigen Offiziere über Pferde und Stall nicht viel hinausgingen, wie ich überhaupt das geistige Niveau der Artilleristen, obwohl sehr nette Kameraden unter ihnen waren, im Ganzen erheblich niedriger fand als in meinem eigenen Offizierkorps. Es mag allerdings sein, dass mich mein Jahr auf der Kriegsakademie etwas anspruchsvoller gemacht hatte. Dienst abzuhalten hatte ich natürlich als Kommandierter nicht, so dass ich bei Appells, Turnen, Fußexerzieren, Stalldienst usw. nicht zu erscheinen brauchte. Dagegen ritt ich nicht nur bei allen Übungen im Gelände und beim bespannten Exerzieren mit, sondern widmete mich auch sehr ernsthaft als Lernender dem Geschützexerzieren. Nicht ohne Humor war es, dass Hauptmann Wimmer mich als Infanteristen bat, doch gelegentlich die Kanoniere im Fußexerzieren vorzunehmen, um ihnen einigen Zug in die Knochen zu bringen, was sie auch wirklich recht nötig hatten, denn sie unterschieden sich nach dieser Richtung doch wesentlich von unseren strammen Musketieren. Ich machte, obwohl ich das eigentlich nicht nötig gehabt hätte, alle Funktionen des artilleristischen Dienstes durch, also als Geschützführer, Richtkanonier, Ladekanonier, Stangen-, Mittel- und Vorderreiter, führte dann auch häufig einen Zug, später die Batterie. Beneidet habe ich übrigens die Kanoniere nicht, denn die Reiterei vor dem Geschütz war kein reines Vergnügen und die Sitzgelegenheit auf Protze und Kanone, besonders, wenn es im Galopp über Stock und Stein ging, alles andere als bequem. Meine Informierung suchte ich nach kurzer Zeit lieber bei den altgedienten Unteroffizieren als bei meinen Offizierkameraden, denn die ersteren verstanden ihren Kram wesentlich besser, worüber ich mich doch sehr wundern musste. Ich habe schon damals keinen sehr hohen Begriff von der Leistungsfähigkeit unserer Feldartillerie gewonnen, was sich ja dann ein paar Wochen später im Ernstfall leider bestätigen sollte.

Nicht, dass es ihr an Schneid gefehlt hätte – davon hatte sie eher zuviel! Aber ihre taktische Ausbildung stand nicht auf der Höhe und war, an den schon im russisch-japanischen Kriege gemachten Erfahrungen gemessen, völlig überaltert. Die französische Feldartillerie war ihr erheblich voraus. Das lag nicht nur daran, dass das französische Geschütz, „la sainte Soixante-quinze“, unserer Feldkanone ballistisch überlegen war, sondern dass unsere Artilleristen sich nicht von dem tapferen, aber in den meisten Fällen unmöglichen offenen Auffahren losmachen konnten und ein Auffahren in verdeckter Stellung fast als Feigheit ansahen. Auch ihr Geschick in der Auswahl der Stellungen war nicht bedeutend, und das Schießen, jedenfalls beim Regiment Frankfurt, keineswegs mustergültig. Es dauerte viel zu lange, bis sie das Ziel eingegabelt hatten, – und wie oft hat später unsere Artillerie in die eigene Truppe geschossen. Der tiefere Grund für diese Mängel lag wohl mit darin, dass die Feldartilleristen sich mehr und mehr als eine „verhinderte Kavallerie“ betrachteten und, wie der Armeewitz sagte, es tief bedauerten, dass hinter ihren Pferden jenes despektierliche Ding, die Kanone, herrollte. Die Offiziere interessierten sich glühend für alles, was mit dem Reiten zusammenhing, sehr wenig aber für ihr artilleristisches Handwerk. Im Gegensatz zu unserer Fußartillerie, die sicher die hervorragendste aller Heere war, war die Feldartillerie wohl bei Kriegsausbruch der schwächste Punkt unserer Armee – bei den Franzosen der stärkste. Später hat unsere Feldartillerie dann unter den blutig erkauften Erfahrungen des Kampfes schnell gelernt, aber vollkommen war sie der französischen nie gewachsen. – Natürlich fuhr ich gleich am ersten freien Nachmittag nach Soden zu den Eltern, da es mich sehr nach einer Aussprache mit Papa über die politische Lage verlangte. Im Kasino von Feldart. No 63 wurde eigentlich überhaupt nicht davon gesprochen: Ich glaube, die guten Burschen hatten über Pferden und Kasernendienst den ganzen Zwischenfall am fernen Balkan längst vergessen. Nur der Regimentskommandeur hatte mich bei der Meldung gefragt, was man denn so in Berlin zu der Sache meine und dann hinzugefügt: „Na, die Geschichte wird sich schon wieder zurechtbiegen. Vor drei Jahren sah es ja auch sehr brenzlich aus, und schließlich verlief alles im Sande." Auch mit meinem Batteriekameraden von der Reserve, der als Professor an einer Schweizer Universität und Historiker ein sehr gutes und klares Urteil über politische Dinge hatte, unterhielt ich mich gelegentlich, wenn wir auf Übungen vor der Batterie ritten, über die Entwicklung. Er war, gerade weil er aus dem Auslande kam, nicht so optimistisch wie die meisten Leute in Deutschland. Seiner Meinung nach hing alles vom Stande der militärischen Bereitschaft unserer Gegner ab. Früher oder später werde der Krieg, auf den Moskau, London und Paris ja seit Jahren ganz offen hinarbeiteten, ausbrechen, und dann werde jeder Anlass recht sein – auch ein feiger Fürstenmord. Papa hielt die Lage zwar für sehr gefahrdrohend, meinte aber, jede Regierung werde es sich im letzten Augenblick doch überlegen, ob sie das unabsehbare Grauen eines modernen Krieges entfesseln wolle. Es sei ja auch schon viel ruhiger geworden, und das Zeitungsgeschrei mehr oder weniger Theaterdonner. Gehe es aber doch los, so müsse man sich darüber klar sein, dass es nicht, wie noch 1870, um Gewinn oder Verlust eines Krieges gehe, sondern einfach um die nackte Existenz. Und wir würden es sehr schwer haben, denn wenn auch unsere Armee nach wie vor unstreitig die beste der Welt sei, so hätte sie gegen eine ungeheure Übermacht zu fechten, und die ungünstige geographische Lage wie die verhältnismäßige industrielle Schwäche des Reiches seien bedenkliche Passivposten. Wenn wir nicht in den ersten drei Monaten siegten, meinte mein Vater, so sähe er sehr schwarz für Deutschland. Die zahlreichen Regimentskameraden, die ich in Frankfurt traf, waren ziemlich unbesorgt – in das stille Worms waren offenbar die Wellen der Welterregung nicht hinübergeschlagen. Jedenfalls ging dort, wie in allen anderen Garnisonen des Reiches, der normale Dienstbetrieb seinen Gang, mochten auch in den im Ernstfalle zunächst gefährdeten Grenzgebieten des Westens und Ostens gewisse, der Öffentlichkeit unsichtbare Vorsichtsmaßnahmen getroffen werden. Ein Sturmzeichen hatte es aber in Worms gegeben: Ein jüngerer Bankdirektor, sehr beliebter Verkehrsgast in unserem Kasino, der k. u. k. Oberleutnant der Reserve der Feldartillerie war, hatte am 10. Juli telegraphisch den Befehl zum sofortigen Einrücken bei seinem Regiment in Wien erhalten. Aber Österreich war ja auch der Nächstbetroffene und dass das Habsburger Reich mit den serbischen Mordbuben abrechnen würde, schien uns ebenso selbstverständlich wie der Gedanke uns fern lag, dass irgend jemand in der Welt gegen eine solche vor Gott und den Menschen berechtigte Strafaktion etwas einzuwenden haben könnte. Am 25. Juli rückte das Feldartillerieregiment Frankfurt zum Scharfschießen auf den Griesheimer Truppenübungsplatz, auch ein Zeichen, dass die leitenden Stellen des Heeres die Lage noch keineswegs als bedrohlich ansahen. Das Schießen interessierte mich sehr, umsomehr, als ich dabei mehrfach einen Zug und auf Befehl des Regimentskommandeurs sogar zweimal die Batterie führen durfte. Beim ersten Male habe ich meine Schrapnell-Brennzünder erheblich hinter das Ziel gejagt, und es wollte mir zu meinem Ärger gar nicht gelingen, die Scheibenreihe, die eine vorgehende Infanterieschützenlinie darstellte, einzugabeln. Beim nächsten Male aber ging es schon besser. Am 26. Juli schlug wie ein Blitz aus freilich nicht mehr unbewölktem Himmel die Meldung von der Kriegserklärung Österreich-Ungarns an Serbien ein, die gerade eintraf, als wir im Lagerkasino beim Essen saßen. Unter uns Jüngeren natürlich ungeheure Begeisterung. Die Musik musste das Prinz-Eugen-Lied und den Radetzky-Marsch immer wieder spielen. Als aber unsere Zurufe und Trinksprüche immer unverhüllter auf die Frage hinausgingen: Wann kommen wir daran? – erhob sich der Brigadekommandeur Generalmajor v. Wilhelmi – genau vier Wochen später deckte ihn und seinen Adjutanten schon die belgische Erde – und wies uns recht scharf zurecht. Selbstverständlich seien wir im Herzen bei unseren österreichischen Stammesbrüdern und wünschten dem verbündeten Heere schnellen und ruhmreichen Sieg. Das Deutsche Reich aber habe mit diesem Kriege nicht das mindeste zu tun, und S. Majestät der Kaiser setze in bewährter Friedensliebe alles daran, um jede Ausbreitung des Konflikts zu verhüten. Dass wir, wenn wir zum Kampf gerufen würden, was Gott verhüten möge, unsere Pflicht tun würden, sei selbstverständlich, vorläufig aber bestehe unsere Pflicht nur darin, unseren befohlenen Dienst noch sorgfältiger zu versehen. – Trotzdem änderte sich von diesem Tage ab die Stimmung wesentlich. Es war, als grolle der Kanonendonner von der fernen Donau her immer deutlicher zu uns herüber. Die Gesichter der älteren Herren und der Verheirateten wurden immer ernster, und selbst den jungen, soldatisch begeisterten Leutnants wurde allmählich klar, dass es sich um die Schicksalsstunde unseres Volkes und nicht um ein frisch-fröhliches Manöver mit scharfer Munition handele. Von Tag zu Tag verdüsterte sich der Horizont mehr, die Zeitungsmeldungen wurden immer bedenklicher und endlich, am 31. Juli, traf der Befehl des Generalkommandos ein, den wir eigentlich schon lange erwartet hatten, dass das Regiment am nächsten Morgen in die Garnison zurückzumarschieren habe. Das Lothringische Feldartillerieregiment Nr. 70, das ebenfalls im Griesheimer Lager geschossen hatte, war bereits am 27. Juli in seine Grenzgarnison Mörchingen zurückbeordert worden. Bei ihm befand sich mein alter Regimentskamerad Scharfscheer als Abteilungsadjutant. Wie ich schon früher erwähnt habe, war unser einst so überschäumend fröhlicher Jonnie aus Johannesburg von einem seltsam tragischen Ernst erfüllt, – als ahne er, dass ihn eine der ersten Granaten des gewaltigen Krieges schon am 3. August in ein frühes Soldatengrab betten werde. Der Rückmarsch nach Frankfurt durch die herrlichen Wälder südlich des Mains bei wunderbarem Sommerwetter wurde in ernster, entschlossener und zuversichtlicher Stimmung zurückgelegt, denn nun waren wir doch alle überzeugt, dass das Rad des Schicksals unaufhaltsam der letzten Entscheidung entgegenrollte. Die Haltung der Mannschaft war hervorragend, wie wohl bei allen Truppen des deutschen Heeres. Ihre Begeisterung machte sich immer wieder in den alten Vaterlands- und Kriegsliedern Luft, die sonst ja selten von ihnen gesungen wurden und die man übrigens später im Kriege selbst kaum hörte – dem Deutschlandlied, der Wacht am Rhein und besonders dem „Guten Kameraden". Dieses letztere Lied allerdings wurde auch im Felde gesungen, ja, es wurde eigentlich zu dem Liede des Krieges, mit dem merkwürdigen, eigentlich gar nicht zu seinem Text passenden Refrain. Beim Einmarsch um 8 Uhr morgens in Frankfurt, das wir wenige Tage vorher in völliger Ruhe verlassen hatten, fanden wir eine von wilder Erregung überkochende Stadt. Alle Straßen, besonders der Innenstadt, waren von dichten Menschenmassen erfüllt. Unser Regiment wurde beim Durchmarsch mit brausendem Jubel begrüßt, was den nüchternen Hauptmann Wimmer zu der Bemerkung veranlasste: „Was wollen die guten Leute denn nun noch unternehmen, wenn wir mal als Sieger zurückkehren?" Im Handumdrehen waren unsere Geschütze mit Blumen und Laubwerk geschmückt, und lachende Mädels reichten uns Blumensträuße aufs Pferd. Dabei ist doch Frankfurt a/Main wirklich keine sehr militärfreundliche Stadt. – – Es gab dort allerdings auch andere. Als ich mittags im Kaiserkeller frühstückte, sah ich zu meinem Erstaunen, dass immer wieder Herren keineswegs urgermanischen Aussehens eintraten, sich ein Glas Bier bestellten und dann mit einem – Hundertmarkschein bezahlten, den sie sich in Gold wechseln ließen. Als ich den mir gut bekannten Oberkellner Fritz fragte, was das denn zu bedeuten habe, erklärte er mir lachend, einer dieser vorsichtigen Herren habe ihm, als er ihm die gleiche Frage stellte, geantwortet: „Nun, und wenn wir verlieren?" Als am 31. Juli nachmittags der Zustand Drohender Kriegsgefahr erklärt wurde, packte ich meine Sachen, zog Feldgrau an und schickte den guten Spangenberger mit den Koffern nach Worms voraus, während ich mich erst überall abmelden musste. Als ich dann abends vor dem Hauptbahnhof aus dem Taxi stieg, wohl der erste Feldgraue, den die Frankfurter zu sehen bekamen, wurde mir von der Masse eine stürmische Ovation dargebracht, ja, ein besonders begeisterter Zeitgenosse wollte mich sogar auf seinen Schultern in den Bahnhof tragen. Von meinen lieben Eltern, Tante Sophie und Lulu hatte ich gleich nach dem Einrücken aus Griesheim Abschied genommen. Die stille Zwiebelvilla war ein Feldlager – Papa bürstete seine Uniformen, Mama ihre Schwesterntracht, Koffer wurden gepackt und die Zivilpracht eingemottet. Immer wieder rannte der Alte Herr zum Klavier und spielte ein paar Takte der alten Armeemärsche. Jetzt war er wieder ganz Soldat und hatte alle düsteren Ahnungen verbannt. Der Abschied war ernst, aber ruhig -und ohne große Rührung, wie es sich für die Glieder einer alten Soldatenfamilie ziemt. In Worms meldete ich mich sofort bei Oberst Münter und versuchte, freilich ohne viel Aussicht auf Erfolg, eine Änderung meiner Mobilmachungsbestimmung als Kompagnieführer beim II. Reserve-Infanterieregiment 88 zu erreichen, denn mein ganzes Herz hing daran, mit meinem geliebten gelben Regiment in den Kampf zu ziehen. Der Oberst schlug es liebenswürdig, aber bestimmt ab, und er hatte-Recht damit, denn jede Änderung in letzter Minute an dem peinlichst genau abgestimmten Mobilmachungskalender brachte die Gefahr von Hemmungen und Komplikationen mit sich. So musste es dabei bleiben, aber ich war tief betrübt und bin lange nicht darüber hinweggekommen. Am 1. August war es dann soweit: Um 4 Uhr nachmittags verkündeten Leutnants mit einer feldmarschmäßigen Gruppe unter Trommelschlag in allen Teilen der Stadt den Mobilmachungsbefehl. 1. Mobilmachungstag 2. August. Um 6 Uhr nachmittags stand das Regiment marschbereit auf dem Kasernenhof. Der Würfel war gefallen. Unbeschreibliche Begeisterung in Bevölkerung und

Truppe, Siegeszuversicht leuchtete aus aller Augen. In jedem Deutschen lebte das Gefühl des guten Rechtes, die heilige Überzeugung, in einen gerechten Krieg zur Verteidigung des angegriffenen Vaterlandes zu ziehen. Aber wenige wohl ahnten damals, dass an diesem 2. August 1914 ein Zeitalter zu Ende ging, dass die abendländische Welt, dass Europa mit diesem Kriege die Axt an die Wurzel ihrer zweitausendjährigen Kultur legten, dass sie in einen Vernichtungsprozess hineinschritten, der heute, mehr als vier Jahrzehnte später, noch längst nicht abgeschlossen ist, aber bereits dazu geführt hat, dass nicht mehr unser alter Kontinent, sondern außereuropäische Mächte über die Geschicke der Erde entscheiden.

Von meinem persönlichen Erleben ist noch nachzutragen, dass ich die kurzen Weihnachtsferien 1913 (14 Tage) in Büdingen in Oberhessen verbrachte, wo ich mich mit Maria v.F., der Tochter des dortigen Großherzoglichen Kreisrates[60], der bis zum Sommer 1913 als Kreisamtsmann in Worms tätig gewesen war, verlobte. Ich will dieses unerfreuliche Kapitel meiner Lebensbeichte in diesem Bericht für meine Nachkommen nicht übergehen, aber kurz abmachen. Es war ein Irrtum von beiden Seiten, denn wir passten absolut nicht zusammen, und unsere Stellung zu allen wichtigen Problemen des Lebens war diametral entgegengesetzt. Maria war ein hochintelligentes, vielseitig gebildetes, sehr hübsches junges Mädchen, elegant und sportlich, aber von außerordentlich schwierigem Charakter. Es ist bezeichnend, dass selbst ihre reizenden Eltern, denen ich an sich als Schwiegersohn sehr genehm war, mich ausdrücklich darauf aufmerksam machten, dass ihre Tochter von Kindheit an sehr schwer zu behandeln gewesen sei. Mein Schwager Otto, damals Korpsstudent und später Offizier in meinem Regiment (gefallen als Flugzeugbeobachter

---

60 Es war nicht der Kreisrat, sondern der Kreisarzt Dr. Fresenius, nicht von Fresenius. Aus dieser Ehe soll ein Sohn stammen.

1916 an der Somme) drückte das noch etwas schärfer aus: „Alle Achtung – Du hast Mut!" Aber, wenn man verliebt ist, glaubt man ja das alles nicht und während unserer Verlobungszeit vertrugen Maria und ich uns einigermaßen, wenn unsere Meinungen, besonders auf politischem Gebiet, auch häufig scharf aufeinander platzten. Aber nach unserer Kriegstrauung – zum Glück verschoben wir die kirchliche Trauung auf später, und sie fand niemals statt – als ich schwer verwundet für längere Zeit in die Heimat zurückkehrte, zeigte es sich, dass wir uns eigentlich in keinem Punkte verstanden. Das besserte sich auch nach der Geburt unseres Sohnes Januar 1916 nicht. Maria war vollkommen in den Bann des pazifistischen, internationalistischen Klüngels „Der Vortrupp" geraten und darüber konnte ich als Offizier nicht hinwegkommen. Also trennten wir uns in beiderseitigem Einvernehmen und ließen uns 1917 scheiden. Selbstverständlich überließ ich meiner Frau den kleinen Jungen, mit dem ich dann später nur noch durch meine Mutter in Verbindung kam. Er trat als Offizier-Aspirant in die Schutzpolizei ein und fiel leider 1935 einem tödlichen Unfall zum Opfer. Maria heiratete später wieder, einen Professor am Gymnasium in Offenbach. Ich sah sie noch einmal bei der Beisetzung meiner Mutter 1937 in Frankfurt a/M., aber sie nahm keinerlei Notiz von mir. –

Der Große Krieg

> „Der Krieg ist furchtbar, wie des
> Himmels Plage, doch er ist gut,
> ist ein Geschick, wie sie."
>
> Schiller.

In diesen Erinnerungsblättern meines Lebens kann ich keine Geschichte des I. Großen Krieges schreiben. Eine Weltliteratur in allen Kultursprachen ist darüber entstanden, die allein eine Bibliothek füllen könnte, in der von den amtlichen Verlautbarungen und den Rechenschaftsberichten der Generale und Staatsmänner bis zu den Erinnerungen des schlichten Frontoffiziers und -soldaten diesseits und jenseits der Gräben keine Stimme fehlt. Was konnte ein kleiner Hauptmann in Front und Generalstab dem noch hinzufügen? Dazu kommt, dass das fürchterliche Erleben des noch längst nicht abgeschlossenen II. Weltkrieges alles überschattet und das, was wir Kämpfer des I. Krieges taten, fühlten und dachten, soweit in die Nebel der Vergangenheit hat zurücksinken lassen, als seien seitdem nicht vier Jahrzehnte, sondern Jahrhunderte vergangen. Aber die, die damals fochten, bluteten und starben, haben es wohl verdient, dass sie nicht ganz vergessen werden. So will ich für meine Nachfahren die wichtigsten und mir am tiefsten ins Gedächtnis geprägten Ereignisse und Entwicklungen aufzeichnen, mit denen mein eigenes Geschick verbunden war, und damit auch gleichzeitig den Schlusstein an das Denkmal unseres wundervollen Kaiserlichen Heeres fügen, zu dem sich, in bescheidenem Rahmen, meine Lebensbeichte ausgewachsen hat. Auch im Kriege habe ich ein wechselvolles

Schicksal gehabt, mehr als viele meiner Kameraden. In der Front freilich, in der ich bei Verdun den wohl auch im II. Weltkrieg nicht überschrittenen und kaum erreichten Höhepunkt des Grausens mitgemacht habe, unterschied sich mein Erleben nicht von dem von Millionen anderer deutscher Soldaten. Aber ich habe manche interessante und wichtige Sonderverwendung gehabt, bin während meiner Dienstleistung im Großen Hauptquartier in unmittelbare Berührung mit den beiden großen Feldherren, die unser Heer führten, gekommen, habe das untergehende Habsburger Reich gesehen und die noch ganz unberührt orientalische Türkei, das wahre alte Stambul. Manches allerdings bleibt noch heute besser ungesagt. Es heißt, und ist wohl wahr, dass die Erinnerung vieles in verklärtem Lichte sehen lasse. Für den alten Frontsoldaten unseres, des I. Krieges, jedenfalls ist die Erinnerung daran – und das geht nicht nur mir allein so – das höchste und wertvollste Gut unseres Lebens. Wenn ich jetzt im Ausklang meines Erdenweges zurückdenke, so steigen vor mir die Schatten der Tapferen, Getreuen, auf, die an meiner Seite für ihr Land das letzte, schönste Opfer brachten. Deutsche Männer im edelsten Sinne sie alle, ob sie die silbernen Offizierachselstücke oder den verschlissenen grauen Rock des Musketier trugen. Bei uns an der Front war das deutsche Volk zum letzten Male wirklich einig in allen seinen Schichten und Stämmen, bis zu allerletzt, wie niemals vorher und nachher. Der sozialdemokratische Arbeiter aus Offenbach, der in meinem zur Schlacke ausgebrannten Bataillon von nicht mehr 100 Mann im September 1918 im Maassbogen mit grimmig zusammengeknirschten Zähnen neben mir sein Maschinengewehr gegen die fünfzigfache Übermacht der stürmenden Amerikaner bis zur letzten Patrone rattern ließ, wie der gräfliche Gardehusaren-Rittmeister, der das Nachbarbataillon kommandierte, das Gewehr an der Backe, wie wir Offiziere alle, denn es gab nichts mehr zu führen – Frontsoldaten waren wir, und nicht mehr. Aber das war viel. Ob die

Soldaten des II. Weltkrieges, die jetzt wieder anfangen, sich zu sammeln, auch mit solchen Gefühlen an ihre Kampfzeit zurückdenken? Würdig gewesen sind sie der Taten ihrer Väter und älteren Brüder im I. Kriege. Denn mag die Fortführung des Krieges nach der erfolgreichen Invasion des Feindes in Frankreich auch, politisch gesehen, ein unverzeihlicher Wahnsinn gewesen sein – die soldatische Leistung von Kriegern, die in hoffnungsloser Lage buchstäblich bis zum letzten Kellerloch in Berlin gefochten haben, ist unvergänglich und hat kein Gegenstück in der Geschichte. Sie sind unter gegangen wie die Gothen Tejas und Totilas am Vesuv – – –

Mobilmachung und Ausmarsch

Als ich am Abend des 1. August nach kurzer Fahrt in einem von einrückenden Reservisten, schleunigst aus der Sommerfrische heimkehrenden Familien und aus Deutschland flüchtenden ausländischen Feriengästen und Studenten überfüllten Zuge in Worms eintraf, war das beschleunigt mobile Regiment bereits marschbereit, die Fahrzeuge feldmäßig bepackt und bespannt, die Kriegswachen an den militärisch wichtigen Punkten besetzt. Bezeichnend für den Geist der wehrpflichtigen und -fähigen Mannschaft war es, dass sich, obwohl ihr Gestellungsbefehl erst auf spätere Tage lautete, schon sehr zahlreiche Reservisten und Landwehrleute gemeldet hatten, die unbedingt mit dem aktiven Regiment ausrücken wollten, was natürlich nicht angängig war, und viele Kriegsfreiwillige aller Jahrgänge bereits die Geschäftszimmer belagerten. Die Stimmung der Truppe war einfach bewundernswert – ein ruhiger, zuversichtlicher, begeisterter Kampfwille ohne falschen Überschwang. An diesem letzten Abend in der Heimat hatten die Leute noch Ausgang – und kein Betrunkener war auf den Straßen zu sehen. In Massen war die Landbevölkerung aus Rheinhessen und dem Odenwald nach Worms geströmt, um Abschied von Söhnen und Brüdern zu nehmen – für viele, viele Abschied auf immer. Auch in der Bewohnerschaft von Worms einhellige Begeisterung, überall leuchtende Augen, gesammelte, ernste Gesichter, freilich auch viel Tränen bei Frauen und Müttern. Immer wieder klangen in der Menge, die durch die Straßen und Plätze wogte, das

Deutschlandlied und die Wacht am Rhein auf. Dies Volk und
Heer gingen in den Krieg, dessen furchtbare Schwere damals freilich wohl keiner vorausahnen konnte, im felsenfesten Bewusstsein ihres heiligen Rechtes; sie waren im tiefsten Herzen davon
überzeugt, dass Deutschland das Schwert zur Verteidigung seines Daseins und seiner Vatererde gezogen habe. Ein eigentlicher
Hass gegen unsere Feinde bestand damals, jedenfalls bei unserer
hessischen Bevölkerung und unseren Soldaten, nicht. Man hatte
ein gewisses Verständnis dafür, dass die Franzosen als soldatisch
stolze Nation die Gelegenheit benutzen wollten, die Niederlage
von 1870 wieder auszugleichen und sich die verlorenen Provinzen wiederzuholen. Russland lag uns im Westen zu fern, höchstens herrschte bei den politisch links eingestellten Leuten der
Wunsch, mit dem „blutigen Zarismus" abzurechnen. Dagegen
war gleich nach der britischen Kriegserklärung, an die viele zuerst
nicht glauben wollten, ein gewisses Gefühl starker Bitterkeit, ja,
einer Art von gekränkter Enttäuschung unverkennbar, da man
es, bewusst oder unbewusst, als einen Verrat Englands an der
germanischen Sache empfand, dass es sich an dem Überfall auf
das Reich – so empfand man es – beteiligte. In jedem Falle ist es
weder bei uns, noch, soviel mir bekannt ist, irgendwo in Deutschland zu jenen empörenden und unwürdigen Szenen gekommen,
wie sie in Paris, London und Petersburg an der Tagesordnung
waren, wo alle deutschen Geschäfte geplündert oder zerstört,
friedliche Bürger, selbst Frauen und Kinder, barbarisch miss-
handelt und sogar, wie in Petersburg, die unter dem Schutze des
Völkerrechts stehenden Gebäude der Botschaft und der Kon-
sulate vom Pöbel gestürmt wurden. Die in Worms lebenden
feindlichen Ausländer, meist Angestellte der großen Industriefirmen oder Sprachlehrer, blieben bis zu ihrer Abschiebung oder
Internierung völlig unbehelligt. Als ich in Worms eintraf, war
bereits der erste Tote aus unserem Bekanntenkreise zu beklagen:
Jener junge Bankdirektor, der als K. und K. Reserveoffizier in

der zweiten Julihälfte eingerückt war, war in einem der ersten Kämpfe der Österreicher gegen die Serben gefallen.

Am 2. August, einem Sonntag, vereinigten sich die unverheirateten Kameraden mittags zum letzten Male in unserem lieben, vertrauten Kasino zum Abschiedsessen. Mit so vielen, der Mehrzahl, war es für mich, der ich ja leider nicht mit dem Regiment ausrückte, das allerletzte Wiedersehen, denn schon genau 5 Wochen später deckte über ein Drittel der aktiven und der Reserveoffiziere die feindliche Erde. Die anfänglich sehr ernste Stimmung wurde durch den Trinkspruch des Tischältesten auf Kaiser und Großherzog und das Hurra auf den Sieg, an dem keiner zweifelte, wohl vertieft, aber diese Tafelrunde bestand ja aus jungen, begeisterten Soldaten, die nun berufen waren, die höchste Erfüllung ihres Waffenberufs zu erleben. So wird es kein Verständiger als Leichtsinn oder Kriegslüsternheit tadeln, wenn, angefeuert durch die letzten Römer mit edelstem rheinischen Rebenblut (niemand sparte an dem Tage mehr), die Wogen so hoch gingen, wie so oft vorher in unserem Kreise. Keiner konnte ja das unsagbar Schwere ahnen, das unserem Vaterlande und uns bevorstand, und selbst wir Berufssoldaten machten uns noch keinen zutreffenden Begriff davon, was ein moderner Krieg bedeutet. Wir alle, aber auch unsere Gegner, gingen mit Vorstellungen in den Kampf, die im Wesentlichen den Waffengängen längst verklungener Zeiten entsprachen. Mehr oder weniger dachte man doch an die Schlachten von 1870, wie wir sie aus den Erzählungen unserer Väter und Großväter kannten, und der Bewegungskrieg im Westen bis zur Marneschlacht, wie die Anfangskämpfe im Osten, hatten ja auch wirklich trotz der unendlich verstärkten Wirkung moderner Schnellfeuerwaffen noch eine gewisse Ähnlichkeit damit. Mit dem Grabenkrieg und der immer fortschreitenden Technisierung der Kriegsmittel setzte der tragische Ernst ein, und jeder, hoher Führer, Offizier und Mann, musste von Grund auf umlernen, denn alle bisher gültigen Grundsätze der Taktik wurden hinfällig. Es hat viel Blut gekostet, bis man sich daran gewöhnte.

Um 4 Uhr nachmittags stand das mobile Regiment marschbereit auf dem Kasernenhof. Die Fahnen, noch ehrfürchtiger betrachtet als in Friedenszeiten, rückten ein. Dann ließ Oberst Münter das Gewehr präsentieren und meldete das Regiment unserem Großherzog, der zur tiefen und dankbaren Freude seiner hessischen Soldaten erschienen war, um dem Regiment Prinz Carl vor dem Ausrücken Lebewohl zu sagen. Unser geliebter Landesherr hielt in tiefem Ernst eine kurze Ansprache, in der er auf die Schwere der Kämpfe hinwies, die vor der deutschen Armee lägen, und die unverbrüchliche Treue des Hessenlandes zu Kaiser und Reich mit einem dreifachen, begeistert aufgenommenen Hurra bekräftigte. „Helm ab zum Gebet!" – die Fahnen senkten sich. Der junge katholische Pfarrer Ihn, schon in der Uniform des Feldgeistlichen, und der greise protestantische Kirchenrat Benemann, dessen Stimme von Tränen erstickt wurde, sprachen kurze, tief ergreifende Gebete. Und dann: „Erstes Bataillon antreten!" Obermusikmeister Rösel hebt den Taktstock. Brausend und schmetternd erklingt der Regimentsmarsch, der heute ganz anders in die Glieder fährt als auf dem Paradefelde, geht über in das Deutschlandlied und „O Deutschland, hoch in Ehren!" Vieltausendstimmig stimmt die Menge ein, die die Straßen nach dem Bahnhof, jedes Fenster, ja die Dächer der Häuser Kopf an Kopf erfüllt. Ein Meer von Blumen regnet auf die vorbeimarschierende Truppe, bald schmücken Rosen jede Gewehrmündung, die Säbel der Offiziere, die Pferde. Tücher winken, Frauen und Mädchen schluchzen, Tränen auch im Auge vieler älteren Männer, der greisen Mitkämpfer vergangener Kriege, deren Rock heute die alten Orden schmücken. Das Regiment Prinz Carl zieht aus zu seinem letzten Waffengang, und über den Reihen der jungen Soldaten schweben die Geister der Tapferen, die unter seinen rotweiß geflammten Fahnen auf allen Schlachtfeldern Europas gefallen sind, deren Staub in den Thüringer Bergen, in den verdorrten Ebenen Spaniens, im deutschen Bruderkriege am Main, in den siegreichen Schlachten auf Frankreichs Erde verweht ist. Nicht viele auch von denen, die heute ausrücken, werden die Heimat wiedersehen, aber das Regiment, mag ihm auch der Sieg nicht beschieden sein, wird auch in diesem schwersten Kriege unvergänglichen Lorbeer um seine alten Fahnen winden. – Bataillonsweise wurde das Regiment verladen, noch einmal ein fester Händedruck mit den Kameraden, die Züge setzen sich unter donnerndem Hurra aus allen Wagen in Bewegung – verschwinden in der Kurve. Und uns, die wir zurückblieben, denen nicht das Glück beschieden war, mit dem geliebten gelben Regiment in den Kampf zu gehen, war es, als habe man uns ein Stück unseres Herzens aus der Brust gerissen. Der Schmerz dieser Minuten wird mir ewig unvergesslich sein. Ich empfinde ihn heute, nach 37 Jahren, noch ebenso tief wie damals.

In tiefem, bedrücktem Schweigen traten wir den Rückweg zur Kaserne an, die uns wie verödet erschien, obwohl sie schon von den einrückenden Reservisten wimmelte, die beschleunigt eingekleidet und in den nächsten drei Tagen dem mobilen Regiment nachgesandt wurden. Für uns, die wir dem II. (Großherzoglich Hessischen) Bataillon des Preußischen Reserve-Infanterie-Regiments No 88 angehörten, begann nun eine Zeit angestrengtester Arbeit, denn die beschleunigte Aufstellung einer mobilen Truppe sozusagen aus dem Nichts heraus, ist wahrlich keine kleine Aufgabe. Die Offiziere des Bataillons waren von allen Infanterieregimentern der Hessischen Division gestellt und gehörten in der Mehrzahl dem Beurlaubtenstande an. Kommandeur war Major v. Zglinitzky vom 5. Inf. Regt. No 168, Adjutant Leutnant Petersen (I.R. 118), Kompagnieführer: 5. Oberleutnant d.R. Muhle (I.L.R. 117), 6. Oberleutnant v. Keiser (I.R. 118), 7. Oberleutnant Lüters (I.R. 118), 8. Oberleutnant Fell (I.R. 118).

Die Kompagnien hatten als Zugführer einen Oberleutnant oder Leutnant der Res. und 3–4 Vizefeldwebel oder Offizierstellvertreter, ebenfalls der Reserve. Mein Kompagnieleutnant war Leutnant d.R. Keller, den ich s. Zt. als Einjährigen ausgebildet hatte, ein sehr tüchtiger Soldat und netter Mensch, von Zivilberuf Ingenieur. Von den Unteroffizieren waren nur der Feldwebel und der Furier aktiv, die übrigen Reserve-Unteroffiziere. Unsere Mannschaften rückten am 3. und 4. Mobilmachungstage ein, wurden beschleunigt eingekleidet und eingeteilt, ebenso wurden die eingezogenen Pferde auf die berittenen Offiziere und die Fahrzeuge verteilt, und zunächst einmal eingefahren. Da ich meine Pferde noch besaß, konnte ich auf Zuteilung der zwei für Kompagnieführer zuständigen Mobilmachungspferde verzichten und ersparte mir dadurch die meinen Kameraden viel Zeit raubende Unannehmlichkeit, die fast durchweg noch niemals unter dem Sattel gegangenen Pferde erst einmal notdürftig zuzureiten. Beim Einrücken der Reservisten erlebten wir eine Szene, die uns tief ergriff und unsere Zuversicht noch verstärkte: Ein Transport von 75 elsässischen Reservisten, sogar aus dem besonders verschrieenen Mülhausen, marschierte durch das Kasernentor unter dem Gesang von „Deutschland, Deutschland über alles!" — Sobald wir unsere Leute zusammen hatten, begannen wir sofort mit Marsch- und Gefechtsübungen und auch mit etwas formalem Exerzieren, denn die Reservisten, teilweise auch Landwehrleute, gehörten meist älteren Jahrgängen an und waren durchweg des militärischen Dienstes sehr entwöhnt, auch vielfach körperlich nicht sehr gut im Stande. Wir vier Kompagnieführer merkten dabei, eine wie viel schwierigere Aufgabe es ist, eine kriegsstarke Kompagnie von 250 Mann zu bewegen, als eine Friedenskompagnie von 150 Mann zu exerzieren. Dazu kam, dass zunächst die Zugführer wenig gewandt und dass die Unteroffiziere, also die Gruppenführer, fast durchweg ohne jede Erfahrung waren, zunächst auch kaum Autorität über ihre Leute hatten, mit denen sie noch ein paar Tage vorher an der gleichen Werkbank geschafft oder auf dem gleichen Acker gepflügt hatten. Die einfachsten Bewegungen, etwa das Abbrechen in Gruppenkolonnen oder der Aufmarsch in Kompagniefront riefen zunächst ein unbeschreibliches Tohuwabohu hervor. Natürlich wurde der Hauptwert darauf gelegt, der Truppe die Gefechtsentwicklungen, die Formierung und das Vorarbeiten in Schützenlinie, die Feuerarten usw. wieder geläufig zu machen. Scharfschießen und Eingraben konnten wir vor dem Ausrücken nicht mehr üben, was sich nachher in den ersten Gefechten als recht peinlicher Nachteil erwies, da der Gebrauch des Spatens den Reservisten in ihrer lange zurück liegenden Dienstzeit auch nur recht notdürftig beigebracht worden war. Aber da alle bis zum letzten Mann den besten Willen hatten und sich die größte Mühe gaben, ging es schließlich wenigstens einigermaßen. Eine merkwürdige Erscheinung war es, dass die Mannschaft selbst darum bat, doch einige Gewehrgriffe mit der Kompagnie zu üben, was doch sehr für die Richtigkeit unserer Ausbildungsgrundsätze sprach. Als junge aktive Soldaten mochten sie oft genug über das Griffekloppen geflucht haben, jetzt als gereifte Männer erkannten sie, welche Bedeutung diese ja nicht unmittelbar kriegswichtige Übung für die Geschlossenheit der Kompagnie besaß. Ich versuchte natürlich, so schnell wie möglich meine Leute kennen zu lernen, besonders die Unteroffiziere, und mich auch mit ihren persönlichen und familiären Verhältnissen vertraut zu machen. Etwa vier Fünftel waren verheiratet — eine doppelt schwere Verantwortung für den Führer, eine ständige ernste Mahnung, noch sorgsamer und, soweit es die kriegerische Notwendigkeit irgend zuließ, sparsamer mit diesem, ihm anvertrauten Menschenmaterial umzugehen, bei dem jeder Verlust Trauer und vielleicht Not für ganze Familien bedeutete. Das Kennenlernen wurde uns dadurch sehr erleichtert, dass etwa Dreiviertel unserer Leute in unserem Regiment gedient hatte. Eine verhältnismäßig große Anzahl der Mannschaften hatte ich als Rekruten ausgebildet oder sie hatten in meiner Kompagnie gedient. Den anderen alten 118ern war ich wenigstens eine bekannte Größe, wenn ich sie auch nicht persönlich kannte. Das für mich erfreulichste Wiedersehen beging ich mit dem Unteroffizier Wollmann, meinem hervorragenden Meldefahrer bei der Radfahrer-Versuchskompagnie XVIII. Diesen ausgezeichneten Soldaten und hochanständigen Menschen machte ich sofort zum Führer meines Kompagnietrupps, wo er sich genau so bewährte wie einst: Leider nur drei Wochen lang – denn am 22. August traf ihn die tödliche Kugel. Auch die übrigen Mitglieder des Kompagnietrupps – Entfernungsmesser, Hornist und 3 Gefechtsmelder – konnte ich aus Leuten zusammensetzen, die früher schon die gleiche Funktion bei mir ausgeübt hatten. Eine sehr große Erschwernis für mich war es, dass der mir zugeteilte Kompagniefeldwebel, ein aktiver Vizefeldwebel der 8. Kompagnie unseres Regiments, eine geradezu unmögliche Type war, unfähig, faul, unintelligent und dabei noch widerborstig. Ich nahm mir schon am ersten Tage vor, den Mann durch einen besser geeigneten Unteroffizier zu ersetzen, hätte aber vorläufig keine Möglichkeit dazu. Als er sich dann aber im ersten Gefecht auch noch als ausgesprochener Feigling entpuppte, jagte ich ihn spornstreichs zum Ersatzbataillon zurück – womit diesen Kerl, der keinerlei Ehrgefühl hatte, wahrscheinlich noch ein Gefallen erwiesen wurde. Dagegen war der Furier, der von der 5/118 kam, vorzüglich für diesen gerade im Felde so wichtigen Posten geeignet. – Unterdessen war in der Bevölkerung, nicht etwa in der Truppe, die anfänglich ernste und gefasste Begeisterung doch in eine manchmal fast hysterisch wirkende Erregung umgeschlagen. Nicht ohne Schuld der Behörden, die, anstatt den für jeden einigermaßen Denkenden geradezu lächerlichen Gerüchten und Tatarennachrichten entgegenzutreten, solche selbst noch verbreiteten. Jeder, der den August 1914 mitgemacht hat, erinnert sich noch der törichten Geschichten von den durch Deutschland

fahrenden (je nachdem französischen oder russischen) Gold-
autos, der angeblichen Vergiftung der Wasserleitungen, der als
Nonnen verkleideten Spione usw. Dazu schwirrten unkontrollier-
bare Gerüchte durch die Stadt, dass unser aktives Regiment
schon ein schweres Gefecht gehabt habe und dabei vollkommen
aufgerieben worden sei. Da über die Operationen selbstverständlich außer im Heeresbericht nichts verlautbart wurde, war die
Sache an sich nicht ganz undenkbar, und Schaaren von Verwandten, weinende Frauen und Mütter belagerten das Regimentsbüro, wo ihnen natürlich auch keine Auskunft erteilt werden
konnte. Tatsächlich hatte das Regiment noch keinerlei Berührung
mit dem Feinde gehabt. Seine erste Kampfhandlung war die
Schlacht bei Maissin am 22. August. In einen der hysterischen
Ausbrüche der Volksseele wurde ich sogar hineingerissen, allerdings in Abwehrstellung. Petersen und ich saßen nach des Tages
Muhe todmüde im Garten des Hotels Reichskrone, als plötzlich
von der Straße wüstes Gebrüll hereinscholl. Gleich darauf stürzten einige glühend erregte Männer ins Lokal und forderten uns
auf, sofort hinauszukommen, da man ein Auto mit einem Haufen feindlicher Spione gefasst habe. Wir fanden auf der Straße
einen von einer heulenden, Fäuste und Knüppel schwingenden
Menge umgebenen großen Luxuswagen, in dem bleich und
schweigend eine ältere und eine jüngere Dame, ein Herr und ein
elegant uniformierter Chauffeur saßen, die ein armer, schwitzen-
der Polizist nur mühsam vor der Volkswut schützen konnte. Wir
drängten uns durch, Petersen und ein anderer hinzugekommener
Kamerad schoben die Leute etwas zurück, und ich fragte, erst
auf Deutsch, dann auf Französisch die Insassen des Autos nach
„Nam' und Art". Es stellte sich heraus, und wurde durch die Aus-
weispapiere bestätigt, dass es sich um den chilenischen Militärattaché in Berlin und seine Familie handelte, die in einem Schweizer Kurort vom Kriegsausbruch überrascht worden waren und
nun schleunigst auf ihren Posten zurückkehren wollten. Die

Herrschaften hatten allerdings die unglaubliche Unbedachtsamkeit begangen, durch das im Kriege befindliche Deutschland zu fahren, ohne die Sprache auch nur einigermaßen zu beherrschen und noch dazu – mit einem welschschweizerischen Chauffeur, der überhaupt kein Wort Deutsch verstand. Ich habe dem Señor Coronel auch keine Zweifel über meine Ansicht gelassen. Wir begleiteten den Wagen dann in unsere Kaserne, wo der Chilene mit seiner Gesandschaft telephonierte und von dieser Auftrag erhielt, bis zur Wiedereröffnung des Bahnverkehrs in Worms zu bleiben und dann per Bahn nach Berlin zu kommen. Es hätte ihm übel ergehen können. Nebenbei bemerkt, hatte die Sache für mich die Annehmlichkeit, dass ich im Auto eine Reihe ausgezeichneter Straßenkarten (Michelin) von Belgien und Nordfrankreich fand, die ich gleich beschlagnahmte und die mir später trefflich gedient haben. – Vom 9. August ab standen wir marschbereit, aber erst am 12. August traf der Abmarschbefehl ein. Um 2 Uhr nachmittags trat das Bataillon mit seinen Fahrzeugen auf dem Kasernenhof an. Zum ersten Male sahen wir unsere Fahne, die des früheren IV. Bataillons Regiments Prinz Carl, so dass wir wenigstens unter einem Panier unseres geliebten Regiments ins Feld rückten. Der Kommandeur hielt eine kurze, packende Ansprache, die in ein Hurra auf Kaiser und Großherzog ausklang, und dann rückte das Bataillon unter ebenso herzlichen und tiefbewegten Abschiedsgrüßen der Bevölkerung, wie sie dem aktiven Regiment zuteil geworden waren, zum Bahnhof, wo es verladen würde. Kommandeur und Adjutant und wir vier Kompagnieführer machten es uns in einem Abteil bequem, wo es nach damaliger üppiger Sitte an Stapeln von mitgegebener Verpflegung und vor allem Dutzenden von Flaschen edelsten Rebensaftes der heimischen-Erde nicht fehlte. Niemand wusste, wohin der Zug ging. Von Station zu Station erhielt der Lokomotiv-, bzw. Zugführer Anweisungen über den Kurs. Am nächsten Vormittag wurden wir in Saarburg i/Rheinland (nicht zu verwechseln mit dem lothringischen Saarburg) ausgeladen und in diesem netten Städtchen einquartiert, wo die Einwohner sich fast zerrissen, um uns alles Gute und Liebe anzutun, das sie sich nur ausdenken konnten.

Die 21. Reserve-Division hatte als Versammlungsraum die Gegend von Saarburg im Rheinland (nicht zu verwechseln mit dem lothringischen Saarburg) angewiesen erhalten. Zusammen mit der 25. R.d. zum XVIII. Reservekorps gehörig, das im Rahmen der 4. Armee (Herzog Albrecht von Württemberg) den Bewegungen der den rechten Flügel des Westheeres bildenden 1., 2. und 3. Armee sich anzupassen hatte, folgte es zusammen mit dem VIII. Reservekorps den in Front zunächst bis zur Linie Brüssel – Givet vorgehenden VI., VIII. und XVIII. aktiven Korps der 4. Armee. Unsere Division bestand aus den Reserve-Infanterie-Regimentern 81, 87, 88 und dem aktiven 5. Großherzoglich Hessischen Infanterie-Regiment 168, dem Reserve-Dragoner-Regt. 6, dem Reserve-Feldartillerie-Regiment 21 und einer Kompagnie des aktiven Pionier-Bataillons 21, der Sanitätskompagnie und dem Feldlazarett 21 und den Kolonnen und Trains. Sie litt natürlich unter den Mängeln, die bei allen diesen Reserve- und Landwehrformationen unvermeidlicherweise zuerst auftreten mussten. Schwere Artillerie, wie die aktiven Armeekorps, besaßen die Reservekorps nicht. Sie wurde ihnen von Fall zu Fall zugeteilt, was immer große Schwierigkeiten bereitete, denn kein hoher Führer gab diese unschätzbare und, wie sich herausstellte, oft entscheidende Waffe gerne her. Die Divisionskavallerie mit ihren völlig ungeübten, meistens noch nie unter dem Sattel gegangenen Pferden konnte bei allem Schneid ihre Aufklärungs- und Verbindungsaufgaben nur sehr mangelhaft erfüllen, und auch die Feldartillerie litt unter der Ungeübtheit ihres Pferdematerials. Bei der letzteren machten sich die Ausbildungsfehler unserer leichten Artillerie überhaupt außerdem noch mehr geltend als bei der aktiven Truppe. Bei der

Infanterie hatten wir Kompagnieführer schon in der Garnison gemerkt, dass unsere Aufgabe sehr viel schwieriger war als die unserer Kameraden bei den aktiven Regimentern. Bei den Reserveformationen waren nur die Stabsoffiziere, die Adjutanten und die meisten – nicht alle! – Kompagnieführer aktive Offiziere, an aktiven Unteroffizieren besaß jede Kompagnie nur zwei, und leider nicht immer die besten. So gehörten also 90% der Offiziere, fast alle Unteroffiziere und sämtliche Mannschaften dem Beurlaubtenstande, und zwar älterer Jahrgänge, an, denn die jüngeren Jahrgänge waren zur Auffüllung der aktiven Regimenter auf Kriegsstärke verbraucht worden. Bei vielen lag die letzte Reserveübung Jahre zurück. Das musste sich bei allem guten Willen und aller Begeisterung oft recht nachteilig auswirken und konnte erst allmählich ausgeglichen werden. Umso rühmenswerter ist es, was diese Reservekorps schon in den ersten Schlachten geleistet haben. – Unsere letzten Quartiere auf deutscher Erde – für Unzählige waren es wirklich die letzten – waren herrlich, denn natürlich wurden wir vom ärmsten Bauern wie vom reichen Fabrikbesitzer verwöhnt wie Lieblingskinder. Diese Grenzbevölkerung, immer durch ihre eisern deutsche Gesinnung berühmt, lebte ja begreiflicherweise in der Furcht vor etwaigem feindlichen Eindringen und sah in jedem deutschen Soldaten den unmittelbaren Verteidiger ihres Herdes und Heims. – Am 15. August trat die Division den Vormarsch an und überschritt die luxemburgische Grenze in der Richtung auf Esch a.d. Alzette, in dessen Nähe wir dann das erste Marschquartier bezogen. Es begann jetzt eine Reihe von Gewaltmärschen, die bei der glühenden Hitze ungeheure Anstrengungen erforderten, aber, eigentlich zu unserer Überraschung, von unseren braven Reservisten tapfer durchgehalten wurden. Leider verloren wir am ersten Tage den ersten Toten, einen älteren Mann, der am Hitzschlag verstarb – auch er ist für Deutschland gefallen. Selbstverständlich wurde schon kriegsmäßig mit Marschsicherung vorgegangen, obwohl wir uns noch nicht in Feindesland, sondern auf neutralem Gebiet befanden und in zweiter Linie marschierten. Aber ein Durchstoßen feindlicher Kavalleriekräfte wäre ja immerhin denkbar gewesen. Es erfolgte übrigens nicht, wie ja die französische Reiterei überhaupt wenig Initiative zeigte. Aber es war doch ein unvergesslicher Augenblick, als wir beim Überschreiten der Reichsgrenze das Kommando „Laden und Sichern" gaben und die ersten scharfen Patronen ins Schloss rasselten. Die luxemburgische Bevölkerung sah unserem Durchmarsch gleichgültig, fast stumpfsinnig zu. Obwohl sie in dieser Gegend deutschsprachig war, ließ sich von irgendeiner Sympathie nichts bemerken. Nur in einem einzigen Falle näherte sich uns in einem Dorfe, wo wir Alarmquartiere bezogen, der Schulmeister und drückte uns seine alldeutsch gefärbten Meinungen aus, wozu ja ziemlicher Mut gehörte. Da strenger Befehl erteilt worden war, im Großherzogtum Luxemburg keine Requisitionen vorzunehmen, sondern alle entnommenen Verpflegungs- und Futtermittel sofort bar zu bezahlen, zeigten sich die tüchtigen Luxemburger schnell von einer sehr geschäftstüchtigen Seite und forderten uns geradezu unverschämte Preise ab. Ich entsinne mich, dass ich in einem Dorfgasthause für ein Schinkenbrot und ein Glas Bier zehn Mark bezahlen musste. Aber Geld hatte ja für uns damals keinen Wert. Am 20. August überschritten wir unter Hurraruf und spontanem Absingen Von „O Deutschland, hoch in Ehren" und „Deutschland, Deutschland über alles" bei Martelange die belgische Grenze, setzten also den Fuß auf feindlichen Boden. Von nun ab waren alle Dörfer von fast der gesamten Bevölkerung verlassen; nur hier und da waren ein Greis oder ein altes Mütterchen, die sich von ihrem Heim nicht hatten trennen können, zurückgeblieben. Am Abend, als die Division zur Ruhe überging, stellte unser Bataillon die Vorposten, und meine Kompagnie hatte einen ziemlich weiten Sicherungsabschnitt in einem fast undurchdringlichen Walde zu halten. Ein seltsames Gefühl, als ich in der tiefen

Dunkelheit, nur begleitet von meinem braven Unteroffizier Wollmann, der es verstanden hatte, sich irgendein Fahrrad zu organisieren, die Feldwachen und Doppelposten abritt. Ein Stückchen Romantik, die im modernen Krieg so selten ist und sich dann auch nicht mehr wiederholt hat. Wir horchten auf, als mit einem Male aus weiter Ferne ein dumpfes Grollen herübertönte, das wir zuerst für ein Gewitter hielten, dann aber als Artilleriefeuer erkannten – das erste, das wir im Ernstfalle hörten. Aber die Nacht verlief ruhig, wenn auch hier und da bei den Außenposten ein Gewehrschuss fiel, den irgendein ängstlicher oder nervöser Mann auf einen imaginären Gegner abgegeben hatte, der sich dann als windbewegter Busch entpuppte. Die Verpflegung war seit dem Einmarsch in Belgien glänzend, denn warum sollte man das Federvieh, die Kälber und Hammel in den verlassenen Dörfern herrenlos herumlaufen lassen oder es für die nachrückenden Trainkutscher und Etappenlandstürmer aufsparen? Überall brieten an den Lagerfeuern die Gänse und Hühner. Nur an Brot mangelte es, wie in den ersten Wochen so oft, denn die Verpflegungskolonnen kamen bei unseren Gewaltmärschen nicht nach. Das weiße Brot, das man hier und da, aber selten, in einer Bäckerei auftrieb, mochten unsere Leute nicht. – Das ferne Artilleriefeuer war sozusagen die Ouvertüre des Krieges gewesen. Vom nächsten Tage ab entschleierte sich uns mehr und mehr sein Gorgonenantlitz. Beim Weitermarsch auf Libramont mehrten sich neben der Straße seine düsteren Zeichen: niedergebrannte und zerschossene Häuser, durchschnittene Telegrafendrähte, tote Pferde und frische Gräber. Auf dem ersten lasen wir auf dem mit dem Helm bedeckten schlichten Holzkreuz den Namen eines Landwehrgefreiten vom Hessischen Landwehr-Bataillon 116. Diese Truppe hatte am Vortage zusammen mit dem Schlesischen Feldartillerie-Regiment 6 den ziemlich schwächlichen Angriff einer französischen Kavallerie-Division abzuschlagen gehabt. Wir sahen auch, beim Aufräumen der Straße eingesetzt, das erste Dutzend französischer Gefangener, Kürassiere, deren Kürasse und Rossschweifhelme eine begehrte Trophäe waren, und hellblaue, weißverschnürte Husaren. Die leuchtendroten Hosen, die freilich im modernen Kriege wie ein Anachronismus erschienen, weckten die lebhafte Spottlust unserer Leute: „Die hawwe se wohl 1870 mitzunehme vergesse". Im frühen Morgengrauen des 22. August wurden wir alarmiert, noch ganz friedensmäßig mit gellendem Alarmsignal der Hörner. Der Morgen unseres ersten Schlachttages dämmerte herauf. Viele sollten die blutrot im Osten aufsteigende Sonne nicht mehr untergehen sehen. Unsere Dragoner hatten schon während der Nacht starke Offizierpatrouillen und Aufklärungseskadrons vorgeschoben, waren aber noch nirgends in Feindberührung getreten. Aus dem Divisionsbefehl ergab sich, dass das XVIII. Reservekorps zur Ausfüllung einer in vorderster Front zwischen dem XVIII. und dem VI. Armeekorps entstandenen Lücke bis St. Hubert vorzurücken hatte, die 21. Reserve-Division in Front, die 25. Reserve-Division auf einer Parallelstraße linksgestaffelt. Eile war geboten, da die aktiven Korps offenbar so stark überlegene feindliche Kräfte gegenüber hatte, dass beim XVIII. Armeekorps eine recht ernste Gefechtskrise entstanden war. Die 50. Infanteriebrigade, zu der unser liebes gelbes Regiment gehörte, hatte sich nach anfänglich erfolgreichem Angriff beiderseits Maissin sogar zurückziehen müssen, da die Verluste außerordentlich hoch und die Verbände stark durcheinander gekommen waren. Ich kann hier nicht den Verlauf der Schlacht, die unter dem Namen des Städtchens Neufchâteau in die Kriegsgeschichte eingegangen ist, schildern, sondern will mich, wie schon eingangs erwähnt, auf meine persönlichen Erlebnisse beschränken. Als sich die Division St. Hubert-Libin auf etwa 3 km genähert hatte, wurde der Befehl zur Entfaltung gegeben. Unser Regiment kam in vorderste Linie, das II. Bataillon in Front, das I. und III. Bataillon rechts rückwärts gestaffelt. Unser Bataillonskommandeur, Major v. Zglinitzky, befahl daraufhin das Vorgehen mit der 7. und 8. Kompagnie in erster Linie, 5. und 6. Kompagnie als Reserve zu seiner Verfügung hinter der Mitte. Die Kompagnien hatten unter Vornahme eines Schützenschleiers über den vorausliegenden Höhenrücken solange vorzugehen, bis sie in wirksames Feuer kamen und sich dann zum Angriff auf das hochgelegene Dorf St. Hubert zu entwickeln. Ich nahm meine drei Zugführer soweit vor, dass wir das zu durchschreitende Gelände überblicken konnten, und teilte ihnen ihre Angriffsstreifen zu. Da ich links an die schlesischen 6. Jäger angelehnt war, sandte ich eine Patrouille unter einem Offizierstellvertreter dorthin zur Aufnahme der Verbindung. Von beiden Seiten und voraus schallte betäubender Kanonendonner, Gewehr- und Maschinengewehrfeuer herüber. Und dann gab ich meinen ersten Gefechtsbefehl: „1. Zug in Richtung auf das brennende weiße Haus auf der Höhe geradeaus mit 5 Schritt Zwischenraum schwärmen. Leutnant Keller geht soweit wie möglich vor und eröffnet das Feuer erst, wenn eine Stellung mit gutem Schussfeld erreicht und der Gegner klar erkannt ist. 2. und 3. Zug folgen auf 150 Meter Abstand. Ich befinde mich hinter der Mitte des 1. Zuges. Antreten!" Ich sah über meine vorläufig noch in guter Deckung liegende Kompagnie hin – viele Gesichter waren blass unter der Sonnenbräune (meines wahrscheinlich auch!), aber keiner verlor die Haltung. Als der Zug Keller in schnellem Vorstoß über die Höhe vorsprang und ins offene Gelände kam, dauerte es kaum ein paar Sekunden, ehe mit teuflischem Heulen die ersten Granaten und Schrapnells der aufmerksamen französischen Artillerie heransausten und rechts und links, vor und hinter der vorgehenden Schützenlinie, hinter der ich mit meinem weit ausgeschwärmten Kompagnietrupp folgte, einschlugen. Es war, ich will es offen gestehen, ein höchst peinlicher Augenblick. Überhaupt: Wer erklärt, er habe nie Angst gehabt, war entweder nie Frontsoldat oder er lügt. Mut ist ja nichts weiter als die Überwindung des jedem überhaupt einer Empfindung fähigen Menschen von Natur aus innewohnenden Selbsterhaltungstriebes – sprich der Angst vor der Vernichtung. – Bald eröffnete der Gegner auch das Infanteriefeuer, in das sich das langsame Tacken des dem unseren technisch sehr unterlegenen französischen Maschinengewehrs mischte, aber die Geschosse gingen mit grellem Pfeifen hoch über uns weg. Scheinbar waren wir noch nicht in Sicht der auf Schätzung schießenden feindlichen Infanterie. Auch das Artilleriefeuer hatte noch keine Verluste hervorgerufen, so nahe auch die Granaten, deren Krachen beim Einschlag uns, die wir noch keine Beschießung durch schwere Artillerie erlebt hatten, betäubend klang, neben, vor und hinter uns einschlugen. Die mit blechernem Klang über uns in weißen Wölkchen krepierenden Schrapnells erkannten wir bald als ziemlich ungefährlich – die von ihnen ausgespuckten Bleikugeln hatten nur eine minimale Durchschlagskraft. Es war deutlich zu merken, wie sich bei diesem verlustlosen Vorgehen in, wie uns schien, heftigem Feuer, die Nerven der Leute beruhigten und sie eine gewisse, laut geäußerte Verachtung für den Gegner zu erfüllen begann. „Des sin jo alles Schlumpschütze do driwwe – dritte Schiessklass'!" Sie irrten sich leider sehr – – Sowie der Zug Keller den ersten Höhenrücken erreicht hatte und dort in Stellung ging, erkannte der Gegner das Ziel und sein Feuer begann unangenehm korrekt zu werden. Ich sah gleich, dass ohne wirksame Feuervorbereitung und vor allem Einsatz unserer Artillerie, von der wir bisher nichts gemerkt hatten, ein weiteres Vorgehen nicht möglich war. So sandte ich einen meiner Melder zurück zum Bataillonsstabe und bat dringend um Artillerieunterstützung. Gleichzeitig gab ich durch Wink dem 2. Zuge, den ein Offizierstellvertreter der Landwehr, von Beruf Lateinprofessor, am Gymnasium in Alzey, führte, Befehl zum Einschwärmen in die vorderste Linie. Der brave Schulmeister mit seinem langen Vollbart, dessen militärische Erfahrungen viele Jahre zurück lagen, ließ zu meiner höchsten Wut den Zug mit ganz engen Zwischenräumen auf der Stelle ausschwärmen, so dass die Leute sich wie Silhouetten auf dem Höhenrande abhoben, und ging dann nicht etwa sprungweise, sondern in gemächlichem Schritt vor. Es war ein fast unbegreifliches Wunder, dass bei diesem Unfug nicht ein einziger Mann verwundet wurde, da die Franzosen offenbar ihre ganze Aufmerksamkeit auf die vorderste Linie konzentriert hatten. Mein hervorragender Truppführer Unteroffizier Wollmann sprang ohne Befehl von mir zurück und jagte, ohne sich um den hilflosen Zugführer zu kümmern, die vorgehenden Schützen weiter auseinander und brachte sie zu lebhaftem Tempo. Seine Kommentare über den bartumwallten Professor waren, nachdem er atemlos zu mir zurückgekehrt war, keineswegs freundlicher Natur. Ich schob mich dann mit meinem Kompagnietrupp in die vorderste Linie ein, wo, wie für etwaige militärisch gebildete Leser zu bemerken ist, eigentlich durchaus nicht mein Platz war, denn der Führer gehört, solange er noch über eine solche verfügt, zur Reserve, um von dort aus Einsatz und Vorgehen zu leiten. Aber in diesen ersten Gefechten kam es vor allem darauf an, jedem Mann in der Truppe zu zeigen, dass der Führer sich nicht schonte, und ihm dadurch Vertrauen einzuflößen. Ich glaube, dass mir das gelungen ist, wie mir manche Äußerungen meiner Reservisten – sogar ein gut gemeintes, auf mich gemünztes Gedicht – bewiesen. – In der vordersten Linie nun war es ernst geworden. Der 1. und bald auch der 2. Zug hatten schon recht erhebliche Verluste, darunter eine ganze Anzahl Toter. Die Franzosen konnten eben doch schießen, und zwar recht gut. Das war nun der zweite tiefe Eindruck, der überwunden werden musste. Der moderne Zivilisationsmensch des tiefen Friedens der Vorkriegszeit war ja der Gewaltsamkeit seit Generationen völlig entwöhnt. Wie wenige hatten jemals einen, etwa bei einem Eisenbahnunglück, schwer Verletzten oder Umgekommenen gesehen.

Er kannte den Tod nur als behutsamen, leisen Gast und hatte einen Toten höchstens friedlich mit gefalteten Händen und stillem Antlitz in weißem Bett liegen sehen. Aber nun in der wilden Phantasielandschaft des Krieges, an dessen Wirklichkeit vorher, wenn man ehrlich zurückdenkt, eigentlich kein Europäer mehr so recht geglaubt hatte, schien es einem zuerst doch wie ein wüster Traum, dass der Kamerad, vielleicht einst Arbeitsgenosse an der gleichen Werkbank oder auf dem gleichen Acker, mit dem man noch vor wenigen Augenblicken ein Wort gewechselt hatte, plötzlich mit abgerissener Schädeldecke und herausquellendem Gehirn oder, vielleicht schlimmer noch, schreiend mit zerschmettertem Arm, aufgerissenem Leib oder blutüberströmter Brust neben einem lag. Schon erklang der erstickte, ächzende Hilferuf des Schlachtfeldes, den man immer, immer wieder hörte durch viereinhalb blutige Jahre: „Sanitäter – Sanitäter!" Ehre unserem tapferen Sanitätspersonal, den Ärzten, Sanitätsoldaten und Krankenträgern, deren immer mit aufopfernder Hingabe erfüllter schwerer Pflicht zahllose deutsche Soldaten ihr Leben verdanken, einer Pflicht, die schwerer war, als die des kämpfenden Soldaten, der sich doch wenigstens wehren konnte, während die Sanitäter im tollsten Feuer Verbände anlegen, die Verwundeten laben und mit ihren Tragbahren über das deckungslose freie Feld zurückschaffen mussten. Kaum lag ich zwischen den Schlitzen des 1. Zuges, bemüht mit meinem Prismenglas den sehr gut gedeckten Gegner zu beobachten, als ich neben mir einen dumpfen Schlag und einen erstickten Aufschrei hörte: Mein prachtvoller Truppführer Unteroffizier Wollmann, treuester Kamerad und Gehilfe schon vor Jahren bei der Radfahrer-Versuchskompagnie XVIII., hatte einen Gewehrschuss mitten in die Brust erhalten. Er lag halb auf der Seite, ein heller Blutstrom brach aus seinem Munde. Sprechen konnte er nicht mehr, aber fasste – noch heute, nach genau 38 Jahren, kommen mir die Tränen, wenn ich daran denke – meine Hand und sah mich noch einmal mit seinen rheinisch dunklen Augen an. Dann ging ein Zucken durch seinen Körper, und es war aus. „Bleib' Du im ew'gen Leben, mein guter Kamerad!" Wir haben ihm nicht einmal ein Grab bereiten können, denn am Ende des Gefechts waren wir schon weit weg von seiner Todesstelle und konnten nicht mehr zurückkehren. – Aber für uns Lebende ging der Kampf weiter und vor dem Gedanken an die Toten stand die Pflicht. Die Franzosen hatten den ganzen vor uns liegenden Höhenrand und einige darauf stehende Gehöfte mit offenbar sehr starken Kräften besetzt. Zu erkennen war von ihnen eigentlich nichts, nur hier und da hob sich einmal eine dunkle Gestalt über den Horizont oder einzelne Leute liefen zurück oder gingen in Stellung. Die Entfernung betrug etwa 600 m. Ich gab den Befehl durch, den Höhenrand aufsitzen zu lassen und ein langsames, wohlgezieltes Schützenfeuer abzugeben, denn die Leute, in der begreiflichen Aufregung des ersten Gefechts, schossen wie wild in die Gegend und manche hatten bereits ihren gesamten Patronenbestand verfeuert. Vor allem befahl ich: „Im Liegen eingraben!" Das war nun ein wahres Trauerspiel. Den ganz ungeübten Leuten gelang es fast durchweg nicht, mehr als eine flache Rinne und ein niedriges Sandhäufchen zu schaffen, dessen Deckung ganz illusorisch und höchstens zum Auflegen des Gewehrs beim Schießen dienlich war. Auf diese, im modernen Kampf so unendlich wichtige Übung war leider in Frieden viel zu wenig Gewicht gelegt worden, und es kostete viel Blut, bis die Leute die nötige Gewandtheit erlangten. Es ist ja auch tatsächlich sehr schwierig, flach auf der Erde liegend, den hinderlichen, schweren Tornister auf dem Rücken, sich in den Boden einzuwühlen, besonders wenn er, wie damals, knochenhart und ausgedorrt ist. Die Verluste steigerten sich so, dass ich nun auch den 3. Zug einschwärmen lassen musste, dessen Zugführer, ein junger Offizierstellvertreter, der gerade erst seine Einjährigendienstzeit bei unserem aktiven Regiment hinter sich hatte, sich wesentlich gewandter zeigte als der unglückliche Professor. Endlich setzte auch unsere Artillerie ein. Ihre ersten Schüsse lagen verdächtig nahe an unserer Linie, aber es ging uns besser als unseren Kameraden vom aktiven Regiment, die zur gleichen Zeit gar nicht sehr weit von uns schwere Verluste durch zu kurzes eigenes Artilleriefeuer erlitten. Die Beobachtung korrigierte sich schnell, und bald lagen Granaten und Schrapnells – unsere waren wesentlich wirksamer als die französischen – tadellos im Ziel. Die Batterie konzentrierte ihr Granatfeuer richtigerweise auf die Gehöfte, die offensichtlich die Stützpunkte der feindlichen Stellung und als Maschinengewehrnester ausgebaut waren. Wir sahen deutlich Ziegel und Steine fliegen, Mauern einstürzen, und eines nach dem anderen der Gebäude begann zu brennen. Die Besatzung rannte hinaus und bot unserem Feuer ein gutes Ziel. Gleichzeitig kämmte die links neben uns eingesetzte Maschinengewehrkompagnie des 6. Jägerbataillons, die, wie bei solcher Elitetruppe selbstverständlich, wundervoll schoss, den Höhenrücken mit Dauerfeuer ab. Bei den Franzosen setzte unverkennbar eine gewisse Verwirrung ein. Einzelne Leute gingen zurück, das Feuer wurde merklich unsicherer und schwächer, und die französische Artillerie verlegte ihr Feuer zu unserer großen Erleichterung von uns nach rückwärts und suchte, weit im Gelände streuend, unsere Artilleriestellung. Der Augenblick war gekommen. Ich ließ noch einmal einige Minuten lebhaftes Feuer geben und gab dann den Befehl durch – Kommandos drangen in dem rasenden Gefechtslärm nicht durch – : „Sprungweise Gelände gewinnen bis in Höhe der Baumgruppe 300 m vorwärts im Wiesengrunde. Reihenfolge: Zug Keller, Zug X, Zug Y.“ (An die Namen der Offizierstellvertreter kann ich mich leider nicht mehr erinnern). Mit dem Zuge Keller sprang ich mit dem Kompagnietrupp vor – nach einem traurigen Abschiedsblick auf meinen treuen Wollmann, dem ich vorher Erkennungsmarke, Brieftasche, Uhr und Trauring abgenommen hatte, die ich bei nächster

Möglichkeit mit einem Brief herzlichen Mitgefühls an seine arme Frau sandte. Schon unser erster Sprung führte uns aus dem Bereiche des wirksamsten Feindfeuers heraus, und nach Erreichung der von mir befohlenen Linie waren wir im toten Winkel und konnten verschnaufen. Jeder Begriff der Zeit war uns verloren gegangen. Hoch erstaunt stellte ich bei einem Blick auf die Uhr fest, dass es bereits 5 Uhr nachmittags war, dass wir somit 8 Stunden im Gefecht gelegen hatten. Außerdem meldete sich jetzt ein Gefühl heftigsten Hungers, denn außer ein paar Bissen Brot und etwas Feldküchenkaffees hatte niemand seit dem Abend des Vortages etwas gegessen. So griff denn alles in die Tornister. Da mein Bursche mit den Pferden hinten geblieben war, musste ich mich bei meinen wackeren Kriegern zu Gast laden und konnte mich vor Hühnerbeinen, Wurstenden und Schinkenscheiben kaum retten. Gegen den quälenden Durst half der den Wiesengrund durchplätschernde Bach. Wichtiger aber war die Neuordnung der Verbände, die natürlich völlig durcheinander gekommen waren, die Ernennung von Gruppenführern an Stelle der gefallenen und verwundeten und, vor allem, der Ersatz der verschossenen Patronen, der von Patrouillen von hinten herangeholt wurde, aber natürlich nur zum kleinen Teil den Ausfall deckte. Durch Melder ließ ich dem Bataillonsstab melden, dass ich beabsichtige, nach kurzer Ruhepause weiter vorzugehen und die feindliche Stellung, falls sie nicht vorher geräumt sei, zu stürmen. Ich erbat dazu die weitere Unterstützung der Artillerie. Die gleiche Bitte richtete ich durch Melder an den Führer der M.G. Kompagnie, der 6. Jäger, und verabredete gleichzeitiges Vorgehen und Angriff mit dem Führer der Nachbarkompagnie, meinem alten Freunde Lüters, der sich heute zum ersten Male nach althannoverscher Armeetradition zur Schlacht besonders fein gemacht hatte: blitzende hohe Lackstiefel, schneeweiße Handschuhe, silberne Feldbinde und Achselstücke, sowie den Säbel, den Lüters den ganzen Krieg über hartnäckig beibehielt, und den wir damals ja noch alle trugen. – Zur verabredeten Minute brachen beide Kompagnien gleichzeitig vor, während die Jäger ein rasendes M.G.-Feuer auf die feindliche Stellung abgaben. Nach etwa 50 m kamen wir aus der Deckung heraus, aber es dauerte noch einige Zeit, bis die erschütterten Franzosen ihr Feuer wieder auf uns lenkten. Als wir erneut Stellung nahmen, waren wir auf etwa 100 m an den Feind herangekommen. Die französische Linie war, wie wir jetzt deutlich erkannten, sehr dünn geworden, und nur noch 2 oder 3 Maschinengewehre feuerten. Also los: „Hornist-Signal: Seitengewehr pflanzt auf! Marsch-Marsch!" Zum ersten Male im Ernstfall fuhr mein Säbel aus der Scheide – aber ich habe ihn dieses Mal nicht gebraucht. Es war doch ein herrliches, Herz aufwühlendes Bild, als die sinkende Sonne auf den Säbeln der Offiziere und Zugführer, den Bajonetten blitzte und dann auf meinen Befehl, sich durch die ganze Linie der beiden Kompagnien fortpflanzend, das unsterbliche preußische Avanciersignal gellte. Keuchend und atemlos, mit sehr geringen Verlusten, denn das feindliche Feuer hatte fast ganz aufgehört, drangen wir in die feindliche Stellung ein – mit gellendem Hurraruf – aber sie war leer. Nur viele Tote und einige, nicht sehr viele Verwundete lagen in und hinter dem recht gut (besser als unsere kümmerlichen Rinnen) ausgebauten Schützengraben. In den Trümmern der zusammengeschossenen Häuser fanden sich dann noch etwa ein Dutzend Unverwundeter, wohl Drückeberger, die sofort die Hände hoben und zu Gefangenen gemacht wurden. Sie gehörten dem 105. Linienregiment an, das in Limoges in Garnison stand, und machten militärisch und menschlich einen recht minderwertigen Eindruck. Die bisherige Besatzung der Stellung war verschwunden, aber wir merkten sofort, dass sie noch existierte und das Spiel noch nicht aufgab. Denn wir erhielten sehr bald Feuer von dem nächsten, etwa 500 m entfernten Höhenrücken, wo sich der Gegner also wieder gesetzt hatte. Da im gleichen Augenblick vom Stabe der Befehl eintraf, nicht weiter vorzugehen, sondern die gewonnene Stellung zu halten, besetzten wir den französischen Graben, und es entwickelte sich bis zum Dunkelwerden ein schleppender Feuerwechsel, der beiden Seiten wohl nicht viel zu leide tat. Während der Nacht wurde von beiden Seiten ein lebhafter Patrouillengang unterhalten, der zu zahlreichen Schießereien und sogar hier und da Bajonettkämpfen führte. Vor meine Front schob ich außerdem einige stehende Posten vor, die bei etwaigem Feindangriff seitlich ausweichen sollten. Für den nächsten Morgen, 23.8., war vom A.O.K. Fortsetzung des Angriffs auf der ganzen Armeefront befohlen. Aber als unsere vor Dämmergrauen entsandten Patrouillen zurückkehrten, meldeten sie, dass der Gegner während der Nacht die Stellungen geräumt hatte und auch seine zur Verschleierung des Abmarsches zurückgelassenen Nachhuten bereits abgezogen waren. Die sofort nachstoßenden Aufklärungsabteilungen der – über Flieger verfügte die 4. Armee damals noch nicht – stellten fest, dass die gesamte feindliche Armee – es war übrigens uns gegenüber ebenfalls die 4. französische Armee unter dem Befehl des Generals de Langle de Gary – im beschleunigten Abmarsch in Richtung auf den Maasabschnitt begriffen war. Wir hatten also unzweifelhaft gesiegt, aber wir waren uns dessen eigentlich nicht bewusst. Nichts vom jubelnden „Nun danket alle Gott", wie nach Leuthen. Als alter Kriegsakademiker hatte ich sofort das Gefühl, das sich schnell bestätigte, dass es sich, um mit Schlieffen zu sprechen, nur um einen „ordinären Sieg" handelte. Von einer Vernichtung, selbst einer ernstlichen Erschütterung des Gegners war nicht die Rede. Die Franzosen flohen nicht, sondern gingen in voller Ordnung zurück, ohne intakte Geschütze, Maschinengewehre oder andere Kriegsbeute zurückzulassen. Die Gefangenenzahlen waren gering, und die Franzosen hatten sogar ihre transportfähigen Verwundeten mitgenommen. Ihre Verluste an Toten und Verwundeten waren wohl kaum viel höher als die unseren. Natürlich folgte unsere

Armee sofort. Da die beiden Reservekorps wieder aus der vordersten Linie zurückgezogen wurden, hatten wir den Vormittag über Zeit genug, um die nach jeder Schlacht nötigen Maßnahmen für Munitionsersatz, Neugliederung und Verpflegung zu treffen. Die Verluste meiner Kompagnie, die mit etwa 220 Mann Gefechtsstärke in den Kampf getreten war – etwa 30 Mann blieben bei Feldküchen, Bagage usw., oder waren marschkrank – betrugen 26 Tote und rund 70 Verwundete. Zu den ersteren musste ich leider, was ich aber in jener Stunde noch nicht wusste, auch meinen ausgezeichneten Leutnant der Reserve Keller rechnen. Er hatte einen Schulterschuss erhalten, war aber bis zum Schluss bei seinem Zuge geblieben und erst nachts mit einem lachenden „Auf baldiges Wiedersehen!“ zum Truppenverbandplatz zurückgegangen. 43 Stunden später war er tot – ein Opfer des verfluchten Tetanus, der damals vor Erfindung des Serums so viele an sich leicht Verwundete hinwegraffte. An seinen alten Vater in Darmstadt schrieb ich in jenen Stunden der Ruhe nach der Schlacht, ebenso, soweit es mir möglich war, an die Angehörigen der gefallenen Unteroffiziere und Mannschaften. Aber die Hoffnung, die ich dem greisen Regierungsbaurat in meinem Briefe machte, dass sein Sohn nämlich bald wiederhergestellt sein würde, erfüllte sich leider, wie bereits gesagt, nicht. – Vom Regiment kam dann der Befehl, besonders tapfere Leute zur Verleihung des Eisernen Kreuzes II. Klasse einzureichen. Diese Auszeichnung wurde zu Kriegsanfang, ehe sie, leider Gottes, jedem Etappenschwein und jedem Schreibstubenhengst nachgeschmissen wurde, noch mit tiefer Ehrfurcht betrachtet, und man überlegte sich sehr sorgfältig, wen man dieser Ehre als würdig erachtete, schlug zwei Leute der Kompagnie vor. Einen Unteroffizier der Reserve, der beim Aufsprung zum Sturm, als sein Zugführer, jener bärtige Professor, wohl nicht aus Feigheit, sondern aus Unbehilflichkeit den Entschluss nicht finden konnte, mit hochgeschwungenem Gewehr vorsprang, den Zug mit vorriss und als Erster in die feindliche Stellung eindrang. Es war ein kleiner, krummbeiniger Jude, von Beruf Rechtsanwaltschreiber, dem niemand den Helden angesehen hatte. Dazu war er Elsässer und stammte aus der wahrhaftig nicht wegen ihrer Deutschfreundlichkeit bekannten Stadt Mülhausen. Der zweite war ein Sanitätsgefreiter, der, obwohl er selbst zwei Verwundungen in Arm und Oberschenkel davongetragen hatte, im heftigen feindlichen Feuer weiter mutig seinen Sanitäterdienst an den verwundeten Kameraden fortgesetzt hatte, ein Friseurgehilfe aus Worms. Beide erhielten zu meiner Freude das E.K. II schon am nächsten Tage, vor allen Offizieren des Regiments. Im Rückblick auf unsere erste Schlacht noch eine Bemerkung, die ein Gebiet berührt, von dem die meisten Nichtsoldaten wohl kaum die richtige Vorstellung haben. Wenn im Heeresbericht gesagt wurde, dass eine feindliche Stellung „im Bajonettangriff" genommen worden sei, so muss man sich klar machen, dass es dabei, im Westen wenigstens, äußerst selten zu wirklichen Kämpfen mit der blanken Waffe gekommen ist. Bei der modernen Feuerwirkung, der „Abstoßkraft des Verteidigungsfeuers", konnte nur gestürmt werden, wenn das vorhergehende Infanterie- und Artilleriefeuer den Gegner bereits völlig mürbe gemacht hatte. Ein solcher Gegner aber wartete nie das Eindringen in die Stellung ab, sondern räumte vorher bis auf einzelne tapfere Leute, meist Offiziere oder Unteroffiziere, die sich hartnäckig wehrten und dann entweder an ihrem M.G. abgeschossen wurden, oder, wenn sie die Aussichtslosigkeit erkannten, sich gefangen gaben. Das Bajonett liegt dem modernen Kulturmenschen Europas nicht mehr. Er bekommt es, von vielen Ausnahmen natürlich abgesehen, einfach nicht mehr fertig, den kalten Stahl in einen lebendigen Menschenkörper zu stoßen. Der Europäer von heute ist halt verweichlicht oder, wie man es auch ausdrücken könnte: mechanisiert, denn später, nach allgemeiner Einführung der Handgranate, die zu Kriegsbeginn nur die

Pioniere führten, wurde im Grabenkrieg der Nahkampf sogar sehr häufig. Um es psychologisch noch weiter auszuführen: Bei der Kavallerie, solange sie noch zu Pferde attackierte, lagen die Dinge anders. Dort war es ja sozusagen die Kraft des sich schnell bewegenden Pferdes, die die Lanzenspitze in den Körper des Gegners führte, da fiel die Hemmung zum großen Teil fort. Im Osten und auf dem Balkan kam es noch häufiger zu Bajonettkämpfen, denn der Russe, Serbe und Bulgare war eben noch primitiver, weniger von unserer Zivilisation angekränkelt. Der Gebrauch der ritterlichen Waffe des Offiziers, des Degens oder Säbels, war, solange davon – während des Bewegungskrieges sehr selten – überhaupt die Rede sein konnte, etwas anderes. – Der weitere Vormarsch der 4. Armee in Richtung auf die Maas verlief für unser XVIII. Reservekorps bis zum 26. August ohne besondere Ereignisse. Die aktiven Armeekorps der vorderen Linie warfen die gelegentlich, wohl nur zur Verzögerung unseres Vorgehens, in geeigneten Stellungen Widerstand leistenden französischen Nachhuten schnell zurück. Wir sammelten allerdings auf dem Marsche in Wäldern und Dörfern noch eine erhebliche Anzahl feindlicher Versprengter auf, die sich aber regelmäßig sofort ergaben. Dabei erlebten wir einen merkwürdigen Zwischenfall, der eine komische Note in den düsteren Ernst des Krieges brachte. Unser Regiment bildete kurz vor Überschreitung der französischen Grenze, die eigentlich, von ein paar Hurrarufen abgesehen, ohne besondere Erregung erfolgte, die Vorhut der Division und erhielt aus einem etwa 800 m vorwärts gelegenen Waldrande schwaches Infanteriefeuer, das keinerlei Verluste mit sich brachte. Als unser Bataillon ausschwärmte, und den Waldrand unter Feuer nahm, wurde dort sofort mit vielen weißen Tüchern gewinkt und kein Schuss fiel mehr. Wir sandten eine Radfahrerpatrouille unter einem Offizier mit dem Auftrag vor, den feindlichen Führer zu veranlassen, seine Leute vor dem Walde im Freien zu sammeln und alle Waffen in einiger

Entfernung vor der Truppe niederlegen zu lassen. Daraufhin entwickelte sich vor unseren staunenden Augen ein Bild, das uns glatt um 100 Jahre zurückversetzte und bald ein brausendes Gelächter bei unseren Musketieren hervorrief. Heutzutage würde man an eine Filmaufnahme gedacht haben. Aus der Deckung des dichten Waldes traten etwa 100 Mann hervor, die geradezu täuschend den Grenadieren der Alten Garde des seligen Napoleon glichen: Hohe Bärenmütze, lange dunkelblaue Kapottmäntel mit roten Epaulettes und gekreuztem weißen Lederzeug, hellblaue Hosen mit breiten roten Streifen und weiße Gamaschen. Nur ihre Gewehre waren etwas moderner, etwa unserem Modell 88 entsprechend. Als wir herankamen, trat uns vor der Front dieser malerischen Truppe ein Offizier mit eisgrauem Knebelbart entgegen, salutierte und bot uns seinen Degen dar, den wir ihm aber ebenso beließen wie dem jungen Leutnant der Kompagnie. Die Unterhaltung mit dem mindestens 60 Jahre alten, aber aktiven Kapitän ergab folgendes: Wir hatten vor uns eine Kompagnie des 2. belgischen Grenadier-Regiments, die die Besatzung eines Grenzforts gebildet hatte, und der es geglückt war, gerade noch vor der Einnahme durch unsere Truppen zu entkommen. Die unselige Kompagnie hatte aber den Anschluss an die Franzosen nicht finden können und war, ohne irgendeine Karte, planlos zwischen der deutschen und der französischen Armee herumgeirrt. Seit 2 Tagen hielt sie sich ohne Verpflegung – Feldküchen besaß die belgische Armee nicht – in dem dichten Walde verborgen. Ich fragte den greisen Kapitän, warum er, wenn er schon mit seinen paar Männern diesen zwecklosen Widerstand versucht hatte, uns nicht habe näher herankommen lassen, wobei er durch überraschende Feuereröffnung unserem geschlossen marschierenden Vortrupp peinliche Verluste hätte beibringen können. Die klassische Antwort war: „Ah, mon camarade, qui aurait jamais pensé, que l'armee belge entrerait dans une guerre!" Er wie seine Kompagnie schienen übrigens sehr erleichtert, dass für sie der Krieg zu Ende war und dass die „Hunnen" sie nicht massakrierten, sondern ihnen zunächst einmal reichlich Verpflegung verabfolgten. Nur der junge Leutnant schien schmerzlich von der nicht gerade heroischen Rolle berührt, die er spielen musste. Wir schickten die belgischen Helden dann mit einem Unteroffizier und 3 Mann, die zu ihrer Bewachung genügend waren, zurück. Ihre Pelzmützen und Epaulettes waren vorher meist gegen Zigaretten oder einen Schluck Wein oder Schnaps als „souvenir" in den Besitz unserer Leute übergegangen. – Wir wurden aber schnell genug daran erinnert, dass der Krieg kein amüsantes Lustspiel war. Je näher wir nach Überschreitung der Aisne bei Falaise der Maas kamen, umso mehr versteifte sich der Widerstand der feindlichen Nachhuten, die sich in stark verschanzten Dörfern, Gehöften oder Geländeabschnitten zur Verteidigung eingerichtet hatten. Schließlich gingen die in vorderster Linie vorgehenden aktiven Korps, um sich nicht zu lange aufhalten zu lassen, dazu über, diese Widerstandsnester zu umgehen und ihre Niederringung den in zweiter Linie folgenden Reservekorps zu überlassen. So erhielt unsere Brigade am 26.8. nachmittags Befehl, das stark besetzte Dorf Le Trembloy anzugreifen und zu nehmen. Dazu wurde ihr eine Abteilung des Res. Feldart.-Rgts. 21 zur Verfügung gestellt, die aber leider nicht über leichte Feldhaubitzen verfügte. Die Wirkung der Feldkanone aber gegen die meterdicken Mauern dieser mittelalterlichen lothringischen Dörfer war nicht durchschlagend. Das nun folgende Gefecht war das einzige in diesem ganzen Kriege, das einigermaßen den romantischen Vorstellungen entsprach, mit denen wir ins Feld gezogen waren. Um 6 Uhr eröffnete unsere Artillerie das Feuer auf den fast festungsartig abschließenden Mauerkranz des hoch auf der Kuppe eines Hügels gelegenen Dorfes. Es wurde sofort von der aus zwei Feldkanonen bestehenden französischen Artillerie erwidert, aber die feindlichen Schwesterwaffen taten sich gegenseitig nicht viel Schaden. Unterdessen zog sich unsere Infanterie in Sichtschutz dichter Wälder rings um das Dorf auseinander und entwickelte sich zum Angriff. Unser Regiment war zunächst in Reserve. Die 87er (Reserve) gingen dann auf das stark ansteigende freie Feld vor, mussten aber nach wenigen Sprüngen unter dem außerordentlich starken Infanterie- und M.G.feuer Stellung nehmen. Der Gegner war durch unser Feuer kaum zu erreichen, da er an Mauern und Häusern des Dorfes eine vorzügliche Deckung besaß. Gegen 8 Uhr gelang es unserer Artillerie, einige Hauser in Brand zu schießen, der sich schnell ausbreitete. Bei einsetzender Dunkelheit erteilte der Brigadekommandeur Befehl zum Einsatz unseres II. und III. Bataillons und nach dessen Ausführung zum Sturm. Ich gab meiner Kompagnie als Richtungspunkt eine Mauerlücke, wo die große Nationalstraße in das Dorf hineinführte und wo, wie ich erkannt hatte, die vom Gegner errichtete Straßensperre aus zusammengefahrenen Bauernwagen usw. durch eine unserer Granaten zerschlagen worden war. Es war ein Kriegsbild aus vergangenen Zeiten: Vor uns das in blutroten, hohen Flammen flackernde, von düsteren Rauchwolken verhüllte Dorf, das Aufblitzen der Schüsse, das Heulen der Granaten und das gellende Pfeifen der Infanteriegeschosse. Manchmal in tiefem Dunkel, manchmal vom Flammenschein fast taghell beflackert gingen wir vor wie auf dem Exerzierplatz, Kompagnie- und Zugführer mit gezogenem Säbel, weit vor der Front, und drangen mit wildem Hurraruf von allen Seiten in das Dorf ein. Ein toller Straßenkampf entbrannte. Aus allen noch nicht völlig in Brand stehenden Häusern knallten die Schüsse und überall auf der Straße wurden Gruppen deutscher und französischer Soldaten handgemein. Von Führung konnte nicht mehr die Rede sein – jeder wehrte sich seiner Haut, so gut er konnte. Ich wäre nicht mehr in der Lage, genau zu schildern, wie es mir erging, man war einfach wie toll. Ich weiß nur noch, dass ich meine Pistole zweimal leer schoss und einmal mit meinem Sabel einem französischen Korporal das zum

Bajonettstoß gefällte Gewehr aus den Fingern schlug. Wahrscheinlieh habe ich ein ebenso wüstes Gebrüll ausgestoßen wie alle, Deutsche und Franzosen, um mich herum! Haus für Haus musste gestürmt werden, und die Besatzung des einen der beiden französischen Geschütze wehrte sich mit blanker Waffe buchstäblich bis zum letzten Mann. Diese Soldaten des 3. Kolonial-Regiments und des 1. Kolonial-Artillerie-Regiments (keine Farbigen, sondern unserer Marine-Infanterie, bzw. -Artillerie zu vergleichen) waren andere Kerle als die weichen Südfranzosen des 105. Linien-Regiments, die wir bei Neufchâteau gegenüber gehabt hatten. Und dann – war wie mit einem Schlage plötzlich alles aus. Die Überlebenden Franzosen gaben, als sie sich hoffnungslos eingekreist sahen, den Widerstand auf und hoben die Hände. Nur hier und da wehrten sich noch kleine Gruppen in einzelnen Häuserruinen, die aber auch bald unschädlich gemacht wurden. Hier, wo es wirklich einmal zu einer Art Kampf mit der blanken Waffe gekommen war, fiel es mir auf, dass die mit dem Bajonett ernstlicher Verwundeten mehr jammerten als die mit Schussverletzungen. Die blanke Waffe, bei der die Schockwirkung moderner Geschosse fehlt, muss wohl mehr schmerzen. Nach Beendigung des Gefechts merkte ich übrigens erst, dass mein rechter Rockärmel von unten bis an die Schulter aufgerissen war und dass ich eine lange, ganz oberflächliche Schramme am Arm hatte. Ob es ein Bajonettstich oder ein Geschoss war, kann ich nicht sagen. – Ich will nicht verfehlen, hier eine Episode aus dem Beginn dieses Gefechts zu notieren, gerade weil sie zeigt, wie anständig wir damals, im schroffen Gegensatz zu den heute beliebten Kriegsmethoden, gekämpft haben. Vor Eröffnung des Vorbereitungsfeuers der Artillerie meldete eine Beobachtungsstelle dem Divisionskommandeur, dass sich offensichtlich die Einwohner des Dorfes noch innerhalb des Ortes befanden. Der Kommandeur entsandte daraufhin eine Offizierpatrouille unter Parlamentärflagge und ließ dem französischen Befehlshaber mitteilen, dass er der Zivilbevölkerung eine halbe Stunde Zeit gebe, um das Dorf zu verlassen und dann erst das Artilleriefeuer beginnen lassen werde, was denn auch geschah. Der nach Erstürmung von Le Tremblois schwer verwundet in Gefangenschaft gefallene französische Oberstleutnant war über diese vornehme Handlungsweise des deutschen Gegners so gerührt, dass er unserem Bataillonskommandeur, der ihn mit unserem Bataillonsarzt in einem halbzerschossenen Bauernhause antraf, mit Tränen in den Augen seinen Dank aussprach.

Von unserem weiteren Vormarsch sind nur zwei Vorfälle aus den letzten August- und den ersten Septembertagen erwähnenswert. Der erste ereignete sich drei Tage nach dem Gefecht von Le Tremblois und bewies in einer fast komisch zu nennenden Form, wie kriegsungewohnt beide Heere noch waren, und nebenbei, dass die Aufklärung durch die Kavallerie auf beiden Seiten höchst mangelhaft war. Die Division ging abends zur Ruhe über, biwakierte und stellte Vorposten aus, die das Reserveregiment 80 übernahm. Während der Nacht ergab sich aus den Meldungen der Kavallerie- und Infanterie-Patrouillen, dass das Vorgelände, wie immer in den letzten Tagen, frei vom Feinde war – wenigstens musste man das nach den Ergebnissen der Aufklärung annehmen. Als wir aber am nächsten Morgen früh den Befehl zum weiteren Vormarsch erhielten, stellte sich zur geringen Freude der verantwortlichen Stellen heraus, dass die Vorposten in völlig falscher Richtung vorgeschoben waren. Aber es ging noch weiter: Nach etwa 4 km Marsch traf die Vorhut auf einen gerade verlassenen französischen Biwakplatz – die Lagerfeuer brannten zum Teil noch! – wo mindestens ein feindliches Regiment die Nacht verbracht hatte. Wir konnten uns nur mit Grausen vorstellen, was das Ergebnis gewesen wäre, wenn die Franzosen, ohne durch unsere falsch aufgestellten Vorposten irgendwie aufgehalten zu werden, einen überraschenden Nachtangriff auf unsere friedlich biwakierende Division unternommen hätten.

Und nun kommt das Ulkigste: Unsere Seitendeckungen nahmen verschiedene feindliche Feldwachen und Doppelposten gefangen, die der Gegner bei seinem eiligen Abmarsch offenbar einzuziehen vergessen hatte. Aus ihrer Aufstellung und der Vernehmung ergab sich, dass die Franzosen ebenfalls ihre Vorposten in ganz falscher Richtung vorgeschoben hatten und dass sie, genau wie wir, keine Ahnung davon gehabt hatten, dass sich in 4 km Entfernung ein starker Gegner befand!! – Der zweite Vorfall ist darum interessant, weil unsere Truppen beim Vormarsch 1940 in Frankreich, – nicht in Belgien und nicht in Holland – mehrfach die gleiche Erfahrung machten. Als sich unser Regiment dem Städtchen Mouzon an der Maass näherte, wo wir am nächsten Tage diesen Fluss überschreiten sollten, kam uns eine Deputation der Einwohner unter Führung des Maire, eines weißbärtigen Arztes, entgegen und begrüßte uns sozusagen als Befreier von den eigenen Truppen. Als wir dann einrückten, sahen wir, dass ausnahmslos alle Häuser und Läden vollkommen ausgeplündert, Vieh und Geflügel geschlachtet, die Wohnräume in unbeschreiblicher Weise verdreckt und die Möbel mutwillig zerschlagen waren. Ein kleiner Uhrmacher stand weinend in seinem Lädchen, wo nicht eine Uhr, nicht eines der bescheidenen Schmuckstucke, die er feilhielt, nicht einmal ein Trauring zurückgeblieben waren. Niemals, das darf ich mit Stolz feststellen, hat sich je eine deutsche Truppe in Feindesland so betragen, wie es dort (und an vielen anderen Stellen) französische Soldaten gegen ihre eigenen Landsleute getan hatten. Dabei war es ein französisches Eliteregiment, das 2. Kolonialregiment, das unser Quartiervorgänger gewesen war. Wir konnten uns nicht enthalten, die Bürger zu fragen, was denn die Offiziere zu diesem Benehmen ihrer Leute gesagt hatten. Sie zuckten nur die Achseln und meinten bitter, die Offiziere wären vollkommen machtlos gewesen. Die Mannschaft hätte sie einfach ausgelacht. Richtigerweise ließ unser Regimentskommandeur sofort nach dem Einrücken ein

Protokoll über den Zustand, in dem wir die Stadt vorgefunden hatten, aufnehmen, das der Maire und die Mitglieder des Gemeinderates bereitwillig unterschrieben. – In raumgreifenden Märschen, die nur gelegentlich durch leichte Gefechte, besonders in dem dichten Waldgebiet bei dem hübschen (ebenfalls völlig von den Franzosen ausgeplünderten) Badeort Sermaize-les-Bains, unterbrochen wurden, drangen wir bis in die Gegend von Bar-le-Duc vor. Am 8. September abends erhielt das Bataillon Befehl, sich vorwärts des Dorfes Vassincourt, das im Laufe des Tages von den schlesischen 6. Jägern in erbittertem Kampfe genommen worden war, einzugraben. Zum ersten Male seit der Schlacht bei Neufchâteau ließ sich deutlich eine ernste Versteifung des feindlichen Widerstandes verspüren. Es waren offenbar keine Nachhuten mehr, die nur um Verzögerung unseres Vormarsches kämpften, sondern starke Kräfte, die uns gegenübertraten. Wir hatten ja bei den Fronttruppen der 4. Armee keine Ahnung von der tragischen Entwicklung der Ereignisse bei der 1., 2. und 3. Armee am rechten Heeresflügel, die infolge einer unseligen Verkettung von Missverständnissen und freilich auch des Versagens der Obersten Heeresleitung zum Verluste der eigentlich schon gewonnenen Marne-Schlacht führten. Wir merkten zunächst eben nur, dass der Franzose einer Waffenentscheidung offenbar nicht mehr auszuweichen gewillt war, konnten aber nicht wissen, dass sich darin der Abschluss der von General Joffre befohlenen Umgruppierung der französischen Armeen ausdrückte. Obwohl aber die Truppen nach den unerhörten Anstrengungen und schweren Verlusten der ersten Kriegswochen nicht mehr den herrlichen Schwung des Beginns haben konnten, war doch jeder, vom General bis zum letzten Musketier und Kanonier, von einer sozusagen selbstverständlichen Siegeszuversicht erfüllt, denn die Truppe hatte durch ihre bisheriger Erfolge das Gefühl einer unbedingten Überlegenheit über die Franzosen, so sehr man deren Tapferkeit auch anerkannte. Der Gedanke an einen Rückzug lag uns weltenfern. Etwa 1000 m vor unserer Front lag ein dichtes, sich nach beiden Seiten unabsehbar ausdehnendes Waldgebiet, hinter uns auf etwa 300 m das stark zerschossene Dorf. Unsere vorgesandten Patrouillen erhielten überall vom Waldrande aus starkes Feuer, so dass eine Feststellung der feindlichen Kräfte, die offenbar sich in bedeutender Stärke dort sammelten, nicht möglich war. Ständiges Räderrollen und vereinzelte Trompetensignale an den verschiedensten Stellen deuteten ebenfalls darauf hin, dass die Franzosen in Deckung des Waldes aufmarschierten, ob zu Angriff oder Verteidigung ließ sich nicht sagen. Ein Abstreuen des Waldes durch unsere Artillerie blieb ohne sichtbare Wirkung. Zu sehen war vorläufig nichts vom Feinde. Nicht ein einziger Mann zeigte sich. Seltsam war, dass die Franzosen unser stundenlanges Eingraben auf dem Höhenrande, das sie doch genau beobachten konnten, nicht durch Artilleriefeuer störten. Ihre Batterien, die doch zweifellos schon in Stellung waren, gaben nur gelegentlich einige Schuss ab, die aber nicht in unserem Graben lagen, sondern, wie wir am nächsten Tage merkten, dem Einschießen galten. Für uns war es das erste Mal, dass wir eine wirkliche Stellung aushoben, wobei sich unsere ungeübten Leute äußerst ungeschickt anstellten. Immerhin war der Graben einschließlich der Brustwehr etwa 1 ½ m tief, und es waren sogar einige primitive Unterstände, einfache Erdlöcher in der Vorderwand, ohne Stützbalken oder sonstige Verkleidung, geschaffen worden, die sich dann allerdings später mehr als Gefahr wie als Schutz erwiesen. Es war bezeichnend für den Geist unserer Mannschaft, dass sie beträchtlich fluchte über diese „unnötige Schufterei", denn jeder dachte doch nicht anders, als dass es am nächsten Morgen, wie bisher, weiter vorwärts gehen würde. Bei Einbruch der Dunkelheit schoben wir auf der ganzen Front stehende Patrouillen auf 200 m ins Vorgelände, von denen dann bald überall ein flackerndes Feuer herüberscholl, denn nun machten sich auch die Franzosen

bemerkbar, die mit vielen Patrouillen gegen unsere Stellung vor-
fühlten, aber überall leicht abgewiesen wurden. Nur in einer
unbemerkt gebliebenen Lücke an der Nahtstelle zu dem rechts
neben uns liegenden I.R. 168 gelang es einer französischen Patrouille, sich in einem Bachbett vorzuschieben und bis zum Dorf-
eingang vorzudringen, wo sie die nichts ahnende Mannschaft
einer Feldküche mit dem Bajonett niederstieß und dann wieder
im Dunkeln verschwand. Etwa um Mitternacht nahm die französische Artillerie das Dorf unter lebhaftes Granatfeuer, so dass
der ganze Ort bald in lichten Flammen stand und die, wie der
Gegner richtig annahm, dort untergebrachten Stäbe, Feldküchen
und Bagagen das Dorf beschleunigt räumen mussten. Etwa zur
gleichen Zeit brachte ein Melder vom Regimentsstabe den
schriftlichen Befehl: „Division befiehlt, dass vorläufig nicht weiter vorzugehen ist. Erreichte Stellungen sind nach Möglichkeit
weiter zu nachhaltiger Verteidigung auszubauen." Ich entsinne
mich heute noch ganz genau des unheimlichen Gefühls, das uns
vier Kompagnieführer erfasste, als der Bataillonskommandeur
uns beim Schein einer Taschenlampe im Graben diesen Befehl
vorlas. Jeder hatte die bestimmte Ahnung, dass irgendetwas nicht
in Ordnung war, denn vor unserer Front und der unserer Nach-
bartruppen weithin, also der 25. Reservedivision und des VI.
Armeekorps, war für solchen Befehl nicht der mindeste erkennbare Anlass. Nun, wir weckten unsere schnarchenden Leute und
ließen sie wieder zu dem damals noch – wohl zum letzten Male! –
verhassten Spaten greifen, der sehr bald der unentbehrliche Hel-
fer, oft Retter des Soldaten werden sollte. Major v. Zglirnitzky,
unser Bataillonskommandeur, nahm, da alle vier Kompagnien
eingesetzt waren, er also nicht mehr über Reserven verfügte, in
meinem Kompagnieabschnitt mit seinem Stabe Stellung und ließ
sich einen primitiven Unterstand neben dem meinigen ausheben.
Der Morgen des 9. September brach an, ein herrlicher, sonniger
Herbstmorgen. Als die aufgehende Sonne den Himmel über dem

düsterschwarzen Walde blutigrot zu färben begann, traten plötzlich in der ganzen Ausdehnung des Waldrandes, soweit wir ihn nach beiden Selten überblicken konnten, starke französische Schützenlinien heraus und gingen gegen die deutschen Stellungen vor. Schneidend ertönten überall die grellen Signale der Clairons, und von mehreren hinter der Front in Deckung aufgestellten Musikkorps tönten die feurigen Klänge der Marseillaise zu uns hinüber. Es war nicht mehr nötig, das Kommando „Stellung" zu geben – alle unsere Leute lagen schon hinter der Brustwehr und starrten auf das uns bis dahin ganz ungewohnte malerische Schauspiel, das in diesen ersten Augenblicken einen fast manövermäßigen Eindruck machte. Einzelne Leute begannen in ihrer Aufregung zu schießen, was aber schnell unterbunden wurde, da die Entfernung noch viel zu weit war. Nur die Maschinengewehre eröffneten das Feuer, aber die Franzosen blieben trotz nicht unerheblicher Verluste in sprungweisem Vorgehen. Unsere Artillerie belegte den Waldrand mit Granaten und Schrapnells, um die dort vermuteten feindlichen Reserven zu fassen. Bei unserem ersten Kanonenschuss aber eröffnete weit überlegene feindliche Artillerie das Feuer, und zwar sofort ein Wirkungsschießen, da sie sich am Vortage eingeschossen hatte und ihr natürlich das Gelände genau bekannt war. Der Kompagnieabschnitt meiner 8. und der neben mir liegenden 7. Kompagnie, deren Führer mein alter Freund Rudolf Lüters war, blieben vorläufig ziemlich verschont; die anderen Kompagnien des Bataillons und die Nachbarbataillone litten mehr. Als die Franzosen auf 800 m herangekommen waren, eröffneten wir das Infanteriefeuer, das gut lag. Der Gegner ging in Stellung, begann sich einzugraben und das Feuer zu erwidern. Nach etwa dreistündigem Feuergefecht begannen die Franzosen abzubauen. Sie flohen aber nicht, sondern gingen in zug- und kompagnieweisen Sprüngen geordnet in den Wald zurück. Nach einiger Zeit stellte auch die feindliche Artillerie ihr Feuer ein, nachdem sie allerdings unsere Artillerie ziemlich niedergekämpft hatte. Einzelne unserer Batterien hatten Geschütze und Munitionsfahrzeuge, sowie viele Leute und Pferde verloren. Die Gefechtsführung der Franzosen war schwer verständlich. Sie lässt sich nur so erklären, dass die gegenüberstehenden Kräfte Befehl hatten, keinen Entscheidungskampf zu führen, da die höheren Kommandostellen, besser über die allgemeine Lage unterrichtet als wir, überzeugt waren, dass wir, den rückwärtigen Bewegungen des rechten Flügels unseres Westheeres folgend, doch bald zurückgehen mussten. Es folgte dann den ganzen Vormittag über ein nicht sehr lebhaftes Feuergeplänkel, das infolge der weiten Entfernung wohl auf beiden Seiten ziemlich wirkungslos blieb. Die feindliche Feldartillerie schoss sich weiter mit der unseren, die jetzt hinter den Trümmern des Dorfes in gut verdeckter Stellung aufgefahren war, herum. Die Franzosen entwickelten eine sehr lebhafte Patrouillentätigkeit, sicher, um festzustellen, ob wir noch nicht abbauten, woran aber vorläufig bei uns niemand im entferntesten dachte. Etwa um 5 Uhr nachmittags, setzte plötzlich überfallartig ein schlagartiges Feuer schwerer Artillerie, nach den Splittern zu urteilen 15 cm Rimailho-Haubitzen, auf die ganze Ausdehnung der Stellung unseres Regiments ein. Richtigerweise ließ unser Bataillonskommandeur sofort volle Deckung nehmen und nur einzelne Beobachtungsposten am Grabenrand, um etwaiges Vorgehen der feindlichen Infanterie, das aber wieder nicht erfolgte, zu melden. Alles verkroch sich in den primitiven Unterständen oder legte sich flach auf den Grabenboden. Das französische Feuer lag ausgezeichnet, alle Schüsse saßen vor, hinter und in unserem Graben, so dass sofort beträchtliche Verluste eintraten. Besonders bei der am rechten Flügel liegenden 5. Kompagnie, deren Stellung vollkommen eingeebnet wurde, so dass die Überlebenden nach der Seite ausweichen mussten, wobei auch der Kompagnieführer, Oberleutnant d.R. Muhle, im Frieden Bergwerksingenieur in Kattowitz, fiel, dem ein Granatsplitter die ganze Schädeldecke abriss. Ich lag mit meinem Kompagnietrupp eng zusammengepresst in einer Aushöhlung der vorderen Grabenwand. Es war das erste Mal, dass wir Feuer schwerer Artillerie erhielten. Der Eindruck war zunächst außerordentlich stark. Es waren nicht die Verluste allein, auch nicht die rein psychische und physische Wirkung des ungeheuren Krachens und des Luftdrucks der krepierenden Granaten, sondern mehr noch das Gefühl der absoluten Wehrlosigkeit, das wir im Feuer leichter Artillerie niemals so tief empfunden hatten. Trotzdem hielten sich unsere Leute ausgezeichnet, und von einer Panik, wie sie an manchen Stellen unter gleichen Verhältnissen ausgebrochen sein soll, war nicht das mindeste zu merken. Natürlich gab es vereinzelte nervenschwache Menschen – man kann sie nicht einmal Feiglinge nennen – die, meist unter dem Vorwand leichter Verwundungen, zurückzugehen versuchten. Aber sie ließen es bald, nicht nur, weil Vorgesetzte und Kameraden sie zurückhielten, sondern weil sie in dem deckungslosen Gelände hinter der Stellung viel mehr ausgesetzt waren als in dem noch so kümmerlichen Graben. Übrigens ist alles Gewohnheit. Die Leute beruhigten sich verhältnismäßig schnell, und später haben wir ja ganz anderes und viel schwerkalibrigeres Geschütz- und Minenwerferfeuer ertragen gelernt, besonders bei Verdun. Selbstverständlich gingen wir Offiziere in kurzen Zwischenräumen aus der Deckung, um vom Grabenrand aus mit dem Glase den drohenden Waldrand zu beobachten, schon des guten Beispiels wegen. Es fing an zu dämmern und mag etwa 7 Uhr gewesen sein – gerade hatte ich mich wieder in Deckung begeben – als plötzlich ein schmetternder Schlag, ein lohender Feuerschein über uns hereinbrach. Ein gewaltiger Luftdruck warf uns durcheinander, und es war, als ob die ganze Welt über uns zusammenbräche. Das Letzte, was ich verspürte, war ein mächtiger Stoß in die rechte Brustseite, als ob mich jemand mit einer stählernen Keule dort getroffen hatte. Dann nichts mehr. Als ich die Augen

wieder aufschlug – nach Aussage meiner Retter waren nur wenige
Minuten vergangen – war die erste Empfindung ein schauer-
liches Erstickungsgefühl. Schmerzen empfand ich nicht. Mein
Mund war von Erde und Blut erfüllt und jeder mühselige Atem-
versuch brachte eine neue Blutwelle empor. Mein braver Bursche
und Gefechtsmelder Eckert, Kaufmann in Offenbach, der mich
im tollen Feuer ausgegraben hatte, obwohl die anderen Leute es
für zwecklos gehalten hatten, wühlte mir schließlich mit dem
Finger die Erde aus der Mundhöhle, so dass Blut und die spärlich
Atemluft wenigstens wieder Ausgang fanden. Ich kam allmählich
wieder in eine Art von nebelhaftem Bewusstsein, muss aber
sagen, dass mich die Vorgänge der Außenwelt zunächst herzlich
wenig interessierten. Immerhin merkte ich nicht ohne
Erleichterung, dass die feindliche Artillerie ihr Feuer von unserem Abschnitt auf den der rechts von uns liegenden 6. Jäger verlegt hatte. Es ist nämlich eine merkwürdige Erscheinung, wie
wohl jeder etwas schwerer Verwundete an sich erfahren hat, dass
man es in diesem Zustande sozusagen als Niedertracht empfin-
det, wenn immer noch weiter auf einen geschossen wird. Der
Sanitätsunteroffizier meiner Kompagnie versuchte, mit Verband-
päckchen die Blutung aufzuhalten, aber umsonst, der Strom war
zu stark. Da kam einer meiner Leute auf den klugen Gedanken,
ein zusammengefaltetes Hemd auf die Wunde zu legen und dort
mit Binden festzupressen, was vielleicht nicht sehr den Geboten
der Asepsis entsprach, aber wirkte. Nach und nach merkte ich
dann, wie es um mich stand. Die Wunde schmerzte immer noch
nicht, wohl aber die zahlreichen Brandverletzungen an der ganzen rechten Körperseite, wo meine Uniform völlig verbrannt
war. Schlimmer war die Feststellung, dass ich auf der ganzen
rechten Seite vollkommen gelähmt war. Sprechen konnte ich
nicht, denn jeder Versuch dazu brachte sofort eine neue Blutwelle hoch. Zurückgebracht werden konnte ich, solange es hell
war, nicht. Ich lag flach auf einem Mantel auf der Grabensohle,

wenig Schritte von mir entfernt mein braver Hornist Borell, einst mein Putzer, als ich Fähnrich bei 11/118 war, dem die gleiche Granate, die mich traf, den Schädel völlig zertrümmert hatte, und etwas weiter ein anderer meiner Gefechtsmelder mit fast abgerissenem Bein, dessen Knochensplitter überall aus den Fetzen der Hose ragten. Diese Granate war wirklich ein Volltreffer gewesen! Von Zeit zu Zeit verlor ich wieder das Bewusstsein, aber im allgemeinen war ich mir doch über die Vorgänge um mich herum klar. Die Franzosen hatten sich immer noch nicht zum Infanterieangriff entschlossen, obwohl sie doch die starke Wirkung ihres Artilleriefeuers beobachtet haben mussten. Wohl ein Beweis für den gewaltigen Respekt, den ihnen der deutsche Soldat in den ersten Schlachten eingeflößt hatte. Nur strichweise lag das Feuer ihrer Feldartillerie auf unseren Gräben, die auch öfters durch Maschinengewehrsalben von ihnen abgestreift wurden. Zu sehen war, wie ich aus den beim dicht neben mir liegenden Bataillonsstabe eingehenden Meldungen entnahm, am Waldrande immer noch nichts. Der Kommandeur hatte den Befehl über meine 8. Kompagnie einem jungen Leutnant d.R. der 6. Kompagnie übertragen. Kurz nach Dunkelwerden traf von rückwärts ein Melder ein, der dem Bataillonskommandeur folgenden Befehl des Regiments überbrachte: „Division geht zurück in allgemeiner Richtung Sermaize-les-Bains – Remenonville. Regiment sammelt sich rückwärts Vassincourt auf der Chaussee, Reihenfolge: II., I., III. Bataillon, das eine Kompagnie als Nachhut auf 500 m folgen lässt. Bataillone lassen beim Räumen der Stellung schwache Rückendeckungen zurück, die zehn Minuten später folgen. Antreten sofort." Unser sonst so behäbig ruhiger Kommandeur brauste beim Anhören dieses Befehls in wildem Zorn auf: „Haben Sie das schriftlich? Zurückgehen? Ich denke nicht daran! Bringen Sie mir einen schriftlichen Befehl!" So unvorstellbar war uns damals der Gedanke an einen Rückzug, zu dem ja auch vor unserer Front nicht der mindeste Anlass erkennbar war. Aber es half ihm nichts – zehn Minuten später hatte er den schriftlichen Befehl des Regiments in der Hand. In düsterem Schwelgen hängten die Mannschaften ihre Tornister um. Jede Kompagnie ließ eine Gruppe als Nachhut zurück und bewegte sich dann in der stockdunklen Nacht, zunächst in aufgelöster Ordnung, dann bald in Marschkolonne sammelnd an den rotglühenden Trümmern des verhängnisvollen Vassincourt vorbei auf die große Nationalstraße zu, wo sich das Regiment dann gleich in Marsch setzte – rückwärts. Auch die bisher immer siegreiche 4. Armee war damit in den tragischen Schicksalsstrom des deutschen Heeres eingetaucht, der, unverschuldet von der fechtenden Front, nicht nur den Sieg in der Marneschlacht, sondern, wie damals freilich wenige ahnten, den Sieg im ganzen Kriege verschlang. Die Franzosen merkten nichts von unserem Abzug und folgten erst viel später sehr vorsichtig mit Infanterie- und Kavalleriepatrouillen und einzelnen Straßenpanzerwagen. Selbstverständlich wurden alle Verwundete mitgenommen. Unsere tapferen Toten konnten wir leider nicht mehr begraben. Mich hatte man auf eine Krankentrage gelegt, die mit Ablösung vier Mann hinter meiner Kompagnie hertrugen. Zu meiner großen Betrübnis merkte ich erst später, dass in der Dunkelheit mein Säbel, meine Pistole und meine Kartentasche mit allen Briefen und Papieren auf dem Schlachtfeld zurückgeblieben waren. In Remenonville wurde ich beim Durchmarsch in dem in der dortigen Schule errichteten Hauptverbandplatz abgegeben, wobei es einen bitteren Abschied von meiner Kompagnie gab , den ich selbst in meinem damaligen jämmerlichen Zustand tiefschmerzlich empfand. Viele der Braven, von denen ich kaum einen wieder gesehen habe, hatten Tränen in den Augen. Damit war für mich nicht nur, sondern für die deutsche Westarmee der erste – und schönste – Abschnitt des Krieges abgeschlossen. Der Bewegungskrieg war zu Ende, der Stellungskrieg begann, um erst nach vier unendlich blutigen, schweren Jahren aufzuhören. –

Was nun noch folgte, war rein persönliches Schicksal, dem auch noch ein paar Worte gewidmet seien. In der Schule von Remenonville herrschte ein reines Inferno.

Nicht nur alle Räume, sondern Treppen und Flure, ja sogar der Schulhof, waren dicht mit Verwundeten belegt, von denen die wenigsten ärztlich versorgt waren, da die wenigen Sanitätsoffiziere und -unteroffiziere trotz aufopferndster Arbeit diesem Andrang einfach nicht gewachsen waren.

Hier endet der Bericht. Nur ein letzter Abschnitt sagt:

„Auch im Kriege habe ich ein wechselvolles Schicksal gehabt, mehr als viele meiner Kameraden: Sonderverwendung, Dienstleister im Grossen Hauptquartier, unmittelbare Berührung mit den beiden grossen Feldherren. Ich sah das untergehende Habsburger Reich und die noch ganz unberührte orientalische Türkei, das wahre, alte Stambul. An der Front war das deutsche Volk zum letzten Mal wirklich einig in allen seinen Schichten und Stämmen.